漢詩공부의 지침서

국역 東山詩稿

국역 東山詩稿
漢詩 공부의 지침서

초판 1쇄 발행 2024년 6월 30일

작자 東山 손승구
역자 少負 손창준
펴낸이 장길수
펴낸곳 지식과감성⁺
출판등록 제2012-000081호

교정 정은솔
디자인 이현
편집 이현
검수 주경민
마케팅 김윤길, 정은혜

주소 서울시 금천구 벚꽃로298 대륭포스트타워6차 1212호
전화 070-4651-3730~4
팩스 070-4325-7006
이메일 ksbookup@naver.com
홈페이지 www.knsbookup.com

ISBN 979-11-392-1928-9(03810)
값 30,000원

• 이 책의 판권은 지은이에게 있습니다.
• 이 책 내용의 전부 또는 일부를 재사용하려면 반드시 지은이의 서면 동의를 받아야 합니다.
• 잘못된 책은 구입하신 곳에서 바꾸어 드립니다.

지식과감성⁺
홈페이지 바로가기

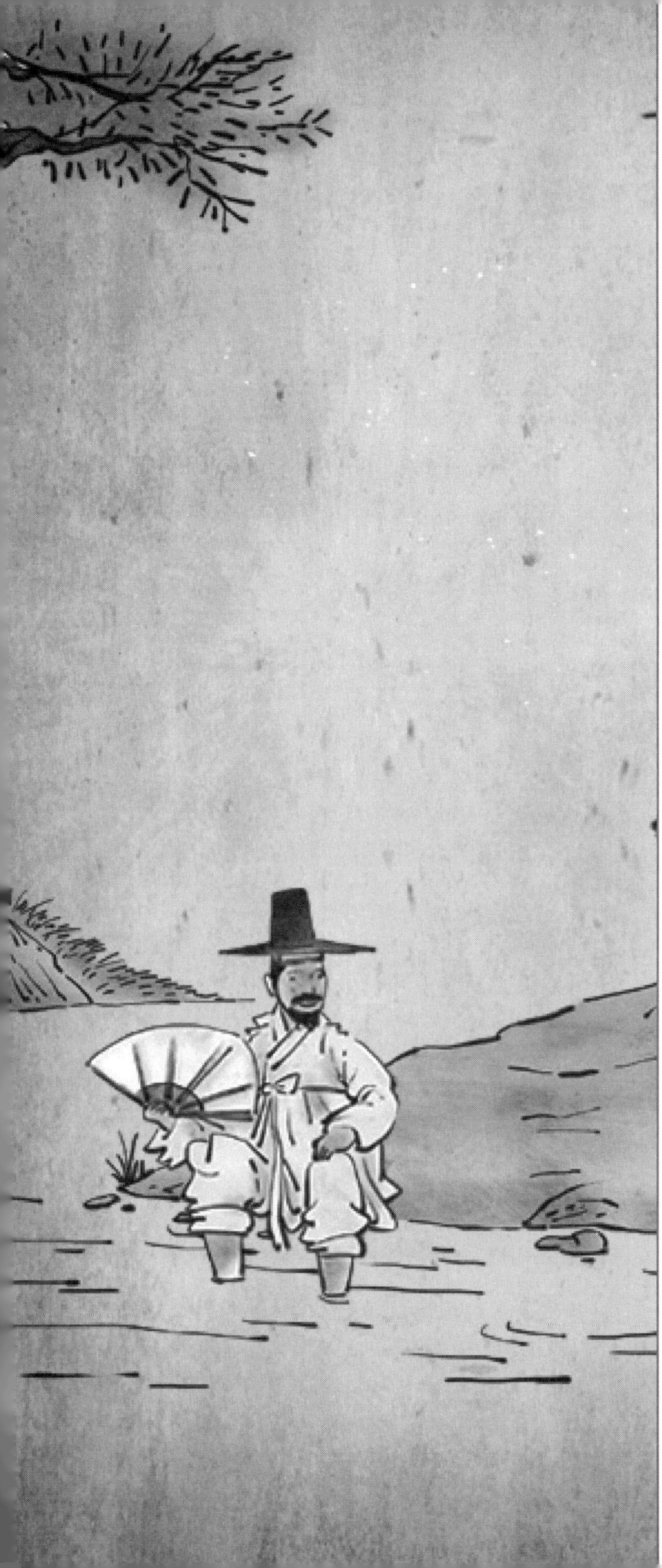

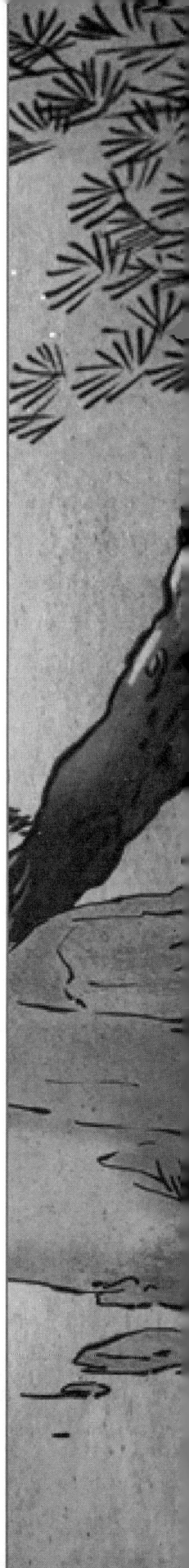

◎ 5언, 7언 절구, 율시(556수)

◎ 모든 시에 평측도 붙임

◎ 모든 시에 [감상문] 붙임

◎ 漢詩 작법 설명

◎ 전국한시백일장 안내

漢詩 공부의 지침서

국역 東山詩稿

작자: 東山 손승구

영 · 정조 시대

嶠南(嶺南)名士

역자: 少負 손창준

지식과감정#

목차

[譯者 序文] 21
[이계노인 서문] 23
[일러두기] 26

Ⅰ. 5언 절구
[東都懷古] 28
[1. 봉황대] 28
[2. 첨성대] 28
[3. 포석정] 29
[4. 계림] 30
[5. 봉덕종] 31
[6. 옥적] 31
[7. 기림오색화] 32
[8. 두 그루 복숭아나무] 33
[9. 독수화] 33
[10. 병풍바위] 34
[11. 물가 정자] 35
[12. 바위로 둘러싸일 속에 사는 늙은이에게 지어 주다] 36
[13. 학가산] 36
[14. 주왕급수봉] 37
[15. 주왕굴] 38
[16. 기암] 38
[17. 혼자 마음 달래다] 39
[18. 눈을 읊다] 40
[19. 시골 늙은이가 막걸리를 보내와서 감사하다] 40
[20. 섣달 그믐밤] 41
[21. 농막에 머무는 벗 최노첨을 찾아갔는데, 그를 만나지 못하고 머물다가 시를 남겼다] 41
[22. 곡강 원님 학사 권엄에게 주다-1] 42
[23. 곡강 원님 학사 권엄에게 주다-2] 43
[24. 곡강 원님 학사 권엄에게 주다-3] 43
[25. 곡강의 최전사 천익에게 부쳐 보내다-1] 44

[26. 곡강의 최진사 천익에게 부쳐 보내다-2] 45
[27. 부윤 김상집 공을 송별하다-1] 45
[28. 부윤 김상집 공을 송별하다-2] 46
[29. 부윤 김상집 공을 송별하다-3] 47
[30. 남주서에게 축하해 지어 주다-1] 47
[31. 남주서에게 축하해 지어 주다-2] 48
[32. 남주서에게 축하해 지어 주다-3] 49
[33. 신상사의 바닷가 관불사를 차운하다] 49
[34. 천곡사 문회에서 성학사 대중에게 드림] 50
[35. 정미년 가을 멀리서 온 손님 □□□와 더불어 동도에서 헤어지다-1] 51
[36. 정미년 가을 멀리서 온 손님 □□□와 더불어 동도에서 헤어지다-2] 52
[37. 정미년 가을 멀리서 온 손님 □□□와 더불어 동도에서 헤어지다-3] 52
[38. 단양에서 돌아오는 길에 지나다 곡강 주인 정형 거원을 방문했는데, 주인 노인과 그 젊은 식구가 함께 외출하고 초당은 적막하여, 우두커니 앉아 무료해서 짧은 운 두 절구를 벽 머리 위에 남겨 두고, 돌아왔네-1] 53
[39. 단양에서 돌아오는 길에 지나다 곡강 주인 정형 거원을 방문했는데, 주인 노인과 그 젊은 식구가 함께 외출하고 초당은 적막하여, 우두커니 앉아 무료해서 짧은 운 두 절구를 벽 머리 위에 남겨 두고, 돌아왔네-2] 54
[40. 인척 정중면의 푸른 병풍을 차운하다] 54
[41. 헤어지면서 벗 최노첨에게 주다] 55
남 찰방이 은거하며 고시체로 □□을 열 가지 읊은 것을 차운하다 55
[42. 천둥 치는 연못] 56
[43. 좁은 돌자갈길] 56
[44. 돌로 된 어른] 57
[45. 시냇가 정자] 57
[46. 서쪽 병풍] 58
[47. 남쪽 연못] 59
[48. 북쪽의 연못] 59
[49. 밤나무 숲] 60
[50. 만호] 61
[51. 너럭바위] 61
[52. 부윤에게 읊어 드리다] 62

II. 7언 절구
[한가한 가운데 다섯 번 읊다] 64
[1. 첫 번째 읊음] 64
[2. 두 번째 읊음] 64
[3. 세 번째 읊음] 65

[4. 네 번째 읊음] 66
[5. 다섯 번째 읊음] 67
[6. 장난삼아 詩友에게 지어 주다] 67
[7. 이루지 못한 아름다운 야유회] 68
[8. 친구를 찾아갔는데 만나지 못함] 69
[9. 친구더러 놀러 오라고 요구하다] 70
[10. 술을 대하니 아내 생각난다] 70
[11. 취해서 친구에게 지어 준다] 71
[12. 친구에게 멀리 유람 가기를 바라다] 72
[13. 단양 남형 달숙에게 지어 주다] 73
[14. 청부 벗 신내원에게 지어 주다] 73
[15. 촌로와 더불어 들에서 마시다] 74
[16. 남쪽으로 가는 길에서 읊다] 75
[17. 탁 트인 곳에 오르다] 76
[18. 주왕산에 들어서 가는 중에 짓다] 76
[19. 주왕산 학소암] 77
[20. 문수강 변 정자에서 밤새도록 대화하다] 78
[21. 단양의 남주서에게 지어 주다] 79
[22. 고향에서 일어난 난리를 듣고 스스로를 경계하다] 80
[23. 문중 사람 익만에게 지어 주다] 80
[24. 산을 나온 은자에게 지어 드리다] 81
[25. 도계의 키 작고 퍼진 소나무-1] 82
[26. 도계의 키 작고 퍼진 소나무-2] 83
[27. 도계의 키 작고 퍼진 소나무-3] 83
[28. 거리의 누추한 집에서 기뻐하며 짓다-1] 84
[29. 거리의 누추한 집에서 기뻐하며 짓다-2] 85
[30. 인동에서의 경사스러운 자리] 86
[31. 높은 곳에 올라 사방을 바라보다-1] 87
[32. 높은 곳에 올라 사방을 바라보다-2] 87
[33. 높은 곳에 올라 사방을 바라보다-3] 88
[34. 높은 곳에 올라 사방을 바라보다-4] 89
[35. 이상사 여관에게 지어 주다] 90
[36. 여러 노인들과 하계를 향해 가던 중 길에서 비를 만나 삼성암에 머무르면서 짓다-1] 91
[37. 여러 노인들과 하계를 향해 가던 중 길에서 비를 만나 삼성암에 머무르면서 짓다-2] 91
[38. 여러 노인들과 하계를 향해 가던 중 길에서 비를 만나 삼성암에 머무르면서 짓다-3] 92
[39. 하계 주인을 보고 지어 주다-1] 93
[40. 하계 주인을 보고 지어 주다-2] 94
[41. 장난스레 지어 주었다 여러 노인에게, 줄지어 지팡이 짚고 내산으로 향하던 중 절구 3편을-1] 94

[42. 장난스레 지어 주었다 여러 노인에게, 줄지어 지팡이 짚고 내산으로 향하던 중 절구 3편을-2] 95

[43. 장난스레 지어 주었다 여러 노인에게, 줄지어 지팡이 짚고 내산으로 향하던 중 절구 3편을-3] 96

[44. 다시 온 기림사에서 오색 꽃을 보고 느낌 있어 절구 한 편 읊다] 97

[45. 표암서재를 지나면서 느낌 있어 절구 한 수 읊다] 98

[46. 신내원에게 지어 주다] 98

[47. 반월성] 99

[48. 안압지] 100

[49. 섣달 그믐밤에 읊다] 101

[50. 화산으로 가는 길에 짓다] 102

[51. 표은이 남긴 빈터란 제목으로 짓다] 103

[52. 곡강 원님 권학사에게 지어 주다-1] 103

[53. 곡강 원님 권학사에게 지어 주다-2] 104

[54. 최진사 천익에게 지어 주다-1] 105

[55. 최진사가 차운한 시를 붙여 둔다] 106

[56. 최진사 천익에게 지어 주다-2] 107

[57. 또 詩 자로 거듭 운자를 삼다] 108

[58. 최진사에게 학성에 갔다 와서 절구 2개를 지어 보내다-1] 108

[59. 최진사에게 학성에 갔다 와서 절구 2개를 지어 보내다-2] 109

[60. 세손께서 대리하신다는 소식을 듣고 기뻐서 한 수 짓다] 110

[61. 하계 서당에서 모여 대화하며 두 수 읊다-1] 111

[62. 하계 서당에서 모여 대화하며 두 수 읊다-2] 111

[63. 청송의 잔치 자리에서 취해서 두 수 읊어 신내원 형에게 주다-1] 112

[64. 청송의 잔치 자리에서 취해서 두 수 읊어 신내원 형에게 주다-2] 113

[65. 하계 농소옹에게 지어 보내다] 114

[66. 떠돌이 중 한화에게 지어 주다] 115

[67. 오천서원을 알묘하고 느껴 절구 한 수 읊다] 115

[68. 동해 일출을 보다] 116

[69. 이곳저곳 다니는 작은 배] 117

[70. 대왕암] 118

[71. 이견대] 119

[72. 석굴] 120

[73. 혼자서 마음 달래며 세 수 읊다-1] 121

[74. 혼자서 마음 달래며 세 수 읊다-2] 121

[75. 혼자서 마음 달래며 세 수 읊다-3] 122

[76. 세 가지 부끄럽지 않은 것] 123

[77. 두 가지를 속이지 않는다] 124

[78. 증 병영원사가 지은 시에 차운하다] 124
[79. 족숙에게 명아주 지팡이를 보내고 7언 장편을 지어 보내다] 125
[80. 신내원 형에게 지어 주다] 130
[81. 떠나보내며 읊다] 131
[82. 청송에서 떠돌던 중 우연히 소리꾼 구점을 만나 한 숨 짓다] 132
[계천군 선조께서 세 개의 물건을 임금이 계신 방(南寢)에서 은혜롭게 하사받은 것을 하례하며 공경히 차례로 읊다] 132
[83. 옥연적] 133
[84. 산호영] 134
[85. 보배로운 칼] 134
[86. 금수의 밀암유허를 차운하다] 135
[87. 스스로 마음 달래며 절구 두 수 짓다-1] 136
[88. 스스로 마음 달래며 절구 두 수 짓다-2] 137
[89. 겨울밤 마음 달래다] 137
[90. 눈 오는 밤 마음 달래다] 138
[91. 신내원의 參 자 운에 차운하다] 139
[장난삼아 보낸다 조상사에게 그대를 기쁘게 하려 읊었고 서문도 붙인다] 139
[92. 장난삼아 보낸다 조상사에게-1] 141
[93. 장난삼아 보낸다 조상사에게-2] 141
[94. 정유년 봄 과시에 종형 부자가 급제했다는 소식이 전해 와서 기뻐서 절구 한 수를 읊는다] 142
[95. 서울 가는 종형에게 지어 드리다] 143
[96. 화산 신선암을 읊다] 144
[97. 관란옹의 도연표은정을 차운하다] 144
[98. 단잠 최노인의 幽居에 차운하다] 145
[99. 과거 본 열이 떨어졌으니 웃으며 한 수 읊지 않을 수 있겠는가] 146
[100. 최형 백익에게 부쳐 보내다-1] 147
[101. 최형 백익에게 부쳐 보내다-2] 148
[102. 백율사 동쪽 암자로 관란옹을 만나러 갔다가 못 만나 슬퍼 읊다] 148
[103. 눈길에 옥암으로 관란옹을 방문했는데 만나지 못해 슬퍼하며 읊다-1] 149
[104. 눈길에 옥암으로 관란옹을 방문했는데 만나지 못해 슬퍼하며 읊다-2] 150
[105. 반계 이석사 양오에게 부쳐 보내다] 150
[106. 장난스레 병암옹의 시에 차운한다] 151
[107. 해운암에서 바둑 친구에게 지어 주다] 152
[흥해 관아에서 성학사 대중을 만나 절구 두 수와 짧은 서문을 드리다] 153
[108. 흥해 관아에서 성학사 대중을 만나 절구 두 수 지어 드리다-1] 153
[109. 흥해 관아에서 성학사 대중을 만나 절구 두 수 지어 드리다-2] 154
[110. 도계 임형 유원에게 지어 보내다-1] 155
[111. 도계 임형 유원에게 지어 보내다-2] 156

[112. 아름다운 시내에 모여 이야기하다를 차운하다] 157
[113. 족인 붕익에게 권면함을 일깨우는 뜻으로 지어 준다] 158
[114. 곡강 원님 성학사에게 부쳐 보내다] 159
[115. 성루에서 이별하다] 159
[116. 스스로 마음 달래다] 160
[117. 세자께서 승하하셨다는 소식을 듣고 눈물을 훔치며 짓다] 161
[118. 관란옹의 편지에 시로 답하다] 162
[119. 당나라 시 〈싸움터에 있는 항우 사당〉을 집어 읽고 哀 자 운으로 읊다] 163
[120. 당나라 시를 집어 들고 高臥라는 글자를 얻으니 東山이 저절로 마음에 들어와 스스로 마음 달랜다] 163
[121. '만귀정'에서 부윤 이병정이 선비들을 모아 놓고 말씀하는 자리에서 대면하여 절구 두 수를 지어 드리다-1] 164
[122. '만귀정'에서 부윤 이병정이 선비들을 모아 놓고 말씀하는 자리에서 대면하여 절구 두 수를 지어 드리다-2] 165
[123. 만귀정 달밤에 〈선비들 갈 사람 가고 남을 사람 남다〉를 차운하다] 166
[124. 부윤의 원래 시를 붙여 둔다] - 경주 부윤 이병정 167
[125. 헤어지면서 두 수 읊다-1] 167
[126. 헤어지면서 두 수 읊다-2] 168
[부윤께서 직위로 다시 돌아오신 후 대면하여 드립니다, 절구 네 수와 짧은 서문을] 169
[127. 부윤께서 직위로 다시 돌아오신 후 대면하여 드린 절구 네 수-1] 170
[128. 부윤께서 직위로 다시 돌아오신 후 대면하여 드린 절구 네 수-2] 171
[129. 부윤께서 직위로 다시 돌아오신 후 대면하여 드린 절구 네 수-3] 171
[130. 부윤께서 직위로 다시 돌아오신 후 대면하여 드린 절구 네 수-4] 172
[131. 山 자를 차운하여 강진 조석사 규운에게 주다] 173
[132. 지나가다 생각나서 찾아온 김상사 용한에게 절구 두 수를 지어 주다-1] 174
[133. 지나가다 생각나서 찾아온 김상사 용한에게 절구 두 수를 지어 주다-2] 175
[134. 충청도백 권감사 엄님에게 부쳐 보내다-1] 175
[135. 충청도백 권감사 엄님에게 부쳐 보내다-2] 176
[136. 충청도백 권감사 엄님에게 부쳐 보내다-3] 177
[137. 보문에 이상사의 시에 차운하다] 178
[138. 경진년 시월 난초 언덕 약속 모임을 읊다] 179
[139. 신사년 삼월 정씨 어른의 진달래꽃을 차운하다] 180
[140. 정씨 어른의 고사리탕을 차운하다-1] 180
[141. 정씨 어른의 고사리탕을 차운하다-2] 181
[142. 은거하는 벗 최노첨에게 지어 주다-1] 182
[143. 은거하는 벗 최노첨에게 지어 주다-2] 183
[144. 다른 운을 써서 남감찰관에게 장난스레 지어 주다] 184
[145. 송라 찰방 이가운이 기녀에게 지어 준 시에 차운하다] 184

[146. 찰방 이가운이 먼저 지은 시를 붙여 두다] - 찰방 이가운 185
[147. 청하현감의 〈학이 맴도는 제방〉이란 시에 차운하다] 186
[148. 松郵에게 지어 주다-1] 187
[149. 松郵에게 지어 주다-2] 187

Ⅲ. 5언 율시

[1. 새로 집을 짓고 경치를 읊다] 190
[2. 숲속에 살며 밤에 읊다] 191
[3. 노씨 정자] 192
[4. 멀리서 온 손님과 같이 불국사 구경을 하다] 193
[5. 단양의 옛 친구에게 지어 주다] 194
[6. 명촌 주인에게 지어 주다] 195
[7. 이어서 농사짓는 늙은이에게 지어 준다] 195
[8. 신내원의 중양을 차운하다] 196
[9. 족숙 춘와옹에게 지어 드리다] 198
[10. 휘선보운하여 관란옹에게 주다-1] 198
[11. 휘선보운하여 관란옹에게 주다-2] 199
[12. 휘선보운하여 관란옹에게 주다-3] 200
[13. 휘선차운하여 혼자 마음 달래다-1] 201
[14. 휘선차운하여 혼자 마음 달래다-2] 202
[15. 경순왕 영정을 옮겨와 안치할 때 느낌을 읊다] 203
[16. 부윤 김상공 상집에게 지어 드리다] 204
[17. 곡강 최진사 천익에게 지어 주다] 205
[18. 남포공의 실제 발자취가 점점 없어짐을 보고 수를 놓아 일깨우는 슬픈 한을 가지고 짓다] 206
[19. 달전 문회 때 지음] 208
[20. 달전 모임에서 흥해군수 권학사의 시에 차운하다] 209
[21. 권학사의 원래 시를 붙여 둔다] - 권학사 210
[22. 하계 서당을 보고 두 노인에게 지어 주다] 211
[23. 최우후 임란순절에 대한 감회를 차운하다] 212
[24. 집에 내 아우가 차운한 시를 붙여 둔다] - 졸암 손정구 213
[25. 용주계와 염유산을 읊어 주왕을 노래한다] 214
[26. 친구 신내원의 시에 차운하다] 215
[27. 신상사 대원의 운수동 감회를 차운하다] 216
[28. 양동 이동추의 수연 자리에서 읊다] 217
[29. 멀리서 온 손님 관란옹의 학성이라는 시에 차운하다-1] 218
[30. 멀리서 온 손님 관란옹의 학성이라는 시에 차운하다-2] 219
[다음은 관란옹을 보고 오언배율 사십 운을 지어 주었다] 220
[31. 다음은 관란옹을 보고 오언배율 사십 운을 지어 주었다-1] 221

[32. 다음은 관란옹을 보고 오언배율 사십 운을 지어 주었다-2] 222
[33. 다음은 관란옹을 보고 오언배율 사십 운을 지어 주었다-3] 222
[34. 다음은 관란옹을 보고 오언배율 사십 운을 지어 주었다-4] 223
[35. 다음은 관란옹을 보고 오언배율 사십 운을 지어 주었다-5] 224
[36. 다음은 관란옹을 보고 오언배율 사십 운을 지어 주었다-6] 225
[37. 다음은 관란옹을 보고 오언배율 사십 운을 지어 주었다-7] 226
[38. 다음은 관란옹을 보고 오언배율 사십 운을 지어 주었다-8] 227
[39. 다음은 관란옹을 보고 오언배율 사십 운을 지어 주었다-9] 228
[40. 다음은 관란옹을 보고 오언배율 사십 운을 지어 주었다-10] 229
[41. 다음은 두보의 오언사운 율시 여덟 수이다-1] 230
[42. 다음은 두보의 오언사운 율시 여덟 수이다-2] 231
[43. 다음은 두보의 오언사운 율시 여덟 수이다-3] 232
[44. 다음은 두보의 오언사운 율시 여덟 수이다-4] 233
[45. 다음은 두보의 오언사운 율시 여덟 수이다-5] 234
[46. 다음은 두보의 오언사운 율시 여덟 수이다-6] 235
[47. 다음은 두보의 오언사운 율시 여덟 수이다-7] 236
[48. 다음은 두보의 오언사운 율시 여덟 수이다-8] 237
[49. 아름다운 시내에서 여러 노인과 모여 나눈 대화를 읊다] 238
[50. 손곡 서당 벽에 있는 시를 보고 느껴 읊다] 239
[51. 오언휘선으로 보운하여 은거하는 벗 최노첨에게 주다-1] 240
[52. 오언휘선으로 보운하여 은거하는 벗 최노첨에게 주다-2] 241
[53. 한가로이 사는 벗 하계 정창백에게 지어 주다] 242
[54. 관란옹에게 지어 주다] 243
[55. 휘선보운하여 관란옹에게 주다-1] 244
[56. 휘선보운하여 관란옹에게 주다-2] 245
[57. 휘선보운하여 관란옹에게 주다-3] 246
[58. 휘선보운하여 관란옹에게 주다-4] 247
[59. 휘선보운하여 관란옹에게 주다-5] 248
[60. 최자안 군의 시에 차운하다] 249
[61. 청부 신내원의 시에 차운하다-1] 250
[62. 청부 신내원의 시에 차운하다-2] 251
[63. 청부 신내원의 시에 차운하다-3] 252
[64. 하계 농소옹에게 지어 보내다] 253
[65. 반계 서당 중양회 자리에서 읊다] 254
[66. 농소옹에게 지어 주다] 255
[67. 앞의 시를 보운하여 스스로 마음 달랜다] 256
[68. 반계 이석사 양오에게 부쳐 보내다] 257
[69. 성학사의 산방을 차운하다] 258

[70. 성학사가 지은 원래 시를 부쳐 둔다] - 성학사 259
[71. 성학사의 강가 정자란 시에 차운하다] 260
[72. 아우를 생각하며 휘선보운하여 내 아우에게 부쳐 보내다] 261
[73. 산사에서 마음 달래다] 263
[74. 비 온 후 바로 느낌] 264
[75. 산속 암자에서 관란을 보고 읊어 스스로 마음 달랜다] 265
[76. 성학사에게 부쳐 보내다] 266
[77. 옥정암에서 다시 灰 자 운을 밟아 스스로 마음 달랜다] 267
[78. 부윤 이상공 병정에게 드리다] 268
[79. 당시 오언 여러 편을 골라 들어 廻 자 운을 얻어 짓다] 269
[80. 당시 오언 여러 편을 골라 들어 通 자 운을 얻어 짓다] 269
[81. 당시 오언 여러 편을 골라 들어 鳴 자 운을 얻어 짓다] 270
[82. 당시 오언 여러 편을 골라 들어 深 자 운을 얻어 짓다] 271
[83. 당시 오언 여러 편을 골라 들어 華 자 운을 얻어 짓다] 272
[84. 당시 오언 여러 편을 골라 들어 山 자 운을 얻어 짓다] 273
[85. 당시 오언 여러 편을 골라 들어 時 자 운을 얻어 짓다] 274
[86. 당시 오언 여러 편을 골라 들어 文 자 운을 얻어 짓다] 275
[87. 당시 오언 여러 편을 골라 들어 風 자 운을 얻어 짓다] 276
[88. 당시 오언 여러 편을 골라 들어 歌 자 운을 얻어 짓다] 277
[89. 당시 오언 여러 편을 골라 들어 林 자 운을 얻어 짓다] 278
[90. 게으름을 읊다] 279
[91. 두릉의 낙인당에 모여 대화하다를 차운하다] 280
[92. 관란옹에게 지어 주다] 281
[93. 남산 빙허루 池 자에 차운하다] 282
[94. 칠전 이 처사의 완가정을 차운하다] 283
[95. 향교에서 모임 하던 중 벗 최재암 옹의 시에 차운하다] 284
[96. 또 다른 운으로 읊어 재암에게 드리다] 285
[97. 다시 心 자를 운으로 밟아 읊어 재암에게 드리다] 286
[98. 속세를 떠나 사시는 족숙 춘와옹의 시로 된 편지에 차운하다, 24운-1] 287
[99. 속세를 떠나 사시는 족숙 춘와옹의 시로 된 편지에 차운하다, 24운-2] 288
[100. 속세를 떠나 사시는 족숙 춘와옹의 시로 된 편지에 차운하다, 24운-3] 289
[101. 속세를 떠나 사시는 족숙 춘와옹의 시로 된 편지에 차운하다, 24운-4] 290
[102. 속세를 떠나 사시는 족숙 춘와옹의 시로 된 편지에 차운하다, 24운-5] 290
[103. 속세를 떠나 사시는 족숙 춘와옹의 시로 된 편지에 차운하다, 24운-6] 291
[104. 또 거꾸로 차운하다-1] 292
[105. 또 거꾸로 차운하다-2] 293
[106. 또 거꾸로 차운하다-3] 294
[107. 또 거꾸로 차운하다-4] 294

[108. 또 거꾸로 차운하다-5] 295
[109. 또 거꾸로 차운하다-6] 296
[110. 또 춘와옹의 시찰 函 자로 24운을 차운하다-1] 297
[111. 또 춘와옹의 시찰 函 자로 24운을 차운하다-2] 297
[112. 또 춘와옹의 시찰 函 자로 24운을 차운하다-3] 298
[113. 또 춘와옹의 시찰 函 자로 24운을 차운하다-4] 299
[114. 또 춘와옹의 시찰 函 자로 24운을 차운하다-5] 300
[115. 또 춘와옹의 시찰 函 자로 24운을 차운하다-6] 301
[116. 도동산 연못 정자를 차운하다] 301
[117. 설정 이상사에게 지어 주다-1] 302
[118. 설정 이상사에게 지어 주다-2] 303
[119. 송우 이가운에게 지어 드리다-1] 304
[120. 송우 이가운에게 지어 드리다-2] 305
[121. 객지에서 묵던 중 여러 날 비가 왔는데 처음으로 개어 달이 비로소 나타나니 기뻐서 한 구절 읊는다] 306

IV. 7언 율시
[1. 경주의 옛일을 생각하다] 310
[2. 바다를 보고 읊다] 311
[3. 반구대] 312
[4. 불국사] 313
[5. 단석산] 314
[6. 골굴] 315
[7. 주왕산] 316
[8. 부산 영가대에 올라 벽에 있는 시에 차운하다] 317
[9. 통도사] 318
[10. 옥계가 명승이라는 것을 듣고 그곳에 사는 노인에게 부쳐 보내다] 319
[11. 도연의 신선이 노는 정자] 320
[12. 내연산 폭포] 321
[13. 경주 부윤 홍양호공을 송별하다] 322
[14. 경주 부윤 이상공(해중)을 송별하다] 323
[15. 부윤 김상공 상집에게 축하하며 지어 드리다, 짧은 서문과 함께] 324
[16. 병조참의 당상이 되어 서울로 떠나는 이 참의를 송별하다] 325
[17. 넓은 시내 돌아옴에 차운하다] 326
[18. 앞 시 운자로 다시 읊다] 328
[19. 앞 시 운자로 세 번째 읊다] 328
[20. 곡강 원님 권학사와 주고받으며 읊다] 329
[21. 기해년 12월에 곡강 오천 두 원님이 방문해 오셨다] 331

[22. 권학사가 차운한 것을 붙여 둔다] 332
[23. 권학사더러 다시 오라는 시를 보냄] 333
[24. 권학사가 顔 자를 또 읊은 것을 붙여 둔다] - 권학사 334
[25. 顔字로 다시 韻을 밟아 권학사에게 보냄] 335
[26. 운을 바꾸어서 지은 시를 권학사에게 보낸다] 336
[27. 곡강(흥해) 관아에서 그대를 보고 지어 준 시] 337
[28. 권사간(권학사)이 서울에 있을 때 지어 보낸 시] 338
[29. 함안군수로 있는 권학사에게 주다] 339
[30. 곡강 최진사 천익과 주고받은 시] 340
[31. 내 시에 최진사가 차운한 시를 붙여 둔다] - 최진사 341
[32. 최진사가 지은 〈표암회고〉라는 시에 차운하다] 342
[33. 최진사의 〈표암회고〉 원문을 붙여 둔다] - 최진사 343
[34. 암재에서 밤늦도록 얘기하다-1] 344
[35. 암재에서 밤늦도록 얘기하다-2] 345
[36. 나의 시에 최진사가 차운한 것을 붙여 둔다] - 최진사 346
[37. 최진사에게 부쳐 보낸다] 347
[38. 나의 시에 최진사가 차운한 것을 붙여 둔다] - 최진사 348
[39. 최진사의 豪 자 운에 차운하다] 350
[40. 최진사의 〈바위 곁에 사는 늙은이에게 주다〉에 차운하다] 351
[41. 촉석루에서 신청천의 시에 차운하다] 352
[42. 영수정사를 차운하다] 353
[43. 충효당 중수를 차운하다] 354
[44. 만취당 주인에게 지어 주다] 355
[45. 다음은 영수정 주인에게 지어 주다] 356
[46. 청부 동갑 친구 신내원에게 부쳐 보낸다] 357
[47. 또 부쳐 보낸다 중양절을 지어서] 358
[48. 달천재사에서 하는 모임에 거듭 만난 동갑인 멀리서 온 손님에게 헤어지면서 지어 준 시] 359
[49. 심참판이 부윤으로 있다가 떠남을 전송하다] 360
[50. 우리나라 이름난 자취를 차운하다] 361
[51. 반계의 최고운 머물렀던 곳에 새로 서재를 지은 것을 읊다] 362
[52. 경순왕 영정을 다시 모셔와 안치할 때 부윤 김상공 상집의 시에 차운하다] 364
[53. 부윤의 본래 시를 붙여 둔다] - 경주 부윤 김상집 365
[54. 한가할 때 게으르게 읊다-1] 366
[55. 한가할 때 게으르게 읊다-2] 367
[56. 서쪽으로 가는 노상에서 관란옹의 시에 차운하다] 368
[57. 금수 주인이 새집을 지은 데 차운하다] 369
[58. 표주박 은자의 초가집 벽 시에 차운하다] 370
[59. 와룡초당 벽 시에 차운하다] 371

[60. 관란옹의 시에 차운하다-1] 372
[61. 관란옹의 시에 차운하다-2] 373
[62. 꽃 시내 버들과 친하게 지내는 지잠옹을 차운하다] 374
[63. 최전적의 영진을 축하한 시에 차운하다] 376
[64. 벗 최백익이 읊은 도덕암을 차운하다] 377
[65. 관란옹의 시에 차운하다] 378
[66. 혼자서 마음 달래다] 378
[67. 관란옹이 지은 무장암 시에 차운하다] 379
[68. 육의당 벽에 있는 시에 차운하다] 380
[69. 노을 진 시내 근처 언덕에 집을 지은 백로] 381
[70. 관란옹에게 지어 보내다] 382
[71. 선조 남포공 정충각 건립에 대한 감회를 읊다] 383
[72. 성균관 유생 친구들이 나의 아우에게 축하해 써 준 시에 차운하다-1] 385
[73. 성균관 유생 친구들이 나의 아우에게 축하해 써 준 시에 차운하다-2] 386
[다음은 당나라 시 가운데서 15수를 골라 묶다] 387
[74. 농부의 집 가을 흥취] 387
[75. 송별] 388
[76. 소무묘] 389
[77. 땅에 묻어 죽이는 일이 다서 도래하여 천태종 성지에는 이제 신선을 다시 볼 수 없구나] 390
[78. 구구절에 높은 산에 오르다] 392
[79. 주련사를 보내고 공산의 봉우리로 돌아오다] 393
[80. 학최루] 394
[81. 일본 승려 지장에게 지어 주다] 395
[82. 동쪽으로 돌아가는 도중에 짓다] 396
[83. 상강 가운데서 진사 교후를 보다] 397
[84. 손님을 보내고 강주로 돌아오다] 398
[85. 한식날 혼자서 마음 달래다] 399
[86. 장안으로 가는 도중에 짓다] 400
[87. 한유에게 부쳐 보내다] 401
[88. 이단을 웃다] 402
[89. 금수축단에 차운하다] 403
[90. 영덕 신종환 군 감회에 차운하다-1] 404
[91. 영덕 선종환 군 감회에 차운하다-2] 406
[92. 영덕 신종환 군 감회에 차운하다-3] 407
[93. 오천군수 이과를 이별하면서 지어 준 시] 408
[94. 옥산서원에 임금의 제사가 내렸을 때 읊다] 409
[95. 명곡 벗 최노첨의 새집을 차운하다] 410
[96. 노을 진 시내 언덕에 집을 짓고 있는 늙은이에게 지어 보낸다] 411

[97. 권부정이 지은 죽림공과 여섯 신하의 순절에 대한 감회의 시에 차운하다] 412
[98. 골을 열고 결혼 육십 주년 축하연을 가진 매호공의 시에 추모하여 차운하다] 413
[99. 노을 속 늙은이 용회를 차운하다] 414
[100. 최우후의 순절을 감회하여 차운한다] 415
[101. 혼자서 마음 달랜다] 416
[102. 명곡 벗 최노첨의 치에 차운하다] 417
[103. 환란옹의 섣달그믐날 밤을 차운하다-1] 418
[104. 관란옹의 섣달그믐날 밤을 차운하다-2] 419
[105. 관란옹의 입춘에 높은 곳에 오름에 차운하다] 420
[106. 스스로 마음 달래다] 421
[107. 반계 이석사에게 지어 보내다] 422
[108. 흥해군수 관아에서 '책력 하사'에 대해 차운하다] 423
[109. 원래의 실를 붙여 둔다] 424
[110. 경절공 상소문이 《국조보감》에 실려 있어 그 느낌을 시로 짓다] 426
[111. 이하 양춘당 수연을 차운하다] 427
[112. 신내원의 난초에 이어 읊다] 428
[113. 무장암에서 묵언 중인 승려에게 지어 주다] 429
[114. 만귀정 밤놀이에 차운하다] 430
[115. 세덕사 봉안 때 차운하다] 431
[116. 객사 중수를 읊다] 432
[117. 성학사의 〈만귀정에서 놀다〉를 차운하다] 433
[118. 성학사의 원래 운을 붙여 둔다] - 성학사 435
[119. 다시 天 자로 운을 밟아 지어 성학사에게 보내다] 435
[120. 천곡사에서 흥해군수 성학사와 벗들 이함창 경순, 정상사 용해, 벗 이대유, 이상사 대집이 문회를 열어 술 마시고 시를 지었다-1] 436
[121. 천곡사에서 흥해군수 성학사와 벗들 이함창 경순, 정상사 용해, 벗 이대유, 이상사 대집이 문회를 열어 술 마시고 시를 지었다-2] 438
[122. 성학사의 원운을 덧붙여 둔다] - 성학사 439
[123. 성학사에게 지어 보내다] 440
[124. 성학사가 和韻한 것을 붙여 둔다] - 성학사 441
[125. 전운으로 다시 밟아 성학사를 만나 드리다, 작은 서문을 덧붙여] 442
[126. 성학사에게 드리다] 443
[127. 제야에 속마음을 풀어 성학사에게 지어 보낸다] 444
[128. 여러 가지를 여덟 수 읊어 성학사에게 보냄-1] 445
[129. 여러 가지를 여덟 수 읊어 성학사에게 보냄-2] 446
[130. 여러 가지를 여덟 수 읊어 성학사에게 보냄-3] 447
[131. 여러 가지를 여덟 수 읊어 성학사에게 보냄-4] 448
[132. 여러 가지를 여덟 수 읊어 성학사에게 보냄-5] 449

[133. 여러 가지를 여덟 수 읊어 성학사에게 보냄-6] 450
[134. 여러 가지를 여덟 수 읊어 성학사에게 보냄-7] 451
[135. 여러 가지를 여덟 수 읊어 성학사에게 보냄-8] 452
[136. 성학사의 원효암에 차운하다] 453
[137. 성학사가 먼저 지은 시를 붙여 둔다] - 성학사 454
[138. 산속 암자에서 마음을 풀어 쓴 시 두 편을 성학사에게 부쳐 보낸다-1] 455
[139. 산속 암자에서 마음을 풀어 쓴 시 두 편을 성학사에게 부쳐 보낸다-2] 456
[140. 산방에서 마음을 달래면서 지어 관란옹에게 준다] 457
[141. 밝은 시를 골라서 深 자를 얻었다] 458
[142. 설날을 읊은 시를 골라 읽고 春 자 운을 얻었다] 459
[143. 혼자서 마음 달래다] 460
[144. 집을 떠나 머무르던 중 하루는 들었다 어버이 편지에 불길한 기별을 슬픈 마음으로 읊어 마음을 푼다] 461
[145. 당시를 집어 期 자 韻을 얻어 내 마음을 풀어 본다] 462
[146. 당시를 집어 依 자 韻을 얻어 종형을 추억하며 마음을 풀어 본다] 463
[147. 당시를 집어 城 자 韻을 얻어 관란옹에게 지어 준다] 464
[148. 집 떠나 있는 중 이 시를 지어 성학사에게 부쳐 보낸다] 465
[149. 곡강의 '망진루' 벽에 있는 성학사의 시를 차운하다] 466
[150. 성학사를 송별하다] 467
[151. 명고 정승선 영정 봉안 때 차운하다] 468
[152. 눈 내리는 정자라는 시를 지어 동갑 친구 이대유에게 부쳐 보내다] 469
[153. 족숙 춘와옹의 시에 차운하다] 470
[154. 반계 최광견이 보내온 시에 두 수를 차운하다-1] 471
[155. 반계 최광견이 보내온 시에 두 수를 차운하다-2] 472
[156. 은거하며 마음 달래지어 반계옹에게 주다] 473
[157. 춘와옹의 시에서 痾 자를 차운하다] 474
[158. 벗 최노첨이 부쳐 보내온 시에 차운하다] 475
[159. 정호당의 시를 습득하여 차운하다] 476
[160. 정호당이 지은 시를 붙여 둔다] - 정호당 478
[161. 떠돌다가 남달숙 형을 우연히 만나 시를 주고받다] 479
[162. 남산의 빙허루 벽에 있는 시에 차운하다] 480
[163. 기축년 삼월 평민들의 장수를 축하하는 자리, 남상사의 시에 차운하다] 481
[164. 같은 해 오월 성호동에서 수연 중에 읊다] 482
[165. 엽산 족숙에게 드림] 483
[166. 새해 아침을 읊다] 484
[167. 부윤 이상공 병정을 송별하다] 485
[168. 언양 적산사를 차운하다] 486
[169. 구산사에 처음 향사를 지낼 때를 차운하다] 487

[170. 두릉사에 처음 향사를 지낼 때를 차운하다] 488
[171. 동래 송선생 충렬사 감회를 차운하다, 강진 조석사 규운 문보에게 주다] 489
[172. 조석사가 동래 부사에게 준 것을 차운하다] 490
[173. 혼자 마음 달래다] 491
[174. 당시 칠언 시어를 집어 들어 乎 자 운을 골라 시를 짓다] 492
[175. 관란옹의 시에 차운하여 두 수 읊다-1] 493
[176. 관란옹의 시에 차운하여 두 수 읊다-2] 494
[177. 부윤 민상공 태혁 비각 감회를 차운하다] 495
[178. 남산 빙허루에서 山 자를 차운하다] 496
[179. 군자 최안견이 보내온 것에 차운하다] 497
[180. 익동의 여러 노인들께 짧은 서문과 함께 시를 지어 부쳐 보내다] 498
[181. 영덕 김군 정욱 숙문의 시에 차운하다] 499
[182. 임금께서 지으신 〈무신년 봄〉이란 시에 엎드려 차운하다] 500
[183. 아름다운 '암서재' 벽에 있는 시에 차운하여 주인에게 주는데, 노력하라는 뜻을 겸하여 보인다] 502
[184. 도동산 연못 정자를 차운하다] 503
[185. 서악서원에서 모임을 하던 중, 류척 지잠옹이 부쳐 보낸 시에 차운하다] 504
[186. 죽림 권공께서 복직하시어 그 느낌을 읊어 권군 종락에게 주다] 505
[187. 남독우 중은과 이정언 이수, 남석사 댁의 두 학사가 네 고을을 돌며 시문을 주고받은 것을 차운하여 명곡 벗, 최노첨이 은거하고 있는 집에 보내다] 506
[188. 칠언사운-1] 507
[189. 칠언사운-2] 508
[190. 칠언사운-3] 509
[191. 칠언사운-4] 510
[192. 칠언사운-5] 511
[193. 칠언사운-6] 512
[194. 동갑 친구 최사후에게 지어 주다] 513
[195. 경술년 중춘에 부윤 임상공에게 지어 드리다] 514
[196. 탄생의 경사를 축하하면서 시를 지어 임상공에게 드리며 작은 서문도 첨부한다] 515
[197. 공경히 번암이 임금의 시에 화답한 시를 차운하다] 517

V. 만사
[1. 이상사 신목의 죽음을 슬퍼하다] 520
[2. 내산 니포 족숙을 위해 만사를 짓다] 521
[3. 항와를 위해 만사를 짓다-1] 522
[4. 항와를 위해 만사를 짓다-2] 523
[5. 오계의 죽음에 만사를 짓다] 524
[6. 대산의 죽음에 만사를 짓다] 525

[7. 운정 천전의 이씨 어른의 죽음에 만사를 짓다-1] 526
[8. 운정 천전의 이씨 어른의 죽음에 만사를 짓다-2] 527
[9. 운정 천전의 이씨 어른의 죽음에 만사를 짓다-3] 527
[10. 운정 천전의 이씨 어른의 죽음에 만사를 짓다-4] 528
[11. 운정 천전의 이씨 어른의 죽음에 만사를 짓다-5] 528
[12. 운정 천전의 이씨 어른의 죽음에 만사를 짓다-6] 529
[13. 운정 천전의 이씨 어른의 죽음에 만사를 짓다-7] 530
[14. 남산에 임씨 인척 어른 죽음에 만사를 짓다] 530
[15. 곡강 최진사 천익의 죽음에 만사를 짓다] 532
[16. 선동에 이군 퇴이의 죽음에 만사를 짓다] 533
[17. 안덕에 권상사 옥경씨 어른 죽음에 만사를 짓다] 534
[18. 이온양 어른의 죽음에 만사를 짓다] 535
[19. 인척형 남참봉 죽음에 만사를 짓다] 536
[20. 청송에 동갑 친구 신내원의 죽음에 만사를 짓다] 537
[21. 향단 일가 아재 죽음에 만사를 짓다] 538
[22. 입암에 권신여 군의 죽음에 만사를 짓다] 539
[23. 익동에 살던 남달숙 형의 죽음에 만사를 짓다] 540
[24. 동갑내기 친구 이중찬의 죽음에 만사를 짓다] 541
[25. 안골에 청도 족형의 죽음에 만사를 짓다] 542
[26. 청송에 권상사 여화 씨 어른 죽음에 만사를 짓다] 543
[27. 이참판의 죽음에 만사를 짓다] 544
[28. 사촌 형님의 죽음에 만사를 짓다-1] 545
[29. 사촌 형님의 죽음에 만사를 짓다-2] 546
[30. 사촌 형님의 죽음에 만사를 짓다-3] 547
[31. 사촌 형님의 죽음에 만사를 짓다-4] 548
[32. 사촌 형님의 죽음에 만사를 짓다-5] 549
[33. 사촌 형님의 죽음에 만사를 짓다-6] 550
[34. 사촌 형님의 죽음에 만사를 짓다-7] 550
[35. 단양에 동갑 친구 이경보의 죽음에 만사를 짓다-1] 551
[36. 단양에 동갑 친구 이경보의 죽음에 만사를 짓다-2] 552
[37. 설정 동갑나기 벗 이군 대유의 죽음에 만사를 짓다] 553

[동산옹 시 두루마리 끝에 장난스레 적는다 - 반계노인] 555

부록
I. 漢詩 作法
1. 漢詩의 理解 559
2. 近體詩의 理解 560

3. 近體詩의 種類 560
4. 5言, 7言의 공통의 意味 단락 560
5. 四聲의 理解 561
6. 起, 承, 轉, 結 562
7. 絶句와 律詩, 五言과 七言의 구분 562
8. 押韻 563
9. 五言絶句 平仄規則 564
10. 七言絶句 平仄規則 565
11. 五言律詩 平仄規則 565
12. 七言律詩 平仄規則 567
13. 蜂腰와 鶴膝 568
14. 對偶法 569
15. 疊字 不許 569
16. 疊意 不許 569
17. 律詩에서 題目(詩題) 글자의 처리 570
18. 기타 참고 사항 570
19. 添言 570
20. 전국 漢詩백일장 안내 570

Ⅱ. 譯者 自作詩
1. 5언 절구 573
2. 7언 절구 574
3. 5언 율시 575
4. 7언 율시 576
5. 고체시 577

Ⅲ. 각종 사진첩
1. 書百堂 580
2. 觀稼亭 580
3. 東江書院 581
4. 旌忠閣 581
5. 樂善堂 582
6. 丹湟祠 582
7. 작자 東山 孫升九 公의 묘소 583

참고문헌 584

譯者 序文

이 《東山詩稿》는 나의 8대조이신 東山翁 할아버지께서 지어 남기신 것이다. 할아버지께서는 영·정·순조 시대에 걸쳐 處士詩人으로 평생을 사셨던 분이시다. 정조 때 여러 고관과 대제학을 지내신 당대 최고의 문인이셨던 이계 홍양호 公께서 東山翁을 '嶠南(嶺南)名士'라 칭하시고, 할아버지 詩에 대한 평가를 이 시집 서문에 친필로 남기셨다.

지금으로부터 약 12~13년 전에 교직에 재직 중이었던 내가 주말에 본가인 양동마을에 부모님을 뵈러 갔더니, 아버지께서 이 시집을 모 대학 모 교수에게 번역 의뢰하였다고 말씀하셨다. 그때 나는 이렇게 말씀드렸다. "그것 아마 안 될 겁니다. 漢詩를 번역하는 일이 신문 읽듯이 쉬운 것이 아닌데, 본업으로 바쁜 사람이 수천만 원, 수억 원의 고료가 생기거나, 이것을 연구해서 박사 학위라도 취득할 필요가 있으면 매달리겠지만, 시골 老人이 주는 기백만 원에 자기 시간을 들이지 않을 것입니다." 하고. 아니나 다를까 약 3~4년이 지나서 그 교수는 번역은 않고, 시집 원본과 영인본 몇 권을 주고는 돌아갔다.

나는 독일어 교사로 재직 중이던 2002~2003년간 방학 중 경상북도교육청이 개설한 한문 부전공 연수를 수료하여 2급 정교사 자격을 취득하였다. 이후 거의 곧바로 교감, 장학사, 교장으로 승진하였기에 학생들에게 한문을 가르친 적은 없었지만 내 삶에서 한문이 한층 깊숙이 자리 잡았다. 교직에선 1년에 두 번, 3월과 9월에 인사이동이 있다. 이때 친한 사이에 서로 승진과 영전 축하 인사를 나눈다. 대체로 蘭과 우체국 축전을 보낸다. 그런데 그 축전은 두세 가지 정해진 문구라서 받는 이로 하여금 아무런 감동을 주지 못한다. 나는 이때 스스로 지은 5언 절구 漢詩로 인사하였더니 반응이 참 좋았다. 그런데 이 계기는 앞서 그 부전공 연수에서 있었다. 스물세 분의 강사(교수 및 교사)님에게서 380시간을 공부했지만 自作 詩를 소개한 분은 없었는데, 딱 한 분 40대 후반으로 보이는 교사 강사께서 5언 절구 한 수를 선보이면서 自作한 것이라 했다. 나는 연수 중에도 줄곧 漢詩는 내가 공부를 아직 한참 더 하여 高手가 되면 그때 지어야지 하고 생각했었다. 그런데 저 젊은 교사가 詩를 짓다니. 그럼 나도 지금부터 지어야겠다고 생각하고 실천했던 것이다. 내가 축전으로 사용했던 漢詩들은 뒤에 부록에 부쳐 두었다.

내가 이 할아버지 詩稿 번역을 본격적으로 시작한 것은 2018년 8월 말 교직을 정년퇴직하고 先親이 사시던 양동 본가 樂善堂에 돌아와 살던 중 코로나 전염병으로 모두가 서로 접촉을 삼가고 거의 집에 머무를 때부터이다. 그 전에 교장으로 근무 중 시간이 날 때마다 앞에서 언급한 그 교수님이 남기고 간 영인본을 들고 번역을 시도해 보니 어려움이 많았다. 첫째, 원본이 手筆본인데 俗字가 많고 더구나 오래되어 글자 판독이 어려운 곳이 가끔씩 나왔다. 둘째, 내가 아직 律詩의 對偶法을 몰랐다. 나는 이것을 공부하기 위해 경주, 포항의 도서관을 뒤졌으나 제대로 설명한 책을 보지 못했다. 그러다가 퇴직 후 어떤 분의 소개로 漢詩 백일장에 두세 번 참가했을 때 그곳에서 파는 소책자에서 내가 찾던 답을 만났다. 그제야 7언 율시를 여러 편 지어 보았다. 그리고 東山翁 할아버지 시를 통해 제대로 漢詩 공부에 매진할 열망이 생겼다. 시 한 首 한 首를 내가 공부한 作法에 비추어 맞는지 검토하기 위해 平仄圖까지 그리고, 올바른 내용 이해를 위해 作者인 할아버지 생애를 族譜에서 참조하고, 번역은 우리말 시로 탈바꿈 없이 직역만 했다. 그리고 나의 감상문을 붙였다. 이것을 컴퓨터로 작업해 놓고 보니 시 한 수가 제대로 이해된 듯하여 기쁨이 생겼다. 이 기쁨이 556首나 되는 시집 전체를 完譯하는 동력이 되었다. 이 결과는 비록 誤譯이 적잖이 있겠지만 부족한 실력으로 남의 도움이나 교정 지도 없이 혼자 하였기에 가슴 뿌듯하고, 나보다 수준이 낮은 학습자에게는 좋은 길잡이가 되겠다 싶어 인쇄하여 頒布하기에 이르렀다.

東山翁 할아버지께서는 경주의 名門 孫氏家에서 양민공 손소 公의 10대손, 경절공 우재 손중돈 公의 9대손, 낙선당 손종로 公의 5대 胄孫으로 태어나 학문을 익히셨는데, 家弟인 손정구 공과 조카 손성열 공 그리고 從兄 손용구(희일) 공이 모두 생원 진사인 가운데, 당신께서는 處士로 오로지 詩와 流浪으로 많은 선비들과 교유하면서 84세를 사시면서 이 詩稿를 남기셨다. 그 8대 胄孫인 내가 힘써 완역하여 먼저 할아버지 산소에 올리게 되니 참으로 감격스럽다. 부족하거나 잘못된 점은 讀者 여러분들이 일깨워 주시기를 고대하면서 이 글을 마친다.

2023. 8.
東山翁 8代 胄孫 少負 孫昌浚 쓰다.

耳溪¹⁾老人序

月城²⁾孫斯文³⁾升九⁴⁾嶠南⁵⁾名士也曩余尹月城君年尙少己有文辭名及余西還⁶⁾二十年送示其詩稿一卷五七律絶各體俱備渾法⁷⁾乎其氣鍠鏴乎其響絶異尖碎儇薄之態可驗其性情之芨⁸⁾和平疎朗積之也厚出之也不錫於以見東都風化之有源而恃不能致之吉士之庭以鳴國家之聲也遂題其卷首以歸之

　甲寅仲春耳溪老人

이계노인 서문

　경주에 사는 유학자 손승구는 교남의 이름난 선비이다. 지난날 내가 경주 부윤을 지낼 적에 군의 나이는 오히려 나보다 어렸지만 문장과 시를 짓는 능력이 있어 이름이 나만큼이나 되었다. 고향으로 돌아온 지 20년이 지나 군이 나에게 자기 시고 한 권을 보내어 보였는데, 5언, 7언 율시와 절구들인데, 모두 은유법을 갖추었지 않은가! 그 기세의 울림은 금옥 소리 같지 않은가! 그 음향이 월등하게 뛰어나고 작게 부수고 영리하게 엷게 한 모양이 그의 성정이 난초와 같음을 입증하여, 화평하고 맑고 시원함은 쌓여 있고 두터움이 드러나 있었다. 경주의 풍습이 잘 교화된 데는 근원이 있음을 본 것만으로는 주지 않겠으나,⁹⁾ 나를 믿었는데 이루지 못하면, 집안의 좋은 선비들을 동원해서 온 나라를 시끄럽게 할 것이라, 마침내 그 책머리에 머리말을 써서 돌려주노라.

갑인년 봄이 한창일 때 이계노인

---

1) 耳溪, 洪良浩의 호, 1724~1802, 충남 천안 출생, 조선 후기 문신. 이조판서, 홍문관, 예문관 양관 대제학, 판중추부사. 학문과 문장이 뛰어나 《이계집》 37권 외에 많은 저술을 남겼다. 문장이 바르면서 숙련되고 법칙이 있어서 당시 조정의 신료 중에 따를 사람이 없다는 평을 받았다.
2) 月城, 경주의 옛 이름
3) 斯文, 유학자
4) 孫升九, 본 詩稿의 작자. 1724~1808년(영조, 정조, 순조), 處士 詩人, 號는 東山
5) 嶠南, 영남
6) 西還, 고향인 천안으로 돌아옴을 말한다.
7) 渾法, 시에서 사용하는 은유법
8) 芨, 대왕풀, 난초과에 속하는 다년초
9) 내가 경주 부윤을 지낸 인연만으로는 서문을 써 주지 않겠으나

東山詩稿 작자 東山翁께서 손수 엮어 남기셨다

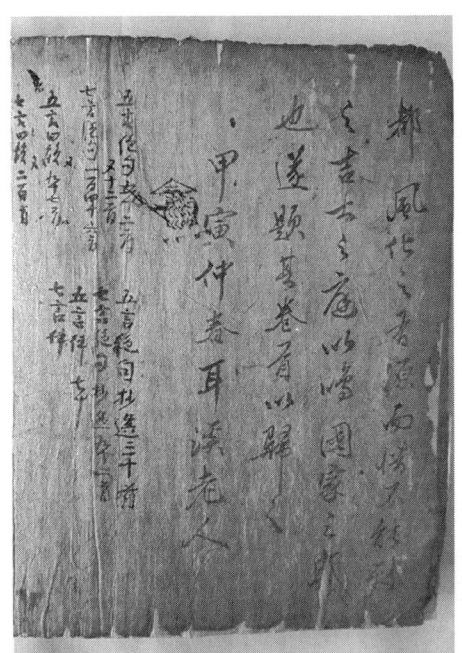

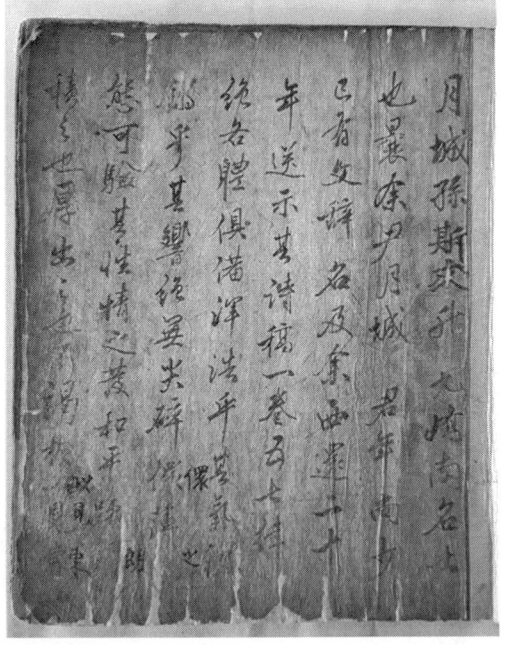

耳溪老人序 이계 홍양호(이조판서, 대제학) 公께서 《동산시고》를 직접 보시고 친필로 서문을 지어 보내셨다

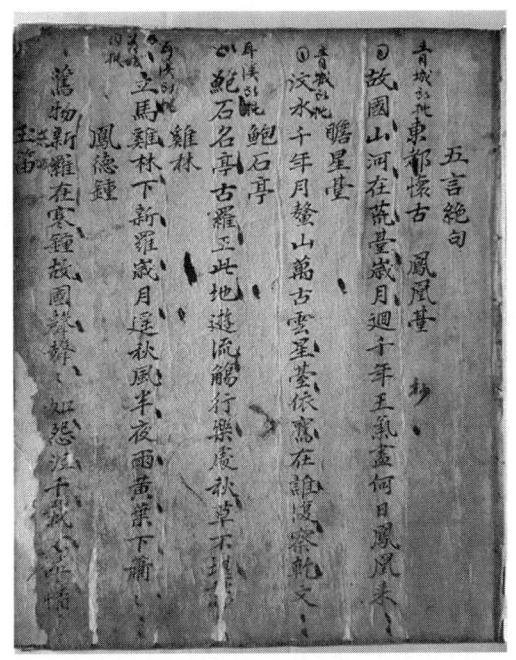

본문 중 한 모습 작자 동산옹의 친필을 볼 수 있다

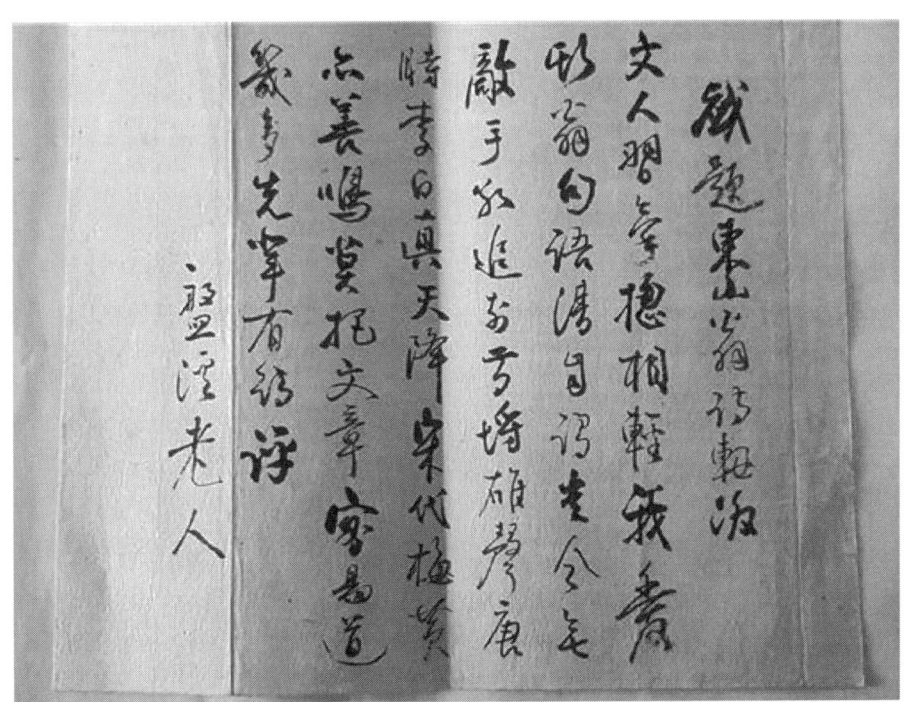

盤溪老人跋 詩稿 끝부분에 동산옹의 벗 경주에 살았던 최광견 翁이 쓴 것인데,
원본이 너무 낡아 판독이 어려워, 50년 전 경주의 유학자 이원학 翁께서 새로 옮기셨다

일러두기

1. 이 시고에는 5언 절구 52수, 7언 절구 149수, 5언 율시 121수, 7언 율시 197수, 輓詞 37수가 순서별로 수록되어 있어, 그 순서대로 국역하였다.

2. 漢詩는 여러 가지 규칙적 제약을 지키면서 가장 효과적인 글자를 찾아내어 구성하여 자기의 뜻을 표현하는 문학이기 때문에, 국역을 함에 있어 우리나라 자유시처럼 다듬는 손질을 하지 않고 직역을 하였다. 이것이 이 책을 통해 한시를 공부하는 사람들에게 더 도움이 될 것이다.

3. 작자 東山 先祖께서는 영·정·순조 시대 경주에서 84세까지 살면서 동·서·남·북 여러 지방을 유람하면서 많은 선비들과 교유하였기에, 당시 각 지방의 名勝古蹟이 詩 속에 등장하여 오늘날과 비교해 볼 수 있는 약간의 근거가 발견된다.

4. 모든 시에 [감상]을 붙였다. 詩는 산문과 달리 많은 어휘를 생략하고, 사용한 어휘도 비유와 상징으로 표현하기 때문에 이해하기 매우 어렵다. 그래서 한시를 공부하는 사람들 사이에 '남의 시 한 편을 이해하는 것이 자기 시 한 편을 짓는 것보다 어렵다'는 말이 있다. 잘 이해할 수 있도록 쓰는 글이 記事文이다. 그것은 육하원칙을 이룬다. 시를 올바로 이해하자면 이 육하원칙을 찾아내야 한다. 역자는 가능한 한 이것을 밝혀내고자 노력했고, 이를 바탕으로 번역하였다. 이것을 담은 것이 [감상]이다. 먼저 작시 규칙에 맞는지 평측도를 그려 살폈다. 벗어난 것은 모두 밝혔다. 어려운 어휘는 설명을 달았다. 작시 배경을 최대한 유추하였다. 그리고 율시인 경우 대우법을 다시 한번 살펴 음미하였다.

5. 이 책을 통해 한시를 공부할 후배들을 위해 [부록]에 한시의 유래, 한시 작법, 그리고 역자 자작시를 몇 수 덧붙였다. [부록]을 먼저 보고 본문을 보면 이해를 더 잘할 수 있고, 독자의 한시 공부도 더 순조로울 것이다.

I.
5언 절구

[東都懷古]

東都는 고려시대 이래 경주를 일컫던 말이다. 옛 신라를 생각하며 지은 아래 여섯 首가 이어진다.

[1. 鳳凰臺]

故國山河在 荒臺歲月廻

千年王氣盡 何日鳳凰來

[봉황대]

옛 나라 산하는 그대로고

황폐한 대엔 세월만 오고 가네

천년 왕기는 다했으니

어느 날 봉황이 올꼬

何	○	千	○	荒	○	故	●	
日	●	年	○	臺	○	國	●	鳳
鳳	●	王	○	歲	●	山	○	凰
凰	○	氣	●	月	●	河	○	臺
來	○	盡	●	廻	○	在	●	

[감상] 모든 규칙에 맞다. 신라 천년 폐허의 모습과 허무함이 잘 드러나 있다. 봉황대는 경주에 있는 신라 왕릉급 대형 무덤 중에서도 가장 크고 아름다운 고분이다. 이 고분의 墓主를 대략 추정하면 서기 500년 전후 자비 마립간부터 지증왕 사이쯤의 왕이나 왕족급 무덤으로 본다. 조선시대에는 이것을 무덤이라 생각지 못했다. 봉황대로 명명한 것이 언제인지는 모르나 풍수지리적 사상에서 나왔다고 한다.

[2. 瞻星臺]

汶水千年月 鰲山萬古雲

星臺依舊在 誰復察乾文

[첨성대]

서천에는 천년 달이 떴고
남산에는 만고 구름이 흐르네
첨성대는 옛 모습 그대로인데
어느 누가 다시 천문을 살피랴

誰	○	星	○	鰲	○	汶	●	
復	●	臺	○	山	○	水	●	瞻
察	●	依	○	萬	●	千	○	星
乾	○	舊	●	古	●	年	○	臺
文	○	在	●	雲	○	月	●	

[감상] 모든 규칙에 맞다. 汶水는 서천, 鰲山은 남산이다. 乾文은 하늘의 별자리이다. 자연은 변함없이 흐르고 반복되며, 돌로 된 첨성대의 모습은 그대로이지만, 그 옛날 천문을 보던 일관은 다시 볼 수 없다. 인간의 歷史는 너무나 쉽게 변하여 자취조차 찾기 어렵다. 絶句는 起, 承, 轉, 結로 흐름을 이어 나가는데, 그중 특히 轉, 結 부분이 詩題에도 맞으면서 멋과 맛이 있어야 한다. 그런 점에서 잘되었다.

[3. 鮑石亭]

鮑石名亭古　羅王此地遊
流觴行樂處　秋草不堪憂

[포석정]

포석이란 이름난 정자는 오래되었으니
신라왕이 이곳에서 놀았네
잔을 띄워 즐기던 곳
가을 풀도 시름을 견디지 못하네

秋	○	流	○	羅	○	鮑	●	
草	●	觴	○	王	○	石	●	鮑
不	●	行	○	此	●	名	○	石
堪	○	樂	●	地	●	亭	○	亭
愁	○	處	●	遊	○	古	●	

[감상] 모든 규칙에 맞다. 鮑石은 돌로 전복처럼 만든 것이다. 行樂, 잘 놀고 즐겁게 지냄. 起, 承, 轉, 結이 자연스럽고, 結句에서 계절이 가을임을 알 수 있고, 작자의 심정이 풀에 잘 이입되었다.

[4. 雞林]

立馬雞林下 新羅歲月遙
秋風半夜雨 黃葉下蕭蕭

[계림]

계림 아래에 말을 세우니
신라 세월이 멀기만 하네
가을바람 한밤중에 비까지 내려
누런 잎 우수수 떨어졌구나

黃	○	秋	○	新	○	立	●	
葉	●	風	○	羅	○	馬	●	雞
下	●	半	●	歲	●	雞	○	林
蕭	○	夜	●	月	●	林	○	
蕭	○	雨	●	遙	○	下	●	

[감상] 제3구에 下三仄이 보이고, 下가 疊이다. 제3구 半夜, 한밤중, 한밤의 반. 제4구 蕭蕭, 나뭇잎이 떨어지는 소리. 제1구, 경주의 첨성대 근처에 있는 雞林은 신라 건국왕인 박혁거세의 출생지이다. 왕릉, 서원, 충렬비각 등에는 입구에 下馬碑가 있다. 지나는 사람은 여기서부터 말에서 내려야 한다. 어느 가을날 밤바람 불고 비가 내린 후, 계림을 지나던 작자의 눈에 비친 모습을 잘 스케치했다.

[5. 鳳德鐘]

舊物新羅在　寒鐘故國聲

聲聲如怨泣　千載母呼情

[봉덕종]

신라의 오래된 물건이 있으니

차가운 종소리 옛 나라에 울렸더라

소리마다 원망해서 우는 듯하였으니

천년 동안 어머니를 부르는 정

千	○	聲	○	寒	○	舊	●	
載	●	聲	○	鐘	○	物	●	鳳
母	●	如	○	故	●	新	○	德
呼	◐	怨	●	國	●	羅	○	鐘
情	○	泣	●	聲	○	在	●	

[감상] 모든 규칙에 맞다. 봉덕종은 정식명이 성덕대왕신종이며 국보 제29호이다. 또 다른 이름은 에밀레종이다. 이 종에는 인신 공양 전설이 있다. 즉 종 주조 시에 어린아이를 넣었다는 것이고 그 아이 이름이 봉덕이라고 한다. 그래서 종을 치면, 그 아이가 어머니를 원망해서 "어미의 탓이다"가 "에밀레"로 들린다는 것이다. 그래서인지 이 시 제3구에 怨 자가 보인다. 조선시대에는 경주 봉덕사에 걸려 있었는데 지금은 그 절이 없어지고 경주 박물관에 걸려 있다. 역사학계에서 정리한 글을 보면 이 인신 공양 전설은 20세기 초에 선교사에 의해 중국으로부터 들어왔다고 적혀 있는데, 이 시로 보면 그것이 아니고 조선시대에도 전해지고 있었음을 알 수 있다.

[6. 玉笛]

玉笛名千古　荒城異響傳

無聲蹤鳥□　□□□□□

[옥적]

옥피리 천년 옛 이름이여

거친 성에 이상한 울림을 전했네

소리 없이 새가 넘어 …

……

□	◑	無	○	荒	○	玉	●	
□	●	聲	○	城	○	笛	●	玉
□	●	踰	○	異	●	名	○	笛
□	○	鳥	●	響	●	千	○	
□	○	□	●	傳	○	古	●	

[감상] 先統 韻의 시인데, 역시 原本 훼손으로 판독 불가한 부분이 많아 전체 내용 해석이 불가하다. 신라 三寶로는 황룡사장육존상, 천사옥대, 황룡사구층목탑이 있으며, 신라에는 三奇八怪가 또 있었다. 삼기는 金尺, 玉笛, 火珠이다. 여기서 옥적은 옥으로 만든 피리로 죽어서 용이 된 문무왕과 김유신 장군의 혼령이 합해져 신문왕에게 내려 준 '만파식적'이라는 전설이 있다. 화주는 선덕여왕이 지녔던 수정 돋보기로 햇볕을 비추면 솜에 불이 붙어 화주라고 불렀다. 신라 옥피리 2점과 분황사 탑에서 나온 돋보기는 현재 국립경주박물관에 보관돼 있다. 삼기에는 성덕대왕신종이 들어가기도 한다. '팔괴'는 경주의 아름다운 자연들로서 지금도 찾아볼 수 있는데 소개는 생략한다. 제2구, '거친 성'은 지금은 황폐해진 신라왕성 반월성을 말한다.

[7. 祇林五色花]

四月祇林寺 名花五色開

遊人看不足 欲去更遲回

[기림오색화]

사월의 기림사

이름 있는 꽃들이 색색이 피었네

놀러 나온 사람들 아직 실컷 보지 못했는데

떠나려니 돌리는 발걸음 더디구나

欲	●	遊	○	名	○	四	●	
去	●	人	○	花	○	月	●	祇
更	●	看	◐	五	●	祇	○	林
遲	○	不	●	色	●	林	○	五
回	○	足	●	開	○	寺	●	色

[감상] 모든 규칙에 맞다. 起, 承, 轉, 結의 흐름이 아주 典型이다. 특히 제3구가 轉답다.

[8. 雙桃樹]

庭有雙桃樹　春深灼灼紅

俄看紅萬地　開落任東風

[두 그루 복숭아나무]

뜰에 두 그루 복숭아나무가 있어

봄이 깊어지니 찬란히 붉구나

잠시 보니 땅이 온통 붉어

피었다 떨어진 것을 동풍이 쓸고 가네

開	○	俄	○	春	○	庭	○	
落	●	看	◐	深	○	有	●	雙
任	●	紅	○	灼	●	雙	○	桃
東	○	萬	●	灼	●	桃	○	樹
風	○	地	●	紅	○	樹	●	

[감상] 紅 자가 疊이다. 그러나 그 의미를 위해서 불가피해 보인다. 제2구 灼灼, 꽃이 찬란하게 핀 모양. 이 句가 마음에 든다.

[9. 獨樹花]

雨後春光好　分明獨樹花

落花時節是　恐有夜風多

[독수화]

비 온 후 봄빛 좋구나

독수화가 뚜렷하네

무릇 때가 되면 꽃은 떨어지나

밤바람 많을까 두렵네

恐	●	落	●	分	○	雨	●	
有	●	花	○	明	○	後	●	獨
夜	●	時	○	獨	●	春	○	樹
風	○	節	●	樹	●	光	○	花
多	○	是	●	花	○	好	●	

[감상] 歌, 麻 通韻이다. 花 자가 疊이다. 제2구는 두보의 시 〈愁〉에 "盤渦鷺浴底心性獨樹花發自分明(소용돌이에서 목욕하는 백로는 무슨 심성인가, 외로운 나무에 핀 꽃이 저절로 환하다)"라고 한 것에서 引用한 것 같다. '독수화'라고 따로 이름이 있는 것은 아니다. 그런데 두보와 작자가 나타내려고 한 것은 무엇일까? 두보는 학과 독수화를 동일한 것, 즉 세속을 초월한 고고함을 말하는 것 아닐까? 작자의 이 〈독수화〉란 시는 세속에서 구별되는 고고한 것이 夜風에 다칠까 걱정한다. 즉 독수화에 자신을 移入한 것 같다.

[10. 屛巖]

山開畫裡帳 面面紫藤花

始覺屛巖好 停笻日欲斜

[병풍바위]

산이 열려 그림 속 장막이네

사방이 자줏빛 등꽃이로다

비로소 알겠네 병암이 좋은 줄

지팡이 멈추니 해는 지려 하네

停	○	始	●	面	●	山	○	
節	○	覺	●	面	●	開	○	屏
日	●	屏	○	紫	●	畵	●	巖
欲	●	巖	○	藤	○	裡	●	
斜	○	好	●	花	○	帳	●	

[감상] 제1, 2구는 相替簾이다. 屏巖은 경북 청송군 주왕산에 있다.

[11. 汶亭]

汶亭流水碧　宜浴又宜風

千載詠歸興　一般意味同

[물가 정자]

냇가 정자 흐르는 물 푸르네

마땅히 목욕하고 싶고 또 바람도 쐬고 싶네

그 옛날 읊으며 돌아온다는 흥취

하나같이 뜻은 같구나

一	●	千	○	宜	●	汶	●	
般	○	載	●	浴	●	亭	○	汶
意	●	詠	●	又	●	流	○	亭
味	●	歸	○	宜	○	水	●	
同	○	興	●	風	○	碧	●	

[감상] 제4구, 般이 蜂腰이다. 이 시를 읽으면 《논어》先進편이 생각난다. 그 끝부분에 비교적 긴 단락이 나오는데, 그 내용은 어느 날 공자가 그의 제자 네 사람, 자로, 증석, 염유, 공서화와 같이 있던 자리에서 "만약 어떤 사람이 너희들의 학덕을 알아준다면 어떻게 하겠느냐?"라고 묻자, 각자는 대답했는데, 공자는 그중에서 증석의 대답에 가장 기뻐하고 동의했다. 그의 대답은 "늦은 봄철에 봄옷이 만들어지거든 어른 대여섯 명과 아이들 육칠 명과 더불어 기수에서 목욕하고, 무에 올라 바람을 쐬고 노래를 부르다가 돌아오겠습니다."였다. 작자는 바로 汶亭에서 증석의 마음을 자신의 마음과 동일시한 것이다.

[12. 贈巖中老翁]

君是巖中士　幾年臥巖雲

巖雲無定處　徜作出峀雲

[바위로 둘러싸인 속에 사는 늙은이에게 지어 주다]

그대는 바위로 둘러싸인 속에 사는 선비가 맞다

몇 해 동안을 구름이 감싼 바위에 누웠으니

바위를 두른 구름은 정한 곳이 없으니

어정거리며 산굴에서 구름이 나오게 하네

徜	●	巖	○	幾	●	君	○	
作	●	雲	○	年	○	是	●	贈
出	●	無	○	臥	●	巖	○	巖
峀	●	定	●	巖	○	中	○	中
雲	○	處	●	雲	○	士	●	老

[감상] 시에 能한 작자가 이 시에서는 韻, 平仄, 簾, 疊字 등 작법 규칙을 여러 가지 어겼다. 왜 이렇게 지었을까? 이런 시를 받은 상대는 어떤 반응이었을까? 바위를 두른 구름이 정한 곳이 없듯이, 시의 정해진 규칙을 일부러 어겼을까?

[13. 鶴駕山]

放浪雞林客　來尋鶴駕山

千年廣興寺　卓出白雲間

[학가산]

방랑하는 계림 나그네

학가산을 찾아왔네

광흥사는 천년 세월

흰 구름 사이 높이 솟았네

卓	●	千	○	來	○	放	●	
出	●	年	○	尋	○	浪	●	鶴
白	●	廣	●	鶴	●	雞	○	駕
雲	○	興	●	駕	●	林	○	山
間	○	寺	●	山	○	客	●	

[감상] 제3, 4구는 相替簾이다. 학가산은 안동시 서후면, 북후면, 예천 보문면에 걸쳐 있는 산으로 학이 나는 형세라고 한다. 광흥사는 학가산에 있는 삼국시대 신라 의상대사가 창건한 사찰이다. 이 절에서 훈민정음 해례본, 월인석보 등의 문화재가 나왔다.

[14. 周王汲水峰]

汲水峰何處 僧指白雲層
此豈容人力 鬼儡亦未能

[주왕급수봉]

물을 긷는 봉우리는 어딘고
중이 가리키네 흰 구름 층계를
이 어찌 사람의 힘으로 되겠는가
귀신의 품을 사도 제대로 안 될 것 같네

鬼	●	此	●	僧	○	汲	●	
儡	○	豈	●	指	●	水	●	周
亦	●	容	○	白	●	峰	○	王
未	●	人	○	雲	○	何	○	汲
能	○	力	●	層	○	處	●	水

[감상] 제2구에서 指와 雲이 평측이 바뀌었다. 잠시 착각하신 걸까? 경북 청송군에 있는 주왕산에 **汲水峰**이 있는데, 하늘을 향해 불쑥 솟구친 바위의 모습이 전진하는 대함선의 뱃머리처럼 웅장하다. 여기에는 신라 선덕여왕 후계 시 추대된 김주원의 안타까운 사연이 전설로 전한다. 그는 쫓겨 급수봉으로 피신해 그 위에 궁궐을 짓고 식수를 얻기 위해 두레박으로 계곡물을 퍼 올렸다고 한다.

[15. 周王窟]

萬古周王窟 層崖四壁中
鴻濛肇開日 有意造化翁

[주왕굴]

아주아주 오래된 주왕굴
층층바위 언덕 네 벽 가운데 있네
홍몽에서 처음으로 열린 날
조물주의 뜻이 있었구나

有	●	鴻	○	層	○	萬	●
意	●	濛	○	崖	○	古	●	周
造	●	肇	●	四	●	周	○	王
化	●	開	○	壁	●	王	○	窟
翁	○	日	●	中	○	窟	●

[감상] 제3구 開, 제4구 化의 평측이 안 맞다. 왜 이러셨지? 제3구 鴻濛, 하늘과 땅이 아직 갈리지 아니한 모양. 청송 주왕산에 주왕굴이 있다. 주왕산은 지질학적으로 보면 중생대 말 남동쪽 어딘가에서 수차례의 화산 폭발이 있었고, 300도에서 800도에 이르는 끈적끈적한 화산재가 흘러 내려와 쌓이고 쌓여서 굳어져 주왕산이 되었다 한다. 주왕산은 2017년 유네스코 세계지질공원으로 지정되었다. 周王이란 이름과 주왕굴에는 다음과 같은 전설이 전한다.
당나라 때 스스로 주왕이라 칭하고 반란을 일으켰다가 패한 주도라는 사람이 주왕산으로 숨어 들어온 뒤 당나라의 요청에 의해 신라 조정에서 마장군을 파견해 이 주왕을 토벌했다고 한다. 주왕굴은 바로 그가 숨어 지냈던 자연 동굴이다.

[16. 旗巖]

王去山猶在 旗巖半入雲
千年如昨日 釣氣尙餘痕

[기암]

왕은 갔으나 산은 오히려 남아 있고

깃발을 꽂았던 바위는 반쯤 구름 위에 솟았네

천년 세월도 어제 같으니

낚시하던 기운은 아직도 흔적 남겼네

釣	●	千	○	旗	○	王	○	
氣	●	年	○	巖	○	去	●	旗
尙	●	如	○	半	●	山	○	巖
餘	○	昨	●	入	●	猶	○	
痕	○	日	●	雲	○	在	●	

[감상] 文, 元 通韻이다. 모든 규칙에 맞다. 旗巖이란 이름은, 당나라의 요청을 받은 신라가 마일성 장군의 5형제를 보내어 주왕을 섬멸할 때, 주왕산에서 가장 잘 보이는 봉우리에 깃발을 꽂아 표시하였다고 붙인 이름이다.

[17. 自遣]

不向長安久 星霜已十周

功名分外事 看鏡髮先愁

[혼자 마음 달래다]

한양 쪽으로 쳐다보지 않은 지 오래되어

세월은 이미 십 년이 지났네

공명은 분수에 넘치는 일이라

거울을 보니 머리털이 먼저 슬퍼하네

看	◐	功	○	星	○	不	●	
鏡	●	名	○	霜	○	向	●	自
髮	●	分	◐	已	●	長	○	遣
先	○	外	●	十	●	安	○	
愁	○	事	●	周	○	久	●	

[감상] 모든 규칙에 맞다. 제1구 長安, 서울을 일컬음. 제2구 星霜, 세월. 과거 시험에 뜻을 접고 늙어 가는 시골 선비의 自慰이다.

[18. 詠雪]

玉屑千山積 瓔葩萬樹連

俄看深一尺 □□驗豐年

[눈을 읊다]

옥 같은 가루가 온 산에 쌓여

아름다운 꽃으로 온 나무가 이어졌네

얼핏 보아도 깊이가 일 척이니

□□ 풍년임을 알겠네

□	◐	俄	○	瓔	○	玉	●	
□	●	看	◐	葩	○	屑	●	詠
驗	●	深	○	萬	●	千	○	雪
豐	○	一	●	樹	●	山	○	
年	○	尺	●	連	○	積	●	

[감상] 先統 韻의 시인 것 같은데, 原稿가 훼손되어 인식할 수 없는 부분이 있다. 아마 農事, 秋獲 등이 아닐까?

[19. 謝村翁送醪]

舊瓮新醅盡 村翁送酒來

一醉三盃酒 春光面上廻

[시골 늙은이가 막걸리를 보내와서 감사하다]

낡은 독에 새 술이 다 떨어졌는데

시골 늙은이가 술을 보내왔네

석 잔 술에 한번 취하니

봄빛이 얼굴에 올라 돌고 있네

春	○	一	●	村	○	舊	●	
光	○	醉	●	翁	○	瓮	●	謝
面	●	三	○	送	●	新	○	村
上	●	盃	○	酒	●	醅	○	翁
廻	○	酒	●	來	○	盡	●	送

[감상] 제2, 3구 사이에 簾이 없다. 술을 무척 좋아하는 작자이다. 結句가 재미있다. 술에 취한 얼굴을 봄 햇살 탓으로 돌린다.

[20. 除夕]

今夕是除夕 新年此夜廻

酒闌人盡醉 春意滿深盃

[섣달 그믐밤]

오늘 밤이 바로 섣달 그믐 밤이다

새해가 이 밤으로 돌아온다

마음껏 마시고 모두가 취해

춘의가 술잔 가득 넘친다

春	○	酒	●	新	○	今	○	
意	●	闌	○	年	○	夕	●	除
滿	●	人	○	此	●	是	●	夕
深	○	盡	●	夜	●	除	◐	
盃	○	醉	●	廻	○	夕	●	

[감상] 모든 규칙에 맞다. 제4구 春意, 이른 봄에 만물이 피어나는 기분, 남녀 간의 정욕. 옛사람들도 한 해를 흠뻑 취해 보냈음을 알 수 있다.

[21. 訪崔友魯瞻寓庄未遇留贈]

野老尋山日 山翁出野時

惜然歸去路 留贈五言詩

[농막에 머무는 벗 최노첨을 찾아갔는데, 그를 만나지 못하고 머물다가 시를 남겼다]

들의 늙은이 산을 찾아간 날

산에 늙은이는 들로 나온 때구먼

안타까워 돌아가는 길에

오언시를 머물다 남겼네

留	○	惜	●	山	○	野	●	
贈	●	然	○	翁	○	老	●	訪
五	●	歸	○	出	●	尋	○	崔
言	○	去	●	野	●	山	○	友
詩	○	路	●	時	○	日	●	魯

[감상] 野가 疊이지만, 이 시에서는 그래야만 의미가 살아난다. 제목에서 寓庄은 농막 같은 데서 한 시절 잠시 머무르는 것을 말한다. 서로 길이 엇갈린 것을 간결하게 잘 묘사하였다.

[22. 贈曲江倅權學士橃-1]

宦海風波急 瞿塘在渡頭

倘從安泊處 最是曲江流

[곡강 원님 학사 권엄에게 주다-1]

바닷가에 벼슬하니 풍파가 급하여

놀라서 방둑을 보니 나루가 있네

마음대로 다니다 편안히 머무르는 곳

원님이 바로잡네 곡강의 풍속을

最	●	倘	●	瞿	○	宦	●	
是	●	從	○	塘	○	海	●	贈
曲	●	安	○	在	●	風	○	曲
江	○	泊	●	渡	●	波	○	江
流	○	處	●	頭	○	急	●	倅

[감상] 모든 규칙에 맞다. 제목에 있는 欕은 권학사의 이름이다. 곡강은 오늘날의 포항시 흥해읍을 말한다. 그러니까 곡강쉬는 흥해군수이다. 제2구 渡頭, 나루. 강가나 냇가 또는 좁은 바닷목의 배가 건너다니는 일정한 곳. 권학사는 작자의 오랜 벗이다. 바닷가 고을 원이 된 벗에게 마치 나루처럼 백성들이 믿고 편안히 쉴 수 있는 의지처가 되어 줄 것을 당부하고, 結句에서 流는 그곳 풍속일 것이다. 이를 또한 바로잡아 달라는 뜻이 담겨 있다고 본다. 이는 起句에서 말한 풍파가 급하다는 것의 반대 의미이다.

[23. 贈曲江倅權學士欕-2]

東山歸去路 立馬更遲回
春風花雨夕 倘把故人盃

[곡강 원님 학사 권엄에게 주다-2]

동산으로 돌아가는 길
말을 세우고 다시 돌아가기를 머뭇
봄바람에 꽃이 비에 젖는 저녁
친구의 술잔을 한껏 들고 싶네

倘	●	春	○	立	●	東	○	
把	●	風	○	馬	●	山	○	又
故	●	花	○	更	●	歸	○	
人	○	雨	●	遲	○	去	●	
盃	○	夕	●	回	○	路	●	

[감상] 제2, 3구는 相替簾이다. 권학사에게 연이어 지어 준다. 제1구, 東山은 작자가 살고 있는 지명이며 바로 자신의 號이다. 두 사람이 만나서 좋은 시간을 보내고, 집으로 돌아가는 길에 또 더 즐기고 싶은 미련이 배어난 詩이다.

[24. 贈曲江倅權學士欕-3]

晚景知音托 新知勝舊知
詩中無限意 留與使君知

[곡강 원님 학사 권엄에게 주다-3]

늦은 경치에 나를 알아주는 그대에게 의탁하니

새로 알았네 명승지 예부터 알고 있음을

시 속에는 무한한 뜻 있으니

더불어 머무르면서 그대로 하여금 알게 하겠네

留	○	詩	○	新	○	晚	●	
與	●	中	○	知	○	景	●	又
使	●	無	○	勝	●	知	○	
君	○	限	●	舊	●	音	○	
知	○	意	●	知	○	托	●	

[감상] 知가 疊인데, 일부러 이 글자를 4번이나 썼다. 제2구의 2번은 허용되는 경우이고, 제4구의 것은 支統의 다른 글자를 사용하여 韻을 맞추어야 하는데, 이것조차 어기면서 얻은 효과는 새로운 것이다.

[25. 寄贈曲江崔進士天翼-1]

雞林山月白 烏島海雲晴

此時同悵憶 無限故人情

[곡강의 최진사 천익에게 부쳐 보내다-1]

계림에는 산 달이 밝고

오도에는 바다 구름 맑은데

이때 함께 마음 울적하니

친구 향한 정 무한하네

無	○	此	●	烏	○	雞	○	
限	●	時	○	島	●	林	○	寄
故	●	同	○	海	●	山	○	贈
人	○	悵	●	雲	○	月	●	曲
情	○	憶	●	晴	○	白	●	江

[감상] 제2, 3구에서 簾을 지키지 않았다. 제1구는 작자가 사는 곳, 제2구는 최진사가 사는 곳이다. 제4구, 시에서는 친구를 흔히 故人으로 표현한다. 고요한 자연을 보면서 벗을 그리워한다.

[26. 寄贈曲江崔進士天翼-2]

詩翁歸去後 詩席有餘香
龍溪放浪客 斜日獨彷徨

[곡강의 최진사 천익에게 부쳐 보내다-2]

시 짓는 늙은이 돌아간 후
시 짓던 자리엔 향기 남았네
용계에서 방랑하는 나그네
석양에 홀로 방황하네

斜	○	龍	○	詩	○	詩	○	
日	●	溪	○	席	●	翁	○	又
獨	●	放	●	有	●	歸	○	
彷	○	浪	●	餘	○	去	●	
徨	○	客	●	香	○	後	●	

[감상] 제2, 3구의 簾을 어기고, 詩를 疊으로 썼다. 제4구, 모두 첫 글자가 평성이어서 이 또한 규칙을 어겼다. 이런 破格을 왜 했을까? 제1구의 시옹은 최진사, 제3구의 나그네는 작자 자신인 것 같다. 제3구의 용계는 속세와 대비해서 탈속의 세계를 나타내고자 쓴 것 같다.

[27. 送別府伯金公尙集-1]

二載千年國 百里五橋歌
江南歸去路 寒梅一枝花

[부윤 김상집 공을 송별하다-1]

두 해 경주를 다스리니

백 리 다섯 다리에 노랫소리

강남으로 돌아가는 길에

차가운 매화 한 가지에 꽃이 폈네

寒	○	江	○	百	●	二	●	
梅	○	南	○	里	●	載	●	送
一	●	歸	○	五	●	千	○	別
枝	○	去	●	橋	○	年	○	府
花	○	路	●	歌	○	國	●	伯

[감상] 歌, 麻 通韻이다. 제4구에 2, 4 不同을 어겼고, 제2, 3구에 簾을 이루지 못했다. 제2구, 百里五橋는 경주 관할 전체를 일컫는 것 같다. 그래서 泰平했다는 말이다. 제3구의 江南은 김부윤의 고향인 것 같은데 어딘지 알 수 없다. 結句는 서기로운 모습이니 그가 陞差한 것은 아닐까?

[28. 送別府伯金公尙集-2]

蕭蕭西郊雨 烏鵲擁征車

黃瓜猶未熟 公去意何如

[부윤 김상집 공을 송별하다-2]

부슬부슬 성 밖 서쪽엔 비가 내리고

까막까치는 멀리 가는 수레를 에워싸네

누런 오이는 오히려 아직 익지 않았는데

공이 떠나니 마음이 어떻겠습니까

公	○	黃	○	烏	○	蕭	○	
去	●	瓜	○	鵲	●	蕭	○	又
意	●	猶	○	擁	●	西	○	
何	○	未	●	征	○	郊	○	
如	○	熟	●	車	○	雨	●	

[감상] 제1구에 2, 4 不同을 어겼고, 제2, 3구에서 簾을 이루지 못했다. 제2구는 떠나는 김부윤의 행렬이다. 까막까치는 헐벗은 백성들이 아닐까? 제3구의 뜻은, 작자가 늙은 자신을 누런 오이에 비유한 것 같다.

[29. 送別府伯金公尙集-3]

滿酌東流水 離筵進一盃

南州民事急 祝公好歸來

[부윤 김상집 공을 송별하다-3]

잔은 찼는데 물은 동으로 흐르고

헤어지는 연회에서 술 한 잔 올립니다

경주 고을 백성 돌보는 일은 급한데

돌아가는 것 반기는 공을 축하합니다

祝	●	南	○	離	○	滿	●	
公	○	州	○	筵	○	酌	●	又
好	●	民	○	進	●	東	○	
歸	○	事	●	一	●	流	○	
來	○	急	●	盃	○	水	●	

[감상] 제4구에 公은 측성 자리이다. 轉, 結句는 김부윤에 대한 서운한 감정이 묻어난다.

[30. 賀贈南注書-1]

男兒抱負大 司馬又登龍

青年兼二者 □□□□東

[남주서에게 축하해 지어 주다-1]

사나이 포부가 크더니

과거에 또한 급제했네

젊은 시절엔 두 가지 것 겸했으니

……

□	●	青	○	司	○	南	○	
□	●	年	○	馬	●	兒	○	賀
□	●	兼	○	又	●	抱	●	贈
□	○	二	●	登	○	負	●	南
東	○	者	●	龍	○	大	●	注

[감상] 제1구에 下三仄이 보인다. 제2, 3구가 簾을 이루지 못했다. 結句는 詩稿가 훼손되어 인식을 할 수 없다. 제목의 注書, 조선시대 승정원의 정7품 벼슬로 史草를 쓰는 일을 맡아 보았다. 제1구 男兒, 남자다운 남자. 제2구, 司馬는 司馬試이다. 이 시는 친하게 지내던 남 아무개가 급제하여 注書가 되었기에 축하해 써 준 것 같다.

[31. 賀贈南注書-2]

高堂雙鶴髮 一席喜榮同

君能盡子職 順讀五車功

[남주서에게 축하해 지어 주다-2]

그대 두 부모님은 백발이 되셨지만

한자리에서 함께 영화를 기뻐하시네

그대는 능히 자식의 직분을 다했으니

모름지기 다섯 수레의 독서를 한 보람이네

須	○	君	○	一	●	高	○	
讀	●	能	○	席	●	堂	○	又
五	●	盡	●	喜	●	雙	○	
車	○	子	●	榮	○	鶴	●	
功	○	職	●	同	○	髮	●	

[감상] 제2, 3구가 簾을 이루지 못했고, 제3구에서 下三仄이 보인다. 제1구 高堂, 남의 부모를 높여 부르는 말. 벗 남주서가 과거 급제하여 그 부모님이 기뻐하심을 일컬었고, 열심히 공부하더니 자식 된 도리를 다했다고 축하해 준다.

[32. 賀贈南注書-3]

聖朝崇俊髦 白日紫宮開

文章是餘事 須盡佐王才

[남주서에게 축하해 지어 주다-3]

어진 임금 조정에선 뛰어난 선비를 대접하니

날이 밝으면 궁궐의 문이 열려

문장은 대수롭지 않은 듯 바르게 처리하니

모름지기 왕을 보좌하는 데 재주를 다하네

須	○	文	○	白	●	聖	●	
盡	●	章	○	日	●	朝	○	又
佐	●	是	●	紫	●	崇	○	
王	○	餘	○	宮	○	俊	●	
才	○	事	●	開	○	髦	○	

[감상] 제1구, 髦는 측성 자리이다. 제3구에 2, 4 不同 원칙을 어겼다. 제2, 3구가 簾을 이루지 못했다. 제1구 俊髦, 재덕이 뛰어난 선비. 제3구 餘事, 그다지 요긴하지 않은 일. 벗의 능력을 높이 치켜세워 준다.

[33. 次申上舍海觀佛寺韻]

花雨千年室 諸天日月遙

蒼茫烟樹外 僧度夕陽橋

[신상사의 바닷가 관불사를 차운하다]

낡은 법당에 꽃비 내리니

제천엔 해와 달이 멀어라

흐릿한 나무 너머 푸르스름 아득한데

중이 건너네 석양의 다리를

僧	○	蒼	○	諸	○	花	○	
度	●	茫	○	天	○	雨	●	次
夕	●	烟	○	日	○	千	○	申
陽	○	樹	●	月	●	年	○	上
橋	○	外	●	遙	○	室	●	舍

[감상] 모든 규칙에 맞다. 제목에서 上舍는 진사나 생원의 별칭. 제2구 諸天, 불교에서 하늘은 여덟으로 되어 있는데, 마음 수양 경계에 따라 나뉜다고 한다. 이 모든 하늘을 말한다. 제3구 蒼茫, 넓고 멀어서 푸르고 아득한 모양. 煙樹, 아지랑이 또는 안개가 끼어 흐릿하게 보이는 나무. 늦은 봄날 저녁 바닷가 낡은 절 관불사를 스케치한 것이다.

[34. 泉谷寺文會贈成學士大中]

文酒禪窓會 靑雲與白雲

風流成學士 呼我作詩群

[천곡사 문회에서 성학사 대중에게 드림]

글과 술이 있는 절간방 모임에

청운 백운이 함께하네

풍류를 아는 성학사가

나를 부르니 여러 편 시를 짓네

呼	◐	風	○	靑	○	文	○	
我	●	流	○	雲	○	酒	●	泉
作	●	成	○	與	●	禪	○	谷
詩	○	學	●	白	●	窓	○	寺
群	○	士	●	雲	○	會	●	文

[감상] 모든 규칙에 맞다. 제목, 泉谷寺는 포항시 흥해읍 학천리 도음산에 있다. 大中은 성학사의 이름. 文會, 모여서 글을 짓고 술을 마시는 선비들의 모임. 제1구, 조선시대에는 崇儒斥佛이어서 선비들이 곧잘 절에서 모임하면서 중들을 괴롭힌 것 같았다. 제2구, 靑雲은 과거 급제를 한 사람, 白雲은 미급제자를 말한다. 제3구, 성학사는 작자의 벗인데, 흥해군수로 부임하여 이 모임을 주관하였다. 이날에 대한 7언 律詩가 여러 편 뒤에 또 나온다.

[35. 丁未秋與遠客□□□東都送別-1]

好誼新連葛 淸儀晩識荊

六部千年國 徘徊遠客情

[정미년 가을 멀리서 온 손님 □□□와 더불어 동도에서 헤어지다-1]

즐겁게 떠들다가 새롭게 처사와 이어져

맑은 거동을 늦게서야 처음 사귀어

육부촌 신라 땅을

멀리서 온 나그네와 배회하는 정

徘	○	六	●	淸	○	好	●	
徊	○	部	●	儀	○	誼	●	丁
遠	●	千	○	晩	●	新	○	未
客	●	年	○	識	●	連	○	秋
情	○	國	●	荊	○	葛	●	與

[감상] 제2, 3구가 簾을 이루지 못했다. 제목, 인식이 곤란한 글자가 셋 있다. 아마 이름일 것이다. 東都는 경주이다. 제1구, 葛은 갈포, 즉 벼슬 않은 선비. 제2구 淸儀, 청고한 儀容. 識荊은 識韓과 같아 남과 처음으로 면회함을 뜻한다. 작자는 어쩌다 멀리서 온 맑고 고매한 어떤 선비를 처음 만나 친구가 되어 서라벌 여기저기를 놀다 헤어진 모양이다.

[36. 丁未秋與遠客□□□東都送別-2]

王宮何處是 滿目摠榛荊

應知歸去路 回首有餘情

[정미년 가을 멀리서 온 손님 □□□와 더불어 동도에서 헤어지다-2]

왕궁이 어디였던고 여기일세

눈에 가득 모두 초목과 가시네

돌아가는 길 응당 알지만

남은 정 있어 돌아보네

回	○	應	○	滿	●	王	○	
首	●	知	○	目	●	宮	○	又
有	●	歸	○	摠	●	何	○	
餘	○	去	●	榛	○	處	●	
情	○	路	●	荊	○	是	●	

[감상] 제2, 3구에서 簾을 이루지 못했다. 앞에 시에서 만났던 선비와 반월성을 갔던 모양이다. 헤어지면서는 못다 한 정이 남았다.

[37. 丁未秋與遠客□□□東都送別-3]

臨分不忍別 立馬更回遲

重逢難再得 開口問何時

[정미년 가을 멀리서 온 손님 □□□와 더불어 동도에서 헤어지다-3]

헤어지려고 하니 차마 헤어지지 못하여

말을 세우고 다시 돌아보며 미적거리네

거듭 만날 기회 다시 얻기 어려워

입을 열어 어느 때인고 하고 묻네

開	○	重	○	立	●	臨	○	
口	●	逢	○	馬	●	分	○	又
問	●	難	○	更	●	不	●	
何	○	再	●	回	○	忍	●	
時	○	得	●	遲	○	別	●	

[감상] 제1, 2구는 相替簾이다. 제2, 3구가 簾을 이루지 못했다. 두 선비가 헤어지는 모습인데, 마치 청춘 남녀가 헤어지는 것 같다.

[38. 自丹陽歸路歷訪曲江主人鄭兄巨源則主人老少俱出寂寞草堂塊坐無聊以小韻二絶留題壁上而歸-1]

七十東山老 來尋八十翁

八十翁何去 無復對衰翁

[단양에서 돌아오는 길에 지나다 곡강 주인 정형 거원을 방문했는데, 주인 노인과 그 젊은 식구가 함께 외출하고 초당은 적막하여, 우두커니 앉아 무료해서 짧은 운 두 절구를 벽 머리 위에 남겨 두고, 돌아왔네-1]

칠십 동산 늙은이

찾아왔네 팔십 노인을

팔십 노인은 어디 가고

돌아와 맞이하지 않노 쇠한 늙은이를

無	○	八	●	來	○	七	●	
復	●	十	●	尋	○	十	●	自
對	●	翁	○	八	●	東	○	丹
衰	○	何	○	十	●	山	○	陽
翁	○	去	●	翁	○	老	●	歸

[감상] 이 시는 2, 4 不同만 지키고 나머지는 무시하며, 특히 疊語를 많이 사용하여 재미나게 표현하였다. 작시 배경은 작자 스스로 길게 설명하였다. 東山은 작자의 號이다.

[39. 自丹陽歸路歷訪曲江主人鄭兄巨源則主人老少俱出寂寬草堂塊坐無聊以小韻二絶留題壁上而歸-2]

虛堂孤客坐 誰報故人來

匹馬雞林路 悄然寂寬回

[단양에서 돌아오는 길에 지나다 곡강 주인 정형 거원을 방문했는데, 주인 노인과 그 젊은 식구가 함께 외출하고 초당은 적막하여, 우두커니 앉아 무료해서 짧은 운두 절구를 벽 머리 위에 남겨 두고, 돌아왔네-2]

주인 없는 집에 객이 홀로 앉았으니

누가 알려 주나 주인이 올 것을

한 필 말로 계림 가는 길

기운 없이 고요하고 쓸쓸히 돌아가네

悄	●	匹	●	誰	○	虛	○	
然	○	馬	●	報	●	堂	○	又
寂	●	雞	○	故	●	孤	○	
寬	●	林	○	人	○	客	●	
回	○	路	●	來	○	坐	●	

[감상] 모든 규칙에 맞다. 앞의 시에 이어 또 곡강의 정거원 옹에게 지어 준 것이다. 제2구의 故人은 친구, 즉 주인 정거원 옹이다. 제4구 悄然, 의기가 떨어져서 기운이 없음.

[40. 次鄭戚仲勉蒼屛韻]

雨後山容碧 樽前客眼靑

半日論文處 春光上翠屛

[인척 정중면의 푸른 병풍을 차운하다]

비 온 후 산의 모습은 푸르고

술통을 앞에 두고 손님을 반가이 맞이하네

한나절 글을 논하는 자리

봄빛이 푸른 병풍 위에 비치네

春	○	半	●	樽	○	雨	●	
光	○	日	●	前	○	後	●	次
上	●	論	○	客	●	山	○	鄭
翠	●	文	○	眼	●	容	○	戚
屛	○	處	●	靑	○	碧	●	仲

[감상] 제2, 3구가 簾을 이루지 않았다. 제목, 戚은 姻戚을 줄인 말, 仲勉은 이름, 蒼屛은 시 제목. 제4구, 翠屛은 사방을 에워싼 절벽을 말한다.

[41. 臨別贈崔友魯瞻]

交情淡似水 高義重如山

莫惜今朝別 吟中去復還

[헤어지면서 벗 최노첨에게 주다]

정 주고받음은 물같이 담백하고

의리 고매함의 무게는 산과 같네

오늘 아침 헤어지니 안타깝기 그지없어

읊조리며 갔다가 다시 돌아오네

吟	○	莫	●	高	○	交	○	
中	○	惜	●	義	●	情	○	臨
去	●	今	○	重	●	淡	○	別
復	●	朝	○	如	○	似	●	贈
還	○	別	●	山	○	水	●	崔

[감상] 모든 규칙에 맞다. 함께 하룻밤을 묵고 이튿날 아침 헤어지면서 느끼는 정을 나타냈다. 옛 선비들의 우정이 잘 드러나 있다.

[次南督郵幽居十詠□古詩□□韻]
[남 찰방이 은거하며 고시체로 □□을 열 가지 읊은 것을 차운하다]

[감상] 原稿가 낡아 헤진 부분이 있어 세 글자를 인식할 수 없다. 督郵는 郵驛에 관한 일을 감독한다는 뜻으로 찰방을 달리 이르는 말이다. 그러니까 남 찰방이 은거하며 고시체로 □□을 열 가지 읊은 것을 차운한다는 뜻 같다(이어지는 51번까지가 그 열 가지이다).

[42. 雷潭]

百尺深潭上　驚瀾撼碧山

有時雷雨作　疑是老龍蟠

[천둥 치는 연못]

깊고 깊은 연못 위

놀란 물결에 푸른 산이 일렁이네

때가 되어 천둥과 비를 일으키니

이곳에 늙은 용이 웅크리고 있는 것은 아닐까

疑	○	有	●	驚	○	百	●	
是	●	時	○	瀾	○	尺	●	雷
老	●	雷	○	撼	●	深	○	潭
龍	○	雨	●	碧	●	潭	○	
蟠	○	作	●	山	○	上	●	

[감상] 刪, 寒 通韻이다. 모든 규칙에 맞다. 10개 중 첫 번째다. 남독우가 은거하고 있는 곳에 깊은 소(작은 연못)가 있는 모양이다. 연못에 주위 산이 비친다. 늙은 용은 곧 남독우를 비유한 것 같다.

[43. 石逕]

劈山開石逕　洞壑何幽靜

遊人少來往　難容車馬騁

[좁은 돌자갈길]

산을 갈라 돌길을 열었으니

골짜기는 얼마나 그윽하고 고요한지

놀러 나온 사람 서넛은 오고 가도

수레와 말이 내달리기는 어렵네

難	○	遊	○	洞	●	劈	●	
容	○	人	○	壑	●	山	○	石
車	○	少	●	何	○	開	○	逕
馬	●	來	○	幽	○	石	●	
騁	●	往	●	靜	●	逕	●	

[감상] 제2首이다. 靜, 騁은 측성 梗 자 韻이다. 古詩이어서 평측은 그다지 신경 쓰지 않아도 된다. 산속 깊은 隱者의 집을 찾아가는 길답다.

[44. 石丈]

崢嶸十丈石 特立問何似

謇偃如高人 多情造化氏

[돌로 된 어른]

산 가파른 곳에 열 길 돌이 있어

특이하게 서 있어 무엇을 닮은 건지 물으니

말없이 구부정하여 마치 고인 같다고

조물주는 참 정도 많으시다

多	○	謇	●	特	●	崢	○	
情	○	偃	●	立	●	嶸	○	石
造	●	如	○	問	●	十	●	丈
化	●	高	○	何	○	丈	●	
氏	●	人	○	似	●	石	●	

[감상] 제3首이다. 似, 氏는 紙통의 측성운이다. 역시 古詩이어서 평측은 그다지 신경 쓰지 않은 것 같다. 제3구 高人, 벼슬하지 않고 고결하게 사는 사람. 제4구, 造化氏는 造化翁, 즉 조물주를 말한다.

[45. 溪亭]

溪上新亭好 囂喧隔世外

箇中滿興足 無已樂康太

[시냇가 정자]

시내 위에 새 정자가 좋으니

시끄러움과는 떨어진 세상 밖이네

그런 가운데 흥취 가득하여 족하니

자기를 버리고 크게 편안함을 즐기네

無	○	箇	●	囂	○	溪	○	
己	●	中	○	喧	○	上	●	溪
樂	●	滿	●	隔	●	新	○	亭
康	○	興	●	世	●	亭	○	
太	●	足	●	外	●	好	●	

[감상] 제4首이다. 外, 太는 측성 泰統 韻이다. 古詩이어서 평측이 안 맞는 곳이 있다. 제2구 囂喧, 시끄러움. 제3구, 箇中은 個中이니, 여럿이 있는 그 가운데. 隱者, 남독우는 시내 위에 새 정자를 짓고 無己하니 크게 편안하다.

[46. 西屛]

西壁開重屛 蒼然帶太古

幽人看不足 野老時叩戶

[서쪽 병풍]

서쪽 벽은 병풍을 거듭 펼쳤으니

태고의 띠가 창연하여

은자는 만족을 모르고 보는데

시골 늙은이가 때마침 문을 두드리네

野	●	幽	○	蒼	○	西	○	
老	●	人	○	然	○	壁	●	西
時	○	看	◐	帶	●	開	○	屛
叩	●	不	●	太	●	重	○	
戶	●	足	●	古	●	屛	○	

[감상] 제5首이다. 古, 戶는 麌統의 측성 韻이다. 古詩이어서 나머지 규칙은 볼 것이 없다. 제2구 蒼然, 물건이 오래되어서 옛 빛이 저절로 드러나 보이는 모양. 제3구의 幽人은 남독우이고, 제4구의 野老는 작자인 東山翁이다. 남독우가 은거하는 곳의 서쪽 편 모습이다.

[47. 南池]

南渠開少池　源深不曾竭
君得養魚池　魚肥問幾日

[남쪽 연못]

남쪽의 개울이 작은 연못을 이루었으니
물이 나오는 곳이 깊어 일찍이 마른 적이 없었네
그대는 고기를 기를 연못을 얻었으니
며칠이면 고기가 살찌는지 물어보네

魚	○	君	○	源	○	南	○	
肥	○	得	●	深	○	渠	○	南
問	●	養	●	不	●	開	○	池
幾	●	魚	○	曾	○	少	●	
日	●	池	○	竭	●	池	○	

[감상] 제6首이다. 竭은 月統, 日은 質統의 측성 通韻이다. 古詩이어서 그 밖의 규칙은 볼 것이 없다. 이번에는 남쪽 편을 살펴보고 지은 시이다. 結句는 남독우더러 "언제면 학문과 도가 더 높아지겠느냐?" 하는 물음일 수도 있다.

[48. 北池]

北池種蓮子　東風漸茁長
好待花發日　微風引淸香

[북쪽의 연못]

북쪽 연못에 그대가 연꽃을 심었더니

동풍이 점차 새싹을 자라게 하네

즐거이 기다리니 꽃 필 날

미풍에 맑은 향기 퍼지겠지

微	○	好	●	東	○	北	●	
風	○	待	●	風	○	池	○	北
引	●	花	○	漸	●	種	●	池
淸	○	發	●	茁	●	蓮	○	
香	○	日	●	長	○	子	●	

[감상] 제7首이다. 陽統 평성 韻이다. 古詩이어서 다른 규칙은 볼 것이 없다. 이번에는 북쪽 편 모습을 그렸다. 이 시의 轉, 結句도 남독우의 德이 널리 퍼지기를 바라는 마음이 아닐까?

[49. 栗林]

種栗西岑下 成林地無餘

元亮千古里 多少問何如

[밤나무 숲]

밤나무를 심었네 서쪽 봉우리 밑에

숲을 이루니 땅에 여분이 없네

가장 먼저 도드라져 보이네 오래된 마을이

물어보네 무엇과 조금 닮은지

多	○	元	○	成	○	種	●	
少	●	亮	●	林	○	栗	●	栗
問	●	千	○	地	●	西	○	林
何	○	古	●	無	○	岑	○	
如	○	里	●	餘	○	下	●	

[감상] 제8首이다. 평성 魚統 韻이다. 古詩이어서 다른 규칙은 볼 것이 없다. 마을 서쪽 편에 밤나무밭이 있어 동리 전체 모습이 무엇과 좀 닮은 모양이다.

[50. 漫瑚]

節彼漫瑚峰 亭亭物之表

音珍慳祕久 誰識價多少

[만호]

저 높고 험한 만호봉은

물건을 나타낸 듯 우뚝하네

소리 내는 보배가 오랫동안 숨겨져 있으나

누가 알겠는가 가치가 많고 적음을

誰	○	音	○	亭	○	節	●	
識	●	珍	○	亭	○	彼	●	漫
價	●	慳	○	物	●	漫	○	瑚
多	○	祕	●	之	○	瑚	○	
少	●	久	●	表	●	峰	○	

[감상] 제9首이다. 表, 少는 측성 篠統 韻이다. 제2구 亭亭, 우뚝 솟은 모양. 제1, 2구는 산봉우리의 모양을 그렸고, 제3구의 '소리 내는 보배'는 사람, 즉 남독우이다.

[51. 盤石]

盤石不移轉 宛如開闢年

風流詞客到 端合護樽筵

[너럭바위]

너럭바위는 옮길 수 없으니

천지가 처음 생기던 해 그 모습 그대로네

풍류를 즐기는 사객들이 찾아와

등차에 맞게 술자리에서 떠드네

端	○	風	○	宛	●	盤	○	
合	●	流	○	如	○	石	●	盤
護	◐	詞	○	開	○	不	●	石
樽	○	客	●	闊	●	移	○	
筵	○	到	●	年	○	轉	●	

[감상] 마지막 제10首이다. 이 시는 近體詩 모든 규칙에 맞다. 제3구 詞客, 시문을 잘 짓는 사람. 제4구의 端은 等差로 봄이 맞겠다. 이것을 끝으로 찰방을 지내고 지금은 은거하고 있는 남독우의 주변 환경 열 가지를 古詩體로 읊었다.

[52. 贈府伯韻]

荒年無好事 幽抱向誰開

三陽回泰日 未醉使君盃

[부윤에게 읊어 드리다]

흉년 든 해 좋은 일이 없으니

그윽한 마음 누구를 향해 열 것인고

서라벌에 태평한 날이 돌아왔으니

취하지 않고 그대로 하여금 잔을 들게 합니다

未	●	三	○	幽	○	荒	○	
醉	●	陽	○	抱	●	年	○	贈
使	●	回	○	向	●	無	○	府
君	○	泰	●	誰	○	好	●	伯
盃	○	日	●	開	○	事	●	韻

[감상] 제2, 3구가 簾을 이루지 않았다. 제1구 荒年, 곡식 따위 산물이 잘되지 아니하여 주리게 된 해. 제3구 三陽, 풍수설에서 내양, 중양, 외양을 아울러 이르는 말. 여기서는 서라벌 땅을 말하는 것이 아닐까? 부윤의 고을 잘 다스림을 치하하면서, 흉년 들어 어려운 사정을 감안하여 술은 절제한다는 뜻이 묻어나는 것 같다.

Ⅱ. 7언 절구

[閑中五咏]
[한가한 가운데 다섯 번 읊다]

[1. 第一咏]
瀟灑東都處士廬 靜中無事送居諸
田園晚計今寥落 好向晴窓臥看書

[첫 번째 읊음]
동도의 맑고 깨끗한 곳에 처사의 농막이 있으니
고요한 가운데 일도 없어 거처를 모두 그곳으로 옮겼네
늘그막에 전원을 계획하여 지금은 쓸쓸히
좋아하는 쪽으로 밝은 창을 내어 누워서 책을 보네

好	●	田	○	靜	●	瀟	○	
向	●	園	○	中	○	灑	●	閑
晴	○	晚	●	無	○	東	○	中
窓	○	計	●	事	●	都	○	五
臥	●	今	○	送	●	處	●	咏
看	◐	寥	○	居	○	士	●	之
書	○	落	●	諸	○	廬	○	一

[감상] 모든 규칙에 맞다. 제3구 寥落, 드묾, 쓸쓸함. 작자는 사는 곳과는 별도로 농막을 두었는가 보다. 작자가 꿈꾼 전원은 또 무엇인가?

[2. 第二咏]
晝靜虛堂午睡長 神馳華胥遠翺翔
覺來身在塵埃裏 堪笑蘧然夢一場

[두 번째 읊음]

텅 빈 집에서 조용히 책을 읽다가 낮잠이 길어졌는데
정신이 달리고 꽃이 함께 멀리 높이 빙빙 날았다
깨고 보니 몸은 그대로 티끌 속에 있어
패랭이꽃처럼 웃음을 참으니 한바탕 꿈이었네

堪	○	覺	●	神	○	書	○	閑
笑	●	來	○	馳	○	靜	●	中
蓬	○	身	○	華	○	虛	○	五
然	○	在	●	胥	◐	堂	○	咏
夢	●	塵	○	遠	●	午	●	之
一	●	埃	○	翺	○	睡	●	二
場	○	裏	●	翔	○	長	○	

[감상] 모든 규칙에 맞다. 앞서 첫 번째 영에 이어지는 장면으로 한가함이 극을 이루는데 처사는 꿈속에서도 맑다. 깨어서는 패랭이꽃처럼 수줍어한다.

[3. 第三咏]

一醉樽前萬念灰 羲皇世界此中開
醉後欲醒醒復醉 不知窓外雨聲來

[세 번째 읊음]

술동이 앞에서 한번 취하면 많은 생각이 재가 되고
아득한 옛적 백성이 평안하고 한가한 세상이 이 가운데 열리니
취한 후에 깨고 싶어도 깨고 나면 다시 취하여
창밖에 비 오는 소리를 알지 못하네

不	●	醉	●	羲	○	一	●	
知	○	後	●	皇	○	醉	●	閑
窓	○	欲	●	世	●	樽	○	中
外	●	醒	●	界	●	前	○	五
雨	●	醒	●	此	●	萬	●	咏
聲	○	復	●	中	○	念	●	之
來	○	醉	●	開	○	灰	○	三

[감상] 제3句를 모두 측성을 사용하여 형식을 파괴하여 뜻만을 강조하였다. 醉와 醒을 거듭 사용한 것도 파격이다. 제2구 羲皇世界, '아득한 옛적의 세상'이라는 뜻으로, 백성이 한가하고 태평하게 사는 세상을 이르는 말이다. 작자는 술을 참 좋아한다. 제4구는 세상일에는 관심 없음을 나타낸다.

[4. 第四咏]

男兒生世做何事 虛度光陰六十秋
天地便成無用物 白頭還學少年遊

[네 번째 읊음]

사내가 세상에 나서 무슨 일인들 못 하겠는가
때를 그대로 헛되게 보낸 지 육십 년
천지가 편하게 이루어졌건만 쓸 만한 물건이 없네
늙은이는 다시 공부하는데 소년은 노는구나

白	●	天	○	虛	○	男	○	
頭	○	地	●	度	●	兒	○	閑
還	○	便	●	光	○	生	○	中
學	●	成	○	陰	○	世	●	五
少	●	無	○	六	●	做	●	咏
年	○	用	●	十	●	何	○	之
遊	○	物	●	秋	○	事	●	四

[감상] 제1구, 事가 측성이어서 變調이다. 작가 60세 무렵 지었고, 삶을 되돌아보며 허송세월하였음을 반성하여 다시 공부하는데, 오히려 젊은이들은 놀고 있음을 안타까워한다.

[5. 第五咏]

東都孤唱郢中詞　白雪調高和者誰
歸來宇宙人難遇　尚友千秋有子期

[다섯 번째 읊음]

동도에서 혼자 부르네 시문 속 초나라 도읍을
백설이 높은 것을 고루는데 화답하는 자 누군고
우주로 돌아가면 우리들 다시 만나기 어려워라
멀리 보면 친구보다는 오히려 아들 낳기를 바라네

尚	●	歸	○	白	●	東	○	
友	●	來	○	雪	●	都	○	閑
千	○	宇	●	調	●	孤	○	中
秋	○	宙	●	高	○	唱	●	五
有	●	人	○	和	◐	郢	●	咏
子	●	難	○	者	●	中	○	之
期	○	遇	●	誰	○	詞	○	五

[감상] 제2, 3구에서 簾 부합이 보인다. 뜻을 이해하기 어려운 시이다. 신라의 옛 도읍에서 망한 초나라 도읍을 노래하는 심정은 같을 것이다. 백설이 하염없이 내리면 사물의 높고 낮음이 평평해진다. 이때 크고 넓은 우주와 인생 사후를 알 수 없는 한계에서, 우정을 유지하기 힘든 친구보다는 혈육을 남기는 것이 더 바람직하지 않나 하는 술회가 아닐까?

[6. 戲贈詩友]

年來多事廢吟詩　幸得詩翁更看詩
欲把耕詩風韻少　故人應笑故人詩

[장난삼아 詩友에게 지어 주다]

올해 들어서는 여러 가지 일이 많아 시 읊기를 그만두었는데

다행히 시 짓는 늙은이를 만나 다시 시를 살피게 되었네

시를 일구어 잡으려 하나 풍류의 운치가 적지만

친구는 웃으며 응하겠지 친구의 시를

故	●	欲	●	幸	●	年	○	
人	○	把	●	得	●	來	○	戲
應	●	耕	○	詩	○	多	○	贈
笑	●	詩	○	翁	○	事	●	詩
故	●	風	○	更	○	廢	●	友
人	○	韻	●	看	◐	吟	○	
詩	○	少	●	詩	○	詩	○	

[감상] 詩 자를 의도적으로 5疊하였다. 나머지 모든 규칙은 맞다. 그렇게 한 까닭은 제목에서 말했듯이 장난삼아 그랬다. 제2구의 詩翁은 제목의 詩友이고 제4구의 앞의 故人이기도 하다. 뒤의 故人은 작자 자신이다. 시에서 故人은 흔히 친구를 말한다. 제3구에서 '풍류의 운치가 적다' 함은 시흥이 잘 일지 않는다는 뜻일 것이다.

[7. 未逐佳遊]

名區勝賞與君謀 虛負黃花九月秋

人間好事多魔戲 何處靑山對白頭

[이루지 못한 아름다운 야유회]

이름난 곳에서 좋은 경치를 즐길 것을 그대와 계획했더니

헛되이 짊어지고 있네 누런 꽃이 구월의 가을을

사람 사이좋은 일에는 마귀의 장난이 많으니

어느 곳 청산에서 백두를 대할꼬

何	○	人	○	虛	○	名	○	
處	●	間	○	負	●	區	○	未
靑	○	好	●	黃	○	勝	●	遂
山	○	事	●	花	○	賞	●	佳
對	●	多	○	九	●	與	●	遊
白	●	魔	○	月	●	君	○	
頭	○	戲	●	秋	○	謀	○	

[감상] 각 구 첫 글자가 모두 평성이어서 범칙, 제2, 3구가 簾을 이루지 못했다. 친구와 가을에 어디 좋은 곳에 유람하기로 했는데 서로 이런저런 사정으로 이루지 못했다. 제4구의 白頭는 서로가 벼슬하지 못한 처사임을 말한다. 이 시에서는 제2구의 표현이 눈길을 끈다. 봐 주지 못한 국화에 대한 아쉬움이 묻어난다.

[8. 訪友未遇]

一樽談笑有前期 爲訪衡門午影移
聞君採藥雲深處 悵望靑山寂寞歸

[친구를 찾아갔는데 만나지 못함]

술 한 통 놓고 담소하자는 이전의 약속 있었건만
방문하여 형문에 이르니 낮 그림자 움직이네
들으니 그대는 약초 캐러가 구름 깊은 곳이라고
청산을 시름없이 바라보다 말없이 쓸쓸히 돌아오네

悵	●	聞	○	爲	○	一	●	
望	◐	君	○	訪	●	樽	○	訪
靑	○	採	●	衡	○	談	○	友
山	○	藥	●	門	○	笑	●	未
寂	●	雲	○	午	●	有	●	遇
寞	●	深	○	影	●	前	○	
歸	○	處	●	移	○	期	○	

[감상] 支, 微 通韻이다. 제2, 3구가 簾을 이루지 못했다. 제2구 衡門, 두 개의 기둥에다 한 개의 횡목을 가로질러서 만든 허술한 대문이라는 뜻으로, 은자가 사는 곳을 이르는 말. 제3구, 轉句는 다른 사람 시에서도 비슷한 것을 본 적 있다. 이처럼 남의 詩에서 조금 고친 것을 點化라 한다.

[9. 要友來遊]

塵世難逢一日閑 與君何處笑開顏

莫使吟筇靳遠訪 雞林亦有好江山

[친구더러 놀러 오라고 요구하다]

바쁜 세상살이에 하루 틈으로는 만나기 어려워

그대와 더불어 어디에서 얼굴 펴고 웃어 볼꼬

날 더러 말안장 채워 멀리 찾아가게 하지 말게

계림에도 또한 있네 좋은 강산이

雞	○	莫	●	與	●	塵	○	
林	○	使	●	君	○	世	●	要
亦	●	吟	○	何	○	難	○	友
有	●	筇	○	處	●	逢	○	來
好	●	靳	●	笑	●	一	●	遊
江	○	遠	●	開	○	日	●	
山	○	訪	●	顏	○	閑	○	

[감상] 제3구에 下三仄이 보인다. 제2, 3구가 簾을 이루지 않았다. 제3구의 吟筇은 시를 읊으며 돌아다니는 지팡이, 곧 시인 바로 작자 자신이다.

[10. 對酒憶人]

蕭蕭寒雨打秋衣 暮入江村半掩扉

主人已向泉臺去 此地那堪對舊卮

[술을 대하니 아내 생각난다]

부스스 차가운 비에 가을옷을 짓고

어둠이 강촌에 들면 반쯤 사립문을 닫았다

주인은 이미 저승으로 떠났으니

이 땅에서 어찌 견디나 옛 술잔 대하고

此	●	主	●	暮	●	蕭	○	
地	●	人	○	入	●	蕭	○	對
那	○	已	●	江	○	寒	○	酒
堪	○	向	●	村	○	雨	●	憶
對	●	泉	○	半	●	打	●	人
舊	●	臺	○	掩	●	秋	○	
卮	○	去	●	扉	○	衣	○	

[감상] 微, 支 通韻이다. 제2, 3구가 簾을 이루지 않았다. 제목의 人은 제3구의 主人이며 작자의 부인이 아닐까? 제1구 蕭蕭, 바람이 부는 소리. 제3구 泉臺, 저승. 작자는 63세에 부인을 사별하고 84세까지 살았다. 이 시는 초가을 비 오는 어느 날 술잔을 대하니 문득 죽은 부인 생각이 나서 매우 쓸쓸해진 마음을 읊은 것 같다. 제1, 2구는 부인의 생전, 3, 4구는 사후 모습이다.

[11. 醉贈故人]

路過城東日欲斜 吟筇暫住故人家
故人勸進三盃酒 醉裏相看兩眼花

[취해서 친구에게 지어 준다]

성 동쪽을 지나다 해가 지려 하여
시인이 잠시 묵네 친구의 집에
친구가 권하네 석 잔 술을
속들이 취해 서로 보니 양 눈에 꽃이로구나

醉	●	故	●	吟	○	路	●	
裏	●	人	○	筇	○	過	●	醉
相	○	勸	●	暫	●	城	○	贈
看	◐	進	●	住	●	東	○	故
兩	●	三	○	故	●	日	●	人
眼	●	盃	○	人	○	欲	●	
花	○	酒	●	家	○	斜	○	

[감상] 모든 규칙에 맞다. 제2구 吟筇, 시를 읊조리며 돌아다니는 지팡이, 곧 시인 작자 자신이다. 친구가 성 동쪽에 살고 있는데, 그 옆을 지나다 해가 지려 하니 들어가 하루를 묵으면서, 술을 주고받으며 취해 서로를 살피니 눈동자에 꽃이 피었다는 재미난 표현이다.

[12. 要友遠遊]

天南地北路悠悠　一別參商歲半周

春風何處重開眼　笑指靑鳧月滿洲

[친구에게 멀리 유람 가기를 바라다]

하늘 남쪽 땅 북쪽 길은 멀고 멀어

한번 헤어져 서로 만나지 못한 채 반년

봄바람 불면 어디서든 다시 만나서

웃으며 푸른 오리를 가리키면 달이 섬에 가득하겠네

笑	●	春	○	一	●	天	○	
指	●	風	○	別	●	南	○	要
靑	○	何	○	參	○	地	●	友
鳧	○	處	●	商	○	北	●	遠
月	●	重	●	歲	●	路	●	遊
滿	●	開	○	半	●	悠	○	
洲	○	眼	●	周	○	悠	○	

[감상] 제2, 3구가 簾을 이루지 않았다. 제1구의 天南地北은 서로 멀리 떨어져 있음을 비유한 말. 제2구 參商(삼상), 參星과 商星, 삼성은 서방에 상성은 동방에 서로 등져 있어 동시에 두 별을 볼 수 없으므로, 친한 사람과 이별하여 만나지 못하는 비유로 쓰인다. 제3구, 開眼은 반가운 표정. 제4구, 靑鳧를 청운의 꿈을 가지고 부지런히 공부하거나 애쓰는 사람을 비유했다고 보면, 작자와 친구는 그들을 笑指 웃으며 가리킨다. 반면 그들이 동경하는 것은 큰 강 가운데 쌓인 모래섬에 달이 가득 비치는 자연인 것이다.

[13. 贈丹陽南兄達叔]

別來魂夢在君邊　悵望江雲倍黯然

淸宵臥看三更月　應照丹陽洞裏天

[단양 남형 달숙에게 지어 주다]

헤어져 왔는데 넋은 꿈속에서 그대 곁에 있소

슬픈 마음으로 강의 구름을 바라보니 슬픔이 배가 되오

맑은 밤에 누워서 삼경의 달을 보니

그 속에 단양의 동네 하늘이 비칩니다

應	●	淸	○	悵	●	別	●	
照	●	宵	○	望	◐	來	○	贈
丹	○	臥	●	江	○	魂	○	丹
陽	○	看	◐	雲	○	夢	●	陽
洞	●	三	○	倍	●	在	●	南
裏	●	更	○	黯	●	君	○	兄
天	○	月	●	然	○	邊	○	

[감상] 제2, 3구가 簾을 이루지 않았다. 작자는 遠遊를 자주했는데 이번에는 단양을 다녀온 모양이다. 경주에서 단양은 참으로 먼 길이다. 그곳에서 선비 남달숙을 만나 사귀고 온 후, 소감을 이 시로 지어 보낸 듯하다. 의식의 흐름이 자연스럽고 轉, 結이 멋지다. 옛사람들은 이렇게 교유하였는가 보다.

[14. 贈靑鳧申友乃源]

午夜淸樽月影斜　憶君懷抱正如何

靜裏知君無一事　可能來醉故人家

[청부 벗 신내원에게 지어 주다]

낮밤으로 맑은 술과 함께하는데 달그림자 비스듬하여

그대 생각하며 마음에 그리네 지금은 어떠한고

고요한 가운데 그대를 알고 싶으니 아무 일도 없으면

내 집에 와서 취하는 것이 가능하네

可	○	靜	●	憶	●	午	●	
能	○	裏	●	君	○	夜	●	贈
來	○	知	○	懷	○	清	○	靑
醉	●	君	○	抱	●	樽	○	鳧
故	●	無	●	正	●	月	●	申
人	○	一	●	如	○	影	●	友
家	○	事	●	何	○	斜	○	

[감상] 麻, 歌 通韻이다. 제2, 3구가 簾을 이루지 않았다. 각 구 첫 글자가 모두 측성이고, 君이 疊어어 범칙이다. 제목에 벗 신내원은 호가 청부이다. 뒤에 7언 율시에서 보면 그는 청송에 살았다. 제1구는 작자의 일상이다. 제3구, 知君은 知音이란 말처럼, 상대와 속을 터놓고 싶다는 뜻. 제4구, 故人은 작자 자신을 가리킨다. 한번 놀러 오라는 청이다.

[15. 與村老野飮]

芳郊雨歇草如茵 野酌無巡餞暮春
此地偶成眞率會 靑山影裏白頭人

[촌로와 더불어 들에서 마시다]

아름다운 성 밖 비 그치니 풀이 고운 자리 같아
야외에서 술 따라 혼자 마시며 저문 봄을 보내네
이곳은 짝이 있으면 소탈한 모임을 하기에 참으로 좋은 곳
청산 그림자 속에 백두가 있네

靑	○	此	●	野	●	芳	○	
山	○	地	●	酌	●	郊	○	與
影	●	偶	●	無	○	雨	●	村
裏	●	成	○	巡	○	歇	●	老
白	●	眞	○	餞	●	草	●	野
頭	○	率	●	暮	●	如	○	吟
人	○	會	●	春	○	茵	○	

[감상] 모든 규칙에 맞다. 제3구 眞率, 참되어 꾸밈이 없음. 眞率會, 진솔하며 예절에 거리끼지 않는 술자리 모임. 늦은 봄, 비가 그쳐 작자는 성 밖을 나간다. 파릇한 풀이 곱게 자란 것을 보고 마치 가마에나 까는 자리처럼 느낀다. 가지고 온 술을 혼자 따라 마시며, 함께할 벗이 있다면, 많은 음식에 여러 명의 손님이 모인 큰 연회가 아닌, 조촐한 모임을 하기에 딱 좋은 곳이라고 여긴다. 하지만 지금 당장은 아무도 없이, 청산 그림자 속에 벼슬 없는 처사인 작자 자신 혼자 있음을 아쉬워한다. 그러고 보면 제목의 '촌로와 더불어'는 사실 獨酌인 것이다. 그것은 제2구의 無巡이 말해 준다.

[16. 南行路上吟]

吟筇南指海雲生 矯首仙區望眼靑

風月江湖前債在 老夫今伴少年行

[남쪽으로 가는 길에서 읊다]

읊고 가던 지팡이 남쪽을 가리키니 바다에 구름이 일고

머리 드니 좋은 경치 눈을 씻고 바라보네

바람 달 강 호수에는 전에 진 빚이 있어

늙은 몸 이번 동행은 소년이라네

老	●	風	○	矯	●	吟	○	
夫	○	月	●	首	●	筇	○	南
今	○	江	○	仙	○	南	○	行
伴	●	湖	○	區	○	指	●	路
少	●	前	○	望	◐	海	●	上
年	○	債	●	眼	●	雲	○	吟
行	○	在	●	靑	○	生	○	

[감상] 庚, 靑 通韻이다. 모든 규칙에 맞다. 유람을 즐겨 하는 작자는 이번에 남쪽 지방을 가는데, 바다에는 흰 구름 두둥실하고 머리 돌려 보니 빼어난 경치가 있다. 제3구, 風月江湖는 곧 자연이다. '이전에 빚이 있다'는 무슨 뜻일까? 빚이란 자유롭지 못함이다. 그러니까 작자는 자연만 보면 벗어나지 못하는 천성을 가지고 있다는 뜻일 것이다. 제4구의 소년은 처음부터 집에서 데리고 나선 것인지 길 가다 우연히 잠시 동행하는 사이인지는 모르겠다.

[17. 上闊]

千年故國尋眞客 歷歷江山眼底開

滄海卽今風浪靜 片航容易到蓬萊

[탁 트인 곳에 오르다]

옛 신라 땅에 참 나그네 찾으니

지나온 강산이 눈 아래 펼쳐지고

푸른 바다도 지금은 물결마저 고요하니

조각배도 쉽게 봉래산에 이르겠네

片	●	滄	○	歷	●	千	○	
航	○	海	●	歷	●	年	○	上
容	○	卽	●	江	○	故	●	闊
易	●	今	○	山	○	國	●	
到	●	風	○	眼	●	尋	○	
蓬	○	浪	●	底	●	眞	○	
萊	○	靜	●	開	○	客	●	

[감상] 제1구, 끝에 韻字를 쓰지 않았다. 제목 闊, 이 글자는 사실 원본에 인식 불가할 정도로 흐려서 추측하였다. 작자는 높은 곳에 올랐다. 그곳에서는 신라 시가지도 보이고 고개 돌리면 먼 바다도 보이는 곳이다. 제1구, 千年故國은 '천 년 동안 이어져 온 나라' 또는 '천 년 전의 나라' 모두 가능한 뜻이나, 어느 경우든 신라를 말한다. 客은 '나그네' 정주를 모르는 사람, 심지어 이 세상에 온 것도 나그네처럼 왔다고 생각하는 사람, 곧 작자 자신 같은 부류를 일컫는다. 제2구 歷歷, 물리적으로는 '걸어온'이란 뜻도 되지만, 여기서는 시간적으로 지나온 세월을 말한다. 제3구 卽今, 지금 당장. 제4구, 蓬萊는 봉래산을 말하는데, 신선이 산다고 하는 전설 속의 산이다.

[18. 周王路中作]

靑臭翁與雞林客 步入炯霞洞裏天

淸區物色行行近 明日應尋羽化仙

[주왕산에 들어서 가는 중에 짓다]

청송에 사는 늙은이와 경주의 나그네가 함께

밝은 노을에 걸어 들어서니 골짜기 속 하늘이로다

맑은 구역 사물의 빛깔이 걸음걸음 다가서니

내일은 응당 나르는 신선을 찾아 봐야지

明	○	清	○	步	●	青	○	
日	●	區	○	入	●	鳧	○	周
應	○	物	●	烔	●	翁	○	王
尋	○	色	●	霞	○	與	●	路
羽	●	行	○	洞	●	雞	○	中
化	●	行	○	裏	●	林	○	作
仙	○	近	●	天	○	客	●	

[감상] 제1구, 끝에 운자를 쓰지 않았다. 제1, 2구는 相替簾을 사용하여 鶴膝과 蜂腰를 극복하였다. 제1구 青鳧, 경상북도 청송의 옛 이름. 작자는 청송에 사는 벗을 찾아간 모양이다. 둘이 함께 주왕산 구경을 나섰는데, 그 시작점에서의 감상을 읊었다. 주왕산은 골이 깊어 하늘이 좁게 보인다. 그곳에서는 신선이 사는 것 같은 느낌을 받는다.

[19. 周王鶴巢巖]

削立層巖萬丈奇 層巖中有鶴巢危

鶴去巢空巖自在 何年重看鶴廻時

[주왕산 학소암]

깎아 세운 층암이 높고도 기이한데

층암 가운데 학의 둥지 위태롭네

학이 떠나 둥지는 비어도 바위는 그대로 있어

어느 해 다시 볼꼬 학이 돌아오는 때를

何	○	鶴	●	層	○	削	●	
年	○	去	●	巖	○	立	●	周
重	○	巢	○	中	○	層	○	王
看	◐	空	○	有	●	巖	○	鶴
鶴	●	巖	○	鶴	●	萬	●	巢
廻	○	自	●	巢	○	丈	●	巖
時	○	在	●	危	○	奇	○	

[감상] 層, 巖, 鶴, 巢가 모두 疊이다. 그러나 이 시는 疊語를 사용하여 아름다운 시를 이루었다. 주왕산에는 '학소대'라는 높은 바위가 있는데, 하늘을 찌를 듯이 높이 솟은 절벽 위에는 청학과 백학 한 쌍이 둥지를 짓고 살았다고 하여 학소대로 부른다. 어느 옛날 백학이 사냥꾼에게 잡히어 짝을 잃은 청학은 날마다 슬피 울면서 바위 주변을 배회하다가 자취를 감추었다는 슬픈 사연이 전해 오고 있으며, 지금은 학은 온데간데없고 그들의 보금자리 터만 절벽 위에 남아 옛 주인을 그리워하고 있다.

[20. 汶亭夜話]

汶亭淸夜奏流水 蕭瑟秋聲曲裏生
一樽談笑論文處 不覺星河已五更

[문수강 변 정자에서 밤새도록 대화하다]

문수강 변 정자 맑은 밤 흐르는 물소리 아름답고
쓸쓸히 부는 가을바람 소리 골짜기 안에 생기네
술 한 통 놓고 담소하며 글을 논하는 곳
은하수가 이미 오경을 지나는 것도 모르네

不	●	一	●	蕭	○	汶	●	
覺	●	樽	○	瑟	●	亭	○	汶
星	○	談	○	秋	○	淸	○	亭
河	○	笑	●	聲	○	夜	●	夜
已	●	論	●	曲	●	奏	●	話
五	●	文	○	裏	●	流	○	
更	○	處	●	生	○	水	●	

[감상] 제1구에 운자를 쓰지 않았다. 2, 3구 사이에 簾을 이루지 않은 것 외는 모두 규칙에 맞다. 제2구 蕭瑟, 가을바람이 쓸쓸하게 부는 모양. 제4구 五更, 새벽 4시 전후. 가을날 밤 선비들이 물가 정자에 모여 술 마시며 시를 짓고, 또 그 시를 서로 논평하는 풍류와 진지함이 동시에 느껴지는 시이다.

[21. 贈丹陽南注書]

一聲雷雨起東溟 逸翮扶搖九萬程
天教好手需時出 須把經綸報聖明

[단양의 남주서에게 지어 주다]

한 소리 뇌우가 동쪽 바다에서 일어나
뛰어난 깃을 힘차게 움직여 구만리 나네
하늘을 본받은 좋은 솜씨는 쓰일 때 나타나니
모름지기 포부를 가졌으니 임금에게 바로 알리게

須	○	天	○	逸	●	一	●	
把	●	教	○	翮	●	聲	○	贈
經	○	好	●	扶	○	雷	○	丹
綸	○	手	●	搖	○	雨	●	陽
報	●	需	○	九	●	起	●	南
聖	●	時	○	萬	●	東	○	注
明	○	出	●	程	○	溟	○	書

[감상] 제2, 3구 사이 簾을 이루지 않은 것 외는 모두 규칙에 맞다. 제목 注書, 조선시대 승정원의 사초를 쓰는 일을 맡아 보았던 정7품. 제2구 扶搖, 폭풍, 힘차게 움직여 일어남. 제3구 好手, 훌륭한 솜씨. 제4구 經綸, 첫째, 어떤 포부를 가지고 일을 조직하고 계획하는 것, 둘째 천하를 다스리는 것. 이 시는 작자가 멀리 단양까지 가서 남주서를 만난 일이 있었고 돌아와서 그에게 지어 보낸 시로 보인다. 제 1, 2구는 남주서의 서기로운 출생과 힘찬 출세를 칭송했고, 3, 4구에서는 임금을 잘 보필하라는 당부가 보인다.

[22. 聞鄕亂自警]

平地風波白日起 南州章甫不遑家

世道須看竿百尺 古來君子閉門多

[고향에서 일어난 난리를 듣고 스스로를 경계하다]

평지풍파가 한낮에 일어났으니

경주의 유생은 집에서도 한가하지 않구나

세상을 살아가는 도리는 모름지기 긴 낚싯대를 살피듯 하니

예부터 군자는 자주 문을 닫아걸었네

古	●	世	●	南	○	平	○	
來	○	道	●	州	○	地	●	聞
君	○	須	○	章	○	風	○	鄕
子	●	看	◐	甫	●	波	○	亂
閉	●	竿	○	不	●	白	●	自
門	○	百	●	遑	○	日	●	警
多	○	尺	●	家	○	起	●	

[감상] 麻, 歌 通韻이다. 제1구, 끝에 운자를 쓰지 않았고, 下三仄이며 2, 3구 사이 簾을 이루지 않았다. 제2구 章甫, 儒生의 이칭. 제목의 亂은 무기를 들고 싸우는 것이 아닌 제1구의 평지풍파이다. 즉 舌禍이며 제2구의 내용으로 보아, 경주의 유생들이 한낮에 집에서 무슨 작당을 일으킨 모양이다. 제3구, 조용한 가운데 잘 살핀다. 그래서 제4구, 군자는 이를 멀리하고자 문을 닫아걸고 휩쓸리지 않으려 한다. 그 당시 무슨 일이 있었는지 참으로 궁금하다.

[23. 贈族人翼萬]

不動風波世道中 閉門深處讀書功

一念君能分善惡 也應雷雨自消融

[문중 사람 익만에게 지어 주다]

세상 살면서 풍파에 흔들리지 않으려면

문 닫아걸고 깊숙한 곳에서 독서를 일삼으라

일념이면 그대는 할 수 있으리라 선악 분별을

천둥비에 응하는 법은 저절로 다 소멸되도록 두는 것

也	●	一	●	閉	●	不	●	
應	○	念	●	門	○	動	●	贈
雷	○	君	○	深	○	風	○	族
雨	●	能	○	處	●	波	○	人
自	●	分	○	讀	●	世	●	翼
消	○	善	●	書	○	道	●	萬
融	○	惡	●	功	○	中	○	

[감상] 각 구 첫 글자가 모두 측성이어서 犯則이고, 2, 3구 사이 簾이 없다. 제4구 消融, 다 써서 없애 버림. 이 시는 앞의 시와 관련이 있어 보인다. 앞에서 경주 鄕中 유생들이 무언가의 일로 시비가 생겨 시끄럽게 되었고, 그 와중에 작자의 문중 사람 손익만이 관련되었는지, 작자는 이 詩를 통해 그에게 집에서 독서하면서 가만히 있으라고 권하고 있다.

[24. 贈巖老出山]

巖鶴翩翩下野田　雞林贏得一枝遷

箇中自有幽棲樂　山月蒼蒼夢葛天

[산을 나온 은자에게 지어 드리다]

바위 위 학이 펄펄 날아 들판에 내려앉았으니

계림에 사는 제가 살짝 옮겨 앉는 것을 잘 배웠습니다

여럿 중에는 본래 있으니 은거의 즐거움이

산에서 보는 달은 시리도록 푸르러 꿈에서 하늘을 덮습니다

山	○	箇	●	雞	○	巖	○	
月	●	中	○	林	○	鶴	●	贈
蒼	○	自	●	嬴	○	翩	○	巖
蒼	○	有	●	得	●	翩	○	老
夢	●	幽	○	一	●	下	●	出
葛	●	捿	○	枝	○	野	●	山
天	○	樂	●	遷	○	田	○	

[감상] 모든 규칙에 맞다. 제목 巖老, 깊은 산 높은 바위가 있는 곳에 은거하고 있는 늙은이, 곧 隱者이다. 제1구, 은자가 잠시 세상에 나온 것을 비유했다. 제2구 雞林, 경주에 사는 작자 자신이다. 제3구, 여러 가지 즐거움 중에 隱居가 그중 하나이다. 제4구, 정말 멋진 표현으로, 아무도 없는 산중에서 혼자 보는 달은 시리도록 푸르러 산속 좁은 하늘을 덮고도 남을 것이다. 이것을 작자는 오직 꿈에서나 본다고 하여 부러움을 표현했다.

[25. 道溪盤松-1]

舊家喬木鬱蒼蒼 特立丘園歲月長
貞心不遂風霜變 靑盖亭亭閔海桑

[도계의 키 작고 퍼진 소나무-1]

오래된 집 키 큰 나무 빽빽이 푸르기도 한데
언덕 동산에 눈에 띄게 서 있네 오랜 세월을
곧은 마음은 세월의 변화도 따르지 않고
푸른 머리로 우뚝 솟아 상전벽해를 마음 아파하네

青	○	貞	○	特	●	舊	●	
盖	●	心	○	立	●	家	○	道
亭	○	不	●	丘	○	喬	○	溪
亭	○	遂	●	園	○	木	●	盤
閔	○	風	○	歲	●	鬱	●	松
海	●	霜	○	月	●	蒼	○	1
桑	○	變	●	長	○	蒼	○	

[감상] 제2, 3구가 簾을 이루지 않은 것 외는 모든 규칙에 맞다. 제목 盤松, 키가 작고 가지가 뻗어서 퍼진 소나무. 제4구 亭亭, 높이 솟아 우뚝한 모양. 해석이 어려운 부분은 제4구 閔海桑이다. 閔은 사실 원본 글자를 식별하기 어려워 추측한 것이고, 海桑은 桑田碧海의 준말로 해석해 본 것이다.

[26. 道溪盤松-2]

人事眼前今古異 老枝楢帶舊風聲
盤桓盡日摩掌意 愛爾千秋歲暮情

[도계의 키 작고 퍼진 소나무-2]

눈앞의 사람 사는 일은 지금과 옛날이 다르지만
졸참나무 군락 늙은 가지에 바람 소리는 옛날 그대로이네
하루 종일 그 자리 서성이며 손바닥 문지르는 뜻은
오래도록 너를 사랑하듯 한 해를 보내는 정이네

愛	●	盤	●	老	●	人	○	
爾	●	桓	○	枝	○	事	●	道
千	○	盡	●	楢	○	眼	○	溪
秋	○	日	●	帶	●	前	○	盤
歲	●	摩	○	舊	●	今	○	松
暮	●	掌	○	風	○	古	●	2
情	○	意	●	聲	○	異	●	

[감상] 첫 구 끝에 韻字를 쓰지 않았다. 제2구 楢帶, 졸참나무 군락이 나와서 盤松과는 어떤 관계일까? 제3구 盤桓, 어정어정 머뭇거리며 그 자리에서 멀리 떠나지 못하고 서성이는 일. 이 시는 이해된 듯하나, 제목과 연결하면 맞질 않고, 제3구의 행위자가 바람인지 작자 자신인지를 판단하기 어렵다.

[27. 道溪盤松-3]

孤節凌霜貫四時 主人朝暮托心期
化翁識得培栽意 分付東風善護持

[도계의 키 작고 퍼진 소나무-3]

외로운 절개 서리도 이겨 내며 사시를 이어 가니

주인은 아침저녁 마음 기약하며 맡기네

조화옹은 알아듣고 만드는 뜻을 배로 하여

분부하셨네 동풍에게 잘 보호하고 지키라고

分	○	化	●	主	●	孤	○	
付	●	翁	○	人	○	節	●	道
東	○	識	●	朝	○	凌	○	溪
風	○	得	●	暮	●	霜	○	盤
善	●	培	○	托	●	貫	●	松
護	●	栽	○	心	○	四	●	3
持	○	意	●	期	○	時	○	

[감상] 모든 규칙에 맞다. 제1구는 소나무의 늠름한 기상을 그렸다. 제2구 托心期, 바랄 것이 있는 마음을 그 소나무에 의지한다는 뜻 아닐까? 제3구, 化翁은 造化翁, 즉 만물을 창조한 신. 培栽意, 곱절로 잘 봐준다는 뜻. 제4구 分付, 윗사람이 아랫사람에게 명령이나 지시를 내림.

[28. 巷窩慶篇-1]

瑤臺謫客下滄洲 坐視人間九十秋

安期未必承天屋 海上群仙讓一頭

[거리의 누추한 집에서 기뻐하며 짓다-1]

하늘 궁에서 유배자로 시골로 내려와서

앉아서 보았네 인간 세상 구십 년을

편안하길 바랐으나 이루지 못했네 하늘 잇는 집에서

바다 위에는 여러 신선들이 일등을 사양하네

海	●	安	○	坐	●	瑤	○	
上	●	期	○	視	●	臺	○	巷
群	○	未	●	人	○	謫	●	窩
仙	○	必	●	間	○	客	●	慶
讓	●	承	○	九	●	下	●	篇
一	●	天	○	十	●	滄	○	1
頭	○	屋	●	秋	○	洲	○	

[감상] 제2, 3구가 簾을 이루지 않은 것 외는 모두 규칙에 맞다. 제1구 瑤臺, 훌륭한 궁전, 신선이 사는 곳. 滄洲, 시골, 촌. 이 시는 작자 자신을 노래한 것 같다. 제1구는 하늘나라에서 이 세상 시골에 태어난 것을, 제2구는 세상사에 초월하는 자세로 한평생 구십 년 가까이 살았는데, 제3구 承天屋, 제목의 巷窩이다. 작자는 이곳을 마치 속박 없는 하늘처럼 여긴다. 그러나 현실은 그렇지 못해 더러는 번민했다는 뜻. 제4구, 그런데 문득 눈길을 돌려 바다를 보니 여러 신선들이 시를 지어 놓고 품평하며 일등은 서로 사양한다며, 작자 자신이 바라는 삶의 태도 자세를 말하고 있다.

[29. 巷窩慶篇-2]

吾王在上壽千年 優老恩波溢海埏

樽前迭獻无壃祝 日永仙翁醉裏天

[거리의 누추한 집에서 기뻐하며 짓다-2]

나의 왕은 하늘에서 천년을 사시며

도타운 늙은이에게 은혜가 바다와 땅끝까지 넘치니

술동이 앞에서 번갈아 올립니다 무한한 축하를

긴 하루 신선 같은 늙은이 가슴 깊이 하늘에 취합니다

日	●	樽	○	優	○	吾	○	
永	●	前	○	老	●	王	○	巷
仙	○	迭	●	恩	○	在	●	窩
翁	○	獻	●	波	○	上	●	慶
醉	●	无	○	溢	●	壽	●	篇
裏	●	壃	○	海	●	千	○	2
天	○	祝	●	埏	○	年	○	

[감상] 역시 2, 3구 사이 簾을 이루지 않은 것 외는 모두 규칙에 맞다. 제2구, 작자 자신을 나타내는 老에 優로 꾸몄다. 그러니까 능력이 남보다 낫다, 인정이 도탑다 등으로 해석이 가능하다. 溢海埏, 바다와 땅끝이 넘치도록, 대단한 과장이다. 제3구, 작자는 술을 마시며 하늘에 무한 감사를 드린다. 제4구, 작자는 자신을 仙翁으로 여기며, 醉裏天, 술에 취하듯 하늘에 취한다. 정말 詩的이다.

[30. 仁洞慶席]

吾家兩世得遐年　前後恩綸自九天
樽開北海群仙集　勝事端宜繪畫傳

[인동에서의 경사스러운 자리]

우리 집 두 세대는 장수를 하였으니
그 두 은혜로운 이어짐은 하늘로부터 주어진 것
북해를 향해 술동이 여니 여러 신선 모였네
세상사 잊고 바르고 아름다워 그림으로 전하네

勝	●	樽	○	前	○	吾	○	
事	●	開	○	後	●	家	○	仁
端	○	北	●	恩	○	兩	●	洞
宜	○	海	●	綸	○	世	●	慶
繪	●	群	○	自	●	得	●	席
畫	●	仙	○	九	●	遐	○	
傳	○	集	●	天	○	年	○	

[감상] 제 2, 3구 사이 簾을 이루지 않은 것 외는 모두 규칙에 맞다. 제목의 仁洞은 작자의 本家가 있는 마을, 경주 양동마을 입구 우측 고개 너머에 있다. 慶席, 작자의 환갑일 잔치 자리였던 것 같다. 제1구, 兩世는 두 세대, 그러니까 작자의 父親과 작자 자신을 말한다. 부친은 諱 漢杰, 號 蘭皐, 遺稿로 시집이 전한다. 66세를 살았다. 작자는 84세까지 살았다. 遐年, 오래 삶. 제2구 九天, 하늘을 아홉으로 나눈 그 전부. 제3구 北海, 신선이 사는 동경의 세계, 그날 작자의 벗인 여러 시인들이 축하하러 모였던 것 같다. 제4구 勝事, 세상사에 마음 매이지 않은 상태, 태도, 그날 잔치 모습을 그림으로 그렸던 모양인데 그 그림이 현재 전해지지는 않는다.

[31. 登高四望-1]

東望扶桑瑞日紅 海天寥廓眼中空

滄溟萬里風濤晏 和氣靑丘處處同

[높은 곳에 올라 사방을 바라보다-1]

동쪽을 바라보니 바다에서 상서로운 해가 붉고

바다와 하늘이 휑뎅그렁하여 아무것도 눈에 들지 않네

검푸른 바다가 만 리나 되니 바람도 파도를 잠재워

온화한 기운이 나라 곳곳에 고루 퍼지네

和	◐	滄	○	海	●	東	○	
氣	●	溟	○	天	○	望	◐	登
靑	○	萬	●	寥	○	扶	○	高
丘	○	里	●	廓	●	桑	○	四
處	●	風	○	眼	●	瑞	●	望
處	●	濤	○	中	○	日	●	1
同	○	晏	●	空	○	紅	○	

[감상] 모든 규칙에 맞다. 제1구 扶桑, 해가 돋는 동쪽 바다. 중국 전설에서 동쪽 바닷속 해가 뜨는 곳에 있다고 하는 나무. 제2구 寥廓, 휑뎅그렁한 모양. 제4구 靑丘, 중국에서 우리나라를 이르던 말. 작자는 영·정조 시대를 살았다. 이 詩는 실제 자연을 읊었지만 동시에 당시 정조 임금의 선정으로 나라가 태평한 것을 비유하였다.

[32. 登高四望-2]

南望蓬瀛馬岳空 鯨濤出沒海雲中

千載龍蛇餘憤在 書生看劍氣如虹

[높은 곳에 올라 사방을 바라보다-2]

남쪽을 바라보니 봉영이 있고 높은 산은 끊어져

고래가 파도 속에 들고 남이 바다 구름 사이 보이네

오랜 세월 비상한 인물의 남은 울분 그대로니

서생도 검을 보며 무지개 같은 기세네

書	○	千	○	鯨	○	南	○	
生	○	載	●	濤	○	望	◑	登
看	◐	龍	○	出	●	蓬	○	高
劍	●	蛇	○	沒	●	瀛	○	四
氣	●	餘	○	海	●	馬	●	望
如	○	憤	●	雲	○	岳	●	2
虹	○	在	●	中	○	空	○	

[감상] 각 구 첫 자가 모두 평성이어서 犯則이고, 제2, 3구 사이에 簾이 없다. 제1구 蓬瀛, 봉래와 영주, 모두 三神山 중의 하나. 馬岳, 경상북도 청도의 옛 이름. 그러나 여기서는 글자 그대로 새겨, '말처럼 기세 좋게 달려오던 높은 산'이 어떨까? 제3구, 千載는 千歲이다. 龍蛇, 비상한 인물, 여기서는 이순신 장군이 아닐까? 제4구 書生, 글만 읽어 세상일에 서툰 선비. 이 시는 작자가 높은 산에서 바다를 보며 임진왜란과 이순신을 떠올리며 자신 같은 서생도 칼을 잡고 무지개처럼 적을 향해 휘두르고 싶어지는 모습을 떠올린 것 아닐까?

[33. 登高四望-3]

西望長安白日邊 鳳樓龍闕隔雲烟

天南瑞彩流宸極 遙祝岡陵萬萬年

[높은 곳에 올라 사방을 바라보다-3]

서쪽을 바라보니 장안이 있네 한낮 저 멀리

봉황의 누각 용의 대궐이 구름과 안개 너머 떨어져 있네

하늘 남쪽에는 상서로운 빛깔이 허공 끝까지 흐르니

멀리서 높은 언덕에 올라 비나이다 오래오래 사시기를

遙	○	天	○	鳳	●	西	○	
祝	●	南	○	樓	○	望	◐	登
岡	○	瑞	●	龍	○	長	○	高
陵	○	彩	●	闕	●	安	○	四
萬	●	流	○	隔	●	白	●	望
萬	●	宸	○	雲	○	日	●	3
年	○	極	●	煙	○	邊	○	

[감상] 모든 규칙에 맞다. 제1구 長安, 중국 여러 왕조의 首都. 또한 일반적으로 서울. 여기서는 후자인 듯. 이 시도 역시 높은 산에 올라 단지 눈앞에 보이는 사실 풍경을 읊은 것이 아니라, 보다 넓고 큰 시야로 서울 한양을 보고, 당시 임금인 정조의 은혜가 남쪽 지방, 경주까지 미침에 감사하여 임금이 만수무강하기를 기원하는 내용인 것 같다.

[34. 登高四望-4]

北望中原隔醉天 黃河幾日是千年

諸看東海洋洋水 秦帝深羞有仲連

[높은 곳에 올라 사방을 바라보다-4]

북쪽을 바라보니 중원이 취한 하늘 저 멀리 있네

황하의 며칠이 여기서는 천년일세

언제 보아도 동해엔 물이 넘치니

진시황이 참으로 부끄러워하네 못난 일을 계속하였음을

秦	○	諸	○	黃	○	北	●	
帝	●	看	◐	河	○	望	◐	登
深	○	東	○	幾	●	中	○	高
羞	○	海	●	日	●	原	○	四
有	●	洋	○	是	●	隔	●	望
仲	●	洋	○	千	○	醉	●	4
連	○	水	●	年	○	天	○	

[감상] 제3구에 鶴膝이 보인다. 제1구 中原, 중국 문화의 발원지인 황허강 중류의 남북 양안 지역. 제2구는 중국은 우리 조선보다 왕조가 빨리 바뀐다는 것을 비유함이 아닐까? 제4구, 仲連의 해석이 어렵다. 仲은 으뜸이 아닌 둘째이고, 連은 '계속하다'이니, 연속적으로 잘못한 것을 말한다, 즉 불로초를 구하러 계속해서 동해로 사신을 보냈던 일 아닐까? 이렇게 絶句 4편이 이어진 시에서 작자는 높은 곳에 올라 상상의 나래를 펼쳤다.

[35. 贈李上舍汝寬]

寶庭春色上琪樹 鳳治恩波長一枝

荷花自作家傳物 兩世榮光動海陲

[이상사 여관에게 지어 주다]

귀한 집에 봄빛이 아름다운 나무에 비치니

봉황의 치세 은혜로운 물결에 한 가지가 돋아나네

연꽃은 저절로 피어 집에 전하는 물건이 되니

두 세대의 영광이 바닷가 변방에 떨치네

兩	●	荷	○	鳳	●	寶	●	
世	●	花	○	治	◐	庭	○	贈
榮	○	自	●	恩	○	春	○	李
光	○	作	●	波	○	色	●	上
動	●	家	○	長	●	上	●	舍
海	●	傳	○	一	●	琪	○	汝
陲	○	物	●	枝	○	樹	●	寬

[감상] 제1구, 끝에 운자를 쓰지 않았고, 제2, 3구 사이 簾을 이루지 않았다. 제1구, 寶庭을 '대궐의 뜰'로 볼 수도 있겠으나, 제2구와 연결해서 보면 이상사의 집으로 보는 것이 더 합당한 것 같다. 제목, 上舍는 진사, 생원의 별칭이고 여관은 이름이다. 이 시는 벗인지 지인인지 이여관이 초시에 합격하니, 이것을 축하하는 시로 지어 준 것이다. 제1구의 봄빛, 제2구의 은혜는 당시 정조 임금의 선정을, 한 가지는 이여관이 상사가 된 것을 비유한다. 제3구는 이상사의 집안 내력을 말하는 것 같은데, 아마 獨學하는 자세를 비유했으며, 제4구의 두 세대는 이상사 父子를 가리키며, 海陲는 경주나 흥해 정도가 아닐까?

[36. 與諸老向霞溪中路值雨留三聖庵作-1]

五老聯筇上碧山 一庵高出白雲間

知時好雨能開客 贏得禪窓午睡閑

[여러 노인들과 하계를 향해 가던 중 길에서 비를 만나 삼성암에 머무르면서 짓다-1]

다섯 노인이 줄지어 지팡이 짚고 푸른 산에 오르는데

한 암자가 우뚝 솟았네 흰 구름 사이

때맞추어 고마운 비가 나그네들에게 잘 열어 주어

절간방을 넉넉히 얻어 한가로이 낮잠을 자네

贏	○	知	○	一	●	五	●	
得	●	時	○	庵	○	老	●	與
禪	○	好	●	高	○	聯	○	諸
窓	○	雨	●	出	●	筇	○	老
午	●	能	○	白	●	上	●	向
睡	●	開	○	雲	○	碧	●	霞
閑	○	客	●	間	○	山	○	溪

[감상] 모든 규칙에 맞다. 제목의 霞溪는 작자의 벗 號이다. 삼성암, 경주 강동면 호명리에 있다. 제3구, 산을 오르던 노인들이 지칠 무렵 때마침 비가 오니 절에서는 나그네들을 어쩌지 못하고 절 문을 열어 받아 주어야 했을 것이다. 그러니 그 비는 고마운 것이다.

[37. 與諸老向霞溪中路值雨留三聖庵作-2]

旅愁難滌雨聲間 前路泥濘進退難

山外陰晴翁未鮮 每教兒柄出門看

[여러 노인들과 하계를 향해 가던 중 길에서 비를 만나 삼성암에 머무르면서 짓다-2]

집 떠나온 수심 씻기 어려워라 빗소리 들리는 가운데
앞으로 갈 길은 진창이니 나아가기도 물러서기도 어려워라
산 밖이 흐린지 개었는지 늙은이들은 알지 못하니
매양 어린아이로 하여금 붙잡게 하고 문밖에 나가 살피네

每	●	山	○	前	○	旅	●	
教	○	外	●	路	●	愁	○	與
兒	○	陰	○	泥	○	難	○	諸
柄	●	晴	○	濘	○	滌	●	老
出	●	翁	○	進	●	雨	●	向
門	○	未	●	退	●	聲	○	霞
看	○	鮮	●	難	○	間	○	2

[감상] 寒, 刪 通韻이다. 難 자가 疊이다. 산중 절에서 비에 갇혀 곤란한 가운데 어서 떠나고 싶은 마음을 잘 드러내고 있다.

[38. 與諸老向霞溪中路值雨留三聖庵作-3]

洞壑深深石逕斜 吟節平日少經過
所行笑問緣何事 爲訪霞溪處士家

[여러 노인들과 하계를 향해 가던 중 길에서 비를 만나 삼성암에 머무르면서 짓다-3]

골짜기는 깊고 깊어 돌자갈길 가파르니
시 짓는 늙은이 평일에는 지나가는 일 드무네
가는 곳 웃으며 묻노니 무슨 일인고
찾아간다네 하계 처사 집으로

爲	○	所	●	吟	○	洞	●	
訪	●	行	○	節	○	壑	●	與
霞	○	笑	●	平	○	深	○	諸
溪	○	問	●	日	●	深	○	老
處	●	緣	○	少	●	石	●	向
士	●	何	○	經	○	逕	●	霞
家	○	事	●	過	○	斜	○	3

[감상] 麻, 歌 通韻이다. 모든 규칙에 맞다. 제2구 吟節, 읊는 지팡이, 곧 시를 읊는 늙은이. 눈앞에 山水畵 한 폭이 그려진다.

[39. 見贈霞溪主人-1]

小亭瀟灑小溪邊 翁臥烟霞洞裏天
有意東山老惜大 數盃微醉故人筵

[하계 주인을 보고 지어 주다-1]

작은 정자 맑고 깨끗하니 작은 시냇가에 있고
늙은이 누웠는데 골짜기 속 하늘엔 안개와 노을
생각이 드네 나에겐 늙은이가 크게 애석한
몇 잔 들고 나니 조금 취하네 정든 이와 마주한 자리

數	●	有	●	翁	○	小	●	
盃	○	意	●	臥	●	亭	○	見
微	○	東	○	烟	○	瀟	○	贈
醉	●	山	○	霞	○	灑	●	霞
故	●	老	●	洞	●	小	●	溪
人	○	惜	●	裏	●	溪	○	1
筵	○	大	●	天	○	邊	○	

[감상] 제3구에 下三仄이 보인다. 제2구 煙霞, 안개와 노을, 고요한 산수 경치. 제3구의 東山은 작자의 號이다. 제4구 故人, 시에서는 주로 옛 친구를 일컫는다. 마침내 찾아간 하계의 거처에 이르러 정든 이와 몇 잔 술을 나누고 읊었다. 起구에서 경치를, 承구에서 景을 계속하고, 轉구에서 情을 그리고 結구에서 전체를 잘 마무리하였다.

[40. 見贈霞溪主人-2]

覓詩少我驚人語 有酒多君勸客盃

萬事人間堪一醉 醉來贏得好襟開

[하계 주인을 보고 지어 주다-2]

시를 지으니 우리 몇몇이 놀랄 만한 언어이고

술을 들어 여러 친구들에게 잔을 권하네

인간 만사는 한번 취하니 잊혀지고

취기 오르니 좋은 마음 열려 가득 차네

醉	●	萬	●	有	●	覓	●	
來	○	事	●	酒	●	詩	○	見
贏	○	人	○	多	○	少	●	贈
得	●	間	○	君	○	我	●	霞
好	●	堪	○	勸	●	驚	○	溪
襟	○	一	●	客	●	人	○	2
開	○	醉	●	盃	○	語	●	

[감상] 제1구, 끝에 운자를 쓰지 않았고, 각 구 첫 글자가 모두 측성이어서 범칙이다. 또한 醉, 人 자가 첩이다. 제1구 少我, 우리 몇 사람, 즉 찾아간 손님들. 제1구에서 주인의 뛰어난 시를 칭찬하고, 제2구에서 주인의 넉넉한 마음을 그렸고, 제3구에서 모두가 세상을 잊는 경지를, 제4구에서 서로 마음이 통한 행복한 상태를 그렸다.

[41. 戲贈諸老聯筇向萊山三絶-1]

聯筇諸老向何方 遙指萊雲去路長

笑問炎天揮汗客 如何高臥北窓涼

[장난스레 지어 주었다 여러 노인에게, 줄지어 지팡이 짚고 내산으로 향하던 중 절구 3편을-1]

줄지어 지팡이 짚고 여러 노인 어디로 가시는고

멀리를 가리키네 명아주 지팡이가 구름을 갈 길이 멀구나

웃으며 물어본다 염천에 땀을 뿌리는 나그네에게

어떠한고 높이 누웠는게 북쪽 창 서늘한 곳에

如	○	笑	●	遙	○	聯	○	
何	○	問	●	指	●	節	○	戲
高	○	炎	○	萊	○	諸	○	贈
臥	●	天	○	雲	○	老	●	諸
北	●	揮	○	去	●	向	●	老
窓	○	汗	●	路	●	何	○	聯
凉	○	客	●	長	○	方	○	1

[감상] 何 자가 疊이다. 제목에서 萊山, 신라 초기에 부산 동래구 지역에 萊山國이 있었다고 하니 아마 그 지역 산을 말함이 아닐까? 제3구 炎天, 몹시 더운 날씨. 옛날 먼 길을 걸어야만 했고, 날씨 또한 무더웠으니, 늙은 몸으로 집 나와서 고생이니, 그만 가만히 집에 있었으면 좋았으련만 하는 생각이 들 법도 하다.

[42. 戲贈諸老聯節向萊山三絶-2]

神山何必訪神仙 詩酒中間亦有仙

酒滿淸樽詩滿腹 一觴一咏是眞仙

[장난스레 지어 주었다 여러 노인에게, 줄지어 지팡이 짚고 내산으로 향하던 중 절구 3편을-2]

신령스런 산에만 어찌 꼭 신선이 찾겠는가

시와 술이 있으면 그 가운데 신선 또한 있는 법

술이 가득하면 맑은 술통에 시는 배 속에 가득하여

한 잔하고 한 수 읊으니 이것이 진짜 신선일세

一	●	酒	●	詩	○	神	○	
觴	○	滿	●	酒	●	仙	○	戲
一	●	清	○	中	○	何	○	贈
咏	●	樽	●	間	○	必	●	諸
是	●	詩	○	亦	●	訪	●	老
眞	○	滿	●	有	●	神	○	聯
仙	○	腹	●	仙	○	仙	○	2

[감상] 운자 仙을 반복했다. 이 시에는 疊語가 많다. 仙, 詩, 酒가 그렇다. 그러나 같은 句에서 疊은 허용된다. 아무튼 제목에서 장난스레 지었다고 하니, 破格한 것이다. 제2구에서 中間이라 함은 목표한 산에 이르기 전에 그만 술판을 벌인 듯하다. 자유분방한 작자의 정신세계가 엿보인다.

[43. 戲贈諸老聯笻向萊山三絶-3]

鳩杖逍遙物外天 十洲三島海中連

所行徜逌駸鸞客 謂有雞林放浪仙

[장난스레 지어 주었다 여러 노인에게, 줄지어 지팡이 짚고 내산으로 향하던 중 절구 3편을-3]

구장 짚고 소요하니 세상 밖 하늘이고

여러 모래섬 세 개의 섬이 바다 가운데 연이었네

가는 곳은 거닐다 마주치는 자유로이 다니는 나그네

계림의 방랑 신선이라 일컬어진다네

謂	●	所	●	十	●	鳩	○	
有	●	行	○	洲	○	杖	●	戲
雞	○	徜	○	三	○	逍	○	贈
林	○	逌	●	島	●	遙	○	諸
放	●	駸	●	海	●	物	●	老
浪	●	鸞	○	中	○	外	●	聯
仙	○	客	●	連	○	天	○	3

[감상] 모든 규칙에 맞다. 제1구 鳩杖, 지팡이 머리에 비둘기를 새긴 노인장. 物外, 세상 물정의 바깥. 제2구는 부산 바닷가에 이르렀음을 말해 준다. 제3구 駿鸞, 네 필의 말이 끄는 수레의 바깥 두 필 말과 천자의 수레에 다는 방울, 즉 먼 길을 자유로이 다님을 뜻한다. 작자는 자기를 닮은 나그네를 찾아다닌다. 제4구, 자신은 계림의 방랑신선이라 불린다고 한다.

[44. 重到祇林寺見五色花感吟一絶]

千年古殿丹靑落 四面階花寂寞紅
卄載重來春不老 階花應笑白頭翁

[다시 온 기림사에서 오색 꽃을 보고 느낌 있어 절구 한 편 읊다]

천년 오랜 전각엔 단청이 낡았고
네 면 계단의 꽃은 적막 가운데 붉으라
스무 해 만에 다시 왔으되 봄은 늙지 않았고
계단의 꽃은 웃으며 맞이하네 머리 흰 늙은이를

階	○	卄	●	四	●	千	○	
花	○	載	●	面	●	年	○	重
應	●	重	○	階	○	古	●	到
笑	●	來	○	花	○	殿	●	祇
白	●	春	○	寂	●	丹	○	林
頭	○	不	●	寞	●	靑	○	寺
翁	○	老	●	紅	○	落	●	

[감상] 제1구, 끝에 운자를 쓰지 않았다. 階花가 疊이다. 기림사는 경주시에서 동해 감포읍으로 가는 중간 골짜기에 있으며, 선덕여왕 12년 천축국 승려 광유가 창건하여 林井寺라 하였던 것을 원효대사가 확장하고 기림사로 개칭하였다. 임진왜란 때 승병 훈련소이기도 하였는데, 철종 14년(1863년)에 불타 없어지고 그 당시 부윤 송정화의 노력으로 다시 건립된 것이 지금에 이른다. 작자가 찾았을 때는 불타기 이전 고찰이었다. 제3구의 봄이 늙지 않았는데, 제4구, 작자는 그사이 백발이 되었다는 것이 잘 대비되었다.

[45. 過瓢巖書齋感吟一絕]

小亭無恙碧山幽 人去亭空草色愁
悄悵斜陽經過路 不堪回首憶前遊

[표암서재를 지나면서 느낌 있어 절구 한 수 읊다]

작은 정자에 걱정 없이 푸른 산은 그윽한데
사람은 떠났고 정자는 비었으니 풀빛은 근심스럽네
근심스럽고 슬프네 해 저무니 지나온 길
견딜 수 없어 돌아보네 전에 놀던 기억을

不	●	悄	●	人	○	小	●	
堪	○	悵	●	去	●	亭	○	過
回	○	斜	○	亭	○	無	○	瓢
首	●	陽	○	空	○	恙	●	巖
憶	●	經	○	草	●	碧	●	書
前	○	過	●	色	●	山	○	齋
遊	○	路	●	愁	○	幽	○	感

[감상] 亭 자가 疊이다. 제목의 瓢巖은 경주시 동천동에 있으며, '밝은 바위'란 뜻으로, 신라 건국 이전 6촌 가운데 알천 양산촌의 시조 이알평이 이 바위에 내려와 세상을 밝게 하였다 하여 표암이라고 부르게 되었다 한다. 작자 방문 당시에는 '표암서재'라는 작은 정자만 있었던 모양이다. 제2구의 人去는 살던 주인이 떠났다 또는 전에 그곳에 함께 놀았던 사람들이 지금은 없다, 이렇게 둘로 생각해 볼 수 있는데 후자가 나을 듯하다. 작자는 풀빛에서도 수심을 느끼고, 해 저무는 때에도 수심을 느낀다. 전날 이 정자에서 친구들이랑 놀았던 기억이 생생한 모양이다.

[46. 贈申乃源]

青鳧遊客訪雞林 收拾風光入浩吟
天教盡日蕭蕭雨 洗出詩翁太古心

[신내원에게 지어 주다]

청송에 사는 놀이 손님이 계림을 방문했네

풍광을 주워 담아 큰 소리로 읊어 대는구나

하늘은 종일토록 부스스 비를 내리니

시 짓는 늙은이는 묵은 마음 씻으러 나가네

洗	●	天	○	收	○	靑	○	
出	●	敎	○	拾	●	鳧	○	贈
詩	○	盡	●	風	○	遊	○	申
翁	○	日	●	光	○	客	●	乃
太	●	蕭	○	入	●	訪	●	源
古	●	蕭	○	浩	●	雞	○	
心	○	雨	●	吟	○	林	○	

[감상] 제2, 3구에 簾이 없는 것 외는 모두 규칙에 맞다. 제목의 신내원은 작자의 벗으로 청송에 살았다. 전일 작자가 그의 집을 방문한 적 있었고, 오늘은 그가 경주 사는 작자를 방문해 온 것이다. 제1구의 靑鳧, 경상북도 청송의 옛 이름. 遊客은 오늘날의 관광객이며 곧 시인이기도 하다. 제3구의 敎는 사역동사이다. 제4구의 太古心이란 원시 초기의 인간의 마음, 즉 순수한 마음으로 새길 수도 있고, 반대로 아주 오래된 마음이면 무엇이 켜켜이 쌓여 더러운 마음으로 새길 수도 있다. 여기서는 후자가 더 어울릴 것 같다.

[47. 半月城]

吟筇暫往月城頭 雨後新凉八月秋

寂寞宮墟荒草合 水光山色不堪愁

[반월성]

지팡이 짚고 읊조리며 잠시 가서 반월성 머리에 이르니

비 온 뒤 새롭고 서늘하여 팔월 가을이로구나

고요하고 쓸쓸한 궁궐터엔 거친 풀들만 모였고

물은 빛나고 산은 색을 띠어 우수를 견딜 수 없네

水	●	寂	●	雨	●	吟	○	
光	○	寞	●	後	●	節	○	半
山	○	宮	○	新	○	暫	●	月
色	●	墟	○	凉	○	往	●	城
不	●	荒	○	八	●	月	●	
堪	○	草	●	月	●	城	○	
愁	○	合	●	秋	○	頭	○	

[감상] 모든 규칙에 맞다. 제1구, '잠시 가다'에서 작자의 거처와 반월성이 크게 멀지 않음을 알 수 있다. 제2구에서 팔월이니 추석 전후이겠다. 제3구, 조선 정조 때도 반월성은 폐허에 풀만 무성하였다. 제4구, 햇살 받은 물은 빛나고 산에는 단풍이 들었을 테니 이는 억겁의 자연 모습 그대로인데, 반면 인간사는 변하여 성한 것은 쇠하고, 사람도 늙어 가니 우수가 일어남을 참을 수 없었을 것이다.

[48. 鴈鴨池]

千年鴈沼古城東 中有巫山十二峰
當日羅王行樂處 繁華暗逐草烟空

[안압지]

천년 기러기 늪 옛 성 동쪽에 있어

가운데 무산십이봉이 있네

그 옛날 신라왕의 행락처였으나

번화함은 어느새 풀과 연기로 공허히 밀려났네

繁	○	當	●	中	○	千	○	
華	○	日	●	有	●	年	○	雁
暗	●	羅	○	巫	○	雁	●	鴨
逐	●	王	○	山	○	沼	●	池
草	●	行	○	十	●	古	●	
烟	○	樂	●	二	●	城	○	
空	○	處	●	峰	○	東	○	

[감상] 東, 冬 자 通韻이다. 모든 규칙에 맞다. 제목, 안압지는 삼국통일을 이룬 신라 문무왕 14년(674년)에 축조된 신라의 宮苑池이다. 당나라 장안의 太液池와 백제 宮南池의 조경술을 본받았다고 한다. 신라 때 이름은 月池였고, 雁鴨池는 조선시대에 붙여진 것이라고 한다. 그런데 이 시 제2구에 나오는 巫山은 중국 쓰촨성 무산현의 동쪽에 있는 명산, 산 위에는 무산십이봉이 있어, 고래로 한문시가에 많이 나타난다고 하는데, 1975년 안압지 발굴 당시 기록에는 "못 안에 大, 中, 小형의 圓島를 마련하고 둘레를 석축하였으며, 흙을 쌓아 假山을 만들었다."라고 되어 있어 巫山의 개념을 미처 파악하지 못한 것은 아닐까? 한편 月池 모양은 동아시아 지도 형상을, 세 개의 섬은 제주도와 일본을 나타낸 것은 아닐까 추측하는 오늘날 학자들도 있다고 한다.

[49. 除夜韻]

甲辰翁送甲辰年 六十人間又二年
舊歲已隨除夜盡 好將樽酒迓新年

[섣달 그믐밤에 읊다]

갑진년에 태어난 늙은이가 갑진년을 보내고
육십 년 인간 세상 또 이 년을 더 살았네
지난 세월은 이미 지나 그믐밤이 다하니
오는 세월 반가워 술 마시며 새해를 마중하네

好	●	舊	●	六	●	甲	●	
將	○	歲	●	十	●	辰	○	除
樽	○	已	●	人	○	翁	○	夜
酒	●	隨	○	間	○	送	●	韻
迓	●	除	○	又	●	甲	●	
新	○	夜	●	二	●	辰	○	
年	○	盡	●	年	○	年	○	

[감상] 1, 2, 4구 끝에 같은 韻 자 年을, 각 句 첫 글자를 모두 仄聲을 사용해 破格이다. 작자가 62세 되던 해 지은 것이다. 지난 시간에 대해서는 제3구, 已隨라 하여 그저 이미 지난 것으로 아무런 비애나 우수가 없다. 그러면서 맞이하는 새해는 제4구에서 好將이라 하여 반갑게 여기는 낙천적인 모습이 보인다.

[50. 華山路中作]

晩來還學少年遊 人道斯翁鬢半秋

不知老驥心千里 笑問今行底事求

[화산으로 가는 길에 짓다]

늙으니 다시 공부하게 되는데 젊은이들은 노는구나

살다 보니 이 늙은이는 귀밑털이 반백이네

알지 못하네 늙은 천리마는 마음이 천 리라는 것을

웃으며 묻노니 오늘 길은 무슨 일로 가는고

笑	●	不	●	人	○	晩	●	
問	●	知	○	道	●	來	○	華
今	○	老	●	斯	○	還	○	山
行	○	驥	●	翁	○	學	●	路
底	●	心	○	鬢	●	少	●	中
事	●	千	○	半	●	年	○	作
求	○	里	●	秋	○	遊	○	

[감상] 제2, 3구에 簾이 없는 것 외 모든 규칙에 맞다. 제목의 華山, 몇 가지가 있으니, 첫째 북한산을 일컫고, 둘째 중국 고대 五嶽의 하나인 西嶽, 산시성에 있고, 셋째 경주 주변의 어느 산, 마지막으로 경기도 화성시 인용면에 있는 산. 隆陵과 乾陵이 있고, 조선 22대 정조 임금이 재위 20여 년간 조림 계획으로 대삼림을 이루어 현재 전국적으로 우수한 모범림. 작자는 정조 임금을 워낙 존경하였기에, 그리고 제4구에 千里가 있으니 아마 여기서는 바로 이 산이 아닌가 싶다. 작자는 아마 정조 임금이 화산에 일을 도모한다는 소식을 듣고 늙은 몸으로 천 리 길을 나선 것 같다. 도중에 느낌 있어 이 시를 지었다고 본다. 제3구를 음미하면, 천리마는 하루에 천 리를 간다하여 붙은 이름이다, 그런데 마음으로는 금방 천 리를 간다. 그러니 아무리 기예가 뛰어나다 해도 마음에는 당하지 못하니 마음공부가 중요하다는 것 아닐까? 작자는 도중에 무슨 마음으로 이 길을 가는지 스스로 묻고 있다.

[51. 題瓢隱遺墟]

大明天地人誰是 一介崇禎處士臣

千載仙區餘馥在 滿江風月楤精神

[표은이 남긴 빈터란 제목으로 짓다]

밝은 세상에 어느 누가 이와 같을 수 있나

한낱 청나라를 거부한 신하였네

천년 좋은 경치에 향기가 남아 있고

강 가득 풍월하고 정신은 두릅나무일세

滿	●	千	○	一	●	大	●	
江	○	載	●	介	●	明	○	題
風	○	仙	○	崇	○	天	○	瓢
月	●	區	○	禎	○	地	●	隱
楤	●	餘	○	處	●	人	○	遺
精	○	馥	●	士	●	誰	○	墟
神	○	在	●	臣	○	是	●	

[감상] 제1구, 끝에 운자를 사용하지 않았다. 제1구에 鶴膝이 보인다. 제목 瓢隱, 조선 김시온의 號, 그는 조선 광해군, 인조 당시 인물로, 의성 김씨로 안동 천전리(내앞)에서 태어나 학문에만 힘썼다. 스스로 崇禎處士라 하였는데, 이는 명나라가 망한 뒤 청나라를 거부한 선비를 일컫는 말이다. 崇禎은 명나라 마지막 연호이다. 그는 여러 자녀를 두었는데 그중에 출세한 이가 더러 있다. 제1구 大明天地, 매우 밝은 세상. 제4구 楤, 두릅나무, 줄기엔 가시가 있으나 봄에 처음 나오는 잎은 부드럽고 향기로운 나물이 된다.

[52. 贈曲江倅權學士-1]

悵望行塵倍黯然 夢魂長繞曲江邊

一樽談笑知何日 好待春風二月天

[곡강 원님 권학사에게 지어 주다-1]

가는 행렬 먼지를 슬프게 바라보니 어두움이 배가되는 것 같아

꿈속 넋이 길게 휘감네 곡강 변두리를

술 한 통 놓고 웃으며 이야기할 날 언제인지 알겠노라

즐거운 마음으로 기다리네 봄바람 부는 이월의 하늘을

好	●	一	●	夢	●	悵	●	
待	●	樽	○	魂	○	望	◐	贈
春	○	談	○	長	○	行	○	曲
風	○	笑	●	繞	●	塵	○	江
二	●	知	●	曲	●	倍	●	倅
月	●	何	○	江	○	黯	●	權
天	○	日	●	邊	○	然	○	1

[감상] 각 구 첫 글자가 모두 측성이어서 범칙이다. 제목, 곡강은 오늘날 포항시 흥해읍이다. 작자의 벗인 권학사가 그곳 군수이며, 아마 오늘 작자의 집을 방문하였다 돌아가는 길인가 보다. 제1구에서 떠나가는 행렬을 슬픈 마음으로 바라본다. 제2구, 꿈속에서도 작자는 곡강을 그리워한다. 제3구, 둘은 만나면 술 마시며 담소하는 것이 매우 즐겁다. 제4구, 권학사가 아마 떠나면서 오는 봄에 곡강으로 한번 놀러 오라고 말을 남긴 듯하다.

[53. 贈曲江倅權學士-2]

千里田園匹馬歸　舊江無恙釣魚磯

風雲紫陌龍騰日　徜向雞林問布衣

[곡강 원님 권학사에게 지어 주다-2]

천 리 전원으로 필마로 돌아가니

옛 강 낚시터엔 아무런 근심 없어라

좋은 기운으로 서울에서 급제하던 날

그대는 계림을 향해 나를 찾아왔었네

徜	○	風	○	舊	●	千	○	
向	●	雲	○	江	○	里	●	贈
雞	○	紫	●	無	○	田	○	曲
林	○	陌	●	恙	●	園	○	江
間	●	龍	○	釣	○	匹	●	倅
布	●	騰	○	魚	○	馬	●	權
衣	○	日	●	磯	○	歸	○	2

[감상] 모든 규칙에 맞다. 이 시는 권학사가 흥해군수 임기를 마치고 새 임지 발령을 받지 못하고, 흥해에서는 멀리 떨어진 고향으로 돌아가는 것을 보고, 작자가 앞의 시와 함께 두 수를 지어 보낸 것 같다. 제2구, 귀향하여 낚시하면 아무런 근심 없을 것이다. 제3구 風雲, 용이 바람과 구름을 타고 하늘로 오르듯이 영웅호걸들이 세상에 두각을 나타내는 좋은 기운. 紫陌, 서울의 도로를 말함. 제4구 布衣, 벼슬하지 않은 선비, 여기서는 작자 자신을 가리킨다.

[54. 贈崔進士天翼-1]

一別詩翁久廢詩 新秋坐憶舊年詩
璦琚莫惜投瓜地 我愛龍田處士詩

[최진사 천익에게 지어 주다-1]

그대를 한번 떠나온 후 오래도록 시를 짓지 않았는데
새로 가을 되어 앉아서 생각했네 지난날 시들을
꾸민 것들은 아낌없이 오이밭에 던져 버리고
나는 사랑하네 탈속한 처사시를

我	●	璦	●	新	○	一	●	
愛	●	琚	○	秋	○	別	●	贈
龍	○	莫	●	坐	●	詩	○	崔
田	○	惜	●	憶	●	翁	○	進
處	●	投	○	舊	●	久	●	士
士	●	瓜	○	年	○	廢	●	天
詩	○	地	●	詩	○	詩	○	翼

[감상] 제1, 2, 4구 끝에 모두 詩 자로 운을 삼아 범칙이다. 그러나 이로 인해 작자가 나타내고자 하는 뜻을 가장 잘 구현했다. 제1구 詩翁, 최진사를 가리키는 것 같다. 제3구 瓔珺, 아름다운 옥, 즉 아름답게 꾸밈. 제4구, 龍田은 앞의 제3구의 瓜地에 반대되는 개념이다, 즉 瓜地가 세속적이라면, 龍田은 탈속한 세계를 말한다. 작자는 어느 때 최진사를 만나고 온 후 자신의 시 작법을 크게 바꾼 것 같다. 아름답게 꾸미던 것에서 탈속한 처사시로 말이다.

[55. 附崔進士次韻] 崔進仕

軒羲以上本無詩 所以高人不喜詩
晚覺天機流動處 虫鳴鳥語是眞詩

[최진사가 차운한 시를 붙여 둔다]

헌원씨 복희씨 이전에는 본래 시가 없었으니
높은 사람들이 시를 기뻐하지 않았기 때문이네
늙어서야 깨달았네 천기와 근원을
벌레 울음 새소리 이런 것들이 진짜 시이네

虫	○	晚	●	所	●	軒	○	
鳴	○	覺	●	以	●	羲	○	附
鳥	●	天	○	高	○	以	●	崔
語	●	機	○	人	○	上	●	進
是	●	流	○	不	●	本	●	士
眞	○	動	●	喜	●	無	○	次
詩	○	處	●	詩	○	詩	○	韻

[감상] 앞의 시에 차운한 것이라, 詩 자 하나로 韻을 삼았다. 以 자가 疊이다. 제1구 軒羲, 헌원씨와 복희씨, 모두 고대 중국 고대 성인이다. 제3구 天機, 모든 조화를 꾸미는 하늘의 기밀. 流動處, 흘러내리는 곳, 곧 근원. 東山翁의 벗인 최진사가 동산옹이 보낸 시를 次韻하여 그 뜻에 同意하고 있다. 둘은 모두 시가 순수해야 된다고 본다.

未章頗有傲詩 自高之意故 又用別韻以 鮮爲詩之好

드러나지는 않지만 자못 오만함이 있는 시라서 (그것은 최진사가) 스스로 뜻을 높인 때문이라 또 다시 다른 운을 써서 내가 시 짓기를 좋아함을 밝히겠다.

[감상] 이 글은 앞 시와 다음 시 사이에 동산옹이 산문으로 써 둔 글귀이다. 자존심이 조금 상하신 모양이다.

[56. 贈崔進士天翼-2]

文章自古以詩鳴 李杜千秋擅大鳴
洪鍾響處天機動 肯學虫吟與鳥鳴

[최진사 천익에게 지어 주다-2]

문장은 예로부터 시로써 울림이 있었으니
이백과 두보는 오랜 세월 마음대로 크게 울렸네
큰 종이 울리는 곳에는 천기가 움직이니
벌레 소리 새 울음을 배우는 것을 옳이 여기네

肯	●	洪	○	李	●	文	○	贈
學	●	鍾	○	杜	●	章	○	崔
虫	○	響	●	千	○	自	●	進
吟	○	處	●	秋	○	古	●	士
與	●	天	○	擅	●	以	●	2
鳥	●	機	○	大	●	詩	○	
鳴	○	動	●	鳴	○	鳴	○	

[감상] 鳴 자 하나로 운을 삼았고, 제2, 3구 사이 簾이 없다. 제2구 李杜, 중국 당나라 명시인 이백과 두보. 작자는 문장은 울림이 있어야 하며, 그런 곳에서는 하늘의 조화마저 움직인다고 생각하여 자연에 귀 기울이고자 한다.

[57. 又疊詩字]

三百風謠是古詩 刪詩以後鮮能詩

軒羲上世君休說 孔子當年亦愛詩

[또 詩 자로 거듭 운자를 삼다]

삼백 수 지방 풍속을 노래한 것 이것이 옛날 시였으니

시를 버리면 시를 잘 지을 수가 없네

헌원씨 복희씨 이전 세월에는 임금이 말씀을 않았지만

공자 살아 있던 그때도 시를 사랑했네

孔	●	軒	○	刪	○	三	○	
子	●	羲	○	詩	○	百	●	又
當	○	上	●	以	●	風	○	疊
年	○	世	●	後	●	謠	○	詩
亦	●	君	○	鮮	●	是	●	字
愛	●	休	○	能	○	古	●	
詩	○	說	●	詩	○	詩	○	

[감상] 이번에도 詩 자 하나로 운을 삼았다. 제1구 風謠, 그 지방의 풍속을 읊은 노래로 고대 詩經이 바로 그러하였다. 제2구, 지방 풍속을 배제하면 시를 잘 지을 수 없다. 제3, 4구에서 작자는 앞의 최진사 시에서 '높은 사람은 시를 기뻐하지 않는다'는 것에 동의하지 않고 있다.

[58. 贈崔進士鶴城去來二絶-1]

吟鞭曉指鶴城頭 楓葉蕭蕭欲暮秋

蓬壺所去無多遠 淸夢分明到十洲

[최진사에게 학성에 갔다 와서 절구 2개를 지어 보내다-1]

말을 타고 가며 읊조리다 새벽에 학성 머리를 가리키니

단풍잎 우수수 가을이 저물어 가려 하네

봉래산 가는 곳 멀지 않으니

맑은 꿈속에서 분명히 보았네 여러 섬에 이른 것을

清	○	蓬	○	楓	○	吟	○	
夢	●	壺	○	葉	●	鞭	○	贈
分	○	所	●	蕭	○	曉	●	崔
明	○	去	●	蕭	○	指	●	進
到	●	無	○	欲	●	鶴	●	士
十	●	多	○	暮	●	城	○	鶴
洲	○	遠	●	秋	○	頭	○	1

[감상] 각 구 첫 글자가 모두 평성이어서 범칙이고, 제2, 3구 사이 簾이 없다. 제1구 鶴城, 오늘날 울산의 옛 이름. 제2구 蕭蕭, 나뭇잎이 떨어지는 소리. 제3구 蓬壺, 신선이 산다고 하는 동해의 봉래산, 그 모양이 병 같아서 생긴 말. 작자는 遠行에는 말을 타고 다닌 것 같다. 학성에는 벗이 있어 여러 번 다닌 것 같다.

[59. 贈崔進士鶴城去來二絶-2]

九月南來十月歸 滿襟風月與同歸

到底江山無限景 知君駄得一驢歸

[최진사에게 학성에 갔다 와서 절구 2개를 지어 보내다-2]

구월에 남쪽으로 와서 시월에 돌아가니

가슴 가득 풍월이 더불어 함께 돌아가네

마침내 강산이 한없이 밝아져

충분히 그대를 알고 한 마리 나귀가 돌아가네

知	○	到	●	滿	●	九	●	
君	○	底	●	襟	○	月	●	贈
駄	●	江	○	風	○	南	○	崔
得	●	山	○	月	●	來	○	進
一	●	無	○	與	●	十	●	士
驢	○	限	●	同	○	月	●	鶴
歸	○	景	●	歸	○	歸	○	2

[감상] 歸 자 하나로 韻을 삼아 破格이다. 月 자가 疊이고 제2, 3구에 簾이 없다. 제1구, 작자는 학성에 한 달이나 머물렀음을 알 수 있다. 제3구 到底, 마침내, 끝까지. 강산을 마침내 실컷 보았다는 뜻이 아닐까? 제4구, 君은 최진사를 가리킨다. 驢, 당나귀는 만만해 보이는 사람이 함부로 하면 말을 잘 듣지 않는 속성이 있다. 여기서는 작자를 가리킨다. 작자는 전날 최진사가 高意적 자세로 쓴 시에 유감을 표하는 것이 아닐까? 駄得, 수레에 실을 만큼 얻다, 곧 충분히 가지다.

[60. 聞 儲宮代理喜吟一絶]

九十堯齡倦萬機 咸池旭日動祥暉

風雲貳極開新化 八城臣民喜上眉

[세손께서 대리하신다는 소식을 듣고 기뻐서 한 수 짓다]

구십 세 높은 연세로 나랏일 돌보시기 권태로워

모든 연못에 아침 해는 상서로운 빛을 발하네

변화의 기운이 노론 소론을 새롭게 변화시키니

팔도의 신하와 백성이 기뻐서 눈썹을 치켜올리네

八	●	風	○	咸	○	九	●	
城	●	雲	○	池	○	十	●	聞
臣	○	貳	●	旭	●	堯	○	儲
民	○	極	●	日	●	齡	○	宮
喜	●	開	○	動	●	倦	●	代
上	●	新	○	祥	○	萬	●	理
眉	○	化	●	暉	○	機	○	喜

[감상] 微, 支 通韻이다. 모든 규칙에 맞다. 제목 儲宮, 태자. 세자. 1775년 영조(재위 51년)께서 늙어 세손이신 정조에게 대리청정시킨다는 소식을 듣고 기뻐하다. 제1구 萬機, 정치상의 모든 중요한 기틀. 제2구 旭日, 아침에 돋는 해. 여기서는 세손이신 정조. 제3구 風雲, 세상이 크게 변하려는 기운. 貳極, 당시 조정에 대립한 두 세력, 즉 노론과 소론. 세손께서 두 세력을 잘 조정해 변화시킨다. 제4구, 八城은 조선 八道이다. 영·정조 시대에도 조선의 선비들은 지방에서도 都城의 사정에 밝았음을 알 수 있다.

[61. 霞溪書堂會話韻二絶-1]

烟霞洞裏兩衰翁 一半靑山晩計同

笑問所間何所樂 答云溪月與松風

[하계 서당에서 모여 대화하며 두 수 읊다-1]

저녁노을 골짜기 깊숙한데 두 늙은이

청산을 둘로 나눠 늘그막을 함께하고자 하네

웃으며 묻노니 그사이 안부와 즐기는바 어떠한지

답하여 이르기를 시내에 비친 달이 솔바람과 함께한다고

答	●	笑	●	一	●	烟	○	
云	○	問	●	半	●	霞	○	霞
溪	○	所	●	靑	○	洞	●	溪
月	●	間	○	山	○	裏	●	書
與	●	何	○	晩	●	兩	●	堂
松	○	所	●	計	●	衰	○	會
風	○	樂	●	同	○	翁	○	1

[감상] 모든 규칙에 맞다. 제목 霞溪, 조선의 김상로를 비롯해 여러 사람이 사용한 號, 여기서는 누군지 모르겠고, 작자의 벗 중 한 명으로 處士인 듯하다. 그가 거처하는 곳(서당)에 작자가 찾아와 함께 대화한다. 제1, 2구는 같은 산골에 두 사람이 함께 살고 있는 듯하지만, 그보다는 두 사람이 살고 있는 환경이 그만큼 비슷하다는 뜻으로 풀이하고 싶다. 그것은 3, 4구를 보면 안다. 轉, 結句가 참 멋지다.

[62. 霞溪書堂會話韻二絶-2]

莫言衰懶竟無爲 老去新詩到處宜

我亦溪山放浪者 滿襟風月好相隨

[하계 서당에서 모여 대화하며 두 수 읊다-2]

말없이 쇠하고 게을러 결국 아무 하는 일 없어도
늙은이는 떠나네 새 시를 지으러 이르는 곳 아름다워
나 또한 시내 흐르는 산속을 방랑하는 사람
가슴 가득 풍월을 서로 좋아 따르네

滿	●	我	●	老	●	莫	●	
襟	○	亦	●	去	●	言	○	霞
風	○	溪	○	新	○	衰	○	溪
月	●	山	○	詩	○	懶	●	書
好	●	放	●	到	●	竟	●	堂
相	○	浪	●	處	●	無	○	會
隨	○	者	●	宜	○	爲	○	2

[감상] 제3구에 下三仄이 보이고, 각 구 첫 글자가 모두 仄聲이어 犯則이다. 제1, 2구는 霞溪翁을 읊은 것이고, 3, 4구는 작자 자신을 읊었다. 두 사람의 처지와 기질이 하나같다.

[63. 靑鳧賓筵醉吟二絶贈申兄乃源-1]

憶昔東山風雨夜 衰翁相對意相親
今來更結朱陳好 雲樹深情白首新

[청송의 잔치 자리에서 취해서 두 수 읊어 신내원 형에게 주다-1]

옛날을 생각하니 우리 집에서 바람 불고 비 오는 밤이었지
쇠한 늙은이들이 서로 바라보며 뜻은 서로 친했더라
오늘 여기 와서 다시 서로 통혼을 맺으니
높은 나무에 구름이 걸리듯 깊은 정은 우리 늙은이를 새롭게 하네

雲	○	今	○	衰	○	憶	●	
樹	●	來	○	翁	○	昔	●	青
深	○	更	●	相	○	東	○	鳧
情	○	結	●	對	●	山	○	賓
白	●	朱	○	意	●	風	○	筵
首	●	陳	○	相	○	雨	●	醉
新	○	好	●	親	○	夜	●	1

[감상] 제1구, 끝에 운자를 쓰지 않았다. 제목, 靑鳧는 오늘날 경북 청송의 옛 이름. 賓筵, 손을 대접하는 자리. 청송에 사는 벗 신내원의 집에서 혼인 잔치가 있어 작자가 술 한잔하고 취해서 7언 절구 두 수를 지어 그에게 주었다. 신내원이 나이는 작자인 동산 옹보다 많은 모양이다. 제1구, 東山은 작자가 사는 경주의 지명이면서 작자의 號이다. 제3구, 朱陳好는 朱陳之好의 준말로, 朱氏와 陳氏의 두터운 世誼. 양가에서 대대로 혼인하는 사이라는 뜻. 작자의 둘째 며느리와 셋째 姪婦가 寧海 申氏이니 이를 두고 한 말인 것 같다. 제4구 雲樹, 구름이 걸릴 만큼 높은 나무.

[64. 靑鳧賓筵醉吟二絶贈申兄乃源-2]

三更花燭照襟同 賓主交懽所夜中

休君更進三盃酒 白首還嫌兩鬢紅

[청송의 잔치 자리에서 취해서 두 수 읊어 신내원 형에게 주다-2]

깊은 밤 화촉이 두 사람 마음을 비출 때

주인과 손이 서로 기뻐하네 밤중의 일을

멈추고 있는 그대에게 다시 술 석 잔을 건네니

늙은이들은 도로 싫어하네 양쪽 귀밑털 붉어짐을

白	●	休	○	賓	○	三	○	
首	●	君	○	主	●	更	○	青
還	○	更	●	交	○	花	○	鳧
嫌	○	進	●	懽	○	燭	●	賓
兩	●	三	●	所	●	照	●	筵
鬢	●	盃	○	夜	●	襟	○	醉
紅	○	酒	●	中	○	同	○	2

[감상] 三이 疊이다. 제1구 三更, 밤 11시에서 새벽 1시까지. 花燭, 결혼의 예식. 여기서 두 사람은 신랑 신부일 것이다. 제2구, 옛 결혼식은 신부 댁에서 올렸는데, 賓은 이때 신랑 측에서 부모를 대신하여 한 어른이 신부 댁으로 따라가는 손님인 것이다. 오늘은 작자가 바로 賓이다. 그러니까 아마 셋째 조카의 결혼식이 아니었나 싶다. 所夜中, 신랑 신부의 첫날밤이 아닐까? 제4구 白首, 주인과 빈을 가리킨다. 紅은 韻字 맞추느라 선택했겠지만, 술의 취기가 오른 모습을 나타낸 것 같다.

[65. 寄贈霞溪隴巢翁]

何時樽酒小亭開 一夜詩魂十往回
雨後霞溪風景好 故人應待故人來

[하계 농소옹에게 지어 보내다]

어느 때 동이 술을 놓고 작은 정자를 열까
하룻밤에도 시를 짓는 넋은 열 번도 오고 가네
비 온 뒤 하계의 풍경은 좋을 텐데
친구는 응당 친구가 오기를 기다리겠지

故	●	雨	●	一	●	何	○	
人	○	後	●	夜	●	時	○	寄
應	○	霞	○	詩	○	樽	○	贈
待	●	溪	○	魂	○	酒	●	霞
故	●	風	○	十	●	小	●	溪
人	○	景	●	往	●	亭	○	隴
來	○	好	●	回	○	開	○	巢

[감상] 모든 규칙에 맞다. 제목, 霞溪는 號이고, 隴巢는 지명일 것 같은데, 지금의 울주군에 농소면이 있는데 글자가 農所이다. 그사이 바뀐 것이 아닐까? 하계는 앞에서도 나온 작자의 벗이다. 제1구, 小亭은 농소에 있던 작은 정자. 제2구, 작자가 그만큼 소정을 그리워한다는 뜻. 제4구, 시에서 故人은 흔히 벗을 가리킨다. 하계가 작자인 동산을 초대해 주기를 은근히 기다리는 뜻을 담았다.

[66. 贈客僧漢和]

雲衲飄颻禮佛多 山燈終夜誦彌陁

莫言短鉢生涯淡 到處禪宮是爾家

[떠돌이 중 한화에게 지어 주다]

구름 물 바람같이 정처 없어도 예불만은 착실하고

산방 등불 밤새도록 염불 외네

말은 없고 먹는 것 적어도 생애는 담백하니

가는 곳 모두 절이니 이곳이 네 집이네

到	●	莫	●	山	○	雲	○	
處	●	言	○	燈	○	衲	●	贈
禪	○	短	●	終	○	飄	○	客
宮	○	鉢	●	夜	●	颻	○	僧
是	●	生	○	誦	●	禪	○	漢
爾	●	涯	○	彌	○	佛	●	和
家	○	淡	●	陁	○	多	○	

[감상] 歌, 麻 通韻이다. 禪이 疊이다. 제목, 한화는 법명인 것 같다. 제1구, 雲衲은 雲水衲子의 준말. 떠가는 구름이나 흐르는 물같이 정처 없이 떠도는 승려. 飄颻, 회오리치며 위로 솟구치는 바람. 제2구, 彌陁는 아미타불의 준말. 제3구 短鉢, 짧은 바리때(스님의 밥그릇), 곧 적게 먹는다는 뜻. 제4구 禪宮, 참선하는 궁궐, 곧 절이다. 낯선 두 사람이 어느 날 먼 길을 가다 저물어, 우연히 산중의 암자나 민가에서 하룻밤 같이 묵으면서, 작자가 이 시를 지어 준 것 같다. 이 시 번역이 오늘날 스님이 읽으면 불쾌하겠지만, 조선시대는 억불숭유 시대이니 만큼 그 당시 느낌으로 번역했다.

[67. 謁烏川書院感吟一絕]

文章節義冠吾東 道學千秋日月崇

歸然廟宇臨滄海 想得先生氣度洪

[오천서원을 알묘하고 느껴 절구 한 수 읊다]

문장과 절의가 우리나라에서 으뜸이요

도학은 오랜 세월 해와 달같이 높네

우뚝한 사당이 푸른 바닷가에 임하니

선생을 마음으로 그려 기품과 도량을 크게 얻었네

想	●	歸	○	道	●	文	○	謁
得	●	然	○	學	●	章	○	烏
先	○	廟	●	千	○	節	●	川
生	○	宇	●	秋	○	義	●	書
氣	●	臨	○	日	●	冠	●	院
度	●	滄	○	月	●	吾	○	感
洪	○	海	●	崇	○	東	○	

[감상] 제2, 3구 사이에 簾이 없는 것 외는 모든 규칙에 맞다. 제목, 오천서원은 포항시 남구 오천읍 원리에 있으며, 고려 말 문신 학자요 충신인 정몽주 외 몇 사람을 제향하고 있다. 謁은 높은 분을 뵙는 것을 말한다. 제1구 吾東, 우리나라를 일컫는다. 제4구, 氣度는 기품과 도량을 줄인 것이다. 정몽주 선생을 제향하는 서원으로는 오천의 오천서원과 영천의 임고서원이 있다. 오천은 선생의 본가가 있던 곳이고, 영천은 그의 외가가 있던 곳이다. 선생은 도학이라 일컫는 성리학을 우리나라에 도입하여 크게 연구한 초기 학자이다. 또한 조선 개국을 반대하고 끝까지 고려 왕조에 충성하다, 훗날 조선의 태종인 이방원의 수하에게 피살된 절의가 있다.

[68. 觀東海日出]

曉看東海紫輪回 萬里扶桑咫尺來

波光搖盪氛埃廓 瑞氣冲天宇宙開

[동해 일출을 보다]

새벽에 동해를 보니 불그레한 둥근 것이 돌더니

아주 먼 곳의 해 뜨는 곳이 지척으로 다가오네

물결이 빛을 받아 흔들리니 먼지 같은 것이 에워싸고

상서로운 기운이 빈 하늘에 우주를 여네

瑞	●	波	○	萬	●	曉	○	
氣	●	光	○	里	●	看	◐	觀
冲	○	搖	○	扶	○	東	○	東
天	○	盪	●	桑	○	海	●	海
宇	●	氛	○	咫	●	紫	●	日
宙	●	埃	○	尺	●	輪	○	出
開	○	廓	●	來	○	回	○	

[감상] 제3구에 鶴膝이 보인다. 제1구, 看은 손을 이마에 대고 멀리 보는 것. 제2구 扶桑, 중국 전설에서 동쪽 바닷속 해가 뜨는 곳에 있다고 하는 나무. 萬里와 咫尺은 상반된 개념이다. 제3구, 搖盪은 搖動이다. 氛埃는 먼지이다. 육지의 흙먼지가 아닌 수증기를 말한다. 제4구 宇宙, 옛사람들은 땅 위의 하늘 공간을 일컬었다. 해가 돋는 길지 않은 순간을 보이는 그대로 묘사했다.

[69. 移轉艚]

萬里滄溟舟路通 一艚千斛最奇功
今來利涉鯨波晏 歸掉天南遇順風

[이곳저곳 다니는 작은 배]

드넓은 푸른 바다에 뱃길이 통하여
한 척 거룻배가 천 개 말은 되니 참으로 잘 만들었네
지금 여기 와서 이용해 건너니 큰 파도가 잠잠했고
하늘 남쪽으로 돌아가는 길엔 순풍을 만났네

歸	○	今	○	一	●	萬	●	
掉	●	來	○	艚	○	里	●	移
天	○	利	●	千	○	滄	○	轉
南	○	涉	●	斛	●	溟	○	艚
遇	●	鯨	○	最	●	舟	○	
順	●	波	○	奇	○	路	●	
風	○	晏	●	功	○	通	○	

[감상] 모든 규칙에 맞다. 제목, 艒는 거룻배, 즉 작은 배이다. 제목의 뜻은 여기저기 옮겨 다니는 배, 떠나가는 배, 모두 가능하다. 제2구 斛, 열 말(옛날 곡식의 양을 재던 나무로 만든 용기). 제3구 鯨波, 큰 파도. 제4구 歸掉, 노를 저어 돌아가다. 이 시가 그리는 상황은 두 가지로 해석이 가능하다. 하나는 지금처럼 작자가 배를 타고 여기저기를 돌아다니다 다시 원점, 남쪽으로 돌아오는 행선이요, 두 번째는 아는 지인이 일본에서 왔다가 돌아가는 상황으로 해석도 가능하다. 그러면 제3구, 작은 배 이용해 지금 이리 건너올 때는 큰 파도도 조용했지만, 제4구, 노 저어 하늘 남쪽, 즉 일본으로 돌아가는 길엔 순풍을 만나기를 바라는 걸로도 볼 수 있다. 그러나 이 시 앞뒤에 나오는 다른 시로 미루어 작자가 경주 근처 동해 일대를 船遊한 것 같아 前者로 해석했다.

[70. 大王巖]

萬仞層巖大海中 羅王疇昔玩魚龍
追迹千年如昨日 行節暫住問漁翁

[대왕암]

아주 높은 층층바위 큰 바다 가운데 있어
신라왕이 옛날 북돋우어 고기와 용을 희롱했네
천년 세월 거슬러 오르니 어제 같아
가던 길 잠시 멈추고 고기 잡는 늙은이에게 말을 거네

行	○	追	○	羅	○	萬	●	
節	○	迹	●	王	○	仞	●	大
暫	●	千	○	疇	●	層	○	王
住	●	年	○	昔	●	巖	○	巖
問	●	如	○	玩	●	大	●	
漁	○	昨	●	魚	○	海	●	
翁	○	日	●	龍	○	中	○	

[감상] 東, 冬 通韻이다. 제2, 3구에 簾이 없는 것 외는 모든 규칙에 맞다. 제목, 大王巖은 경주시 감포읍 바다에 있는 바위로 신라 삼국통일 대업을 이룬 문무왕의 수중 陵이라고 전한다. 제1구, 仞은 길이의 단위로 대략 사람 키만큼을 일컫는다. 萬仞은 아주 높다는 뜻. 제2구, 疇는 동사로 해석해야 하니, 북돋우다, 즉 흙을 긁어모아 경계를 만들다. 여기서는 바위를 다듬다. 제4구, 늙은이에게 무엇을 물어보는가? 그저 이것저것 말을 걸어 본다는 뜻이다.

[71. 利見臺]

利見臺邊草色凉 羅王異跡說荒唐

神龍一去憑誰問 古塔無言半夕陽

[이견대]

이견대 주변 풀빛 서늘한데

신라왕의 특이한 발자취 황당한 이야기

신룡은 한번 갔으니 누구에게 의지해 물어보나

옛 탑은 말이 없는데 석양만 반쯤 기우네

古	●	神	○	羅	○	利	●	
塔	●	龍	○	王	○	見	●	利
無	○	一	●	異	●	臺	○	見
言	○	去	●	跡	●	邊	○	臺
半	●	憑	○	說	●	草	●	
夕	●	誰	○	荒	○	色	●	
陽	○	問	●	唐	○	凉	○	

[감상] 모든 규칙에 맞다. 제목 利見臺, 경주시 감포읍 대본리 감은사 터 앞에 있는 신라 때의 유적. 신문왕이 감포 앞 바다에 있는 문무왕의 해중능묘를 望拜하기 위해 지었다고 한다. 글자를 풀이하면, 편하게 볼 수 있는 높은 곳이란 뜻이 된다. 수중릉 가까운 해변에서 왼편 산을 바라보면, 그 기슭에 큰 정자 같은 건물이 바로 그것이다. 감은사는 그곳에서 조금 내륙 안쪽에 있다. 제1구 凉, 시각적인 것을 촉각적인 것으로 바꾼 시적 표현이다. 계절이 아마 늦여름 초가을이 아닐까? 제2구 荒唐, 허황하여 믿을 수 없는. 제3구, 신룡일거는 문무왕은 죽고 없다는 뜻. 제4구, 옛 탑은 감은사의 두 탑을 말한다. 절 건물은 없고 주춧돌만 남았고, 두 탑은 웅장하게 지금도 건재하다. 이곳에 가면 누구나 느낄 수 있는 감정을 자연스레 그렸다.

[72. 石窟]

穹隆石窟刱何年　大佛中盤望儼然

懸崖削壁如天作　鬼役神功萬世傳

[석굴]

활 모양 둥그스름한 석굴이 있으니 어느 때 만든 것일까

큰 부처가 접시 모양 대 가운데서 의젓하게 바라보네

낭떠러지에 걸렸네 깎은 벽이 마치 하늘이 만든 것처럼

귀신이 힘들여 만든 것 만세에 전하리

鬼	●	懸	○	大	●	穹	○	
役	●	崖	○	佛	●	隆	○	石
神	○	削	●	中	○	石	●	窟
功	○	壁	●	盤	○	窟	●	
萬	●	如	○	望	◐	刱	●	
世	●	天	○	儼	●	何	○	
傳	○	作	●	然	○	年	○	

[감상] 제2, 3구 사이 簾이 없는 외는 모든 규칙에 맞다. 제목, 石窟은 오늘날 석굴암을 말한다. 경주시 진현동의 토함산에 위치하며, 통일신라시대 751년에 김대성이 축조한 것으로 전하며 국보 제24호이다. 조선 중기까지는 형태가 어느 정도 온전하였던 것 같으나 관련 기록이 잘 보이지 않고 그 후 영조 때 보수했다는 기록이 있고, 정선의 「교남명승첩」에도 나온다. 이후 일제 강점기에 매몰되었던 것이 우연히 발견된 것으로 알려지고, 그들에 의해 3차에 걸쳐 보수를 하였다. 이때 콘크리트를 사용하기도 했다. 이후 광복 후 박정희 대통령 때 다시 보수가 이루어졌고, 앞에 목조 전실이 만들어지기도 했다. 이때 이 전실의 본래 유무에 관해 많은 논란이 있기도 했다. 작자는 영·정조 때 인물이며 그 당시 모습이 이 시에 조금 언급되었으니, 제1구에 穹隆, 한가운데는 높고 사방 둘레는 차차 낮은 활 모양, 또는 무지개처럼 높고 길게 굽은 형상이다. 그리고 제3구의 懸崖削壁, 이는 주변 수호상들이 노출되어 있고 목조 전실은 없었던 것이 아닌가 하는 느낌을 준다.

[73. 遣懷三絶-1]

靈臺一片淡無塵 高臥羲皇夢裡人

悠悠世慮都消盡 長對螢中滿滿春

[혼자서 마음 달래며 세 수 읊다-1]

마음 한 조각도 티끌 없이 맑게 하여

높이 누워 꿈속에 은둔한 사람

세상 근심 멀리하니 모든 것이 사라져

남 먼저 대하네 반딧불 가운데 무르익은 봄을

長	●	悠	○	高	○	靈	○	
對	●	悠	○	臥	●	臺	○	遣
螢	○	世	●	羲	○	一	●	懷
中	○	慮	●	皇	○	片	●	三
滿	●	都	○	夢	●	淡	●	絶
滿	●	消	○	裡	●	無	○	1
春	○	盡	●	人	○	塵	○	

[감상] 제2, 3구에 簾이 보이지 않는 것 외는 모든 규칙에 맞다. 제1구 靈臺, 마음을 이르는 말. 제2구 羲皇, 羲皇上人에서 羲皇은 전설적 제왕인 복희씨, 그러니까 복희씨 이전의 오랜 옛적 사람이라는 뜻으로, 세상을 잊고 숨어 사는 사람이다. 제4구, 長은 측성으로, 처음, 먼저라는 뜻. 螢은 문명을 떠난 자연의 상징이다. 탈속하여 자유롭고자 하는 작자의 심성이 잘 나타나 있다.

[74. 遣懷三絶-2]

聖人遇坎亦由天 羑抱匡圍摠是天

吾生倚伏無常理 君子元來不怨天

[혼자서 마음 달래며 세 수 읊다-2]

성인이 어려움을 만나는 것도 역시 하늘 때문이요

좋은 말로 감싸고 바르게 지키는 이 모든 것이 하늘이다

내가 태어난 것도 무상한 법에 따라 발생했으니

군자는 원래 하늘을 원망하지 아니하네

君	○	吾	○	羑	●	聖	●	
子	●	生	○	抱	●	人	○	遣
元	○	倚	●	匡	○	遇	●	懷
來	○	伏	●	圍	○	坎	●	三
不	●	無	○	摠	●	亦	●	絶
怨	●	常	○	是	●	由	○	2
天	○	理	●	天	○	天	○	

[감상] 天 한 글자로 韻을 삼았다. 제1구, 공자도 한때 죽을 고비를 만났다. 제3구 倚伏, 원인으로 하여 발생함. 無常, 항상적인 것이 없다. 작자는 잠시 자신의 존재와 하늘의 섭리를 생각해 본 듯하다.

[75. 遣懷三絶-3]

貧富在天貪不病　死生有命死何悲

至樂須看爲善處　世間榮辱兩忘機

[혼자서 마음 달래며 세 수 읊다-3]

빈부는 하늘에 달렸고 아프지 않기를 바라지만

죽고 사는 것은 명이 있으니 죽는 것을 어찌 슬퍼하랴

지극한 즐거움 모름지기 살펴 잘 처리하며

세상 영욕은 모두 잊어버리자

世	●	至	●	死	●	貧	○	
間	○	樂	●	生	○	富	●	遣
榮	○	須	○	有	●	在	●	懷
辱	●	看	◐	命	●	天	○	三
兩	●	爲	●	死	●	貪	○	絶
忘	◐	善	●	何	○	不	●	3
機	○	處	●	悲	○	病	●	

[감상] 제1구, 끝에 韻字를 쓰지 않아 범칙이다. 支, 微 通韻이다. 제3구 善處, 잘 살펴 처리함. 제4구 忘機, 귀찮은 世事를 잊음. 작자는 1, 2, 4구에서 언급된 것은 다 버리는 것이요, 다만 제3구만 취하는 것이니, 그것은 곧 잘 살펴 처리하면 지극한 즐거움이 온다는 것이다.

[76. 三不愧]

俯仰天人兩不愧 須看腔子又無愧
點檢平生心內事 是知四十九年愧

[세 가지 부끄럽지 않은 것]

하늘을 우르러고 사람을 내려봐도 모두 부끄럽지 않고
모름지기 살펴 가슴속을 또 부끄럽지 않아야 하는데
낱낱이 검사했네 평생을 마음속 일
이것을 안 것이 사십구 세이니 부끄럽네

是	●	點	●	須	○	俯	●	
知	○	檢	●	看	◐	仰	●	三
四	●	平	○	腔	○	天	○	不
十	●	生	○	子	●	人	○	愧
九	●	心	○	又	●	兩	●	
年	○	內	●	無	○	不	●	
愧	●	事	●	愧	●	愧	●	

[감상] 측성 置운의 愧 자로 모두 운을 삼았다. 제1구의 下三仄을 제2구에서 相替簾으로 해결했다. 제2구 腔子, 체내의 텅 빈 곳, 가슴속. 제3구 點檢, 낱낱이 검사함. 글공부한 선비가 제1, 2구의 내용을 49세에야 안 것은 아닐 테고, 제3구, 작자 49세에 그간 살아온 마음속 일을 점검해 보니, 부끄러운 일이 있더라는 것이다.

[77. 兩不欺]

內不欺心外不欺 工夫宜在兩無欺

欲將欺字爲心戒 千古微言豈我欺

[두 가지를 속이지 않는다]

안으로 내 마음을 속이지 않고 밖으로 남을 속이지 않겠다

공부는 마땅히 있어야 하리 두 가지 속임이 없으려면

장차 欺 자로 마음과 더불어 경계하고자 하니

아주 먼 옛적은 말씀이라도 어찌 나를 속이겠는가

千	○	欲	●	工	○	內	●	
古	●	將	○	夫	○	不	●	兩
微	○	欺	○	宜	○	欺	○	不
言	○	字	●	在	●	心	○	欺
豈	●	爲	●	兩	●	外	●	
我	●	心	○	無	○	不	●	
欺	○	戒	●	欺	○	欺	○	

[감상] 欺 한 글자로 韻을 삼아 범칙이나, 뜻하는 바를 잘 나타내고 있다. 제3구, 爲를 삼다로 보면, 평성이어서 字가 鶴膝이 된다, 그래서 '더불어'로 해석했다. 그래도 뜻은 같아진다. 작자가 지극한 순수함을 추구하고 있음을 알 수 있다.

[78. 次贈兵營元師韻]

烽火百年夜擧稀 海靈奔走戢王威

元戎晝睡閑無事 謾把邊籌送夕暉

[증 병영원사가 지은 시에 차운하다]

봉화가 백 년 동안 밤에 드는 일이 드무니

바다의 신령은 바빠도 왕의 위엄은 거두었네

오랑캐 두목은 낮잠을 자니 한가로워 일이 없어

거짓으로 잡고 있네 변방의 화살 석양빛이 지는데

謢	◐	元	○	海	●	烽	○	
把	●	戎	○	靈	○	火	●	次
邊	○	晝	●	奔	○	百	●	贈
籌	○	睡	●	走	●	年	○	兵
送	●	閑	○	戰	●	夜	●	營
夕	●	無	○	王	○	擧	●	元
暉	○	事	●	威	○	稀	○	師

[감상] 제1구에 蜂腰가 보인다. 제목, 贈職이 병영원사였던 사람이 누구인지 알 수 없다. 병영은 경주에서 가까운 울산에 있었던 軍陣이었다. 贈은 사후 벼슬이 더 높여진 것을 말한다. 작자는 원사가 지은 시를 보고 次韻해서 이 시를 지었다. 제1구, 임진왜란 이후 작자 생존 당시인 정조 무렵까지 기간을 말하는 것 같다. 제2구 海靈, 바다의 신령. 제3구, 정조 당시의 한가로웠던 동해안 軍陣을 그린 것 아닐까? 제4구, 籌는 투호용 화살로 전투용이 아니다. 그만큼 이제는 해안 경비가 해이하다는 뜻 아니겠나?

[79. 送萊寓族叔七言長篇]

吾公七十氣昂昂　晚來湖海仕沉浮
蓬瀛咫尺海中高　一筇贏得漫浪遊

[족숙에게 명아주 지팡이를 보내고 7언 장편을 지어 보내다]

우리 공께서는 칠십이 되셔도 기운이 높으시어
만년에 은거하셨는데 벼슬은 부침이 있었다
봉래와 영주가 지척으로 바다 가운데 높고
한 걸음만 나가면 넘치도록 즐기네 뱃놀이를

一	●	蓬	○	晚	●	吾	○	
筇	○	瀛	○	來	○	公	○	送
贏	○	咫	●	湖	○	七	●	萊
得	●	尺	●	海	●	十	●	寓
漫	○	海	●	仕	●	氣	●	族
浪	○	中	○	沉	○	昂	○	叔
遊	○	高	○	浮	○	昂	○	七

[감상] 長篇詩로 짝수 구에만 尤統韻을 썼고, 2, 4 不同, 2, 6 同 규칙만 지킨 것 같다. 제목 萊, 명아주는 가벼워 노인들의 지팡이로 인기 있었다. 族叔, 한 항렬 위의 친척을 말한다. 누구인지는 알 수 없다. 제2구 湖海, 만년에 호수와 바다로 왔다 함은 곧 은거했다는 뜻. 제3구 蓬瀛, 봉래와 영주 모두 삼신산 중 하나이다. 咫尺, 아주 가까운 거리. 동해안 어디인 것 같다. 제4구, 한 지팡이는 '곧 조금만 나가면'이라는 뜻.

參商南北久別離 幾年悵望鴒原愁
人世歸來萬事非 棣華零落故園秋

같은 혈족이지만 남북으로 헤어진 지 오래라
몇 해를 슬퍼하며 바라보니 할미새 언덕 수심이었네
인간 세상으로 돌아왔네 만사가 아니어서
산앵두나무 꽃 가랑비에 떨어지는 고향 동산 가을이네

棣	●	人	○	幾	●	參	○	
華	○	世	●	年	○	商	●	七
零	○	歸	○	悵	●	南	○	言
落	●	來	○	望	◐	北	●	長
故	●	萬	●	鴒	○	久	●	篇
園	○	事	●	原	○	別	●	계
秋	○	非	○	愁	○	離	○	속

[감상] 위에서 이어지는 長篇詩이다. 제1구에서는 2, 4. 6 원칙이 지켜지지 않았다. 제1구 參商, 같은 뿌리. 一家라는 뜻. 작자와 族叔이 오랫동안 떨어져 있었다. 제2구와 제3구의 주어는 누구일까? 제2구는 작자, 제3구는 족숙으로 볼 수도 있고, 동일인으로서 작자로 보는 것도 가능한데, 前者가 좀 더 타당해 보인다.

空庭寒月再履霜 夢裡湛樂何處求
飄然身世自不羈 晚踏溪山尋舊儔

텅 빈 뜰 차가운 달빛에 다시 서리를 밟으니
꿈속 술 취했던 즐거움 어디 가서 찾을꼬
회오리바람 같은 신세 스스로는 통제가 안 되니
만년에 시내 흐르는 산을 밟으며 옛 짝을 찾는구나

晚	●	飄	○	夢	●	空	○	
踏	●	然	○	裡	●	庭	○	七
溪	○	身	○	湛	○	寒	○	言
山	○	世	●	樂	●	月	●	長
尋	○	自	●	何	○	再	●	篇
舊	●	不	●	處	●	履	●	계
儔	○	羈	○	求	○	霜	○	속

[감상] 위에서 이어지는 長篇詩이다. 2, 4구의 끝에 尤統韻을 지킨 것 외에는 규칙성을 발견할 수 없다. 제3구는 작자가 스스로를 진단한 것이고, 제4구의 옛 짝은 族叔이 아닐까?

人生萍水會有日 處處場苗維白騮
閑翁詩腹久侄侗 到底光景筆下收

인생은 물 위 개구리밥이어도 만나는 날은 있어
가는 곳마다 피붙이가 살아 공짜 밥을 생각하네
한가한 늙은이 시를 가슴에 품고 오랫동안 어리석어
바른 몸가짐 보고서는 필을 놓고 거두네

到	●	閑	○	處	●	人	○	
底	●	翁	○	處	●	生	○	七
光	○	詩	○	場	○	萍	○	言
景	●	腹	●	苗	○	水	●	長
筆	●	久	●	維	○	會	●	篇
下	●	侄	○	白	●	有	●	계
收	○	侗	○	騮	○	日	●	속

[감상] 위에서 이어지는 長篇詩이다. 2, 4구의 끝에 尤統韻을 지킨 것 외에는 규칙성을 발견할 수 없다. 제2구 白, 거저, 대가 없이, 驥, 말을 먹이는 사람. 제3구 侳侗, 어리석음. 제4구 到底, 행동이나 몸가짐이 흐트러짐 없이 바름. 光景, 벌어진 일의 형편이나 모양. 收, 무엇을 거두는가? 제3구의 詩일 것이다. 바른 몸가짐을 한 이는 族叔이고, 한가한 늙은이는 작자이다.

逢場自多好主人 一觴一詠爭唱酬
佳景歷歷隨脚底 往臨依依在眼頭

만나는 곳에는 자연히 많네 반기는 주인이
한 잔 술에 한 수 읊어 다투어 주고받으니
아름다운 경치는 뚜렷하네 걸음 따라 이르니
가서 임하니 눈과 머리가 있는지 모르겠네

往	●	佳	○	一	●	逢	○	
臨	○	景	●	觴	○	場	○	七
依	●	歷	●	一	●	自	●	言
依	●	歷	●	詠	●	多	○	長
在	●	隨	○	爭	○	好	●	篇
眼	●	脚	●	唱	●	主	●	계
頭	○	底	●	酬	○	人	○	속

[감상] 위에서 이어지는 長篇詩이다. 2, 4구의 끝에 尤統韻을 지킨 것 외에는 규칙성을 발견할 수 없다. 제2구 唱酬, 시문을 지어 서로 주고받음. 제3구 歷歷, 뚜렷한 모양. 제4구 依依, 확실하지 않은 모양.

山鳥欣迎舊客來 去去淸區興悠悠
今來已償未了債 浮世囂塵肯少留

산새가 반겨 맞네 전에 본 나그네 오는 것을
가는 곳곳 맑은 곳 흥취가 많네
이번 걸음으로 이미 갚았네 아직 갚지 못했던 빚을
덧없는 세상 시끄러운 먼지 옳이 여길 것이 별로 없네

浮	○	今	○	去	●	山	○	
世	●	來	○	去	●	鳥	●	七
囂	○	已	●	清	○	欣	○	言
塵	○	償	◐	區	○	迎	○	長
肯	●	未	●	興	●	舊	●	篇
少	●	了	●	悠	○	客	●	계
留	○	債	●	悠	○	來	○	속

[감상] 위에서 이어지는 長篇詩이다. 2, 4구의 끝에 尤統韻을 지킨 것 외에는 규칙성을 발견할 수 없다. 제2구 悠悠, 많은 모양.

滄溟萬里夢重圓 理屐明朝歸路脩
元來海客本無心 泛泛滄波隨白鷗

차가운 바다가 만 리나 이어지니 꿈속에서도 그대로고
나막신 고쳐 매니 다음 날 아침 귀로가 머네
원래 바다 나그네는 본디 무심하니
넘실대는 푸른 파도 흰 갈매기 따르네

泛	●	元	○	理	●	滄	○	
泛	●	來	○	屐	●	溟	○	七
滄	○	海	●	明	○	萬	●	言
波	○	客	●	朝	○	里	●	長
隨	○	本	●	歸	○	夢	●	篇
白	●	無	○	路	●	重	○	계
鷗	○	心	○	脩	○	圓	○	속

[감상] 위에서 이어지는 長篇詩이다. 제1구 重圓, 거듭 온전하다.

堪嗟小子俗緣重 物外淸遊未易謀
仙區勝賞自有數 早晩江湖弄扁舟

탄식함을 참네 젊은이들이 세속 인연을 중히 여겨
세상 물정 밖에서 맑게 노님을 아직 바꿀 생각이 없어
신선이 노니는 곳은 더욱 아름다워 자연히 흔하지 않으니
조만간 강호에서 편주 띄워 놀아 보세

早	●	仙	○	物	●	堪	○	
晚	●	區	○	外	●	嗟	○	七
江	○	勝	●	清	○	小	●	言
湖	○	賞	●	遊	○	子	●	長
弄	●	自	●	未	●	俗	●	篇
扁	○	有	●	易	●	緣	○	계
舟	○	數	●	謀	○	重	●	속

[감상] 위에서 이어지는 長篇詩이다. 2, 4구의 끝에 尤統韻을 지킨 것 외에는 규칙성을 발견할 수 없다. 이로써 장편 시는 끝을 맺는다. 제1구 小子, 제자나 손아랫사람을 사랑스레 일컫는 말. 제2구 物外, 세상 물정 바깥. 제3구 有數, 일정한 수효가 있다, 즉 많지 않다. 제4구 早晚, 가까운 장래에. 扁舟, 돛 없는 작은 배.

[80. 贈申兄乃源]

靑眸相對白頭翁 人世悲歡此夜中
東風莫灑西河淚 不耐猿觴與子同

[신내원 형에게 지어 주다]

반가운 기색으로 마주 보며 백두의 두 늙은이
인간 세상 슬픔과 기쁨 이 밤중에 있네
동풍이 비를 뿌리지 않아도 서하는 눈물짓고
원숭이 잔을 참지 못하고 당신과 더불어 같이하네

不	●	東	○	人	○	靑	○	
耐	●	風	○	世	●	眸	○	贈
猿	○	莫	●	悲	○	相	○	申
觴	○	灑	●	歡	○	對	●	兄
與	●	西	○	此	●	白	●	乃
子	●	河	○	夜	●	頭	○	源
同	○	淚	●	中	○	翁	○	

[감상] 제2, 3구 사이 簾을 이루지 않은 것 외는 모든 규칙에 맞다. 제목에 신내원은 작자의 벗으로 청송에 살았고 작자보다 나이가 많았다. 제1구 靑眸, 반가운 사람을 만났을 때 나타나는 사람의 눈동자 모습. 白頭, 늙은 흰머리, 벼슬 없는 사람. 중의적으로 쓰였다. 제3구는 동풍과 서하가 작자와 신내원을 비유한 것 같고, 서로 뜻이 잘 통한다는 의미인 것 같다. 제4구, 猿觴이 무슨 의미인지 잘 모르겠다. '원숭이가 술을 좋아하듯'이란 뜻인가?

[81. 送別韻]

一醉離盃意萬重　白頭翁送白頭翁
臨分更有前期在　好待鷄林霜葉紅

[떠나보내며 읊다]

한 번 취하네 이별의 잔에 마음은 한없이 무거워
백두의 늙은이가 백두의 늙은이를 떠나보내네
헤어지면서 다시 일깨우네 전에 만나기로 한 것 있음을
즐거이 기다리네 계림에서 서리 맞은 낙엽이 붉기를

好	●	臨	○	白	●	一	●	
待	●	分	○	頭	○	醉	●	送
鷄	○	更	●	翁	○	離	○	別
林	○	有	●	送	●	盃	○	韻
霜	○	前	○	白	●	意	●	
葉	●	期	○	頭	○	萬	●	
紅	○	在	●	翁	○	重	○	

[감상] 東, 冬 通韻이다. 모든 규칙에 맞다. 제목, 누구를 떠나보내는지 나타내지 않았지만 앞 시의 신내원이라 생각해 본다. 아마 신내원이 작자가 사는 계림, 경주에 와서 며칠을 묵고 돌아갈 때 작자가 이 시를 지은 것 같다. 제3구는 전에 이미 또 만나기를 약속했던 것을 更有 다시 가진다, 즉 일깨운다. 제4구, 두 사람이 다시 만나기로 한 것이 아마도 단풍이 드는 가을인가 보다.

[82. 靑鳧客中偶逢歌客口占一絶]

此地偶成萍水會 詩翁歌客兩相宜

主人又進三盃酒 醉後詩歌茅一奇

[청송에서 떠돌던 중 우연히 소리꾼 구점을 만나 한 수 짓다]

이곳에서 우연히 떠돌이끼리 만났는데

시 짓는 늙은이 소리꾼이 서로 잘 어울리네

주인이 또 술 석 잔을 내놓으니

취한 후 시와 노래가 띠집에서 하나로 어우러지네

醉	●	主	●	詩	○	此	●	
後	●	人	○	翁	○	地	●	靑
詩	○	又	●	歌	○	偶	●	鳧
歌	○	進	●	客	●	成	●	客
茅	○	三	○	兩	●	萍	○	中
一	●	盃	○	相	○	水	●	偶
奇	○	酒	●	宜	○	會	●	逢

[감상] 詩, 歌가 疊이지만, 시의 내용에는 효과적이다. 제1구, 끝에 측성인 것도 범칙이다. 제목, 靑鳧는 오늘날 청송군의 옛 이름이다. 客中, '아는 사람의 집에서 묵다'라기보다는 '떠돌던 중'이겠다. 제1구 萍水會, 부평초처럼 떠돌다 만남. 제4구 茅, 초가집과 비슷한 띠집. 작자의 방랑 모습이 그려진다.

[敬次 鷄川君先祖 恩賜三物南寢卽賀韻]

[계천군 선조께서 세 개의 물건을 임금이 계신 방(南寢)에서 은혜롭게 하사받은 것을 하례하며 공경히 차례로 읊다]

[제목 설명] 鷄川君은 작자 東山翁의 10代祖로서, 세조~성종朝 文臣인 孫昭이다. 公은 27세 賢良科에 佔畢齋 김종직과 同榜 급제 후 31세 문예시 장원으로 주부로 승차, 35세에 이시애의 난 토벌 정로장군 박중선의 종사관으로 有功하여 정충출기적개 2등 공신과 계천군이 된다. 성주목사, 이조참판, 안동대도호부사, 진주목사 등을 지내고 52세로 졸하니, 성종이 賜祭하고 襄敏이란 諡號를 내렸고 훗날 아들 禹齋 손중돈의 顯出로

인해 이조판서에 贈職되었다. 公의 공신 초상이 보물로 전한다. 公은 경전, 주역, 예기, 성리학에 능하여 세조 임금의 경연에 늘 함께하며 칭찬을 많이 받았다. 公의 후손들이 경북 경주시 양동마을에 世居하고 있으며, 경주 손씨 大宗家로 書百堂, 觀稼亭이 있다. 작자인 東山翁은 松簷 宗孫과는 10寸이었다. 계천군의 유품으로 玉硯滴, 象牙刀, 珊瑚纓이 있는데 이를 松簷三寶로 (松簷은 서백당의 舊 堂號임) 전해 오며 현재는 한국국학진흥원에 기탁되어 있다. 譯者는 어렸을 때 이를 직접 만져 본 적이 있다.

[83. 玉硯滴]

玉滴何年聖渥分 中含鮫淚吐祥雲

千秋寶彩今如昨 瀉出當時黼黻文

[옥연적]

옥연적 어느 해 임금께서 은총을 나누어 주었던고

그 속에 교룡의 눈물 머금었다가 상스러운 구름 토해 내네

오래전 보배로운 색깔은 지금도 그제 같네

그 옛날 쏟아 냈겠지 아름다운 글들을

瀉	●	千	○	中	○	玉	●	
出	●	秋	○	含	○	滴	●	玉
當	○	寶	●	鮫	○	何	○	硯
時	○	彩	●	淚	●	年	○	滴
黼	●	今	○	吐	●	聖	●	
黻	●	如	○	祥	○	渥	●	
文	○	昨	●	雲	○	分	○	

[감상] 모든 규칙에 맞다. 제목 硯滴, 벼룻물 담는 작은 용기인데, 譯者가 실물을 보아서 아는데, 크기는 주먹만 하고 용두와 몸을 함께 조각하였고 색깔은 밝은 녹색이다. 제1구, 옛날 임금은 공을 치하할 신하에게 때로 기념물을 하사하였다. 제2구 中含, 비어 있는 속에 머금다. 제3구 千秋, 썩 오랜 세월, 이전 이후 모두 사용 가능한데, 여기서는 이전이다. 제4구 當時, 일이 생긴 그때, 즉 하사받았던 그때. 黼黻, 옷의 수, 문장의 비유.

[84. 珊瑚纓]

瑚纓一貫色斑斑 千載遺傳古篋間

聖主當年恩賜意 爲酬吾祖寸心丹

[산호영]

산호로 된 갓끈 한 실로 꿰었는데 그 색이 얼룩무늬네

오랜 세월 대물림으로 전해 왔네 옛 상자 속에서

임금께서 그 당시 은혜를 베풀어 선물한 뜻은

갚도록 하기 위함이었네 우리 조상께서 작은 충성이라도

爲	○	聖	●	千	○	瑚	○	
酬	○	主	●	載	●	纓	○	珊
吾	○	當	○	遺	○	一	●	瑚
祖	●	年	○	傳	○	貫	●	纓
寸	●	恩	○	古	●	色	●	
心	○	賜	●	篋	●	斑	○	
丹	○	意	●	間	○	斑	○	

[감상] 刪, 寒 通韻이다. 모든 규칙에 맞다. 제1구 斑斑, 여러 가지 빛이나 얼룩무늬가 섞여 있는 모양. 제2구 千載, 오랜 세월. 제4구 寸心, 속으로 품은 작은 뜻. 丹, 붉다, 정성, 성심, 충성.

[85. 寶刀]

敵愾功勳世孰如 當年直割唅舟魚

千金寶劍疑霜電 光氣猶存射斗餘

[보배로운 칼]

원수를 개탄한 공훈이 세상 무엇과 같을쏘냐

그해에 바로 베어 버렸네 배를 삼키려는 고기를

천금 같은 보검이 서릿발같이 번득일지 의심되어도

빛나는 기운은 오히려 남아 발함이 홀연히 넘치네

光	○	千	○	當	○	敵	●	
氣	●	金	○	年	○	慨	●	寶
猶	○	寶	●	直	●	功	○	刀
存	○	劍	●	割	●	勳	○	
射	●	疑	○	唅	○	世	●	
斗	●	霜	○	舟	○	孰	●	
餘	○	電	●	魚	○	如	○	

[감상] 모든 규칙에 맞다. 제목, 寶刀는 松簷三寶 중 象牙刀를 말한다. 이를 직접 보았던 譯者의 기억으로는, 그다지 크지 않은 휴대용으로, 칼집이 상아로 잘 세공되었으며 칼날은 거무스름하고 뾰족하였다. 제1구 敵慨, 앞에서 설명한 이시애의 난을 평정한 공신들을 일컬어 精忠出氣敵愾功臣이라 한 데서 줄인 말. 제2구 唅舟魚, 배를 삼키려는 고기, 조정을 배로 이시애를 고기로 비유한 것이 참 멋지다. 제3, 4구는 보검을 묘사했는데, 실제 이 검으로 싸운 것은 아니지만 주제가 刀이니 제2구에서 이로써 바로 베어 버렸다고 묘사함이 잘 어우러진다.

[86. 次錦水密菴遺墟韻]

古巷無人春色深　幽樓高趣更何尋

千秋想得精神在　山月蒼蒼滿古林

[금수의 밀암유허를 차운하다]

옛 거리엔 사람이 없지만 봄빛은 짙어

그윽한 누각 높은 자태 어디 가서 다시 찾을꼬

지난 오랜 세월을 상상해 보면 알겠네 정신이 있었음을

산에 뜬 달빛만 창창하게 옛 숲을 가득 채우네

山	○	千	○	幽	○	古	●	
月	●	秋	○	樓	○	巷	●	次
蒼	○	想	●	高	○	無	○	錦
蒼	○	得	●	趣	●	人	○	水
滿	●	精	○	更	●	春	○	密
古	●	神	○	何	○	色	●	菴
林	○	在	●	尋	○	深	○	遺

[감상] 古가 疊이다. 제목, 錦水를 누군가의 號로, 密菴도 누군가의 號로 보면, 금수가 밀암이 살았던 빈터를 보고 먼저 시를 지은 것을 보고, 작자가 이에 같은 韻으로 次韻한 것이다. 제1구 古巷, 옛날 사람들이 살던 마을, 또는 그 마을의 골목길. 제4구 蒼蒼, 빛이 새파란 모양, 어둑어둑한 모양. 밀암이 살았던 마을은 이제 폐허가 되어 아무도 없다. 한때 밀암은 높은 누각을 짓고 고매한 정신으로 학문도 하고 교유도 했겠지만 이제는 달빛만 숲을 어둑어둑 덮고 있다.

[87. 自遣二絶-1]

晚卜東山世慮灰 此翁何事出塵埃
白首端宜深閉戶 茅閑風月待歸來

[스스로 마음 달래며 절구 두 수 짓다-1]

늘그막에 동산에 자리 잡고 세상 근심 태워 버리니
이 늙은이 무슨 일이든 티끌로 내버리네
백수지만 바르고 옳게 깊숙이 문을 닫아걸고
초가집에 한가로이 풍월 읊으며 돌아갈 날 기다리네

茅	○	白	●	此	●	晚	●	
閑	○	首	●	翁	○	卜	●	自
風	○	端	○	何	○	東	○	遣
月	●	宜	○	事	●	山	○	二
待	●	深	○	出	●	世	●	絶
歸	○	閉	●	塵	○	慮	●	1
來	○	戶	●	埃	○	灰	○	

[감상] 제2, 3구 사이 簾을 이루지 않은 것 외는 모두 규칙에 맞다. 제1구 卜, 점치다. 東山, 경주시 천북면 동산리이다. 작자는 이 지명을 號로 삼았다. 제2구 塵埃, 티끌, 먼지. 제3구 白首, 흰머리, 벼슬 없는 선비, 중의적이다. 제4구 風月, 청풍과 명월, 곧 아름다운 자연, 바람과 달에 부쳐 시가를 짓는다. 歸來, 돌아가다, 곧 죽다.

[88. 自遣二絶-2]

朝出城南暮始歸 故山猿鶴任嘲譏

無憂定在爲仁地 身上何妨到是非

[스스로 마음 달래며 절구 두 수 짓다-2]

아침에 성 남쪽으로 나가 저녁에 비로소 돌아오니

옛 산 원숭이 학들은 마음대로 조롱하네

근심 없이 바로하고 머무르네 인을 행하는 땅에

신상에 무엇이 방해되겠나 옳고 그름을 말한다 한들

身	○	無	○	故	●	朝	○	
上	●	憂	○	山	○	出	●	自
何	○	定	●	猿	○	城	○	遣
妨	◐	在	●	鶴	●	南	○	二
到	●	爲	○	任	●	暮	●	絶
是	●	仁	○	嘲	○	始	●	2
非	○	地	●	譏	○	歸	○	

[감상] 모든 규칙에 맞다. 제2구 嘲譏, 조롱하다. 제4구 身上, 일신상에 관한 일, 또는 몸 또는 처신에 관계된 모양. 제2구의 원숭이, 학은 세상 사람들 중 못난 사람, 출세한 사람 모두를 일컬었고, 제4구, 남들이 뭐라고 한들 내게는 아무 상관이 없다는 탈속한 자세를 보여 준다.

[89. 冬夜遣懷]

冬夜深更坐劃灰 淸溪一曲洗氛埃

詩成欲得三盃醉 今世何人送酒來

[겨울밤 마음 달래다]

겨울밤 깊은 시각 앉아서 어둠을 밝히니

맑은 시내 한 굽이에 먼지를 씻네

시를 지으려고 술 석 잔에 취해 보고자 하나

지금 세월에 어느 누가 술을 보내오리요

今	○	詩	○	清	○	冬	○	
世	●	成	○	溪	○	夜	●	冬
何	○	欲	●	一	●	深	○	夜
人	○	得	●	曲	●	更	○	遣
送	●	三	○	洗	●	坐	●	懷
酒	●	盃	○	氛	○	劃	●	
來	○	醉	●	埃	○	灰	○	

[감상] 각 구 첫 글자가 모두 평성이어서 범칙이다. 제1구 劃灰, 환하게 하다 잿빛을. 제2구 氛埃, 먼지. 시인은 겨울밤 잠 못 이루고 마음속 더러운 것은 털어 내며 시 한 수 지으려니 술 생각이 나는데 집에는 술이 떨어졌네.

[90. 雪夜遣懷]

寒雨蕭蕭盡日來 北風吹雪滿庭堆

中宵起坐燈明滅 喚起眠妻進一盃

[눈 오는 밤 마음 달래다]

차가운 비가 쓸쓸히 종일 오더니

북풍이 눈을 불어와 뜰에 가득 쌓였네

한밤중 일어나 앉으니 등불이 깜박여

잠자는 처를 불러일으켜 술 한 잔을 마시네

喚	●	中	○	北	●	寒	○	
起	●	宵	○	風	○	雨	●	雪
眠	○	起	●	吹	○	蕭	○	夜
妻	○	坐	●	雪	●	蕭	○	遣
進	●	燈	○	滿	●	盡	●	懷
一	●	明	○	庭	○	日	●	
盃	○	滅	●	堆	○	來	○	

[감상] 起가 疊이다. 제1구 蕭蕭, 바람이 부는 소리, 쓸쓸한 모양. 눈 오는 밤 시인은 또 잠이 안 와, 술 한 잔 마시려 잠자는 아내를 깨운다. 선비의 아내는 얼마나 괴로웠을까?

[91. 次申乃原參字韻]

星分南北是商參 一別今來歲忽三

雨過周王山更好 且教猿鶴舊盟叅

[신내원의 參 자 운에 차운하다]

별을 가지고 남북으로 나눠 이렇게 서로 엇갈려

한번 헤어진 후 이제 오니 세월이 어느덧 삼 년이 지났네

비 지난 주왕에는 산 다시 좋아졌고

또 원숭이 학이 본받아 옛 맹서에 참여하네

且	●	雨	●	一	●	星	○	
教	○	過	◐	別	●	分	○	次
猿	○	周	○	今	○	南	○	申
鶴	●	王	○	來	○	北	●	乃
舊	●	山	○	歲	●	是	●	原
盟	○	更	●	忽	●	商	○	參
叅	○	好	●	三	○	參	○	字

[감상] 제1, 4구 끝에 같은 글자로 韻을 삼았지만, 제목에서 그러기로 하였으니 무방하다. 제1구 商參, 서로 엇갈리어 맞지 아니함. 제3구, 周王山을 이렇게 끊어 활용했다. 제4구 敎, 여기서는 평성으로 '본받다'이다. 신내원은 앞에서도 언급한 작자의 벗으로 청송에 살았다. 작자는 남쪽 경주에 신내원은 북쪽 청송에 살고 있음을 말한다. 제2구, 둘은 삼 년 만에 청송에서 만났는가 보다. 제4구, 두 사람이 옛 맹서를 하는 마당에 주왕산 원숭이 학들도 함께한다는 신선의 경지이다.

[戱贈趙上舍悅卿韻兼附序]

余於今年夏登釜山永嘉臺大觀海門形勝仍向邊關看島夷之奇形異服著之詩句有若干篇焉今於暮秋携筇靑髇又作尋眞之行仙緣旣重天借好日今雨師麾旗自退風伯前驅掃塵與四五諸賢共遊大遯山中引壺於醉仙臺上一觴一詠況若風生兩腋羽化而登仙這間洞壑之雄偉巖壁之奇壯果如平昔之飽聞千態萬狀不可一一盡記僅得模狀其萬一於數篇詩語而但湫龍巖鶴一去無跡爲之悵然歸路又尋雲水洞石門崢嶸左右蒼壁揷入雲宵眞絶勝處也與周王相伯

仲是知牟年之中兩得山海壯觀快了仙區宿債豈可與局束寰宇汨沒塵埃者同日而語哉以老兄之塵容肉眼雖曰曾有所見而與不過隨衆翫景而已安得知山水之眞樂而亦安知造化翁用意處郡以拙韻七言二絶奉呈淸案要得瓊報之喜爾

[장난삼아 보낸다 조상사에게 그대를 기쁘게 하려 읊었고 서문도 붙인다]

내가 금년 여름에 부산 영가대에 오르니, 대관해문이 변방 관문을 향해 기대어 멋진 모양을 이루더라. 섬나라 오랑캐들의 기이한 모양과 이상한 복장을 보고 그것을 싯구로 지으니, 마치 편액을 막는 것 같음이 있었도다(내 시가 걸려 있는 편액보다 더 훌륭했다). 이제 저무는 가을에 지팡이 짚고 청송으로 또 진리를 찾는 걸음을 하였네. 신선의 인연은 이미 무거워 하늘이 좋은 날을 주어, 지금 비를 맡은 신은 깃발로 지시하며 스스로 물러나고, 바람의 신이 내달리기 전에 먼지를 쓸어 내더라. 네다섯 명의 현자와 더불어 함께 대둔산으로 놀이를 가는데, 도중에 술병을 들고 취선대에 올라 술 한 잔에 시 한 수를 읊으니, 때마침 바람이 이는 것 같아 양 겨드랑이가 깃으로 변해 신선으로 오르니, 그간 골짜기는 웅대하고 위대하며 바위벽은 기이하고 장대하여, 과연 마치 평소에 많이 듣던 바와 같더라. 천태만상은 하나일 수 없는데 하나로 적기를 다하니, 겨우 비슷한 모양을 얻을 수 있어 그 만 가지가 여러 편의 시어에 하나로 되었네. 다만 못의 용과 바위의 학이 한 번 가고는 자취가 없어, 그것을 생각하니 슬퍼서 돌아오는 길에 또 운수동을 찾으니, 돌문이 좌우로 높게 삐죽이 높고 푸른 벽이 하늘로 솟아 참으로 절경의 장소이더라. 주왕산과 더불어 백중세를 이루니, 이에 알겠더라 한 해의 절반 동안 그 둘은 산과 바다의 장관을 이룸을. 신선의 땅을 즐거이 마치고 방을 빌려 잠을 자니, 어찌 형편과 더불어 세계를 묶을 수가 있었겠는가? 세상사에 골몰하는 자와 하루를 같이하고 말을 하지 않았겠는가! 노형의 때 묻은 얼굴과 육안으로써 비록 말한다 한들, 더욱 보는 바가 있어 더불어 지나치지 못하고, 여러 아름다운 경치를 따라갔을 뿐인데, 편안히 얻어지더라 산수의 참된 즐거움을. 그리고 또한 저절로 알아지더라 조물주가 마음 쓴 여러 곳을. 졸렬한 칠언절구 두 수를 지어 받들어 올리니, 맑은 안상에 아름다운 보고의 기쁨 얻기를 바랄 뿐이네!

[92. 戱贈趙上舍悅卿韻-1]

尋眞行色出凡流 俗士安知物外遊

今來快了仙區債 笑子塵埃但沒頭

[장난삼아 보낸다 조상사에게-1]

진리를 찾아 나서는 행색에 범상함이 흘러나오니

속세의 선비가 어찌 알겠는가 세상 물정 바깥에 노니는 것을

이제 와서 즐거이 마쳤네 신선의 구역 빌려 노는 것을

웃는 그대는 다만 쓸데없는 일에만 몰두하네

笑	○	今	○	俗	●	尋	○	
子	●	來	○	士	●	眞	○	戱
塵	○	快	●	安	○	行	○	贈
埃	○	了	●	知	○	色	●	趙
但	●	仙	○	物	●	出	●	上
沒	●	區	○	外	●	凡	○	舍
頭	○	債	●	遊	○	流	○	1

[감상] 제2, 3구 사이에 簾을 이루지 않은 것 외는 모든 규칙에 맞다. 제목, 上舍는 진사, 생원의 별칭. 제1구 行色, 겉으로 드러난 차림이나 모습. 작자의 모습을 스스로 치켜세웠다. 제2구, 俗士는 조상사를 가리킨다. 제4구 笑子, 역시 조상사를 가리킨다. 塵埃, 티끌, 沒頭, 다른 생각할 여유 없이 어떤 일에 오로지 파묻히다. 자유로이 유랑하는 작자가 급제하려고 애쓰고 있는 조상사를 조롱하고 있다.

[93. 戱贈趙上舍悅卿韻-2]

君居深峽小風流 猿鶴曾朝俗士遊

應知當日蕭蕭雨 故洗旗巖上上頭

[장난삼아 보낸다 조상사에게-2]

그대는 깊은 산골에 살고 있어 풍류를 조금 아니

원숭이와 학이 이른 아침에 세속 선비와 놀아 주네

응당 알겠지 그날 비가 부슬부슬 내리는데

옛것을 씻고 깃발 바위에서 상투를 올렸음을

故	●	應	○	猿	○	君	○	
洗	●	知	○	鶴	●	居	○	戲
旗	○	當	●	曾	○	深	○	贈
巖	○	日	●	朝	○	峽	●	趙
上	●	蕭	○	俗	●	小	●	上
上	●	蕭	○	士	●	風	○	舍
頭	○	雨	●	遊	○	流	○	2

[감상] 제2, 3구 사이에 簾을 이루지 않은 것 외에는 모든 규칙에 맞다. 제4구 上頭, 남자가 관을 쓰는 일. 제4구, 해석이 어려운데, 아마 작자와 조상사가 같은 날 관례를 올렸던 것이 아닌가 생각된다.

[94. 丁酉春試從兄父子榜音來到喜吟一絶]

昨日榜來今日又 兒郞況是壯元郞
人間奇事無過此 父子名聲左右鄕

[정유년 봄 과시에 종형 부자가 급제했다는 소식이 전해 와서 기뻐서 절구 한 수를 읊는다]

어제 급제 소식이 왔는데 오늘 또
조카가 하물며 장원을 하였다네
인간 세상에 이보다 더 기이한 일이 있겠는가
부자의 명성이 좌우 고을에 울리네

父	●	人	○	兒	○	昨	●	
子	●	間	○	郞	○	日	●	丁
名	○	奇	○	況	●	榜	●	酉
聲	○	事	●	是	●	來	○	春
左	●	無	○	壯	●	今	○	試
右	●	過	○	元	○	日	●	從
鄕	○	此	●	郞	○	又	●	兄

[감상] 제1구, 끝에 韻字를 쓰지 않았다. 제3구에 鶴膝이 보인다. 제2구, 兒郞은 종형의 아들이다. 從兄은 4촌 형으로 작자와 동갑내기인데 생일이 앞섰다. 정유년은 작자와 종형이 53세이던 해이고, 종형의 부자가 생원시에 합격했다. 작자의 친아우와 그 아들 역시 다른 해 진사시에 합격했다. 반면 작자는 오로지 시인의 길을 걸었다.

[95. 贈從兄京行]

琢玉工夫老益深 平生不負讀書心

此行應試屠龍手 指日西天報好音

[서울 가는 종형에게 지어 드리다]

옥을 다듬는 공부는 늙을수록 더욱 깊어

평생을 지게질 아니 하고 독서하는 그 마음

이번 걸음 응시엔 손으로 용을 잡아

서쪽 하늘에 해를 가리키며 좋은 소식 알리시오

指	●	此	●	平	○	琢	●	
日	●	行	○	生	○	玉	●	贈
西	○	應	●	不	●	工	○	從
天	○	試	●	負	●	夫	○	兄
報	●	屠	○	讀	●	老	●	京
好	●	龍	○	書	○	益	●	行
音	○	手	●	心	○	深	○	

[감상] 모든 규칙에 맞다. 앞의 시에 이어지는 상황이다. 초시에 합격한 종형이 대과 응시를 위해 한양에 가게 되니, 작자는 응원하는 마음으로 이 시를 지어 보낸 것 같다. 제1구는 과거 시험공부를 열심히 한 것을 말한다. 제4구의 '서쪽 하늘에 해를 가리키다'는 고향에서 결과를 기다리는 여러 가족 친지들의 마음을 나타낸 것 아닐까?

[96. 花山仙巖菴韻]

層巒削壁入蒼穹 一上仙菴萬慮空

駕鶴神翁何處去 騷人兩腋欲生風

[화산 신선암을 읊다]

층을 이룬 산 깎아지른 벽이 푸른 하늘 뚫고 높은데

신선암에 한 번 오르니 만 가지 시름이 사라지네

학을 탄 신선옹은 어디로 갔는지

내 양 겨드랑이엔 바람이 생기려 하네

騷	○	駕	●	一	●	層	○	
人	○	鶴	●	上	●	巒	○	花
兩	●	神	○	仙	○	削	●	山
腋	●	翁	○	菴	○	壁	●	仙
欲	●	何	○	萬	●	入	●	巖
生	○	處	●	慮	●	蒼	○	菴
風	○	去	●	空	○	穹	○	韻

[감상] 모든 규칙에 맞다. 제목, 花山은 영천시 화산면에 있다. 제4구 騷人, 시인과 문사를 일컬음. 여기서는 곧 작자 자신을 말한다. 기암절벽 위의 작은 암자가 눈앞에 그려진다.

[97. 次觀瀾翁陶淵瓢隱亭韻]

大明天地人誰是 一介崇禎處士臣

千載仙區遺馥在 滿江風月是精神

[관란옹의 도연표은정을 차운하다]

당시 사람 중에 누가 이 같은가

일개 숭정처사 신하로세

오랜 세월 신선이 노닐던 곳에 남은 향기 있어

강 가득 풍월 이 정신이네

滿	●	千	○	一	●	大	●	
江	○	載	●	介	●	明	○	次
風	○	仙	○	崇	○	天	○	觀
月	●	區	○	禎	○	地	●	瀾
是	●	遺	○	處	●	人	○	翁
精	○	馥	●	士	●	誰	○	陶
神	○	在	●	臣	○	是	●	淵

[감상] 제1구, 끝에 운자를 쓰지 않았다. 제1구에 鶴膝이 보인다. 是 자가 疊이다. 제목, 관란옹은 작자의 오랜 벗으로 울산에 살았다. 陶淵은 안동 지례에 있는 지명, 瓢隱은 조선 후기 김시온의 호이다. 그는 어려서부터 才行이 경상좌도에 이름났으나, 일찍부터 벼슬에는 뜻을 두지 않고 학문에만 힘썼다. 문장보다 경학과 예학에 몰두하였으며, 천거로 조정에서 낮은 벼슬을 내렸으나 응하지 않고, 스스로 숭정처사라 자칭하였다. 그의 아들 김방걸은 급제하여 대사간에 올랐다. 崇禎은 중국 명나라 마지막 황제 때의 年號, 즉 김시온이 살았던 때의 연호이다. 그러니까 '대명천지'라 함은 '당시 사람 중에'라는 뜻이 된다. 이 시는 김시온의 처사적 삶을 작자가 높이 평가한 것이다.

[98. 次丹岑老崔幽居韻]

丹岑不老四時春 洞裏烟霞隔世塵
千載商山翁去後 知君疑是餐芝人

[단잠 최노인의 幽居에 차운하다]

단잠은 늙지 않고 사시 젊어
골짜기 속 연기 노을 세상 먼지를 가리네
그 옛날 상산 늙은이들 떠난 후
그대를 알고 보니 의심할 바 없는 은자일세

知	○	千	○	洞	●	丹	○	
君	○	載	●	裏	●	岑	○	次
疑	○	商	○	烟	○	不	●	丹
是	●	山	○	霞	○	老	●	岑
餐	●	翁	○	隔	●	四	●	老
芝	○	去	●	世	●	時	○	幽
人	○	後	●	塵	○	春	○	居

[감상] 모든 규칙에 맞다. 제목, 丹岑은 최노인의 號. 제1구는 최노인의 건강을, 제2구는 속세와 떨어진 산골 마을 풍경을 그렸고, 제3구, 商山은 商山四皓의 준말로, 秦나라 말년에 전란을 피하여 섬서성 상산에 은거한 네 사람으로, 후에 모두 漢나라 惠帝의 스승이 되었다. 그러니 최노인이 사는 곳이 마치 상산사호가 살았던 곳과 비슷하다는 뜻. 제4구 餐芝, 원문에는 '口+餐'으로 되어 있으니, 지초를 먹는다는 것은 곧 은자의 삶이다.

[99. 科事落莫笑吟一絶]

男兒窮達摠由天 何事衰翁學少年

逐逐名場堪一笑 不如山水好盤旋

[과거 본 일이 떨어졌으니 웃으며 한 수 읊지 않을 수 있겠는가]

남아가 궁하고 통하는 것은 모두 하늘에 달렸어도

무슨 일 있겠나 늙은이에게 젊어서 공부해라

이름난 곳 찾아다니며 한 번 웃으며 견디니

산수 같지 않네 이리저리 돌아다님 좋아하는

不	●	逐	●	何	○	男	○	
如	○	逐	●	事	●	兒	○	科
山	○	名	○	衰	○	窮	○	事
水	●	場	○	翁	○	達	●	落
好	●	堪	○	學	●	摠	●	莫
盤	○	一	●	少	●	由	○	笑
旋	○	笑	●	年	○	天	○	吟

[감상] 모든 규칙에 맞다. 작자가 과거에 떨어지고 마음 달래려고 이곳저곳 다니며 산과 물이 가장 좋다고 느낀다. 과거 공부는 젊어서 열심히 해야 한다고 말하고 있다. 제4구는 과거 시험이 산수 같지 않다는 뜻이다.

[100. 寄贈崔兄伯益-1]

禪窓邂逅兩衰翁 詩眼雙靑一夜中
吾生會少還多別 雲樹深情幾萬重

[최형 백익에게 부쳐 보내다-1]

절간방에서 우연히 두 늙은이 만나서
시를 살피는 두 눈 밤새도록 밝았네
내 생애 만난 일은 드물고 헤어져 돌아온 일은 많았으니
그대를 마음속으로 깊이 새긴 정 몇만 배나 무겁다오

雲	○	吾	○	詩	○	禪	●	
樹	●	生	○	眼	●	窓	○	寄
深	○	會	●	雙	○	邂	●	贈
情	○	少	●	靑	○	逅	●	崔
幾	●	還	○	一	●	兩	●	兄
萬	●	多	○	夜	●	衰	○	1
重	○	別	●	中	○	翁	○	

[감상] 東, 冬通韻이다. 제2, 3구에 簾을 이루지 않았다. 최백익은 작자보다 나이가 많았나 보다. 제1구, 조선시대에는 선비 나그네들이 곧잘 절에 들러 하룻밤을 묵은 것으로 보인다. 제2구, 두 사람은 밤새 서로 시를 지어 주고받았다. 제3구, 會와 還別이 대비된다. 會는 약속하여 만나는 일이고, 還別은 어찌하여 만났든지 함께 있다 헤어져 돌아옴이다. 그러므로 작자는 평생 떠돌기를 많이 했음을 알 수 있다. 제4구, 雲樹는 雲樹之懷의 준말로 구름 위로 높이 솟은 나무를 그리워하는 마음으로, 여기서 높이 솟은 나무는 곧 최백익이다.

[101. 寄贈崔兄伯益-2]

塊坐荒村歲月深 小溪魚鳥日相尋

清宵獨奏峨洋曲 今世如君倘解音

[최형 백익에게 부쳐 보내다-2]

거친 시골 우두커니 앉아 세월을 보내니

작은 개울 고기와 새는 하루 종일 서로 찾네

맑은 밤 홀로 연주하네 아양곡을

지금 세상 그대 같은 이는 혹시 알아듣겠지

今	○	清	○	小	●	塊	●	
世	●	宵	○	溪	○	坐	●	寄
如	○	獨	●	魚	○	荒	○	贈
君	○	奏	●	鳥	●	村	○	崔
倘	●	峨	○	日	●	歲	●	兄
解	●	洋	○	相	○	月	●	2
音	○	曲	●	尋	○	深	○	

[감상] 모든 규칙에 맞다. 앞의 시에 이어서 최백익에게 보내는 시이다. 제1, 2구는 작자가 사는 마을 모습을 그렸다. 제3구, 아양곡은 높은 산 큰 바다를 읊은 곡조이다. 실제 거문고나 피리를 연주했는지는 모르겠다. 제4구는 바로 知音이다, 상대방의 의중을 헤아림이다.

[102. 栢栗東菴訪觀瀾翁未遇悵吟]

瀾翁何事出囂塵 爲醉芳樽滿滿春

惆悵東山老惜大 今來不見意中人

[백율사 동쪽 암자로 관란옹을 만나러 갔다가 못 만나 슬퍼 읊다]

관란옹은 무슨 일로 속세로 나갔는고

향기로운 술에 취하려 했는데 한창 봄날에

이 사람 실망하여 탄식하니 늙은이 애석함이 크네

이번 걸음에 못 보았네 내 마음속 사람을

今	○	惆	●	爲	○	瀾	○	
來	○	悵	●	醉	●	翁	○	栢
不	●	東	○	芳	○	何	○	栗
見	●	山	○	樽	○	事	●	東
意	●	老	●	滿	●	出	●	菴
中	○	惜	●	滿	●	囂	●	訪
人	○	大	●	春	○	塵	○	觀

[감상] 제3구에 下三仄이 보인다. 제목, 관란옹은 작자의 벗이다. 그는 앞의 다른 시에서 보면 울산에 살고 있는 것 같았는데, 지금 栢栗東菴은 장소인 듯한데, 어디인지 몰라 경주 백율사 근처 암자 정도로 생각해 봤다. 그러면 관란옹은 그곳에 임시로 머물렀을 가능성이 있다. 제3구의 東山은 작자의 號이고, 老는 동산이다.

[103. 雪中訪玉菴觀瀾翁未遇悵吟-1]

禪窓爲訪故人閑 僧道藜節下世間
故人懷抱論無處 雪滿山蹊寂寞還

[눈길에 옥암으로 관란옹을 방문했는데 만나지 못해 슬퍼하며 읊다-1]

절간방으로 방문했네 한가한 옛 친구를
중은 명아주 지팡이 짚고 속세로 내려갔네
옛 친구 향해 품었던 생각 풀어놓을 곳 없어
눈 가득 산 좁은 길 쓸쓸히 돌아가네

雪	●	故	●	僧	○	禪	○	
滿	●	人	○	道	●	窓	○	雪
山	○	懷	○	藜	○	爲	○	中
蹊	○	抱	●	節	○	訪	●	訪
寂	●	論	○	下	●	故	●	玉
寞	●	無	○	世	●	人	○	菴
還	○	處	●	間	○	閑	○	1

[감상] 제2, 3구 사이에 簾이 없다. 故人이 두 번 나와 疊이지만 의도적이다. 이 시를 통해 그간의 관란옹은 승려임을 알 수 있다. 그는 이번에는 玉菴에 있다. 아마 경주 남산 옥련암이 아닐까? 제1구의 故人과 제2구의 僧은 같은 사람, 즉 관란옹이다. 조선시대 유학자와 승려가 친하게 지낸 사례는 많았음을 알 수 있다.

[104. 雪中訪玉菴觀瀾翁未遇悵吟-2]

多君山水一筇閑 滿面風霞酒賦間

小溪魚鳥前緣在 應待詩翁復去還

[눈길에 옥암으로 관란옹을 방문했는데 만나지 못해 슬퍼하며 읊다-2]

그대에게는 산수가 많네 한가할 때 한 걸음만 나가면

얼굴 가득 바람과 노을 술 마시고 시도 짓네

작은 개울 고기와 새들은 전생에 인연 있어

시 짓는 늙은이 응대하다 다시 돌아가네

應	●	小	●	滿	●	多	○	
待	●	溪	○	面	●	君	○	雪
詩	○	魚	○	風	○	山	○	中
翁	○	鳥	●	霞	○	水	●	訪
復	●	前	○	酒	●	一	●	玉
去	●	緣	○	賦	●	筇	○	菴
還	○	在	●	間	○	閑	○	2

[감상] 제3구에 鶴膝이 보이고 제2, 3구 사이 簾이 없다. 주인 없는 절에 왔다가, 시 두 수를 짓고 돌아가는 작자가 눈에 그려진다. 제1, 2구는 옥련암을 둘러보면서 평소 관란옹이 누리는 자연을 그렸다. 제4구의 應待의 대상은 제3구이다. 또한 작자와 관란옹의 관계가 새와 물고기의 관계처럼 보인다.

[105. 寄贈磻溪李碩士養五]

鶴城雲樹隔雞林 半句新詩一片心

月白東山詩債在 吟筇早晚倘相尋

[반계 이석사 양오에게 부쳐 보내다]

학성의 높은 나무는 계림과 떨어져 있으나

덜 지은 새 시에도 한 조각 마음 담겨 있네

동산에 달 밝으면 시로 다 감당치 못하니

지팡이 짚고 읊조리며 어느 때든 어서 서로 찾아 보세

吟	○	月	●	半	●	鶴	●	
筇	○	白	●	句	●	城	○	寄
早	●	東	○	新	○	雲	○	贈
晚	●	山	○	詩	○	樹	●	磻
倘	●	詩	○	一	●	隔	●	溪
相	○	債	●	片	●	雞	○	李
尋	○	在	●	心	○	林	○	碩

[감상] 詩가 疊이나 의도적이다. 제목, 반계는 호이고, 양오는 이름이다. 제1구, 학성은 오늘날 울산이고, 계림은 경주이다. 雲樹는 '구름이 걸릴 만큼 높은 나무'인데 이석사를 비유한 것 같다. 제2구는 제1구에 반해서 마음은 매우 가깝다는 뜻이다. 제3구, 東山은 작자가 사는 동리 이름이면서 곧 자신의 號이다. 詩債在, 시가 빚진 것이 있다, 즉 시가 다 감당치 못하고 밀린 것이 있다. 그만큼 시심을 자극하는 아름다움이 있다는 뜻. 제4구, 작자는 어서 서로 만나자는 뜻을 전하고 있다.

[106. 戱次屛巖翁韻]

林泉半世子逃名 何事吟筇出古城

白首塵容堪一笑 舊江魚鳥倘相迎

[장난스레 병암옹의 시에 차운한다]

산중에 은둔한 지 반 세월 그대는 명리를 떠났는데

무슨 일로 지팡이 짚고 읊으며 고성에 왔는가

백수에 때 묻은 얼굴을 한번 웃음으로 견디며

옛 강의 고기와 새가 서로 맞아 배회하네

舊	●	白	●	何	○	林	○	
江	○	首	●	事	●	泉	○	戱
魚	○	塵	○	吟	○	半	●	次
鳥	●	容	○	筇	○	世	●	屛
倘	●	堪	○	出	●	子	●	巖
相	○	一	●	古	●	逃	○	翁
迎	○	笑	●	城	○	名	○	韻

[감상] 모든 규칙에 맞다. 제목 戲, 벗 병암옹이 지은 시를 보고 작자가 장난스레 지은 시이다. 제1구 林泉, 수목이 울창하고 샘물이 흐르는 산중, 세상을 버리고 은둔하기에 알맞은 곳, 병암이 있는 곳이다. 제2구, 古城은 경주, 곧 작자가 있는 곳이다. 제3구 白首, 두 사람은 모두 과거 급제를 못 한 백수이다. 제4구, 舊江은 경주의 江이다. 魚鳥는 병암과 작자를 비유한 것이다.

[107. 海雲菴贈碁朋]

詩翁臥睡碁朋坐 明滅山燈一局枰
休持黑白爭優劣 僧報星河已五更

[해운암에서 바둑 친구에게 지어 주다]

시 짓는 늙은이는 누워 졸고 바둑 친구는 앉아서
일렁이는 절간방 등불에 한 판 바둑 펼쳐지네
쉬고 잡는 흑과 백 우열을 다투는데
중이 와서 알리네 은하수가 이미 오경이 되었다고

僧	○	休	○	明	○	詩	○	
報	●	持	○	滅	●	翁	○	海
星	○	黑	●	山	○	臥	●	雲
河	○	白	●	燈	○	睡	●	菴
已	●	爭	○	一	●	碁	○	贈
五	●	優	○	局	●	朋	○	碁
更	○	劣	●	枰	○	坐	●	朋

[감상] 제1구, 끝 글자가 평성이 아니다. 제2, 3구 사이에 簾을 이루지 않았다. 각 구 첫 글자가 모두 평성이다. 여러 규칙을 어기면서 보다 자연스러움을 택한 것 같다. 제목, 해운암이 어디 있는지는 모르겠다. 제1구의 詩翁은 작자 자신이다. 이해하기 쉬운 시이고, 당시 장면이 그림처럼 그려진다.

[曲江衙中見贈成學士大中二絕兼小序]
權學士歸去後成學士維莅海城夙艷聲華每切一識之願而公門如海尙稽半面之雅何幸今日復承容光深荷眷遇宿願總遂兩轂又啓一醉離樽悵懷難聊謹構拙韻二絕以寓區區不忘之忱爾

[홍해 관아에서 성학사 대중을 만나 절구 두 수와 짧은 서문을 드리다]
권학사가 돌아간 후 성학사께서 이어 홍해군수로 부임하시니, 예전부터 그대의 좋은 평판이 빛나 한번 친분을 가졌으면 하는 바람이 늘 간절했습니다. 그러나 관청의 문은 바다와 같아 오히려 생각하니 조금은 반기실 것 같았는데, 얼마나 다행한지 오늘 훌륭한 전임자를 이어 얼굴빛이 짙으니, 관아의 일을 살피는 가운데 상봉해 하룻밤 자기를 바라 두 수레가 마침내 모였기에, 저 또한 사뢥니다. 한번 취한 후 술동이를 치우고 섭섭한 회포에 어렵게 의지하기를, 삼가 못난 절구 두 수를 지어 구차히 핑계 삼으니, 정성을 잊지 말기를 바랄 뿐입니다.

[108. 曲江衙中見贈成學士大中二絕-1]
奎躔偏耀曲江頭 前後文章此地遊
何幸東山老揩大 今來重看好風流

[홍해 관아에서 성학사 대중을 만나 절구 두 수 지어 드리다-1]
임지를 떠도는 걸음 한껏 빛나네 곡강 머리에
전임 후임 모두 문장가로 이곳에 노네
얼마나 행운인가 동산에게 늙은 몸으로 그대들과 어울리니
오늘 와서 또 보네 풍류 좋아하심을

今	○	何	○	前	○	奎	○	
來	○	幸	●	後	●	躔	○	曲
重	○	東	○	文	○	偏	○	江
看	◐	山	○	章	○	耀	●	御
好	●	老	●	此	●	曲	●	中
風	○	措	●	地	●	江	○	見
流	○	大	●	遊	○	頭	○	1

[감상] 각 구 첫 글자가 모두 평성이고, 제3구에 下三仄이 보인다. 제목, 曲江은 포항시 흥해읍의 別稱이다. 조선시대에는 흥해군 관아가 있어 군수가 포항 지역도 다스렸다. 곡강은 경주와도 가까운 편이다. 작자는 전임군수 권학사와 친했고 이제 신임군수 성학사와 친분을 맺는 중이다. 제1구 奎躔, 떠도는 걸음, 곧 벼슬아치들을 말한다. 제3구, 東山은 작자의 號이다. 老措大, 이 말은 해석이 어렵다. 下三仄이라는 범칙을 하면서도 왜 이런 표현을 썼을까? 老는 작자 동산, 大는 신분이 높은 사람, 措는 섞이다, 곧 '어울리다'로 보면, 늙은 몸으로 신분이 높은 사람과 어울리다가 된다. 제4구, 重은 여기서 '거듭'의 뜻, 그래서 평성이다. 전임 권학사가 풍류를 좋아했는데, 오늘 와서 보니 성학사 또한 '풍류를 좋아하네'라는 뜻이다.

[109. 曲江御中見贈成學士大中二絶-2]

紊殿風雲白日開 一聲雷雨海城隈

三鵬再舊千程翩 頭押天花早晚廻

[흥해 관아에서 성학사 대중을 만나 절구 두 수 지어 드리다-2]

즐비한 큰집 바람과 구름 스치니 하루가 시작되고

한 소리 뇌우에 바닷가 성은 굽었네

세 붕새 다시 만났네 먼 길 날아와

머리 위에 천화가 조만간 다시 내릴거네

頭	○	三	○	一	●	秦	●	
押	●	鵬	○	聲	○	殿	●	曲
天	○	再	●	雷	○	風	○	江
花	○	舊	●	雨	●	雲	○	御
早	●	千	○	海	●	白	●	中
晩	●	程	○	城	○	日	●	見
廻	○	翮	●	隈	○	開	○	2

[감상] 모든 규칙에 맞다. 작자가 흥해군수 성학사에게 드리는 두 번째 詩이다. 제1구는 흥해 관아의 모습을 그렸고, 제2구는 동해안 바닷가에 형성된 흥해 고을 모습을 그렸다. 특히 隈는 흥해의 또 다른 이름 曲江과 통하는 말이다. 제3구의 세 붕새는 앞의 서문 중에, '總遂兩輜 마침내 모였네 두 수레'라고 하였으니 높은 신분의 또 다른 한 사람, 아마 권학사가 왔음을 알 수 있어 작자와 합하여 모두 三人이며, 이중 권학사와 작자는 전부터 아는 사이이다. 제4구의 天花는 벼슬아치들에게 벼슬을 제수하는 소식일 것이다. 앞의 서문에서 權學士歸去라 했으니, 아마 임기 만료하고 다음 자리 발령이 나지 않은 모양이다. 그러니 작자는 지금 권학사를 위로해서 조금 있으면 좋은 곳으로 발령이 날 것이라 말하고 있다. 각 구가 모두 표현이 좋다.

[110. 寄贈道溪任兄有元-1]

老來君處四窮首 啼號雙兒尤可憐
達人最貴安吾分 君子元來不怨天

[도계 임형 유원에게 지어 보내다-1]

이 늙은이가 그대 사는 곳에 갔더니 초라한 네 식구가 있어
쌍둥이 아이가 울고 부르짖어 더욱 가련터라
달관한 사람이 가장 귀하니 자기 분수에 즐거워하니
군자는 원래 하늘을 원망하지 않네

君	○	達	●	啼	○	老	●	寄
子	●	人	○	號	●	來	○	贈
元	○	最	●	雙	○	君	○	道
來	○	貴	●	兒	○	處	●	溪
不	●	安	○	尤	●	四	●	任
怨	●	吾	○	可	●	窮	○	1
天	○	分	●	憐	○	首	●	

[감상] 제2, 3구 사이 簾이 없다. 제2구, 號는 부르짖다 평성, 호(이름) 측성이다. 여기서는 '부르짖다'이니 평성으로, 이 자리에는 안 맞다. 또 來가 疊이다. 그리고 제1구, 끝에 韻字를 쓰지 않고, 측성이어서 變調이다. 제목, 道溪는 號이고, 이름은 임유원이다. 작자가 兄이라고 부르는 것으로 보아 나이가 더 많은 것 같다. 제1구 四窮首, 작자는 왜 首를 사용하였을까? 이 자리는 先韻字를 써야 하는 자리인데 규칙을 어겨 가면서 그랬을까? 아마도 사람의 머릿수를 나타내고자 하였을 것이다. 제2구의 雙兒는 도계의 자식일까? 그러면 제1구의 작자 자신을 나타내는 老와 어울리지 않는다. 그러나 제1구에서 제2구로 이어지는 정황에는 맞다. 제3구 達人, 인생을 달관한 사람. 이 시에서 작자는 벗인 도계를 達人, 君子라는 말로 위로하고 있다.

[111. 寄贈道溪任兄有元-2]

北風寒雪閉窮陰　何處牙絃共解音

待得三陽回泰日　一樽談笑細論襟

[도계 임형 유원에게 지어 보내다-2]

북풍한설에 가난한 은둔지는 닫혔을 테고

어디서 아쟁과 거문고가 서로를 헤아릴꼬

기다렸다가 삼양이 되면 뜨거운 해가 돌아올 것이니

술 한 동이 놓고 웃으며 얘기하며 속마음 털어 보세

一	●	待	●	何	○	北	●	
樽	○	得	●	處	●	風	○	寄
談	○	三	○	牙	○	寒	○	贈
笑	●	陽	○	絃	○	雪	●	道
細	●	回	○	共	●	閉	●	溪
論	○	泰	●	解	●	窮	○	任
襟	○	日	●	音	○	陰	○	2

[감상] 모든 규칙에 맞다. 제1구는 도계가 사는 곳의 추운 겨울을 그렸고, 제2구 牙絃, 아쟁과 거문고, 이는 도계와 작자를 상징하며, 두 악기가 서로 상대의 소리를 잘 이해한다. 제3구 三陽, 대기가 더워지는 봄일 것이다. 제4구 細論襟, 속마음을 자세히 풀어 놓다. 이 시에서 작자는 추운 겨울이라 도계가 생각나지만 찾아 나서지 못하고 있으며, 따뜻한 봄이 되면 서로 만나 한잔하며 즐겨 보자는 청을 하고 있다.

[112. 次佳川會話韻]

清漣一曲是佳川 坐看鳶魚各自然
特地風烟如有待 幽人端合任盤旋

[아름다운 시내에 모여 이야기하다를 차운하다]

맑고 잔잔한 물결 한 번 굽었으니 이곳은 아름다운 시내
앉아 바라보니 솔개와 물고기 따로 놀고
특별한 곳에 바람 불고 연기이니 마치 기다림이 있었는 듯
속세 떠난 이들 때마침 모여 구불구불한 흐름 즐기네

幽	○	特	●	坐	●	清	○	
人	○	地	●	看	◐	漣	○	次
端	○	風	○	鳶	○	一	●	佳
合	●	烟	○	魚	○	曲	●	川
任	●	如	○	各	●	是	●	會
盤	○	有	●	自	●	佳	○	話
旋	○	待	●	然	○	川	○	韻

[감상] 모든 규칙에 맞다. 〈가천회화〉란 시제로 누군가 먼저 한 수 짓고 이어 작자가 지은 시이다. 제1구, 깊은 산속 굽이굽이 개울은 돌아 흐르고, 맑은 물이 잔물결을 이룬다. 제2구, 하늘엔 솔개가 나르고 물속엔 고기가 헤엄친다. 제3구 特地, 특별히 아름다운 곳. 제4구 任盤旋, 길은 물 따라 있고, 물은 산세 따라 구불구불하니, 모든 것이 휘감아 도는 곳에서 자신을 맡긴다. 은둔을 추구하는 작자가 같은 부류의 벗들과 산속에서 悠悠自適하는 모습이다.

[113. 贈族人鵬翼以示警勉之意]

眼前不識瞿塘險 子是風波世界人
一念莫教雷雨作 閉門深處可安身

[족인 붕익에게 권면함을 일깨우는 뜻으로 지어 준다]

눈앞에 알지 못하네 저수지의 위험함을 보고도
그대는 바로잡으라 풍파를 세상 사람들이 일으키는
일념으로 본받지 않으면 천둥 치고 비가 와도
문 닫아걸고 깊은 곳에서 몸을 편히 할 수 있네

閉	●	一	●	子	●	眼	●	
門	○	念	●	是	●	前	○	贈
深	○	莫	●	風	○	不	●	族
處	●	敎	○	波	○	識	●	人
可	●	雷	○	世	●	瞿	○	鵬
安	○	雨	●	界	●	塘	○	翼
身	○	作	●	人	○	險	●	以

[감상] 각 구 첫 글자가 모두 측성이어서 범칙이다. 또한 제1구, 끝에 운자를 쓰지 않아 變調이다. 제목, 族人은 姓氏가 같은 사람을 말한다. 붕익은 이름이다. 제2구의 子로 볼 때 나이가 비슷하거나 아래인 것 같다. 제1구는 세상 사람 모두가 그렇다는 것이다, 제2구 風波, 분란, 동요이다. 제3구, 莫敎가 해석하기 어렵다, 敎는 평성 자리이니 '본받을 效'로 보아야 한다. 그리고 천둥과 비는 세상이 시끄러움을 말한다. 즉 나쁜 본을 보지 말라는 뜻. 전체적으로 이 시는 작자가 손붕익에게 세상 사람들의 분란에 휩싸이지 말고 마음의 정진을 하라는 뜻을 전하고 있다.

[114. 寄贈曲江倅成學士]

風流學士雨中歸 經過蓬門問布衣
欲把新詩酬好意 蒼茫雲樹曲江湄

[곡강 원님 성학사에게 부쳐 보내다]

풍류를 아는 학사께서 우중에 돌아가셨는데
지나다가 누추한 저의 집에 들러 문안을 해 주시다니
새 시를 지어 호의에 보답코자 하는데
곡강 변의 높은 나무가 아득히 멀리 보입니다

蒼	○	欲	●	經	○	風	○	
茫	○	把	●	過	◐	流	○	寄
雲	○	新	○	蓬	○	學	●	贈
樹	●	詩	○	門	○	士	●	曲
曲	●	酬	○	問	●	雨	●	江
江	○	好	●	布	●	中	○	倅
湄	○	意	●	衣	○	歸	○	成

[감상] 微, 支通韻이다. 모든 규칙에 맞다. 제목, 곡강은 오늘의 포항시 흥해읍이지만 조선시대에는 포항까지 다스리는 흥해군이었다. 성학사는 군수로 작자와는 친분을 맺은 사이다. 제1구, 비가 오는 가운데 성군수가 작자의 집을 지나다가 들러 백두인 작자를 문안하고 돌아갔다. 제2구 蓬門, 가난한 은자의 집, 布衣, 벼슬 없는 선비. 제4구 雲樹, 구름이 걸릴 만큼 높은 나무, 즉 성학사를 높인 비유이다. 옛날에는 詩가 이처럼 好意에 감사를 표하는 수단으로도 쓰였다.

[115. 城樓送別]

邂逅東都學士行 城樓暫叙故人情
仙鳧更向兄江去 黃鳥空傳喚友聲

[성루에서 이별하다]

우연히 만났네 동도에서 학사가 떠나는 것을

성루에서 잠시 베풀었네 사귀었던 정을

신선 같은 오리는 다시 형산강으로 향해 가고

황조는 하늘로 벗을 부르는 소식 전하겠지요

黃	○	仙	○	城	○	邂	●	
鳥	●	鳧	○	樓	○	逅	●	城
空	○	更	●	暫	●	東	○	樓
傳	○	向	●	叙	●	都	○	送
喚	●	兄	○	故	●	學	●	別
友	●	江	○	人	○	士	●	
聲	○	去	●	情	○	行	○	

[감상] 모든 규칙에 맞다. 제1구, 東都는 경주이다, 學士는 아마 성학사일 것이다. 여기서 行은 임기를 마치고 떠나는 것이다. 제2구, 故人은 알고 사귀며 정이 든 사람을 말한다. 제3구, 仙鳧는 작자 자신을 일컫는 말이고, 兄江은 경주에서 포항 가는 사이에 흐르는 형산강을 말하며, 작자의 고향이 근처이다. 제4구, 黃鳥는 학사를 지칭한다. 喚友는 학사가 작자를 초대하는 것을 말한다.

[116. 自遣]

平生所惡一欺字 胡乃逢人每見欺

晚來自許眞愚者 世道端宜醉不知

[스스로 마음 달래다]

평생 싫어하는 바는 '속일' 欺 자 인데

어찌하여 사람을 만나면 늘 속이는 것을 보는가

늙어지니 스스로 허락하네 진실로 어리석은 것을

세상 법도는 바른 것이 마땅한데 취하니 알 수 없네

世	●	晩	●	胡	○	平	○	
道	●	來	○	乃	●	生	○	自
端	○	自	●	逢	○	所	●	遣
宜	○	許	●	人	○	惡	●	
醉	●	眞	○	每	●	一	●	
不	●	愚	○	見	●	欺	○	
知	○	者	●	欺	○	字	●	

[감상] 제1구, 끝 글자가 운자가 아니어서 變調다. 欺가 疊이나 내용상 어쩔 수 없다. 제3구는 작자 스스로 이제는 그만 참 바보가 된다는 뜻이다. 제4구, 작자는 의식적으로 취해서 옳고 그름을 따지기 싫다는 말이다. 세상사를 외면하고 은둔하는 작자의 내면이 잘 드러나 있다.

[117. 聞 儲宮昇遐掩淚作]

前星瑞彩耀東天 八城臣民祝萬年

驚報儲宮今寂寞 痛均朝野淚如泉

[세자께서 승하하셨다는 소식을 듣고 눈물을 훔치며 짓다]

이전에 별이 서기로운 빛깔로 동쪽 하늘에 빛나

팔도의 신하와 백성이 오래 사시길 빌었는데

소식에 놀랐네 동궁이 이제는 적막이라고

조정과 백성이 한결같이 아파하며 눈물을 샘같이 흘리네

痛	●	驚	○	八	●	前	○	
均	○	報	●	域	●	星	○	聞
朝	○	儲	○	臣	○	瑞	●	
野	●	宮	○	民	○	彩	●	儲
淚	●	今	○	祝	●	耀	●	宮
如	○	寂	●	萬	●	東	○	昇
泉	○	寞	●	年	○	天	○	遐

[감상] 모든 규칙에 맞다. 제목, 儲宮은 곧 동궁, 세자를 말한다. 여기서는 정조와 의빈 성씨 사이에 태어나서 일찍 죽은 문효세자를 말한다. 제1, 2구는 세자가 태어나던 해를 그렸다. 萬年은 장수를 말한다. 제3, 4구 세자의 죽음은 백성들에게 놀라움으로 전해지고 모두가 가슴 아파했다. 유교가 국교인 왕조 시대 백성의 마음을 오늘날 사람들은 이해하기 힘들 것이다.

[118. 次觀瀾翁檄詩]

多少世間名利客 紛紛逐逐摠堪嚬
何似幽人閑適處 靈臺一片澹無塵

[관란옹의 편지에 시로 답하다]
적잖이 세간에는 명리를 좇는 사람들이 있으니
어지러이 좇아 다녀 모두가 얼굴 찡그림을 참네
은자는 무엇과 같은가 한가히 자적하며 지내니
마음 한쪽도 티끌 없이 맑네

靈	○	何	○	紛	○	多	○	
臺	○	似	●	紛	○	少	●	次
一	●	幽	○	逐	●	世	●	觀
片	●	人	○	逐	●	間	○	瀾
澹	●	閑	○	摠	●	名	○	翁
無	○	適	●	堪	○	利	●	檄
塵	○	處	●	嚬	○	客	●	詩

[감상] 각 구 첫 글자가 모두 평성이어서 범칙이고, 첫 구 끝 글자가 운자가 아니어 變調이다. 제2, 3구 사이 簾이 없다. 제목, 관란옹은 작자의 벗이다. 檄, 격문, 편지, 次詩를 次韻으로 해석했다. 제1구 多少, 조금이긴 하지만 어느 정도. 제3구 閑適, 한가하여 자적함. 제4구 靈臺, 마음, 정신. 이 시는 작자의 마음가짐을 잘 드러내고 있다.

[119. 拈唐詩垓項王祠哀字韻]

垓營一曲壯心摧 八百中宵四散哀

英雄倘許鳥江渡 早晚中原捲甲來

[당나라 시 〈싸움터에 있는 항우 사당〉을 집어 읽고 哀 자 운으로 읊다]

전장 진영이 노래 한 곡에 씩씩했던 마음 꺾이니

팔백 명이 한밤중에 사방으로 흩어졌으니 슬프다

영웅은 맥없이 허락했네 새가 강을 건너는 것을

머지않아 중원에 싸움이 끝나겠네

早	●	英	○	八	●	垓	○	
晚	●	雄	○	百	●	營	○	拈
中	○	倘	●	中	○	一	●	唐
原	○	許	●	宵	○	曲	●	詩
捲	●	鳥	●	四	●	壯	●	垓
甲	●	江	○	散	●	心	○	項
來	○	渡	●	哀	○	摧	○	王

[감상] 제2, 3구 사이 簾이 없는 것 외는 모든 규칙에 맞다. 제목 楚漢, 대전의 항우 사당이 그가 죽은 싸움터 현장에 있었는가 보다. 제1구는 四面楚歌를 말한다. 제2구는 마지막으로 그를 따르던 병사들마저 도망침을 말한다. 제3구의 영웅은 곧 항우이다. 그는 이제 자포자기한다. 제4구, 捲甲은 '갑옷을 둘둘 말다'라는 뜻으로 이제 싸움을 그만한다는 말이다. 이 시는 항우의 최후 모습을 그리며 작자의 슬픈 마음을 잘 드러내고 있다.

[120. 拈唐詩得高臥東山之自寓懷自遣]

高臥東山古有人 東山千載屬閑人

我亦東山高臥者 風流不必讓前人

[당나라 시를 집어 들고 高臥라는 글자를 얻으니 東山이 저절로 마음에 들어와 스스로 마음 달랜다]

높이 누웠네 동산에 옛날에는 사람들이 있었는데
동산은 오랫동안 한가한 사람 것이었네
나 역시 동산에 높이 누운 사람이니
풍류는 필요치 않아 옛사람에게 양보하네

風	○	我	●	東	○	高	○	
流	○	亦	●	山	○	臥	●	拈
不	●	東	○	千	○	東	○	唐
必	●	山	○	載	●	山	○	詩
讓	●	高	○	屬	●	古	●	得
前	○	臥	●	閑	○	有	●	高
人	○	者	●	人	○	人	○	臥

[감상] 동일 韻 자를 사용했고, 2, 3구 사이 簾이 없고, 東山과 人은 내용 전달을 위해 불가피하게 疊을 이루었다. 제목이 모든 것을 말해 준다. 東山은 경주시 보문단지 근처에 있는 지역 이름이다. 작자는 만년에 이곳으로 이주하여 살면서 自號를 東山이라 하였다. 제3, 4구의 뜻은 高臥가 곧 風流라는 것이다. 작자는 시인이고 시인은 평소 다른 사람의 시를 자주 접하면서 그 속에서 어떤 구절이나 단어를 곱씹곤 함을 볼 수 있다.

[121. 萬歸亭府伯李秉鼎會士諔場時見贈二絶-1]

崢嶸樓閣頻江洲 名勝東南最上頭
文章太守風流足 贏得滄波泛月遊

['만귀정'에서 부윤 이병정이 선비들을 모아 놓고 말씀하는 자리에서 대면하여 절구 두 수를 지어 드리다-1]

높이 솟은 누각에서 강주를 굽어보면
이름난 경치는 동남 지방에 으뜸이라
글 잘하는 태수께서는 풍류를 좋아하시니
푸른 물결 가득 안고 달빛에 뱃놀이해 봅시다

嬴	○	文	○	名	○	峥	○	
得	●	章	○	勝	●	嶸	○	萬
滄	○	太	●	東	○	樓	○	歸
波	○	守	●	南	○	閣	●	亭
泛	●	風	○	最	●	頻	●	府
月	●	流	○	上	●	江	○	伯
遊	○	足	●	頭	○	洲	○	1

[감상] 각 구 첫 글자가 모두 평성이어서 범칙이고, 제2, 3구 사이 簾이 없다. 제목, '만귀정'은 경주에서 포항을 가다 보면 터널이 하나 있고, 그 옆에 형산강이 굽어 흐르며 물이 깊어 푸른 곳을 볼 수 있다. 그곳을 지방 사람들은 '양산맥이'라고들 하는데, 兄山과 弟山 사이라는 말이다. 그곳에 옛날 張氏 소유의 멋진 정자가 물가에 있어, 이 시에 나타난 바와 같이 경치가 아름다워 많은 풍류객이 찾아와 뱃놀이를 즐겼다고 하는데, 그 정자 이름이 '만귀정'이다. 안타깝게도 지금은 사라지고 없다. 제1구 江洲, 강 속의 모래섬.

[122. 萬歸亭府伯李秉鼎會士諼場時見贈二絶-2]

是日江樓翰墨筵 靑衿何幸得聯翩
歌管騰空文酒會 勝遊端合畫圖傳

['만귀정'에서 부윤 이병정이 선비들을 모아 놓고 말씀하는 자리에서 대면하여 절구 두 수를 지어 드리다-2]

이날 강변 누각에는 글과 글씨를 뽐내는 자리인데
유생이 다행히도 높으신 분과 함께할 기회를 얻었습니다
노래와 피리 소리 허공에 울리고 글과 술이 어울려
좋은 경치에서 놀아도 모두 품행이 발라 그림으로 전하네

勝	●	歌	○	青	○	是	●	
遊	○	管	●	衿	○	日	●	萬
端	○	騰	○	何	○	江	○	歸
合	●	空	○	幸	●	樓	○	亭
畵	●	文	○	得	●	翰	○	府
圖	○	酒	●	聯	○	墨	●	伯
傳	○	會	●	翩	○	筵	○	2

[감상] 제2, 3구 사이 簾이 없는 것 외는 모든 규칙에 맞다. 앞 시에 이어지는 두 번째 것이다. 제1구 翰墨, 문한과 필묵. 제2구 靑衿, 시경에 나오는 靑靑子衿에서 온 말로, 유생을 달리 이르는 말. 翩은 '날다'이니 신분이 높은 사람, 즉 부윤을 비유했다.

[123. 萬歸月夜次留別多士韻]

江天月色上虛樓 朱紳靑衿共一遊

玉笛揥傳千古響 使君詩思更悠悠

[만귀정 달밤에 〈선비들 갈 사람 가고 남을 사람 남다〉를 차운하다]

강과 하늘의 달빛이 빈 누각에 내려앉으니

부윤과 유생들이 함께 노는구나

옥피리는 옛 소리를 모아서 전하는데

유생들로 하여금 시를 짓게 하니 다시금 애태우네

使	●	玉	●	朱	○	江	○	
君	○	笛	●	紳	●	天	○	萬
詩	○	揥	○	靑	○	月	●	歸
思	●	傳	○	衿	○	色	●	月
更	●	千	○	共	●	上	●	夜
悠	○	古	●	一	●	虛	○	次
悠	○	響	●	遊	○	樓	○	留

[감상] 모든 규칙에 맞다. 이 시는 앞의 두 시에서 본 그 모임이 끝나고 갈 사람은 가고 남은 사람은 남아 좀 더 노는 모습이다. 제2구, 朱紼은 붉은색의 굵은 띠, 곧 부윤 복식의 일부이니 부윤을 지칭한다. 靑衿은 유생. 제4구, 君은 부윤 입장에서 여러 유생들을 지칭한 말, 悠悠, 때가 오랜 모양, 침착하고 여유가 있는 모양. 제3구와 제4구가 잘 구르고 끝맺었다. 전체적으로 참 아름답다.

[124. 附府伯原韻] - 慶州府尹 李秉鼎

昨日舟行今日樓 靑衿四十共追遊
危欄月色新羅笛 離別當前意更悠

[부윤의 원래 시를 붙여 둔다] - 경주 부윤 이병정

어제는 뱃놀이 오늘은 누각 위
유생 사십 명이 함께 따라 놀았네
가파른 난간엔 달빛과 신라의 피리 소리
헤어지자니 마음 다시 가득하네

離	○	危	○	靑	○	昨	●	
別	●	欄	○	衿	○	日	●	附
當	○	月	●	四	●	舟	○	府
前	○	色	●	十	●	行	○	伯
意	●	新	○	共	●	今	○	原
更	●	羅	○	追	○	日	●	韻
悠	○	笛	●	遊	○	樓	○	

[감상] 모든 규칙에 맞다. 제목, 府伯은 경주 부윤을 말한다. 그가 먼저 이 시를 짓고 여러 유생들이 次韻하였던 것이다. 쉬운 글자로 평이하지만 그날의 일을 잘 그렸다.

[125. 送別二絶-1]

歲晏萱堂鶴髮垂 琴軒猶着老萊衣
解紱明朝歸去意 要將寸草報春暉

[헤어지면서 두 수 읊다-1]

한 해가 저무니 그대 자친께서 흰머리 드리워

거문고 울리는 집엔 오히려 입었네 색동옷을

밝은 조정이지만 인끈 풀어 놓고 돌아가는 뜻은

장차 구함이네 어린 풀이 봄빛 알리는 것을

要	○	解	●	琴	○	歲	●	
將	○	紱	●	軒	○	晏	●	送別1
寸	●	明	○	猶	○	萱	○	
草	●	朝	○	著	●	堂	○	
報	●	歸	○	老	●	鶴	●	
春	○	去	●	萊	○	髮	●	
暉	○	意	●	衣	○	垂	○	

[감상] 微, 支通韻. 제2, 3구 사이 簾이 없다. 제1구 萱堂, 어머니의 雅稱, 남의 어머니의 尊稱. 제2구, 老萊衣는 老萊子가 오색의 옷을 입고 늙은 어버이를 위로했다는 옷이다. 제3구 明朝, 밝은 날 아침, 밝은 조정. 작자는 당시 정조 임금의 조정을 늘 훌륭하다고 평가했다. 인끈을 풀어 놓는다는 것은 벼슬을 그만둔다는 뜻이다. 이 시는 아마 앞 시에서 함께 놀았던 이병정 경주 부윤이 늙은 어머니를 위해 사직하고 귀향할 때 송별시로 지은 것 같다. 부윤의 효심과 자연 친화적인 모습이 돋보인다. 각 구의 비유가 매우 아름답다.

[126. 送別二絶-2]

聖主深宮眷我氓 應敎西轄復東京

元來宦海多風浪 汶水淸波可濯纓

[헤어지면서 두 수 읊다-2]

어진 임금께서 깊은 궁궐에서 우리 백성을 돌보시어

응당 시켰네 서쪽에서 다스리던 것 동경에도 하게

원래 벼슬살이에는 풍랑 많지만

문수의 맑은 물결에는 갓끈 씻을 수 있네

汝	●	元	○	應	○	聖	●	
水	●	來	○	敎	○	主	●	送別2
清	○	宦	●	西	○	深	○	
波	○	海	●	轄	●	宮	○	
可	●	多	○	復	●	眷	●	
濯	●	風	○	東	○	我	●	
纓	○	浪	●	京	○	氓	○	

[감상] 모든 규칙에 맞다. 제2구는 해석이 어렵다. 이 시에서 떠나는 이를 부윤 이병정으로 보면, 그가 경주 부윤으로 오기 전에 서쪽, 즉 기호 지방에서 잘 다스린 치적이 있어, 정조 임금이 그를 경주로 보내어 그런 치적을 다시 보이라 시켰다고 해석된다. 제4구 汶, 중국 산동성에 있는 강. 이 시는 부윤 이병정의 귀거래를 그리고 있다.

[府伯還官後見贈四絶兼小序]

今我閤下[1]西行後東都民士揩日額手若赤子之望慈母矣何幸西轄復東再莅琴軒[2]藹然春風和氣昭回[3]於寒谷陰崖之中環一州累萬生靈莫不手舞芝[4]蹈歌詠盛德輿情大可見老儂久化理中一物深荷[5]眷遇[6]更承容光自不覺欣聳謹以拙韻四絶仰呈區區之忱

[부윤께서 직위로 다시 돌아오신 후 대면하여 드립니다, 절구 네 수와 짧은 서문을]

지금 저희들은 합하께서 서쪽으로 가신 후, 경주의 백성과 선비들은 온종일 이마에 손을 대고, 마치 어린아이가 자애로운 어머니를 바라는 듯하였습니다. 다행히도 서쪽으로 갔던 수레가 다시 동쪽으로 와서 관아에서 다스리시니, 봄바람이 무성하듯 화기가 차가운 골짜기에 돌면서 밝히고 그늘진 절벽 가운데 있는 한 고을을 두르니, 온갖 생령들이 손으로 춤을 추지 않을 수 없고, 지초는 성덕을 노래 부르고 읊조리니, 수레에 담을 만큼의 정이 커서, 노련한 그대의 오랜 감화를

---

1) 정1품 벼슬아치에 대한 경칭
2) 거문고 소리 들리는 동헌, 즉 어진 원님이 계신 관청
3) 해, 달 같은 것이 환히 비추어 돌다.
4) 앞의 온갖 생령이 일반 백성을 가리킨 반면, 지초는 선비들을 가리킨다.
5) 여기서는 작자 자신을 가리키는 듯하다.
6) 厚待함

볼 수가 있습니다. 고을 다스리는 가운데 한 물건 깊은 연꽃을 후대하시니, 다시 이어 얼굴을 빛내며 스스로 지나치게 기뻐함을 깨닫지 못하고, 삼가 부족한 절구 네 수로써 우러러 올리옵니다 구구한 마음을.

[127. 府伯還官後見贈四絶-1]

明公不擇東都尹 爲有高堂鶴髮親

五斗莫言滋味薄 官淸贏得道無貧

[부윤께서 직위로 다시 돌아오신 후 대면하여 드린 절구 네 수-1]

밝으신 공께서는 택하지 않으셨습니다 경주 부윤을

부모님을 모시고자 함이었네 이제는 늙으신

녹봉 때문은 말이 안 되고 좋은 음식 때문도 아니니

벼슬살이 청렴하면 가득 생기네 가난하지 않은 도가

官	○	五	●	爲	●	明	○	
淸	○	斗	●	有	●	公	○	絶
贏	○	莫	●	高	○	不	●	1
得	●	言	○	堂	○	擇	●	
道	●	滋	○	鶴	●	東	○	
無	○	味	●	髮	●	都	○	
貧	○	薄	●	親	○	尹	●	

[감상] 제1구, 끝에 韻字를 쓰지 않아 變調이다. 형식보다 뜻을 우선한 것 같다. 제2구 高堂, 남의 부모를 높여 부르는 말. 제3구 五斗, 얼마 안 되는 녹봉. 滋味, 자양분이 많고 좋은 맛, 또는 그런 음식. 제3구에서 莫言, 薄, 제4구에서 贏과 貧의 쓰임이 참 좋다. 부윤의 효심과 청렴함을 잘 드러내고 있다.

[128. 府伯還官後見贈四絕-2]

鷄林葉葉脚春回　寒谷陰消化日開

村扉夜闢官無事　南國風謠萬口雷

[부윤께서 직위로 다시 돌아오신 후 대면하여 드린 절구 네 수-2]

계림의 모든 잎들 그리고 밑동에도 봄이 돌아와

차가웠던 골짜기 그늘은 사라지고 감화의 날이 열렸네

시골집 사립문 밤에 열어 두어도 관청엔 송사가 없고

남쪽 지방엔 풍속의 민요를 모두가 크게 부르네

南	○	村	○	寒	○	雞	○	
國	●	扉	○	谷	●	林	○	絕
風	○	夜	●	陰	○	葉	●	2
謠	○	闢	●	消	○	葉	●	
萬	●	官	○	化	●	脚	●	
口	●	無	○	日	●	春	○	
雷	○	事	●	開	○	回	○	

[감상] 각 구 첫 글자가 모두 평성이어서 범칙, 제2, 3구 사이 簾이 없다. 제1구, 부윤 이병정이 다시 부임한 것을 비유했다. 제2구 化, 지방관은 백성을 感化시켜야 한다. 제3구, 잘 다스리면 도적이 없고 사람 간 시비도 줄어든다. 제4구, 옛날 저잣거리엔 흔히 노래로써 당시의 목민관을 욕하기도 하고 칭송하기도 했다. 이 시에서는 물론 칭송의 노랫소리이다.

[129. 府伯還官後見贈四絕-3]

甄授人才翰墨中　東都多士盡趨風

寂慵自是無爲者　謾作溪山放浪翁

[부윤께서 직위로 다시 돌아오신 후 대면하여 드린 절구 네 수-3]

교화하고 가르치네 인재를 글공부하면서

경주의 많은 선비 부윤에게 공경을 다하네

고요하고 게을러도 스스로 바로잡네 하는 일 없는 사람

게으름 피우러 시내 흐르는 산으로 떠도는 늙은이

護	◐	寂	●	東	○	甄	○	
作	●	慵	○	都	○	授	●	絶
溪	○	自	●	多	○	人	○	3
山	○	是	●	士	●	才	○	
放	●	無	○	盡	●	翰	●	
浪	●	爲	○	趨	○	墨	●	
翁	○	者	●	風	○	中	○	

[감상] 모든 규칙에 맞다. 제1구 翰墨, 붓과 먹, 문자. 제2구 趨風, 귀인을 공경하여 그 앞을 바람처럼 달음질쳐 가는 일. 제3구 寂, 원본에서 무슨 글자인지 잘 인식할 수 없어 推定하였다. 따라서 해석이 잘못되었을 수 있다. 아무튼 작자 자신을 묘사한 것 같은데, 이어지는 4구와 연결해서 보면, 다른 선비들처럼 부윤과 함께 공부에 진력하지 않고, 혼자 마음 다스리고 자연으로 떠돈다. 無爲者와 放浪翁은 모두 작자 자신이다.

[130. 府伯還官後見贈四絶-4]

年來多事廢看詩 幸遜詩仙更把詩

投瓜此日無窮意 竚得千金一字詩

[부윤께서 직위로 다시 돌아오신 후 대면하여 드린 절구 네 수-4]

몇 해 동안 일이 많아 시 보기를 덮었는데

다행히 시선을 만나 다시 시를 잡았네

오늘은 적은 것으로 큰 것을 얻었으니 뜻이 무궁하여

가만히 서서 천금을 얻었네 詩 자로 된 시를

竚	●	投	○	幸	●	年	○	
得	●	瓜	○	遜	●	來	○	絶
千	○	此	●	詩	○	多	○	4
金	○	日	●	仙	○	事	●	
一	●	無	○	更	●	廢	●	
字	●	窮	○	把	●	看	◐	
詩	○	意	●	詩	○	詩	○	

[감상] 韻字가 놓일 자리에 모두 詩 한 글자만 활용하였다. 그래서 제4구에서 말하는 一字詩가 되는 것이다. 제2, 3구 사이 簾이 없다. 제1구 年來, 여러 해 이래. 제2구 詩仙, 이부윤을 말하는 것 같다. 제3구, 投瓜는 投瓜得瓊의 준말로, 모과 열매를 선사하고 주옥을 返禮로 받는다는 뜻으로, 적은 물건을 주고 후한 답례를 받는다는 뜻이다. 작자가 존경하는 이부윤이 다시 부윤으로 부임하자 그동안 접어 두었던 詩作 의욕이 다시 불타서 금방 이 시 한 수를 지었다는 뜻이 아닐까?

[131. 次山字韻贈康津趙碩士奎運]

層霞奇氣壓丘山 千里江湖一屐閑

詞翁到處風流足 幸得松陰半日顔

[山 자를 차운하여 강진 조석사 규운에게 주다]

층을 이룬 노을 기이한 기운이 언덕산을 누르고

멀리 강호를 한 켤레 나막신으로 한가로이 떠도니

시 짓는 늙은이 가는 곳 풍류가 그만이라

다행히 소나무 그늘 만나니 잠시 체면 서네

幸	●	詞	○	千	○	層	○	
得	●	翁	○	里	●	霞	○	次
松	○	到	●	江	○	奇	○	山
陰	○	處	●	湖	○	氣	●	字
半	●	風	○	一	●	壓	●	韻
日	●	流	○	屐	●	丘	○	贈
顔	○	足	●	閑	○	山	○	康

[감상] 제2, 3구 사이에 簾이 없다. 제목, 강진은 號이고, 석사는 벼슬 없이 글 잘하는 선비를 높여 부르는 말, 규운은 이름이다. 제1구, 조석사가 사는 마을의 모습인 듯하다. 제2구 江湖, 속세를 떠나 풍류와 흥취를 즐기고 수양에 힘쓰던 자연 공간. 제3구, 詞翁은 작자 자신이다. 제4구, 松陰은 조석사를 가리킨 것 같다. 이 시는 작자가 떠돌다 조석사를 만나 반일을 쉬어 가던 중 조석사가 쓴 시에서 山 자를 韻으로 받아 지은 것 같다. 시를 한 수 지으니 선비로서 체면이 서는 것 같다는 것 아닐까? 이전에 서로 잘 알던 사이는 아닌 것 같다.

[132. 贈金上舍龍翰思行來訪二絶-1]

何來雙笛帶微風 喚起林泉倦睡翁

白首幸逢開口笑 天香來壟一筵中

[지나가다 생각나서 찾아온 김상사 용한에게 절구 두 수를 지어 주다-1]

어디서 오는가 쌍피리 소리 가늘게 띠를 이루며 바람결에

불러 일으키네 은사의 정원에서 게으르게 낮잠 자는 늙은이를

백수를 다행히 만나 입을 크게 벌려 웃으니

하늘의 향기 밭두렁에 와 함께 앉았네

天	○	白	●	喚	●	何	○	
香	○	首	●	起	●	來	○	贈
來	○	幸	●	林	○	雙	○	金
壟	●	逢	○	泉	○	笛	●	上
一	●	開	○	倦	●	帶	●	舍
筵	○	口	●	睡	●	微	○	1
中	○	笑	●	翁	○	風	○	

[감상] 모든 규칙에 맞다. 제목 上舍, 생원이나 진사를 달리 이르는 말. 제1구의 雙笛은 김상사를 이르고, 제2구 林泉, 수풀과 샘물, 은사의 정원, 倦睡翁은 작자를 이른다. 제3구의 白首는 또한 벼슬이 없는 작자를 이르고 제4구의 天香은 두 사람이 느끼는 만족스러운 분위기, 壟은 작자가 살고 있는 시골, 一筵은 두 사람이 함께하는 자리가 아닐까? 각 구의 표현이 매우 기발하다.

[133. 贈金上舍龍翰思行來訪二絶-2]

傾城寶價擅南陲 晚歲蜚英洋水湄

功名不必止司馬 一躍龍門會有時

[지나가다 생각나서 찾아온 김상사 용한에게 절구 두 수를 지어 주다-2]

기울어진 도성엔 돈이 값있고 임금을 마음대로 하니 위태한데

늙도록 비루한 영웅은 바닷가에 있네

공명은 필요 없어 사마에서 그쳤지만

대과 급제야 때 되면 하겠지

一	●	功	○	晚	●	傾	○	
躍	●	名	○	歲	●	城	○	贈金上舍 2
龍	○	不	●	蜚	●	寶	●	金
門	○	必	●	英	○	價	●	上
會	●	止	●	洋	○	擅	●	舍
有	●	司	○	水	●	南	○	2
時	○	馬	●	湄	○	陲	○	

[감상] 제2, 3구 사이 簾이 없다. 제1구 傾城, 임금이 계신 도성에 당파 중 노론이 득세함. 寶價는 뇌물이 오간다는 뜻, 南은 임금. 제2구는 김상사가 훌륭한 인재임에도 등용되지 못하고 변방에 있다는 비유. 司馬는 司馬試의 준말로 생원과 진사를 뽑는 小科. 제4구, 一躍龍門은 이무기가 용문에 오르는 것으로 대과 급제를 비유한 말. 이 시는 작자가 김상사를 위로하기 위해 지은 것 같다.

[134. 寄贈忠淸伯權使君襖-1]

名高山斗聖明知 方岳風流老盆奇

鷄林久有甘棠樹 移節南來早晚期

[충청도백 권감사 엄님에게 부쳐 보내다-1]

명성 높고 우뚝하여 고명한 덕을 알겠으니

감사님의 풍류는 늙을수록 더욱 새롭습니다

경주 백성들이 그대의 덕을 앙모한 지 오래이니

임기가 끝나면 남쪽으로 오시기를 조만간 기다립니다

移	○	鷄	○	方	○	名	○	
節	●	林	○	岳	●	高	○	寄
南	○	久	●	風	○	山	○	贈
來	○	有	●	流	○	斗	●	忠
早	●	甘	○	老	●	聖	●	淸
晩	●	棠	○	益	●	明	○	伯
期	○	樹	●	奇	○	知	○	1

[감상] 각 구 첫 글자가 모두 평성이어서 범칙이다. 제목, 使君은 지방 장관인 刺史의 존칭, 襴은 이름. 權襴은 조선 영·정조 때 문신으로 병조판서, 지중추부사, 한성판윤 등을 지냈는데 한때 충청도 관찰사를 역임했다. 작자와는 그가 경주 부윤 시절 알게 된 것은 아닐까? 제1구, 山斗는 泰山北斗의 준말. 聖明 천자의 고명한 덕. 제2구, 方岳은 方嶽과 같으니 한 지방을 맡아 다스리는 方伯을 이르는 말. 제3구, 甘棠은 甘棠之愛의 준말로 백성이 施政者의 덕을 앙모하는 일, 시경의 고사에서 유래함. 제4구 移節, 계절이 바뀌다. 節은 부신이니, 벼슬아치들의 인사이동. 그래서 다시 경주 부윤으로 부임해 달라는 바람을 말한다. 물론 고위직에서 낮은 곳으로 오는 것은 左遷이니 여기서는 단순한 나들이 정도일 수도 있다. 제3구, 轉句가 참 부럽다.

[135. 寄贈忠淸伯權使君襴-2]

十載江湖去後思　等閑魚鳥待公歸

親朋盡在靑雲上　蓬華誰膡一布衣

[충청도백 권감사 엄님에게 부쳐 보내다-2]

십 년 동안 강호를 떠돌았습니다 가신 후를 생각하며

대수롭지 않은 고기와 새들도 공께서 돌아오심을 기다리는데

친한 벗님은 나랏일로 늘 바쁘시니

가난한 사람을 누가 돌아볼꼬 벼슬도 없는데

蓬	○	親	○	等	●	十	●	
華	●	朋	○	閑	○	載	●	寄
誰	○	盡	●	魚	○	江	○	贈
憐	○	在	●	鳥	●	湖	○	忠
一	●	青	○	待	●	去	●	清
布	●	雲	○	公	○	後	●	伯
衣	○	上	●	歸	○	思	○	2

[감상] 微, 支通韻이다. 모든 규칙에 맞다. 제1구는 권감사가 경주를 떠난 후 10년이 되었으며 그동안 작자는 강호 유람을 다녔다. 그러면서도 늘 권감사를 생각했다. 제2구 等閑, 마음에 두지 않음, 대수롭게 여기지 않음. 제3구, 親朋은 권감사이다. 青雲은 높은 직위나 벼슬이다. 제4구 蓬華, 가난한 사람의 집. 布衣, 벼슬이 없는 선비. 이 시는 마치 思美人曲처럼 작자가 권감사를 그리워함이 잘 나타나 있다.

[136. 寄贈忠清伯權使君襑-3]

吾道百年運值亨 五雲深處鳳儀廷

天教大手需時出 好把經綸報聖明

[충청도백 권감사 엄님에게 부쳐 보내다-3]

유교의 가르침을 따라 일생의 운수가 형통하고

서기 어린 대궐에 임금께서 정무를 공평히 보시니

하늘을 본받은 큰 솜씨는 쓰일 때 나오니

기꺼이 경륜을 폄은 밝은 성덕에 대한 보답이네

好	●	天	○	五	●	吾	○	
把	●	敎	○	雲	○	道	●	寄
經	○	大	●	深	○	百	●	贈
綸	○	手	●	處	●	年	○	忠
報	●	需	○	鳳	●	運	●	淸
聖	●	時	●	儀	○	値	●	伯
明	○	出	●	廷	○	亨	○	3

[감상] 庚, 靑通韻이다. 제1구에 蜂腰가 보인다. 吾道, 유교를 닦는 사람들이 말하는 儒敎의 道. 百年은 권감사의 일생을 말한다. 제2구 五雲, 오색구름은 서기로움을, 鳳은 임금을 말한다, 따라서 오운심처는 대궐을 말한다. 제3구는 권감사의 능력을 칭송한 것이다. 제4구 經綸, 어떤 포부를 가지고 일을 조직하고 계획하는 것. 聖明 임금의 밝은 지혜. 전체적으로 권감사의 훌륭함과 정조 임금의 덕을 밝히며, 관찰사로서 선정을 베풀라는 기대를 나타내고 있다.

[137. 次普門李上舍韻]

廿八螭珠滿紙面 故人詩眼客中靑

好時相握前期在 春意今看一葉蓂

[보문에 이상사의 시에 차운하다]

스물여덟 여의주 지면 가득한데

그대 시를 보는 눈은 여럿 중에 뛰어나니

좋은 때 서로 만나 손잡으세 전에 기약한 바 있으니

봄의 정취를 지금 한 닢 명협풀에서 본다네

春	○	好	●	故	○	廿	●	
意	●	時	○	人	○	八	●	次
今	○	相	○	詩	○	螭	○	普
看	◐	握	●	眼	●	珠	○	門
一	●	前	○	客	●	滿	●	李
葉	●	期	○	中	○	紙	●	上
蓂	○	在	●	靑	○	面	●	韻

[감상] 제1구, 끝에 韻 자를 쓰지 않아 變調이고, 下三仄을 제2구에서 相替簾으로 극복했다. 제3구에는 鶴膝이 보인다. 제목, 보문은 경주에 있는 지명, 上舍는 생원이나 진사를 이르는 말. 제1구, '스물여덟 여의주'란 칠언절구를 이루는 한 글자 한 글자를 말한다. 곧 이진사의 시이다. 제2구, 故人은 오랜 친구. 제3구, 前期在는 이전에 약속을 두다. 제4구, 蓂은 堯 임금 때 조정의 뜰에 난 서기로운 풀인데, 초하룻날부터 매일 한 잎씩 나서 자라고, 열여섯 날째부터 매일 한 잎씩 져서 그믐에 이르기 때문에, 이것에서 달력을 만들었다고 한다. 따라서 이 結句는 '봄나들이할 생각으로 달력을 보고 있다'로 해석해도 될 것 같다. 즉 그만큼 기다려진다는 뜻이다. 이 시는 보문에 살고 있는 친구 이상사가 보내온 시에 차운해 지은 것 같다.

[138. 庚辰十月蘭原約會韻]

青丘今看屢豊年　老少蘭亭設勝筵

擊壤聲聲人鼓腹　一場熙皞自天然

[경진년 시월 난초 언덕 약속 모임을 읊다]

온 나라를 살피니 풍년이 이어져

노소가 난정에 아름다운 자리를 마련하니

흙 두드리는 소리소리 사람들은 배가 불러

한자리에 즐겁고 화평하니 하늘에서 온 것 같네

一	●	擊	●	老	●	青	○	
場	○	壤	●	少	●	丘	○	庚
熙	○	聲	○	蘭	○	今	○	辰
皞	●	聲	○	亭	○	看	◐	十
自	●	人	○	設	●	屢	●	月
天	○	鼓	●	勝	●	豊	○	蘭
然	○	腹	●	筵	○	年	○	原

[감상] 모든 규칙에 맞다. 제목, 庚辰年은 작자 36세 때이다. 제1구 青丘, 중국에서 우리나라를 이르던 말. 제3구, 격양성성은 농사를 짓는 과정에서 흙덩이를 깨부수면서 부르는 노랫소리. 따라서 열심히 농사지은 결과 배불리 먹을 수 있게 되었다는 뜻. 제4구 熙皞, 백성의 생활이 즐겁고 화평함. 轉, 結句가 참 좋다.

[139. 辛巳三月次鄭丈眞花韻]

春風處處踏紅燃 爛熳山花洞裡天

淸香滿地人收拾 異味盤中是杜鵑

[신사년 삼월 정씨 어른의 진달래꽃을 차운하다]

봄바람 곳곳에 불어 걸으니 붉게 불타

문드러지는 산꽃 골짜기 안은 하늘만

맑은 향기 온 누리에 사람들이 긁어모으니

소반에 색다른 맛 이것이 진달래네

異	●	淸	○	爛	●	春	○	
味	●	香	○	熳	●	風	○	辛
盤	○	滿	●	山	○	處	●	巳
中	○	地	●	花	○	處	●	三
是	●	人	○	洞	●	踏	●	月
杜	●	收	○	裡	●	紅	○	次
鵑	○	拾	●	天	○	燃	○	鄭

[감상] 2, 3구 사이 簾이 없다. 제목, 辛巳年은 작자 27세 때이다. 음력 3월이면 봄이 한창이다. 眞花, 참꽃, 진달래, 일명 두견화. 제2구 爛熳, 꽃이 만발한 모양. 옛날에는 봄에 만발한 참꽃을 따서 먹었다. 그 시절 풍경이 그려지는 아름다운 시이다. 杜鵑花, 하나를 꾸미는 紅燃, 爛熳, 淸香, 異味를 각 句에 흩어 놓고 是杜鵑으로 끝맺은 기법이 참 훌륭하다.

[140. 次鄭丈蕨湯韻-1]

春山雨過折新薇 異菜登盤口正腓

莫道幽居滋味淡 一盂蔬食替鮮肥

[정씨 어른의 고사리탕을 차운하다-1]

봄 산비 그치니 새로 돋은 나물 꺾어

색다른 채소가 소반에 오르니 입안에 제대로 된 향기

매이지 않고 숨어 사니 맛의 담백함이 불어나

한 사발 나물 식사 살찐 고기와 안 바꾸네

一	●	莫	●	異	●	春	○	
盂	○	道	●	菜	●	山	○	次
蔬	○	幽	○	登	○	雨	●	鄭
食	●	居	○	盤	○	過	●	丈
替	●	滋	○	口	●	折	●	蕨
鮮	○	味	●	正	●	新	○	湯
肥	○	淡	●	菲	○	薇	○	1

[감상] 모든 규칙에 맞다. 제목 湯, 건더기가 많고 국물이 적은 국. 제3구 莫道, 어떤 주의나 사상 없이, 아무렇게나. 이 句는 고사리를 묘사함과 동시에 작자 자신을 묘사했다고도 볼 수 있다. 제4구 替鮮, 드물게 바꾸다, 곧 바꿔 주지 않는다. 이 시는 不義에 항거해 수양산에 든 伯夷叔齊를 생각하게 한다. 봄나물 국 한 그릇을 먹고 많은 것을 잘 나타내고 있다.

[141. 次鄭丈蕨湯韻-2]

少長蘭亭餞暮春　香風始動落花辰

此時正合兼觴咏　其奈今無載酒人

[정씨 어른의 고사리탕을 차운하다-2]

鄭 형을 난정에서 늦은 봄에 보내니

향기로운 바람에 꽃 떨어지기 시작하네

이번에 처음 만났으나 술과 창을 겸하려는데

이를 어쩌나 지금은 술을 실어 오는 사람이 없으니

其	○	此	●	香	○	少	●	
奈	●	時	○	風	○	長	●	次
今	○	正	●	始	●	蘭	○	鄭
無	○	合	●	動	●	亭	○	丈
載	●	兼	○	落	●	餞	●	蕨
酒	●	觴	○	花	○	暮	●	湯
人	○	咏	●	辰	○	春	○	2

[감상] 모든 규칙에 맞다. 제1구 少長, 젊은이와 늙은이, 나이의 차례, 나이가 좀 먹음이다. 그러니 바로 제목의 鄭丈으로 작자보다 나이가 조금 많다. 暮春, 음력 3월의 별칭, 늦봄. 제3구 正, 처음. 咏 詩歌를 지음. 이번 2번 시로 앞의 1번 시의 정황 파악이 미흡했던 것을 보충할 수 있다. 이전에 알지 못했던 정씨 성을 가진, 작자보다 나이가 조금 많은 이가 우연히 작자의 집에 들러 하루를 묵으면서 서로 시를 주고받았다. 작자는 그에게 고사리탕을 대접했고, 다음 날 그를 떠나보낼 때는 술이 없음을 아쉬워하는 모습이 잘 나타나 있다.

[142. 贈崔友魯瞻幽居-1]

特地風烟歲月廻 仙尨驚報故人來

衰翁相對襟期合 斜日聯筇更上臺

[은거하는 벗 최노첨에게 지어 주다-1]

뛰어난 자리 바람에 연기처럼 세월은 돌아

신선과 어울리려고 급히 알리며 친구가 왔네

쇠한 늙은이들 서로 마주 보며 생각은 같아

해 질 녘 나란히 지팡이 짚고 다시 언덕에 오르네

斜	○	衰	○	仙	○	特	●	
日	●	翁	○	尨	○	地	●	贈
聯	○	相	○	驚	○	風	○	崔
筇	○	對	●	報	●	烟	○	友
更	●	襟	○	故	●	歲	●	魯
上	●	期	○	人	○	月	●	瞻
臺	○	合	●	來	○	廻	○	幽

[감상] 제3구에 鶴膝이 보인다. 제3구 襟期, 마음에 생각함. 아마도 가까이 사는 친한 벗 최노첨이 경치 좋은 곳으로 나들이하자는 제안을 급히 해 와 작자가 사는 곳 근처로 두 늙은이가 나서는 모습이 잘 그려져 있다.

[143. 贈崔友魯瞻幽居-2]

三神何必訪神仙 平地神仙坐儼然

莫道此間佳客少 滿山猿鶴是新緣

[은거하는 벗 최노첨에게 지어 주다-2]

삼신은 어찌하여 꼭 신선을 찾는고

평지의 신선은 근엄한 모습으로 앉아 있는데

무도한 요즈음 반갑고 귀한 손님 드무니

온 산에 원숭이 학들은 새 인연 옳다고 여기네

滿	●	莫	●	平	○	三	○	
山	○	道	●	地	●	神	○	贈
猿	○	此	●	神	○	何	○	崔
鶴	●	間	○	仙	○	必	●	友
是	●	佳	○	坐	●	訪	●	魯
新	○	客	●	儼	●	神	○	2
緣	○	少	●	然	○	仙	○	

[감상] 神仙이 疊이다. 제1구 三神, 상고 시대에 우리나라의 국토를 마련했다는 세 신, 즉 환인, 환웅, 환검, 또는 아기의 점지와 산모, 신생아를 맡아 보며 수호한다는 세 신령. 제3구 此間, 요즈음. 佳客, 반갑고 귀한 손님. 제4구, 新緣은 삼신과 신선의 만남. 이 시는 이해하기 어렵다. 먼저 삼신은 누구이며 신선은 누구일까? 제2구의 신선을 작자 자신으로 본다면, 제1구의 삼신은 최노첨이 될 텐데, 왜 삼신으로 표현했을까?

[144. 用別韻戱贈南督郵]

君卜淸溪築小亭 世間名利不曾營

今朝忽作紅塵客 猿鶴應嘲負舊盟

[다른 운을 써서 남감찰관에게 장난스레 지어 주다]

그대는 점을 쳐 맑은 시내 흐르는 곳에 작은 정자를 짓고

세간의 명리를 일찍이 꾀하지 않았는데

이번 조정 들어 갑자기 세속 사람을 임명하니

원숭이 학들이 응당 비웃네 옛 맹세 저버린 것을

猿	○	今	○	世	●	君	○	
鶴	●	朝	○	間	○	卜	●	用
應	○	忽	●	名	○	淸	○	別
嘲	○	作	●	利	●	溪	○	韻
負	●	紅	○	不	●	築	●	戱
舊	●	塵	○	曾	○	小	●	贈
盟	○	客	●	營	○	亭	○	南

[감상] 庚, 靑通韻이다. 모든 규칙에 맞다. 督郵, 지방 감찰관. 제3구 紅塵客, 시끄럽고 번화한 속세에 사는 사람, 여기서는 과거 급제 없이 천거된 사람. 제4구 猿鶴, 원숭이와 학은 모두 조용한 산속의 동물이다. 곧 은거하는 선비들을 상징한다. 이 시는 함께 은거하던 벗, 남 씨가 천거로 독우가 되니 작자가 장난스레 은근히 시기하고 있다.

[145. 次松羅察訪李可運贈妓韻]

南國佳人二八年 雲鬢疑是月中仙

黃昏一負君休恨 早晚陽臺有好緣

[송라 찰방 이가운이 기녀에게 지어 준 시에 차운하다]

남쪽 지방에 아름다운 여인 있어 십육 세니

고운 쪽머리 구름 같아 달 가운데 신선인가 의심되네

황혼에 짐을 지면 그대 쉼은 한스러워

머잖아 볕 드는 높은 곳에서 좋은 인연 있겠지

早	●	黃	○	雲	○	南	○	
晚	●	昏	○	鬟	○	國	●	次
陽	○	一	●	疑	○	佳	○	松
臺	○	負	●	是	●	人	○	羅
有	●	君	○	月	●	二	●	察
好	●	休	○	中	○	八	●	訪
緣	○	恨	●	仙	○	年	○	韻

[감상] 모든 규칙에 맞다. 제목, 松羅는 경북 동해안 영덕 근처에 있는 지명이다. 察訪, 조선시대 각 지역 역참 일을 맡아 보던 문관 벼슬. 이가운은 작자와는 친구 사이 같다. 제1구, 南國은 송라를 말한다. 제2구 雲鬟, 미인의 쪽진 머리를 푸른 구름에 비유하여 이른 말. 제3구 黃昏, 저물녘, 여기서는 이가운의 나이가 많음을 비유한다. 一負는 기녀를 첩으로 데리고 사는 짐, 君은 친구 이가운이다. 제4구 陽臺, 볕이 드는 높은 곳, 즉 무덤이 아닐까? 그러니까 늙은 친구 찰방 이가운이 젊은 기녀를 머리 올려 데리고 살고 싶어 하니, 그러다 일찍 죽는다고 은근히 조롱하고 있다.

[146. 附原韻] 察訪 李可運

靑娥二八正芳年 倚立風前宛是仙

前後逢場俱淡薄 等閑雲雨亦天緣

[찰방 이가운이 먼저 지은 시를 붙여 두다] - 찰방 이가운

소녀 십육 세 정말 꽃다운 나이

바람 앞에 기대고 섰으니 완연히 신선이로다

몇 번 만났으나 모두 민숭민숭했지만

운우지정은 대수롭지 않아도 또한 하늘의 인연이네

等	●	前	○	倚	●	靑	○	
閑	○	後	●	立	●	娥	○	附
雲	○	逢	○	風	○	二	●	原
雨	●	場	○	前	○	八	●	韻
亦	●	俱	○	宛	●	正	●	
天	○	淡	●	是	●	芳	○	
緣	○	薄	●	仙	○	年	○	

[감상] 前 자가 疊이다. 제1구 靑娥, 소녀, 젊은 미인. 二八은 이와 팔의 곱한 수. 제2구, 風前은 그녀가 누구나 손을 대는 기녀임을 암시한다. 제4구 等閑, 마음에 두지 않고 예사로 여김. 雲雨는 雲雨之情의 준말로 남녀 간의 육체적 사랑을 말한다. 天緣, 하늘이 만든 인연, 한 사람은 젊은이로 다른 사람은 늙은이로 만나게 한 하늘의 장난이 원망스럽다는 느낌을 준다. 한 늙은이가 소녀 미인을 보고 느낀 감정을 잘 묘사하고 있다.

[147. 次淸河倅回鶴堤韻]

鳧鳥翩翩下鶴堤 東風送雨灑前溪
文章太守兼觴詠 不讓山翁醉似泥

[청하현감의 〈학이 맴도는 제방〉이란 시에 차운하다]

오리와 까치가 훨훨 나니 학이 내려앉는 제방에
동풍은 비를 몰고 와 시내 앞에 뿌리네
글 잘하는 원님은 한잔하며 읊기도 잘해
시골 선비 또한 사양치 않습니다 흠뻑 취하는 것

不	●	文	○	東	○	鳧	○	
讓	●	章	○	風	○	鳥	●	次
山	○	太	●	送	●	翩	○	淸
翁	○	守	●	雨	●	翩	○	河
醉	●	兼	○	灑	●	下	●	倅
似	●	觴	○	前	○	鶴	●	回
泥	○	詠	●	溪	○	堤	○	韻

[감상] 모든 규칙에 맞다. 제목, 淸河倅는 지금의 경북 동해안 청하면이 조선시대 청하현이었으니 청하현감이다. 제1구 翩翩, 훨훨 나는 모양. 오리와 까치는 유생들, 학은 현감을 비유한 것 같다. 제4구의 山翁은 작자 자신이다.

[148. 贈松郵-1]

仙郵自古近淸河　聞道淸河水不波
淸河之水淸如鏡　濯爾塵纓問幾何

[松郵에게 지어 주다-1]
신선의 오두막이 예부터 청하 근처에 있어
들은 바에 의하면 청하는 물이 파랑을 일으키지 않으니
청하의 물은 거울같이 맑은데
그대 때 묻은 갓끈을 씻은 것이 몇 번인지 묻노라

濯	●	淸	○	聞	○	仙	○	
爾	●	河	○	道	●	郵	○	贈
塵	○	之	○	淸	○	自	●	松
纓	○	水	●	河	○	古	●	郵
問	●	淸	○	水	●	近	●	1
幾	●	如	○	不	●	淸	○	
何	○	鏡	●	波	○	河	○	

[감상] 淸河, 水가 의도적으로 疊을 이루었고, 제3구에 鶴膝이 있고, 제2, 3구 사이 簾이 없다. 제목, 松郵를 '송라 찰방'으로 볼 수도 있겠는데, 왜냐하면 글자가 그렇고 또한 청하 근처에 있다고 하였기 때문이다. 그러나 제1구에서 仙郵라 하였기에 작자와 친한 벗의 號인 것으로 본다. 솔숲 속 오두막이란 뜻이 된다. 제2구 聞道, 들으니. 제4구 幾何, 얼마나. 爾는 松郵를 말한다.

[149. 贈松郵-2]

觀詩能得識其人　不見其人意自親
他時更向鷄林路　倘遇東山巷裡春

[松郵에게 지어 주다-2]

시를 보면 능히 그 사람됨을 알 수 있고

그 사람을 보지 않고도 뜻은 저절로 가까워질 수 있으니

다른 때 다시 경주로 향하거든

노닐다 우연히 나를 만나면 거리는 봄일 것이네

倘	○	他	○	不	●	觀	○	贈
遇	●	時	○	見	●	詩	○	松
東	○	更	●	其	○	能	○	郵
山	○	向	●	人	○	得	●	2
巷	●	鷄	○	意	●	識	●	
裡	●	林	○	自	●	其	○	
春	○	路	●	親	○	人	○	

[감상] 其人이 의도적 疊이다. 제4구, 東山은 경주시 천북면의 한 지명인 동시에 작자의 號이다. 작자는 벗 송우에게 경주로 한번 놀러 오라는 뜻을 전하고 있다.

Ⅲ.
5언 율시

[1. 新基卽景]

千載東山下　數間草屋成
溪淸新月色　松老舊風聲
道德全身出　瑞瑚半面呈
箇中無限趣　贏得送餘齡

[새로 집을 짓고 경치를 읊다]

오래된 동산 밑에
서너 칸 초옥을 지었네
맑은 시내에 달빛이 새롭고
늙은 소나무에 바람 소리 예스럽네
도덕은 온몸에서 나오지만
좋은 옥은 반쪽만 봐도 드러나네
이 가운데 멋이 한없으니
여생을 보내기에 차고 넘치네

贏	○	箇	●	瑞	●	道	●	松	○	溪	○	數	●	千	○
得	●	中	○	瑚	○	德	●	老	●	淸	○	間	○	載	●	新
送	●	無	○	半	●	全	○	舊	●	新	○	草	●	東	○	基
餘	○	限	●	面	●	身	○	風	○	月	●	屋	●	山	○	卽
齡	○	趣	●	呈	○	出	●	聲	○	色	●	成	○	下	●	景

[감상] 庚, 靑通韻이다. 제2구의 間과 제6구의 瑚는 蜂腰이다. 제1구, 東山은 경주시 천북면에 있는 지명이다. 作者의 號가 東山인데 바로 여기서 유래한다. 작자의 10대조는 세조 때 이시애의 난을 평정한 敵愾功臣이요 行이조참판, 贈이조판서, 諡號 襄敏이신 손소 公으로, 경주 양동마을에 입향한 先祖이고, 9대조는 行이조판서, 우참찬을 지낸 諡號 景節 號 愚齋 손중돈 公이며, 6대조는 原從二等功臣으로 훈련원판관을 지낸 손시 公이며, 5대조는 行남포현감, 병자호란 때 순절하여 旌閭(양동마을의 旌忠閣) 및 贈좌승지이신 樂善堂 손종로 公으로 양동마을에 世居하였다. 작자의 父親은 양동마을 인근인 仁洞마을에 사셨는데, 유독 작자만 노년에 慶州城 근처인 동산에 別墅를 짓고 옮겨 사셨다. 제6구 瑞瑚, 상서로운 산호. 頷, 頸聯의 對偶가 멋지다. 頷聯에서는 景을, 頸聯에서는 情

을 읊었다고 본다. 尾聯의 제8구, 餘齡은 여생과 같은 말이다. 노년에 別墅를 짓고 이주하여 주변 경치와 삶의 자세를 나타낸 아름다운 詩이다.

[2. 林居夜吟]

林居幽且僻 夜坐聽秋聲
美酒樽中熟 新詩月下成
靑山朝暮態 白髮古今情
寂寂無人語 酣眠到五更

[숲속에 살며 밤에 읊다]

숲속에 사니 그윽하고 궁벽져서
밤에 앉으면 가을 소리 들리네
맛있는 술이 술통에서 익으니
새 시가 달 아래서 지어지네
청산은 아침저녁 모습인데
백발은 예나 지금이나 정이네
고요하고 쓸쓸하여 사람 소리 없으니
취한 잠은 오경까지 이르네

酣	○	寂	●	白	●	靑	○	新	○	美	●	夜	●	林	○	
眠	○	寂	●	髮	●	山	○	詩	○	酒	●	坐	●	居	○	林
到	●	無	○	古	○	朝	○	月	●	樽	○	聽	◐	幽	○	居
五	●	人	○	今	○	暮	●	下	●	中	○	秋	○	且	●	夜
更	○	語	●	情	○	態	●	成	○	熟	●	聲	○	僻	●	吟

[감상] 모든 규칙에 맞다. 제8구 五更, 새벽 네 시 전후. 인가와 떨어져 사는 적막한 모습이 잘 나타나 있다. 함·경련에 대우가 절묘한데, 態는 같은 모습이고, 情은 변하는 것을 말함이리라.

[3. 盧氏亭子]

問爾小亭子 何年此地開

重重山拱揖 面面水縈回

風月閑翁去 江湖倦客來

勝區今寂寞 斜日悵徘徊

[노씨 정자]

너에게 물어보자 작은 정자에 대해

어느 해 이 땅을 열었노

겹겹이 산이 손 모아 절을 하고

면면이 물이 휘감아 흐르니

풍류를 즐기던 한가한 늙은이 가고 없어도

떠도는 개으른 나그네 찾아왔네

경치 좋은 곳이 지금은 적막하니

저무는 햇살에 슬픈 마음으로 거닐어 보네

斜	○	勝	●	江	○	風	○	面	●	重	○	何	○	問	●	
日	●	區	○	湖	○	月	●	面	●	重	○	年	○	爾	●	盧
悵	●	今	○	倦	●	閑	○	水	●	山	○	此	●	小	●	氏
徘	○	寂	●	客	●	翁	○	縈	○	拱	●	地	●	亭	○	亭
徊	○	寞	●	來	○	去	●	回	○	揖	●	開	○	子	●	子

[감상] 모든 규칙에 맞다. 이 정자가 어디에 있는지는 모르겠다. 제1구에 爾로 보아 아마도 작자가 그곳에 놀고 있는 어린아이에게 물어보는 것 같다. 제2구의 開는 건물을 처음 짓는 것을 말한다. 首聯에서 제목을 풀고, 頷聯에서 景을 읊고, 頸聯에서 情을 읊고, 尾聯에서 마무리하는 가장 전형적인 작품이다. 제5구의 去는 죽었다는 뜻. 제6구의 來와 對偶를 이루고 있다.

[4. 與遠客遊佛寺]

佛國千年寺 秋風遠客來

崢嶸新殿宇 蕭瑟舊樓臺

古塔鳥鳶集 寒鐘歲月催

登臨多感目 哇到日西頹

[멀리서 온 손님과 같이 불국사 구경을 하다]

불국사는 천년 사찰이라

가을바람에 멀리서 손님이 왔네

쭈뼛쭈뼛하네 새로 지은 전각이

거문고 소리 쓸쓸하네 옛 누대에

옛 탑에는 새와 솔개가 모여들고

차가운 종소리는 세월을 재촉하네

올라 보니 감동한 눈들이 많아

와글와글 시끄러운데 해는 서쪽으로 기우네

哇	○	登	○	寒	○	古	●	蕭	○	崢	○	秋	○	佛	●	
到	●	臨	○	鐘	○	塔	●	瑟	●	嶸	○	風	○	國	●	與
日	●	多	○	歲	●	鳥	●	舊	●	新	○	遠	●	千	○	遠
西	○	感	●	月	●	鳶	○	樓	○	殿	●	客	●	年	○	客
頹	○	目	●	催	○	集	●	臺	○	宇	●	來	○	寺	●	遊

[감상] 모든 규칙에 맞다. 불국사는 처음에는 작은 절로 시작하였다가 신라 경덕왕 10년(751년)에 당시 재상이던 김대성에 의해 크게 중창되었다고 한다. 그 후 여러 차례 중수를 거쳐 유지해 오던 것이 임진왜란에 완전 소실된 후 여러 차례 오랫동안 조금씩 복원, 유지해 왔는데, 지금의 모습은 박정희 대통령의 지시로 1970년에 복원된 것이다. 지금 이 詩 제3구에서 新殿이란 표현이 있어 정조 때에도 중수가 있었던 모양이다. 제7구의 뜻은 많은 관광객들이 청운교 백운교를 통해 올라가서 안마당에서 여러 전각들을 둘러보면서 경탄하는 시끄러운 소리를 말한다. 함, 경련의 對偶가 좋다.

[5. 贈丹陽故人]

鷄林大道上 邂逅故人來

古劍雙肝照 新詩兩眼開

風流滄海濶 醉興玉山頹

會少還多別 歸鞭且莫催

[단양의 옛 친구에게 지어 주다]

계림의 큰 도로상에서

우연히 옛 친구를 만났네

옛 검은 서로 급소를 견주나

새 시는 두 사람의 눈을 뜨게 하네

풍류는 큰 바다에서 트이고

취흥은 옥산에서 무너질 거네

만나기는 어렵고 헤어지기는 쉬우니

돌아가는 채찍 또 재촉하지 말게나

歸	○	會	●	醉	●	風	○	新	○	古	●	邂	●	鷄	○	
鞭	○	少	●	興	●	流	○	詩	○	劍	●	逅	●	林	○	贈
且	●	還	○	玉	●	滄	○	兩	●	雙	○	故	●	大	●	丹
莫	●	多	○	山	○	海	●	眼	●	肝	○	人	○	道	●	陽
催	○	別	●	頹	○	濶	●	開	○	照	●	來	○	上	●	故

[감상] 제1구의 下三仄을 제2구에서 相替簾으로 극복했다. 이 시는 앞의 시와 연결된다. 앞 시에서 遠客이 이 시의 단양고인이다. 단양은 충청북도이니 경주와는 아주 멀리 떨어진 곳이다. 작자는 그곳 사람과 어찌 알게 되었을까? 뒤에서 다른 시에서 보면 작자가 그곳에 다녀온 것이 드러난다. 제2구 故人, 죽은 사람, 오래전부터 사귀어 온 친구. 제5구 風流, 속사를 떠나 풍치 있고 멋들어지게 노는 일. 제6구 玉山, 경주시 안강읍에 옥산서원이 있는 산. 首聯에서 멀리 단양에 사는 아는 사람을 우연히 만났는데, 頷聯은 刮目相對란 말이 떠오른다. 동문수학한 친구가 出門하여 헤어진 후 한참 만에 만나면 상대의 변화에 놀란다는 뜻인데, 검객이라면 서로의 급소를 노리지만, 시인은 서로의 시에 눈이 간다. 頸聯은 먼 곳에서 이곳 경주까지 왔으니 가까운 감포로 가서 바다도 보고, 옥산서원도 보고 하면 어떻겠나? 하고 권하는 것으로 해석해 본다. 對偶가 좋다.

[6. 贈鳴村主人]

南來見舊識　嬴得酒盃傾
古意絃中語　新詩醉裏成
溪山如有待　風月豈無情
此日相分後　何時眼更靑

[명촌 주인에게 지어 주다]

남쪽에서 옛 친구를 보러 왔으니
넘치도록 얻고 싶네 술잔 기울이기를
옛 뜻은 거문고 줄에 싣고
새 시는 취한 가슴속에 지어지네
시내 흐르는 산은 마치 기다렸다는 듯
풍월인들 어찌 정이 없겠는가
오늘 서로 헤어지면
어느 때 다시 반가이 만나리

何	○	此	●	風	○	溪	○	新	○	古	●	嬴	○	南	○	
時	○	日	●	月	●	山	○	詩	○	意	●	得	●	來	○	贈
眼	●	相	○	豈	●	如	○	醉	●	絃	○	酒	●	見	●	鳴
更	●	分	○	無	○	有	●	裏	●	中	○	盃	○	舊	●	村
靑	○	後	●	情	○	待	●	成	○	語	●	傾	○	識	●	主

[감상] 庚, 靑 자 通韻이다. 제1구에 下三仄이 보인다. 제목의 명촌이 어디인지는 모르겠다. 작자가 경주보다 북쪽의 어디 먼 곳, 명촌에 있는 친구를 찾아간 모양이다. 제8구, 靑眼은 기뻐하는 눈이다. 頷, 頸聯의 對偶가 멋지다.

[7. 次贈農叟]

白首重逢處　靑山欲莫初
男兒多聚散　朋友有親疎
眼濶三韓國　胸藏萬卷書
文章最一世　切在讀三餘

[이어서 농사짓는 늙은이에게 지어 준다]

백수끼리 만난 곳

청산은 이어지네

남아는 만났다 헤어지기를 여러 번

친구는 가깝기도 멀기도 하네

눈은 온 나라를 살피고

가슴속엔 만 권의 책이 있어

문장은 당대 최고이고

온통 삼여에 빠졌네

切	●	文	○	胸	○	眼	●	朋	○	男	○	青	○	白	●	
在	●	章	○	藏	○	濶	●	友	●	兒	○	山	○	首	●	次
讀	●	最	●	萬	●	三	○	有	●	多	○	欲	●	重	○	贈
三	○	一	●	卷	●	韓	○	親	○	聚	●	莫	●	逢	○	農
餘	○	世	●	書	○	國	●	疎	○	散	●	初	○	處	●	叟

[감상] 제7, 8구는 서로 平仄을 달리하는 相替簾을 사용하였다. 제목의 뜻은 앞의 시에 나온 명촌 주인에게 또 써 준다는 뜻이다. 제1구, 白首는 白頭로 흰머리, 벼슬이 없는 양반이다. 제8구, 三餘는 讀書三餘의 준말로, 독서하기에 적당한 세 餘暇, 즉 겨울, 밤, 비 올 때를 말한다. 切은 온통, 모두이다. 頷, 頸聯의 對偶가 좋다.

[8. 次申乃源重陽韻]

龍山飮罷後　誰復醉重陽

好月良宵白　寒花晚節黃

新詩絃上促　秋意客中長

來醉故人酒　香風滿草堂

[신내원의 중양을 차운하다]

용산에서의 술자리가 파하고 나면

누가 다시 중양절에 취하리

아름다운 달이 좋은 밤에 밝으니

차가운 꽃은 늦은 계절에 누렇네

새 시를 거문고 줄에 올리기를 재촉하는데

가을 뜻은 객중에 길어지네

취하고 보니 친구의 술이요

향기로운 바람은 초당 가득하네

香	○	來	○	秋	○	新	○	寒	○	好	●	誰	○	龍	○	
風	○	醉	●	意	●	詩	○	花	○	月	●	復	●	山	○	次
滿	●	故	●	客	●	絃	○	晚	●	良	○	醉	●	飮	●	申
草	●	人	○	中	○	上	●	節	●	宵	○	重	●	罷	●	乃
堂	○	酒	●	長	○	促	●	黃	○	白	●	陽	○	後	●	源

[감상] 제1구에 下三仄이 보인다. 醉 자가 疊이다. 제목, 신내원은 뒤에 다른 시에서 보면, 그는 청송에 사는 작자의 벗이다. 重陽은 음력 9월 9일이다. 홀수인 양수가 거듭되었다 하여 중양이다. 추석보다 한 달 가까이 지난 뒤에 온다. 추석 때보다 오곡백과가 제대로 익어 옛날에는 중국과 우리나라 모두 큰 명절로 여겨, 선비들은 술 마시고 시 짓고, 과거도 보고, 젊은이들은 높은 산에 오르기도 하였다. 제1구, 龍山은 경주시 내남면에 있는 최정무공을 기린 龍山書院이 있는데, 제8구를 보면 그곳 근처의 초당인 듯싶다. 그러나 신내원이 청송 사람인지라 그곳이 아닐 수도 있다. 제3구 良宵, 달이 밝고 아름다운 밤. 제6구, 客中이라 함은 여럿이 모인 자리, 그러니까 연이어 시를 지어낸다는 뜻이다. (한편 客을 詞客, 즉 시인으로 보면 상대 시인이 시를 빨리 짓지 못하고 시간이 길어진다는 뜻이다.) 제8구 草堂, 집의 원채 밖에 억새, 짚 등으로 지붕을 인 조그마한 집채. 頤, 頸聯의 對偶가 좋다.

[9. 贈族叔春窩翁]

我愛春窩老　襟期出俗流
吟邊經歲月　夢裡憶滄洲
口禁人間事　心童物外遊
耽佳成晚癖　詩思未應休

[족숙 춘와옹에게 지어 드리다]

저는 춘와 늙은이가 좋습니다
가슴속 생각이 속된 것에 벗어나서
시를 읊으며 두메에서 세월을 보내지만
꿈속에서는 창주를 생각하네
입으로는 인간사를 말하지 않고
마음은 세상 물정 모르고 노는 어린아이 같네
늘그막에는 아름다움을 탐하는 버릇이 생겨
시를 생각느라 쉬는 것도 잊네

詩	○	耽	○	心	○	口	●	夢	●	吟	○	襟	○	我	●
思	●	佳	○	童	○	禁	●	裡	●	邊	○	期	○	愛	●	贈
未	●	成	○	物	●	人	○	憶	●	經	○	出	●	春	○	族
應	○	晚	●	外	●	間	○	滄	○	歲	●	俗	●	窩	○	叔
休	○	癖	●	遊	○	事	●	洲	○	月	●	流	○	老	●	春

[감상] 모든 규칙에 맞다. 제목 族叔, 성씨가 같은 한 항렬 높은 사람. 제2구 襟期, 가슴에 깊이 품은 회포. 제4구, 滄洲는 滄浪洲를 줄인 것으로 동해 중에 있어 신선이 산다는 곳. 제6구 物外, 세상 물정의 바깥.

[10. 步彙選韻贈觀瀾翁-1]

遞旅皆新面　荒村獨舊吟
難知遊子意　誰解故人心
我有藏詩腹　君無買酒金
今朝風日好　倘訪洞雲深

[휘선보운하여 관란옹에게 주다-1]

역참을 지나는데 모두가 낯선 얼굴

황촌에선 혼자서 옛 시를 읊네

떠도는 사람들의 생각은 알 수 없지만

친구의 마음은 누가 헤아리나

나는 가슴속에 시를 품고 있는데

그대는 술 살 돈이 없네

오늘 아침엔 바람과 해가 좋아

갑자기 찾아왔네 골짜기 구름 깊은 곳

倘	●	今	○	君	○	我	●	誰	○	難	○	荒	○	遞	●	
訪	●	朝	○	無	○	有	●	解	●	知	○	村	○	旅	●	步
洞	●	風	○	買	●	藏	○	故	●	遊	○	獨	●	皆	○	彙
雲	○	日	●	酒	●	詩	○	人	○	子	●	舊	●	新	○	選
深	○	好	●	金	○	腹	●	心	○	意	●	吟	○	面	●	一

[감상] 모든 규칙에 맞다. 제목, 彙選은 예부터 지금까지 많은 다른 사람의 詩語를 모아 둔 곳에서 고르다는 뜻이고, 步韻은 운을 밟는다는 뜻으로, 같은 韻統에서 임의로 골라 짓고, 次韻은 原韻에 따라 짓는다. 제1구 遞, 번갈아, 교대로, 역말, 역참. 이 시는 작자가 친구인 관란옹을 찾아간 것을 그린 것이다. 首聯은 오는 길의 모습과 관란옹의 일상을 대비시켰고, 頷聯은 내가 그대 마음을 알아준다는 뜻, 頸聯은 시를 지으려니 술 생각 나지만 돈이 없는 친구, 尾聯은 갑자기 나섰다는 諒解 바람의 뜻이 담겨 있다. 對偶가 좋다.

[11. 步彙選韻贈觀瀾翁-2]

湖山放浪客 久作酒中仙

歷盡三千里 行看六十年

溪雲成晚契 洲鷺有前緣

身外無長物 生涯一任天

[휘선보운하여 관란옹에게 주다-2]

호수와 산을 찾아다니는 나그네
술 마시며 신선놀음 오래되었네
삼천리를 두루 다녔고
육십 년을 다니며 보았네
시냇가 구름은 늙어서야 친해졌지만
물가 해오라기는 전부터 아는 사이
내 몸 외는 쓸데없는 물건이 없으니
평생을 온통 하늘에 맡기네

生	○	身	○	洲	○	溪	○	行	○	歷	●	久	●	湖	○	步
涯	○	外	●	鷺	●	雲	○	看	◐	盡	●	作	●	山	○	彙
一	●	無	○	有	●	成	○	六	●	三	○	酒	●	放	●	選
任	●	長	○	前	○	晚	●	十	●	千	○	中	○	浪	●	二
天	○	物	●	緣	○	契	●	年	○	里	●	仙	○	客	●	

[감상] 제1, 2구를 相替簾을 사용하였다. 관란옹에게 써 준 두 번째 詩이다. 제7구 身外, 몸 이외, 자기 이외. 長物, 쓸데없는 물건, 이 구절은 이해가 어렵다. 세상 모든 것이 다 필요한 물건이지만, 나 자신만은 그렇지 않다는 뜻 아닌가? 작자의 방랑시인 모습이 잘 드러나 있다.

[12. 步彙選韻贈觀瀾翁-3]

山窓孤客坐 無語度三更
滄海千年國 江湖萬里程
身爲嶺外士 夢繞漢陽城
宇宙知音少 高歌醉裡行

[휘선보운하여 관란옹에게 주다-3]

산방에 외로운 나그네 앉아

말없이 삼경을 넘기네

푸른 바다는 오랜 나라의 것이요

강과 호수는 멀리 걸어갈 길이네

몸은 널리 알려진 선비가 되었어도

꿈은 한양성을 두르네

천지간에 알아주는 이 적으니

높이 노래 부르며 취해서 걷네

高	○	宇	●	夢	●	身	○	江	○	滄	○	無	○	山	○	
歌	○	宙	●	繞	●	爲	○	湖	○	海	●	語	●	窓	○	步
醉	●	知	○	漢	●	嶺	●	萬	●	千	○	度	●	孤	○	彙
裡	●	音	○	陽	○	外	●	里	●	年	○	三	○	客	●	選
行	○	少	●	城	○	士	●	程	○	國	●	更	○	坐	●	三

[감상] 제5, 6구에 相替簾이 보인다. 관란옹에게 써 준 세 번째 시이다. 首聯은 나그네의 산중 하룻밤, 頷聯은 다음 날 찾아 떠나는 바다, 강, 호수인데, 천년국은 신라를 의미하니, 신라의 바다라면 가까운 감포, 울산, 부산일 것이고, 강과 호수는 멀리까지 찾아 나서겠다는 의지가 보인다. 頸聯에 嶺은 큰 고개, 문경 새재를 일컬으니 嶺外라 하면 영남을 넘어선다는 뜻일 것이다. '꿈이 한양성을 두른다' 함은 立身의 미련이 있음을 말하는 것이 아닐까? 尾聯에서는 다시 현실 도피적 모습을 보인다. 對偶가 좋다.

[13. 次彙選韻自遣-1]

平生不得意　白首臥林泉

最愛松間月　偏聆膝上絃

春光濃雨後　山影倒樽前

小醉吟佳句　輕風掃晚烟

[휘선차운하여 혼자 마음 달래다-1]

평생 뜻을 펴지 못하고

백수로 은자의 정원에 누웠으니

가장 사랑하는 것은 소나무 사이의 달이요

귀 기울여 듣는 것은 무릎 위의 거문고 소리네

봄빛은 비 그친 후 짙고

산그림자는 술동이 앞에 쓰러지네

조금 취해 아름다운 글귀 읊조리니

가벼운 바람은 저녁연기 쓸고 가네

輕	○	小	●	山	○	春	○	偏	○	最	●	白	●	平	○	
風	○	醉	●	影	●	光	○	聆	○	愛	●	首	●	生	○	次
掃	●	吟	○	倒	●	濃	○	膝	●	松	○	臥	●	不	●	彙選
晚	●	佳	○	樽	○	雨	●	上	●	間	○	林	○	得	●	一
烟	○	句	●	前	○	後	●	絃	○	月	●	泉	○	意	●	

[감상] 제1, 2구에 相替簾을 썼다. 제2구 林泉, 수풀과 샘물, 隱士의 庭園. 頷, 頸聯의 對偶가 참 좋다.

[14. 次彙選韻自遣-2]

世間名利客　逐逐渡要津

魚鳥吾爲侍　松篁自作隣

枕邊三代夢　胸裡四時春

獨坐荒邱夜　溪雲隔世塵

[휘선차운하여 혼자 마음 달래다-2]

세간에 명리를 좋아하는 사람들
쫓고 쫓다가 바라던 나루를 건너네
새와 고기는 나의 시녀가 되고
소나무 대나무는 저절로 이웃이 되네
베갯머리에는 삼대를 이어 온 꿈이 있지만
가슴속엔 사계절 봄이라네
홀로 앉아 거친 산속 밤을 맞아도
개울의 구름은 세상 먼지 밀어내네

溪	○	獨	●	胸	○	枕	●	松	○	魚	○	逐	●	世	●	
雲	○	坐	●	裡	●	邊	○	篁	○	鳥	●	逐	●	間	○	次
隔	●	荒	○	四	●	三	○	自	●	吾	○	渡	●	名	○	彙
世	●	邙	○	時	○	代	●	作	●	爲	○	要	○	利	●	選
塵	○	夜	●	春	○	夢	●	隣	○	侍	●	津	○	客	●	二

[감상] 世 자가 疊이다. 제7구 邙, 하남성 낙양의 북쪽에 있는 산, 귀인. 명사의 무덤이 많음. 首聯, 명리를 쫓다가 물을 만나면 또 배를 타고 건너 따라간다. 온갖 수단까지 동원한다는 뜻, 또는 나루로 상징되는 어떤 계기나 수단을 통해 出仕를 하게 된다는 뜻이기도 하겠다. 領聯, 작자는 명리를 멀리하고 자연을 벗 삼는다. 頸聯, 양반이라도 삼대를 급제 못 하면 대접을 못 받으니, 立身에 대한 꿈은 버리지 못한다. 그런데도 자신은 늘 자유분방하고 싶어 한다. 尾聯, 산골 생활이 좋다고 스스로 위로하고 있다. 領, 頸聯의 對偶가 좋다.

[15. 敬順王影幀還安時感懷韻]

一幅丹靑裡　儼然敬順王
故都迎鳳盖　虛殿拜龍裳
百世雲仍慶　千秋俎豆香
皇皇陟降地　瞻仰感懷長

[경순왕 영정을 옮겨와 안치할 때 느낌을 읊다]

한 폭 붉고 푸른 그림 속에

엄숙한 모습의 경순왕

옛 서울 사람들 봉황 그려진 덮개로 맞이하여

텅 빈 전각 용포 입은 모습에 절을 하네

오랜 세월 먼 자손들의 경사이고

앞으로 또 오래도록 제사 향 이어지리

아름답고 성하게 오르내릴 이곳

우러러보니 감회가 길어지네

瞻	○	皇	○	千	○	百	●	虛	○	故	●	儼	●	一	●	
仰	●	皇	○	秋	○	世	●	殿	●	都	○	然	○	幅	●	敬
感	●	陟	●	俎	●	雲	○	拜	●	迎	○	敬	●	丹	○	順
懷	○	降	●	豆	●	仍	○	龍	○	鳳	●	順	●	靑	○	王
長	○	地	●	香	○	慶	●	裳	○	盖	●	王	○	裡	●	影

[감상] 제7구에 下三仄이 보이고, 제2구의 然이 蜂腰이다. 이 詩는 신라 마지막 임금, 경순왕의 초상을 원주 용화산 학수사에서 정조 8년(1784년)에 경주 東泉殿에 옮겨와 모실 때 지은 것이다. 이 시집 뒤쪽 7(율시 편에 가면 다시 한번 나오는데, 그것은 당시 경주 부윤 김상집의 시에 차운한 것이다. 좀 더 자세한 내용은 그것을 참고하시기 바란다. 제5구 雲仍, 雲孫과 仍孫이라는 뜻으로, 썩 먼 代의 孫子라는 뜻. 그러니까 경주 김씨 자손들을 말함이다. 제6구 俎豆, 제사 때, 신 앞에 놓는 나무로 만든 그릇. 제7구 皇皇, 아름답고 성한 모양. 그러니까 새로 모신 전각에 해마다 자손들이 많이 와서 제향하러 섬돌을 오르내린다는 뜻.

[16. 贈府伯金相公 尙集]

聖世疲癃起 同歡罷賑筵

南州新雨過 東閣舊風傳

禮義千年國 絃歌四月天

洋洋蹈舞地 雷賀我侯賢

[부윤 김상공 상집에게 지어 드리다]

좋은 세월에 피륭이 생겼으나

진연 마친 것을 함께 기뻐합니다

남쪽 고을에 새로운 비가 지나니

동쪽 누각에 옛 풍속이 전합니다

예의는 천년의 나라에 바르고

가야금 소리는 사월의 하늘에 울립니다

한없이 구르고 춤추는 땅

우리 원님 어짐에 덩달아 축하드립니다

雷	○	洋	○	絃	○	禮	●	東	○	南	○	同	○	聖	●	
賀	●	洋	○	歌	○	義	●	閣	●	州	○	歡	○	世	●	贈
我	●	蹈	●	四	●	千	○	舊	●	新	○	罷	●	疲	○	府
候	○	舞	●	月	●	年	○	風	○	雨	●	賑	●	癃	○	伯
賢	○	地	●	天	○	國	●	傳	○	過	●	筵	○	起	●	金

[감상] 제7구에 下三仄이 보인다. 제1구 疲癃, 다만 기운이 쇠약하여 생긴 나이 많은 노인의 병. 제2구 賑, 구휼하다, 넉넉하다. 따라서 賑筵은 구휼을 위하여 마련한 자리, 또는 넉넉한 음식을 갖춘 연회인데, 여기서는 後者일 것 같다. 제7구 蹈舞, 몹시 좋아서 발을 구르며 춤을 춤. 洋洋, 바다가 한없이 넓음. 제8구 雷, 남에 덩달아 소리를 지름. 首聯은 정조 임금 같은 성군의 치세에 노인들이 못 먹어 기력이 쇠하니, 부윤이 넉넉한 음식으로 주연을 베풀었지 않았을까? 頷聯의 南州는 경주이고, 東閣은 경주 관아의 東軒을 말함이라, 비는 은혜를 뜻하고, 바람은 풍속을 뜻한다. 頸聯의 천년국은 신라요, 사월천은 對偶를 맞추기 위함이기도 하지만 연회의 때이다. 尾聯에서 부윤의 어짐을 축하하고 있다.

[17. 贈曲江崔進士天翼]

文章崔進士　湖海好風流

頭掉靑雲路　眼開白鷺洲

已忘今世事　能記舊時遊

巖月精神在　淸齋老可休

[곡강 최진사 천익에게 지어 주다]

문장이라면 최진사인데

호수 바다에서 풍류를 좋아하네

머리 흔드네 출세 길엔

눈 크게 뜨네 백로 있는 물가에

이미 잊었네 이 세상일을

잘 기억하네 옛 시절의 놀이를

정신은 달뜨는 바위산에 있고

늙은 몸은 맑은 집에서 쉴 줄 아네

淸	○	巖	○	能	○	已	●	眼	●	頭	○	湖	○	文	○	
齋	○	月	●	記	●	忘	○	開	○	掉	●	海	●	章	○	贈
老	●	精	○	舊	●	今	○	白	●	靑	○	好	●	崔	○	曲
可	○	神	○	時	○	世	●	鷺	●	雲	○	風	○	進	●	江
休	○	在	●	遊	○	事	●	洲	○	路	●	流	○	士	●	崔

[감상] 제4구 開가 蜂腰이다. 제7구의 月은 鶴膝이나 비운자행이어서 무방하다. 뜻이 좋을 때는 가벼운 규칙은 어길 수도 있음 볼 수 있다. 최진사는 곡강, 포항시 흥해읍에 사는데 작자와 친교가 깊어 뒤에서도 자주 나온다. 두 사람은 立身보다는 悠悠自適함을 더 좋아하는 공통점을 가진다.

[18. 藍浦公實蹟見漏繡啓悲恨有作]

百世孱孫痛　忍言丙子年

孤臣誠貫日　巨寇勢滔天

碧血埋雙嶺　丹忠閉九泉

闕門深似海　誰奏冕旒前

[남포공의 실제 발자취가 점점 없어짐을 보고 수를 놓아 일깨우는 슬픈 한을 가지고 짓다]

여러 대 못난 자손들이 아파하며
병자년을 차마 말하지 못하네
외로운 신하가 참 마음 실천하던 날
큰 도적들 그 기세 하늘에 넘쳤네
푸른 피 쌍령에 묻고도
붉은 충심 구천에 들지 못했네
궐문은 바다같이 깊어
누가 아뢰어 주리오 임금 앞에

誰	○	闕	●	丹	○	碧	●	巨	●	孤	○	忍	●	百	●	
奏	●	門	○	忠	○	血	●	寇	●	臣	●	言	○	世	●	藍
冕	●	深	○	閉	●	埋	○	勢	●	誠	○	丙	●	孱	○	浦
旒	○	似	●	九	●	雙	○	滔	○	貫	●	子	●	孫	○	公
前	○	海	●	泉	○	嶺	●	天	○	日	●	年	○	痛	●	實

[감상] 모든 규칙에 맞다. 제1구, 世는 한 세대 대략 30년을 말하며, 百은 그저 많음을 강조한 말이다. 제6구 九泉, 죽은 뒤에 넋이 돌아간다는 곳. 제8구 冕旒, 임금이 쓰는 넓은 판에 구슬 줄이 여럿 달린 관. 이 詩는 작자의 5代祖, 樂善堂 孫宗老 公의 丙子胡亂 殉節과 그 褒賞이 아직 없음을 안타까워하는 마음의 표현이다. 손공이 남포현감을 지냈기에 世人들은 그를 藍浦公이라 불렀다. 그의 포상을 많은 儒林이 여러 차례 上言하였으나 잘 이루어지지 않다가, 작자의 아우 生員 孫鼎九 공이 路傍上言하여 고향인 경주 양동마을에 正祖 7년(1783년)에 旌忠閣이 세워졌고, 이후 純祖 16년(1816년)에 다시 孫鼎九 공의 아들 生員 孫星說 공이 上言하여 左承旨 兼 經筵參贊官에 贈職되었다. 좀 더 자세한 설명은 뒤편 7언 율시에서 관련 詩가 3首 더 나오니 그곳을 참고 바란다. 首聯은 병자호란에 돌아가신 선조를 자손이 못나 빛내지 못함을, 頷聯은 남포공의 외로운 의병 출전과 전사, 청나라 군대의 軍勢를 말하고, 頸聯은 경기도 이천 雙嶺 전투에서 순절하였는데, 나라에서는 포상이 없으니 영혼이 구천에 들지 못함을, 尾聯은 儒林들의 上言이 있었지만 임금에게까지 잘 전달되지 못함을 안타까워한다.

[19. 達田門會時韻]

花樹吾家會 年年上達田

親敦百世後 誼講一筵前

日煖盃中酒 春回洞裏天

勉哉群少弟 無墮舊風傳

[달전 문회 때 지음]

우리 일가 화수회는

해마다 상달밭에서 하니

친목 두터이 함은 수백 년 이어 온 것이요

바름을 강론함은 연회 전에 하네

해가 따뜻하니 잔에는 술이요

봄이 돌아오니 골짜기에는 구름 없네

노력해야 할 거네 여러 젊은 아우들

없어지지 않으리 예부터 전해 온 풍속

無	○	勉	●	春	○	日	●	誼	●	親	○	年	○	花	○	
墮	●	哉	○	回	○	煖	●	講	●	敦	○	年	○	樹	●	達
舊	●	群	○	洞	●	盃	○	一	●	百	●	上	●	吾	○	田
風	○	少	●	裏	●	中	○	筵	○	世	●	達	●	家	○	門
傳	○	弟	●	天	○	酒	●	前	○	後	●	田	○	會	●	會

[감상] 모든 규칙에 맞다. 제3, 4구에 相替簾이 보인다. 제1구 花樹會, 피를 나눈 일가끼리 하는 모임. 제2구 上達田, 작자는 경주 손씨이다. 경주 양동마을에 집성촌을 이루고 살며, 입향조이신 世祖 때 문신 적개공신 行이조참판 贈이조판서 시호 襄敏 孫昭 公의 묘소가 포항시 흥해읍 上達田에 있으며, 묘를 守護하는 祭室이 上達菴이라고 있다. 그리고 下達田에는 양민공의 아들 中宗 때 문신 이조판서 우참찬 청백리 시호 景節 호 齋齋 孫仲暾 公의 묘소가 있고, 근처에 이를 수호하는 祭室 下學齋가 있다. 이 '上達菴', '下學齋' 명칭은, 論語의 憲問편에 孔子께서 下學而上達(아래로는 人事를 배우고, 위로는 天理에 통한다)이라고 하신 말씀에서 따왔다. 한편 상달전에는 양민공의 외손자요 우재 선생의 생질인 중종·명종 때 문신 晦齋 李彦迪 선생의 묘소도 있다. 그는

어려서부터 外叔인 우재 손중돈 공으로부터 학문을 배웠다. 그는 朱子의 主理論的 입장을 정통으로 확립하여 많은 저술을 남겨 退溪 李滉에게 전했다. 이조판서, 좌찬성에 이르렀다. 領, 頸聯의 對偶가 참 좋다.

[20. 次達田會席海倅權學士韻]

山菴開勝席　重對使君儀
草浸千年宅　苔封十世碑
風霞半面起　星斗五更垂
盡燭論文處　春心滿小卮

[달전 모임에서 홍해군수 권학사의 시에 차운하다]

산중 암자에서 좋은 자리를 마련하여
그대로 하여금 거동케 하여 정중히 대하네
풀은 오래된 집에 돋아나고
이끼는 선대의 비석에 붙어 있네
바람과 노을은 반쪽만 일고
북두와 남두는 새벽까지 쏟아지네
촛불이 다하도록 글을 논하는 곳
봄의 흥취가 작은 잔에 가득하네

春	○	盡	●	星	○	風	○	苔	○	草	●	重	●	山	○	
心	○	燭	●	斗	●	霞	○	封	○	浸	●	對	●	菴	○	次
滿	●	論	◐	五	○	半	●	十	●	千	○	使	●	開	○	達
小	●	文	○	更	○	面	●	世	●	年	○	君	○	勝	●	田
卮	○	處	●	垂	○	起	●	碑	○	宅	●	儀	○	席	●	會

[감상] 제5구에 下三仄이 보인다. 권학사는 작자와 친분이 깊고 당시 홍해군수이다. 달전은 홍해의 관할이다. 이 시 창작의 장소는 앞의 시에서 본 달전 '상달암'인 듯한데, 화수회 때 권학사를 초청한 것인지 아니면 다른 날 또 이곳에서 그를 초청한 것인지는 모르겠다. 首聯, 상달암에서 좋은 자리를 마련하여 홍해군수를 초청하여 정중히 대한다는 제목을 풀었고, 領聯은 그곳 景을 읊었으니, 상달암에 풀이 자라고 10대조 양민공

의 비석엔 이끼가 끼었음을 그렸다, 頸聯에서도 景을 그렸는데, 저녁과 밤을 묘사했다. 尾聯에서 情과 함께 마무리를 하는데, 선비들은 학문도 하지만 술도 즐긴다. 頷, 頸聯의 對偶가 좋다.

[21. 附權學士原韻] - 權學士

君子藏衣鳥　高山象德儀
僧淸依丙舍　松光護穹碑
十世潤源大　千家福慶垂
春圍應報喜　料理賀賓卮

[권학사의 원래 시를 붙여 둔다] - 권학사

군자는 의복과 신발을 숨기고
높은 산은 덕과 예를 나타내네
중은 깨끗하네 묘지기막에 의지하면서도
소나무는 빛나네 높이 솟은 비석을 지키며
십대조의 윤택한 근원이 큰데
불어난 자손에 복과 경사가 쏟아지네
봄이 감싸니 응당 기쁨으로 갚으려는데
요리가 손님의 잔을 돕네

料	◐	春	○	千	○	十	●	松	○	僧	○	高	○	君	○	
理	●	圍	○	家	○	世	●	光	●	淸	○	山	○	子	●	附
賀	●	應	○	福	●	潤	●	護	●	依	○	象	●	藏	○	權
賓	○	報	●	慶	●	源	○	穹	○	丙	●	德	●	衣	○	學
卮	○	喜	●	垂	○	大	●	碑	○	舍	●	儀	○	鳥	●	士

[감상] 모든 규칙에 맞다. 제3구, 丙舍는 墓幕이니 무덤 가까이에 지은 묘지기가 사는 작은 집. 이 시는 번역을 다 해 놓고도 뜻의 일관성에 의문이 간다. 首聯은 詩想의 출발점으로 모든 聯과 맥이 통해야 한다. 그런데 그 점을 찾기 어렵다. 頷聯은 그날 시중 드는 일을 하던 사람은 승려였던 것 같고, 작자인 권학사는 그의 몸가짐을 좋게 본 것 같다. 양민공 묘소의 비석과 주위의 울창한 소나무 숲을 그렸다. 頸聯은 孫門은 양민공

과 경절공 같은 顯祖가 있음과 불어난 자손들이 복을 많이 받고 있다고 치하한다. 尾聯에서는 봄기운에 기분이 좋아지고 좋은 음식은 술을 당기게 한다. 首聯은 군자는 겉으로 드러나는 것은 숨기고, 반면 높은 산은 속에 있는 덕과 예를 드러낸다고 했다. 작자인 권학사는 오늘 이 자리에서 바로 스스로 이런 모습으로 의연하고자 했을까? 아니면 孫門의 사람들이 이런 모습으로 處身한다는 칭찬일까?

[22. 霞溪書堂見贈兩老]

一宿名亭上 能敎世慮灰

山容簷外近 溪響枕邊來

夜月侵詩席 秋風拂酒盃

此間淸興足 携友共徘徊

[하계 서당을 보고 두 노인에게 지어 주다]

하룻밤을 묵었네 이름 있는 정자에서

잘 본받았네 세상 근심 없애는 법

산의 모습 처마 밖에 가깝고

개울 소리 베갯머리에 들려오네

밤달이 시 짓는 자리 찾아드니

가을바람은 술잔을 터네

이러는 사이 맑은 흥취 족하여

벗을 당겨 함께 거니네

携	○	此	●	秋	○	夜	●	溪	○	山	○	能	○	一	●	
友	●	間	○	風	○	月	●	響	●	容	○	敎	○	宿	●	霞
共	●	淸	○	拂	●	侵	○	枕	●	簷	○	世	●	名	○	溪
徘	○	興	●	酒	●	詩	○	邊	○	外	●	慮	●	亭	○	書
徊	○	足	●	盃	○	席	●	來	○	近	●	灰	○	上	●	堂

[감상] 모든 규칙에 맞다. 하계 서당이 어디에 있는지는 모르겠다. 首聯에서 제목의 뜻을 풀고, 頷聯에서 景을, 頸聯에서 情을 그리고 尾聯에서 마무리를 하는 전형적 作法이다. 頷, 頸聯의 對偶도 좋다.

[23. 次崔虞侯壬亂殉節感懷韻]

弱冠知大義 卓立壬辰年

烈氣山河在 英風宇宙傳

天門深似海 志士淚如泉

百世孱孫恨 空湮乃祖賢

[최우후 임란순절에 대한 감회를 차운하다]

약관의 나이에 대의를 알고

임진년에 우뚝 섰네

세찬 기세는 산하에 묻고

영웅의 풍모는 우주로 퍼졌네

대궐문은 바다와 같이 깊어

지사는 샘처럼 눈물 흘리네

오랜 세월 못난 자손 한이 되네

쓸쓸히 잠겨 뜻밖이네 어진 조상

空	○	百	●	志	●	天	○	英	○	烈	●	卓	●	弱	●	
湮	○	世	●	士	●	門	○	風	○	氣	●	立	●	冠	○	次
乃	●	孱	○	淚	●	深	○	宇	●	山	○	壬	○	知	○	崔
祖	●	孫	○	如	○	似	●	宙	●	河	○	辰	●	大	●	虞
賢	○	恨	●	泉	○	海	●	傳	○	在	●	年	○	義	●	侯

[감상] 제2구에 下三平이 보인다. 제목의 虞候, 조선시대 각도의 병영과 수영에 두었던 종3품, 정4품의 무관 벼슬. 병마절도사와 수군절도사의 막료로서 亞將이라고도 한다. 최우후가 누구인가? 먼저 떠오르는 인물은 경주 출신의 정무공 최진립 장군이다. 公은 젊어서 임진왜란에 의병 활동으로 공을 세웠고, 이후 무과 급제 후 승차하여 虞候가 되었고, 병자호란 때 순절하였다. 그러면 이 시의 주인공과는 약관에 임란 참전, 우후가 된 점은 일치하는데 임란에서 순절한 것은 맞지 않다. 그런데 이 시의 주인공은 약관의 나이에 임진왜란 때 의병 참전하여 순절하였고, 사후 虞候로 증직되었다면 왜 頸聯, 尾聯에서 드러나지 못함을 한탄할까? 아무튼 누군지도 모르겠고 까닭도 알 수 없다. 최진립 공에 대한 詩는 뒤편 7언 율시에서 나온다. 그곳을 참조 바란다. 제5구 天門, 대궐

문을 높여 부르는 말. 頷聯은 전장에서 순절하였음을 나타낸다. 頸聯은 그의 死後 국가의 포상이 이루어지지 못함을 안타까워한다. 尾聯에서 자손들이 미약하여 어진 조상을 드러내지 못함을 안타까워한다. 頷, 頸聯의 對偶가 잘되었다.

[24. 府家弟次韻] - 拙菴 孫鼎九

烈士龍蛇蹟 潛光二百年
山河氣不死 竹帛姓無傳
白骨縈荒草 丹裏鎖九泉
聖朝崇節義 應闡乃公賢

[집에 내 아우가 차운한 시를 붙여 둔다] - 졸암 손정구

열사께서는 비상한 인물의 발자취를 남기셨지만
그 빛남이 잠기었네 이백 년이나
산하에는 그 기세가 아직 죽지 않고 남아 있어도
책이나 사서에는 그 성조차 전함이 없네
백골은 거친 풀 속에 얽혀 있고
붉은 마음은 구천에 매여 있으니
바른 조정에서는 절의를 숭상하는 만큼
곧 공의 어짐을 응당 밝혀 줄 것이네

應	○	聖	●	丹	○	白	●	竹	●	山	○	潛	○	烈	●	
闡	●	朝	○	心	○	骨	●	帛	●	河	○	光	○	士	●	府
乃	●	崇	○	鎖	●	縈	○	姓	●	氣	●	二	●	龍	○	家
公	○	節	●	九	●	荒	○	無	○	不	●	百	●	蛇	○	弟
賢	○	義	●	泉	○	草	●	傳	○	死	●	年	○	蹟	●	次

[감상] 제3, 4구에 相替簾을 사용했다. 東山翁의 아우 손정구 공은 정조 때 생원으로서 先祖 낙선당 공의 국가 포상을 이끌어 내는 데 힘썼다. 拙庵은 그의 號이다. 제1구 龍蛇, 비상한 인물. 제4구 竹帛, 서적이나 史記를 달리 이르는 말. 頷, 頸聯의 對偶가 잘되었다. 兄弟분이 함께 최우후를 안타까워 시를 지었음을 본다.

[25. 用周溪濂遊山韻詠周王]

削壁天中起 平沙鏡裏明

山排錦繡列 人擁畵圖行

鶴洞塵緣斷 禪窓客夢淸

携筇探勝地 步履覺還輕

[용주계와 염유산을 읊어 주왕을 노래한다]

깎아지른 절벽 하늘 가운데 솟고

평평한 모래 거울 속에 밝네

산은 물리치네 비단 수 벌려진 것

사람들은 껴안네 그림이 지나가는 것을

학이 사는 골짜기엔 속세 인연 끊어졌고

선방에는 나그네 꿈이 맑아지네

지팡이 끌고 경치 좋은 곳 찾아 나서니

걷던 신발 다시 가벼워짐을 알겠네

步	●	携	○	禪	●	鶴	●	人	○	山	○	平	○	削	●	
履	●	筇	○	窓	○	洞	●	擁	●	排	○	沙	○	壁	●	用
覺	●	探	◐	客	●	塵	○	畵	●	錦	●	鏡	●	天	○	周
還	○	勝	●	夢	●	緣	○	圖	○	繡	●	裏	●	中	○	溪
輕	○	地	●	淸	○	斷	●	行	○	列	●	明	○	起	●	濂

[감상] 제3구에 下三仄과 제6구에 蜂腰가 보인다. 이 시의 제목 해석이 맞는지 모르겠다. 시의 내용을 보면, 경북 청송군에 있는 周王山을 읊은 것 같다. 그 산은 바위와 단풍이 아름다워 조선 팔경 중 제6경이다. 이름을 주왕산이라 함은, 중국 주나라의 왕이 당나라의 수도인 장안으로 쳐들어갔다가 크게 패하여 피난했던 곳이라는 전설에서 유래한다. 首聯은 삐쭉삐쭉 솟은 바위와 거울같이 맑은 물과 모래를, 頷聯은 가을 산이 펼치는 아름다운 경치를, 산은 내어놓고 사람들은 이것을 마치 그림인 양 끌어안는다고 표현했다, 頸聯은 주왕산 안에서도 깊숙한 학소대와 절골을 그린 것 같다. 尾聯은 작자의 무한한 방랑기를 보여 준다. 頷, 頸聯의 對偶가 좋다.

[26. 次申友乃源韻]

聯節大遯寺 霜葉下秋山

仙去白雲上 客來紫洞間

興登千仞壁 相對兩衰顏

別戒風光好 楓花點點丹

[친구 신내원의 시에 차운하다]

서로 지팡이 짚고 대둔사를 찾았는데
서리 맞은 잎이 가을 산 아래로 내려오네
신선은 떠났네 흰 구름 타고
나그네는 찾아왔네 자줏빛 골자기 사이
즐겁게 올랐네 매우 높은 벽을
서로 바라보았네 두 야윈 얼굴을
속세를 떠난 곳이라 풍광도 좋아
단풍은 점차 붉어지네

楓	○	別	●	相	○	興	●	客	●	仙	○	霜	◐	聯	○	
花	○	界	●	對	●	登	○	來	○	去	●	葉	●	節	○	次
點	●	風	○	兩	●	千	○	紫	●	白	●	下	●	大	●	申
點	●	光	○	衰	○	仞	●	洞	●	雲	○	秋	○	遯	●	友
丹	○	好	●	顏	○	壁	●	間	○	上	●	山	○	寺	●	乃

[감상] 刪, 寒 자 通韻이다. 제1, 2구에 相替簾을 썼다. 제4구에 來가 蜂腰이다. 대둔사가 어디 있는지 모르겠다. 대둔산은 전북 완주군 운주면에 있지만, 작자가 그곳까지 가시지는 않았을 것 같다. 친구인 신내원은 청송 사람이라 혹시 주왕산 대전사가 아닐까? 두 사람이 함께 늦가을에 대둔사를 찾아 등산을 하며 보고 느낀 것을 시로 지었다. 對偶도 좋다.

[27. 次申上舍大原雲水洞感懷韻]

聞道梧溪老 曾遊雲水間

溪山依舊在 風月爲誰寒

棲鶴啼深樹 烟霞鎖古壇

懷人惆悵地 秋雨過危欄

[신상사 대원의 운수동 감회를 차운하다]

도를 들으러 오동나무 있는 개울가의 노인을 찾아갔더니

일찍 자연을 유람하러 떠나고 없네

개울이 흐르는 산은 예전 그대로인데

풍월은 누구를 위해 차가운가

보금자리의 학은 깊은 나무 사이에서 울고

연기와 노을은 옛 터에 갇혀 있네

사람들을 생각하면 근심하여 슬퍼지는 곳

가을비는 위태한 난간을 지나가네

秋	○	懷	○	烟	○	棲	●	風	○	溪	○	曾	○	聞	○	
雨	●	人	○	霞	○	鶴	●	月	●	山	○	遊	○	道	●	次
過	●	惆	○	鎖	●	啼	○	爲	●	依	○	雲	○	梧	○	申
爲	○	悵	●	古	●	深	○	誰	○	舊	●	水	●	溪	○	上
欄	○	地	●	壇	○	樹	●	寒	○	在	●	間	○	老	●	舍

[감상] 寒, 刪 자 通韻이다. 溪 자가 疊이다. 제목의 上舍, 진사 생원을 달리 이르는 말. 운수동이라는 이름에서 깊은 산골임이 짐작되고, 감회라는 말에서 이전에 다녀간 적이 있음을 알 수 있고, 首聯에서 그곳에는 賢者가 있음을 알 수 있다. 頷聯에서 주변 환경은 그대로인데 날씨는 추워져 감을 말하고, 頸聯에서도 景을 그렸는데, 예전에 여러 가구가 살았지만 지금은 다들 떠나고 빈터만 있음을 알 수 있고, 尾聯에서 情을 그렸는데, 떠난 사람들을 생각하면 처량한 생각이 드는데 가을비마저 내린다. 對偶가 좋다.

[28. 良洞李同樞壽席韻]

地上神仙坐　壺中日月長

瑤樽斟北海　龜壽祝南閶

柯爛觀碁客　花榮舞彩郎

星圖爭獻處　休慶也牙疆

[양동 이동추의 수연 자리에서 읊다]

이 땅에 신선이 앉아 있는 듯하고

술은 밤낮으로 이어지네

아름다운 술동이 북해를 향해 기울이고

거북 같은 장수를 남창에서 축하하네

도끼자루 그을었네 바둑 내기 보느라

꽃은 활짝 피고 울긋불긋 색동옷 입은 아들 춤을 추네

성도에 따라 술잔 올리는 자리를 다투니

경축을 멈추는 것은 대장기 꽂힌 곳이네

休	○	星	○	花	○	柯	○	龜	○	瑤	○	壺	○	地	●	
慶	●	圖	○	榮	○	爛	●	壽	●	樽	○	中	○	上	●	良
也	●	爭	○	舞	●	觀	○	祝	●	斟	○	日	●	神	○	洞
牙	○	獻	●	彩	●	碁	○	南	○	北	●	月	●	仙	○	李
疆	○	處	●	郎	○	客	●	閶	○	海	●	長	○	坐	●	同

[감상] 모든 규칙에 맞다. 제목의 良洞은 작자의 本鄕이다. 그곳에는 경주 손씨와 여강 이씨가 함께 世居하고 있다. 제목에서 이동추는 이름이 아니고, 동추는 동지중추부사라는 蔭職을 줄인 것이다. 壽席은 壽宴으로 장수를 축하하는 잔치, 보통 환갑잔치를 말한다. 이 시는 당시 환갑잔치를 어떤 모습으로 하였는지를 잘 그려 주고 있다. 제3구 北海, 북쪽에 있는 바다, 바이칼호, 발해의 별칭. 제4구, 閶은 문, 천문, 궁문. 제7구 星圖, 지도와 같은 방법으로 평면 위에다 항성의 적경 및 적위 등급별을 그림으로 나타낸 것. 首聯에서 주인공의 모습과 종일 술이 이어졌음을, 頷聯에서 술을 북쪽을 향해 기울인다는 것은, 우리민족의 근원지 또는 임금이 계신 곳을 상징하는 듯하고, 축하 잔을 올리는 사람들은 남쪽 문으로 들어온 것 같다. 頸聯에서는 한편에서는 바둑을 두고, 한편에

서는 아들이 색동옷을 입고 어버이께 재롱을 피우는 모습을 연출했던 것 같다. 축하로 술잔 올리는 것도 성도라는 그림을 그려 놓고 놀이를 통해 차례를 정했고, 끝나는 지점은 대장기 있는 곳이라, 그 놀이가 지금은 사라지고 없는 것이다.

[29. 次遠客觀瀾翁鶴城韻-1]

君向江湖去 鶴城有好亭

鷗洲軒外白 神島海中靑

鮫窟雲多聚 鯨濤雨欲冥

一觴兼一詠 醉筆也無停

[멀리서 온 손님 관란옹의 학성이라는 시에 차운하다-1]

그대 마음은 늘 자연으로 떠돌고 싶어 하나

학성에도 좋은 정자가 있지 않은가

물가의 갈매기는 추녀 끝에서 희게 날고

신이 산다는 섬은 바다 가운데 푸르구나

상어 굴엔 구름이 많이 모여 있고

고래가 일으킨 파도에 비는 아득하려 하네

한 잔 술에 시 한 수를 읊으니

취한 붓은 멈출 줄을 모르네

醉	●	一	●	鯨	○	鮫	○	神	○	鷗	○	鶴	●	君	○
筆	●	觴	○	濤	○	窟	●	島	●	洲	○	城	○	向	●	次
也	●	兼	○	雨	●	雲	●	海	●	軒	○	有	●	江	○	遠
無	○	一	●	欲	●	多	○	中	○	外	●	好	●	湖	○	客
停	○	詠	●	冥	○	聚	●	靑	○	白	●	亭	○	去	●	觀

[감상] 제2구에 蜂腰가 보인다. 제목의 관란옹은 작자와 친교가 깊어 이 시집 여러 곳에서 시를 주고받았다. 그는 울산의 대표 姓氏인 鶴城 李氏인 모양인데 이름이 밝혀지지 않았다. 제2구의 亭, 울산에는 두 개의 정자 이름이 전하는데, 먼저 하나는 태화루이다. 이것은 신라 선덕여왕 12년(643년)에 당나라에서 불법을 구하고 돌아온 자장 대사가 울산에 태화사를 세울 때 함께 태화 강변 황룡연 절벽 위에 건립하였으나, 임진왜

란 때 소실된 후 최근에 복원되었다. 다른 하나는 二休亭이다. 조선시대 울산도호부의 객관인 학성관의 문루였으나, 누정으로 된 것은 1662년 이동영이 신축한 후다. 이후 화재 및 우여곡절을 거쳐 1940년에 학성 이씨에게 팔렸다. 아마도 後者인 듯싶다. 울산에서 작자를 찾아온 관란옹에게 써 준 시인 것 같다. 首聯을 제외한 모든 聯은 이휴정의 경치와 그곳에서의 풍류를 그렸다. 頷, 頸聯의 對偶가 좋다.

[30. 次遠客觀瀾翁鶴城韻-2]

物外飄孤鶴 翺翔海上峯
眼前窮大宙 胸裡闢鴻濛
西望祥雲紫 東瞻瑞日紅
風流君獨擅 氣味與誰同

[멀리서 온 손님 관란옹의 학성이라는 시에 차운하다-2]

세상 물정 모르고 외로이 방랑하는 학
바다 위 봉우리 빙빙 도는구나
눈앞에는 큰 우주를 궁구하고
가슴속에는 홍몽을 여네
서쪽을 바라보니 서기로운 구름이 자줏빛이요
동쪽을 보니 상서로운 해가 붉구나
풍류를 그대 혼자 마음대로 하니
그 정취 누구와 함께 같이할꼬

氣	●	風	○	東	○	西	○	胸	○	眼	●	翺	○	物	●	
味	●	流	○	瞻	○	望	◐	裡	●	前	○	翔	○	外	●	又
與	●	君	○	瑞	●	祥	○	闢	●	窮	○	海	●	飄	○	
誰	○	獨	●	日	●	雲	○	鴻	○	大	●	上	●	孤	○	
同	○	擅	●	紅	○	紫	●	濛	○	宙	●	峯	○	鶴	●	

[감상] 東, 冬 通韻이다. 모든 규칙에 맞다. 이 시에서는 관란옹의 사람됨과 행동거지를 표현했다. 제1구 物外, 세상 물정의 바깥. 제4구 鴻濛, 하늘과 땅이 아직 갈라지지 아니한 모양, 천지자연의 元氣. 제7구 風流, 속사를 떠나 풍치가 있고 멋들어지게 노는 일. 제8구 氣味, 냄새와 맛, 情趣. 제8구, 물음의 답은 작자 자신이라는 뜻. 頷, 頸聯의 對偶가 좋다.

[次五言排律四十韻觀瀾翁見贈]
[다음은 관란옹을 보고 오언배율 사십 운을 지어 주었다]

排律은 중국 시체의 하나로, 율시의 정격에 句수를 더하여 지으므로 長律이라고도 부른다. 육조의 安延之 등에게서 시작되었다. 당나라에 와서 이 체가 흥하였고 비로소 배율이라는 이름을 얻었다. 배율은 8구인 율시와 같은 평측과 대우법 등을 갖추어 10구 이상의 장편으로 구수에 제한을 받지 않고 이루어진 것이다. 적은 것은 10구에서 부터 시작하여 200구 이상인 것도 있다. 5언이나 7언으로 모두 지을 수 있다. 5언으로 짓는 것이 通例이고, 7언으로 쓰인 배율은 그리 흔하지 않다. 첫 연과 끝 연을 제외하고는 아래위 구절 모두 대우가 필요하다. 당대의 과거 진사과에서는 시부의 과목이 있었는데, 거기에서는 12구의 5언 배율로 작품을 짓게 되어 있었다. 배율에 능하였던 사람으로는 고려의 이규보, 조선의 임숙영이 일컬어진다. 엄격한 형식과 호방한 시상 등이 필수 요건인 이 시체는 창작된 예가 드물고, 자신의 文才를 과시하는 수단으로 쓰이기도 하였다. 두보는 200구에 이르는 장편의 배율을 지었으나, 그 구절이 너무 많음을 걱정했다고 한다. 그런데 이규보는 무리 없이 600구를 지어 文才를 과시하였다. 조선의 임숙영은 그보다 더하였다고 한다. 배율은 단어를 배치하는 것과 뜻이 처음과 끝이 관통하는 것을 으뜸으로 생각하였다.
* 아래 東山先祖의 배율시는 支統, 모두 80句 40韻으로 지어졌다.
* 평측도를 그리는 편의상 8구씩 잘랐다.

[31. 次五言排律四十韻觀瀾翁見贈-1]

白頭相見晩　君是好男兒

洛水遲雷雨　商山思蕙芝

愧余依舊拙　喜子訪新基

一席歡情極　三盃醉興怡

[다음은 관란옹을 보고 오언배율 사십 운을 지어 주었다-1]

늙어서 백두로 서로 바라보니

그대는 정말 좋은 사내로다

낙수는 천둥 치고 비가 오니 천천히 흐르고

적산은 혜초와 지초를 생각하네

나는 부끄럽네 옛날 서투름 그대로이니

그대가 반갑네 새로운 터전을 방문하니

한자리에 만난 정이 지극하여

석잔 술에 취한 흥이 즐겁네

三	○	一	●	喜	●	愧	●	商	●	洛	●	君	○	白	●	
盃	○	席	●	子	●	余	○	山	○	水	●	是	●	頭	○	五
醉	●	歡	○	訪	●	依	○	思	○	遲	○	好	●	相	○	言
興	●	情	○	新	○	舊	●	蕙	●	雷	○	男	○	見	●	排
怡	○	極	●	基	○	拙	●	芝	○	雨	●	兒	○	晩	●	律

[감상] 支統 韻이다. 모든 규칙에 맞다. 제3구 洛水, 중국 섬서, 하남의 두 省을 흐르는 강. 제4구, 商은 商과 같으니, 商山은 중국 산시성 상현 동쪽에 있는 산으로, 四皓가 진나라 난리를 피하여 숨은 곳이니 은자의 땅이고, 蕙芝, 훈초와 지초 모두 性情의 아름다움의 비유로 쓰임. 제6구의 新基는 작자 東山 翁이 경주 천북 東山에 새로 집을 지은 것을 말한다. 제1연은 對偶가 아니고 나머지는 모두 對偶이다.

[32. 次五言排律四十韻觀瀾翁見贈-2]

歸情看北鴈 前路問東龜

錦繡充腸肚 風霞起說辭

世逾多險戱 行路幾迤逶

贏得陶潛樂 何愁原憲飢

[다음은 관란옹을 보고 오언배율 사십 운을 지어 주었다-2]

돌아가는 정에 북으로 가는 기러기를 보고

앞으로 갈 길은 동쪽의 거북에게 묻네

비단에 수놓은 것은 마음을 채우고

바람과 노을은 말을 일으키네

세상 살아가지니 많구나 험한 일

나아갈 길은 몇 번이고 구불구불하네

넘치도록 얻었네 은자의 낙을

어찌 걱정하리 원헌의 굶주림을

何	○	贏	○	行	○	世	●	風	○	錦	●	前	○	歸	○	
愁	○	得	●	路	●	逾	○	霞	○	繡	●	路	●	情	○	五言
原	○	陶	○	幾	●	多	○	起	●	充	○	問	●	看	◐	排律
憲	●	潛	○	迤	○	險	●	說	○	腸	○	東	◐	北	●	
飢	○	樂	●	逶	○	戱	●	辭	○	肚	●	龜	○	鴈	●	

[감상] 모든 규칙에 맞다. 제3구 腸肚, 배, 마음속. 제5구 險戱, 힘난한 모양, 세상살이의 어려움 비유. 제6구 迤逶, 구불구불 가는 모양. 제7구 陶潛, 중국 육조시대 동진의 시인 淵明의 號, 隱者. 제8구 原憲, 춘추시대 송나라 사람, 자는 子思, 공자의 제자, 적빈하였으나 의지가 견고하여 이를 감내하며 깊이 도를 닦았다.

[33. 次五言排律四十韻觀瀾翁見贈-3]

窮通皆有命 顯晦亦隨時

古劍須磨爾 新詩可學而

調高人寡和 言信世誰師

如子能文者 今吾幸見之

[다음은 관란옹을 보고 오언배율 사십 운을 지어 주었다-3]

빈궁하고 현달함은 모두 명이 있고
드러나고 묻힘 또한 때를 따르네
오래된 검은 모름지기 갈 따름이고
새로운 시는 가히 배울 따름이네
곡조가 높으면 사람들 중에 이에 맞추는 이 드물지만
말이 신뢰로우면 세상에 누구나 스승이 되고
그대처럼 글을 잘 짓는 사람을
내가 지금 다행히 볼 수 있네

今 ○	如 ○	言 ○	調 ●	新 ○	古 ●	顯 ●	窮 ○	
吾 ○	子 ●	信 ●	高 ○	詩 ○	劍 ●	晦 ●	通 ○	五
幸 ●	能 ○	世 ●	人 ○	可 ●	須 ○	亦 ●	皆 ○	言
見 ●	文 ○	誰 ○	寡 ●	學 ●	磨 ○	隨 ○	有 ●	排
之 ○	者 ●	師 ○	和 ●	而 ○	爾 ●	時 ○	命 ●	律

[감상] 모든 규칙에 맞다. 제1구, 窮通은 窮達이니 빈궁과 영달, 또 출세하지 못함과 현달함. 4연 모두 對偶를 이루며 지어졌는데, 보통 율시에서는 보기 드문 爾, 而, 之 같은 어조사가 잘 활용되었다.

[34. 次五言排律四十韻觀瀾翁見贈-4]

溪山臨處好　風月兩相宜
邂逅成雙影　唱酬吐一奇
吟詩步小澗　把酒對方池
皓髮嫌衰鬢　黃花笑晩籬

[다음은 관란옹을 보고 오언배율 사십 운을 지어 주었다-4]

개울 있는 산은 이르는 곳마다 좋아서

바람과 달이 서로 잘 어울리네

우연히 만나 두 그림자 이루고

시문을 지어 주고받으며 한 가지 기이함을 토하네

시를 읊조림은 작은 산골 물을 거니는 듯하고

술잔을 잡을 때는 반듯한 연못을 대하듯 하네

흰 털은 야윈 귀밑을 싫어하고

누런 꽃은 해 질 녘 울타리에서 웃네

黃	○	皓	●	把	●	吟	○	唱	●	邂	●	風	○	溪	○	
花	○	髮	●	酒	●	詩	○	酬	○	逅	●	月	●	山	○	五
笑	●	嫌	○	對	●	步	●	吐	●	成	○	兩	●	臨	○	言
晚	●	衰	○	方	○	小	●	一	●	雙	○	相	○	處	●	排
籬	○	鬢	●	池	○	澗	●	奇	○	影	●	宜	○	好	●	律

[감상] 제4구 唱酬, 詩文을 지어 서로 주고받음. 그런데 酬가 蜂腰이다. 이를 피하기 위해서는 吐 대신 生을 쓰면 되지만 그 의미가 약해진다. 이처럼 형식과 의미가 부딪힐 때, 의미를 더 중시한 듯하다. 제5, 6구에서 相替簾을 활용하여 下三仄을 相殺하였다. 각 연의 對偶가 다 좋다.

[35. 次五言排律四十韻觀瀾翁見贈-5]

晴光校夕雨　曙色驗朝曦

一別多餘意　重逢托晚期

自勝窮莫固　休道福無涯

抱膝皆豚犬　盈庭豈驥騏

[다음은 관란옹을 보고 오언배율 사십 운을 지어 주었다-5]

비 그치고 해가 나더니 저녁에 또 비로 바뀌어도
새벽이 오는 모습은 아침 햇살로 증거되네
한번 헤어지니 남은 뜻이 많지만
거듭 만나면 나중으로 미루네
힘이 없어지고부터 가난은 고집을 없애고
도에 머무르니 복은 끝이 없네
무릎에 껴안는 것이 모두 돼지와 개라면
뜰에 차고 넘치는 것이 어찌 천리마와 준마이겠는가

盈	○	抱	●	休	○	自	●	重	○	一	●	曙	●	晴	○	
庭	○	膝	●	道	●	膦	○	逢	○	別	●	色	●	光	○	五
豈	●	皆	○	福	●	窮	○	托	●	多	○	驗	●	校	●	言
驥	●	豚	○	無	○	莫	●	晩	●	餘	○	朝	○	夕	●	排
騏	○	犬	●	涯	○	固	●	期	○	意	●	曦	○	雨	●	律

[감상] 모든 규칙에 맞다. 제1, 2구에 相替簾이 보인다. 제4구 晩期, 느지막한 시기. 제8구 驥騏, 천리마, 뛰어난 인물. 4聯 모두 對偶가 좋다.

[36. 次五言排律四十韻觀瀾翁見贈-6]

汨沒摧吾氣　翺翔展子眉
周遊多所得　塊坐竟何爲
黃卷餘前債　靑氊有舊資
功名慕漢葛　經濟夢殷伊

Ⅲ. 5언 율시　225

[다음은 관란옹을 보고 오언배율 사십 운을 지어 주었다-6]

골몰함으로써 내 기를 꺾고

빙빙 돌며 나니 그대의 눈썹이 펴지네

두루 돌아다니면 얻는 것이 많고

우두커니 앉아 있으면 무엇이든 없어지네

누런 책에는 이전의 빚이 남아 있고

푸른 양탄자에는 옛 재물이 있네

공과 명예는 한나라의 제갈량을 그리워하고

경제는 은나라의 이윤을 꿈꾸네

經	○	功	○	靑	○	黃	○	塊	●	周	○	翺	○	汨	●	
濟	●	名	○	氈	○	卷	●	坐	●	遊	○	翔	○	沒	●	五言
夢	●	慕	●	有	●	餘	○	竟	●	多	○	展	●	摧	○	排
殷	○	漢	●	舊	●	前	○	何	○	所	●	子	●	吾	○	律
伊	○	葛	●	資	○	債	●	爲	○	得	●	眉	○	氣	●	

[감상] 제7구에 下三仄이 보인다. 慕를 欽으로 바꾸면 해결되지만, 그러면 현재적 시점이 강하여 慕보다 못하다. 여기서도 형식과 의미가 부딪혀 고민하던 작자는 의미를 택한 듯하다. 제1구 汨沒, 다른 생각을 하지 않고 한 가지 일에만 온 정신을 쏟음. 제2구 翺翔, 빙빙 돌며 낢. 쳐다보면 눈썹이 펴진다. 제7구의 葛은 諸葛亮을 말한다. 제8구, 伊는 중국 殷나라의 명재상 伊尹이다. 그는 하나라를 정벌하고 백성을 구하는 일을 자기의 책무로 알고 몸소 많은 일을 해냈다. 4연 모두 對偶가 좋다.

[37. 次五言排律四十韻觀瀾翁見贈-7]

宇宙人雖遇　蓬蒿世豈知

胸襟空落落　方冊任孜孜

和氣香生席　流光雪滿髭

良辰耽好句　佳處酌深卮

[다음은 관란옹을 보고 오언배율 사십 운을 지어 주었다-7]

우주에서 사람이 비록 우연히 만나도

이 세상 사람들이 어찌 알겠는가

가슴속 품은 생각 텅 비어 외로이 있는데

책을 마주하고는 부지런하네

온화한 기색에는 자리에 향기가 일지마는

흐르는 세월에는 코털이 백설로 가득하네

좋은 때에 좋은 싯구를 탐하며

아름다운 곳에서 깊은 술잔 따르네

佳	○	良	○	流	○	和	○	方	○	胸	○	蓬	○	宇	●	
處	●	辰	○	光	○	氣	●	冊	●	襟	○	蒿	○	宙	●	五
酌	●	耽	○	雪	●	香	○	任	●	空	○	世	●	人	○	言
深	○	好	●	滿	●	生	○	孜	○	落	●	豈	●	雖	○	排
巵	○	句	●	鬢	○	席	●	孜	○	落	●	知	○	遇	●	律

[감상] 모든 규칙에 맞다. 제2구 蓬蒿, 쑥. 제3구 落落, 큰 소나무 가지 따위가 아래로 축축 늘어짐, 남과 서로 어울리지 않음. 제4구 方冊, 목판이나 대쪽에 쓴 글. 孜孜, 부지런한 모양. 제6구 流光, 물결에 비치는 달, 흐르는 물과 같이 빠른 세월. 제1, 2구에서 宇宙와 蓬蒿는 넓은 세계와 좁은 세계를 대비하여 쓰였다.

[38. 次五言排律四十韻觀瀾翁見贈-8]

庭有不除草　家多未剪茨

知君眞若我　外友更須誰

讀易靑山暮　彈琴白月遲

自訑幽趣足　何患世憂罹

[다음은 관란옹을 보고 오언배율 사십 운을 지어 주었다-8]

뜰에는 있네 뽑지 않은 풀이

집에는 많네 베지 않은 가시나무가

그대를 알고 만약 내가 참되어졌다면

벗이 아니고서는 모름지기 누가 바꾸었겠는가

주역을 읽느라 청산은 저물고

거문고를 타니 밝은 달은 느릿느릿 가네

스스로 으쓱하네 그윽한 취미에 만족해

어찌 걱정하겠는가 세상 근심에 걸릴까

何	○	自	●	彈	○	讀	●	外	●	知	○	家	○	庭	○	
患	●	訑	○	琴	○	易	●	友	●	君	○	多	○	有	●	五言
世	●	幽	○	白	●	青	○	更	○	眞	○	未	●	不	●	排律
憂	○	趣	●	月	●	山	○	須	○	若	●	剪	●	除	◐	
羅	○	足	●	遲	○	暮	●	誰	○	我	●	茨	○	草	●	

[감상] 제4구에 하삼평이 보인다. 類類相從 같은 '끼리끼리 어울린다'는 말과, '좋은 벗을 사귀어라'는 말이 생각난다. 좋은 친구는 친구의 몸에 돋아난 풀과 가시를 뽑아 준다. 4연 모두 對偶가 좋다.

[39. 次五言排律四十韻觀瀾翁見贈-9]

最愛杯中物　頻看篋裡詞

塵韁神豈往　寶界夢長馳

志究潘楊學　精傳李杜詩

紅霞萬丈氣　細雨一竿絲

[다음은 관란옹을 보고 오언배율 사십 운을 지어 주었다-9]

가장 사랑하는 것은 잔 속의 물건이요
자주 들여다보는 것은 광주리 속의 글이네
속세의 굴레에 정신이 어찌 가며
걱정 없는 곳에서는 꿈이 길게 내달리네
뜻을 궁구하는 것은 반악과 양경의 학문이요
정밀하게 전하는 것은 이백과 두보의 시이네
붉은 노을은 길게 이어진 기운이요
가랑비는 한 줄 낚싯대의 실이로다

細	●	紅	○	精	○	志	●	寶	●	塵	○	頻	○	最	●	
雨	●	霞	○	傳	○	究	●	界	●	韁	○	看	◐	愛	●	五
一	●	萬	●	李	●	潘	○	夢	●	神	○	篋	●	杯	○	言
竿	○	丈	●	杜	●	楊	○	長	○	豈	●	裡	●	中	○	排
絲	○	氣	●	詩	○	學	●	馳	○	往	●	詞	○	物	●	律

[감상] 모든 규칙에 맞다. 제7구, 제8구는 相替簾을 썼다. 제4구 寶界, 아미타불의 극락 정토가 있는 세계, 지극히 안락하고 아무 걱정이 없다고 하는 곳. 제2구, 옛날에는 선비들이 詩文을 지어 대광주리 속에 넣어 모아 두고 자주 들여다본다는 뜻이다. 제3구는 속세의 굴레에 끌려 정신을 팔지 않는다는 뜻이다. 제5구, 潘楊은 潘楊之好를 줄인 것일까? 반악의 집과 그의 아내 양경의 집은 몇 대에 걸쳐 통혼하였으므로, 두 집안의 대를 이은 두터운 정의를 말한다. 그러나 이것은 志, 學과는 잘 어울리지 않는다. 그러면 또 다른 두 사람 누구일까? 4연 모두 對偶가 좋다.

[40. 次五言排律四十韻觀瀾翁見贈-10]

愧我仙緣薄 羨君子晉追
前期知有在 何處更相隨
龍睡江湖晚 鷽遷歲月差
雞林多少樹 宜借最高枝

[다음은 관란옹을 보고 오언배율 사십 운을 지어 주었다-10]

나는 부끄럽네 신선의 인연이 부족해서
그대가 부럽네 아들의 진출이 이루어져
전에 한 약속이 있었음을 알겠으면
어느 곳으로 앞서거니 뒤서거니 계속할까
용이 자니 강호가 저물고
꾀꼬리가 떠나니 세월이 구분되네
계림에는 어느 정도의 나무뿐이니
가장 높은 가지를 빌려 옴이 마땅하네

宜	○	鷄	○	鸎	○	龍	○	何	○	前	○	羨	●	愧	●
借	●	林	○	遷	○	睡	●	處	●	期	○	君	○	我	●	五
最	●	多	○	歲	●	江	○	更	●	知	○	子	●	仙	○	言
高	○	少	●	月	●	湖	○	相	○	有	●	晉	●	緣	○	排
枝	○	樹	●	差	○	晩	●	隨	○	在	●	追	○	薄	●	律

[감상] 제2구, 君이 蜂腰인데 의미를 살리느라 형식을 버렸다. 길게 이어 온 배율을 드디어 이제 끝을 맺으니 맨 마지막 聯에는 對偶가 없다. 제2구의 晉은 아마도 벼슬길에 나아감이거나 학문의 진전이 있음일 것이다. 제3, 4구에서 또 둘이 어디론가 떠나 보자는 제의를 한다. 제5구는 친구인 관란옹이 벼슬 없이 처사로 세월을 보냄을 말한다. 제6구의 鸎을 벼슬한 사람을 낮추어 표현한 것으로 고을 원님 정도로 보면, 한 번씩 바뀌면 세월이 2년쯤 흘러간다는 뜻 아닐까? 계림에는 인재가 없으니 그대 같은 걸출한 인물을 모셔 오고 싶다는 뜻 같다. 이 시를 읽으면 마치 굴원의 離騷를 읽는 듯하다.

[41. 次杜少陵五言四韻律詩八首-1]

暇日偸閑客　登高賦遠遊
曉江移晩棹　新月上虛樓
白髮人爭笑　靑山我可休
眼前無限景　嬴得載歸舟

[다음은 두보의 오언사운 율시 여덟 수이다-1]

겨를이 있는 날 한가함을 훔친 나그네

높은 곳에 올라 시를 지으려 멀리 유람하네

새벽 강엔 낡은 노가 움직이고

새달은 빈 누각에 떠오르네

백발을 하고서도 사람들은 다투어 웃으니

청산이면 나는 쉴 수가 있네

눈앞에 무한 경치 펼쳐지니

가득 싣고 배는 돌아가네

贏	○	眼	●	青	○	白	●	新	○	曉	○	登	○	暇	●	
得	●	前	○	山	○	髮	●	月	●	江	○	高	○	日	●	次
載	●	無	○	我	●	人	○	上	●	移	○	賦	●	偸	○	杜
歸	○	限	●	可	●	爭	○	虛	○	晩	●	遠	●	閑	○	小
舟	○	景	●	休	○	笑	●	樓	○	棹	●	遊	○	客	●	陵

[감상] 모든 규칙에 맞다. 제목의 杜少陵은 두보의 호가 少陵이다. 곧 두보를 말한다. 한 폭의 산수화가 그려지는 시이다. 頷, 頸聯의 對偶가 좋다.

[42. 次杜少陵五言四韻律詩八首-2]

湖山千里路　獨倚一孤舟

別意雲同去　歸情水共流

親朋何處在　衰病此中休

泛月滄江夜　無心伴白鷗

[다음은 두보의 오언사운 율시 여덟 수이다-2]

호수와 산 천 리 길을

혼자 외로운 배 한 척에 의지하네

헤어진 생각 구름과 같이 떠났어도

돌아가는 정은 물과 함께 흐르네

친한 벗은 어디에 있는고

늙고 병든 몸 이 가운데 쉬네

차가운 강 물결에 달이 일렁이는 밤

무심한 흰 갈매기만 짝이 되는구나

無	○	泛	●	衰	○	親	○	歸	○	別	●	獨	●	湖	○	
心	○	月	●	病	●	朋	○	情	○	意	●	倚	●	山	○	次
伴	●	滄	○	此	●	何	○	水	●	雲	○	一	●	千	○	杜少
白	●	江	○	中	○	處	●	共	●	同	○	孤	○	里	●	陵
鷗	○	夜	●	休	○	在	●	流	○	去	●	舟	○	路	●	二

[감상] 모든 규칙에 맞다. 만년에 두보가 一葉片舟로 옛 친구들을 찾아다니며 유랑하던 일이 떠오른다. 首聯에서 일으킨 詩想이 頷, 頸聯 모두 情을 읊고는 尾聯에서 景을 그렸다. 보통의 순서와는 다르다. 그러면서도 감동적이다.

[43. 次杜少陵五言四韻律詩八首-3]

蓬萊何處是 遙望意范然

宇宙開胸裡 山川列眼前

閑中誰共語 醉後自酣眠

那得蛻塵骨 高追駕鶴仙

[다음은 두보의 오언사운 율시 여덟 수이다-3]

봉래산이 어디 있는고 바로 여기일세
멀리 바라보니 뜻은 아득하네
우주에 내 속마음 열어 보이니
산천이 눈앞에 열 지어 섰네
한가한 가운데 누구랑 함께 말할꼬
취한 후 저절로 달게 잠을 자네
때 묻은 몸 허물을 어찌 벗고
학을 탄 신선 높이 쫓을꼬

高	○	那	○	醉	●	閑	○	山	○	宇	●	遙	○	蓬	○	
追	○	得	●	後	●	中	○	川	○	宙	●	望	◐	萊	○	次
駕	●	蛻	●	自	●	誰	○	列	●	開	○	意	●	何	○	杜
鶴	●	塵	○	酣	○	共	●	眼	●	胸	○	茫	○	處	●	少
仙	○	骨	●	眠	○	語	●	前	○	裡	●	然	○	是	●	三

[감상] 모든 규칙에 맞다. 제1구, 蓬萊는 蓬萊山으로, 신선이 산다고 하는 전설 속의 산이다. 領, 頸聯의 對偶가 좋다.

[44. 次杜少陵五言四韻律詩八首-4]

江湖放浪客　蓬虆一窮儒
極浦波聲響　虛舟月影孤
新秋神欲爽　淸夜病還蘇
歸計今宜早　行鞭着暮途

[다음은 두보의 오언사운 율시 여덟 수이다-4]

넓은 세상 정처 없이 떠도는 나그네
무성한 덩굴 속 한 가난한 선비일세
먼 포구의 파도 소리 울려오고
텅 빈 배에 달그림자 외로워라
새로 가을 되니 정신은 상쾌하고 싶고
시원한 밤이 되니 병든 몸이 다시 소생하네
돌아가려 하나 지금은 마땅히 이르지만
달리는 채찍은 저문 길에 시작는다

行	○	歸	○	淸	○	新	○	虛	○	極	●	蓬	●	江	○	
鞭	○	計	●	夜	●	秋	○	舟	○	浦	●	藁	●	湖	○	次
着	●	今	○	病	●	神	○	月	●	波	○	一	●	放	●	杜
暮	●	宜	○	還	○	欲	●	影	●	聲	○	窮	○	浪	●	少
途	○	早	●	蘇	○	爽	●	孤	○	響	●	儒	○	客	●	四

[감상] 제2구의 蓬이 '초목 무성할'의 뜻일 때는 측성이다. 이로써 제1, 2구가 相替簾을 이루었다. 모든 규칙에 맞다. 頷, 頸聯의 對偶가 좋다.

[45. 次杜少陵五言四韻律詩八首-5]

旅窓經歲月　江上報新秋
歸意看孤棹　行裝攬一裘
吟詩頻送日　携酒獨登樓
戀闕丹心在　憂君老不休

[다음은 두보의 오언사운 율시 여덟 수이다-5]

떠돌아도 세월은 흘러

강 위에는 새로운 가을을 알리네

돌아갈 뜻으로 외로운 노를 바라보며

떠날 채비로 갖옷 한 벌 챙기네

시를 읊조리며 자주 하루를 보내고

술통을 들고 혼자 누각에 오르네

대궐을 사모하는 붉은 마음 있어

임금을 걱정하며 늙은 몸 쉬지 못하네

憂 ○	戀 ●	携 ○	吟 ○	行 ○	歸 ○	江 ○	旅 ●	
君 ○	闕 ●	酒 ●	詩 ○	裝 ○	意 ●	上 ●	窓 ○	次
老 ●	丹 ○	獨 ●	頻 ○	攬 ●	看 ◐	報 ●	經 ○	杜
不 ●	心 ○	登 ○	送 ●	一 ●	孤 ○	新 ○	歲 ●	少
休 ○	在 ●	樓 ○	日 ●	裘 ○	棹 ●	秋 ○	月 ●	五

[감상] 모든 규칙에 맞다. 두보는 소년 시절부터 시를 잘 지었으나 과거 급제는 하지 못했다. 그리고 많은 유랑을 한 점은 東山先祖와 같다. 다만 두보는 44세 때 일어난 안녹산의 난 때, 황제 숙종 행재소에 달려가 좌습유의 벼슬을 했고, 또 나중 절도사 閻茂의 막료로 공부원외랑을 잠시 지냈을 뿐, 그 사이사이 그리고 노년 내내 불우한 생애를 보냈다. 이 시에서 두보의 숙종에 대한 마음이 보인다. 頷, 頸聯의 對偶가 좋다.

[46. 次杜少陵五言四韻律詩八首-6]

水國雨初歇 江樓高一層

雄心看古劍 秋意見寒燈

憂國誠無盡 思鄉氣自增

前程萬里遠 安得效鯤鵬

[다음은 두보의 오언사운 율시 여덟 수이다-6]

물의 고장에 비가 비로소 그치니

강가 누각이 한층 더 높네

영웅의 마음은 옛 검을 살피고

가을 기분은 차가운 등불을 보네

나라 걱정에 정성은 다함이 없고

고향 생각에 기운은 저절로 불어나네

앞길은 만 리나 먼데

곤이와 붕새를 어찌 본받을 수 있겠나

安	○	前	○	思	○	憂	○	秋	○	雄	○	江	○	水	●	
得	●	程	○	鄉	○	國	●	意	●	心	○	樓	○	國	●	次
效	●	萬	●	氣	●	誠	○	見	●	看	◐	高	○	雨	●	杜
鯤	○	里	●	自	●	無	○	寒	○	古	●	一	●	初	○	少
鵬	○	遠	●	增	○	盡	●	燈	○	劍	●	層	○	歇	●	六

[감상] 제7구에 下三仄이 보인다. 萬을 千으로만 바꿔도 해결될 문제인데, 그 뜻이 약해진다고 형식을 깼다. 그리고 國 자가 疊이다. 제1구, '물의 고장'은 큰 호수가 있는 고장이니 동정호와 악양루가 떠오른다. 제8구 鯤鵬, 莊子에 나오는 상상의 큰 물고기와 큰 새, 아주 큰 물건의 비유. 頷, 頸聯의 대우가 좋다.

[47. 次杜少陵五言四韻律詩八首-7]

洞庭春水濶　中有一高樓

波盪天疑轉　雲晴地似浮

微風生暮浦　明月送孤舟

無限開山路　思君淚譻流

[다음은 두보의 오언사운 율시 여덟 수이다-7]

동정호에 봄이 되니 물이 넓고

그 가운데 한 높은 누각이 있네

물결이 일렁이니 하늘이 구르는 것 같고

구름이 개니 땅이 마치 떠 있는 것 같네

가느다란 바람이 저문 포구에 이니

밝은 달은 외로운 배를 떠나보내네

산을 열어 낸 길은 끝이 없는데

임금을 생각하니 눈물이 무람없이 흐르네

思	無	明	微	雲	波	中	洞	
○	○	○	○	○	○	○	●	
君	限	月	風	晴	盪	有	庭	次
○	●	●	○	○	●	○	○	
淚	開	送	生	地	天	一	春	杜
●	○	●	○	●	○	●	○	
謾	山	孤	暮	似	疑	高	水	少
●	○	○	●	●	○	○	●	
流	路	舟	浦	浮	轉	樓	濶	七
○	●	○	●	○	●	○	●	

[감상] 모든 규칙에 맞다. 제1구, 洞庭은 洞庭湖로 중국 후난성 북부에 있는 중국 제2의 담수호이다. 아름다운 경관과 함께 악양루가 있어 더욱 이름이 알려졌다. 두보는 여기서 登岳陽樓를 지었다. 실제 악양루는 물 밖 평지에 있다고 한다. 首聯에서 詩想을 일으켰고, 頷, 頸聯에서 모두 景을 읊고 마지막 尾聯에서 情으로 마무리하였다. 對偶가 좋다.

[48. 次杜少陵五言四韻律詩八首-8]

孤臣生不幸　幾載滯南州

久作他鄕客　那堪此地遊

好隨城上柳　謾逐水中鷗

早晚歸期在　理舟泛彼流

[다음은 두보의 오언사운 율시 여덟 수이다-8]

외로운 신하는 불행하게 사네
몇 해째 남쪽 지방에서 막혀 있으니
오래되었구나 타향에 나그네로
어찌 견디리 이 지방 유랑을
즐겨 따르네 성 위의 버들을
무람없이 쫓는구나 물 가운데 갈매기를
머잖아 돌아갈 때가 있을 것이니
배를 수리해 저 물결에 띄울 것이네

理	●	早	●	譴	●	好	●	那	○	久	●	幾	●	孤	○	
舟	○	晚	●	逐	●	隨	○	堪	○	作	●	載	●	臣	○	次
泛	●	歸	○	水	●	城	○	此	●	他	○	滯	●	生	○	杜
彼	●	期	○	中	○	上	●	地	●	鄉	○	南	○	不	●	少
流	○	在	●	鷗	○	柳	●	遊	○	客	●	州	○	幸	●	八

[감상] 제8구, 舟가 蜂腰이다. 두보는 전란으로 남쪽 지방 청두에 몇 해 묶여 있다가, 54세에 고향인 허난성 궁현으로 돌아가려고 양자강을 따라 水上에서 배로 방랑하다가, 동정호에서 59세로 병사하였다. 이 시는 그 대목을 그렸다. 제6구의 譴은 아주 친하여 허물없다는 뜻. 首聯에서 詩想을 일으켜 領聯에서 情을 읊고, 頸聯에서 景을 읊고 尾聯에서 마무리를 하였다. 역시 對偶가 좋다. 이렇게 두보의 시 8수를 모두 살폈다. 東山先祖께서는 두보의 시를 무척 사랑하셨던 것 같다.

[49. 佳川與諸老會話韻]

一席同三老　佳川二月天
淸襟論古劍　好意贋新篇
詩酒風流客　溪山放浪仙
今朝分手後　何日共翩躚

[아름다운 시내에서 여러 노인과 모여 나눈 대화를 읊다]

세 노인이 한자리에 함께하니

아름다운 시내에 이월의 하늘이로다

맑은 마음은 옛 검을 논하고

좋아하는 뜻은 새 편지를 기러기에 부치네

시가 있는 술자리엔 풍류객이 오고

시내 있는 산에는 방랑하는 신선이 오네

오늘 아침에 서로 헤어지면

어느 날 함께 붙들고 훌쩍훌쩍 춤출꼬

何	○	今	○	溪	○	詩	○	好	●	淸	○	佳	○	一	●	
日	●	朝	○	山	○	酒	●	意	●	襟	○	川	○	席	●	佳
共	●	分	○	放	●	風	○	鴈	●	論	○	二	●	同	○	川
翩	○	手	●	浪	●	流	○	新	○	古	●	月	●	三	○	與
躚	○	後	●	仙	○	客	●	篇	○	劍	●	天	○	老	●	諸

[감상] 모든 규칙에 맞다. 제7구 分手, 만나지 못하리라 생각하고 떨어져 감. 세 노인이 아름다운 시내 가에서 즐거운 시간을 보내며 헤어질 일을 아쉬워한다. 頸聯의 풍류객과 방랑선은 모두 그들 자신을 말한다. 對偶가 좋다.

[50. 遜谷書堂見壁上韻感吟]

小亭臨小池　瀟灑絶纖塵

五老重遊地　三盃欲暮春

岸花迎好客　山鳥報佳辰

古壁詩猶在　感懷白首新

[손곡 서당 벽에 있는 시를 보고 느껴 읊다]

작은 정자가 작은 못가에 있으니
맑고 깨끗하여 속세 먼지를 끊었네
다섯 늙은이가 자주 놀던 곳
석 잔 술 들고 싶네 늦은 봄
언덕 위 꽃은 좋아하는 손님을 맞이하고
산의 새들은 아름다운 때를 알리네
옛 벽에는 시가 아직도 있어
백수가 새롭게 느껴 보네

感	●	古	●	山	○	岸	●	三	○	五	●	瀟	○	小	●	
懷	○	壁	●	鳥	●	花	○	盃	○	老	●	灑	●	亭	○	遜
白	●	詩	○	報	●	迎	○	欲	●	重	○	絶	●	臨	○	谷
首	●	猶	○	佳	○	好	●	暮	●	遊	○	纖	○	小	●	書
新	○	在	●	辰	○	客	●	春	○	地	●	塵	○	池	○	堂

[감상] 제8구에 懷가 蜂腰이다. 遜谷書堂은 경주시 천북면 보문단지 근처에 있다. 제2구 瀟灑, 맑고 깨끗함, 인품이 맑아 속기가 없음. 纖塵, 아주 자디잔 티끌, 먼지. 首聯에서 詩想을 일으켜, 頷聯에서 情을, 頸聯에서 景을 읊고 尾聯에서 마무리를 하였다. 對偶도 좋다.

[51. 步五言彙選韻贈崔友魯瞻幽居-1]

我憐崔碩士　塵世厭囂紛
別界曾無主　深林始有君
逍遙閑自得　一牛與誰分
詩酒東山老　何時共臥雲

[오언휘선으로 보운하여 은거하는 벗 최노첨에게 주다-1]

나는 최석사를 가엽게 여기니

세속의 시끄럽고 어지러운 것들을 싫어하네

뚝 떨어진 곳에 일찍이 주인이 없던 곳에

깊은 숲속에 처음으로 그대가 자리를 잡았으니

소요하며 한가히 스스로 깨달으니

그 절반은 누구와 더불어 나눌꼬

시와 술을 좋아하는 동산에 노인이 있으니

어느 때고 함께 구름 위에 누울 수 있네

何	○	詩	○	一	●	逍	○	深	○	別	●	塵	○	我	●	
時	○	酒	●	半	●	遙	○	林	○	界	●	世	●	憐	○	步
共	●	東	○	與	●	閑	○	始	●	曾	○	厭	●	崔	○	五言
臥	●	山	○	誰	○	自	●	有	●	無	○	囂	○	碩	●	彙
雲	○	老	●	分	○	得	●	君	○	主	●	紛	○	士	●	

[감상] 모든 규칙에 맞다. 제목 彙選, 모으고 고르는 행위이니, 곧 시 창작 활동이다. 제1구 碩士, 조선시대에 벼슬하지 않은 선비들끼리 상대를 높여 이렇게 칭했던 것 같다. 최노첨은 작자의 친한 벗으로 경주에 살았는데, 이 시 頷聯을 보면 그도 작자 東山처럼 외진 산골에 집을 짓고 은거하였던 모양이다. 당시에는 이러한 것도 유행이었을까? 제6구, 一半은 折半이니, 하나를 둘로 똑같이 나눔, 또는 그 반. 제7구의 東山은 바로 작자의 號이다. 首聯에서 詩想을 일으켜 頷聯에서 景을, 頸聯에서 情을 읊고 尾聯에서 마무리를 지었다. 對偶가 좋다.

[52. 步五言彙選韻贈崔友魯瞻幽居-2]

晩兼山水樂　採釣寄生涯

名利非吾介　烟霞是子家

石壇雲影度　松逕樹陰斜

離菊秋光老　清樽倘泛花

[오언휘선으로 보운하여 은거하는 벗 최노첨에게 주다-2]

늙어서는 산도 물도 다 즐겨서
나물 캐고 낚시하며 생계를 맡기네
명리는 내가 마음에 두지 않는 바지만
고요한 산수 경치는 그대의 집이로세
돌단 위로 구름 그림자 지나가니
소나무 오솔길에 나무 그늘 기우네
흩어지는 국화에 가을빛이 쇠하니
맑은 술통에 꽃이 멋대로 떠 있네

清	○	離	○	松	○	石	●	烟	○	名	○	採	●	晚	●	
樽	○	菊	●	逕	●	壇	○	霞	○	利	●	釣	●	兼	○	又
倘	●	秋	○	樹	●	雲	○	是	●	非	○	寄	●	山	○	
泛	●	光	○	陰	○	影	●	子	●	吾	○	生	○	水	●	
花	○	老	●	斜	○	度	●	家	○	介	●	涯	○	樂	●	

[감상] 이 시의 韻이 麻統인데 제2구의 涯는 佳統으로 서로 通韻이 안 된다. 작자가 (걸으면서 짓다 보니) 잠시 착각하신 듯하다. 제4구 煙霞, 고요한 산수 경치. 이 시 역시 작자가 벗인 최노첨에게 앞의 시에 이어서 써 준 것이다. 首聯은 최노첨의 삶의 모습이고, 頷聯은 작자와 친구 각각의 삶의 태도이다. 頸聯은 景을 사실적으로 그렸고 尾聯에서 현재적 시점 늦가을을 드러내며 마무리하였다. 對偶가 좋다.

[53. 贈霞溪鄭友昌伯閑居]

世間名利客　羨子臥空林
黃鳥時時喚　白雲處處深
水來開鏡面　雨過洗塵心
別界風光好　源源野老尋

[한가로이 사는 벗 하계 정창백에게 지어 주다]

세상에 명리를 쫓는 이들은

텅 빈 숲에 숨어 사는 그대를 부러워하네

노란 새들은 때때로 서로 부르고

흰 구름은 이곳저곳 짙어지네

물은 흘러와 거울 면을 이루고

비 그치니 때 묻은 마음 씻네

세상에서 떨어진 곳 풍광이 좋아서

시골 늙은이 흐르는 물 거슬러 찾아 나서네

源 ○	別 ●	雨 ●	水 ●	白 ●	黃 ○	羨 ●	世 ●	
源 ○	界 ●	過 ●	來 ○	雲 ○	鳥 ●	子 ●	間 ○	贈
野 ●	風 ○	洗 ●	開 ○	處 ●	時 ○	臥 ●	名 ○	霞
老 ●	光 ○	塵 ○	鏡 ●	處 ●	時 ○	空 ○	利 ●	溪
尋 ○	好 ●	心 ○	面 ●	深 ○	喚 ●	林 ○	客 ●	鄭

[감상] 제4구, 雲 자가 蜂腰이다. 제목에서 霞溪는 정창백의 號이다. 마치 武陵桃源을 연상케 하는 시이다. 頷, 頸聯의 對偶가 멋지다.

[54. 贈觀瀾翁]

小堂同客坐　盡日雨來聲

酒勸三盃進　詩催四韻成

淸和芳草節　多少故人情

秉燭論文處　星河已五更

[관란옹에게 지어 주다]

작은 집에 손과 함께 앉았는데
종일 비 오는 소리 들리네
술을 권하며 석 잔이 나아가니
시를 재촉하여 사운을 이루라네
맑고 화목한 아름다운 풀들이 피어난 계절
다소간 친구의 정을 느끼네
촛불을 잡고 글을 논하는 곳
은하수는 이미 새벽을 알리네

星	秉	多	清	詩	酒	盡	小	
○	●	○	○	○	●	●	●	
河	燭	少	和	催	勸	日	堂	贈
○	●	●	○	○	●	●	○	觀
已	論	故	芳	四	三	雨	同	瀾
●	○	●	○	●	○	●	●	翁
五	文	人	草	韻	盃	來	客	
●	○	○	●	●	○	○	●	
更	處	情	節	成	進	聲	坐	
○	●	○	●	○	●	○	●	

[감상] 모든 규칙에 맞다. 제8구 星河, 은하수, 은하계를 강에 비유한 말. 제1구, 客은 제목에 나온 관란옹이다. 그가 작자의 집에 방문한 모양이다. 제4구, 四韻은 곧 律詩를 말한다. 제6구의 故人은 곧 觀瀾翁을 가리킨다. 일거수일투족이 그려지는 시이며 頷, 頸聯의 對偶도 좋다.

[55. 步彙選韻贈觀瀾翁-1]

旅牕詩老坐 吟嘯聽松風
世事蒼茫外 生涯寂寞中
隨鷗伴海客 謀酒喚山翁
末路知音少 憐君任轉蓬

[휘선보운하여 관란옹에게 주다-1]

나그네로 묵는 밤 시 짓는 늙은이 앉아서

소리 높여 시를 읊는데 소나무 사이 바람 소리 들리네

세상사는 아득히 먼 저 밖에 있어

평생을 고요하고 쓸쓸한 가운데 지냈네

갈매기를 따라 바다와 짝한 나그네

술을 찾아 산을 부르는 늙은이

생의 끝에 알아주는 이 적으니

마음대로 떠돌아다니는 그대를 불쌍히 여기네

憐	○	末	●	謀	○	隨	○	生	○	世	●	吟	○	旅	●	
君	○	路	●	酒	●	鷗	○	涯	○	事	●	嘯	●	牕	○	步
任	●	知	○	喚	●	伴	●	寂	●	蒼	○	聽	●	詩	○	彙
轉	●	音	○	山	○	海	●	寞	●	茫	○	松	○	老	●	選
蓬	○	少	●	翁	○	客	●	中	○	外	●	風	○	坐	●	韻

[감상] 제5구에 下三仄이 보인다. 제2구 吟嘯, 소리를 높여 시를 읊음. 제3구 蒼茫, 넓고 멀어서 아득함. 제8구 轉蓬, 가을에 뿌리째 뽑히어 여기저기 굴러다니는 쑥, 轉하여 고향을 떠나 이리저리 떠돌아다님의 비유. 이 詩는 삶의 태도가 비슷한 작자가 벗인 관랑옹의 삶을 시로 읊어 그에게 준 것이다. 首聯의 老가 곧 頸聯의 客, 翁으로 모두 관란옹이다. 對偶가 좋다.

[56. 步彙選韻贈觀瀾翁-2]

放浪湖山客　源源訪我居

日傾無限酒　時送問安書

靑眼相逢處　蒼顏半醉餘

今來家有病　還歎故人踈

[휘선보운하여 관란옹에게 주다-2]

호수로 산으로 방랑하는 나그네
연이어 내 사는 곳에 찾아오네
해가 기울도록 끝없이 술을 마시고
시간을 보내네 안부를 묻는 글을 쓰면서
반가운 눈빛으로 서로 만나는 곳
늙고 여윈 얼굴에 반쯤 취기가 남았네
이번 걸음엔 집안에 병이 있어
한탄하며 돌아서며 친구는 머뭇거리네

還	○	今	○	蒼	○	靑	○	時	○	日	●	源	○	放	●	
歎	◐	來	○	顔	○	眼	●	送	●	傾	○	源	○	浪	●	又
故	●	家	○	半	●	相	○	問	●	無	○	訪	●	湖	○	
人	○	有	●	醉	●	逢	○	安	○	限	●	我	●	山	○	
躇	○	病	●	餘	○	處	●	書	○	酒	●	居	○	客	●	

[감상] 모든 규칙에 맞다. 제2구 源源, 물이 끊임없이 흐르는 모양, 사물이 끊임없이 계속하는 모양, 연달아, 끊임없이. 제4구는 객지에서 자기 집에 문안 편지를 쓰는 것으로 이해된다. 제5구 靑眼, 남을 기쁜 마음으로 대하는 뜻이 드러난 눈초리. 제6구 蒼顔, 창백한 얼굴, 늙어서 여윈 얼굴. 옛 선비들의 우정과 생활 태도가 잘 나타나 있다.

[57. 步彙選韻贈觀瀾翁-3]

性癖耽佳勝　朝西又暮東
已成方外客　自許醉中翁
萬事頭嫌白　三盃鬢欲紅
朋濤何處是　明月與淸風

[휘선보운하여 관란옹에게 주다-3]

성벽이 아름다운 경치를 탐하여
아침에는 서쪽에 또 저녁에는 동쪽에 있네
이미 세속 사람이 아니어
스스로 허락하길 취중 늙은이네
만사를 머리는 분명히 하는 것을 싫어하고
술 석 잔에 귀밑털은 붉어지려 하네
파도를 벗 삼아 어디를 가든 좋고
밝은 달은 맑은 바람과 함께하네

明 ○	朋 ○	三 ○	萬 ●	自 ●	已 ●	朝 ○	性 ●	
月 ●	濤 ○	盃 ○	事 ●	許 ●	成 ○	西 ○	癖 ●	又
與 ●	何 ○	鬢 ●	頭 ○	醉 ●	方 ○	又 ●	耽 ○	
清 ○	處 ●	欲 ●	嫌 ○	中 ○	外 ●	暮 ●	佳 ○	
風 ○	是 ●	紅 ○	白 ●	翁 ○	客 ●	東 ○	勝 ●	

[감상] 모든 규칙에 맞다. 제1구 性癖, 心身에 굳어진 좋지 않은 버릇. 제3구 方外, 세속 사람의 테 밖. 관란옹의 자유분방함을 잘 드러냈다. 對偶도 좋다.

[58. 步彙選韻贈觀瀾翁-4]

千里漢陽客 一筇訪舊京
嶠南少伴侶 江左喜逢迎
宇宙尙鐘閣 山河繞月城
眼看東海濶 咫尺是蓬瀛

[휘선보운하여 관란옹에게 주다-4]

천 리 한양에서 온 나그네
지팡이 하나로 옛 서울을 찾았네
교남에는 짝할 만한 사람 적으나
강 좌편엔 내 뜻 맞추어 주어 기쁘네
우주로 종각이 높다랗고
산하가 월성을 두르네
눈은 동해의 넓음을 살피니
지척에 바로 봉영이 있는 것을

咫	●	眼	○	山	○	宇	●	江	○	嶠	●	一	●	千	○
尺	●	看	◐	河	○	宙	●	左	●	南	○	節	●	里	●	又
是	●	東	○	繞	●	尙	●	喜	●	少	●	訪	●	漢	●
蓬	○	海	●	月	●	鍾	○	逢	○	伴	●	舊	●	陽	○
瀛	○	濶	●	城	○	閣	●	迎	○	侶	●	京	○	客	●

[감상] 제2구, 節이 蜂腰이고, 제3구에 下三仄이 보인다. 제3구 嶠南, 곧 영남. 제4구 逢迎, 남의 뜻을 맞추어 줌. 제8구 蓬瀛, 蓬萊와 瀛洲 모두 三神山 중의 하나. 제1구의 客은 그 다음 모든 구의 내용으로 보아 '한양에서 경주로 왔다'로 보아야 할 것 같은데, 그럼 이 사람이 누구인가? 반대로, '천 리 한양 길을 간 나그네'로 보면 작자 아니면 관란옹일 텐데, 그러면 아래 내용과 맞지 않는다. 아마도 관란옹이 한양을 다녀와서 다시 경주를 방문함을 말한 것 같다. 제4구의 江左는 한양에서 보면 낙동강 좌편, 즉 오늘날 경상북도이다. 결국 교남과 같은 말인데, 교남에는 그를 짝할 사람은 적어도 자연은 그를 기쁘게 한다는 뜻이다.

[59. 步彙選韻贈觀瀾翁-5]

荒村無好事 何處有佳期
欲嘯風生袖 耽吟月滿帷
我非天下士 誰識郢中詞
獨坐三更夜 懷君共展眉

[휘선보운하여 관란옹에게 주다-5]

거친 시골에는 좋은 일이 없으니
어디 가면 아름다운 모임이 있을꼬
휘파람 불고자 하니 바람이 소매에 일고
읊기를 즐기니 달이 휘장에 가득하네
나는 온 나라에 알려진 선비가 아니니
누가 초나라의 글을 알아주겠는가
혼자 앉아 삼경에 이른 밤
그대를 생각하니 눈썹이 함께 펴지네

懷	○	獨	●	誰	○	我	●	耽	○	欲	●	何	○	黃	○	
君	○	坐	●	識	●	非	○	吟	○	嘯	●	處	●	村	○	又
共	●	三	○	郢	●	天	○	月	●	風	○	有	●	無	○	
展	●	更	○	中	○	下	●	滿	●	生	○	佳	○	好	●	
眉	○	夜	●	詞	○	士	●	帷	○	袖	●	期	○	事	●	

[감상] 모든 규칙에 맞다. 제6구 郢, 楚나라의 서울, 역사상 음탕한 곳으로 유명. 楚辭, 굴원, 송옥 등에 의해 시작된 楚나라의 韻文, 어구가 길고 신화 전설이 많이 들어 있고, 풍부한 상상을 볼 수 있어 후세의 賦는 이 楚辭에서 발전한 것이다. 제7구 三更, 밤 11시부터 새벽 1시까지. 이 詩는 작자 東山 자신을 표현하였다. 제3구는 어딘가로 떠나고 싶은 심정을, 제4구는 야외에서 모임을 가질 때 흔히 휘장을 사용했던 것 같다. 제6구의 초나라 글은 작자 자신의 글이다. 제8구, 눈썹이 펴지다는 반가울 때 웃으면 두 눈썹이 펴진다. 領, 頸聯이 좋다.

[60. 次崔君子安韻]

苦雨連旬月　故人會面遲
多君投好句　容我展愁眉
欲醉嫌無酒　偸閑喜有詩
謫仙千載遠　那得竝神詞

[최자안 군의 시에 차운하다]

궂은비가 연 열흘 내리는 달
친구들 만나는 모임이 늦어지네
여러 친구들이 좋은 싯구를 보내오니
내 얼굴에 수심졌던 눈썹이 펴지네
취하고자 하는데 술이 없으면 싫고
한가한 틈을 내어 시를 짓고 나면 기쁘네
귀양 온 신선이 천년 동안 멀었으니
다른 신들과 나란히 시 지을 날 어느 때 올꼬

那	○	謫	●	偸	○	欲	●	容	○	多	○	故	●	苦	●	
得	●	仙	○	閑	○	醉	●	我	●	君	○	人	○	雨	●	次
竝	●	千	○	喜	●	嫌	○	展	●	投	○	會	●	連	○	崔
神	○	載	●	有	●	無	○	愁	○	好	●	面	●	句	●	君
詞	○	遠	●	詩	○	酒	●	眉	○	句	●	遲	○	月	●	子

[감상] 제2구, 人이 蜂腰이다. 제목 君은 친구를 가리킨다. 여러 친구의 시 중에서 최자안의 시에 차운한 것 같다. 제1구 苦雨, 때아닌 때 내리는 궂은비. 連句月은 '연이어 열 달'로 해석할 수도 있으나 너무 심한 듯하다. 尾聯에서 제7구는 작자 자신을, 그리고 제8구는 앞으로 만날 여러 친구들을 비유하였다. 지금 못 만나는 것을 천 년이나 늦어지는 것처럼 과장하였다.

[61. 次靑鳧申乃源韻-1]

漫浪江湖客 靑鳧訪故朋
一盃酬好節 雙劍照寒燈
佳句君先得 新詩我未能
論文談笑地 羨子氣猶增

[청부 신내원의 시에 차운하다-1]

강호를 떠돌아다니는 나그네
청부가 옛 친구를 찾아왔네
좋은 계절에 한 잔씩 돌리니
차가운 등불은 쌍검을 비추네
아름다운 싯구를 그대가 먼저 지으니
새로운 시가 나는 아직 잘되지 않네
지은 시를 평하며 웃는 곳
그대가 부럽네 기가 오히려 불어나니

羨 ●	論 ◐	新 ○	佳 ○	雙 ○	一 ●	靑 ○	漫 ●	
子 ●	文 ○	詩 ○	句 ●	劍 ●	盃 ○	鳧 ○	浪 ●	次
氣 ●	談 ○	我 ●	君 ○	照 ●	酬 ○	訪 ●	江 ○	靑
猶 ○	笑 ●	未 ●	先 ○	寒 ○	好 ●	故 ●	湖 ○	鳧
增 ○	地 ●	能 ○	得 ●	燈 ○	節 ●	朋 ○	客 ●	申

[감상] 모든 규칙에 맞다. 제목의 청부는 號이다. 제1구 漫浪, 일정한 직업이 없이 각처를 떠돌아다님. 제4구는 시를 겨루는 것이 마치 검객들이 서로 겨루는 것 같다는 비유. 頷, 頸聯의 對偶가 좋다.

[62. 次靑鳧申乃源韻-2]

白首傷懷地　秋風送客時
眼前今古意　醉後唱酬詩
流水登絃奏　征鞭上馬遲
淸遊難再得　何處更相期

[청부 신내원의 시에 차운하다-2]

백수가 마음속으로 애통히 여기는 곳

가을바람에 손님을 떠나보낼 때

눈앞에 고금의 뜻이 있어

취한 후 주고받는 시

흐르는 물처럼 거문고에 올려 연주하니

먼 길 떠나는 채찍 들고 말에 오르기 더디어라

맑은 놀음 다시 얻기 어려우니

어느 곳에서 서로 다시 만날꼬

何	○	淸	○	征	○	流	○	醉	●	眼	●	秋	○	白	○	
處	●	遊	○	鞭	○	水	●	後	●	前	○	風	○	首	●	又
更	●	難	○	上	●	登	○	唱	●	今	○	送	●	傷	○	
相	○	再	●	馬	●	絃	○	酬	○	古	●	客	●	懷	○	
期	○	得	●	遲	○	奏	●	詩	○	意	●	時	○	地	●	

[감상] 모든 규칙에 맞다. 앞의 시에 이어진 것으로 靑鳧에게 준 시이다. 제1구, 白首는 흰머리를 한 늙은이로 봄이 좋겠다. 傷懷, 마음속으로 애통히 여김. 제4구 唱酬, 詩文을 지어 서로 주고받고 함. 頷聯은 시를 지을 때는 고금의 좋은 뜻을 품고, 술 한잔하고 지어 서로 주고받으며 읊는다는 뜻. 좋은 친구와 잘 놀고 떠나보내는 모습과 정이 잘 나타나 있다.

[63. 次靑鳧申乃源韻-3]

與子相分處　山光欲暮時

共遊靑鶴洞　嬴得故人詩

別路黃花晚　歸節白日遲

雞林風景好　淸賞有前期

[청부 신내원의 시에 차운하다-3]

그대와 서로 헤어지는 곳

산빛도 저물려고 하는 때

함께 놀았던 청학의 골짜기

가득 얻었네 친구의 시

헤어지는 길에 누런 꽃들은 시들고

돌아가는 지팡이 밝은 해는 더디네

계림의 풍경이 좋으니

산수에서 놀기로 전에 한 약속 있었네

淸	○	雞	○	歸	○	別	●	贏	○	共	●	山	○	與	●	
賞	●	林	○	節	○	路	●	得	●	遊	○	光	○	子	●	又
有	●	風	○	白	●	黃	○	故	●	靑	○	欲	●	相	○	
前	○	景	●	日	●	花	○	人	○	鶴	●	暮	●	分	○	
期	○	好	●	遲	○	晩	●	詩	○	洞	●	時	○	處	●	

[감상] 모든 규칙에 맞다. 제3구의 靑鶴洞은 지리산의 그곳이 아니라, 작자와 친구들을 청학으로 비유한 것이며, 尾聯에 나오는 계림, 즉 경주의 경치 좋은 곳이다. 이 시는 首聯에서 헤어짐을, 尾聯에서 그 만남의 시작을 말하고 있다. 제5구, 黃花는 주로 국화를 이른다. 제8구 淸賞, 깨끗하고 빼어난 일, 山水에서 노는 것. 이것으로 靑梟 신내원에게 준 시가 모두 끝난다.

[64. 寄贈霞溪隴巢翁]

不向霞溪久 流光鏡裡催

新詩無與語 幽抱有誰開

衰暮多別離 親朋少去來

太平今世界 宜醉故人盃

[하계 농소옹에게 지어 보내다]

하계에게 가지 못한 지가 오래되는데
거울 속을 보면 빠른 세월이 재촉하네
새로 시를 지었으나 함께 논할 이 없고
그윽이 끌어안고 있으니 누가 열어 가질꼬
늙으니 떠나보내는 이 많아지고
친구가 오고 가는 이는 적어지네
지금 세상은 태평하니
친구의 잔을 들고 취함이 마땅하지 않은가

宜	○	太	●	親	○	衰	○	幽	○	新	○	流	○	不	●	
醉	●	平	○	朋	○	暮	●	抱	●	詩	○	光	○	向	○	寄
故	●	今	○	少	●	多	○	有	●	無	○	鏡	●	霞	○	贈
人	○	世	●	去	●	別	●	誰	○	與	●	裡	●	溪	○	霞
盃	○	界	●	來	○	離	●	開	○	語	●	催	○	久	●	溪

[감상] 제5구, 別은 평성 자리인데 측성이다. 제목에서 霞溪는 號이고, 隴巢는 울산시 농소면, 즉 지명일 것이다. 제2구 流光, 흐르는 물과 같이 빠른 세월. 제5구, 작자는 84세까지 사시면서 주변에 가족, 친척, 친구 중 먼저 사별한 이가 많았다. 농소에 사는 친구 하계를 오래 만나지 못해 그리워하면서 언제 한번 만나 함께 시를 짓고 술을 마시고 취하고 싶어 한다.

[65. 盤溪書堂重陽會席韻]

名亭開勝會 今日是重陽

月白留人席 花黃勸客觴

仙翁吟嘯地 多士講劘場

來醉東山老 新篇古意長

[반계 서당 중양회 자리에서 읊다]

이름 있는 정자에서 성대한 모임을 여니
오늘이 바로 중양절이라
달은 밝아 사람들이 자리에 머무르고
꽃은 누려져 손님에게 잔을 권하네
신선 같은 늙은이들이 시를 읊조리는 곳
많은 선비들이 학문을 닦는 곳
동산의 늙은이가 와서 취하니
새로 지은 시에는 옛 뜻이 기네

新	○	來	○	多	○	仙	○	花	○	月	●	今	○	名	○	
篇	○	醉	●	士	●	翁	○	黃	○	白	●	日	●	亭	○	盤
古	●	東	○	講	●	吟	○	勸	●	留	○	是	●	開	○	溪
意	●	山	○	劘	○	嘯	●	客	●	人	○	重	○	勝	●	書
長	○	老	●	場	○	地	●	觴	○	席	●	陽	○	會	●	堂

[감상] 모든 규칙에 맞다. 제1구 勝會, 성대한 모임. 제2구 重陽, 음력 9월 9일로 陽數가 겹쳐 길일로 여기고, 또 때가 추석보다 오히려 좋아 음식과 놀이를 즐겼다. 제6구, 講劘는 講磨이니, 학문이나 기술을 연마함. 제7구, 東山은 곧 작자의 號이다. 頸聯은 바로 반계 서당이다. 頷, 頸聯의 對偶가 좋다.

[66. 贈隴巢翁]

霞溪開寶鏡　中有故人廬
奇氣傾河岳　閑情弄鳥魚
臥雲仙債重　步月世緣疎
多事東山老　欽君坐讀書

[농소옹에게 지어 주다]

개울에 노을 지니 보배로운 거울 열리고
그 가운데 친구의 오두막이 있네
기이한 기운이 큰 강과 높은 산에 기우니
한가로운 정이 새와 고기를 희롱하네
세상을 피해 사는 것은 신선에게 빚진 것이 무거워서이고
달밤에 거님은 세상 인연 멀어서네
동산의 늙은이는 일이 많아
앉아서 독서하는 그대를 흠모하네

欽	○	多	○	步	●	臥	●	閑	○	奇	○	中	○	霞	○	
君	○	事	●	月	●	雲	○	情	○	氣	●	有	●	溪	○	贈
坐	●	東	○	世	●	仙	○	弄	●	傾	○	故	●	開	○	隴
讀	●	山	○	緣	○	債	●	鳥	●	河	○	人	○	寶	●	巢
書	○	老	●	疎	○	重	●	魚	○	岳	●	廬	○	鏡	●	翁

[감상] 모든 규칙에 맞다. 제1구, 霞溪는 농소옹의 號인데, 여기서는 글자대로 뜻을 푸는 것이 좋다. 제5구 臥雲, 세상을 피하여 산에서 사는 隱士의 태도. 제6구 步月, 달밤에 거님. 首, 頷, 頸聯 모두 농소옹을 그렸고, 尾聯은 작자 자신에 관한 것인데, 제7구의 東山은 작자의 호이다. 일이 많다 함은 집안에 이런저런 일이 많이 있어, 한동안 분주했다는 뜻일 것이다. 對偶가 좋다.

[67. 步前韻自遣]

東山一片地 晚築數間廬
每歎樽無酒 那期食有魚
溪風透戶隙 庭月入簾疎
衰懶年來甚 尋春廢看書

[앞의 시를 보운하여 스스로 마음 달랜다]

동산 작은 터에
늘그막에 몇 칸 초옥을 지으니
매번 탄식하네 술통에 술이 없음을
어찌 바라겠나 식사 때 생선이 있기를
개울에 바람 부니 지게문 틈으로 바람 들고
뜰에 달이 뜨니 주렴 사이로 빛이 들어오네
늙고 게으름은 해가 올수록 심해지고
술을 찾느라 책 보기를 그만두네

尋	○	衰	○	庭	○	溪	○	那	○	每	●	晚	●	東	○	
春	○	懶	●	月	●	風	○	期	○	歎	●	築	●	山	○	步
廢	●	年	○	入	●	透	●	食	●	樽	○	數	●	一	●	前
看	◐	來	○	簾	○	戶	●	有	●	無	○	間	○	片	●	韻
書	○	甚	●	疎	○	隙	●	魚	○	酒	●	廬	○	地	●	自

[감상] 제1, 2구는 相替簾이다. 제1구, 東山은 경주시 천북면 보문단지 근처이다. 제5구에 下三仄이 보인다. 제8구, 春은 술의 별칭. 작자의 先代 本鄕은 良洞, 仁洞인데 작자는 만년에 동산에 거주하였다. 領, 頸聯의 對偶가 좋다. 술을 좋아함이 잘 드러나 있다.

[68. 寄贈磻溪李碩士養吾]

鶴城高士在　風月是襟期
詩苑聞名早　仙鄕會面遲
論文知有日　把酒問何時
好待三春月　磻溪泛小卮

[반계 이석사 양오에게 부쳐 보내다]

학성에 높은 선비가 있으니
가슴속엔 바로 아름다운 자연 있네
시인들 사이에 일찍 이름을 드러내어
신선의 고향에서 늦게야 대면해 만났네
글을 논해 보니 오래되었음을 알겠고
술잔 들고 어느 때였는지 물었네
즐거이 기다리네 삼월 봄날을
반계에서 작은 술잔 뜨겠지

磻	○	好	●	把	●	論	◐	仙	○	詩	○	風	○	鶴	●	
溪	○	待	●	酒	●	文	○	鄕	○	苑	●	月	●	城	○	寄
泛	●	三	○	問	●	知	○	會	●	開	○	是	●	高	○	贈
小	●	春	○	何	○	有	●	面	●	名	○	襟	○	士	●	磻
巵	○	月	●	時	○	日	●	遲	○	早	●	期	○	在	●	溪

[감상] 모든 규칙에 맞다. 제2구 襟期, 가슴에 깊이 품은 회포. 제3구 詩苑, 오늘날의 시 文壇이다. 제5구 有日, 날 수가 많음. 오랫동안임. 제8구 磻溪, 산시성의 동남쪽으로 흘러 위수로 흘르드는 강, 강태공이 낚시질하였다고 한다. 여기서는 이석사의 號이니, 학성에서 술 한잔 내겠지 하고 기대한다. 작자가 이석사를 처음 사귀는 과정이 잘 나타나 있다. 이석사는 울산 학성 이씨인 것 같다. 號를 磻溪로 함을 볼 때, 그도 隱遁自重하는 處士인 것 같다. 碩士라 함은 학문이 높은 선비를 높여 부른 말이다. 首, 領, 頸聯까지는 처음 대면한 느낌을 그대로 순차적으로 그렸다. 尾聯에서 後日 봄이 되면 다시 한번 만나고 싶은 심정을 드러냈다. 對偶가 좋다.

[69. 次成學士山房韻]

漫浪江湖老　文章太守傍
賓筵兼酒賦　琴閣倒衣裳
襟照三更燭　神傳一篋香
洛城千里路　雲樹意何長

[성학사의 산방을 차운하다]

넓은 세상을 떠돌아다니는 늙은이

문장은 태수를 보필하기 족하네

손님을 맞는 자리엔 술과 시가 있고

거문고 소리 누각엔 위아래 옷이 바뀌네

마음이 비치면 삼경 등촉에

신이 전하네 한 상자 향기를

한양 천 리 길에

구름에 닿는 나무는 그 뜻이 얼마나 길꼬

雲 ○	洛 ●	神 ○	襟 ○	琴 ○	賓 ○	文 ○	漫 ○	
樹 ●	城 ○	傳 ○	照 ●	閣 ●	筵 ○	章 ○	浪 ●	次
意 ●	千 ○	一 ●	三 ○	倒 ●	兼 ○	太 ●	江 ○	成
何 ○	里 ●	篋 ●	更 ○	衣 ○	酒 ●	守 ○	湖 ○	學
長 ○	路 ●	香 ○	燭 ●	裳 ○	賦 ●	傍 ○	老 ●	士

[감상] 모든 규칙에 맞다. 제1구 漫浪, 일정한 직업 없이 각처를 떠돌아다님. 제2구 太守, 신라 때 각 고을의 으뜸 벼슬, 중국에서는 郡의 장관, 刺史로도 불림. 제7구 洛城, 낙양성. 여기서는 한양을 비유한 것 같다. 제8구 雲樹, 구름이 걸릴 만큼 높은 나무. 이 시는 작자가 성학사의 〈山房〉이라는 시를 차운한 것인데, 성학사를 묘사한 것 같다. 제4구의 뜻은 술에 흠뻑 취하여 바지와 저고리를 바꿔 입는다는 표현이다. 제5구, 三更은 깊은 밤이다. 襟은 옷도 되고 마음도 된다. 조용히 앉은 모습을 그렸다. 제6구, 옛 시인들은 詩란 神이 주는 선물로 여겼다. 그래서 한 상자 가득 아름다운 시를 지었다는 뜻이다. 尾聯에서 雲樹는 성학사를 비유한 것이고, 그가 한양 과거 보러 가는, 청운의 뜻을 비유한 것이 아닐까? 頷, 頸聯의 對偶가 좋다.

[70. 附成學士原韻] - 成學士

樹老滁亭右 山渠習墅傍

坐分湖海氣 行拂薜蘿裳

曲几題新句 殘書拭異香

松杠悄送客 官道夕雲長

[성학사가 지은 원래 시를 부쳐 둔다] - 성학사

늙은 나무가 강변 정자 우측에 있고
산도랑은 농막 곁을 늘상 흐르네
가만히 앉아 호수와 바다의 기운을 분별하고
걸으면서 은자의 옷에 먼지를 터네
구석에 놓인 책상에서 새로운 싯구를 짓고
남은 글에서 이상한 향기를 씻어 내네
소나무 외다리에서 손님을 보내며 근심하는데
관리로 나아가는 길은 저녁 구름에 멀어라

官	○	松	○	殘	○	曲	●	行	○	坐	●	山	○	樹	●
道	●	杠	○	書	○	几	●	拂	●	分	○	渠	○	老	●	附
夕	●	悄	●	拭	●	題	○	薜	●	湖	○	習	●	滌	○	成
雲	○	送	●	異	●	新	○	蘿	○	海	●	墅	●	亭	○	學
長	○	客	●	香	○	句	●	裳	○	氣	●	傍	○	右	●	士

[감상] 제7구에 下三仄이 보인다. 제1구 滁, 양자강의 한 지류. 여기서는 그저 한 강을 나타낸다. 제4구 薜蘿, 넝쿨이 뻗는 풀, 전하여 隱者의 옷. 裳은 아랫도리옷이니 걸으면 여기에 먼지가 묻는다. 이 시는 성학사가 자신의 일상과 꿈을 그렸다. 首聯에서 그가 거처하는 곳의 모습을 그렸는데, 앞의 시에서 언급되기를 시제가 山房이라 했다. 이는 공부하기 위해 집을 떠나 조용한 농막 같은 곳, 또는 나그네가 하루 묵는 山寺의 방 등을 나타낸다. 頷, 頸聯은 그의 일상인데 마치 隱者 나 詩人의 모습이다. 그런데 尾聯에서는 科擧에 뜻이 있음을 보인다. 뒤에 다른 시에서 보면 그는 급제를 하였는지 흥해군수를 지내며 동산옹과 아주 친한 친분을 이어 갔다. 對偶도 좋다.

[71. 次成學士江亭韻]

春酒江城熟 吟魂正北飛

自甘山菜軟 奚羨海鮮肥

經過傾華盖 慇懃問布衣

重逢知幾日 風月待君歸

[성학사의 강가 정자란 시에 차운하다]

봄 술이 강가 언덕에서 익으니
시 읊는 혼이 정 북방에서 날아오네
혼자 달가워하네 산나물 부드러운 것을
어찌 부러워하겠나 바다생선 살찐 것을
지나갔네 화개가 기울었던 시절도
은근하게 포의에게 문안하였네
거듭 만난 것이 며칠 되었음을 알겠으니
풍월이 그대 돌아옴을 기다리네

風	○	重	○	慇	○	經	○	羨	○	自	●	吟	○	春	○	
月	●	逢	○	懃	○	過	●	羨	●	甘	○	魂	○	酒	●	次
待	●	知	○	問	●	傾	○	海	●	山	○	正	●	江	○	成
君	○	幾	●	布	●	華	○	鮮	○	菜	●	北	●	城	○	學
歸	○	日	●	衣	○	盖	●	肥	○	軟	●	飛	○	熟	●	士

[감상] 모든 규칙에 맞다. 제5구 華蓋, 여섯 모로 된 양산 등에 그림과 수를 놓아 꾸민, 고려 때의 儀仗의 하나, 곧 높은 신분의 상징이다. 제6구 布衣, 벼슬이 없는 선비, 곧 작자 자신을 말한다. 제7구 幾日, 며칠. 제8구 風月, 자연의 좋은 경치. 이 시는 작자가 성학사를 그리워하는 마음을 그렸다. 首聯, 봄날 작자가 혼자 강 언덕에서 술을 마시니, 正北은 한양으로 짐작, 한양의 성학사가 생각난다. 頷聯은 지금 작자의 처지, 頸聯은 아마 전날 급제한 성학사가 작자의 집에 들러 문안하였던 것 같다. 尾聯에서 성학사와 다시 풍월을 읊고 싶은 기대를 나타냈다.

[72. 步彙選憶弟韻寄贈舍弟]

離家君不見　人事近何如
似隔三千水　難傳一片書
兩親吟病久　一弟報音疏
珍氣何時冷　聯衾臥草廬

[아우를 생각하며 휘선보운하여 내 아우에게 부쳐 보내다]

집을 옮겨 오고는 자네를 못 보았는데

근래 어떻게 지내는가

떨어진 것 같네 마치 삼천수 건너

전하기 어려워라 한 조각 서신을

두 분 어버이 병으로 신음하신 지 오래인데

하나 있는 아우가 소식을 띄엄띄엄 알리네

보배로운 기운이 어느 때 식을꼬

이불을 잇대고 초옥에 누웠네

聯	○	珍	○	一	●	兩	●	難	○	似	●	人	○	離	○		
衾	○	氣	●	弟	●	親	○	傳	○	隔	●	事	●	家	○	步	
臥	●	何	○	報	●	吟	○	一	●	三	○	近	●	君	○	彙	選
草	●	時	○	音	○	病	●	片	●	千	○	何	○	不	●	選	憶
廬	○	冷	●	疏	○	久	●	書	○	水	●	如	○	見	●	憶	

[감상] 모든 규칙에 맞다. 이 詩에는 作者의 8代孫인 譯者가 궁금해 여기던 家族史의 일부가 보인다. 앞에서도 언급했던 작자의 뿌리는 良洞, 仁洞인데 當代에 東山으로 移居하였다. 작자의 부친 孫漢杰 公은 號가 蘭皐이며 遺稿 詩集이 있고, 작자의 아우 孫鼎九 公은 號가 拙菴이고 成均生員, 즉 司馬이고 遺稿가 있으며, 그 아들 孫星說 公 또한 成均進士로 號가 忍窩이며 遺稿가 있다. 이 시가 지어진 때를, 부친이 병석에 계신다고 하였는데, 돌아가신 해를 기준으로 계산하니 작자가 31세 아우가 24세 되던 해이다. 東山으로 移居하신 계기는 그쪽으로 새로 農土가 생긴 탓이 아닌가? 짐작된다. 이때 아우는 仁洞에 살았는데, 그 거리가 실제 30리쯤 되는데 시에서 삼천수, 즉 물을 삼천 번 건너는 거리로 표현했다. 그만큼 두 사람 사이 정이 멀다는 표현 같다. 尾聯에서 珍氣는 父母님을 뜻하여 '어느 때 식을꼬?'는 '어느 때 돌아가실까?'이다. '이불을 잇대고 눕다'는 병든 어버이 곁에 아들이 자리 펴고 누워 밤낮 살핀다는 뜻일 것이다. 對偶가 좋다.

[73. 山窓遣懷]

不向東山久　禪窓世慮灰

松陰擁細逕　竹影泛深盃

歲月吟邊去　親朋夢裡來

嚶嚶黃鳥在　喚友日相催

[산사에서 마음 달래다]

오랫동안 동산에 가지 못했는데

산사의 방에서 세상 걱정 지우네

소나무 그늘이 숲속 길을 껴안고

대나무 그림자 깊은 술잔에 떠 있네

세월은 시를 읊는 곁을 지나고

친한 벗은 꿈속에 나타나네

앵앵 황조가 울고 있어

종일토록 서로 재촉하며 친구를 부르네

喚	●	嚶	○	親	○	歲	●	竹	●	松	○	禪	○	不	●	
友	●	嚶	○	朋	○	月	●	影	●	陰	○	窓	○	向	●	山
日	●	黃	○	夢	●	吟	○	泛	●	擁	●	世	●	東	○	窓
相	○	鳥	●	裡	●	邊	○	深	○	細	●	慮	●	山	○	遣
催	○	在	●	來	○	去	●	盃	○	逕	●	灰	○	久	●	懷

[감상] 모든 규칙에 맞다. 제3, 4구는 相替簾이다. 제목의 山窓은 제2구에 禪窓으로 나타나 산속 절간방이다. 제1구, 東山은 작자의 집이 있는 곳이고 그의 號이기도 하다. 제7구, 嚶嚶은 새 울음 의성어이다. 작자는 오랫동안 집을 떠나 산속 절간에 머무는 듯하다. 首聯에서 詩想을 일으켜, 頷聯에서 景을 읊고, 頸聯에서 情을 나타내고, 尾聯에서 마무리를 지은 典型을 보인다. 對偶도 좋다.

[74. 雨後卽事]

雨後陰雲散　天中白日明

山山新意態　樹樹摠精英

紫極祥光爛　靑丘泰氣生

農人爭怵賀　相與勸掀耕

[비 온 후 바로 느낌]

비 내린 후 검은 구름 흩어지고

하늘 가운데 밝은 해가 빛나네

산들은 모두 새롭게 모습 드러내고

나무들도 모두 우뚝하고 아름답게 보이네

대궐엔 상서로운 빛이 넘치고

온 나라엔 태평한 기운이 일겠네

농부들은 다투어 기뻐하며 축하하고

서로 더불어 마주 보며 밭 갈기를 권하네

相	○	農	○	靑	○	紫	●	樹	●	山	○	天	○	雨	●
與	●	人	○	丘	○	極	●	樹	●	山	○	中	○	後	●	雨
勸	●	爭	○	泰	●	祥	○	摠	●	新	○	白	●	陰	○	後
掀	○	怵	●	氣	●	光	○	精	○	意	●	日	●	雲	○	卽
耕	○	賀	●	生	○	爛	●	英	○	態	●	明	○	散	●	事

[감상] 모든 규칙에 맞다. 제목의 卽事, 바로 당장에 보거나 듣거나 한 일. 제4구 精英 樹, 생장, 樹形, 재질 등이 둘레의 다른 나무보다 각별히 우수한 개체. 제5구 紫極, 天子의 어좌. 제6구 靑丘, 중국에서 우리나라를 일컫던 말. 봄에 비 온 후 산뜻해진 자연을 보고 나라와 이웃의 평화를 그렸다. 頷, 頸聯의 對偶가 참 멋지다.

[75. 山窓見觀瀾韻自遣]

世人不識我　謾道以詩鳴
菴寂仙緣重　山深世慮輕
明時懷慷慨　晩節氣崢嶸
那得三千翮　飛騰九萬程

[산속 암자에서 관란을 보고 읊어 스스로 마음 달랜다]

세상 사람들 우리를 알아주지 않는데
도는 게을리하면서 시를 읊네
암자는 적막하여 신선의 인연 무겁고
산은 깊어 세상 걱정 가볍네
좋은 세상인데도 마음은 슬프고 한탄스럽고
늙었지만 기운은 한껏 드높네
어찌하면 많은 날갯죽지를 얻어
구만리 길을 날아오를꼬

飛	○	那	○	晩	●	明	○	山	○	菴	○	謾	○	世	●	
騰	○	得	●	節	●	時	○	深	○	寂	●	道	●	人	○	山
九	●	三	○	氣	●	懷	○	世	●	仙	○	以	●	不	●	窓
萬	●	千	○	崢	○	慷	●	慮	●	緣	○	詩	○	識	●	見
程	○	翮	●	嶸	○	慨	●	輕	○	重	●	鳴	○	我	●	觀

[감상] 제1구에 下三仄이 보인다. 世 자가 疊이다. 제목, 觀瀾은 작자의 벗으로 여러 시에서 觀瀾翁으로 나왔다. 오늘은 산속 암자에서 서로 만난 것이다. 제5구 明時, 평화스러운 세상. 제6구 崢嶸, 산의 형세가 가파르고 한껏 높은 모양. 두 사람 모두 처사로서 시와 술을 좋아하고 방랑을 즐겼다. 尾聯의 '많은 날갯죽지를 얻다'는 立身하는 것일까, 아니면 그야말로 莊子처럼 大鵬이 되고 싶은 것일까? 역시 對偶가 좋다.

[76. 寄贈成學士]

枳棘棲鸞鳳　垂翎大嶺東

胸襟滄海月　杖屨曲江風

夢遠藤蘿窟　誠深俎豆宮

官淸民便堵　處處巷謠同

[성학사에게 부쳐 보내다]

탱자나무 가시나무에 걸출한 인물이 깃들어

깃을 드리웠네 큰 고개 동쪽에

가슴속 생각은 푸른 바다의 달이요

머무른 자취엔 곡강의 바람이네

꿈은 멀어 등나무 우거진 굴이요

성실함은 깊어 제기 놓인 대궐일세

관직에서 청렴하니 백성의 편안한 울타리요

가는 곳마다 거리엔 같은 칭송의 노래로다

處	●	官	○	誠	○	夢	●	杖	●	胸	○	垂	○	枳	●	
處	●	淸	○	深	○	遠	●	屨	●	襟	○	翎	○	棘	●	寄
巷	●	民	○	俎	●	藤	○	曲	●	滄	○	大	●	棲	○	贈
謠	○	便	●	豆	●	蘿	○	江	○	海	●	嶺	○	鸞	○	成
同	○	堵	●	宮	○	窟	●	風	○	月	●	東	○	鳳	●	學

[감상] 모든 규칙에 맞다. 제1구 枳棘非鸞鳳所棲, 탱자나무나 가시나무처럼 좋지 않은 나무에는 난새나 봉황 같은 靈鳥는 깃들지 않음, 轉하여 천한 자리나 낮은 지위에는 傑士가 있을 자리가 아님을 이름. 鸞鳳, 난조와 봉황, 英俊한 선비의 비유, 곧 성학사이다. 제4구 杖屨, 지팡이와 신, 즉 이름난 사람이 머무른 자취를 이르는 말. 제6구 俎豆, 제사에 쓰이는 나무 그릇, 즉 꼭 필요한 물건. 이 詩는 이전부터 벗이었던 성학사가 흥해 군수로 부임하여 선정을 베푸는 것을 칭송하는 내용을 담고 있다. 首聯은 성학사의 인품에 비해 시골구석으로 발령을 받았다는 뜻이며, 그곳이 문경 새재를 넘어 동쪽, 그러니까 오늘날 포항시 흥해읍이다. 그곳 지명이 曲江으로도 불린다. 頷聯, 바다에 달이 뜬 모습을 본 사람은 알 것이다, 그것이 얼마나 고요하고 따뜻한지를. 風은 風俗을 뜻하며

온화한 마음으로 곡강의 풍속을 바로 잡았다는 의미일 것이다. 頸聯은 해석이 어렵다. 제5구는 성학사가 등나무 우거진 굴, 은자의 거처를 꿈꾸지만, 제6구, 誠은 현실적 태도, 성실함이다. 그래서 현실에서는 대궐에 꼭 필요한 인재라는 것 아닐까? 尾聯, 성학사가 청렴하게 고을을 다스리니 거리 곳곳에 어린이들이 원님을 칭송하는 동요를 지어 부르더라는 칭송이다. 對偶도 좋은 듯한데 너무 어렵다.

[77. 玉井菴更步灰字韻遣懷]

玉井名千古　孤菴度幾灰
近峯尖似筆　遙海小如盃
有客求詩到　無人載酒來
山樽謀一醉　佳句此中催

[옥정암에서 다시 灰 자 운을 밟아 스스로 마음 달랜다]

옥정이라는 이름은 참으로 오래되었지만
외로운 암자엔 몇몇 중들만 있네
가까운 봉우리는 붓처럼 뾰족하고
먼 바다는 마치 술잔같이 작도다
찾아온 나그네 있어 시를 짓게 되었는데
아무도 없네 술을 실어 오는 이가
산속의 술통이 한번 취하고자 하는데
아름다운 싯구가 이 가운데 재촉하네

佳	○	山	○	無	○	有	●	遙	○	近	●	孤	○	玉	●	
句	●	樽	○	人	○	客	●	海	●	峯	○	菴	○	井	●	玉
此	●	謀	○	載	●	求	○	小	●	尖	○	度	●	名	○	井
中	○	一	●	酒	●	詩	○	如	○	似	●	幾	●	千	○	菴
催	○	醉	●	來	○	到	●	盃	○	筆	●	灰	○	古	●	更

[감상] 모든 규칙에 맞다. 제2구 灰는 회색, 곧 스님이고 度는 여기서 '헤아릴 탁'이다. 작자는 지금 옥정암이란 암자에서 여러 날 묵고 있는데, 바로 제5구의 有客이다. 그런데 (오늘은 누가 찾아와서 함께 시를 짓게 되었는데) 좋아하는 술이 없다. 제7구의 山樽, 산속의 술동이, 바로 작자 자신을 일컫는다. 起, 承, 轉, 結이 典型的이다. 領, 頸聯의 對偶도 좋다.

[78. 贈府伯李相公 秉鼎]

千載新羅國 稱聲四境聞

庶民觀白日 多士望靑雲

文合登淸廟 材優佐聖君

東山翁措大 何幸襲餘芳

[부윤 이상공 병정에게 드리다]

천 년의 신라 땅에

칭송의 소리 사방에 들리네

백성들은 밝은 해를 보고

많은 선비들은 청운의 꿈을 키우네

그대의 글은 맑은 사당에 오르기에 합당하고

그대의 재능은 성군을 보필하기에 넉넉하네

동산의 늙은이는 깨끗하고 가난한 선비이니

어찌 다행히 남은 향기를 입겠습니까

何	○	東	○	材	○	文	○	多	○	庶	●	稱	○	千	○
幸	●	山	○	優	○	合	●	士	●	民	○	聲	○	載	●	贈
襲	●	翁	○	佐	●	登	●	望	●	觀	○	四	●	新	○	府
餘	○	措	●	聖	●	淸	○	靑	○	白	●	境	●	羅	○	伯
芬	○	大	●	君	○	廟	●	雲	○	日	●	聞	○	國	●	李

[감상] 모든 규칙에 맞다. 제3구, 白日은 부윤이며, 제5구, 淸廟는 성현을 모시는 文廟와 같은 곳. 제7구 措大, 깨끗하고 가난한 선비를 조롱 또는 겸손의 뜻으로 쓰임. 작자가 경주 부윤 이병정에게 그의 선정을 칭송하며 지어 드린 시이다. 제8구 餘芬, 남들이 다 가지고 난 뒤의 남은 名聲. 전체적으로 상대를 높이고 자신을 낮추었다. 對偶도 좋다.

[79. 拈唐詩五言彙選得廻字]

有意男兒老 無情歲月廻

荒村佳客少 何處好音來

夕鳥溪邊去 朝霞洞裡開

衰翁無一事 微醉野人盃

[당시 오언 여러 편을 골라 들어 廻 자 운을 얻어 짓다]

남자다운 남자로 늙겠다는 뜻이 있었지만

무정한 세월은 돌고 도네

거친 시골엔 반갑고 귀한 손님 드무니

어느 곳에서 좋은 소식 들려올꼬

저녁 되면 새들은 개울가를 떠나고

아침에는 노을이 골짜기 안을 여네

늙은이에겐 일이 없어

시골 사람이 주는 술 한 잔에 조금 취하네

微	○	衰	○	朝	○	夕	●	何	○	荒	○	無	○	有	●	
醉	●	翁	○	霞	○	鳥	●	處	●	村	○	情	○	意	●	拈
野	●	無	○	洞	●	溪	○	好	●	佳	○	歲	●	男	○	唐
人	○	一	●	裡	●	邊	○	音	○	客	●	月	●	兒	○	詩
盃	○	事	●	開	○	去	●	來	○	少	●	廻	○	老	●	五

[감상] 無 자가 疊이다. 제목, 唐詩를 읽으면서 여러 韻字를 택해 본인의 시를 지은 것이다. 시골 處士의 恨이 자연에 비치어 형성된 소박한 시이다. 제3구 佳客, 반갑고 귀한 손님. 제4구 好音, 좋은 소식. 頷, 頸聯의 對偶가 좋다.

[80. 拈唐詩五言彙選得通字]

放浪江湖客 蓬萊眼底通

豪情四海外 春意一盃中

遊覽仙緣盡 歸來世念空

東山高臥處 謀醉喚村翁

[당시 오언 여러 편을 골라 들어 通 자 운을 얻어 짓다]

속세를 떠나 방랑하는 나그네
봉래산이 온통 눈 아래 있네
호걸스러운 멋은 온 세상 밖에 있고
춘정은 한 잔 속에 있네
유람하네 신선의 인연 다할 때까지
돌아갈 거네 세상 집착 다 비우고
높이 누운 동산에서
이웃 늙은이 불러 취하고 싶네

謀	○	東	○	歸	○	遊	○	春	○	豪	○	蓬	○	放	●	
醉	●	山	○	來	○	覽	●	意	●	情	○	萊	○	浪	●	得
喚	●	高	○	世	●	仙	○	一	●	四	●	眼	●	江	○	通
村	○	臥	●	念	●	緣	○	盃	○	海	●	底	●	湖	○	字
翁	○	處	●	空	○	盡	●	中	○	外	●	通	○	客	●	

[감상] 제3구에 下三仄이 보인다. 제2구 蓬萊山, 동해 가운데 있는 신선이 산다는 산, 또는 여름철의 금강산 별칭. 제3구 四海, 온 세상. 제7구, 東山은 작자가 사는 地名이고 동시에 그의 號이다. 작자의 속세에 뜻이 없는 天性이 잘 나타나 있다. 領, 頸聯의 對偶가 좋다.

[81. 拈唐詩五言彙選得鳴字]

春宵搔白髮 謷詠度三更
自許明時棄 安能盛世鳴
年華愁裡過 詩語醉中成
未遂男兒志 無端送此生

[당시 오언 여러 편을 골라 들어 鳴 자 운을 얻어 짓다]

봄밤 백발을 긁으며
느릿느릿 읊네 삼경이 넘도록
스스로 마음먹었는데 좋은 때를 버리기로
어찌할 수 있나 융성한 세월에 이름 알리기를
한 해 세월은 근심 속에 지나도
시 속 언어는 취한 가운데 이루어지네
남아의 뜻을 이루지 못했으나
이번 생은 마음대로 보내겠네

無○	未●	詩○	年○	安○	自●	謂○	春○	
端○	遂●	語●	華○	能○	許●	咏●	宵○	得
送●	男○	醉●	愁○	盛●	明○	度●	搔○	鳴
此●	兒○	中○	裡●	世●	時○	三○	白●	字
生○	志●	成○	過●	鳴○	棄●	更○	髮●	

[감상] 모든 규칙에 맞다. 제3구 明時, 제4구 盛世, 모두 좋은 때인데, 작자 생존 당시가 正祖 임금 때로 영남의 선비들이 모두 좋게 여겼다. 제5구 年華, 지나가는 날이나 달이나 해. 제8구, 無端은 無斷이니, 미리 연락을 하거나 승낙을 받거나 하지 않고 함부로 행동하는 일. 작자의 인생관이 잘 나타나 있다. 頷, 頸聯의 對偶가 좋다.

[82. 拈唐詩五言彙選得深字]

天借溪山勝 我居洞壑深
衰翁無伴倡 好客少來尋
每看魚遊水 只聞鳥語林
閑吟經歲月 世事不營心

[당시 오언 여러 편을 골라 들어 深 자 운을 얻어 짓다]

하늘에게서 시내 흐르는 산의 아름다운 곳을 빌려

나는 동리 구석 깊은 곳에 살고 있네

쇠한 늙은이 짝하여 창할 사람 없고

반가운 손님 와서 찾는 이 드무네

매양 살피네 고기가 물에서 노는 것

단지 듣네 새가 나무에서 지저귀는 것

가는 세월 한가로이 읊으며

세상일은 경영하려는 마음 없네

世	●	閑	○	只	●	每	●	好	●	衰	○	我	●	天	○	
事	●	吟	○	聞	○	看	◐	客	●	翁	○	居	○	借	●	得
不	●	經	○	鳥	●	魚	○	少	●	無	○	洞	●	溪	○	深
營	○	歲	●	語	●	遊	○	來	○	伴	●	壑	●	山	○	字
心	○	月	●	林	○	水	●	尋	○	倡	●	深	○	勝	●	

[감상] 제2구의 居, 제6구의 聞이 蜂腰이다. 제3구 倡, 시를 지어 서로 상대에게 불러 주는 소리. 작자의 현재 삶을 그대로 읊었다. 頷, 頸聯의 대우가 좋다.

[83. 拈唐詩五言彙選得華字]

把酒消世慮 看鏡惜年華

江海誰爲客 乾坤我有家

最憎頭上雪 難祛眼中花

遙羨桃源老 餐芝醉紫霞

[당시 오언 여러 편을 골라 들어 華 자 운을 얻어 짓다]

술통을 잡으면 세상 근심 사라지고

거울을 보면 가는 세월이 아깝네

강과 바다로 나서면 누구나 나그네가 되고

하늘과 땅 사이는 어디나 내 집일세

가장 미운 것은 머리 위의 백설이요

어렵게 떨치는 것은 눈 속의 꽃이로다

멀리서 선경의 늙은이를 부러워하며

영지 먹고 자줏빛 노을에 취하네

餐	○	遙	○	難	○	最	●	乾	○	江	○	看	◐	把	●	
芝	○	羨	●	祛	●	憎	○	坤	○	海	●	鏡	●	樽	○	得
醉	●	桃	○	眼	●	頭	○	我	●	誰	○	惜	●	消	○	華
紫	●	源	○	中	○	上	●	有	●	爲	○	年	○	世	●	字
霞	○	老	●	花	○	雪	●	家	○	客	●	華	○	慮	●	

[감상] 모든 규칙에 맞다. 제2구 年華, 지나가는 날이나 달이나 해. 제7구, 桃源은 仙境, 별천지이다. 작자의 脫俗한 삶의 자세가 드러나 있다. 尾聯에서 보면, 신선처럼 살기를 염원하지만 현실은 그렇지 못하여 마음만 그런 시늉을 한다. 頷, 頸聯의 對偶가 좋다.

[84. 拈唐詩五言彙選得山字]

衰翁爲世棄　端合臥靑山

夢遠江湖外　神遊酒賦間

風來時助興　月到夜偸閑

可笑塵紅客　滔滔不識還

[당시 오언 여러 편을 골라 들어 山 자 운을 얻어 짓다]

쇠한 늙은이 세상을 버리기 위해
단정히 짝하네 청산에 누워
꿈은 멀리 넓은 세상 밖으로
정신은 노네 술과 시 사이에
바람 불어 때마침 흥취가 일고
달이 뜨니 밤에 한가함을 훔치네
속세의 출세한 사람 가소로워
북받치는 생각 흘러 돌아올 줄 모르네

滔	○	可	●	月	●	風	○	神	○	夢	●	端	○	衰	○	
滔	○	笑	●	到	●	來	○	遊	○	遠	●	合	●	翁	○	得
不	●	塵	○	夜	●	時	○	酒	●	江	○	臥	●	爲	○	山
識	●	紅	○	偸	○	助	●	賦	●	湖	○	青	○	世	●	字
還	○	客	●	閒	○	興	●	間	○	外	●	山	○	棄	●	

[감상] 모든 규칙에 맞다. 제3구 江湖, 넓은 세상. 제7구 紅客, 붉은 옷을 입은 사람, 즉 출세한 사람. 제8구 滔滔, 물이 그득 퍼져 흘러가는 모양, 감흥 따위가 북받쳐 누를 길이 없음. 작자는 방랑, 시, 술, 벗을 좋아하나, 이제 늙어 청산에 누워 속세의 출세한 사람들을 가벼이 여기며, 혼자 생각이 넘치는 물과 같이 도도히 흘러 먼 곳까지 가서 돌아올 줄 몰라 한다. 역시 頷, 頸聯의 對偶가 좋다.

[85. 拈唐詩五言彙選得時字]

虛了三生債 難逢再壯時
每呼樽裡酒 羞看鬢邊絲
兀上青籤老 庭前白日遲
聖賢黃卷在 夫子是吾師

[당시 오언 여러 편을 골라 들어 時 자 운을 얻어 짓다]

허무하게 마치네 삼생의 빚을

다시 씩씩한 때를 만나기는 어려워라

늘 부르네 술동이 속 술을

부끄럽게 보네 귀밑 가 흰 털을

책상 위에 푸른 산가지 말라 가는데

뜰 앞 밝은 해는 더디 가네

성현은 누런 책 속에 계시니

공자님은 나를 바로잡는 스승이시네

夫	○	聖	●	庭	○	兀	○	羞	○	每	●	難	○	虛	○	
子	●	賢	○	前	○	上	●	看	◐	呼	◐	逢	○	了	●	得
是	●	黃	○	白	●	靑	○	鬢	●	樽	○	再	●	三	○	時
吾	○	卷	●	日	●	籤	○	邊	○	裡	●	壯	●	生	○	字
師	○	在	●	遲	○	老	●	絲	○	酒	●	時	○	債	●	

[감상] 모든 규칙에 맞다. 제1구, 三生은 前生, 現生, 後生의 총칭. 제5구, 靑籤은 주역에 따라 점을 칠 때 사용하는 대나무로 젓가락처럼 만든 가지. 제8구의 是는 지시대명사 '이것'으로 보아, '바로 나의 스승'으로 해석할 수도 있겠다. 실없이 늙어 가며 술과 시에 젖고 성현의 말씀에 따르는 한가한 선비의 모습을 그렸다. 頷, 頸聯의 對偶가 좋다.

[86. 拈唐詩五言彙選得文字]

中宵一氣在 開戶視乾文

庭有三更月 天無一點雲

虫音床下鬧 松籟枕邊聞

塊坐難成夢 沉吟憶細君

[당시 오언 여러 편을 골라 들어 文 자 운을 얻어 짓다]

한밤중에 한 기운이 있어

지게문을 여니 하늘의 별들이 보이네

뜰에는 있네 삼경의 달이

하늘에는 없네 한 점 구름도

벌레 소리 침상 아래서 조용한데

소나무 부딪히는 소리 베갯머리에 들리네

웅크리고 앉아 꿈을 이루기 어려워

속으로 읊조리네 먼저 간 아내를 생각하며

沉	○	塊	●	松	○	虫	○	天	○	庭	○	開	○	中	○	
吟	○	坐	●	籟	●	音	○	無	○	有	●	戶	●	宵	○	得
憶	●	難	○	枕	○	床	○	一	●	三	○	視	●	一	●	文
細	●	成	○	邊	○	下	●	點	●	更	●	乾	○	氣	●	字
君	○	夢	●	聞	○	関	●	雲	○	月	●	文	○	在	●	

[감상] 제1구에 下三仄이 보인다. 一 자가 疊이다. 제2구 乾文, 하늘의 무늬, 곧 별들의 모습. 제3구 三更, 밤 11시에서 1시 사이. 제8구 細君, '동방삭'이 그의 아내를 농담 삼아 부른 故事에서 온 말, 한문, 편지 등에서 자기의 아내를 일컫는 말. 작자는 63세에 喪妻하고 21년을 혼자 사셨다. 頷, 頸聯의 對偶가 좋은데, 頷聯은 視覺的이고 頸聯은 聽覺的이다.

[87. 拈唐詩五言彙選得風字]

荒村何所樂 蘿月與松風

日煖溪邊草 春深石上桐

鳥群喧枕外 山影倒壺中

千里江湖路 登高眼欲窮

[당시 오언 여러 편을 골라 들어 風 자 운을 얻어 짓다]

거친 시골에 즐길 것 무엇이 있겠나
울타리 위 달과 소나무 스친 바람 소리뿐
해가 따뜻하니 시냇가엔 풀이 자라고
봄이 깊으니 돌 위엔 오동나무 푸르네
새들 무리는 침실 밖에서 시끄럽고
산그림자는 술병 가운데 거꾸로 비치네
넓은 세상 가는 길은 천 리나 되고
눈이 멀리 보고 싶어 높은 곳에 오르네

登	○	千	○	山	○	鳥	●	春	○	日	●	蘿	○	荒	○	
高	○	里	●	影	●	群	○	深	○	煖	●	月	●	村	○	得
眼	●	江	○	倒	●	喧	○	石	●	溪	○	與	●	何	○	風
欲	●	湖	○	壺	○	枕	●	上	●	邊	○	松	○	所	●	字
窮	○	路	●	中	○	外	●	桐	○	草	●	風	○	樂	●	

[감상] 모든 규칙에 맞다. 봄의 시골 풍경이 그대로 나타나 있고, 尾聯에서는 멀리 떠나고 싶은 작자의 심정이 잘 드러나 있다. 頷, 頸聯의 對偶가 좋다.

[88. 拈唐詩五言彙選得歌字]

千年禪受地 一醉又高歌
古郭蒼藤合 荒陵綠草多
山河依故國 歲月記新羅
往事憑誰問 沙鷗弄夕波

[당시 오언 여러 편을 골라 들어 歌 자 운을 얻어 짓다]

천년 동안 주고받은 땅
한번 취하니 또 노랫가락 높아지네
옛 성곽엔 덩굴이 무성하게 엉겨 있고
거친 능엔 초록의 풀이 우거졌네
산하는 옛 나라 때 그대론데
세월은 신라를 기억하네
지나간 일들을 누구한테 의지해 물어보나
물가의 갈매기는 저녁 물결을 희롱하네

沙	○	往	●	歲	●	山	○	荒	○	古	●	一	●	千	○	
鷗	○	事	●	月	●	河	○	陵	○	郭	●	醉	●	年	○	得
弄	●	憑	○	記	●	依	○	綠	●	蒼	○	又	●	禪	○	歌
夕	●	誰	○	新	○	故	●	草	●	藤	○	高	○	受	●	字
波	○	間	●	羅	○	國	●	多	●	合	●	歌	○	地	●	

[감상] 모든 규칙에 맞다. 경주를 읊은 시인데, 제1구의 禪受는 신라 초기 朴, 昔, 金 이 세 姓의 임금이 다툼 없이 나라를 물려주고 받았다. 물론 그 후 金氏들이 세습을 하였다. 제3구의 古郭은 반월성을 말한다. 제4구의 荒陵은 봉황대, 즉 지금의 古墳群을 말한다. 본래 首聯은 詩想을 불러일으키는 곳이다. 작자는 唐詩를 읽다가 歌운을 보고 이 시를 짓게 된다. 경주에 사는 신라인의 후예들은 취한 기분이 되면 곧잘 신라를 떠올리게 된다. 그것은 눈앞에 그 흔적들이 뚜렷이 남아 있기 때문이다. 작자 또한 정서적으로 그러하였음을 쉽게 짐작할 수 있다. 頷, 頸聯의 對偶도 좋다.

[89. 拈唐詩五言彙選得林字]

有時移竹杖　暇日憩松林
久作塵衰客　難尋道域深
春回噓暖律　陽動破重陰
一掬淸溪水　朝朝洗我心

[당시 오언 여러 편을 골라 들어 林 자 운을 얻어 짓다]

대지팡이를 옮겨 짚는 것도 때가 있으니

한가한 날 소나무 숲에 가서 쉬네

오래되었네 세속에 쇠한 나그네 된 지

찾기 어려워라 도의 경계 깊이를

봄이 돌아와 따뜻한 가락 내지르고

양이 움직여 거듭된 음을 깨트리네

맑은 개울물 한 움큼 쥐어

아침마다 내 마음 씻네

朝	○	一	●	陽	○	春	○	難	○	久	●	暇	●	有	●	
朝	○	掬	●	動	●	回	○	尋	○	作	●	日	●	時	○	得
洗	●	清	○	破	●	噓	○	道	●	塵	○	憩	●	移	○	林
我	●	溪	○	重	○	暖	●	域	●	衰	○	松	○	竹	●	字
心	○	水	●	陰	○	律	●	深	○	客	●	林	○	杖	●	

[감상] 모든 규칙에 맞다. 제6구 重陰, 땅속, 짙은 음기. 頷聯, 세속에 찌들어도 道를 꾸준히 추구한다. 頸聯, 봄이 되니 흥겨운 콧노래 부르고, 날씨가 따뜻해지니 대지를 뚫고 새싹들이 나온다. 작자는 새봄을 맞아 마음을 淨化한다.

[90. 謾詠]

樽席山光暮　詩壇午影斜

老來愁落日　春去惜殘花

空谷行人少　深林宿鳥多

無邊風月在　閑坐度年華

[게으름을 읊다]

술통 들고 자리 폈는데 산빛은 저물고
시를 짓는 자리에 낮 그림자 비끼네
늙음이 오니 지는 해를 근심하고
봄이 가니 시든 꽃이 아깝네
텅 빈 골짜기 오가는 사람 드무나
깊은 숲에 자러 오는 새들은 많네
가없는 풍월 속에 있으니
한가히 앉아 하루해를 보내네

閑	○	無	○	深	○	空	○	春	○	老	●	詩	○	樽	○	
坐	●	邊	○	林	○	谷	●	去	●	來	○	壇	○	席	●	謾
度	●	風	○	宿	●	行	○	惜	●	愁	○	午	●	山	○	詠
年	○	月	●	鳥	●	人	○	殘	○	落	●	影	●	光	○	
華	○	在	●	多	○	少	●	花	○	日	●	斜	○	暮	●	

[감상] 麻, 歌 通韻이다. 모든 규칙에 맞다. 제7구 風月, 淸風과 明月, 곧 자연의 좋은 경치. 제8구 年華, 지나가는 날이나 달이나 해. 적막한 가운데 흐르는 시간과 펼쳐지는 자연을 그대로 그렸다. 頷, 頸聯의 對偶도 좋다.

[91. 次杜陵樂仁堂會話韻]

一席同三老 淸齋笑眼開
高情詩上起 和氣醉中回
霜鬢年華去 風襟世念灰
玆遊眞勝事 臨別話重來

[두릉의 낙인당에 모여 대화하다를 차운하다]

한자리에 세 노인이 함께하니

맑은 집에 웃으며 서로 보네

높은 정은 시를 불러일으키고

화목한 기운은 취한 가운데 도네

서리 맞은 귀밑털은 세월이 지난 탓이요

바람 든 가슴에는 세상 생각 재가 되네

이번 놀이는 진짜 잘한 일

헤어지자니 가다가 돌아서며 말하네

臨	○	茲	○	風	○	霜	○	和	○	高	○	清	○	一	●	
別	●	遊	○	襟	○	鬢	●	氣	●	情	○	齋	○	席	●	次
話	●	眞	○	世	●	年	○	醉	●	詩	○	笑	●	同	○	杜
重	○	勝	●	念	●	華	○	中	○	上	●	眼	●	三	○	陵
來	○	事	●	灰	○	去	●	回	○	起	●	開	○	老	●	樂

[감상] 모든 규칙에 맞다. 제7구 勝事, 훌륭한 일, 뛰어난 사적. 제8구 重來, 갔다가 다시 옴. 제목, 杜陵은 누구의 號인 것 같은데, 두보의 號가 少陵이니 이를 줄여 표현한 것일 수도 있다. 樂仁堂은 오늘 모인 장소이다. 그러니 두릉의 시에 차운한 것이다. 그날의 모습이 눈에 선히 그려진다. 對偶도 좋다.

[92. 贈觀瀾翁]

吾君今拂袖　藜杖問何之

野色蒼莊夕　山光薄暮時

臨分情脉脉　惜別步遲遲

到處無非客　端宜臥海陲

[관란옹에게 지어 주다]

나의 그대 지금 소맷자락 떨치고
명아주 지팡이 짚고 어디로 가는고
들 색은 푸르름이 한창인 저녁
산빛은 엷은 어두움 드는 때
헤어지려고 하니 정은 이어지고
이별이 안타까워 걸음은 더디네
어디를 가든 나그네 아닌 곳 없을 테니
바닷가에 누워 있는 것이 마땅하지 않은가

端	○	到	●	惜	○	臨	○	山	○	野	●	藜	○	吾	○	
宜	○	處	●	別	●	分	○	光	○	色	●	杖	●	君	○	贈
臥	●	無	○	步	●	情	○	薄	●	蒼	○	問	●	今	○	觀
海	●	非	○	遲	○	脉	●	暮	●	莊	○	何	○	拂	●	瀾
陲	○	客	●	遲	○	脉	●	時	○	夕	●	之	○	袖	●	翁

[감상] 모든 규칙에 맞다. 제5구, 脉은 脈과 같다. 작자의 벗, 觀瀾翁은 이 시집 여러 곳에서 등장하는데, 그의 이름은 밝혀져 있지 않지만 짐작건대 울산에 사는 鶴城 李氏인 것 같다. 제8구, '바닷가'는 곧 관랑옹의 집이 있는 울산이다. 頷, 頸聯의 對偶도 좋다.

[93. 次南山憑虛樓池字韻]

化翁開勝界　飛閣聳方池
古樹蒼藤合　虛欄白日遲
溪山今潤色　荷柳又呈奇
無限烟霞景　風流醉客知

[남산 빙허루 池 자에 차운하다]

조물주가 뛰어난 경치 세계를 열었으니
날아갈 듯 누각이 네모난 연못에 높이 솟았네
고목에는 푸른 등나무가 엉켰고
텅 빈 난간엔 밝은 해가 더디네
시내와 산은 지금 색이 물기 어리고
연과 버들은 또 기이함을 주네
연기 노을 낀 경치는 끝이 없으니
취한 나그네는 알거네 풍류를

風	○	無	○	荷	○	溪	○	虛	○	古	●	飛	○	化	●	
流	○	限	●	柳	●	山	○	欄	○	樹	●	閣	●	翁	○	次
醉	●	烟	○	又	●	今	○	白	●	蒼	○	聳	●	開	○	南
客	●	霞	○	呈	○	潤	●	日	●	藤	○	方	○	勝	●	山
知	○	景	●	奇	○	色	●	遲	○	合	●	池	○	界	●	憑

[감상] 모든 규칙에 맞다. 경주 남산 동쪽 기슭에 오래된 소나무 숲이 있고 다소 넓은 연못이 있으며, 연꽃이 가득 핀 그곳에 다리 몇 개를 담근 높이 솟은 누각이 있으니, 그 연못이 書出池요, 그 누각이 二樂堂이다. 이요당 안에 憑虛樓라는 현판이 있다. 이 연못에는 射金匣이란 신라 전설이 《삼국사기》에 전하여 사람들은 지금도 이 연못을 신비스럽게 여긴다. 이 누각은 17세기부터 풍천 任氏 소유이다. 제1구 化翁, 조물주. 제5구 潤色, 윤이 나도록 매만져 곱게 함. 6월쯤 스케치북을 메고 나온 화가의 풍경화 같다. 對偶도 좋다.

[94. 次漆田李處士玩稼亭韻]

山冠渾野脈　處士臥幽亭
月色樽前白　嵐光筆下靑
秋秔香入戶　春草綠盈庭
玩稼無窮趣　多君物外形

[칠전 이 처사의 완가정을 차운하다]

산은 우뚝하고 들 맥은 섞였는데
처사는 그윽한 정자에 누워 있네
달빛은 술통 앞에 밝고
남기 빛은 붓끝에서 푸르네
가을 벼 향기 지게문으로 들어오고
봄풀 푸르름은 뜰에 가득하네
농사일 감상하니 그 취미 무궁하고
여러 선비들은 세상 밖 존재로다

多	○	玩	●	春	○	秋	○	嵐	○	月	●	處	●	山	○	
君	○	稼	●	草	●	秔	○	光	○	色	●	士	●	冠	○	次
物	●	無	○	綠	●	香	○	筆	●	樽	○	臥	●	渾	○	漆
外	●	窮	○	盈	○	入	●	下	●	前	○	幽	○	野	●	田
形	○	趣	●	庭	○	戶	●	靑	○	白	●	亭	○	脈	●	李

[감상] 모든 규칙에 맞다. 제목, 漆田은 옻나무밭, 지명인지 이 처사의 號인지 모르겠다. 제1구, 들이 평평하지 않고 산세에 따라 층을 이루거나 굽은 모양. 제4구 嵐光, 山氣가 발하여 빛을 냄. 筆下靑, 시를 쓰면서 푸르게 묘사한다는 뜻. 제8구 物外, 세상 물정의 바깥. 多君, 완가정 위에 앉은 이처사의 여러 벗. 頷, 頸聯의 對偶도 좋지만 제8구, 多君 物外形이 멋지다.

[95. 黌堂會中次崔友齋嚴翁韻]

蚊川新雨過　鰲岜宿嵐晴
白髮成佳會　靑燈語舊情
秋聲篇上入　春意醉中生
衰暮難離別　愁雲去路橫

[향교에서 모임 하던 중 벗 최재암 옹의 시에 차운하다]

문천에 새로 비가 지나고 나니

금오산 굴에도 묵은 남기 개네

백발들이 아름다운 모임을 가졌으니

청사초롱은 옛정을 말하네

가을 소리는 책 위로 들어오고

봄의 기분은 취한 가운데 생기네

시들어 늙으면 헤어지는 것 견디기 어려워

수심 어린 구름이 길을 가로질러 가네

愁	○	衰	○	春	○	秋	○	靑	○	白	●	鰲	○	蚊	○	
雲	○	暮	●	意	●	聲	○	燈	○	髮	●	岜	●	川	○	黌
去	●	難	○	醉	●	篇	○	語	●	成	○	宿	●	新	○	堂
路	●	離	○	中	○	上	●	舊	●	佳	○	嵐	○	雨	●	會
橫	○	別	●	生	○	入	●	情	○	會	●	晴	○	過	●	中

[감상] 모든 규칙에 맞다. 제목 黌堂, 학교. 곧 경주 향교이다. 齋巖은 號이다. 제1구 蚊川, 경주 향교 남쪽 시내, 곧 오늘날 南川이다. 제2구 鰲岜, 경주 남산을 金鰲山이라고도 하니, 남산의 굴이다. 嵐, 산속에 생기는 아지랑이 같은 기운. 제4구 靑燈, 청사초롱. 작자를 비롯한 여러 선비들이 경주향교에서 모임을 가졌다가 헤어졌던 모양이다. 경주향교가 있는 곳을 校村이라고 하는데, 남산을 마주하고 있고 앞에 남천이 흐른다. 비 갠 뒤의 산뜻한 모습이 그려진다. 對偶도 좋고, 尾聯의 구름이 가로질러 간다는 것은 헤어져 가는 길을 막는다는 뜻이 되어 아쉬움을 잘 나타낸다.

[96. 又用別韻贈齋巖]

得君三日語　論我百年心

氣鬱靑萍吼　調高白雪吟

看詩香滿頰　呼酒月盈襟

勝會知難再　何時更把琴

[또 다른 운으로 읊어 재암에게 드리다]

삼 일 동안 대화하며 그대를 알고 나니
평생 동안의 마음으로 나를 되돌아보네
울적한 기분에 명검 들고 부르짖었는데
높은 것을 고루어 백설을 읊네
시를 보니 뺨 가득 향기 나고
술을 부르니 가슴 가득 달이 밝네
좋은 경치에 모임은 다시 있기 어려움을 알겠으니
어느 때 다시 거문고 잡을 수 있을꼬

何	○	勝	●	呼	◐	看	◐	調	○	氣	●	論	◐	得	●	
時	○	會	●	酒	●	詩	○	高	○	鬱	●	我	●	君	○	又
更	●	知	○	月	●	香	○	白	●	靑	○	百	●	三	○	用
把	●	難	○	盈	○	滿	●	雪	●	萍	○	年	○	日	●	別
琴	○	再	●	襟	○	頰	●	吟	○	吼	●	心	○	語	●	贈

[감상] 모든 규칙에 맞다. 제2구 百年, 시에서는 흔히 한평생을 말한다. 제3구 靑萍, 푸른 부평초, 고대의 名劒 이름. 首聯, 작자는 이번 모임에서 알게 된 齋巖을 높이 평가하는 듯하다. 頷聯, 이전에는 울적하면 검을 휘두르고 싶었는데, 그대는 백설을 읊어 높은 것을 고루네. 눈은 천하 만물의 높이를 평평하게 한다. 頸聯, 齋巖의 시에 만족하여 웃고, 술을 마시고 마음이 달빛 같아진다. 尾聯, 이별을 아쉬워한다. 예전에는 누가 시를 唱하면 옆에서 거문고를 튕겨 주었던 모양이다. 아니면 상대의 시에 역시 시로 응수함을 비유했다고 볼 수도 있다. 頷, 頸聯의 對偶도 좋다.

[97. 更步心字韻贈齋巖]

擧世皆新面 何人解我心
野花呈本態 山鳥和幽吟
看鏡搔黃髮 臨溪洗素襟
君惟知己者 倘得聽牙琴

[다시 心 자를 운으로 밟아 읊어 재암에게 드리다]

온 세상 모두가 낯선 사람이니

어느 누가 내 마음 헤아리오

들꽃은 본색을 드러내고

산새는 내 조용한 읊조림에 화답하네

거울을 보고 누른 머리털 긁고

개울에 나아가 깨끗한 마음 씻네

그대가 오직 나를 알아주니

혹시 내 서투른 거문고를 들어 주지 않을까

倘	●	君	○	臨	○	看	◐	山	○	野	●	何	○	擧	●	
得	●	惟	○	溪	○	鏡	●	鳥	●	花	○	人	○	世	●	更
聽	◐	知	○	洗	●	搔	○	和	◐	呈	○	解	●	皆	○	步
牙	○	己	●	素	●	黃	○	幽	○	本	●	我	●	新	○	心
琴	○	者	●	襟	○	髮	●	吟	○	態	●	心	○	面	●	字

[감상] 모든 규칙에 맞다. 제1구 擧世, 온 세상, 모든 사람. 제8구, 倘은 '혹시'로, 牙는 새싹으로 보고, 서툴다는 뜻. 작자는 거듭 재암에게 자신의 마음을 열어 보인다. 領, 頸聯의 對偶가 좋다.

[98. 次巖中族叔春窩翁詩札韻, 二十四韻-1]

淸齋承歎日 厚誼肺腑銘

滿紙色明珠 箇箇摠典刑

始感志慇懃 從賀氣康寧

盤旋惟通意 沈潛不役形

[속세를 떠나 사시는 족숙 춘와옹의 시로 된 편지에 차운하다, 24운-1]

맑은 집에 탄식하는 날이 이어졌는데
두터운 정의가 가슴에 새겨집니다
종이 가득 밝은 구슬이 빛나고
하나하나 모두가 옛 법전입니다
비로소 느낍니다 뜻이 은근함을
좇아 축하드립니다 기운이 강녕하심을
꾸불꾸불 돌아 오직 뜻을 서로 통하니
침잠하였으되 직역형은 아니군요

[감상] 韻만 靑統이지 平仄이나 簾 등은 안 맞춘 듯하다. 제목, 巖中은 巖居로 속세를 떠나 산야에 숨어 삶. 春窩는 號이다. 詩札, 시로 쓴 편지, 그래서인지 이 시찰은 韻만 지켰다. 제2구, 厚誼는 두터운 情誼(서로 사귀어 친해진 정)를 말한다. 제7구 盤旋, 강이나 길 따위가 꾸불꾸불하게 빙빙 돎. 제8구 沈潛, 성정이 가라앉아서 겉으로 드러나지 않음. 役刑, 기결수를 일정한 곳에 가두어 노역을 시키는 형벌. 작자가 춘와옹의 시로 된 편지를 받고 답장을 같은 운을 밟아 쓴 것 같다. 제1연은 자신의 집에서 편지를 받아 든 느낌, 제2연은 시찰의 내용이 좋다는 것, 제3연은 춘와옹의 온정과 건강, 제4연은 서로 떨어져 있어 내왕이 어려운 가운데 그래도 소통이 되는 반가움을 나타냈다.

[99. 次巖中族叔春窩翁詩札韻, 二十四韻-2]

立巖高百尺　白雲鎖深局
生涯任濈泊　功名謂飄零
老去無一事　鬢髮欲星星
虛堂夜月白　前岑暮嵐靑

[속세를 떠나 사시는 족숙 춘와옹의 시로 된 편지에 차운하다, 24운-2]

입암 높은 곳에

흰 구름이 깊은 빗장을 걸었네

한평생 물 맑은 곳에서 배를 정박하고

공명은 나뭇잎처럼 흩날려 업신여기네

한 가지 일도 이룩한 것 없이 늙어 가도

귀밑털은 희뜩희뜩하고자 하네

빈집 달 밝은 밤

앞 산봉우리 푸른 남기 저무네

[감상] 제1구 立巖, 경북 포항시 죽장면 입암리로 해발 500m 이상의 고원이다. 제4구 飄零, 나뭇잎 같은 것이 흩날려 떨어짐. 제6구 星星, 머리털이 희뜩희뜩한 모양. 춘와옹의 삶의 자세를 읊었다.

[100. 次巖中族叔春窩翁詩札韻, 二十四韻-3]

聞道玉溪上　杖屨曾一經

飛流瀑布壯　白日生雷霆

流水奏笙簧　削壁開帳屛

中有松柏樹　靑盖自亭亭

[속세를 떠나 사시는 족숙 춘와옹의 시로 된 편지에 차운하다, 24운-3]

옥계 위에서 도를 듣고자

도인의 자취로 서생들이 오르네

나르듯 흐르는 폭포는 씩씩하여

한낮에도 천둥과 벼락이 치네

흐르는 물은 생황을 불고

깎아지른 절벽은 휘장과 병풍을 여네

그 가운데 소나무 측백나무 있으니

푸른 덮개 쓰고 스스로 우뚝우뚝하네

[감상] 제1구 玉溪, 입암에서 영덕 쪽으로 흘러내린 물이 좌우 아름다운 山峽에서 절경을 이룬 곳이 玉溪이다. 제2구 杖屨, 지팡이와 신, 이름난 사람이 머무른 자취. 一經, 경서를 읽는 書生. 제8구 亭亭, 우뚝 솟은 모양. 춘와옹의 道人的 모습과 주변 경치를 읊었다.

[101. 次巖中族叔春窩翁詩札韻, 二十四韻-4]

溪山隨處好　連蜷若有靈
聯筇我欲謀　理屐公莫停
擧世皆汚濁　人醉子獨醒
薰香混蕕臭　誰識山有蒡

[속세를 떠나 사시는 족숙 춘와옹의 시로 된 편지에 차운하다, 24운-4]

시내 흐르는 산은 따라가는 곳마다 좋으니
연이어 구불구불한 것이 마치 영이 있는 것 같네
지팡이 나란히 하여 저 역시 따르고 싶은데
나막신 고쳐 매려 하나 공께서는 머무르지 않으시네
온 세상이 모두 오염되어 더러워
사람들이 취해 있으나 그대 홀로 깨어 있네
훈훈한 향기가 냄새나는 악취와 뒤섞여
누가 알겠는가 산중에 향기풀 있음을

[감상] 제5구 擧世, 온 세상. 蒡, 도꼬마리, 향기풀 이름. 작자는 춘와옹과 함께 하고 싶어 하나 상대가 더욱 훌륭하다고 치켜세운다.

[102. 次巖中族叔春窩翁詩札韻, 二十四韻-5]

箇中金光草　仙人得引笭
塵臼恨未蚢　那得夢惺惺
古調自我愛　七絃聲泠泠
欲效伯牙彈　儻許子期聆

[속세를 떠나 사시는 족숙 춘와옹의 시로 된 편지에 차운하다, 24운-5]

그 가운데 금빛 나는 풀이 있으니
신선 같은 사람만 봉우리에 인도될 수 있어
속세의 허물로 도롱뇽에도 미치지 못함을 한하니
어찌 얻으리 꿈이 훤히 깨어남을
옛 곡조를 저는 스스로 사랑하니
거문고 소리는 맑고 맑습니다
백아가 거문고 타는 것을 본받으려 하니
만약 허락하신다면 종자기가 듣겠습니다

[감상] 제2구 仙人, 신선, 세속을 떠난 수행자나 賢者. 제4구 惺惺, 스스로 경계하여 깨달은 모양. 제7구 伯牙, 춘추시대 거문고를 잘 탔다는 사람, 제8구 子期, 그의 벗 鍾子期, 백아는 종자기가 죽자 스스로 거문고 줄을 끊어 버렸다. 이제는 자기를 알아주는 사람이 없다고. 제1구의 '금빛 나는 풀'은 춘와옹, 선인은 작자, 제2연은 작자 스스로 부족함을 표현, 제4연의 백아는 춘와옹, 종자기는 작자이다.

[103. 次巖中族叔春窩翁詩札韻, 二十四韻-6]

從古學仙者　往往遊東溟
我亦方外客　發軔始郊坰
無人和白雪　勉公讀黃庭
瓊琚何以報　虫吟不足聽

[속세를 떠나 사시는 족숙 춘와옹의 시로 된 편지에 차운하다, 24운-6]

옛것을 좇아 신선을 배우고자 하는 사람은

이따금 동쪽 바다로 놀러 갑니다

저 역시 세상 물정 모르는 나그네여서

여행길 나서니 바로 성문 밖입니다

백설과 어울리는 사람이 없어

공께서는 힘써 황정을 읽으시니

무엇으로 갚아야 훌륭한 선물이 될는지요

벌레 소리 듣기가 부족합니다

[감상] 제2구 往往, 가끔, 때때로. 제3구 方外, 세속 사람의 테 밖. 제4구 發軔, 발차함, 여행길을 떠남. 郊坰은 郊外. 제6구 黃庭, 인체의 오장 안에서 기맥을 소통시켜 주는 곳. 제7구 瓊琚, 아름다운 옥이란 뜻에서, 훌륭한 선물을 이름. 제3연은 백설과 어울리는 사람은 아마도 맑고 깨끗한 사람이 아닐까? 춘와옹은 다른 사람의 맥을 소통시켜 주는 의사와도 같아, 남의 병통을 잘 헤아린다. 제4연은 이 긴 詩札을 마무리하는 인사말이다. 보내온 편지가 작자를 잘 이해하고 위로해 준 것이 아닐까? 그래서 감사의 표현을 해야겠는데 무슨 말이 좋을지 모르겠다는 뜻이며, 때가 가을인지 몰라도 벌레 소리 아무리 들어도 싫지 않다고 한다.

[104. 又次倒押韻-1]

詩札又再來　句句驚人聽

平安二字音　仲兒來報庭

遙想好風度　沈吟坐丘坰

巖雲入悵望　杳如隔蒼溟

[또 거꾸로 차운하다-1]

시로 된 편지가 또다시 오니
한 구 한 구가 듣는 사람 놀라게 하네
평안하시다는 두 글자 소식
둘째 아이가 와서 뜰에서 알립니다
멀리서 생각건대 풍채와 태도가 좋으시고
속으로 생각하니 시골 언덕에 앉아 계시겠지
바위 위 구름 들어오는 것 시름없이 바라보며
아득하기 푸른 바다 건너 같겠지요

[감상] 제5구 風度, 풍채와 태도. 제6구 沈吟, 속으로 깊이 생각함. 제7구 悵望, 시름없이 바라봄. 앞의 시찰을 보낸 후 다시 춘와옹으로부터 시찰이 와서 이번에는 앞의 시찰 운을 뒤에서 앞으로 거꾸로 압운하였다. 제1, 2연은 바로 그 편지를 받는 모습을 그렸고, 제3, 4연은 작자가 춘와옹을 머릿속으로 그린 모습이다.

[105. 又次倒押韻-2]

且問起居候 寒暄近未聆
顧我依昨狀 臥聽松風泠
昏懶無用者 豈效公惺惺
功名等浮雲 林壑送餘齡

[또 거꾸로 차운하다-2]

또 여쭙니다 몸 움직임 상태가 어떠신지
차고 더움에 근래는 잘 적응을 못 하시니
저는 이전 상태 그대로이며
누워서 듣느니 소나무 바람 소리 맑음입니다
어리석고 게으르니 쓰려는 자가 없으니
공의 깨달으신 모양 어찌 본받겠습니까
공명은 뜬구름 같으니
숲속 골짜기에서 남은 생 살렵니다

[감상] 제1구 起居, 살아가는 형편, 몸을 뜻대로 움직이며 생활함. 제6구 惺惺, 스스로 경계하여 깨달은 모양. 제1연은 안부를 물음이요, 제2연은 작자 자신의 근황이다. 제3구는 작자가 자신을 낮춤이요, 제4연은 속세의 공명에 마음 쓰지 않고 시골에서 남은 생 살겠다는 작자의 태도이다.

[106. 又次倒押韻-3]

世無治老藥　何用參與岺
欲得與公飮　長醉不願醒
日月如奔梭　行樂寧少停
前程欲問龜　誰識龜有靈

[또 거꾸로 차운하다-3]

세상에 늙음을 치료하는 약은 없으니
산봉우리들과 어울린들 무엇 하겠습니까
공과 더불어 술을 마실 기회를 갖고 싶으니
길게 취해 깨고 싶지 않습니다
해와 달은 마치 베틀의 북과 같이 바쁘니
조금 멈추어 있기보다는 나다니기를 즐깁니다
앞일을 거북점을 쳐 묻고자 하나
누가 알겠습니까 거북도 영혼이 있을 줄

[감상] 문득 신선 같은 놀음도 무용지물로 느껴진다.

[107. 又次倒押韻-4]

羨公謝囂喧　日夜臥巖亭
深深山開畵　面面石作屛
人間問何世　百年如雷霆
公家何所有　賢傳與聖經

[또 거꾸로 차운하다-4]

시끄러움을 멀리하시는 공이 부러우니
밤낮으로 바위 위 정자에 누우셨네
깊고 깊네요 산이 연 그림이
면면이 돌이 병풍을 만들었네요
사람들 사이에 세월이 어떠한지 물으니
한평생이 천둥번개와 같다네요
공의 집에는 무엇이 있나요
현자의 전함과 성인의 경전이지요

[감상] 제1구 囂喧, 시끄러움, 떠들썩함. 제6구 百年, 시에서 흔히 한평생을 말한다. 작자가 춘와옹의 거처인 立巖의 풍경을 묘사하고 그의 삶을 부러워한다.

[108. 又次倒押韻-5]

吟筇未同携 詩眼那時靑
淸襟皎氷玉 奇氣干斗星
松逕不曾掃 爲誰開幽局
有時玩鳶魚 俯仰上下形

[또 거꾸로 차운하다-5]

지팡이 짚고 읊조리며 나서는데 함께하는 이 없어도
시를 짓는 눈에 어찌 푸를 때만 때이랴
맑은 가슴은 빙옥처럼 깨끗하고
기이한 기운이 북두칠성을 지키네
소나무 길을 거듭 쓸지 않는데
누구를 위해 그윽한 문고리 열겠는가
때가 있어 솔개가 고기를 희롱하니
위로 올려보고 아래로 내려보는 모양이라네

[감상] 제4구, 斗星은 북두칠성. 이번 4개 연은 춘와옹의 일상 모습으로 볼 수도 있지만 오히려 작자의 일상 같아 보인다. 그 이유는 작자는 늘 이렇게 자신의 삶을 묘사해 왔다. 제1연, 시인은 혼자라도 좋고 푸름이 있는 봄, 여름이 아니어도 좋다. 그의 눈에 들어오는 것은 모두 시가 된다. 제2연, 시인은 늘 마음이 맑다. 기이한 기운이 북두를 지킴은, 시인이 본 밤이요, 세상의 태평을 뜻하기도 한다. 제3연은 찾아오는 이 없는데 솔숲 사이로 난 길을 왜 쓸며, 닫아건 빗장을 왜 벗기리오. 제4연 이따금 솔개가 날면 위로 쳐다보고, 개울에 놀란 물고기 움직임을 내려다보는 자신의 모양이다.

[109. 又次倒押韻-6]

一何數年來 親朋半凋零
逝者山水約 豈忘語丁寧
心魂遠翶翔 夢裡睹儀刑
君子貴日新 但願讀盤銘

[또 거꾸로 차운하다-6]

어찌 수년이래
친한 벗 절반이 가고 없네
간 자들은 자연과 인연 되었지만
그들의 말이 성하고 편안했음을 어찌 잊으리오
그들의 마음과 정신이 멀리 높이 날고 있으니
꿈속에서는 그들의 모습을 보네
군자는 하루하루를 새롭게 함을 귀히 여기니
단지 옛 말씀 읽기를 바랄 뿐이네

[감상] 제1구 一何, 어찌. 제2구, 凋零은 凋落이니, 시들어 떨어짐. 제8구 盤銘, 고대 祭器 등에 새겨진 銘文. 작자는 84세까지 사셨다. 그러니 많은 친구들이 먼저 갔을 것이다. 그들에 대한 회상과 함께, 제4연을 보면 그래도 매일을 새롭게 맞이하려는 의욕이 보인다.

[110. 又次春窩翁詩札函字, 五言二十四韻-1]

螭龍漏明珠　塵床下瑤函
心貺誠不偶　誰知至再三
清詞再入眼　快滌胸裡痰
空瓢猶可樂　寧愁憂不堪

[또 춘와옹의 시찰 函 자로 24운을 차운하다-1]

교룡이 밝은 여의주를 빠뜨렸으니
티끌세상 침상 밑 옥함이더라
마음이 주는 것은 정성에 짝할 것이 없으니
누가 알겠는가 두 번 세 번 힘쓰는 것을
맑은 말씀 다시 눈에 들어오니
깨끗이 씻어 냅니다 가슴속 몹쓸 것을
텅 빈 표주박 오히려 즐길 수 있으니
걱정을 견디지 못할까 차라리 근심합니다

> [감상] 춘와옹이 函으로 시작하는 5언 편지를 보내와서, 覃統 韻으로 답을 쓰고 있다. 제1연의 교룡은 춘와옹을, 여의주는 그의 글, 옥함은 받은 편지를 두는 상자. 제2연, 두 번 세 번 편지를 주고받음은 곧 정성이다. 제3연, 그의 편지의 좋은 말씀으로 작자는 마음을 깨끗이 한다. 제4연, 작자는 이제 술이 다 비어도 좋고, 그저 수심에 이골이 나 있다.

[111. 又次春窩翁詩札函字, 五言二十四韻-2]

白髮今古意　靑山朝暮嵐
子居巖之北　我處山之南
俱是白頭翁　泩事看瞿曇
何處陪杖屨　頒聽義理談

[또 춘와옹의 시찰 函 자로 24운을 차운하다-2]

늙은이에게는 예나 지금이나 뜻이 있고
청산에는 아침저녁 남기 끼네
그대는 바위 북쪽에 계시고
저는 산 남쪽에 있습니다
함께 이에 백두로 늙어 가니
수없이 많은 일을 두려운 듯 흐릿하게 봅니다
어느 곳에서 이름난 분 자취 따를지
의리 있는 말씀 연이어 듣습니다

[감상] 제3구, 巖은 춘와옹이 살고 있는 立巖을 말한다. 제5구, 白頭는 벼슬이 없는 선비. 제6구, 疊은 관심이 없다는 뜻이다. 제7구 杖屨, 이름난 사람이 머문 자취. 제1연, 사람은 늙어도 가슴속에 품은 뜻은 있다. 제2연, 춘와옹은 포항시 죽장면 입암에, 작자는 경주시 천북면 동천에 살았다. 제4연, 이름난 분은 곧 춘와옹이며. 거듭 받은 편지에 답하고 있다.

[112. 又次春窩翁詩札函字, 五言二十四韻-3]

幽深公自適　玄妙我豈探
田家貴耕織　請勸農與蠶
暇日傍隨餘　又觀魚遊潭
靜室生蘭臭　坐席有餘馣

[또 춘와옹의 시찰 函 자로 24운을 차운하다-3]
그윽하고 깊은 곳에서 공께서는 자적하시니
그 현묘함을 제가 어찌 찾을 수가 있겠습니까
농부의 집에서는 밭 갈고 베 짜는 것을 귀히 여기니
청하여 권하노니 농사일과 누에치기를 하소서
한가한 날에는 누가 모시며 따를 여지를 주시고
또 고기가 못에서 노니는 것을 관찰하소서
조용한 방에서는 난초 향이 피어나고
앉은 자리에는 남은 향이 있습니다

[감상] 제1구 自適, 무엇에도 속박됨이 없이 마음 내키는 대로 생활함. 제2구 玄妙, 도리나 이치가 깊고 미묘함. 제1연에서는 춘와옹의 道人的 풍모를 높여 드리고, 이어 2, 3, 4연에서는 작자가 오히려 여러 가지를 권유하는 모습이다.

[113. 又次春窩翁詩札函字, 五言二十四韻-4]
瑤絃人寡和　獨抱臥小菴
虛堂午睡長　白日春夢酣
如我頹懶甚　廢書塵滿龕
生涯不自足　意味何能淡

[또 춘와옹의 시찰 函 자로 24운을 차운하다-4]
아름다운 거문고 줄 다른 사람과 나누기 어려워
혼자 끌어안고 작은 암자에 누웠습니다
텅 빈 집에서 낮잠은 길고
한낮 춘몽은 달가워라
저 같은 사람은 무너지고 게으름이 심하여
독서도 폐하고 들어박혀 세속적인 것이 가득합니다
한평생 스스로 자족하지 못했으니
제가 한 말이나 글이 어찌 능히 맑겠습니까

[감상] 제1구 瑤絃, 아름다운 거문고 줄, 이는 작자의 詩心일 것이다. 제7구 自足, 다른 곳으로부터 구함이 없이 자기가 가진 것으로써 충분함. 이번 4개 연은 모두 작자 자신의 삶을 묘사하며, 보잘 것이 없다고 말한다.

[114. 又次春窩翁詩札函字, 五言二十四韻-5]

偷閑欲賦詩　文拙令人慙
何時蛻塵臼　遠逝聯鸞驂
溪山猿與鶴　待公舊盟參
詩翁腹崆峒　佳句今可譚

[또 춘와옹의 시찰 函 자로 24운을 차운하다-5]

한가함을 틈타 시를 지으려고 하는데
글이 졸렬하여 훌륭한 사람에게는 부끄러울 따름입니다
어느 때 속세의 허물을 벗을는지
멀리 가려고 방울 단 곁말을 잇따라 붙입니다
시내 흐르는 산에는 원숭이와 학이 놀고
공을 기다리며 이전 맹세에 참여합니다
시 짓는 늙은이 서기 어린 산을 품었더니
아름다운 구절 지금에야 이야기할 수 있습니다

[감상] 제2구 令人, 훌륭한 사람. 여기서는 춘와옹을 말한다. 제3구 塵臼, 속세의 허물. 제7구 崆峒, 감숙성에 있는 산, 인류 문화의 시조 복희씨, 당나라 태종 이세민, 시인 이백 등이 모두 감숙성에서 태어났으니, 곧 서기 어린 산이다. 작자는 계속해서 자신의 능력, 마음, 춘와옹에 대한 기대를 풀어내고 있다.

[115. 又次春窩翁詩札函字, 五言二十四韻-6]

只冀讀書餘 氣力安且覃

拙語不成說 伏願善裁戡

我公珎重意 今來可深諳

巖雲豈無心 江樹情又含

[또 춘와옹의 시찰 函 자로 24운을 차운하다-6]

독서할 여가를 바랄 뿐

기력은 편안하고 넉넉합니다

졸렬한 말은 남을 설득할 수 없으니

엎드려 바라는 건 훌륭한 언변가를 능가하는 것입니다

저는 공의 중한 뜻을 소중히 여기니

이제서는 깊이 외울 수가 있습니다

바위에 서린 구름이 어찌 무심하겠습니까

강가의 나무 또한 정을 머금습니다

[감상] 제4구 善裁, 글이나 옷감을 잘 다듬는 것. 이번 편지를 마감하면서 작자 자신 건강은 아직 좋으며, 좀 더 나은 실력을 기르려고 춘와옹의 글을 소중히 여긴다 하고, 마지막 제4연의 巖雲은 춘와옹을, 江樹는 작자 자신을 상징하여, 서로 관심을 주고 정을 느낀다는 것이다.

[116. 次道洞山澤亭韻]

山澤亭名好 幽人處古阿

琴樽迎客久 風月待人多

採藥雲籠篋 釣魚雨打簑

林泉少伴侶 鷗鷺弄寒波

[도동산 연못 정자를 차운하다]

산에 있는 연못 정자 이름 좋고

은둔자는 옛집에 거처하네

거문고와 술통이 손님을 맞이한 지 오래되고

풍월이 사람을 기다린 적 많구나

약초를 캐니 구름이 바구니를 덮고

낚시를 하니 비가 도롱이를 두드리네

숲속 샘은 견줄 것이 드무니

갈매기 해오라기 찬 물결 희롱하네

鷗	○	林	○	釣	●	採	●	風	○	琴	○	幽	○	山	○	
鷺	●	泉	○	魚	○	藥	●	月	●	樽	○	人	○	澤	●	次
弄	●	少	●	雨	●	雲	○	待	●	迎	○	處	●	亭	○	道
寒	○	伴	●	打	●	籠	○	人	○	客	●	古	●	名	○	洞
波	○	侶	●	簑	○	篋	●	多	○	久	●	阿	○	好	●	山

[감상] 제7구에 下三仄, 제6구에 魚가 蜂腰이다. 人 자가 疊이다. 제2구 幽人, 속세를 피해 조용히 사는 사람. 對偶가 좋다.

[117. 贈雪亭李上舍-1]

宇宙人難遇 知音獨有君

移筇亭上月 聯枕洞中雲

古劍心相照 洪鐘耳可聞

授瓜多少意 許爾作詩群

[설정 이상사에게 지어 주다-1]

우주에서 사람이 우연히 만나기란 어려운데
나를 알아주는 이 오직 그대뿐
지팡이 옮겨 짚네 정자 위에 달이 뜨니
베개를 나란히 하네 골짜기 가운데 구름이니
옛 검으로 마음에 비추네 서로를
은은한 종소리 귀로 들을 수 있네
오이를 주는 것은 약간의 뜻이 있으니
그대가 시를 많이 짓기를 바라노라

許●	授●	洪○	古●	聯○	移○	知○	宇●	
爾●	瓜○	鐘○	劍●	枕●	節○	音○	宙●	贈
作●	多○	耳●	心○	洞●	亭○	獨●	人○	雪
詩○	少○	可●	相○	中○	上●	有●	難○	亭
群○	意●	聞○	照●	雲○	月●	君○	遇●	李

[감상] 모든 규칙에 맞다. 제목, 雪亭은 號이고, 上舍는 진사, 생원의 별칭이다. 이상사는 작자에게 知音의 친구여서, 그가 있는 정자로 찾아가서 달빛에 거닐거나 나란히 누워 있기도 한다. 頷聯은 시를 겨룰 때는 마치 무인들이 칼로 서로 마주 대하듯 하고, 상대의 시를 감상할 때는 마치 은은한 종소리 듣는 것처럼 한다. 제7구 授瓜는 그날 작자가 이상사를 찾아가면서 집에서 익은 오이 한 꾸러미를 건넨 것인가? 오이에는 씨가 많다. 頷, 頸聯의 對偶가 좋다.

[118. 贈雪亭李上舍-2]

祕夜三更雨 沈吟乃憶君
胸襟吞海月 魂夢繞江雲
奇氣人誰識 浮囂我不聞
雪川明似鏡 魚鳥倘成群

[설정 이상사에게 지어 주다-2]

어두운 밤 삼경에 비가 내려
속으로 읊조리는데 그대 생각나네
가슴속에는 바다에 뜬 달을 머금고
꿈속에서는 강에 어린 구름을 두르네
기이한 기운을 사람들 중에 누가 알 것이며
떠도는 시끄러운 소리 나는 듣지 않네
시내에 눈 내리니 거울같이 밝고
고기와 새는 무리지어 어정대네

魚	○	雪	●	浮	○	奇	○	魂	○	胸	○	沈	○	祕	●	
鳥	●	川	○	囂	○	氣	●	夢	●	襟	●	吟	○	夜	●	又
倘	●	明	○	我	●	人	○	繞	●	呑	○	乃	●	三	○	
成	○	似	●	不	●	誰	○	江	○	海	●	憶	●	更	○	
群	○	鏡	●	聞	○	識	●	雲	○	月	●	君	○	雨	●	

[감상] 모든 규칙에 맞다. 작자는 앞의 시에 이어 같은 韻으로 또 지어 이상사에게 주었다. 제1구 三更, 밤 11시에서 1시. 제1연, 작자는 깊은 밤 잠 못 이루다 이상사를 생각한다. 제2연, 여기서는 작자 자신의 내면을 그렸다. 바다는 밤에 고요하고 이때 떠오른 달은 더욱 밝다. 혼미한 정신으로 꾸는 꿈속에서 구름을 두른 신선 같은 모습이다. 제3연, 남들이 모르는 밤, 비밀스러운 밤에 시인이 혼자 자연을 접하며 느끼는 이 기운을 어찌 알랴. 반면 그는 세상일에는 관심이 없다. 제4연, 맑은 시내에 눈까지 내리니 얼마나 투명하겠나, 그런 가운데 새와 고기는 躍動한다.

[119. 贈松郵李可運-1]

殷懃學士意　多少布衣交
北極星辰遠　南陲歲月饒
拓邀方外客　酬唱郢中調
今世知音遇　秋風詩興驕

[송우 이가운에게 지어 드리다-1]

학사의 뜻이 은근하여

시골 선비인 저와 사귈 뜻이 있는 듯합니다

북극의 별은 멀어도

남쪽 변방의 세월은 넉넉합니다

문을 밀치고 방외객을 맞으시고

초나라 곡조로 시가를 화답하시네

지금 세상에 저를 알아주는 분을 우연히 만났으니

가을바람에 시흥이 넘칩니다

秋	今	酬	拓	南	北	多	慇	
○	○	○	●	○	●	○	○	
風	世	唱	邀	陲	極	少	懃	贈
○	●	●	○	○	●	○	○	
詩	知	郢	方	歲	星	布	學	松
○	○	●	○	●	○	●	●	
興	音	中	外	月	辰	衣	士	郵
●	○	○	●	○	●	○	●	
驕	遇	調	客	饒	遠	交	意	李
○	●	○	●	○	●	○	●	

[감상] 蕭, 肴 자 通韻이다. 제1구에 下三仄이 보인다. 제목에 松郵는 號이다. 제2구 布衣, 벼슬 없는 사람. 제5구 方外客, 고향에서 멀리 떨어진 곳에서 온 손님. 제6구 酬唱, 詩歌를 서로 불러 주고받음. 郢, 초나라 서울, 역사상 음탕한 곳으로 유명. 작자는 이가운을 우연히 만난 듯하다. 그러나 둘은 서로 知己가 된 듯하다. 제2연, 북극의 별은 곧 정조 임금, 세월이 넉넉함은 태평성대와 같은 말. 領, 頸聯의 對偶가 좋다.

[120. 贈松郵李可運-2]

寂寞荒村裏　無人晝掩扉

秋來多意態　春去惜光輝

松塢詞翁在　蓬門學士歸

重陽成好會　暫拂薜蘿衣

[송우 이가운에게 지어 드리다-2]

고요하고 쓸쓸한 거친 시골 마을 안에는

낮에 사립문을 가리는 사람 아무도 없네

가을이 오니 마음이 싱숭생숭하고

봄이 가니 그 빛나던 햇살이 아깝네

소나무 우거진 둑에 시 짓는 늙은이 사니

저희 집에 학사님이 오셨다 돌아가셨네

중구 날엔 좋은 모임을 가졌으니

잠시 은자의 옷을 펄럭였습니다

暫	●	重	●	蓬	○	松	○	春	○	秋	○	無	○	寂	●	
拂	●	陽	○	門	○	塢	●	去	●	來	○	人	○	寬	●	又
薜	●	成	○	學	●	詞	○	惜	●	多	○	畫	●	荒	○	
蘿	○	好	●	士	●	翁	○	光	○	意	●	掩	●	村	○	
衣	○	會	●	歸	○	在	●	輝	○	態	●	扉	○	裏	●	

[감상] 모든 규칙에 맞다. 제3구 意態, 마음의 상태. 제5구 蓬門, 남에게 자기 집을 겸손하게 나타내는 말. 제7구 重陽, 음력 9월 9일. 홀수가 겹이라 하여 중양이고, 이날은 추석보다도 더 좋은 때라서 다양한 축제가 있었다. 제8구 薜蘿, 덩굴이 벋는 풀, 轉하여 隱者의 옷. 이 시 역시 이가운에게 지어 준 것인데, 앞에서는 작자가 이가운의 집에 방문했던 것 같고, 이번엔 중양절을 맞아 이가운이 작자의 집을 다녀간 것 같다. 제8구의 은자는 바로 이가운이다. 頷, 頸聯의 對偶가 좋다.

[121. 寓中宿雨初晴新月始出喜吟一絶]

丹壑淸溪上　衰翁滯雨留

宿雲歸海口　新月出峯頭

紫極祥光燭　靑丘珍氣收

東山還有日　呼酒破覊愁

[객지에서 묵던 중 여러 날 비가 왔는데 처음으로 개어 달이 비로소 나타나니 기뻐서 한 구절 읊는다]

붉은 골짜기 맑은 시내 위에
쇠한 늙은이 비에 갇혀 머무네
머물렀던 구름바다 쪽으로 물러나니
새로운 달이 산봉우리 위에 나타나네
옥좌에 서기로운 빛 불 밝히니
온 나라에 보배로운 기운 모이네
여러 날 만에 동산에 돌아오니
술을 불러 타관살이 수심 털어 볼까 하네

呼	◐	東	○	青	○	紫	●	新	○	宿	●	衰	○	丹	○	
酒	●	山	○	丘	○	極	●	月	●	雲	○	翁	○	壑	●	寓
破	●	還	○	珍	○	祥	○	出	●	歸	○	滯	●	清	○	中
羈	○	有	●	氣	●	光	○	峯	○	海	●	雨	●	溪	○	宿
愁	○	日	●	收	○	燭	●	頭	○	口	●	留	○	上	●	雨

[감상] 모든 규칙에 맞다. 제목 宿雨, 여러 날 계속해서 내리는 비. 제1구 丹壑, 이는 丹 자로 시작하는 어느 지명을 줄인 것일 것이다. 제5구 紫極, 천자의 御座. 제6구 青丘, 중국에서 우리나라를 일컫던 말. 제3연은 정조 임금이 훌륭하여 온 나라가 새로운 기운으로 가득하다는 뜻이다. 제7구, 東山은 작자가 사는 마을 이름. 有日, 날수가 많음, 오래됨. 역시 領, 頸聯의 對偶가 좋다.

IV.

7언 율시

[1. 東都懷古]

羅王伯業水東流 往事滄桑一夢悠

鮑石寒亭埋野草 鷄林老樹帶殘秋

金鐘雨濕前朝響 玉笛風傳故國愁

三姓千年巡享地 可憐禾黍自油油

[경주의 옛일을 생각하다]

신라 왕들의 뚜렷한 업적이 물처럼 동으로 흐르고

지난 일들은 상전벽해 되어 한바탕 꿈처럼 멀구나

포석정은 찬바람에 초야에 묻혀 있고

계림의 늙은 나무들은 늦가을색 띠를 두르네

에밀레종은 지난 왕조의 소리를 빗속에 젖게 하고

만파식적은 옛 나라의 수심을 바람에 전하네

박석김 삼성이 천년 동안 돌아가며 누린 땅에

가련한 오곡이 저절로 유유히 자라네

可	●	三	○	玉	●	金	○	鷄	○	鮑	●	往	●	羅	○	
憐	○	姓	●	笛	●	鐘	○	林	○	石	●	事	●	王	○	東
禾	○	千	○	風	○	雨	●	老	●	寒	○	滄	○	伯	●	都
黍	●	年	○	傳	○	濕	●	樹	●	亭	○	桑	○	業	●	懷
自	●	巡	○	故	●	前	○	帶	●	埋	○	一	●	水	●	古
油	○	享	●	國	●	朝	○	殘	○	野	●	夢	●	東	○	
油	○	地	●	愁	○	響	●	秋	○	草	●	悠	○	流	○	

[감상] 모든 규칙에 맞다. 제목, 東都는 오늘의 경주이다. 제2구, 滄桑은 桑田碧海를 말한다. 제8구 油油, 곡초, 풀 같은 것이 무성하여 잎이 윤이 나서 번드르르한 모양. 頷, 頸聯의 대우가 참 멋지다. 특히 경련은 시각과 청각이 잘 대비되었다. 작자가 영·정조 시대 인물인데 그때도 이미 신라 유적은 황폐하였음을 알 수 있다.

[2. 觀海吟]

茫茫大海接蒼空 萬里扶桑一望中
千岳北來爭控揖 百川東注共朝宗
龍興雲霧無時雨 鯨噴波濤盡日風
人世壯觀誰過此 騷翁裏胸闢鴻濛

[바다를 보고 읊다]

아득하고 아득한 큰 바다 푸른 하늘에 닿았고
멀리 해가 돋는 동쪽 바다를 바라보니
많은 산들이 북에서 달려와 다투어 손을 잡고 인사하고
여러 강들이 동쪽으로 흘러 다 함께 바다로 모여드네
용은 구름과 안개를 일으켜 어느 때고 비를 내리고
고래는 파도를 내뿜어 온종일 바람을 일으키네
인간 세상에서 훌륭한 광경 이보다 나은 것이 무엇인고
시 짓는 늙은이 가슴속에 하늘과 땅을 여네

騷	○	人	○	鯨	○	龍	○	百	●	千	○	萬	●	茫	○	
翁	○	世	●	噴	●	興	○	川	○	岳	●	里	●	茫	○	觀
裏	●	壯	●	波	○	雲	○	東	○	北	●	扶	○	大	●	海
胸	○	觀	○	濤	○	霧	●	注	●	來	○	桑	○	海	●	吟
闢	●	誰	○	盡	●	無	○	共	●	爭	○	一	●	接	●	
鴻	○	過	●	日	●	時	○	朝	○	控	●	望	◐	蒼	○	
濛	○	此	●	風	○	雨	●	宗	○	揖	●	中	○	空	○	

[감상] 제5구에 鶴膝이 보이나 비운자행이다. 제2구 扶桑, 해가 돋는 동쪽 바다. 제3구 拱揖, 손을 마주 잡고 인사함. 제4구 朝宗, 江河가 바다로 흐름의 비유. 제8구 鴻濛, 하늘과 땅이 아직 갈라지지 아니한 모양. 내륙인이 바다를 보고 느낀 것을 캠퍼스에 그림을 그리듯 읊었다. 頷, 頸聯의 對偶가 참 좋다.

[3. 盤龜臺]

天慳一壑水縈回 仙局班班道士臺

雷雨龍湫飛白練 星霜龜石老蒼苔

名亭晝寐人何去 古樹春深鳥自來

獨倚虛欄無與語 雲闌斜日悵徘徊

[반구대]

하늘이 숨겨 둔 한 골짜기에 물이 굽어 흐르는

신선들이 모였던 자리 뚜렷한 도사대로다

천둥 치고 비 오는 용의 못에는 펄럭이는 명주가 희고

별빛 서리 내린 거북 바위엔 오랜 이끼 푸르구나

이름 있는 정자에 낮잠 자던 사람은 어디 가고

늙은 나무 봄색 짙으니 새가 절로 찾아드네

빈 난간에 더불어 말할 이 없이 혼자 기대니

구름이 지는 해를 가려 원망하며 오락가락하네

雲	○	獨	●	古	●	名	○	星	○	雷	○	仙	○	天	○	
闌	○	倚	●	樹	●	亭	○	霜	○	雨	●	局	●	慳	○	盤
斜	●	虛	○	春	○	晝	●	龜	○	龍	○	班	○	一	●	龜
日	●	欄	○	深	○	寐	●	石	●	湫	○	班	○	壑	●	臺
悵	●	無	○	鳥	●	人	○	老	●	飛	○	道	●	水	●	
徘	○	與	●	自	●	何	○	蒼	○	白	●	士	●	縈	○	
徊	○	語	●	來	○	去	●	苔	○	練	●	臺	○	回	○	

[감상] 모든 규칙에 맞다. 제2구 斑斑, 명백한 모양. 조선 영·정조 시대에도 그곳은 가까이 가서 보기는 어려운 곳이었나? 암각화 언급은 전혀 없고 오랜 세월을 견딘 그곳 특유의 신비스러운 모습과 시인이 머무른 정자를 절묘한 對偶를 이루면서 잘 묘사하였다.

[4. 佛國寺]

佛國樓臺甲海東　斲來雲骨移禪宮
虹梯兩起連平地　寶塔雙高入半穹
古閣鐘聲流水裏　空岑樹色夕陽中
歸來蹈盡名區興　遊客風流任一筇

[불국사]

불국사 누대는 우리나라 으뜸인데
구름 뼈를 깎아 와서 절을 지었네
무지개다리는 양쪽에 섰는데 땅에 이어졌고
보탑은 쌍을 이루어 반쯤 하늘 속에 솟았네
낡은 누각 종소리는 물속에 흐르고
텅 빈 산봉우리 나무색은 석양에 물드네
돌아가는 발자국 다하니 절의 명성 높아지고
풍류 찾아 떠도는 나그네는 지팡이 하나에 몸을 기대네

遊	○	歸	○	空	○	古	●	寶	●	虹	○	斲	●	佛	●	
客	●	來	○	岑	○	閣	●	塔	●	梯	○	來	○	國	●	佛
風	○	蹈	●	樹	●	鐘	○	雙	○	兩	●	雲	○	樓	○	國
流	○	盡	●	色	●	聲	○	高	○	起	●	骨	●	臺	○	寺
任	●	名	○	夕	●	流	○	入	●	連	○	造	●	甲	●	
一	●	區	○	陽	○	水	●	半	●	平	○	禪	○	海	○	
筇	○	興	●	中	○	裏	●	穹	○	地	●	宮	○	東	○	

[감상] 東, 冬 通韻이다. 流가 疊이다. 불국사를 웅장한 스케일로 그렸다. 제7구는 많은 사람들이 절을 보고 돌아가면 소문이 퍼져 절의 명성이 높아진다는 뜻. 頷, 頸聯의 對偶가 절묘하다. 流가 疊이 됨을 알면서도 표현을 살리기 위해 사용한 작자의 고민이 보인다.

[5. 斷石山]

斷石巉巖閱萬祠 將軍去後劍痕遺
威掀宇宙扶王社 氣作山河壯霸基
日月精忠天地感 風雲韜略鬼神知
三韓一統伊誰力 終古英風鎭海陲

[단석산]

잘린 돌 가파른 바위 많은 제사를 지켜봤고
장군이 떠난 후 검의 흔적이 남았네
위세는 우주를 들어 올려 왕의 사직을 도왔고
기세는 산하를 만들어 패자의 기반을 다졌네
해와 달같이 밝고 깨끗한 충심 하늘과 땅이 느꼈고
바람과 구름 같은 병책 귀신이 알았네
삼한을 통일한 것 그 누구의 힘이었던고
영원한 영웅의 풍모 바다 변방을 누르네

終	○	三	○	風	○	日	●	氣	●	威	○	將	●	斷	●	
古	●	韓	○	雲	○	月	●	作	●	掀	○	軍	○	石	●	斷
英	○	一	●	韜	●	精	○	山	○	宇	●	去	●	巉	○	石
風	○	統	●	略	●	忠	○	河	○	宙	●	後	●	巖	○	山
鎭	●	伊	○	鬼	●	天	○	壯	●	扶	○	劍	●	閱	●	
海	○	誰	○	神	○	地	●	覇	●	王	○	痕	○	萬	●	
陲	○	力	●	知	○	感	●	基	○	社	●	遺	○	祠	○	

[감상] 모든 규칙에 맞다. 단석산은 김유신 장군이 청년기에 무술 연마와 통일의 염원을 다졌던 장소로 경주에서 서쪽으로 건천읍에 있는 매우 높은 산이다. 그 정상에 큰 바위가 기이하게도 칼로 자른 듯 둘로 갈라져 있다. 전설에 김유신 장군이 수련을 마치고 통일 염원 실현을 시험 삼아 칼로 베었다고 전한다. 제1구, 萬祠의 祠는 원본에서 글자 확인이 어려워 운자에 맞춰 추정하였다. '많은 제사'라고 하면, 김유신 장군이 염원을 빌며 올린 제사일 수도 있고, 오늘날도 인근 주민이나 무속인들이 자주 치성을 올리고 있으니 그것을 뜻할 수도 있다. 제4구 覇, 패권을 잡다, 제후의 우두머리가 되다. 제6구 韜略, 六韜三略의 준말, 중국 병법의 고전. 제8구 終古, 언제까지나. 영원히, 옛날. 이 시는 단석산에 올라 김유신 장군을 회고한 것이다. 頷, 頸聯의 對偶가 좋다.

[6. 骨窟]

骨窟名菴閱萬灰　尋眞野光一筇來
奇巖怪穴層層立　畵閣雕樑面面開
石有梯逕人上下　雲關無主客徘徊
登臨恍惚遊仙境　千古靈觀冠海溟

[골굴]

골굴 이름난 암자에 수많은 염원 비는 것 본다기에
참으로 그런지 햇빛 쬐이며 지팡이 하나 짚고 왔네
기이한 바위에 괴이한 구멍으로 층층이 섰는데
그림을 덮은 집 들보를 새겼지만 면면이 열려 있네
돌은 좁은 길 사다리를 가지고 있어 사람들이 오르내리나
구름이 빗장 걸어 주인은 없고 나그네만 배회하네
올라서 보니 황홀한 것이 신선이 노는 경지로
천고의 영험한 관세음보살 관을 쓰고 바다에 가라앉네

千	○	登	○	雲	○	石	●	畵	●	奇	○	尋	○	骨	●	
古	●	臨	○	關	○	有	●	閣	●	巖	○	眞	○	窟	●	骨
靈	○	恍	●	無	○	梯	○	雕	○	怪	●	野	●	名	○	窟
觀	○	惚	●	主	●	逕	○	樑	○	穴	●	光	●	菴	○	
冠	●	遊	○	客	●	人	○	面	●	層	○	一	●	閱	●	
海	●	仙	○	徘	○	上	●	面	●	層	○	筇	○	萬	●	
溟	○	境	●	徊	○	下	●	開	○	立	●	來	○	灰	○	

[감상] 모든 규칙에 맞다. 골굴은 경주에서 동쪽으로 감포항 쪽으로 가다 중간쯤에 기림사로 들어가는 길이 있다. 그 초입에서 왼쪽으로 조금 들어가면 지금 '골굴사'라는 절이 있어, 우리나라 禪武道 발원지로 알려져 찾아오는 이가 많아 큰 절이 되었다. 1980년대까지만 해도 그곳에는 이 시에서 그리는 것처럼 작은 암자가 하나 있고 골굴에는 쇠기둥에 유리 지붕이 씌워져 있었다. 제1구, 閱萬灰는 앞의 시 단석산에서 閱萬祠와 같은 뜻이라 본다. 우리가 절이나 영험 있는 바위 앞에서 신자나 무속인들이 염원을 적은 종이를 태우는 것을 본다. 바로 이것이라고 생각된다. 제7구, 登臨은 아마도 골굴이 있는 그 산의 정상에 오름을 말한 것 같다. 그러면 제8구에서처럼 동해 바다가 보이기 때문이다. 頷聯의 對偶가 좋다.

[7. 周王山]

周王人說小瀛洲 直壓山南七十州

塵世百年無好事 仙區九月有淸遊

潛龍噴水成雷雨 削壁穿雲近斗牛

寶界三千眞在是 登臨若悅羽衣僊

[주왕산]

주왕을 사람들은 작은 영주라고 말하니

바로 내리누르네 산 남쪽 칠십 고을을

인간 세상 백 년 좋은 일 없어도

신선이 사는 곳 아홉 달은 맑은 놀이 있네

물에 잠긴 용이 물을 뿜어 천둥과 비를 일으키고

깎인 절벽이 구름을 뚫고 솟아 북두성과 견우성이 가깝네

아미타 정토 삼천 개가 참으로 이곳에 있으니

오르고 보니 정신이 빠진 듯 모두가 날개옷이네

登	○	寶	●	削	●	潛	○	仙	○	塵	○	直	●	周	○	
臨	○	界	●	壁	●	龍	○	區	○	世	●	壓	●	王	○	周
若	●	三	○	穿	○	噴	●	九	●	百	●	山	○	人	○	王
悅	●	千	○	雲	○	水	●	月	●	年	○	南	○	說	●	山
羽	●	眞	○	近	●	成	○	有	●	無	○	七	●	小	●	
衣	○	在	●	斗	●	雷	●	淸	○	好	●	十	●	瀛	○	
僊	○	是	●	牛	○	雨	●	遊	○	事	●	州	○	洲	○	

[감상] 모든 규칙에 맞다. 주왕산은 경북 청송군에 있는 바위가 많고 아름다운 명산이다. 제1구 瀛洲, 삼신산의 하나, 동해 중에 있는 신선이 산다는 곳. 제6구 斗牛, 斗星과 牛星, 곧 북두성과 견우성. 제7구 寶界, 아미타불의 극락정토가 있는 세계, 지극히 안락하고 아무 걱정이 없다고 하는 곳. 首聯에서 제목을 풀었고, 頷聯에서 情을 읊고, 頸聯에서 景을 읊었다. 尾聯은 山頂에 올랐을 때의 기분을 묘사했다. 頷, 頸聯의 對偶가 참 좋다.

[8. 登釜山永嘉臺次壁上韻]

地窮南海海潮廻　縹緲蓬壺眼底開
邊塞重關綏卉服　湖山好處壯樓臺
鷄林倦客求詩到　漁浦閑翁負酒來
醉後欲成歌一曲　龍蛇千載恨難裁

[부산 영가대에 올라 벽에 있는 시에 차운하다]

땅끝 남쪽 바다 바닷물 돌아 흐르고
멀리 어렴풋 봉래산이 눈 아래 펼쳐지네
변방에 거듭된 관문에 오랑캐는 물러나고
물 곁 산 좋은 터에 누대는 장대하네
계림의 게으른 나그네 시를 지으러 오니
바닷가 한가한 늙은이 술을 실어 왔네
취한 후 노래 한 곡 지으려니
오랫동안 용이 못된 이무기 한을 다 다듬기 어려워라

龍	○	醉	●	漁	○	鷄	○	湖	○	邊	○	縹	●	地	●	
蛇	○	後	●	浦	●	林	○	山	○	塞	●	緲	●	窮	○	登
千	○	欲	●	閑	○	倦	●	好	●	重	○	蓬	○	南	○	釜
載	●	成	○	翁	○	客	●	處	●	關	○	壺	○	海	●	山
恨	●	歌	○	負	●	求	○	壯	●	綏	○	眼	●	海	●	永
難	○	一	●	酒	●	詩	○	樓	○	卉	●	底	●	潮	○	嘉
裁	○	曲	●	來	○	到	●	臺	○	服	●	開	○	廻	○	臺

[감상] 모든 규칙에 맞다. 광해군 때 경상도관찰사 권반이 부산진성 서문 밖 호안이 얕고 좁아 새로 선착장을 만들고자 했는데 이때 바다에서 퍼 올린 흙이 쌓여 작은 언덕이 생겼고 이곳에 나무를 심고 정자를 만들었다. 이 정자가 제목의 부산 영가대이다. 次韻은 남의 시에 韻을 따라 자신이 또 짓는 것을 말한다. 제2구 縹緲, 높고 먼 모양. 제3구 卉服, 풀로 만든 옷, 곧 오랑캐들. 제8구 龍蛇, 용이 못된 이무기, 곧 작자 자신.

[9. 通度寺]

四十年前過此寺 重來已作白頭翁
三千界闊藏靈佛 十二宮開遠毒龍
特地煙霞仙債在 諸天日月世緣空
登臨不覺風生腋 說跡奇觀冠海東

[통도사]

사십 년 전에 이 절을 지나갔는데
다시 오니 이미 늙은이가 다 되었네
삼천 세계 두루 영불이 숨어 있으니
열두 궁을 열어 독룡을 쫓아냈네
특별한 땅에 연기 노을 끼어 신선이 빌려 있으나
여덟 하늘에 해와 달이 떠도 세상 인연 헛되도다
올라 보니 겨드랑이에 바람이 이는 줄 알지 못했는데
기이한 관세음 설법 자취는 우리나라에 으뜸이로다

說	●	登	○	諸	○	特	●	十	●	三	○	重	○	四	●	
跡	●	臨	○	天	○	地	●	二	●	千	○	來	○	十	●	通
奇	○	不	●	日	●	煙	○	宮	○	界	●	已	●	年	○	度
觀	○	覺	●	月	●	霞	○	開	○	闊	●	作	●	前	○	寺
冠	○	風	○	世	●	仙	○	遠	○	藏	○	白	●	過	○	
海	●	生	○	緣	○	債	●	毒	●	靈	○	頭	○	此	●	
東	○	腋	●	空	○	在	●	龍	○	佛	●	翁	○	寺	●	

[감상] 제1구, 끝이 측성이어서 變調이다. 東, 冬 通韻이다. 늙어 다시 찾은 절에서 인생의 허무를 불교의 가르침에 연결하였다. 제3구, 靈佛은 통도사가 靈鷲山에 있기 때문이다. 제4구, 十二宮은 통도사의 모든 전각을 말한다. 제5구, 特地는 그곳의 지세를, 제6구, 諸天은 불교에서는 하늘이 여덟으로 되어 있는데, 그 여러 하늘은 마음을 수양하는 경계를 따라서 나뉜다. 제7구, 登臨은 아마 절 뒤의 영취산에 오른 듯하다. 통도사는 영험 있는 절로 소문났다. 역시 頷, 頸聯의 對偶가 조화롭다.

[10. 聞玉溪名勝寄贈巖老]

玉溪淸勝名千古 人說東南第一奇
老去新詩閑自語 秋來好事與誰期
仙區消息傳佳節 鳩杖周旋可此時
己許晩年方外客 洞天炯月夢先知

[옥계가 명승이라는 것을 듣고 그곳에 사는 노인에게 부쳐 보내다]

옥계가 아주 맑은 절경이란 명성은 오래되어
사람들은 말하기를 동남쪽에 제일 뛰어났다네
노인이 가면 새 시를 저절로 한가로이 읊을 거니
가을이 오면 좋은 일을 누구와 더불어 기약할꼬
신선이 머무는 곳 소식을 아름다운 계절에 전하니
비둘기 새긴 지팡이 두루 돌아 이때가 좋으니
내 이미 만년에 타향을 떠도는 것을 마음먹었으니
빈 하늘 밝은 달을 꿈이 먼저 아는구나

洞	●	己	●	鳩	○	仙	○	秋	○	老	●	人	○	玉	●	
天	○	許	●	杖	●	區	○	來	○	去	●	說	●	溪	○	聞
炯	●	晩	●	周	○	消	○	好	●	新	○	東	○	淸	○	玉
月	●	年	○	旋	○	息	●	事	●	詩	○	南	○	勝	●	溪
夢	●	方	○	可	●	傳	○	與	●	閑	○	第	●	名	○	名
先	○	外	●	此	●	佳	○	誰	○	自	●	一	●	千	○	勝
知	○	客	●	時	○	節	●	期	○	語	●	奇	○	古	●	

[감상] 제1구, 끝이 측성이어서 變調이고 또한 제1구와 5구에 鶴膝이 보이나 비운자행이다. 제목, 玉溪는 경북 영덕군 달산면에 있으며 그 계곡은 천연림으로 뒤덮인 팔각산과 동대산의 기암절벽이 이루어 낸 깊은 계곡이다. 그곳에는 침수정이 있다. 이 정자를 지은이가 '손성을'이다. 巖老는 바로 이 노인을 가리킨다. 손성을이 보낸 소식을 듣고 작자가 곧 그곳으로 놀러 가겠다는 뜻을 시로 지어 보낸 것이다. 領聯의 老去는 자신이 찾아간다는 것이다. 가기만 하면 시가 저절로 나온다는 뜻이다. 頸聯의 鳩杖은 유람하는 신선의 지팡이, 곧 작자 자신이다. 尾聯이 특히 마음에 든다.

[11. 陶淵仙遊亭]

天慳別界紫霞濃　翼翼仙亭在半空
削壁穹雲懸鶴窟　飛流噴雪落蛟宮
危欄獨上瑤臺月　絶壑長吹閑苑風
瞻仰先生吟嘯地　鷄林歸客倦移節

[도연의 신선이 노는 정자]

하늘이 숨긴 별세계 자줏빛 노을이 짙고
날아오를 듯 신선의 정자는 반쯤 허공에 있네
깎은 듯 절벽 하늘 구름 학의 굴에 걸려 있고
날 듯 흐르는 쏟아지는 눈은 교룡의 궁에 떨어지네
위태한 난간에 홀로 오르니 아름다운 대에 달이
끊어진 골짜기에 길게 부네 닫힌 동산에 바람이
선생을 우러러 시를 읊고 피리를 부는 이곳에
계림에서 온 길손은 돌아가길 싫어하네

鷄	○	瞻	○	絶	●	危	○	飛	○	削	●	翼	●	天	○	
林	○	仰	●	壑	●	欄	○	流	○	壁	●	翼	●	慳	○	陶
歸	○	先	○	長	○	獨	●	噴	○	穹	○	仙	○	別	●	淵
客	●	生	○	吹	○	上	●	雪	●	雲	○	亭	○	界	●	仙
倦	●	吟	○	閑	○	瑤	○	落	●	懸	○	在	●	紫	●	遊
移	○	嘯	●	苑	●	臺	○	蛟	○	鶴	●	半	●	霞	○	亭
節	○	地	●	風	○	月	●	宮	○	窟	●	空	○	濃	○	

[감상] 東, 冬 通韻이다. 모든 규칙에 맞다. 정자가 있는 곳이 매우 깊은 산 절경인 것 같다. 제목에 도연과 尾聯에 선생 그리고 歸客에서 歸를 연결하면 중국의 도연명 시인의 〈귀거래사〉가 떠오른다. 그러나 이곳은 조선이고 도연명 같은 어느 선비가 이 정자를 지었을 것이나 지금은 작자 자신이 도연명이 된 듯하다.

[12. 內延山瀑布]

萬仞延岑壯海東 飛流瀑布吼中空
名區已闢鴻濛世 好意循看造化翁
壁立千層巢老鶴 潭深百尺臥神龍
登臨半日明心目 塵客還生兩腋風

[내연산 폭포]

만 길 높은 봉우리는 나라에서 드문 기상
흩날리는 폭포는 허공에 사자후라
이름난 지역을 이미 열었네 천지가 하나인 세계가
호의를 갖고 두루 살폈네 조물주가
벽이 서니 천 층이라 늙은 학이 집을 짓고
못이 깊어 백 척이라 신령한 용이 누웠네
반나절 만에 산에 오르니 마음과 눈이 밝아지고
속세 몸이 다시 태어난 듯 양 겨드랑이에 바람이 인다

塵	○	登	○	潭	○	壁	●	好	●	名	○	飛	○	萬	●	
客	●	臨	○	深	○	立	●	意	●	區	○	流	○	仞	●	內
還	○	半	●	百	●	千	○	循	○	已	●	瀑	●	延	○	延
生	○	日	●	尺	●	層	○	看	◐	闢	●	布	●	岑	○	山
兩	●	明	○	臥	●	巢	○	造	●	鴻	○	吼	●	壯	●	瀑
腋	●	心	○	神	○	老	●	化	●	濛	○	中	○	海	●	布
風	○	目	●	龍	○	鶴	●	翁	○	世	●	空	○	東	○	

[감상] 모든 규칙에 맞다. 東, 冬의 通韻이다. 내연산 폭포는 포항시 송라면에 있다. 그 장관의 경치를 조물주의 호의로 보았다. 對偶가 적절하여 경관을 잘 묘사하였다.

[13. 送別府伯洪相公(良浩)]

鰲山輕重去來秋 曲曲汶波惠澤流

暇日幾興多士教 荒年頻解小民愁

舟輕彭澤歸心促 錢大山陰別意悠

早晚旱天霖雨作 竚將甘霂洒南郵

[경주 부윤 홍양호공을 송별하다]

남산에 가을이 가볍게 무겁게 오고 가더니
굽이굽이 물결이 은혜로 넘쳐흐르네
한가한 날은 종종 일으켰네 여러 선비 교육을
흉년에는 자주 풀었네 가난한 백성들의 수심을
불어난 못에 배는 가벼워 돌아가는 마음을 재촉하니
산그늘에 술과 안주가 많아 이별하는 뜻이 넘치네
머지않아 가물던 하늘이 장맛비를 내릴 테니
우두커니 장차 달갑게 쏟아지는 비는 남쪽 오두막집 씻겠네

竚	●	早	●	錢	●	舟	○	荒	○	暇	●	曲	●	鰲	○	送
將	○	晚	●	大	●	輕	○	年	○	日	●	曲	●	山	○	別
甘	○	旱	●	山	○	彭	○	頻	○	幾	●	汶	○	輕	○	府
霂	●	天	○	陰	○	澤	●	解	●	興	○	波	○	重	●	伯
洒	●	霖	○	別	●	歸	○	小	●	多	○	惠	●	去	●	洪
南	○	雨	●	意	●	心	○	民	○	士	●	澤	●	來	○	相
郵	○	作	●	悠	○	促	●	愁	○	教	●	流	○	秋	○	公

[감상] 輕 자가 疊이다. 제5구에 鶴膝이 보이나 비운자행이다. 府尹 홍양호는 20년 후에 작자의 詩稿 서문을 지은 분이다. 그는 작자를 嶠南(嶺南)名士라 칭했다. 이 시에서 그분의 업적과 송별 후의 허전함을 잘 표현하였다. 제1구 輕重은 단풍에 비유하면 옅거나 짙음이요, 鰲山을 남산으로 보지 않고 경주 고을 전체로 보면, 어느 해는 흉년 어느 해는 풍년을 의미한다. 제6구, 錢은 주효, 즉 술과 안주를 아울러 이르는 말. 제8구, 南郵는 작자의 집을 가리킨다. 頸聯은 떠나려는 이의 마음과 보내는 이의 마음을 잘 대비시켰다. 尾聯의 '장맛비', '달갑게 쏟아지는 비'는 洪公에 대한 그리움을 상징하는 것이 아닐까?

[14. 送別府伯李相公(海重)]

秋風烏鶴擁車前 能挽吾公意浩然
楓陛日明葵悃切 萱庭春晚草心專
分憂北闕多三載 借惠南州少一年
寂寬琴軒人去後 何時更聽武城絃

[경주 부윤 이상공(해중)을 송별하다]

가을날 귀천 부민 모두가 수레 앞을 막으니
그대를 붙들고자 하는 우리 뜻의 큼이 그와 같습니다
단풍 진 섬돌에 해가 밝아도 해바라기의 간곡함은 절박하고
망우초 핀 뜰에 봄이 늦어도 풀의 마음은 한결같네
근심을 나누는 북쪽 대궐엔 삼 년도 길지만
혜택에 의지하는 남쪽 고을엔 일 년이 짧습니다
거문고 소리 들렸던 대청엔 그대 떠나 적막하니
태평성대의 악기 소리 어느 때 다시 듣겠습니까

何	○	寂	●	借	●	分	○	萱	○	楓	○	能	○	秋	○	送
時	○	寬	●	惠	●	憂	○	庭	○	陛	●	挽	●	風	○	別
更	●	琴	○	南	○	北	●	春	○	日	●	吾	○	烏	○	府
聽	◐	軒	○	州	○	闕	●	晚	●	明	○	公	○	鶴	●	伯
武	●	人	○	少	●	多	○	草	●	葵	○	意	●	擁	●	李
城	○	去	●	一	●	三	○	心	○	悃	●	浩	●	車	○	相
絃	○	後	●	年	○	載	●	專	○	切	●	然	○	前	○	公

[감상] 모든 규칙에 맞다. 首聯, 덕이 있는 부윤을 붙잡는 부민들의 마음을 나타냈고, 頷聯, 해바라기는 여름 식물이라 가을의 햇살로는 부족하고, 풀은 봄이 늦어도 여름을 기다리며 줄기차게 자란다. 이는 곧 은택에 목마른 백성들의 모습이다. 頸聯, 도성 내직은 여러 사람이 일을 나누어 하지만 지방 관아는 오직 수령 한 사람의 은혜에 좌우된다. 그래서 일 년 임기로는 제대로 일할 수 없다. 이는 일찍 떠나는 부윤에 대한 야속한 마음이다. 尾聯, 새 부윤에 대한 기대를 나타내고 있다. 對偶가 참 좋다.

[15. 賀贈府伯金相公(尙集) - 兼小序]

粵在辛壬年前判書大相公尹玆東土活我慶累舊生靈上下五十載 街謠巷頌洋洋乎盈耳何幸閤下以相公堂侄又莅是州適值十二之運恤我窮民施此大惠使疾癃莆獨獲免溝壑濟民座丹已作[7]閤下家傳之物[8]藹然春風和氣更回於陰崖之中前後風謠今古當同[9]猗歟休哉謹搆蕪語一篇以寓區區獻賀之忱 詩曰

[부윤 김상공 상집에게 축하하며 지어 드리다, 짧은 서문과 함께]

곰곰이 생각하니 신미년과 임신년 사이에 있었던 일로, 전 판서를 지낸 대상공께서 부윤으로 이곳 경주에 와서, 우리 경주에 누대 오래 살아온 생민을 살린 적이 있어, 상류층과 하류층 모두가 오십 년 동안, 길거리 노래로 뒷골목 송으로 널리 부르지 않았겠습니까? 듣는 귀에 넘쳤으니 합하께서는 얼마나 행복했겠습니까? 그런데 상공께서는 그분의 오촌 조카로서 또한 이곳 경주에 부임하셨으니, 십이 지의 운이 제대로 자리를 잡아, 우리 불쌍한 백성을 구휼하니, 이에 큰 은혜를 베푸시어, 중풍 걸린 이로 하여금 서초가 되게 하여, 홀로 백성들을 구덩이에서 구하는 성과를 거두소서. 붉은 자리에 앉음이 이미 이루어져 있으니, 합하 가문의 전하는 물건이 우거짐이 이와 같습니다. 봄바람과 따뜻한 기운이, 햇빛이 잘 비치지 않는 언덕 가운데서 다시 돌아오니, 앞뒤 풍속을 읊은 노래가 예와 지금이 마땅히 같을 터이니, 아 안도의 한숨이 나옵니다. 삼가 거친 말을 얽어 한 편으로써, 구차한 하례의 참마음 담은 시를 부치옵니다. 시에 이르기를,

相公遺愛口傳碑　何幸賢侯又莅玆
聖主深憂分北闕　文翁餘化動南陲
鰲山直直民瞻仰　蚊水洋洋士詠歸
從此波癃生意足　鷄林再見脚春移

---

7) 승진이 이미 보장되다.
8) 백성을 사랑하다.
9) 숙부 때와 조카 때가 같다.

상공께서 사랑을 베푸시어 칭송의 노래가 이어졌는데

어진 부윤께서 또 이 고을로 오셨으니 얼마나 다행입니까

임금의 깊은 근심이 북쪽 대궐에서 내려보내니

문왕의 남은 덕화가 남쪽 변방 고을로 옵니다

남산이 곧고 곧아 백성들이 우러러보고

서천이 양양하여 선비들이 읊으며 돌아갑니다

이에 따라 깊은 병자도 살고자 하는 뜻이 족하니

계림 고을은 다시 봄이 오는 것을 보겠습니다

鷄	○	從	○	蚊	○	鰲	○	文	○	聖	●	何	○	相	●	賀
林	○	此	●	水	●	山	○	翁	○	主	●	幸	●	公	○	贈
再	●	波	○	洋	○	直	●	餘	○	深	○	賢	○	遺	●	府
見	●	癃	○	洋	○	直	●	化	●	憂	○	侯	○	愛	●	伯
脚	●	生	○	士	●	民	○	動	●	分	○	又	●	口	●	金
春	○	意	●	詠	●	瞻	○	南	○	北	●	蒞	●	傳	○	相
移	○	足	●	歸	○	仰	●	陲	○	闕	●	兹	○	碑	○	公

[감상] 모든 규칙에 맞다. 支, 微 通韻이다. 제1구 口傳碑, 입으로 전하는 비석, 즉 칭송의 노래. 제3구, 임금은 항상 백성을 근심하기에 이를 대신할 신하를 지방으로 내려보낸다. 제5구, 鰲山은 남산, 제6구, 蚊水는 서천이다. 詠歸는 논어에 나오는 표현으로, '강에서 목욕하고 시가를 읊으며 돌아온다'는 뜻으로, 깨끗한 선비 정신을 말한다. 새로 부임해 온 부윤에게 이전에 부윤으로 다녀간 그의 숙부의 공덕을 칭송하며, 그 역시도 고을을 잘 다스려 줄 것을 당부하는 서문이 앞에 있어, 시를 이해하는 데는 어려움이 없다. 對偶가 참 좋다.

[16. 送李參議以騎曹堂上赴京]

白首西銓聖眷偏 風期遙自五雲邊

驥蹄晚展三韓地 馹路還催六月天

廊廟經綸知有日 江湖談笑問何年

送公千里無窮意 化作商霖濺入埏

[병조참의 당상이 되어 서울로 떠나는 이 참의를 송별하다]

백두에게 병조를 임금의 마음이 기울었으니

임금과 신하의 뜻이 맞는 것이 멀리 오색구름 끝이라

뛰어난 재주가 늦게 펼쳐지니 온 나라에

역참 가는 길 빠르게 재촉하는구나 유월 하늘에

조정에 경륜은 오래되면 알지만

초야에 담소는 어느 해인지 묻는다

그대를 멀리 보내니 정이 한이 없는데

교화를 헤아릴 수 없이 일으켜 팔방에 넘치게 하시게

化	●	送	●	江	○	廊	○	駈	●	驤	●	風	○	白	●	送
作	●	公	○	湖	○	廟	●	路	●	蹄	○	期	○	首	●	李
商	○	千	○	談	○	經	○	還	○	晚	●	遙	○	西	○	叅
霖	○	里	●	笑	●	綸	○	催	●	展	●	自	●	銓	○	議
濃	○	無	○	問	●	知	○	六	●	三	○	五	●	聖	●	
八	●	窮	○	何	○	有	○	月	●	韓	○	雲	○	眷	●	
埏	○	意	●	年	○	日	●	天	○	地	●	邊	○	偏	○	

[감상] 제7구에 鶴膝이 보이나 비운자행이다. 제2구 風期, 임금과 신하 사이의 뜻이 서로 통함. 제5구 廊廟, 조정의 대정을 보살피는 전사, 의정부. 有日, 날수가 많음, 오래 됨. 제8구 商霖, 헤아릴 수 없이 많음. 八埏, 팔방의 끝. 초야에서 같이 지낸 처사 이공이 병조참의의 직첩을 받고 떠날 때 써 준 시이다. 조정에 경륜은 시간이 지나면 알 수 있지만 언제 다시 볼지 알 수 없음을 안타까워하면서도, 백성을 위해 일을 잘해 주기를 당부한다. 領, 頸聯의 對偶가 좋다.

[17. 次博川歸來韻]

西風幾上仲宣樓 江漢歸來一小舟

白首援簪尋古里 黃花泛酒憶前秋

百年榮辱無關係 萬事昇沈豈惡尤

聖主明明今在上 安危大責在前頭

[넓은 시내 돌아옴에 차운하다]

서풍이 불 기미 있어 올랐네 중선루에

한강에 돌아오네 작은 배 하나

늙은이 비녀 당겨 꽂고 옛 동리 찾으니

누른 꽃 술잔에 뜨니 지난가을 생각나네

일생의 영욕은 아무 관계 없으나

만사가 오르내림은 어찌 더욱 나쁜가

어진 임금 밝고 밝아 지금 재위 계시니

안위의 큰 책임 영수들에 달렸네

安	○	聖	●	萬	●	百	●	黃	○	白	●	江	○	西	○	
危	○	主	●	事	●	年	○	花	○	首	●	漢	●	風	○	次
大	●	明	○	昇	○	榮	●	泛	●	援	○	歸	○	幾	○	博
責	●	明	○	沈	○	辱	●	酒	●	簪	○	來	○	上	●	蘭
在	●	今	○	豈	●	無	○	憶	●	尋	○	一	●	仲	●	歸
前	○	在	●	惡	●	關	○	前	○	古	●	小	●	宣	○	來
頭	○	上	●	尤	○	係	●	秋	○	里	●	舟	○	樓	○	韻

[감상] 上, 在字가 疊 자다. 이 시를 처음 대하고 작가가 한양에 가서 지은 것이 아닐까? 하는 생각이 들었다. 그래서 仲宣樓가 어디에 있나? 하고 인터넷 검색을 하니, 전남 장성에 실제 있긴 하나 이 시와는 무관하고 계속 검색을 하다 다음 사실을 발견했다. 작가와 동시대 인물인 영조 때 문인 申光洙가 과거 시험에서 쓴 功令詩가 있는데 7언 38구로 되어 있고 글제는 두보의 登岳陽樓嘆關山戎馬였다. 이 시 첫머리에 이런 구절이 나온다. '秋江寂寞魚龍冷人在西風仲宣樓' 그러니까 이 시의 첫 구는 여기서 點化한 것이다. 그리고 이 시는 次韻한 시이기에 실제 가지 않아도 가능하다. 제3구의 白首는 작자 자신으로, 제5구의 백 년은 작자 자신의 일생으로 보았다. 제7구의 聖主는 정조 임금이며 제8구의 前頭는 당시 주도 세력이었던 노론의 영수들을 떠올려 보았다. 전체적으로는 벼슬에 뜻이 없지만 성군 정조 임금의 안위를 은근히 걱정하는 뜻이 담겨 있다.

[18. 再疊]

二年西塞睡虛樓 風滿晴江月滿舟

天意已回祈雨夕 民情終慰理疆秋

名花恥娜人爭艶 奇貨嫌居世孰尤

歸臥田園成晚計 紅塵不必更回頭

[앞 시 운자로 다시 읊다]

두 해 서쪽 변방살이 빈 누에 조는데

갠 강엔 바람 가득 배 안에는 달이 가득

하늘의 뜻 이미 돌아 비를 바라는 저녁

백성의 마음 마침내 위로받고 나라를 다스리는 가을

이름난 꽃은 예쁨을 부끄러워하는데 사람들은 아름다움을 다투고

기이한 물건은 한곳에 머물기 싫어하나 세상은 허물에 익숙하네

전원에 돌아와 누워 만년에 계획한 것 이루었으니

속세의 먼지에 다시 머리 돌릴 필요 없네

紅	○	歸	○	奇	○	名	○	民	○	天	○	風	○	二	●	再
塵	○	臥	●	貨	●	花	○	情	○	意	●	滿	●	年	○	疊
不	●	田	○	嫌	○	恥	●	終	○	已	●	晴	○	西	○	
必	●	園	○	居	○	娜	●	慰	●	回	○	江	○	塞	●	
更	●	成	○	世	●	人	○	理	●	祈	○	月	●	睡	●	
回	○	晚	●	孰	●	爭	○	疆	○	雨	●	滿	●	虛	○	
頭	○	計	●	尤	○	艶	●	秋	○	夕	●	舟	○	樓	○	

[감상] 모든 규칙에 맞다. 앞의 시와 같은 제목과 운으로 지어졌다. 그러니 속세를 떠나 전원으로 귀래함이다. 頷, 頸聯의 對偶가 좋다.

[19. 三疊]

霜髮蕭蕭獨倚樓 夢圓彭澤理輕舟

殊方虛送三年月 故里誰看九日秋

君子行箴知有數 達人今古貴无尤

從來官海風波靜 寧怕瞿塘在渡頭

[앞 시 운자로 세 번째 읊다]

흰 머리 쓸쓸히 홀로 누에 기대니
꿈 가운데 팽택에서 가벼운 배를 몰았네
타향에서 허송한 삼 년 달을
고향에선 누가 봤나 짧은 가을을
군자는 행동을 경계하니 운명 있음을 알고
달인은 예나 지금이나 허물없음을 귀히 여기니
지금까지는 벼슬살이 풍파가 조용했으나
연못을 두려워하기보다 차라리 나루 머리에 있네

寧	○	從	○	達	●	君	○	故	●	殊	○	夢	●	霜	○	
怕	●	來	○	人	○	子	●	里	●	方	○	圓	○	髮	●	三
瞿	○	官	○	今	○	行	●	誰	○	虛	○	彭	○	蕭	○	疊
塘	○	海	●	古	●	篋	○	看	◐	送	●	澤	●	蕭	○	
在	●	風	○	貴	●	知	○	九	●	三	○	理	●	獨	●	
渡	●	波	○	无	○	有	●	日	●	年	○	輕	○	倚	●	
頭	○	靜	●	尤	○	數	●	秋	○	月	●	舟	○	樓	○	

[감상] 제3, 7구에 鶴膝이 보이나 비운자행이다. 尾聯에 官海(벼슬살이)와 渡頭(나루)에서 歸去來할 뜻을 짐작할 수 있다. '귀거래' 하면 도연명, 그는 팽택현감을 버렸다. 그러고 보면 제2구의 '꿈속의 팽택에서 작은 배를 몰았다' 함이 이해된다. 頷聯의 對偶는 타향의 달은 길게 느껴져 3년이고 고향의 가을은 짧게 느껴져 9일이다. 頸聯에서는 군자와 달인이 대비되는데 작자는 군자를 선호하여 벼슬을 언제든 버릴 생각이다.

[20. 與曲江倅權學士唱酬韻]

(送別 戊戌 五 月 日)

聖世公爲江海吏 江風海月是前緣
文章獨步三韓國 絃誦爭騰百里天
縱賀判州成晩識 俄驚彭澤賦歸篇
雲山一別多惆悵 儻記鷄林烱樹邊

[곡강 원님 권학사와 주고받으며 읊다]

(송별하다, 무술년 오월)

어진 임금 세월에 그대 흥해군수가 되었으니

강의 바람과 바다의 달 이는 예부터 아는 바라

문장은 따를 사람 없네 삼한에

풍류는 다투어 오르네 먼 하늘에

바삐 축하하네 원님 됨을 늦게 알았지만

잠시 놀라 팽택현감 사직함을 노래했네

구름 낀 산에서 서로 헤어지니 많이 섭섭한데

어느 때고 계림이 생각나면 불 밝혀 기다리겠네

儻	●	雲	○	俄	○	從	●	絃	●	文	○	江	○	聖	●	
記	●	山	○	驚	○	賀	●	誦	○	章	○	風	○	世	●	與
鷄	○	一	●	彭	○	判	○	爭	●	獨	●	海	●	公	○	曲
林	○	別	●	澤	●	州	○	騰	○	步	●	月	●	爲	○	江
炯	●	多	○	賦	●	成	○	百	●	三	○	是	●	江	○	倅
樹	●	惆	○	歸	○	晩	●	里	●	韓	○	前	○	海	●	權
邊	○	悵	●	篇	○	識	●	天	○	國	●	緣	○	吏	●	

[감상] 제1구 끝 吏가 非韻 자여서 變調이다. 영남에서는 정조 임금 시절을 성세라 했다. 곡강은 오늘날 포항시 흥해읍이다. 친구인 권학사가 흥해군수로 있다가 떠날 때 나눈 시이다. 제2구에 江과 海가 疊 자이나 그것은 의도적으로 배치하여 효과를 극대화하고 있다. 곧 그곳 풍습을 이미 잘 알고 있음을 비유했다. 제4구는 여러 사람과 함께한 풍류 소리가 하늘 높이 오른다는 뜻. 제6구, 도연명이 팽택현감이 되어 부임하니 상관이 의관을 갖추어 배알하라는 명을 보내오자 분개하여 그날로 사직하면서 〈귀거래사〉를 지었다는 고사를 인용했다. 제8구, 炯樹邊은 계림이 앞에 나왔으니 그 숲가에 불을 밝힌다. 계림은 곧 경주요 작자가 사는 곳이다. 친구가 언제고 오면 반가이 맞이하겠다는 뜻이다.

[21. 己亥臘月曲江烏川兩倅來訪]

枉駕蓬門賜舊顔　使君高義重如山
荒村爲勸一盃進　淸範今承半日閑
好意順看譚笑際　離情還惜去留間
雙鳧又向鷄林去　明日徜成未盡歡

[기해년 12월에 곡강 오천 두 원님이 방문해 오셨다]

귀하신 분들이 누추한 집을 찾아 낯익은 얼굴을 보여 주시니
그대들로 하여금 높은 의리를 산같이 무겁게 합니다
거친 시골에서 권하며 술 한 잔씩 나아가니
맑은 모범 본받으며 한나절이 한가합니다
좋아하는 뜻으로 차례로 살피며 웃으며 얘기할 때
이별하는 정 돌아감을 애석해 가고 머무는 사이에
두 마리 오리가 또 계림을 떠날 생각이나
내일 거닐면서 못다 한 즐거움 누려 봅시다

明	○	雙	○	離	○	好	●	淸	○	荒	○	使	●	枉	●	
日	●	鳧	○	情	○	意	●	範	●	村	○	君	○	駕	●	己
徜	○	又	●	還	○	順	●	今	○	爲	○	高	○	蓬	○	亥
成	○	向	●	惜	●	看	◐	承	○	勸	●	義	●	門	○	兩
未	●	鷄	○	去	●	譚	○	半	●	一	●	重	●	賜	●	倅
盡	●	林	○	留	○	笑	●	日	●	盃	○	如	○	舊	●	來
歡	○	去	●	間	○	際	●	閑	○	進	●	山	○	顔	○	

[감상] 刪, 寒 通韻이다. 去 자가 疊이다. 기해년은 1779년으로 작자 55세 때이다. 곡강은 흥해이다. 오천과 흥해는 작자가 사는 경주(동산)에서 많이 멀지는 않다. 두 곳 원님들이 모두 작자와 이전부터 아는 사이인데 한창 추운 섣달에 함께 작자의 집을 방문했다. 제1구, 枉駕는 枉臨으로 귀한 사람이 찾아옴이다. 蓬門, 가난한 사람의 집. 술 한 잔 나누면서 서로를 살피며 담소하는 모습에서 청렴한 관리와 선비의 모습이 그려지고 일어서려는 손님을 붙들어 하루를 묵게 하고 내일은 근처를 한번 거닐어 보면 더욱 기쁠 것을 아쉬워하는 주인의 모습이 떠오른다.

[22. 附權學士次韻] 權學士

斜陽前路識君顔 殘臘經尋謝朓山
久厭勞形書劍廢 新占容膝鳥魚閑
不時謀酒荒村裏 永夕停驂古樹間
老吏猶堪高士倅 可能東閣續淸歡

[권학사가 차운한 것을 붙여 둔다]

저무는 햇살에 저 앞에 그대 얼굴을 알아보았네
섣달에 길을 찾는데 그믐달이 산에 이운다
겉모양에 애씀을 오랫동안 싫어해 책과 검을 폐하더니
좁은 장소를 새로 차지하여 새와 물고기랑 한가롭네
불시에 술 한잔하려 했네 황촌 속에서
저녁 내내 곁마를 세워 두었네 늙은 나무 사이에
늙은 관리는 오히려 견디네 높은 선비가 원님 같음을
동쪽에 정충각이 되어 가니 이어지는 맑음을 기뻐하네

可	●	老	●	永	●	不	●	新	○	久	●	殘	○	斜	○	
能	○	吏	●	夕	●	時	○	占	●	厭	●	臘	●	陽	○	附
東	○	猶	○	停	○	謀	○	容	○	勞	○	經	○	前	○	權
閣	●	堪	○	驂	○	酒	●	膝	●	形	○	尋	○	路	●	學
續	●	高	○	古	●	荒	○	鳥	●	書	○	謝	●	識	●	士
淸	○	士	●	樹	●	村	●	魚	○	劍	●	朓	●	君	○	次
歡	○	倅	●	間	○	裏	●	閑	○	廢	●	山	○	顔	○	韻

[감상] 刪, 寒通韻이다. 제5구에 鶴膝이 보이나 비운자행이다. 앞의 시는 손님을 맞은 주인, 즉 작자 孫公이 지었고, 이어 손님 중 한 분인 홍해군수 권학사가 같은 운으로 이 시를 차운한 것이다. 섣달은 음력 12월이다. 제3구, 勞形은 '겉모양에 애씀'을, 書劍廢는 '문과나 무과 응시를 포기함'이 아닐까? 제4구 容膝, 방이나 장소가 매우 비좁음. 이렇게 頷聯은 주인 孫公의 평소 신념과 근황을 아울러 표현했다. 손공은 良洞 사람으로 인근의 仁洞에 누대가 살았는데, 이때 와서 손공이 혼자 경주 보문 인근 東山에 농막으로 草屋을 짓고 그곳 농지를 관리도 하고 조용히 지내면서 自號를 東山이라 하였다. 제7구의 老吏는 권학사 자신을 高士는 주인 손공을 일컬음. 제8구의 東閣은 이 무

> 렵 손공의 고향 양동에 세워지는 선조 낙선당의 정충각을 말한다. 이렇게 尾聯에서 권학사는 자기를 낮추고 손공과 그 선조를 높여 주고 있다. 對偶가 좋다.

[23. 贈權學士重來韻]

鸞鳳重棲枳棘邊　淮陽一臥已三年
文章海國傳新響　風月江樓續鶴緣
雨過梅軒心鏡洗　春回蔀屋口碑連
聖朝知有登崇日　早晚商霖灑旱天

[권학사더러 다시 오라는 시를 보냄]

난새 봉황 함께 깃들었네 가시나무 언저리
회수 양지바른 곳에 하룻밤 잔 지 이미 삼 년
그대 문장은 흥해에 새로운 명성 전하고
풍월은 강루에서 학과의 인연 잇네
비가 그치니 매화 핀 난간에 마음 거울 씻는데
봄이 돌아오니 초라한 집에 칭찬하는 소리 들려오네
슬기 있는 조정은 솟아오르는 높은 해가 있음을 아니
머지않아 가문 하늘에 가을장마가 뿌릴 거네

早	●	聖	●	春	○	雨	●	風	○	文	○	淮	○	鸞	○	
晚	●	朝	○	回	○	過	◐	月	●	章	○	陽	○	鳳	●	贈
商	○	知	○	蔀	●	梅	○	江	○	海	●	一	●	重	○	權
霖	○	有	●	屋	●	軒	○	樓	○	國	●	臥	●	棲	○	學
灑	●	登	○	口	●	心	○	續	●	傳	○	已	●	枳	●	士
旱	●	崇	○	碑	○	鏡	●	鶴	●	新	○	三	○	棘	●	重
天	○	日	●	連	○	洗	●	緣	○	響	●	年	○	邊	○	來

[감상] 제7구에 鶴膝이 보이나 비운자행이다. 이 시는 작자가 사는 경주 천북 동산을 옛 벗인 오천군수, 흥해군수가 다녀간 후 그중 한 사람인 흥해군수 권학사에게 써 준 시이다. 제목의 '重來'는 다시 오라는 뜻인데 정작 시에는 바로 표현하지 않았다. 제1구의 鸞鳳은 두 군수, 枳棘은 작자의 집, 제2구는 두 군수가 하룻밤을 자고 간 지 벌

써 3년이 되었다. 제3, 4구 즉 頷聯은 권학사가 지금 흥해군수를 하면서 문장도 알리고, 조용히 자연과 벗하면서 지낸다는 뜻이다. 제5구는 작자의 근황이다. 제6구의 蔀屋도 작자의 집, 口碑는 흥해 고을 사람들이 원님이 잘 다스린다고 칭송하는 소리이다. 제7구의 '솟아오르는 높은 해'는 정조 임금을 말한다. 제8구의 '가문 하늘에 가을장마'란 임금의 은택을 말한다. 對偶가 좋다.

[24. 附權學士疊顔字] - 權學士

新春盃酒感裏顔 殘雪梅花憶舊山
薄俗猶能容我拙 微官安得換君閑
事無關念耕漁外 詩欲傳神海嶽間
江月漸圓江水活 故人何日卜重歡

[권학사가 顔 자를 또 읊은 것을 붙여 둔다] - 권학사

새봄에 술 한잔하니 마음에 그대 얼굴 느껴지고
잔설 매화에 그대 있는 곳 생각나네
경박한 풍속에 오히려 능하네 내 졸렬함 용서하길
낮은 벼슬 편안히 얻었으나 그대 안일과 바꾸고 싶네
일은 생각을 관계치 않네 밭 갈고 고기 잡는 일 외에는
시는 정신을 전하고자 하네 바다와 높은 산 사이에서
강에 물이 불으니 강에 달이 점차 둥글어져 가네
우리 친구들 어느 날을 잡아 또 즐겨 볼까

故	●	江	○	詩	○	事	●	微	○	薄	●	殘	○	新	○	
人	○	月	●	欲	●	無	○	官	○	俗	●	雪	●	春	○	附
何	○	漸	●	傳	○	關	○	安	○	猶	○	梅	○	盃	○	權
日	●	圓	○	神	○	念	●	得	●	能	○	花	○	酒	●	學
卜	●	江	○	海	●	耕	○	換	●	容	○	憶	●	感	●	士
重	○	水	●	嶽	●	漁	○	君	○	我	○	舊	●	裏	○	疊
歡	○	活	●	間	○	外	●	閑	○	拙	●	山	○	顔	○	顔

[감상] 刪, 寒 通韻이다. 제5구에 鶴膝이 보이나 비운자행이다. 이 시는 권학사가 지난 겨울에 東山 孫公에게 다녀간 후 새봄을 맞아 東山을 생각하면서 쓴 시이다. 제2구에 舊山이란 손공이 사는 곳 바로 東山이다. 제3구의 薄俗은 바닷가 흥해가 풍속이 경박하다는 뜻, 그렇지만 이제는 오히려 자신이 졸렬함을 느낀다고 했다. 제5구, 군수로서 집무하는 데 별다른 마음 쓸 일이 없을 만치 백성들이 착하다는 뜻. 제6구, 흥해에서도 시를 자주 짓고 있음을 알 수 있다. 제8구의 故人은 옛 친구이다. 다시 또 만나 즐겨 보자는 뜻이 있다.

[25. 更步顔字贈權學士]
芳樽相對兩衰顔 風滿晴江月滿山
吏隱未酬經國責 官淸贏得讀書閑
論交豈獨靑雲上 知己猶求白屋間
一曲峨洋成脫契 梅堂盡日做新歡

[顔字로 다시 韻을 밟아 권학사에게 보냄]
맛있는 술로 두 늙은 얼굴 서로 대하니
비 갠 강엔 바람 가득 산엔 달이 가득하네
관리는 갚지 못함을 근심하며 책임지고 나라를 다스리고
관청은 남은 이득을 맑게 하고 한가히 독서하네
사귐을 논함에 어찌 유독 벼슬에 오름일까
나를 알아주는 이를 오히려 구하네 초라한 집 사이에
아양곡 한 곡 부르며 얽매인 것 벗어 버리고
매화 핀 집에서 종일토록 새 시를 짓고 기뻐하네

梅	○	一	●	知	○	論	●	官	○	吏	●	風	○	芳	○	
堂	○	曲	●	己	●	交	○	淸	○	隱	●	滿	●	樽	○	更
盡	●	峨	○	猶	○	豈	●	贏	○	未	●	晴	○	相	○	步
日	●	洋	○	求	○	獨	●	得	●	酬	○	江	○	對	●	顔
做	●	成	○	白	●	靑	○	讀	●	經	○	月	●	兩	●	字
新	○	脫	●	屋	●	雲	○	書	○	國	●	滿	●	衰	○	贈
歡	○	契	●	間	○	上	●	閑	○	責	●	山	○	顔	○	權

[감상] 刪, 寒 通韻이다. 모든 규칙에 맞다. 首聯은 두 사람이 다시 만나고 싶어 이같이 무대를 설정하였다. 頷聯은 벼슬아치의 바른길을 읊은 것 같다. 제3구의 未酬는 임금이 준 은혜에 아직 보답하지 못함이 아닐까? 제4구의 贏得은 관아의 살림살이가 아닐까? 頸聯에서 작자는 벗을 사귐에는 출세 여부가 그다지 중하지 않다고 강조하고 있다. 제6구의 白屋은 초야에 묻힌 선비. 尾聯에서 작자는 마음을 비우고 詩作에 심취함을 말한다. 對偶가 참으로 멋지다.

[26. 用別韻贈權學士]

塊坐荒村送夕暉　六旬人世笑何爲
衰年漸覺多三怍　暮夜誰能怕四知
別墅炯雲眞晩契　小溪魚鳥是前期
海天近看奎星耀　幸逢詩仙起我詩

[운을 바꾸어서 지은 시를 권학사에게 보낸다]

거친 시골에 홀로 앉아 지는 해를 바라본다
인생 육십을 살았는데 웃을 일이 무엇이겠나
늙으면서 점차 깨닫네 세 가지 부끄러움 많음을
저물어 밤이라서 누가 두려워하겠는가 넷이 앎을
외진 농막에 구름이 빛남은 늘그막에 소원했던 진심이고
작은 시내에 고기와 새는 내가 이전에 기대했던 것이 맞다
하늘과 바다를 가까이 살피니 태평성대가 빛날 것 같고
다행히 시선을 만나면 내 시를 알아봐 주겠지

幸	●	海	●	小	●	別	●	暮	●	衰	○	六	●	塊	●	
逢	●	天	○	溪	○	墅	●	夜	●	年	○	旬	○	坐	●	用
詩	○	近	●	魚	○	炯	●	誰	○	漸	●	人	○	荒	○	別
仙	○	看	◐	鳥	●	雲	○	能	○	覺	●	世	●	村	○	韻
起	●	奎	○	是	●	眞	○	怕	●	多	○	笑	●	送	●	贈
我	●	星	○	前	○	晩	●	四	●	三	○	何	○	夕	●	權
詩	○	耀	●	期	○	契	●	知	○	怍	●	爲	○	暉	○	學

[감상] 支, 微 通韻이다. 모든 규칙에 맞다. 제3구의 三怍이 무엇일까? 怍은 수줍음이기에 다음 구에서 세상 다른 사람들이 혼탁한 것과 대비되는 모습이다. 제4구의 四知는 옛 고사에서 유래한 것으로, 두 사람만의 사이일지라도 하늘과 땅, 나와 상대편이 다 알고 있다는 뜻으로 비밀은 없다는 뜻을 말한다. 그러니 이 句는 세상 사람들이 혼탁하다는 뜻으로 본다. 頸聯은 작자가 전원생활을 이전부터 꿈꾸었음을 말한다. 別墅는 앞에서도 나왔던 新占으로, 작자는 仁洞에 본가를 두고 천북 東山에 농지 관리를 위해 농막을 초옥으로 짓고 거주하였음을 말한다. 제7구의 奎星은 文運을 맡아 보는 별인데 이 별이 밝으면 천하가 태평하다고 함. 따라서 작자는 尾聯에서 장래를 긍정적으로 생각해 본다. 領, 頸聯의 對偶가 좋다.

[27. 曲江衙中見贈]

江湖重臥弄輕舟　一席披襟送九秋
梅閣琴樽酬舊債　柳塘魚鳥續前遊
聖朝未伏安危責　窮海誰知進退憂
白首幸逢開口笑　故人詩思更悠悠

[곡강(홍해) 관아에서 그대를 보고 지어 준 시]

강호에서 빈둥빈둥 작은 배를 희롱하다가
한자리에서 마음을 열고 구월의 가을을 보내네
매화나무 있는 누각에서 거문고와 술을 놓고 묵은빚을 갚네
버드나무 있는 연못에서 고기와 새를 보니 이전에 놀던 바라
성군 계신 조정에는 따르지 않으면서 안위를 맡고 있고
끝없는 바다에는 누가 알리 진퇴를 근심함을
백수는 다행히 만나 크게 웃는데
정든 친구는 시를 생각느라 다시 한가롭네

故	●	白	●	窮	○	聖	●	柳	●	梅	○	一	●	江	○		
人	○	首	●	海	●	朝	○	塘	○	閣	●	席	●	湖	○	曲
詩	○	幸	●	誰	○	未	●	魚	○	琴	○	披	○	重	○	江
思	●	逢	○	知	○	伏	●	鳥	●	樽	○	襟	○	臥	●	衙
更	●	開	○	進	●	安	○	續	●	酬	○	送	●	弄	●	中
悠	○	口	●	退	●	危	○	前	○	舊	●	九	●	輕	○	見
悠	○	笑	●	憂	○	責	●	遊	○	債	●	秋	○	舟	○	贈

[감상] 모든 규칙에 맞다. 이 시는 작자가 벗인 권학사가 다스리는 곡강(흥해) 관아에 가서 그를 만나 누각에서 술 한잔 나누면서 시를 지어 그에게 준 것이다. 때는 음력 9월이고 매화나무가 옆에 있고 근처에 작은 연못이 있다. 제3구의 '묵은빛'은 지난번에 작자의 집에서 한잔한 것에 답해 권하는 술을 말함이다. 제5구는 조정에서는 노론 세력들이 정조를 싫어하면서도 권력을 쥐고 있다. 제6구는 흥해군수로 있는 권학사가 어쩌면 벼슬을 그만둘 생각을 하고 있다는 뜻으로, 이는 조정의 노론들과 다른 모습이다. 제7구의 백수는 중의적이다. 단순히 늙은이, 또는 벼슬이 없는 사람, 곧 작자이다.

[28. 權司諫在京時寄贈]

樽酒三年托晩知 自君歸後廢看詩

離情如隔三千水 好意難忘十二時

紫極遙瞻懸白日 靑蒲應得抱丹葵

區區攢賀無窮意 竚見鶵班鳳一儀

[권사간(권학사)이 서울에 있을 때 지어 보낸 시]

술동이를 삼 년간 멀리한 것을 늦게야 알았네

그대 돌아간 후부터 시를 보는 것도 그만뒀네

헤어진 정은 마치 떨어진 것 같네 삼천리 강물 넘어

나를 좋게 대해 준 뜻을 잊기 어렵네 자나 깨나

대궐은 멀리서 바라보니 밝은 해 걸려 있고

임금은 당연히 구하네 붉은 해바라기가 에워싸기를

이런저런 말을 모아 축하하네 다함없는 뜻으로

멀리서 봐도 원추새와 구별되네 봉황의 한 거동만으로

竚	●	區	○	青	○	紫	●	好	●	離	○	自	●	樽	○	
見	●	區	○	蒲	○	極	●	意	●	情	○	君	○	酒	●	權
鵁	○	攢	◐	應	◐	遙	○	難	○	如	○	歸	○	三	○	司
班	○	賀	●	得	●	瞻	○	望	○	隔	●	後	●	年	○	諫
鳳	●	無	○	抱	●	懸	○	十	●	三	○	廢	●	托	●	在
一	●	窮	○	丹	○	白	●	二	●	千	○	看	◐	晚	●	京
儀	○	意	●	葵	○	日	●	時	○	水	●	詩	○	知	○	時

[감상] 三, 意字가 疊이다. 이 시는 벗인 권학사가 흥해군수를 거쳐 내직 사간원 사간으로 승차한 후 써 보낸 것이다. 知己를 잃고 많이 허전해함을 잘 나타내고 있다. 특히 首, 頷聯에 그것이 잘 나타나 있다. 頸聯에서는 대궐에는 밝은 성군이 계시고, 임금은 충성스런 신하를 구하니, 벗인 권학사가 바로 그런 사람이다. 제6구 靑蒲, 푸른 부들로 엮은 天子가 까는 자리, 곧 임금. 제8구의 鳳은 권학사이다. 頷, 頸聯에서 對偶를 만들 때 色과 數의 대비가 좋다.

[29. 咸安衙中贈權學士]

山南風月舊情神　五馬重來四載春
白首我爲方外客　靑雲君作望中人
祥鸞栖棘無多日　大鼎調梅有會辰
東閣幸成文酒席　一般詩思一層新

[함안군수로 있는 권학사에게 주다]

함안에서 옛 친구랑 풍월을 즐기려고
다섯 번 말을 바꿔 타고 네 해 만에 왔네
처사인 나는 멀리서 온 손님이고
벼슬살이하는 그대는 여러 사람이 우러러보네
상서로운 난새가 가시나무에 오래 있지는 않을 터
큰 솥은 신맛을 조절하니 때가 되면 부르리라
양동에 정충각이 다행히 완성되어 술을 놓고 글을 짓는 자리 있어
모두가 시를 지으니 한층 새로웠다네

一	●	東	○	大	●	祥	○	青	○	白	●	五	●	山	○	
般	○	閣	●	鼎	●	鸞	●	雲	○	首	●	馬	●	南	○	咸
詩	○	幸	●	調	○	栖	○	君	○	我	○	重	○	風	○	安
思	●	成	○	梅	○	棘	●	作	●	爲	○	來	○	月	●	衙
一	●	文	○	有	●	無	○	望	●	方	◐	四	●	舊	●	中
層	○	酒	●	會	●	多	○	中	○	外	●	載	●	精	○	贈
新	○	席	●	辰	○	日	●	人	○	客	●	春	○	神	○	權

[감상] 제5구에 鶴膝이 보이나 비운자행이다. 이 시는 本稿에서 앞의 시 〈權司諫在京時寄贈〉 다음에 실려 있어 권학사가 내직에 있다가 다시 경남 함안군수로 외직에 나가 있을 때 작자가 관아를 방문하여 지어 준 것 같다. 제1구의 山南은 노령산맥 남쪽에 위치한 함안을 말한다. 제2구, 먼 길을 와서 4년 만에 다시 만남이다. 제6구, 大鼎은 임금을 가리킨다. 司諫은 임금의 잘못을 간하는 직책이니 신맛일 것이다. 그런 사간 권학사를 임금이 잠시 내친 것을 위로한 듯하다. 제7구의 東閣은 경주의 동쪽에 있는 양동마을에 작자의 5대조 낙선당공의 병자호란 순절을 기리는 旌忠閣을 말하며 정조 7년 癸卯 1783년에 王命으로 지어졌다. 尾聯은 작자의 근황을 말한 것이다. 對偶가 참 좋다.

[30. 與曲江崔進士天翼唱和韻]

半夜旋燈兩眼開 塵心頓覺此中灰
人間共惜靑春過 鬢上還憐白髮催
倦客風流詩滿軸 故人秋興酒盈盃
知音宇宙君惟在 流水群中日欲頹

[곡강 최진사 천익과 주고받은 시]

밤 깊도록 등 주위를 돌았네 두 눈 뜨고
명리를 탐하는 마음 문득 깨달으니 이러는 가운데 재가 됐네
인간은 모두 애석해한다 청춘이 지나감을
귀밑털 위는 도리어 불쌍히 여긴다 백발이 재촉함을
게으른 나그네 풍류는 시 두루마리 가득하고
정든 친구 가을 흥취는 술잔에 넘치네
이 세상에 나를 알아주는 이 오직 그대뿐
흐르는 물은 가운데로 모이는데 해는 지고자 하네

流 ○	知 ○	故 ●	倦 ●	鬢 ●	人 ○	塵 ○	半 ●	
水 ●	音 ○	人 ○	客 ●	上 ●	間 ○	心 ○	夜 ●	與
群 ○	字 ●	秋 ○	風 ○	還 ○	共 ●	頓 ●	旋 ○	曲
中 ○	宙 ●	興 ●	流 ○	憐 ○	惜 ●	覺 ●	燈 ○	江
日 ●	君 ○	酒 ●	詩 ○	白 ●	靑 ○	此 ●	兩 ●	崔
欲 ●	惟 ○	盈 ○	滿 ●	髮 ●	春 ○	中 ○	眼 ●	進
頹 ○	在 ●	盃 ○	軸 ●	催 ○	過 ◐	灰 ○	開 ○	士

[감상] 中, 流字 疊이다. 곡강은 흥해이다. 최진사는 작자와 매우 친하다. 그를 제7구에서 知音이라 했다. 가을에 서로 만나 시를 짓고 늙음을 아쉬워하고 있다. 對偶가 좋다.

[31. 附崔進士次韻] - 崔進士

風塵隨處眼難開 鎭日關門坐劃灰
側足乾坤無可往 爭波歲月爲誰催
幽懷寂寞頻看劒 病骨伶傳倦杷盃
滿掬瑗琚何以報 卽今詩思政摧頹

[내 시에 최진사가 차운한 시를 붙여 둔다] - 최진사

명리를 좇는 곳에서는 눈뜨기가 어렵고
종일 문 닫고 앉아 꿈을 태운다
비틀거리면서는 천지간에 갈 곳이 없는데
물결치는 세월에 누가 재촉하나
그윽한 마음이 고요하고 적막하니 자주 검을 보고
병든 몸이 영리하게 전하니 게을리 술잔을 잡네
한 움큼 가득 패옥을 무엇으로 보답할까
이제 곧 시를 생각하나 바로잡음이 꺾여 무너지네

卽	●	滿	●	病	●	幽	○	爭	○	側	●	鎖	●	風	○	
今	○	掬	●	骨	●	懷	○	波	○	足	●	日	●	塵	○	附
詩	○	瑗	●	伶	○	寂	●	歲	●	乾	○	關	○	隨	○	崔
思	●	琚	○	傳	○	寞	●	月	●	坤	○	門	○	處	●	進
政	●	何	○	倦	●	頻	○	爲	●	無	○	坐	●	眼	●	士
摧	○	以	●	把	●	看	◐	誰	○	可	●	劃	●	難	○	次
頹	○	報	●	盃	○	劍	●	催	○	往	●	灰	○	開	○	韻

[감상] 모든 규칙에 맞다. 이 시는 최진사가 東山의 시에 같은 韻으로 차운한 것이다. 최진사는 同病相憐인 것 같다. 立身을 못 한 데 대한 보상 심리를 가진다. 그것이 首, 頷聯에 잘 나타나 있다. 제5구의 劍은 本稿에서는 '칼 인' 자인데 자판에 글자가 없다. 그리고 해석하자니 좀 이색지다. 제6구를 보면 최진사는 몸이 좀 좋지 않아 술을 줄이고 있는 것 같다. 제7구의 瑗琚는 벗 東山이 보낸 시를 의미하는 것 같고, 제8구의 政은 '바로잡음', 즉 詩作 중 修正을 의미하는 것 아닌가? 한다. 그러니 尾聯은 친구의 시를 받고 답을 하자니 잘 안된다는 뜻이 아닐까?

[32. 次崔進士瓢巖懷古韻]

立立層巖鎖綠苔 前臨大野水縈回

江山寂寞千年國 風月依俙百尺臺

萬事浮沉飛鳥過 一樽酬酌故人來

簑翁相對襟期合 盡日論文世慮灰

[최진사가 지은 〈표암회고〉라는 시에 차운하다]

우뚝우뚝한 층진 바위에 푸른 이끼 둘렀고

앞에는 큰 들을 임하고 물은 굽어 흐르네

강산은 적막하네 천년국에

풍월은 으슴푸레하네 백척대에

만사는 부침하니 나는 새 지나가고

한 통 술은 주고받으니 정든 사람 오네

도롱이 쓴 늙은이 대하니 마음이 통하고

하루 종일 글을 논하니 세상 시름 없어지네

盡	●	蓑	○	一	●	萬	●	風	○	江	○	前	○	立	●	
日	●	翁	○	樽	○	事	●	月	●	山	○	臨	○	立	●	次
論	○	相	○	酬	○	浮	○	依	○	寂	●	大	●	層	○	崔
文	○	對	●	酌	●	沈	●	佇	○	寬	○	野	●	巖	●	進
世	●	襟	○	故	●	飛	●	百	○	千	○	水	●	鎖	●	士
慮	●	期	○	人	○	鳥	○	尺	●	年	●	繁	○	綠	●	瓢
灰	○	合	●	來	○	過	●	臺	○	國	●	回	○	苔	○	巖

[감상] 제7구에 鶴膝이 보이나 비운자행이다. 율시를 지을 때 頷, 頸聯에 先景後情이란 詩作 원칙이 있다. 반드시 그래야 하는 것은 아니지만 이 시는 그것을 잘 지켰다. 頷聯에서 景을, 頸聯에서 情을 읊었다. 제7구의 蓑翁은 벗인 최진사일 것이다. 襟期는 가슴에 깊이 품은 회포이다.

[33. 附原韻] - 崔進士

倚巖遡漆坐蒼苔　人世碁飜問幾回

樹老花殘栢栗寺　鳥啼雀噪鳳凰臺

百年傳舍無賓主　千古英雄一去來

厭海耽山皆妄耳　悠然長笑復書灰

[최진사의 〈표암회고〉 원문을 붙여 둔다] - 최진사

바위에 기대어 먼 역사를 거스르니 푸른 이끼가 끼었으니

인간 세상에 바둑판 뒤집기가 몇 번이나 반복했던고

나무는 늙고 꽃은 시들었네 백율사에

새는 울고 참새는 시끄럽네 봉황대에

백 년 전해 온 건물 손님도 주인도 없는데

천 년 전 영웅은 한번 왔다 갔구나

바다가 싫어 산을 탐했지만 모두가 헛될 뿐

한가히 크게 웃고 다시 책을 읽네

																	附原韻
悠	○	厭	●	千	○	百	●	鳥	●	樹	●	人	○	倚	●		
然	○	海	●	古	●	年	○	啼	○	老	●	世	●	巖	○		
長	●	耽	○	英	○	傳	○	雀	●	花	○	碁	○	遐	○		
笑	●	山	○	雄	○	舍	●	噪	●	殘	○	罷	●	遝	●		
復	●	皆	○	一	●	無	○	鳳	●	栢	●	問	●	坐	●		
書	○	妄	●	去	●	賓	●	凰	○	栗	●	幾	●	蒼	○		
灰	○	耳	●	來	○	主	●	臺	○	寺	●	回	○	苔	○		

[감상] 제5구에 鶴膝이 보이나 비운자행이다. 이 시 제목이 〈瓢巖懷古〉이다. 경주시 동북편 소금강산에 백율사가 있고 근처에 바위 군집이 있다. 그것을 瓢巖이라 하는데 신라 육부 촌장 중 한 사람이며 경주 이씨 시조인 알천공이 이곳에서 태어났다고 한다. 지금은 그곳 아래에 표암재라는 경주 이씨 齋舍가 있다. 이 시 首聯에서는 천 년 전 신라를 회고한다. 頷聯에서는 백률사와 봉황대 경치를, 頸聯에서는 허무한 情緖를 읊었는데 제5구의 傳舍는 표암재이고, 제6구의 英雄은 알천공일 것이다. 尾聯은 작자 자신의 심정을 정리한 것인데 여기서 제7구는 최진사가 흥해 곡강 사람이니 바닷가에 산다. 경주 소금강산에 왔으니 이 표현이 맞다, 한편 다르게 혹시 문과 무과 시험은 아닐까? 앞에서 최진사가 '검을 살핀다'라는 구절이 있어서 말이다. 제8구 書는 本稿에는 畵로 되어 있다. 그러면 仄聲으로 平仄이 안 맞다. 아마도 東山께서 잘못 옮기신 것이 아닐까 한다. 그런데 書灰는 또 잘 통하지 않는 것 같아, '책을 읽는다'로 해석했다. 對偶가 좋다.

[34. 巖齋夜話韻-1]

新齋蕭灑古巖隈 月戶風窓面面開
石老千年君子國 酒闌三夜故人盃
炯霞洞裏仙緣在 山水絃中世念灰
慾把新詩酬好意 夕陽歸客故違回

[암재에서 밤늦도록 얘기하다-1]

새로 지은 집에서 맑게 개면 오래된 바위가 낭떠러지 이루어

달을 보러 지게문을 바람 쐬러 창을 면면이 여네

바위 늙어 천년 동안 군자의 나라였고

술이 비었네 깊은 밤 친구의 잔에

빛나는 노을 동리 속에 신선의 인연 있고

산과 물을 보며 거문고 소리 가운데 세속 욕심 재가 되네

새 시를 지어 나에 대한 호의에 답하고자 하나

해 저물어 돌아갈 손님은 벗을 두고 가네

夕●	欲●	山○	烔●	酒●	石●	月●	新○	
陽○	把●	水●	霞○	闌○	老●	戶●	齋○	巖
歸○	新○	絃○	洞○	三○	千○	風○	瀟○	齋
客●	詩○	中○	裏○	夜●	年○	窓○	灑●	夜
故●	酬○	世●	仙○	故●	君○	面●	古●	話
違○	好●	念●	緣○	人○	子●	面●	巖○	韻
回○	意●	灰○	在●	盃○	國●	開○	隈○	

[감상] 新, 故字가 疊이다. 제목, 巖齋는 작자의 새로 지은 집이다. 이곳에 최진사가 다녀갔다. 제1구, 瀟灑은 '맑게 개면'이란 뜻이다. 그래서 멀리 낭떠러지 바위가 보인다. 제3구는 옛 신라를 말하고, 제4구의 三夜는 三更(밤 11시에서 새벽 1시)으로 봄이 좋을 것 같다. 두 사람은 밤늦도록 술 마시고 시를 지은 것 같다. 처사들의 삶이 엿보인다. 頷, 頸聯의 對偶가 참 좋다.

[35. 巖齋夜話韻-2]

百年宇宙知音少 萬事過來太半非

千古詩仙今寂寞 三韓詞客任嘲譏

巖雲滿壁君宜臥 溪月迎秋我好歸

宿債靑山猶未了 何時共拂薜蘿衣

[암재에서 밤늦도록 얘기하다-2]

한평생 이 세상에 나를 알아주는 이 적으니
만사가 오고 가는데 반 이상이 안 되는 일
그 옛날 시선은 지금 말이 없고
이 땅에 시 짓는 사람들은 비웃기만 하네
바위의 구름이 벽을 가득 채우니 그대 마땅히 눕지만
시내의 달이 가을을 맞이하니 나는 돌아가고 싶네
청산에 묵은빚은 오히려 갚지 못했는데
어느 때 그대와 나 모두 은자의 옷을 벗을꼬

何	○	宿	●	溪	○	巖	○	三	○	千	○	萬	●	百	●	
時	○	債	●	月	●	雲	○	韓	○	古	●	事	●	年	○	巖
共	●	青	○	迎	○	滿	●	詞	○	詩	○	過	●	宇	●	齋
拂	●	山	○	秋	○	壁	●	客	●	仙	○	來	○	宙	●	夜
薜	●	猶	○	我	●	君	○	任	○	今	○	太	●	知	○	話
蘿	○	未	●	好	●	宜	○	嘲	○	寂	●	半	●	音	○	之
衣	○	了	●	歸	○	臥	●	譏	○	寞	●	非	○	少	●	二

[감상] 제1구, 끝 少가 韻 자가 아니어서 變調이다. 이 시는 본래 제목 없이 앞의 시에 붙어 있다. 首, 頷聯에는 세상사 뜻에 맞지 않음을 토로하고 있다. 제8구, 薜羅는 맑은 쑥, 곧 隱者이다. 新羅를 唐나라에서 이렇게 불렀다는 설도 있다. 속세와 등지고 초연히 살아가는 두 처사의 심정을 그렸다고 본다. 頸聯에는 다른 속뜻이 있을까? 對偶가 참 좋다.

[36. 附崔進士次韻] - 崔進士

自放自收從我好　無忮無求更誰非
言雖欲訥難禁譊　行或如狂不怕譏
世上榮枯皆影幻　卷中賢聖可依歸
晩年知己龍溪在　淮海風流兩布衣

[나의 시에 최진사가 차운한 것을 붙여 둔다] - 최진사

스스로 놓았다가 스스로 거두며 내가 좋아하는 대로 사니
질투할 일 없고 구할 일 없으니 누구도 바꿀 수 없네
말은 비록 어눌하고자 하나 속이는 것을 금하기 어렵고
행동은 혹시 미친 것 같으나 비웃음을 부끄러워하지 않네
세상의 영예와 쇠락은 모두가 허깨비 같은 그림자이나
책 가운데 어진 이와 성인이 있어 돌아가 기댈 수 있네
늘그막에 나를 알아주는 이 용으로 계천에 있으니
큰 강 넓은 바다에서 풍류를 둘이서 처사로서 즐기세

淮	○	晚	●	卷	●	世	●	行	●	言	○	無	○	自	●	
海	●	年	○	中	○	上	●	或	●	雖	○	忮	●	放	●	附
風	○	知	○	賢	○	榮	○	如	○	欲	●	無	○	自	●	崔
流	○	己	●	聖	●	枯	○	狂	○	訥	●	求	○	收	○	進
兩	●	龍	○	可	●	皆	○	不	●	難	○	更	●	從	○	士
布	●	溪	○	依	○	影	●	怕	●	禁	○	誰	○	我	●	次
衣	○	在	●	歸	○	幻	●	譏	○	諕	●	非	○	好	●	韻

[감상] 이 시 역시 제1구에 好가 韻字 아니어서 變調이다. 제2구와 제3구에 相替簾을 썼다. 최진사가 벗인 東山의 앞 시를 받고 그를 위로하기 위해 지은 시이다, 이해하기 어렵지 않다. 제7구의 龍은 東山을 말한다. 제8구 布衣, 벼슬이 없는 선비. 頷, 頸聯의 對偶가 좋다.

[37. 寄贈崔進士]

坐憶巖齋七月遊 一樽消遣百年愁
逢場幾拭雙青眼 別路還憐半白頭
少去雄心頻擊劍 老來幽思覺悲秋
男兒窮達皆前定 笑把新詩意更悠

[최진사에게 부쳐 보낸다]

암재에 앉아 생각하네 칠월에 놀았던 일
술 한 통 마시고 씻어 보냈네 한평생 수심을
만날 장소를 몇 번이나 닦고서 두 눈 맑게 기다렸는데
헤어지는 길에는 도리어 가련했네 반백의 머리가
젊음이 가니 영웅심은 검을 휘두르는 일 잦고
늙음이 오니 어두운 생각은 슬픈 가을을 속이네
남아의 빈궁과 영달은 모두 이미 정해진 것
웃으며 새로 시를 지으니 마음이 다시 한가해지네

笑	●	男	○	老	●	少	●	別	●	逢	○	一	●	坐	●	
把	●	兒	○	來	○	去	●	路	●	場	○	樽	○	憶	●	寄
新	○	窮	○	幽	○	雄	○	還	○	幾	●	消	○	巖	○	贈
詩	○	達	●	思	●	心	○	憐	○	拭	●	遣	●	齋	○	崔
意	●	皆	○	護	◐	頻	○	半	●	雙	○	百	●	七	●	進
更	●	前	○	悲	○	擊	●	白	●	青	○	年	○	月	●	士
悠	○	定	●	秋	○	劍	●	頭	○	眼	●	愁	○	遊	○	

[감상] 모든 규칙에 맞다. 지난 칠월에 최진사가 작자의 집, 곧 巖齋에 와서 놀다 간 후 그때 일을 회상하여 쓴 시이다. 이해하기 어렵지 않은 시이며 頷, 頸聯의 對偶가 좋다.

[38. 附崔進士次韻] - 崔進士

平生韻學采眞遊 除却爲詩有底愁
性喜江湖牢著脚 客談名利不回頭
閑情遠慕陶潛宅 衷意還驚宋玉秋
那淂與君同醉詠 瓢巖炯月夢悠悠

[나의 시에 최진사가 차운한 것을 붙여 둔다] - 최진사

평생 시를 공부하며 참된 즐거움을 찾았네

시를 위해서 지장이 되는 것 물리쳤으나 마음 바닥에 수심 있었네

천성이 자유로움을 즐겨 몸 둘 곳을 분명히 지키기에

사람들이 명리를 입에 담지만 고개 돌리지 않네

한가한 정서는 멀리서 그리워하네 은자의 집을

속마음은 도리어 놀라네 송옥의 슬픈 가을에

어찌 얻을까 그대와 더불어 같이 취해 읊을 날

표암의 밝은 달은 꿈에서도 한가하네

瓢	○	那	◐	衷	○	閑	○	客	●	性	●	除	◐	平	○	
巖	○	淂	●	意	●	情	○	談	○	喜	●	却	●	生	○	附
烱	●	與	●	還	○	遠	●	名	○	江	○	爲	○	韻	●	崔
月	●	君	○	驚	○	慕	●	利	●	湖	○	詩	○	學	●	進
夢	●	同	○	宋	●	陶	○	不	●	牢	○	有	●	采	●	士
悠	○	醉	●	玉	●	潛	○	回	○	著	●	底	●	眞	○	次
悠	○	詠	●	秋	○	宅	●	頭	○	脚	●	愁	○	遊	○	韻

[감상] 모든 규칙에 맞다. 최진사는 이 시에서 初志一貫 세속의 명리에 뜻이 없음을 밝히며 東山과 다시 재회할 날을 기다린다. 제5구의 陶潛은 위진남북조에서 송 초까지 살았던 도연명이다. 그는 벼슬을 버리고 고향 전원으로 돌아가 〈도화원기〉를 지으며 평생 벼슬하지 않고 가난하게 살았다. 제6구의 宋玉秋는 用事이다. 宋玉은 중국 전국시대 말기 초나라 궁정시인이었다. 그는 굴원을 師事하였다. 굴원은 참언으로 왕으로부터 쫓겨났었다. 그리하여 송옥은 훗날 그의 작품 〈九辨〉에서 이를 가을의 서글픔을 얹어 썼다. 이로 인해 그는 훗날 중국 悲秋文學의 開祖가 되었다. 제8구의 '표암의 밝은 달'은 東山의 집이다. 이 시 역시 頷, 頸聯의 對偶가 참 좋다.

[39. 次崔進士豪字韻]

左海奎星屬此豪 心期肯與世滔滔

圖書滿壁情神好 風月盈襟氣象高

靜室蘭生多臭味 古箱塵掃有離騷

知君自是瀛泠客 來臥仙岑醉碧桃

[최진사의 豪 자 운에 차운하다]

이 땅의 규성이 이 호걸에 속했으니

마음은 더불어 즐기기를 바라 세상에 넘치네

그림과 책이 온 벽에 가득하여 정신이 좋아지고

바람과 달이 옷깃에 가득하니 기상이 높네

고요한 방에 난초 자라니 달콤한 향기 가득하고

오래된 상자에 먼지를 터니 근심이 있었네

그대를 알고부터 큰 바다가 나그네를 깨우치니

신선이 와서 쉬는 봉우리 푸른 복숭아에 취하네

來	○	知	○	古	●	靜	●	風	○	圖	○	心	○	左	●	
臥	●	君	○	箱	○	室	●	月	●	書	○	期	○	海	●	次
仙	○	自	●	塵	○	蘭	○	盈	○	滿	●	肯	●	奎	○	崔
岑	○	是	●	掃	●	生	○	襟	○	壁	●	與	●	星	○	進
醉	●	瀛	○	有	●	多	○	氣	●	精	○	世	●	屬	●	士
碧	●	泠	○	離	○	臭	●	象	●	神	○	滔	○	此	●	豪
桃	○	客	●	騷	○	味	●	高	○	好	●	滔	○	豪	○	字

[감상] 모든 규칙에 맞다. 제1구의 左海는 우리나라의 별칭, 奎星은 서방에 위치하며 文運을 맡아 보고 이 별이 밝으면 천하는 태평하다 함. 여기서는 최진사의 문운을 칭송하고 있다. 제6구의 離騷는 초나라 굴원이 지은 賦의 이름. 굴원이 반대파의 참소에 의해 조정에서 쫓겨나 임금을 만날 기회를 잃은 시름을 읊은 서정적 대서사시로 楚辭 기초가 됨. 제8구의 碧桃는 仙境에 있다는 전설상의 복숭아. 작자는 이 시에서 벗인 최진사를 호걸로 일컬어 그의 삶의 모습을 頷, 頸聯에서 그렸고 마침내 尾聯에서 최진사를 큰 바다로 자신을 나그네로 표현했다. 對偶가 좋다.

[40. 次崔進士贈巖老韻]

巖老何年築小齋 青山相對興悠哉
雲濃削壁重屏列 水活淸潭一鑑開
最愛谷蘭移靜室 好看溪月滿深盃
箇中刺得烔霞趣 石逕時迎野客來

[최진사의 〈바위 곁에 사는 늙은이에게 주다〉에 차운하다]

내가 어느 해 작은 집을 지었던가
청산을 마주하니 흥취가 많지 않은가
구름 짙어 깎은 듯 벽에 병풍이 거듭 둘렀고
물이 불어 맑은 못엔 거울 하나 열렸네
가장 아끼는 계곡 난을 고요한 방으로 옮겨 오고
좋게 보는 개울 달을 술잔 가득 담았네
여럿 중에 골라 가진 것은 빛나는 노을 자태
돌길 좁은 길에 때마침 맞이하네 저 멀리 오는 손님

石	●	箇	●	好	●	最	●	水	●	雲	○	靑	○	巖	○	
逕	●	中	○	看	◐	愛	●	活	●	濃	○	山	○	老	●	次
時	○	刺	●	溪	○	谷	●	淸	○	削	●	相	○	何	○	崔
迎	○	得	●	月	●	蘭	○	潭	○	壁	●	對	●	年	○	進
野	●	烔	●	滿	●	移	○	一	●	重	○	興	●	築	●	士
客	●	霞	○	深	○	靜	●	鑑	●	屏	○	悠	○	小	●	贈
來	○	趣	●	盃	○	室	●	開	○	列	●	哉	○	齋	○	巖

[감상] 灰, 佳 通韻이다. 모든 규칙에 맞다. 제1구, 巖老는 작자 자신이고, 제8구의 野客은 최진사이다. 頷, 頸聯의 對偶가 참 좋다. 東山께서 자신의 삶의 모습을 가장 잘 나타낸 시이다.

[41. 次矗石樓申靑泉韻]

滾滾長江不盡流 當年殺氣滿寒洲

英雄幾酒千秋淚 宇宙空餘百尺樓

三碣不磨忠義字 一盃難滌古今愁

山河尙帶龍蛇恥 擊劍那堪此地遊

[촉석루에서 신청천의 시에 차운하다]

세차게 긴 강 다함없이 흐르고

그해의 살기가 차디찬 삽주에 가득하네

영웅은 몇 잔 술로 한스러운 눈물을 흘렸고

우주가 텅 비어 남은 곳에 높은 누가 솟았네

세 개 비석은 문드러지지 않았는데 충의를 새겼고

한 잔 술로 씻기 어렵네 그때와 지금의 수심을

산은 높고 강은 굽어 비범한 인물들에게는 부끄럽지만

검을 휘두르면서 이곳에서 놀아 봄을 어찌 참으리

擊	●	山	○	一	●	三	○	宇	●	英	○	當	○	滾	●	
劍	●	河	○	盃	○	碣	●	宙	●	雄	○	年	○	滾	●	次
那	○	尙	●	難	○	不	●	空	○	幾	●	殺	●	長	○	眞
堪	○	帶	●	滌	●	磨	○	餘	○	酒	●	氣	●	江	○	石
此	●	龍	○	古	●	忠	○	百	●	千	○	滿	●	不	●	樓
地	●	蛇	○	今	○	義	●	尺	●	秋	○	寒	○	盡	●	申
遊	○	恥	●	愁	○	字	●	樓	○	淚	●	洲	○	流	○	靑

[감상] 不字가 疊이다. 제목, 矗石樓는 경남 진주시 남강 변에 위치한 웅장한 누각으로, 고려 말에 축성되었다. 임진왜란 때 파괴된 것을 광해군 때 재건하였으나 6.25 때 다시 불탄 것을 1956년에 복원하여 지금은 경상남도 유형문화재로 지정하였다. 임진왜란 때 3대첩의 하나인 진주성 전투가 바로 이곳에서 있었다. 1차 전투에서는 크게 이겼으나 2차 전투에서 함락되어 6만의 군인과 백성이 모두 도륙되었다. 지금 이 시는 광해군 때 복원된 모습을 작자가 정조 무렵에 본 것이다. 이 시는 그 누각에 여러 시인 문객들의 시가 걸려 있었을 텐데 그중 신청천의 시에 작자가 차운한 시이다. 제7구 龍蛇, 비상한 인물, 즉 임진왜란 때 순국한 김시민, 김천일 등의 장수들. 제8구, 우리도 그분들처럼 용맹해 보고 싶어진다. 對偶가 좋다.

[42. 次嶺秀精舍韻]

青山後擁水前臨 中有淸齋趣味深

一洞烔霞藏別界 滿堂花樹作園林

風生舊檻聞餘韻 月上新絃動暮吟

遙想塡篪湛樂處 世間榮辱不關心

[영수정사를 차운하다]

푸른 산이 뒤에서 안고 물이 앞에 임한데

가운데 맑은 집 있어 그 주인의 취미가 깊음을 알겠네

한 골짜기 빛난 노을에 세속과 다른 세계 숨어 있고

집을 가득 채운 꽃과 나무는 동산 숲을 이루었네

바람 불어 오래된 난간에는 옛사람 읊던 시가 들리고

달이 뜨니 새 거문고 소리에 저문 노래 부르고 싶네

멀리서 북소리 피리 소리 상상하니 술 마시고 즐기기 좋은 곳이라

세상의 영광과 치욕에는 관심이 없네

世	●	遙	○	月	●	風	○	滿	●	一	●	中	○	靑	○	
間	○	想	●	上	●	生	○	堂	○	洞	●	有	●	山	○	次
榮	○	塡	○	新	○	舊	●	花	○	烔	○	淸	○	後	●	嶺
辱	●	篪	○	絃	○	檻	●	樹	●	霞	○	齋	○	擁	●	秀
不	●	湛	○	動	●	聞	○	作	●	藏	○	趣	●	水	●	精
關	○	樂	●	暮	●	餘	○	園	○	別	●	味	●	前	○	舍
心	○	處	●	吟	○	韻	●	林	○	界	●	深	○	臨	○	韻

[감상] 모든 규칙에 맞다. 精舍는 선비가 학문을 가르치려고 또는 자신의 마음을 수양하려고 지은 집을 말한다. 이 시는 작자가 현지에 가서 精舍 벽에 걸린 누구의 시에 次韻했거나 아니면 집에서 남이 전해 준 시를 보고 차운했을 수 있다. 제7구에서 遙想이란 표현이 있어 아마 後者일 것 같다. 頷, 頸聯의 對偶가 좋은데 특히 頸聯의 대우가 더욱 멋지다. 시가 이해하기 쉬워 읽는 이의 눈앞에 精舍의 모습이 그대로 그려진다.

[43. 次忠孝堂重修韻]

楣顔珍重是家傳　名祖賢孫共尉然
紫樹花陰微世世　丹山苞羽長年年
肇經傑構功垂後　重緝頹橺制倣前
史勉盈科能進進　海門長對有源泉

[충효당 중수를 차운하다]

명예를 소중히 여김은 이 집의 전통이라
이름난 조상과 어진 자손이 모두 벼슬을 하였어라
자줏빛 나무에 꽃그늘은 대대로 약하게 이어지고
붉은 산에 그령 깃은 해마다 자라네
뛰어난 구성은 본래의 모범으로 후대에 전하고자 공들이고
쓰러진 나무를 소중히 모아 이전처럼 지었네
앞의 일을 잘 살피면 능히 차근차근 잘해 나갈 것이고
바다로 나가는 길 멀리 대하니 근원이 있도다

海○	史●	重○	肇●	丹○	紫●	名○	楣○	
門○	勉●	緝●	經○	山○	樹●	祖●	顔○	次
長○	盈○	頹●	傑●	苞●	花○	賢○	珍○	忠
對●	科○	橺○	構●	羽●	陰○	孫○	重●	孝
有●	能○	制●	功○	長○	微○	共○	是●	堂
源○	進●	倣●	垂○	年○	世○	尉●	家○	重
泉○	進●	前○	後●	年●	世●	然○	傳○	修

[감상] 重, 長字가 疊이다. 忠孝堂은 여러 곳에 있다. 이 시의 것은 경북 영덕군 영해면 인량리에 있는 것으로 재령 이씨 종택이다. 작자는 이 집의 셋째 따님을 며느리로 삼았다. 제1구, 楣顔는 문미와 얼굴이니 체면, 명예이다. 이 시는 비교적 해석하기 어렵다. 특히 頷聯의 紫樹花陰은 조상의 음덕, 丹山苞羽는 빛나는 자손이 아닐까? 제7구는 盈科而後進이라는 소학의 글귀로, 구멍을 가득 채운 뒤에 나간다는 뜻으로 물이 흐르는 모습을 그렸는데, 사람의 배움의 길도 속성으로 하려 하지 말고 차근차근 닦아 나가야 한다는 뜻이다. 제8구는 인량리에서 조금 나가면 영해 바다가 나오는데, 그곳을 통해 입향조께서 영해부사로 부임한 숙부를 따라 이곳에 왔다. 對偶가 좋다.

[44. 贈晚翠堂主人]

蒼蒼喬木護仙庄　中有歸然晚翠堂
皇考何年交鴈幣　展孫今日慕羹墻
危梧幾閱滄桑變　古棟須看歲月長
晝夕彷徨瞻仰地　多君留我勸壺觴

[만취당 주인에게 지어 주다]

푸르고 키 큰 나무들이 둘러싼 신선의 땅
그 가운데 우뚝한 만취당이 있네
먼 조상님께서 어느 해에 기러기 폐백을 주고받았는고
불어난 자손들 오늘 그 성덕대업을 그리워하네
위태한 오동나무는 몇 번을 보아도 시절이 많이 갔고
낡은 들보는 잠깐 보아도 세월이 오랜 것 같네
낮부터 저녁까지 걷고 걸어 쳐다보고 온 곳이니
그대들 여럿과 내가 머무르니 술 한번 권해 봄세

多	○	晝	●	古	●	危	○	展	●	皇	○	中	○	蒼	○	
君	○	夕	●	棟	●	桐	○	孫	○	考	●	有	●	蒼	○	贈
留	○	彷	○	須	○	幾	●	今	○	何	○	歸	○	喬	○	晚
我	●	徨	○	看	◐	閱	●	日	●	年	○	然	●	木	●	翠
勸	●	瞻	○	歲	●	滄	○	慕	●	交	○	晚	●	護	●	堂
壺	○	仰	●	月	●	桑	○	羹	○	鴈	●	翠	●	仙	○	主
觴	○	地	●	長	○	變	●	墻	○	幣	●	堂	○	庄	○	人

[감상] 모든 규칙에 맞다. 만취당은 영천시 금호읍 오계리에 있으며, 조선 선조 때 성리학자 지산 曺好益 선생의 7세손 조학신 선생의 집으로 사랑채가 만취당이다. 제2구의 巋然은 키가 큰 한해살이풀같이 우뚝하다. 頷聯의 해석이 어렵다. 우선 皇考와 展孫이 대비되는데 황고는 돌아가신 아버지를 높이는 말, 또는 증조부를 높이는 말이다. 제3구의 交鴈幣는 일반적으로 결혼식을 연상시킨다. 제4구의 羹墻, 정조 임금 때 왕명으로 발간한 역대의 盛德大業을 적은 책으로 羹墻錄이 있다. 그러면 아마 《갱장록》에 등재되어 있어 그 자손들이 지금도 추모한다고 보면, 그들 조상이 이룬 성덕은 무엇일까? 지산 조호익 선생은 퇴계 제자로서 벼슬은 안 했으나 선조 임금으로부터 關西夫子라는

칭호를 하사받았다. 혹시 이 사실이 아닐까? 제5구는 滄桑之變을 이해하면 된다. 푸른 바다가 뽕밭이 되듯이 시절의 변화가 무상함을 이른다. 시 전체를 보면 작자는 마치 방랑시인 김삿갓처럼 어느 날 만취당을 방문하여 주인과 詩로 교유하고 있다. 對偶가 좋다.

[45. 次贈嶺秀亭主人]

携酒名亭勸小斟　又呼詩友共登臨
山靑雨後分明色　月白樽前灑落襟
佳興正酣溪柳嫩　幽居端合洞雲深
淸宵爲奏峨洋曲　今世如君倘鮮音

[다음은 영수정 주인에게 지어 주다]

술을 가지고 이름난 정자에서 한잔 권해 봄세
시를 함께 지을 친구를 또 불러서 함께 올라 보세
비 온 뒤라 산이 푸르고 색이 분명하고
술동이 앞이라 달이 밝아 옷깃에 뿌리듯 내려앉네
아름다운 흥취와 순일한 취기에 개울 버들은 어리고
그윽한 거처와 단정한 모임에 골짜기 구름은 깊어지네
맑게 갠 밤 아양곡을 연주하니
지금 세상에 그대 같은 이 돌아다녀 보아도 드문 소리이네

今	○	淸	○	幽	○	佳	○	月	●	山	○	又	●	携	○	次
世	●	宵	○	居	●	興	●	白	●	靑	○	呼	◐	酒	●	贈
如	○	爲	◐	端	○	正	●	樽	○	雨	●	詩	○	名	○	嶺
君	○	奏	●	合	●	酣	○	前	○	後	●	友	●	亭	○	秀
倘	○	峨	○	洞	●	溪	○	灑	●	分	○	共	●	勸	●	亭
鮮	●	洋	○	雲	○	柳	●	落	●	明	○	登	○	小	●	主
音	○	曲	●	深	○	嫩	●	襟	○	色	●	臨	○	斟	○	人

[감상] 모든 규칙에 맞다. 영수정이 어디에 있는지는 모르겠다. 작자가 방문하여 주인과 함께 하룻밤을 보낸 듯하다. 제7구의 爲를 측성으로 보면 '돕다'이고 평성으로 보면 '하다'인데 둘 다 뜻이 된다. 峨洋曲은 신선이 부르는 노래이다. 頷, 頸聯의 對偶가 참 좋다. 특히 제4구가 그렇다.

[46. 寄贈靑嵒庚友申乃源]

三島十洲隔世邊 難將衰髮問群仙
浮生行樂無多日 措大風流憶少年
白首誰遊方外地 靑山長對洞中天
與君開口何時節 好待春風花欲然

[청부 동갑 친구 신내원에게 부쳐 보낸다]

섬 세 개 삽주 열 개 세상 변두리에 떨어져 있어
늙어서 장차는 어렵네 여러 신선 찾기가
덧없는 인생 돌아다니며 즐길 날도 많지 않으니
깨끗하고 가난한 선비의 풍류는 젊은 날의 추억이어라
벼슬 없는 양반이 누구랑 여행할꼬 낯선 지방을
푸른 산이 길게 마주하니 골짜기 가운데 하늘이어라
그대와 더불어 말을 나눈 지가 어느 때였던고
봄이 오는 것을 반가이 기다리네 꽃이 그러는 것처럼

好	●	與	●	靑	○	白	●	措	●	浮	○	難	○	三	○	
待	●	君	○	山	○	首	●	大	●	生	○	將	○	島	●	寄
春	○	開	○	長	●	誰	○	風	○	行	○	衰	○	十	●	贈
風	○	口	●	對	●	遊	○	流	○	樂	●	髮	●	洲	○	靑
花	○	何	○	洞	●	方	○	憶	●	無	○	問	●	隔	●	嵒
欲	●	時	○	中	○	外	●	少	●	多	○	群	○	世	●	庚
然	○	節	●	天	○	地	●	年	○	日	●	仙	○	邊	○	友

[감상] 제목, 靑嵒는 號이고, 庚友는 동갑내기 친구이다. 제3구의 樂, 제7구의 口가 홀로 측성으로 鶴膝이나 非韻字行이어서 무방하다. 그러나 오늘날 백일장에서는 허용하지 않는다. 제1구의 洲는 홀로 평성이어서 蜂腰라 하겠는데, 7언 율시의 제1구는 운자행이 아니지만 운자를 넣는 것을 원칙으로 하고 운자가 맞지 않으면 變調라고 한다. 그런데 이곳에서 봉요까지 고집해야 할지? 首聯은 현재 작자의 여행 중 위치를 말한다. 제4구, 措大는 書生의 미칭 또는 겸칭으로 쓰였다. 작자는 친구 靑嵒에게 봄이 오면 같이 멀리 여행하자는 제안을 하는 詩를 써 보낸 것 같다. 對偶도 좋고 제8구가 멋지다.

[47. 又寄贈重陽韻]

一字親函久杳茫　懷君秋夜意何長

三年江樹含情碧　九月籬花滿眼黃

勝會難成今世界　良辰誰把故人觴

老夫欲得重陽醉　千載龍山夢一場

[또 부쳐 보낸다 중양절을 지어서]

짧은 편지 한 통 받고 보니 오랜 은행나무 아득하고
가을밤에 그대 생각하니 품은 마음 어찌나 불어나는지
삼 년 세월을 저 강의 나무는 푸른 정을 머금었고
구월의 울타리 꽃은 누렇게 눈을 가득 채우네
경치 좋은 곳에서 모임은 이루어지기 어렵네 이번 세상에서는
좋은 날 누가 잡을까 친구의 잔을
이 늙은이는 중양절에 한번 취해 보고 싶으나
예부터 하던 용산에 오름은 한갓 꿈에서 본 장소일 뿐일네라

千	○	老	●	良	○	勝	●	九	●	三	○	懷	○	一	●	
載	●	夫	○	辰	○	會	●	月	●	年	○	君	○	字	●	又
龍	○	欲	●	誰	○	難	○	籬	○	江	○	秋	○	親	○	寄
山	○	得	●	把	●	成	○	花	○	樹	●	夜	●	函	○	贈
夢	●	重	○	故	●	今	○	滿	●	含	○	意	●	久	●	重
一	●	陽	○	人	○	世	●	眼	●	情	○	何	○	杳	●	陽
場	○	醉	●	觴	○	界	●	黃	○	碧	●	長	○	茫	○	韻

[감상] 一字가 疊이다. 重陽은 음력 2월 仲春이기도 하지만 여기서는 重陽節로 음력 9월 9일이다. 歲時, 명절의 하나이며 이날 조상께 薦新 제사를 지내고 수유 주머니를 차고 국화주를 마셨고 높은 산에 올라 모자를 떨어뜨리는 풍속이 있었다. 도연명은 이날 친구가 보낸 술을 가지고 온종일 취했다 한다. 그래서 고려 말 牧隱 이색이 중양절에 술을 마시며 도연명의 운치를 깨달았는지 "우연히 울 밑의 국화를 대하니 낮이 붉어지네 진짜 국화가 가짜 연명을 쏘아보는 구나"라는 글귀를 남겼다.
이 시는 앞의 시 다음에 붙어 있어 역시 靑皂에게 보낸 것으로 본다. 이 시를 이해하자면 앞에 언급했듯이 중양절에 대한 이해가 꼭 필요하다. 제1구의 杳은 신내원의 집 근

처에 큰 은행나무가 있었는지 모르겠다. 제3구에서 보면 두 사람은 못 본 지 삼 년이 되는 것 같고, 제4구는 앞의 목은 이색 시에서 點火한 것 같다. 제5구를 보면 신내원이 큰 병중인지 다시 못 볼 것 같다. 제6구는 중양절에 친구의 잔을 마련하였으나 지금 친구가 곁에 없어 혼자 자작한다는 뜻. 제8구의 龍山은 앞의 중양절 설명에서 높은 산에 오르는 풍속이 있으니 그것을 상징적으로 표현한 것이 아닐까 싶다. 領, 頸聯의 對偶가 참으로 멋지다.

[48. 達田齋會重逢同庚遠客贈別]

二老重逢亦一奇 禪窓此會不曾期
青山欲暮三盃酒 紅葉還催四韻詩
襟抱我開多事日 風流君說少年時
吾生聚散今朝是 衰暮那堪更別離

[달전재사에서 하는 모임에 거듭 만난 동갑인 멀리서 온 손님에게 헤어지면서 지어 준 시]

두 늙은이가 또 만났는데 역시 기이하니
절간방에서의 이 만남에 약속했던 것 아니네
청산이 저물려고 하니 술 석 잔 하고
붉은 단풍이 돌아가길 재촉하니 율시 한 수 지어 봄세
마음을 나는 열었네 일 많은 날에
풍류를 그대는 말하네 젊은 날의
우리 생에 모이고 흩어짐은 지금 아침 이 같으나
늙은 몸이 다시 또 헤어지니 어찌 견딜꼬

衰	○	吾	○	風	○	襟	○	紅	○	青	○	禪	●	二	●	
暮	●	生	○	流	○	抱	●	葉	●	山	○	窓	○	老	●	達
那	◐	聚	●	君	○	我	●	還	○	欲	●	此	●	重	○	田
堪	○	散	●	說	●	開	○	催	○	暮	●	會	●	逢	○	齋
更	●	今	○	少	●	多	○	四	●	三	○	不	●	亦	●	會
別	●	朝	○	年	○	事	●	韻	●	盃	○	曾	○	一	●	重
離	○	是	●	時	○	日	●	詩	○	酒	●	期	○	奇	○	逢

[감상] 暮字가 疊이다. 제목의 達田齋會는 제2구에서 禪窓此會로 표현되는데 '달전재사'는 어디에 있는 것일까? 작자 孫昇九 공은 유네스코 등재 한국의 역사마을 경주 양동마을에 世居하고 있는 慶州孫氏 門中의 한 派인 樂善堂派 제5대 冑孫이다. 포항시 북쪽에 있는 達田은 행정구역상 포항이지만 경주 양동마을과는 가까운 편이다. 손씨 문중의 顯祖이신 襄敏公 孫昭公의 墓所가 있어 근처에 이를 수호하는 上達庵이란 재사가 있고, 남쪽으로 조금 떨어진 곳에는 景節公 우재 孫仲暾公의 墓所가 있고 역시 근처에는 이를 수호하는 재사인 下學齋가 있다. 上達庵은 원래는 암자였던 것 같다. 그래서 제2구에서 禪窓이라 한 듯하다. 이곳에서 손씨들이 모임을 하는 자리에 동갑나기 손님을 작년에 이어 올해도 만난 듯하다. 頷, 頸聯의 對偶가 좋다.

[49. 送府伯沈參判灝之]

公自巖廊出百里　淮陽一臥已經年
蓬門傾盖榮三月　梅閣登筵賀二天
雨過西川心鏡洗　風回左海口碑傳
脚春更逐棠陰去　强把離章倍黯然

[심참판이 부윤으로 있다가 떠남을 전송하다]
공께서는 의정부로부터 백 리를 나오셔서
회양에서 조용히 지내신 지 이미 한 해가 지났는데
누추한 저희 집에 행차하시어 삼월의 영광이었고
매화 누각 연회석에 올라 그대 은택에 하례했습니다
비 그친 서천에 마음 거울 씻고
풍속이 돌아온 이 땅에는 칭송하는 말이 전합니다
늦은 봄 드디어 다시 산앵두나무 그늘을 떠나니
힘써 붙들다 이별하는 글을 지으니 슬픔이 배가 됩니다

强	○	脚	●	風	○	雨	●	梅	○	蓬	○	淮	○	公	○	
把	●	春	○	回	○	過	●	閣	●	門	○	陽	○	自	●	送
離	○	更	●	左	●	西	○	登	○	傾	○	一	●	巖	○	府
章	○	逐	●	海	●	川	○	筵	○	盖	●	臥	●	廊	○	伯
倍	●	棠	○	口	●	心	○	賀	●	榮	○	已	●	出	●	沈
黯	●	陰	○	碑	○	鏡	●	二	●	三	○	經	○	百	●	叅
然	○	去	●	傳	○	洗	●	天	○	月	●	年	○	里	●	判

[감상] 제1구, 끝 里字가 非韻字여서 變調이고 下三仄이다. 제3구에 鶴膝이 보이나 비운 자행이다. 제목, 灝之는 넓은 곳으로 가다, 곧 승차해 가다. 이 시는 해석하는 데 시간이 좀 더 걸렸다. 먼저 제목부터 어리둥절하게 한다. 관직이 둘 겹쳐 나오기 때문이다. 이것은 제1구에서 해결된다. 巖廊은 의정부의 별칭이다. 그러니까 의정부 참판이 경주 부윤으로 왔다가 다시 떠난 것이다. 한양에서 경주는 백 리가 넘지만 시적으로 표현했다. 淮陽은 경주를 대신해 쓴 표현이다. 제2구의 一臥는 내직에서 참판을 지낸 사람이 외직에서 부윤으로 근무함을 말한다. 제3구의 蓬門은 '가난한 사람이나 은거하는 사람의 집' 또는 '남에게 대하여 자기 집을 겸손하게 표하는 뜻'이다. 傾盖는 '수레를 멈추고 덮개를 기울인다'는 뜻으로 우연히 한 번 보고 서로 친해짐을 이른다. 제4구의 二天은 '남의 특별한 은혜를 하늘에 비겨 이르는 말', 제5구의 雨는 흔히 은택을 뜻한다. 제6구 左海, 우리나라의 별칭. 그러니까 심부윤의 은택으로 경주 고을의 사람들 마음씨가 맑아졌다는 뜻. 제7구의 棠陰 역시 경주를 뜻한다. 시 전체의 여러 표현으로 보아 심부윤은 조용히 있다가 떠난 것 같은데 작자와는 잘 지냈던 것 같다. 對偶가 참 좋다.

[50. 次海東名迹韻]

三角崢嶸護紫宮　龍蟠氣勢孰爭雄
群英濟濟風雲裏　八域熙熙雨露中
幾把文章鳴聖世　競將籌策奏宸聰
春臺鼓舞伊誰力　摠是吾王陶鎔功

[우리나라 이름난 자취를 차운하다]

삼각산이 우뚝 솟아 대궐을 지키고
용처럼 굽어 두른 기세는 누가 센지 다투네
뭇 영웅들이 많고 많았네 변화 속에
팔도는 서로 화목하였네 세월 가운데
붓들은 몇이나 아름다운 글을 읊었는고 뛰어난 치세를
장수들은 다투어 면밀한 꾀를 아뢰었네 임금의 귀에
봄날 대를 쌓아 북을 치고 춤을 추니 저것은 누구의 노력인가
이 모든 것 우리 왕이 애쓴 공일세

摠●	春○	競●	幾●	八●	群○	龍○	三○	
是●	臺○	將○	把●	域●	英○	蟠●	角●	次
吾○	鼓●	籌●	文○	熙○	濟●	氣●	崢○	海
王○	舞●	策●	章●	熙○	濟●	勢●	嶸●	東
陶○	伊○	奏●	鳴○	雨●	風○	孰●	護●	名
鎬◐	誰○	宸○	聖●	露●	雲○	爭○	紫●	迹
功○	力●	聰○	世●	中●	裏●	雄○	宮○	韻

[감상] 모든 규칙에 맞다. 頸聯의 해석에 애를 먹었으면서도 뜻이 개운치 않다. 제5구의 幾把 때문이다. 이것은 競將과 對를 이루는 것인데 把는 묶음, 자루이니 붓으로 해석했다. 달리 해석하기 어려웠다. 작자가 잘못 선정한 어휘일까? 제8구의 陶鎬, 굽고 삶다.

[51. 盤溪崔孤雲遺墟新建書齋韻]

千載人傳學士名　鰲山淑氣尙崢嶸
遺墟遠慕孤雲宅　新閣平臨半月城
東國錦衣廻歲月　南州韋帶費經營
名區自此增顔色　醉墨淋漓賀韻成

[반계의 최고운 머물렀던 곳에 새로 서재를 지은 것을 읊다]

천 년 동안 사람들이 학사의 이름을 전해 와서

오산의 맑은 기운에 산이 더욱 가팔라 보이네

옛터에서 멀리 추모하네 선생의 집을

새로 지은 집에서 조금 가면 반월성에 이르네

선생이 비단옷 입고 돌아온 이 땅에 세월은 돌고 돌아

빈천한 사람들이 이곳에서 선생의 새집을 짓는 비용을 부담했네

이로써 이름난 고장의 면모가 더욱 높아질 것이기에

취한 먹이 주르르 흐르도록 축하의 시를 짓는다

醉	●	名	○	南	○	東	○	新	○	遺	○	鰲	○	千	○	
墨	●	區	○	州	○	國	●	閣	●	墟	○	山	○	載	●	盤
淋	○	自	●	韋	○	錦	●	平	○	遠	●	淑	●	人	○	溪
漓	○	此	●	帶	●	衣	○	臨	○	慕	●	氣	●	傳	○	崔
賀	●	增	○	費	●	廻	○	半	○	孤	○	尙	●	學	●	孤
韻	●	顏	○	經	○	歲	●	月	●	雲	○	嶸	○	士	●	雲
成	○	色	●	營	○	月	●	城	○	宅	●	嶸	○	名	○	遺

[감상] 모든 규칙에 맞고 頷, 頸 聯의 對偶가 참 좋다. 이 시를 통해 우리는 작자 생존 당시, 조선 영·정조 때 경주에 신라 최치원을 추모하기 위해 그가 머물렀던 곳에 작은 집을 새로 지었다는 사실을 알게 된다. 이때 경비는 官이 아닌 평민들이 부담하였음을 제6구가 말한다. 제2구에서 鰲山은 경주 남산인데 최치원이 중국에서 돌아온 후 오래 머물렀던 여러 곳 중 하나이다. 남산은 가파른 산이 아니지만 최치원으로 인해 그 기상이 매우 높다는 비유이다. 제4구에서 새집을 閣이라 했는데, 제목에서는 書齋라 해서 閣은 측성 字를 넣기 위함이었을 것이다. 平臨이라 한 것으로 보아 '평탄한 길을 가면 나온다'이니 반월성 가까이고 제목에서 盤溪라 하였으니 반월성에서 남산 쪽으로 남천이 흐른다. 그곳에는 암반도 많다. 제6구의 南州는 곧 경주이며 韋帶는 가죽띠, 빈천한 사람의 띠이다. 제8구의 淋漓는 줄줄 흐르는 모양이다.

[52. 敬順王影幀還安時次府伯金相公尙集韻]

悵望鷄林落葉黃 歸來千載畵中王

諸天日月曾遺像 故國山川已夕陽

讓位高風微曆數 仁民至德布洪荒

洋洋參苾明禋地 百世雲仍也不忘

[경순왕 영정을 다시 모셔와 안치할 때 부윤 김상공 상집의 시에 차운하다]

계림을 슬픈 마음으로 바라보니 누런 잎이 떨어지네

천 년을 거슬러 올라가니 그림 가운데 왕이 있네

모든 하늘 일월은 일찍이 형상을 남겼는데

옛 나라 산천은 이미 해가 기우네

임금의 자리를 넘긴 것은 높은 뜻으로 운수가 다한 탓이고

백성을 사랑함은 지극한 덕으로 넓은 황폐가 덮은 탓이었네

많은 사람이 참석한 향기는 밝게 제사 지내는 이 땅에 퍼져

오랜 세월 먼 자손까지 이어져 잊지 못하리

百	●	洋	○	仁	○	讓	●	故	●	諸	○	歸	○	悵	●	
世	●	洋	○	民	○	位	●	國	●	天	○	來	○	望	●	敬
雲	○	參	○	至	●	高	○	山	○	日	●	千	○	鷄	○	順
仍	○	苾	●	德	●	風	○	川	○	月	●	載	●	林	○	王
也	●	明	○	布	●	微	○	已	●	曾	○	畵	●	落	●	影
不	●	禋	○	洪	○	曆	●	夕	●	遺	○	中	○	葉	●	幀
忘	○	地	●	荒	○	數	●	陽	○	像	●	王	○	黃	○	還

[감상] 제7구에 鶴膝이 보이나 비운자행이다. 이 시를 번역하면서 경순왕 영정이 지금도 있을까? 그리고 어디에 있을까? 궁금하여 인터넷 조회에서 알게 된 것을 간략히 소개하면, 영정이 지금도 있다. 경주에 대릉원(신라고분 천마총) 정문 왼쪽 120m에 崇惠殿이 있다. 그곳은 미추왕, 문무왕, 경순왕을 모시는 사당인데 원래 경순왕을 모시는 것으로 시작되었다. 그러면 그 그림은 진짜 경순왕 모습일까? 우여곡절이 있었지만 결론은 그렇다. 경순왕은 쓰러지는 나라를 유지하자면 전쟁도 치러야 하고 많은 세금도 걷어야 하니 백성이 도탄에 빠질 것을 안타깝게 여겨 왕건에게 讓位한다. 이때 그를 따라 개경으로 간 신라 유민 행렬이 약 2km였다고 한다. 이들은 가는 도중 원주 용화산

에 학수사를 짓고 근처에 高自庵을 짓고 그 벽에 畵僧이 불화처럼 경순왕의 모습을 그렸다. 그 그림은 긴 세월 동안 절이 소실되는 과정에도 남았고 너무 낡아지자 조선 숙종 3년 원주 목사 김필진의 노력으로 다시 모사되었다. 이 그림이 경주로 옮겨 東泉殿에 안치한 것이 정조 8년(1784년)이다. 지금 이 詩는 그때의 감상을 표현한 것이다. 그 후 이 전각은 고종 24년(1887년)에 다시 지금의 자리로 옮겨 이름도 숭혜전으로 바뀐 것이다. 제3구의 像은 경순왕 영정으로 볼 수도 있고 신라 당시 하늘의 별자리로 볼 수도 있다. 제7구의 苾은 제사의 焚香으로 보면 될 것 같다.

[53. 附府伯原韻] - 慶州府尹 金尙集

緇衣不染袞衣黃 一幅生綃舊日王
事異神龍歸晉水 情同華鶴返遙陽
山河尙保金湯險 城闕空悲草樹荒
在位雲仍麓不億 嗚呼盛德誰能忘

[부윤의 본래 시를 붙여 둔다] - 경주 부윤 김상집

검은 옷 염색도 않고 곤룡포는 누리네
한 폭 생사 비단에 옛 왕이 있도다
신비스런 용이 일을 바꾸어 나아가는 물을 되돌렸고
아름다운 학이 정을 같게 하여 멀리 있는 해를 되돌렸네
산과 강은 아직 그대로고 금성의 해자도 험난한데
성과 궐은 텅 비어 슬프다 풀과 나무로 묶었구나
재위를 오래 이어 나갔더라면 산기슭에서 기억되지 못 했을 텐데
울면서 부르짖네 성덕을 누가 능히 잊겠는가

嗚	○	在	●	城	○	山	○	情	○	事	●	一	●	緇	○	
呼	○	位	●	闕	●	河	○	同	○	異	●	幅	●	衣	○	附
盛	●	雲	○	空	○	尙	●	華	○	神	○	生	○	不	●	府
德	●	仍	○	悲	○	保	●	鶴	●	龍	○	綃	○	染	●	伯
誰	○	麓	●	草	●	金	○	返	●	歸	○	舊	●	袞	●	原
能	○	不	●	樹	●	湯	○	遙	●	晉	●	日	●	衣	○	韻
忘	○	億	●	荒	○	險	●	陽	○	水	●	王	○	黃	○	

[감상] 제7구와 제8구는 相替簾이다. 이 시는 領聯의 해석이 어려웠다. 제3구는 신라의 멸망을, 제4구는 경순왕 영정이 오랜 세월을 거쳐 멀리 원주에서 경주로 옮겨 온 사실을 표현한 것 같다. 이는 용과 학 같은 신령스런 힘의 작용으로 보았고 情이라 함은 경주인들의 신라왕에 대한 그리움을 말한다. 다만 제3구의 歸와 제4구의 返이 반대 의미여야 하는데 같은 뜻이어서 좀 아쉽다. 제5구, 金은 金城으로 신라 당시 도읍 전체를 일컬으며 금성 안에 대궐인 반월성이 있었다. 제7구, 雲仍 운손과 잉손이라는 뜻으로 썩 먼 대의 자손을 이르는 말.

[54. 閑中謾詠之一]

此濃性癖耽佳勝 進進淸區夢裡依
綠樹靑山眞晩契 黃花白酒又前期
瑤臺鴛鶴無消息 蓬海神仙有是非
人世百年如過客 小盃微醉寫新詩

[한가할 때 게으르게 읊다-1]

나는 아름다운 명승을 탐하는 성벽이 짙어
맑은 경치를 찾아가는 일이 꿈에서조차 여전하다
초록 나무 푸른 산은 진짜 늙어서 바라는 것이고
누런 꽃 흰 술은 또 이전에 약속했던 바라
옥으로 만든 대에 원앙과 학은 소식이 없지만
봉래산이 있는 바다엔 신선들 시비가 있네
사람 평생 백 년이 길 가는 나그네 같으니
조금 마시고 약간 취해 새 시를 지어 보자

小	●	人	○	蓬	○	瑤	○	黃	○	綠	●	進	●	此	●	
盃	○	世	●	海	●	臺	●	花	○	樹	●	進	●	濃	○	閑
微	○	百	●	神	○	鴛	○	白	●	靑	○	情	○	性	●	中
醉	●	年	○	仙	○	鶴	●	酒	●	山	○	區	○	癖	●	謾
寫	●	如	○	有	○	無	○	又	●	眞	○	夢	●	耽	○	詠
新	○	過	●	是	●	消	○	前	○	晩	●	裡	○	佳	○	之
詩	○	客	●	非	○	息	●	期	○	契	●	依	○	勝	●	一

[감상] 支, 微字 通韻이다. 제1구, 끝이 측성이어 變調이다. 작자 자신을 잘 드러낸 시이다. 제3구는 봄이 연상되고 제4구는 가을이 떠오른다. 가을 유람은 봄에 이미 정해 둔다. 제5구는 글하는 선비로서 立身에 대한 미련이 엿보이고 제6구는 신선처럼 사는 자신도 여전히 편치 않음을 말한다. 尾聯, 작자에게는 詩가 역시 모든 것의 出口이다.

[55. 閑中謾詠之二]

北窓高臥絶氛埃 千古羲皇千夢來
意態春山花爛熳 精神秋水月徘徊
百年宇宙詩千首 萬事田園酒一盃
落日雄心頻看鏡 層霞奇氣未全摧

[한가할 때 게으르게 읊다-2]

북창 향해 높이 누워 세상 욕심 끊어 버리니
아주 오래전 복희씨가 자주 꿈에 나오네
가슴속 모습은 봄 산과 같아 꽃이 흐드러지고
정신은 가을 물과 같아 달이 오락가락하네
백 년 우주에서 시 천수를 지으니
세상만사가 전원에서는 술 한 잔이로세
지는 해에 웅대한 마음은 자주 거울을 보고
층을 이룬 노을에 기이한 기운은 아직 완전히 꺾이지 않았네

層	○	落	●	萬	●	百	●	精	○	意	●	千	○	北	●	
霞	○	日	●	事	●	年	○	神	○	態	●	古	●	窓	○	閑
奇	○	雄	○	田	○	宇	●	秋	○	春	○	羲	○	高	○	中
氣	●	心	○	園	○	宙	●	水	●	山	○	皇	○	臥	●	謾
未	●	頻	○	酒	●	詩	○	月	●	花	○	千	○	絶	●	詠
全	○	看	◐	一	●	千	○	徘	○	爛	●	夢	●	氛	○	之
摧	○	鏡	●	盃	○	首	●	徊	○	熳	●	來	○	埃	○	二

[감상] 모든 규칙에 맞다. 제1구, 氛埃는 먼지, 세상 욕심이다. 제2구, 羲皇은 복희씨로 전설 속 동이족 시조로 팔괘, 그물, 악기 슬, 악곡 駕辯을 창작했다고 한다. 따라서 시인에게는 原流가 되는 셈이다. 제5구의 백 년은 사람의 한평생, 우주는 그것이 펼쳐지는 공간이다. 제6구의 만사는 보통 사람의 자잘한 일상이며, 전원은 그것이 펼쳐지는 공간이다. 尾聯에서 작자 스스로 웅심은 사그라들었지만, 자연에서 느끼는 시심은 여전하다. 역시 頷, 頸聯 對偶가 멋있다.

[56. 西行路上次觀瀾翁韻]

衰翁今遇禮羅時　笑指前程筮遠期
春色逐人風晉晉　山光迎客日遲遲
豪情筆下催詩老　好意爐頭勸酒兒
此地幸逢開口笑　愛君詞藻最新奇

[서쪽으로 가는 노상에서 관란옹의 시에 차운하다]

지금 늙은이를 우연히 만나서 예를 표하니
웃으며 가리키네 앞길을 먼 훗날 정해질 것 점을 쳐
봄색은 사람을 따르고 바람은 나아가고
산빛은 손님을 맞고 해는 더디네
넘치는 정은 붓끝에 맴도는데 노인이 시를 재촉하고
좋은 뜻은 화로 머리에서 어린아이가 술을 권하네
이곳에서 다행히 만나 입을 열고 웃으며
그대가 시문을 사랑하니 무엇보다 신기하네

愛	●	此	●	好	●	豪	○	山	○	春	○	笑	●	衰	○	
君	○	地	●	意	●	情	○	光	○	色	●	指	●	翁	○	西
詞	○	幸	●	爐	○	筆	●	迎	○	逐	●	前	○	今	○	行
藻	●	逢	○	頭	○	下	●	客	●	人	○	程	○	遇	●	路
最	●	開	○	勸	●	催	○	日	●	風	○	筮	●	禮	●	上
新	○	口	●	酒	●	詩	○	遲	●	晉	●	遠	○	羅	○	次
奇	○	笑	●	兒	○	老	●	遲	●	晉	●	期	○	時	○	觀

[감상] 笑字가 疊이다. 제목, 觀瀾翁이라 하면 '물결을 보는 늙은이'인데, 이 시집 전체에 여러 편의 시에 등장한다, 이름도 밝히지 않고 사는 곳도 분명치 않으나 울산이나 부산 방면인 것 같다. 서쪽으로 가는 길이 그것을 말해 준다. 나이는 작자보다 좀 더 많은 것 같다. 오늘 이 시에서 두 사람이 처음 만나는 모습을 볼 수 있다. 제2구, 관란옹은 역학에 조예가 있나 보다. 작자의 미래 일을 알아봐 준다. 頷聯은 景을 읊은 것이고, 頸聯에서는 情을 읊고 있다. 제8구의 詞藻는 詩文의 문체, 시문의 재주이다. 역시 頷, 頸련의 對偶는 부럽다.

[57. 次錦水主人新基韻]

君卜淸溪最上頭　世間名利不曾求
閑情自在隨花柳　幽興泛看樂水丘
夜靜虛窓明月到　春深遠岿暮嵐收
箇中剩得盤旋地　時把漁竿下夕溝

[금수 주인이 새집을 지은 데 차운하다]

그대가 점을 쳐 맑은 시내 가장 윗머리에 정하여
세간의 명리를 일찍이 구하지 아니했네
한가로운 정은 저절로 있어 꽃과 버들을 따르고
그윽한 흥취는 떠다니며 살피어 물과 언덕을 즐기네
밤의 고요함에 텅 빈 창에는 밝은 달이 찾아오고
봄이 짙으면 멀리 산굴은 저무는 남기를 빨아들이네
여럿 중에 덤으로 얻은 것은 구불구불한 길이니
때맞추어 낚싯대 잡고 저녁 봇도랑 내려가네

時	○	箇	●	春	○	夜	●	幽	○	閑	○	世	●	君	○	
把	●	中	○	深	○	靜	●	興	●	情	○	間	○	卜	●	次
漁	○	剩	●	遠	●	虛	○	泛	●	自	●	名	○	淸	○	錦
竿	○	得	●	岿	●	窓	○	看	◐	在	●	利	●	溪	○	水
下	●	盤	○	暮	●	明	○	樂	●	隨	○	不	●	最	●	主
夕	●	旋	○	嵐	○	月	●	水	●	花	○	曾	○	上	●	人
溝	○	地	●	收	●	到	●	丘	○	柳	●	求	○	頭	○	新

[감상] 제4구의 看이 蜂腰이다. 쉽게 해석되는 시이며 읽고 나면 한 폭의 산수화가 눈앞에 그려진다. 제목, 금수 주인이 누구일까? 제1구에서 君으로 호칭한 것으로 보아 나이가 작자와 비슷하거나 좀 어린 것 같다. 이 사람 역시 삶의 태도와 방식이 작자와 흡사하다. 작자와 같은 시인들은 조용하고 깨끗한 자연 속에서 자신이 자연과 일체가 되는 것을 항상 꿈꾸는 것 같다.

[58. 次瓢隱草廬板上韻]

一曲陶淵處士廬 神明彷佛護閑居
層巖立立逃豺虎 流水洋洋美鳥魚
首裡暗藏天地氣 眼前深究聖賢書
皇明日月瓢中白 坐看浮雲過大虛

[표주박 은자의 초가집 벽 시에 차운하다]

한 모퉁이 돌아서니 세상 등진 처사의 초옥인데
신명이 마치 그 한가한 거처를 지키는 듯하네
층을 이룬 바위가 불쑥불쑥하여 승냥이 호랑이가 달아나고
흐르는 물이 넓고 넓어 새와 고기가 아름답네
머릿속에 숨겨 두었네 천지의 기를
눈앞에서 깊이 파헤치네 성현의 글을
임금이 밝아 해와 달 같으니 표주박 가운데 밝아라
떠가는 구름 앉아 살피니 크게 비우고 지나가네

坐	●	皇	○	眼	●	首	●	流	○	層	○	神	○	一	●	
看	◐	明	○	前	○	裡	●	水	●	巖	○	明	○	曲	●	次
浮	○	日	●	深	○	暗	●	洋	○	立	●	彷	●	陶	○	瓢
雲	○	月	●	究	●	藏	○	洋	○	立	●	佛	●	淵	○	隱
過	○	瓢	○	聖	●	天	○	美	●	逃	○	護	●	處	●	草
大	●	中	○	賢	●	地	●	鳥	●	豺	●	閑	○	士	●	廬
虛	○	白	●	書	○	氣	●	魚	○	虎	●	居	○	廬	○	板

[감상] 모든 규칙에 맞다. 제1구의 陶淵은 도연명이다. 제8구, 구름이 크게 비우고 지나간다는 표현은 앞의 어느 시에서 물은 빈 곳을 채우고 흐른다와 대비된다. 頷, 頸聯의 대우가 좋다. 표주박 은자는 누구일까? 한적한 곳 초옥에서 한가히 자연을 보거나 글을 읽는 선비가 보인다.

[59. 次臥龍草堂板上韻]

名勝嶠南第一奇 小亭蕭灑傍江湄
丹崖翠壁環三面 門柳庭花作回離
魯仲未成蹈海志 子陵還理釣魚絲
潭深誰識龍潛處 惟見蒼松貫四時

[와룡초당 벽 시에 차운하다]

영남의 경치 좋은 곳 중 제일 신기한 곳은
강가에 있는 소정의 맑고 깨끗함일레라
붉은 낭떠러지 푸른 벽이 삼면을 두르고
문 옆 버들과 뜰 내 꽃들은 번갈아 피고 지네
노중련은 절개를 지키기 위해 물에 빠져 죽는 뜻을 이루지 못했으나
자릉은 낙향하여 낚시하며 세월 보냈네
못은 깊어 누구도 알지 못하네 용이 자맥질하는 곳임을
오직 보이는 것은 푸른 솔이 사계절 이어지네

惟	●	潭	○	子	●	魯	●	門	○	丹	○	小	●	名	○	
見	●	深	○	陵	○	仲	●	柳	●	崖	○	亭	○	勝	●	次
蒼	○	誰	○	還	○	未	●	庭	○	翠	●	蕭	○	嶠	●	臥
松	○	識	●	理	●	成	○	花	○	壁	●	灑	●	南	○	龍
貫	●	龍	○	釣	●	蹈	●	作	●	環	○	傍	●	第	●	草
四	●	潛	○	魚	○	海	●	回	○	三	○	江	○	一	●	堂
時	○	處	●	絲	○	志	●	離	○	面	●	湄	○	奇	○	板

[감상] 제1구에 蜂腰, 제5구에 蜂腰와 下三仄, 제7구에 鶴膝이 보인다. 모두가 非韻字行이다. 제2구, 小亭을 어느 지명으로 보아야 할지, 작은 정자로 보아야 할지? 頸聯은 用事를 구사하였다. 이를 위해 下三仄도 무릅썼다. 제5구의 魯仲은 전국시대 제나라의 辯士, 고절의 선비로서 조나라 평원군을 설복하여 진나라를 황제로 섬기지 못하게 한 魯仲連이다. 蹈海는 절개를 지키기 위하여 물에 빠져 죽음을 말한다. 제6구의 子陵은 조선의 문신 李阜의 字, 그는 충북 진천 사람으로 중종 때 급제하여 사림파로서 조광조와 교유하였으나 사간원 정언에서 낙향하여 기묘사화를 면했다. 그 후 홍문관 교리로 제수되었으나 낙향하여 71세까지 살았다. 頷聯은 景이고, 頸聯은 情이다.

[60. 次觀瀾翁韻-1]

層霞奇氣出塵寰　蘭蕙肯爲桃李顔
山水去來肯海濶　陰陽低仰極天圜
百年生計壺中得　萬斛覊愁筆下刪
宇宙歸來知己遇　翶翔瞰日共偸閑

[관란옹의 시에 차운하다-1]

층을 이룬 노을과 기이한 기운은 티끌세상에서 벗어나고
난초와 혜초가 기꺼이 복숭아 오얏의 얼굴이 되네
산과 물이 가고 오니 바다처럼 넓고
음과 양이 내려보고 올려보니 하늘 끝이 둥그네
백 년 생계는 술병 가운데서 얻고
만곡 고삐 매인 근심은 붓끝에서 지워지네
우주로 돌아갈 때 지기를 우연히 만나면
하늘 높이 날아 해를 내려다보며 함께 한가로움을 훔치리

翶	○	宇	●	萬	●	百	●	陰	○	山	○	蘭	○	層	○	
翔	○	宙	●	斛	●	年	○	陽	○	水	●	蕙	●	霞	○	次
瞰	●	歸	○	羈	○	生	○	低	○	去	●	肯	●	奇	○	觀
日	●	來	○	愁	○	計	●	仰	●	來	○	爲	○	氣	●	瀾
共	●	知	○	筆	●	壺	○	極	●	肯	●	桃	○	出	●	翁
偸	○	己	●	下	●	中	○	天	○	海	●	李	●	塵	○	韻
閑	○	遇	●	刪	○	得	●	圓	○	濶	●	顔	○	寰	○	

[감상] 모든 규칙에 맞다. 이 시를 읽으면 굴원의 離騷가 연상된다. 스케일을 크게 잡은 것, 蘭, 惠, 知己, 宇宙歸來, 翶翔瞰日 등이 그렇다. 제2구의 해석이 어렵다. 桃李는 '남이 천거한 좋은 인재'를 비유하여 이르는 말. 그리고 蘭과 惠도 '고결한 사람'으로 좋은 이미지다. 그러니 출세보다는 기꺼이 은자가 되겠다는 뜻일까? 제3구는 큰 강물이 바다로 들어가는 모습을 그려 본다. 물이 흘러가니 산은 상대적으로 다가오는 것 같다. 제4구는 망망대해를 바라본다. 음양을 느낄 수 있고, 지평선을 보고 하늘이 둥글다는 것을 안 것은 자못 과학적 관찰이다. 제5구는 백 년 생계는 사람의 한평생 살림살이다. 술을 한잔하면 다 잊을 수 있다. 제6구의 斛은 음이 곡, 뜻이 휘로 10말들이 용량이다. 매우 큰 단위를 말한다. 큰 수심도 붓으로 시 한 수 지으면 다 해소된다. 尾聯은 死後에도 知己와 함께하고 싶고 이 세상 내려다보고 한가로움을 누리고 싶어 한다. 對偶가 좋다.

[61. 次觀瀾翁韻-2]

荒村難得笑顔開 門外俄驚好客來
氣味溫溫風滿袖 襟懷灑灑月盈盃
煩君白髮何山去 愛甫靑蔘此地廻
一席一觴魚一詠 老松淸籟入幽齋

[관란옹의 시에 차운하다-2]

시골에서는 환하게 웃을 일이 별로 없는데
문밖에서 갑자기 놀라니 좋아하는 손님이 오나 보다
정취는 따뜻하여 바람이 소매에 가득하고
가슴의 뜻은 시원하여 달이 잔에 넘치네
바쁜 그대는 흰머리로 어느 산으로 가는고
가여운 아무개는 푸른 자람으로 여기서 맴돌고 있네
한 자리에 한 잔씩 하니 고기도 한 수 읊네
늙은 소나무가 맑은 소리를 내니 그윽한 집으로 들어가세

老●	一●	愛●	煩○	襟○	氣●	門○	荒○	
松○	席●	甫●	君○	懷○	味●	外●	村○	次
淸○	一●	靑○	白●	灑●	溫○	俄○	難○	觀
籟●	觴○	蔘○	髮●	灑●	溫○	驚○	得●	瀾
入●	魚○	此●	何○	月●	風○	好●	笑○	翁
幽○	一●	地●	山○	盈○	滿●	客●	顔○	韻
齋○	詠●	廻○	去●	盃○	袖●	來○	開○	二

[감상] 灰, 佳字 通韻이다. 모든 규칙에 맞다. 이 시는 제목 없이 앞의 시에 붙어 있으나. 운자가 앞과 달라서 관란옹의 原韻으로 볼 수는 없다. 그래서 〈관란옹의 시에 차운하다-2〉라고 붙여 본다. 시골에 사는 작자에게 어느 날 갑자기 관란옹이 찾아왔다. 頷聯은 손님의 풍모와 정감을 묘사했고, 頸聯은 손님과 주인의 처지를 대비하여 묘사하였다. 對偶가 참 멋지다.

[62. 次花溪柳戚芝岑翁韻]

七八蠅珠箇箇奇 披看如對好襟期
新編誰得千金字 古體難成四韻詩
元氣已衰明宋世 善鳴何趾漢唐時
欲言彙選驚人句 其奈吟節久別離

[꽃 시내 버들과 친하게 지내는 지잠옹을 차운하다]

쉰여섯 아름다운 구슬 하나하나 신기하여

따로 떼어 살피니 마치 가슴에 품은 좋은 회포를 대하는 듯

새로 엮는 일을 누가 해낼꼬 천금 같은 글자를

고체시로는 엮을 수 없어 사운시로 읊네

원래의 기는 이미 쇠했지만 명나라 송나라 시대에

이탁은 어찌하여 머물렀는고 한·당나라 시풍에

사람을 놀라게 하는 많은 구절을 골라 언급하고 싶지만

헤어진 지 이미 오래라서 그것을 어찌 읊나 지팡이 짚고

其	○	欲	●	善	●	元	○	古	●	新	○	披	○	七	●	
奈	●	言	○	鳴	○	氣	●	體	●	編	○	看	◐	八	●	次
吟	○	彙	●	何	○	已	●	難	○	誰	○	如	○	蝸	●	花
節	●	選	●	趾	●	衰	○	成	○	得	●	對	●	珠	○	溪
久	●	驚	○	漢	●	明	○	四	●	千	○	好	●	箇	●	柳
別	●	人	○	唐	○	宋	●	韻	●	金	○	襟	○	箇	●	咸
離	○	句	●	時	○	世	●	詩	○	字	●	期	○	奇	○	芝

[감상] 제1, 3구 비운자행에 蜂腰와 鶴膝이 보인다. 제목의 뜻을 보면, 芝岑은 늙은이의 號일 것이다. 이 詩는 시의 歷史를 언급하고 있다. 제1구의 七, 八은 7 곱하기 8, 즉 7언 율시 56자를 말한다. 지잠옹의 시를 보고 높이 평가하고 있다. 제4구의 古體는 古體詩를 말한다. 그것은 唐나라 때의 엄격한 律詩를 近體詩라고 부르기에 상대적으로 그 이전의 시 형태를 고체시라 한 것을 말한다. 물론 고체시도 세부적으로 여러 갈래가 있다. 四韻詩는 바로 近體詩인 七言律詩를 말하며, 韻字가 넷이지만 통상 첫 구에도 넣어 다섯 운을 쓴다. 첫 구를 非韻字로 한 것을 變調라고 한다. 제5구의 元氣를 '원 나라의 기세'로 생각해 볼 수도 있으나 뒤에 宋나라 때문에 아닌 것 같고, 오히려 당나라 때 성행했던 근체시의 기세가 송나라, 원나라, 명나라를 거치면서 퇴색한 것을 말하는 것으로 본다. 제6구의 善鳴은 조선 중종-선조 연간의 문신으로 영의정까지 오른 李鐸의 字이다. 그는 덕이 많고 지극히 청렴하였던 학자이자 문장가였다. 그러니까 조선의 많은 문인들은 근체시를 좋아했다. 아마 이탁은 그중에서도 대표적이었던가 보다. 尾聯의 彙選과 別離는 누구의 작품을 또 누구와 헤어졌다는 걸까? 아마 芝岑翁일 게다.

[63. 次崔典籍榮進賀韻]

蓮桂祥光萃一身 壯元群下又垂紳

曾期嶺外無雙士 今作朝端第一人

餘慶百年迫好德 前程萬里勉爲仁

遺風淸白君能繼 倘把文章訪道眞

[최전적의 영진을 축하한 시에 차운하다]

연꽃 계수의 상스러운 빛이 한 몸에 모이니

장원하여 여러 사람이 그 뒤에 섰는데 또 벼슬이 내려졌네

일찍이 기대되었네 영남 밖에는 짝할 선비가 없음을

지금 이루었네 조정 막료에서 제일인으로

남은 경사가 일평생 덕을 좋아하는 데 기인하니

앞길이 만 리인데 인을 행하는 데 힘쓰게

가문의 가르침이 청백이니 그대는 능히 이을 것이고

혹시 남의 글을 잡게 되면 도가 참된지 살펴보기 바라네

次	蓮	壯	曾	今	餘	前	遺	倘
崔	桂	元	期	作	慶	程	風	把
典	祥	群	嶺	朝	百	萬	淸	文
籍	光	下	外	端	年	里	白	章
榮	萃	又	無	第	迫	勉	君	訪
進	一	垂	雙	一	好	爲	能	道
	身	紳	士	人	德	仁	繼	眞

[감상] 제7구에 鶴膝이 보이나 비운자행이다. 작자의 벗인 최 아무개가 장원급제 하였고 시간이 조금 지난 지금은 성균관 전적으로 승차하였기에 축하시를 차운하여 보낸 것 같다. 典籍은 조선시대 성균관에 둔 정6품 관직이다. 제8구의 뜻은 전적이 하는 업무를 말한다. 頷, 頸聯의 對偶가 좋다.

[64. 次崔友伯益道德菴韻]

道德名山最上頭 小菴中起敵高樓
干雲削壁層層立 噴玉淸溪曲曲流
俯看滄溟紅日出 平臨洞塾紫霞浮
仙區物色今無恙 想得先生杖屨遊

[벗 최백익이 읊은 도덕암을 차운하다]

도덕 명산 제일 높은 곳에
작은 암자 가운데 다시 높은 누가 우뚝 섰네
구름을 뚫고 깎아지른 벽이 층층이 섰고
구슬을 토하며 맑은 시내는 굽이굽이 흐르네
굽어보니 푸른 바다에서 붉은 해가 솟고
똑바로 보니 골짜기 패인 곳에 자줏빛 노을이 떠 있네
신선이 사는 경치에 지금은 아무 근심이 없어지고
선생께서 짚신에 지팡이 짚고 유람하시는 모습을 그려 볼 수 있네

想	●	仙	○	平	○	俯	●	噴	●	干	○	小	●	道	●	
得	●	區	○	臨	○	看	◐	玉	●	雲	○	菴	○	德	●	次
先	○	物	●	洞	●	滄	○	淸	○	削	●	中	○	名	○	崔
生	○	色	●	塾	●	溟	○	溪	○	壁	●	起	●	山	○	友
杖	●	今	○	紫	●	紅	○	曲	●	層	○	敵	●	最	●	伯
屨	●	無	○	霞	○	日	●	曲	●	層	○	高	○	上	●	益
遊	○	恙	●	浮	○	出	●	流	○	立	●	樓	○	頭	○	道

[감상] 모든 규칙에 맞다. 道德山은 경주시 안강읍 근처에 있는 높은 산으로 맑은 날은 가끔 정상에서 동해 바다가 보인다고도 한다. 어렵지 않은 시이고 頷, 頸聯의 對偶가 참 좋다. 제8구의 선생이 누구일까? 혹시 회재 이언적 선생이 아닐까? 근처에 紫玉山이 있고 독락당, 옥산서원이 있다.

[65. 次觀瀾翁韻]

千里行裝只一節 逍遙山水號詩翁

鄕懷幾步西峯月 旅夢頻驚北海風

寂寞江湖無主客 等閑天地過英雄

男兒最貴言忠信 浮世何愁任轉蓬

[관란옹의 시에 차운하다]

천 리 길 가는 사람 행장이 고작 지팡이 하나

산과 물을 거닐곤 하니 시 짓는 늙은이라 하네

고향을 가슴에 품고 몇 걸음 안가니 서쪽 산봉우리에 달이 뜨고

여행을 꿈꾸다 자주 놀라네 북쪽 바다에 바람이 불어

고요하고 쓸쓸한 강호에는 주인과 객이 따로 없어

똑같이 한가롭네 하늘과 땅 사이 영웅은 다 지난 일

남아로서 가장 귀히 여기는 것은 말에 정성과 믿음이 있는 것

부질없는 세상에 무슨 수심 고향 떠나 여기저기 떠도는 이에게

浮	○	男	○	等	○	寂	●	旅	●	鄕	○	逍	○	千	○	
世	●	兒	○	閑	○	寞	●	夢	●	懷	○	遙	○	里	●	次
何	○	最	●	天	○	江	○	頻	○	幾	●	山	○	行	○	觀
愁	○	貴	●	地	●	湖	○	驚	●	步	●	水	●	裝	○	瀾
任	○	言	○	過	○	無	○	北	●	西	○	號	●	只	●	翁
轉	●	忠	○	英	○	主	●	海	●	峯	○	詩	○	一	○	韻
蓬	○	信	●	雄	○	客	●	風	○	月	●	翁	○	節	○	

[감상] 東, 冬字 通韻이다. 모든 규칙에 맞다. 방랑시인의 면모를 볼 수 있다. 제5구, 제8구가 멋있다.

[66. 自遣]

平生所學一愚字 九耋何論到是非

三月行仁難企及 広旹爲善許襟期

周人意氣隨輕重 愛物誠心格細微

案上猶存詩一部 神傳千古世誰知

[혼자서 마음 달래다]

평생 공부한 바가 한 글자 어리석음이라

구순의 늙은이가 무엇을 논하든 시비에 이르네

잠깐 인을 행해서는 기대한 것에 이르기 어렵지만

오래 선을 행하면 가슴에 품은 것 이루어지리라

사람을 사귀는 득의한 마음은 경중에 따르고

물건을 사랑하는 정성 어린 마음은 미세한 데에 이르네

책상 위에 지금도 시 한 더미가 있으나

신이 전한 옛일을 지금 세상 누가 알겠는가

神	○	案	●	愛	●	周	○	広	●	三	○	九	●	平	○	
傳	○	上	●	物	●	人	○	豈	○	月	●	耋	●	生	○	自
千	○	猶	○	誠	○	意	●	爲	○	行	○	何	○	所	●	遣
古	●	存	○	心	○	氣	●	善	●	仁	○	論	○	學	●	
世	●	詩	○	格	●	隨	○	許	●	難	○	到	●	一	●	
誰	○	一	●	細	●	輕	○	襟	○	企	●	是	●	愚	○	
知	○	部	●	微	○	重	●	期	○	及	●	非	○	字	●	

[감상] 제1구, 끝 글자 字가 측성이어서 이 시는 變調이며, 一字가 疊이다. 이 시는 本稿 첫머리에 〈東山八十四歲翁自祝〉이란 이름으로, 굵고 투박한 글씨체로 또 흘려 써 놓았다. 首聯과 尾聯은 詩를 짓거나 해석하기 어렵다는 뜻을 말씀하신 것이 아닐까? 頷聯에서는 사람의 도리인 仁과 善을 바르게 행하는 방법을, 頸聯에서는 우리가 사람을 대하는 마음, 사물을 대하는 마음을 밝히신 것 같다. 이것이 곧 시의 내용이 되는 요소들이다. 頷, 頸聯의 對偶가 잘되었다.

[67. 次鍪藏菴觀瀾翁韻]

問爾鍪藏一小刹 何年何月始經營

層容疊嶂深深洞 蒼壁丹崖面面城

古樹霜侵紅葉落 前岑雨歇翠嵐橫

斷碑留在金生筆 宇宙長垂萬古名

[관란옹이 지은 무장암 시에 차운하다]

너에게 묻노라 무장 작은 절을

어느 해 어느 달에 짓기를 시작했던고

층을 이룬 모습은 겹친 가파른 산 깊고 깊은 골짜기

푸른 벽 붉은 절벽 면면으로 성을 이루네

늙은 나무는 서리 맞아 붉은 잎을 떨구고

앞의 산봉우리에 비가 그치니 푸른 남기 띠를 두르네

깨어진 비석엔 김생의 글씨 남아 있어

만고의 이름을 천하에 오래 드리우네

宇	●	斷	●	前	○	古	●	蒼	○	層	○	何	○	問	●	次
宙	●	碑	○	岑	○	樹	●	壁	●	容	○	年	○	爾	●	鍪
長	○	留	○	雨	●	霜	○	丹	○	疊	●	何	○	鍪	○	藏
垂	○	在	●	歇	●	侵	○	崖	○	嶂	●	月	●	藏	○	菴
萬	●	金	○	翠	●	紅	○	面	●	深	○	始	●	一	●	觀
古	●	生	○	嵐	○	葉	●	面	●	深	○	經	○	小	●	瀾
名	○	筆	●	橫	○	落	●	城	○	洞	●	營	○	刹	●	

[감상] 제1구 刹이 非韻字여서 變調이고 下三仄이다. 무장사는 경주시 암곡동에 있었던 통일신라의 사찰, 지금은 폐허가 되었고 '무장사 아미타불조상사적비' 파편과 삼층석탑만 남았다. 鍪藏이란 뜻은 태종무열왕이 병기와 투구를 이 골짜기 안에 감추었다는 데서 유래한다. 비문은 신라 명필 김생이 썼다. 對偶가 좋다.

[68. 次六宜堂板上韻]

授綬還山意態殊　此翁心事不眞愚

塵襟早洗湖邊雨　世慮都消壁上圖

晚計桑麻成別墅　舊緣魚鳥美淸區

這間剩得盤旋地　出處堂堂大丈夫

[육의당 벽에 있는 시에 차운하다]

벼슬을 버리고 초야로 돌아온 뜻과 자세는 남달랐으니
이 늙은이의 마음속 일은 정말 어리석은 것이 아니었네
속된 마음 일찍이 씻었네 호숫가 빗물에
세상에 대한 걱정 모두 없어졌네 벽 위의 그림에
만년에 뽕나무 길쌈으로 따로 농막을 이루었는데
옛 인연 고기와 새는 맑은 주변을 아름답게 했네
저어 간 덤으로 얻은 것은 구불구불한 땅이나
출처가 당당하니 대장부일세

出	●	這	●	舊	●	晚	●	世	●	塵	○	此	●	授	●	
處	●	間	○	緣	○	計	●	慮	●	襟	○	翁	○	綬	●	次
堂	○	剩	●	魚	○	桑	○	都	○	早	●	心	○	還	○	六
堂	○	得	●	鳥	●	麻	○	消	○	洗	●	事	●	山	○	宜
大	●	盤	○	美	●	成	○	壁	●	湖	○	不	●	意	●	堂
杖	●	旋	○	淸	○	別	●	上	●	邊	○	眞	○	態	●	板
夫	○	地	●	區	○	墅	●	圖	○	雨	●	愚	○	殊	○	上

[감상] 모든 규칙에 맞다. 六宜堂은 조선의 무신 최계종의 호이다. 그는 경주 사람으로 임진왜란 때 의병 활동으로 공을 세웠고 그 후 무과 급제하여 서생포 수군첨절제사를 지냈으나 광해군의 패륜과 폭정에 벼슬을 거역한 죄로 유배되었다. 이후 풀려나 경주시 외동읍 제내에서 말년을 보냈다. 그곳에 육의당 건물이 있다.

[69. 次霞溪隴巢翁]

洞裏炯霞老此翁　心期肯興世人同
彈琴白玉音誰會　讀易靑山理慾通
林下已成瀨養計　床頭能得切磋功
休將田事逢人道　耕也端宜問老農

[노을 진 시내 근처 언덕에 집을 지은 백로]

골짜기 깊숙이 노을이 밝은데 이 늙은 백로
마음이 흥취 즐김을 바라 세상 사람과 같아라
백옥의 몸으로 거문고를 튕기니 그 소리 누구를 부르는고
청산에서 주역을 읽으니 이치는 욕심을 꿰뚫는다
숲 밑에는 이미 마련되었네 물가에서 보양할 계획이
상머리에서 능히 얻으리 자르고 가는 공을
장차 사냥하는 일을 그만두고 사람의 도를 만날 테니
밭 가는 일이야 마땅히 늙은 농부에게 묻는 것이 옳을 것이네

耕	○	休	○	床	○	林	○	讀	●	彈	○	心	○	洞	●	
也	●	將	○	頭	○	下	●	易	●	琴	○	期	○	裏	●	次
端	○	田	○	能	○	已	●	靑	○	白	●	肯	●	炯	●	霞
宜	○	事	●	得	●	成	○	山	○	玉	●	興	●	霞	○	溪
問	●	逢	○	切	●	瀨	○	理	●	音	○	世	●	老	●	隨
老	●	人	○	磋	○	養	●	欲	●	誰	○	人	○	此	●	巢
農	○	道	●	功	○	計	●	通	○	會	●	同	○	翁	○	翁

[감상] 東, 冬字 通韻이다. 老, 人字가 疊이다. 제1구에 蜂腰, 제7구에 鶴膝이나 모두 비운자행이다. 조용한 산골짜기 시내가 흐르고 우거진 솔숲에 둥지를 튼 백로를 보고 이렇게 읊었으니 참 재미있는 묘사이다. 역시 頷, 頸聯의 對偶가 좋고 尾聯의 발상도 뛰어나다. 疊字를 무릅쓴 이유를 알겠다.

[70. 寄贈觀瀾翁]

詩酒風流屬是翁　夢圓山水路遐通
携筇立立層峯上　放眼茫茫大海中
漫浪江湖鄉思斷　徘徊宇宙世緣空
南州不必楊開地　到處深觴酒自崇

[관란옹에게 지어 보내다]

시 술 풍류는 이 늙은이에게 속하는 것이오
꿈 언저리에도 산과 강이요 길은 멀리로 이어진다오
지팡이 짚고 걷고 걸어 높은 봉우리에 오르고
눈을 열어 아득하고 아득한 큰 바다 가운데를 본다오
대자연에서 널리 유랑하면 고향 생각 끊어지고
우주를 배회하면 세상 인연 비어진다오
남쪽 고을에는 버드나무 피는 땅이 필요치 않다오
가는 곳마다 깊은 술잔 술이 저절로 차오른다오

到	南	徘	漫	放	携	夢	詩	
●	○	○	○	●	○	●	○	
處	州	徊	浪	眼	節	圓	酒	寄
●	○	○	●	●	○	○	●	
深	不	宇	江	茫	立	山	風	贈
○	●	●	○	○	●	○	○	
觴	必	宙	湖	茫	立	水	流	觀
○	●	●	○	○	●	○	○	
酒	楊	世	鄉	大	層	路	屬	瀾
●	○	●	○	●	○	●	●	
自	開	緣	思	海	峯	邐	是	翁
●	○	○	●	●	○	○	●	
崇	地	空	斷	中	上	通	翁	
○	●	○	●	○	●	○	○	

[감상] 酒字가 疊이다. 이 詩는 작자 자신을 잘 드러낸 작품이다. 오죽하면 酒 자를 疊으로 썼겠는가? 제7구의 南州는 경주 곧 작자의 고향이다. 버드나무는 풍류의 상징물 중 하나다. 고향에 굳이 그것을 다 갖출 필요가 없다는 것이다. 나가면 도처에 있는 것을. 작자는 은근히 관란옹을 초대하고 있다. 對偶가 좋다.

[71. 先祖藍浦公㫌閣感懷韻]

異數煌煌八字綸　秋霜烈氣薄靑旻
勤王大義辭親夕　報國深誠死敵辰
宇宙百年公議在　門閭今日聖褒新
蒼頭一體同㫌義　曠世恩光萬萬春

[선조 남포공 정충각 건립에 대한 감회를 읊다]

특별한 예우가 빛나고 빛나네 여덟 자 굵은 실에

가을 서리 같은 굳센 기세는 푸른 하늘에 엷게 퍼졌네

임금을 위해 충성을 다하는 대의 어머님께 고하는 저녁

나라를 위해 갚고자 하는 깊은 정성 적에게 죽음으로 된 새벽

온 세상에 오래도록 여러 사람의 논의가 있었는데

정문이 오늘 세워져 임금의 포상이 새롭네

노복도 한 몸으로 같이 그 의로움이 표창되니

세상에 매우 드문 은혜로운 빛이 오래도록 피어나리라

曠	●	蒼	○	門	○	宇	●	報	●	勤	○	秋	○	異	●	
世	●	頭	○	閭	○	宙	●	國	●	王	○	霜	○	數	●	先
恩	○	一	●	今	○	百	●	深	○	大	●	烈	●	煌	○	祖
光	○	體	●	日	●	年	○	誠	○	義	●	氣	●	煌	○	藍
萬	●	同	○	聖	○	公	○	死	●	辭	○	薄	●	八	●	浦
萬	●	旌	○	褒	●	議	●	敵	●	親	○	青	○	字	●	公
春	○	義	●	新	○	在	●	辰	○	夕	●	旻	○	綸	○	旌

[감상] 모든 규칙에 맞다. 이 詩는 작자의 5대조 樂善堂(남포공) 孫宗老公이 무과 급제 후 남포현감을 지내고 물러나 고향에서 老母 봉양을 하던 중 병자호란이 발발하여 인조 임금이 남한산성에 갇혔을 때, 노모에게 목숨 바쳐 나라에 은혜를 갚겠다고 고하고, 의병을 거느리고 달려가 근왕군에 합류하여, 남한산성 근처 쌍령에서 싸우다 그의 종 억부와 함께 전사하였는데, 이에 대한 事蹟을 밝혀, 시간이 많이 지난 정조 임금 때 고향 경주 양동마을에 旌忠閣이 왕명으로 세워졌다. 이때의 감회를 그의 5대 冑孫으로 읊은 것이다. 제1구, 異數는 '보통이 아닌 특별한 예우'다. 八字綸은 정충각이 세워질 때 旌은 큰 깃발로서 무엇을 드러낼 때 사용한다. 그 기에 쓰인 글자였을 것으로 짐작된다. 제5구는 인조에서 정조 사이에 있었던 儒林 공론을 말한다. 제6구, 門閭는 마을 어귀의 문, 충신 효자 열녀를 표창하는 旌門을 말한다. 제7구, 蒼頭는 奴僕 곧 억부를 말한다. 對偶도 잘되었다.

[72. 次泮中士友賀贈家弟韻之一]

無官殉國最爲難　況又高堂日迫山
一劍當風增慷慨　孤城暈月冒危艱
千年熟血黃砂裏　萬丈晴虹碧嶺間
天衷煌煌垂宇宙　那堪感涕倍悲酸

[성균관 유생 친구들이 나의 아우에게 축하해 써 준 시에 차운하다-1]

현직도 아닌데 나라에 목숨 바치기는 가장 어려운 것
하물며 또 왕실이 기우는 때이랴
한 자루 검으로 대군에 맞서니 감개가 더한데
갇힌 성안 달무리가 위급한 어려움을 덮네
천년 고결한 혼백 거친 산 흙에 묻혔는데
길고 긴 비 갠 뒤 무지개 푸른 산봉우리 사이 걸렸네
어진 임금이 온 나라를 밝게 다스리니
슬픈 마음 배가되어 흐르는 눈물 어찌 참으리

那	○	天	○	萬	●	千	○	孤	○	一	●	況	●	無	○	
堪	○	衷	●	丈	●	年	○	城	○	劍	●	又	●	官	○	次
感	●	煌	○	晴	○	熟	●	暈	●	當	○	高	○	殉	●	泮
涕	●	煌	○	虹	○	血	●	月	●	風	○	堂	○	國	●	中
倍	●	垂	○	碧	●	黃	○	冒	●	增	○	日	●	最	●	士
悲	○	宇	○	嶺	●	砂	○	危	○	慷	○	迫	●	爲	○	友
酸	○	宙	●	間	○	裏	●	艱	○	慨	●	山	○	難	○	賀

[감상] 刪, 寒字 通韻이다. 모든 규칙에 맞다. 이 시는 앞에서 본 낙선당 손종로 공의 정충각이 세워질 때 작자 손승구 공의 아우 손정구 進士 공의 친구들이 축하 시를 많이 보내왔다. 이들 시에 작자가 두 수를 차운하였는데 그중 하나이다. 제5구의 千年은 낙선당 孫公의 가문이 오래되었음을 의미한다. 제6구, '푸른 산봉우리 사이'는 戰死한 雙嶺을 뜻한다. 제8구, 悲酸은 悲愴과 같다.

[73. 次泮中士友賀贈家弟韻之二]

常山不必獨崢嶸 慘憾玄雲雙嶺生

日月精忠干北極 山河氣節壯南城

荒原雨濕千秋淚 古里春回二字旌

百世屛孫無限感 闡揚先烈有時成

[성균관 유생 친구들이 나의 아우에게 축하해 써 준 시에 차운하다-2]

평범한 산에는 혼자 우뚝할 필요가 없었거늘

슬프고 안타까운 검은 구름이 쌍령에 피어났네

해와 달같이 밝은 순수한 충심 임금을 지켰고

산과 강에 퍼진 기개와 절조 남한산성에서 씩씩했네

거친 들판은 비에 젖어 긴 세월 눈물이 되고

옛 마을에 봄이 돌아와 충신이란 두 글자 드러났네

못난 자손들은 오래도록 감사한 마음 끝이 없으니

나라 위해 목숨 바친 열사를 널리 떨침은 때가 있어 이루어졌네

闡	●	百	●	古	●	荒	○	山	○	日	●	慘	●	常	○	
揚	○	世	●	里	●	原	○	河	○	月	●	憾	●	山	○	次
先	○	屛	○	春	○	雨	●	氣	●	精	○	玄	○	不	●	泮
烈	●	孫	○	回	○	濕	●	節	●	忠	○	雲	○	必	●	中
有	●	無	○	二	●	千	○	壯	●	干	○	雙	○	獨	●	士
時	○	限	●	字	●	秋	○	南	○	北	●	嶺	●	崢	○	之
成	○	感	●	旌	○	淚	●	城	○	極	●	生	○	嶸	○	二

[감상] 山字가 疊이다. 앞의 시에 이어 지은 두 번째 시이다. 제1구는 남달리 의병으로 나선 것을 표현했다. 제2구의 慘憾은 자식이 부모에 앞서 죽는 안타까움을 말한다. 제6구는 孫公의 고향 양동마을이다. 二字는 忠臣이란 두 글자. 제8구는 正祖 임금 같은 聖君을 만난 것이 때이다. 역시 頷, 頸 聯의 對偶가 좋다.

[次唐詩彙選十五首]
[다음은 당나라 시 가운데서 15수를 골라 묶다]

《唐詩三百首》는 唐詩 가운데 가장 유명하고 인구에 회자되는 작품 300여 수를 수록한 詩選集이다. 이 선집의 편자는 靑나라 사람 孫洙와 그의 부인 徐蘭英이다. 당대의 정치적 모순, 변새의 군사 행정, 규방 부녀자의 애정과 한, 친구 사이 주고받은 작품, 은거 생활, 관직 생활의 성공과 출세 등 다양한 주제가 망라되었다. 77명의 시인의 시문 311수를 수록하고 있다. 그중 두보의 시가 39수, 이백 33수, 왕유 29수, 이상은 24수, 맹호연 14수 등이다. 이 唐詩 삼백 수를 열심히 읽으면 시를 짓지 못하던 사람도 시를 읊을 수 있다고 했다.

[74. 田家秋興]

臥看田園到夕暉　夢中蝴蝶覺來非
江山遍踏雙芒屨　天地優遊一布衣
前浦晚烟邊鴈過　暮林疎雨野禽歸
秋風蟋미鳴床下　懶婦紛紛促上機

[농부의 집 가을 흥취]

누워서 뜨락을 보는데 석양빛이 다가와
꿈속에 나비는 깨고 나니 오지 않았네
강산을 두루 돌아다녔네 쌍미투리 신고
하늘과 땅 유람하기 넉넉하네 한 벌 베옷 입고
앞개에 저녁연기 변방의 기러기 지나가고
저문 숲에 가랑비 오니 들새들 돌아오네
가을바람에 귀뚜라미 사마귀 침상 아래서 울어
게으른 며느리 어서 베틀에 오르기를 재촉하네

懶	●	秋	○	暮	●	前	○	天	○	江	○	夢	●	臥	●	
婦	●	風	○	林	○	浦	●	地	●	山	○	中	○	看	◐	田
紛	○	蟋	●	疎	○	晩	●	優	○	遍	●	蝴	○	田	○	家
紛	○	미	●	雨	●	烟	○	遊	○	踏	●	蝶	●	園	○	秋
促	●	鳴	○	野	●	邊	○	一	●	雙	●	覺	●	到	●	興
上	●	床	○	禽	○	鴈	●	布	●	芒	○	來	○	夕	●	
機	○	下	●	歸	○	過	●	衣	○	履	●	非	○	暉	○	

[감상] 모든 규칙에 맞다. 제2구 胡蝶夢, 莊子가 나비가 되어 날아다닌 꿈으로, 현실과 꿈의 구별이 안 되는 것, 인생의 덧없음의 비유. 제4구 布衣, 벼슬이 없는 선비, 또는 베옷. 제7구에 '미'는 버마재비, 사마귀 '미' 자인데 자판에 글자가 없다. 제8구 紛紛, 떠들썩하고 뒤숭숭함, 흩날리는 모양이 뒤섞이어 어수선함, 의견 등이 갈피를 잡을 수 없이 많고 어수선함. 이 시의 시골 선비는 가을에 호접몽을 꾸듯 한가하다. 頷聯에 보듯 어디론가 훨훨 나다니고 싶은 욕구(情)를, 頸聯에서는 주위의 가을 자연(景)을 그렸고 尾聯에서 귀뚜라미와 며느리를 잘 대비시켰다. 밤새 귀뚜라미가 울 듯 밤새 며느리의 베틀 소리도 들릴 것이다. 頷, 頸聯의 對偶가 좋다.

[75. 送別]

離歌一曲不勝悲 斜雨靑山薄暮時
此去重逢知幾日 晩來相握有前期
雲橫別路愁難歇 風打征輈夢欲遲
千里送君無限意 那憫尺紙鴈新詩

[송별]

이별의 노래 한 곡에 슬픔을 견디지 못하는데
청산에 비 뿌리고 날마저 어둑어둑하네
이렇게 가면 다시 만날 그날을 어찌 아리
늙어 서로 손을 잡음은 약속이 이전에 있었음이라
구름 가로 걸렸네 헤어지는 길에 근심 그치기 어려워
바람이 두드려도 길 떠날 수레 멍에를 꿈은 계속 꾸고자 하네
먼 길 그대를 보내니 뜻은 한이 없고
어찌 망설이요 짧은 편지 기러기가 전하는 새로운 시

那 ○	千 ○	風 ○	雲 ○	晚 ●	此 ●	斜 ○	離 ○	
恨 ●	里 ●	打 ●	橫 ○	來 ○	去 ●	雨 ●	歌 ○	送
尺 ●	送 ●	征 ○	別 ●	相 ○	重 ○	靑 ○	一 ●	別
紙 ●	君 ○	鞅 ○	路 ●	握 ●	逢 ○	山 ○	曲 ●	
鴈 ●	無 ○	夢 ●	愁 ○	有 ●	知 ○	薄 ●	不 ●	
新 ○	限 ●	欲 ●	難 ●	前 ○	幾 ●	暮 ●	勝 ○	
詩 ○	意 ●	遲 ○	歇 ●	期 ○	日 ●	時 ○	悲 ○	

[감상] 모든 규칙에 맞다. 제8구 尺紙, 작은 종이, 짧은 편지. 頷, 頸聯의 對偶가 좋다.

[76. 蘇武廟]

秋日荒凉古廟前 空山老樹摠凄然

丹心不染燕山雨 白首空沈瀚海烟

孤節手中曾十載 芳名身後幾千年

西風南望無窮恨 嗚咽寒流不盡川

[소무묘]

가을날 옛 사당 앞은 황량한데

산도 비어 늙은 나무만 모두 외롭고 쓸쓸하구나

붉은 마음 물들지 않았는데 연산엔 비 내리고

흰머리 헛되이 시드네 고비 사막에 연기 오르니

외로운 절개 수중엔 십 년도 넘었고

아름다운 이름 죽은 후 몇천 년인고

서쪽 바람에 남쪽 바라보니 한스럽기 그지없고

울음 삼킨 찬흐름

은 끊임없는 내를 이루네

鳴 ○	西 ○	芳 ○	孤 ○	白 ●	丹 ○	空 ○	秋 ○	
咽 ●	風 ○	名 ○	節 ●	首 ●	心 ○	山 ○	日 ●	蘇
寒 ○	南 ○	身 ○	手 ○	空 ○	不 ●	老 ●	荒 ○	武
流 ○	望 ◑	後 ●	中 ○	沈 ○	染 ●	樹 ●	涼 ○	廟
不 ●	無 ○	幾 ○	曾 ○	瀚 ●	燕 ○	摠 ●	古 ○	
盡 ●	窮 ○	千 ○	十 ●	海 ○	山 ○	凄 ○	廟 ○	
川 ○	恨 ●	年 ○	載 ●	烟 ○	雨 ●	然 ○	前 ○	

[감상] 空, 山, 不 자가 모두 疊이다. 蘇武廟는 蘇武를 위하여 지은 사당인데, 長安 부근에 있는 것으로 추정된다. 소무는 漢나라 무제 때 중랑장으로서 흉노에 사신으로 갔다가 절개를 지켜 억류당해, 19년이나 양을 치며 변방에서 고생하다 풀려나 귀국하였으나, 무제는 이미 죽고 없어 그에게 封侯의 작위를 줄 수 없었고, 그 후 선제 때에야 관내후에 봉해지고 식읍 300호를 받았다. 제3구 燕山, 燕은 周나라 제후국 중 하나 기원전 222년까지 존재, 漢나라 때 보다 훨씬 이전 국가이다. 지금의 하북성 지역이니, 연산은 그 지역의 산으로 이해한다. 제4구의 瀚海는 고비사막이다. 首聯은 제목을 풀었고, 頷聯은 흉노에 억류되어 한 황제에 대한 절개를 지킴과 변방 고비사막에서 늙어감을 한탄한 것이고, 頸聯은 억류된 기간이 10년이 넘고 사후 오래토록 잊히지 않음을 묘사했고, 尾聯에서는 작자가 다시 한번 소무의 입장이 되어 한스러웠던 시간을 되새긴다. 對偶가 좋다.

[77. 劉阮再到天台不復見仙子]

烟霞洞裏再尋眞　瑤草綺花隔世塵
誰種芝蘭閑作主　謾教麋鹿自成隣
今來不見荷衣容　前度空留閬苑春
勸酒仙翁何處去　也應猪鶴笑歸人

[땅에 묻어 죽이는 일이 다시 도래하여 천태종 성지에는 이제 신선을 다시 볼 수 없구나]

연기와 노을이 골짜기 깊숙한데 다시 진리를 찾으니
아름다운 풀 고운 꽃들이 속세 티끌과 머네
누가 심었는가 지초와 난초를 한가함을 주로 삼네
게으르게 가르쳐도 고라니와 사슴은 저절로 이웃을 이루네
지금 와서 보니 볼 수가 없네 옷을 어깨에 멘 모습을
이전의 법도는 있으나 마나 높은 담 동산엔 봄이 왔네
신선 같은 늙은이에게 술을 권하려 하나 어디로 갔는고
응하는 이는 돼지와 학이니 사람들이 웃으며 돌아가네

也	●	勸	●	前	○	今	○	譀	○	誰	○	瑤	○	烟	○	
應	○	酒	●	度	●	來	○	教	●	種	●	草	●	霞	○	劉
猪	○	仙	○	空	○	不	●	麋	○	芝	○	綺	●	洞	●	阮
鶴	●	翁	○	留	○	見	●	鹿	●	蘭	○	花	○	裏	●	再
笑	●	何	○	閴	●	荷	●	自	●	閑	○	隔	●	再	○	到
歸	○	處	●	苑	○	衣	○	成	○	作	●	世	●	尋	○	天
人	○	去	●	春	○	容	○	隣	○	主	●	塵	○	眞	○	台

[감상] 제목을 보면, 劉阮은 사람을 땅에 묻어 죽이는 것으로, 진시황의 분서갱유가 떠오른다. 중국 불교의 양대 산맥은 화엄종과 천태종이다. 여기서 天台, 절강성 천태현의 서쪽에 있는 천태종의 聖地인 산. 중국 역사상 언제 천태종 탄압이 있었는지를 조사해 보았지만 단서를 찾지 못했다. 제2구에 蜂腰가 보인다. 제4구, 敎가 평성 자리에 측성이다. 제5구의 荷衣는 승려들의 옷차림이다. 首聯은 천태산의 모습을, 頷聯은 인재는 길러야 하나 짐승은 저절로 무리를 이룬다. 頸聯은 천태산에 와 보니 승려가 안 보인다. 苑은 보통 나라에서 왕의 사냥터로 삼기 위해 울을 쳐 놓고 사람들 출입을 단속한다. 옛날 법도에는 苑의 크기에 제한이 있었을 것이나, 폭군이 나오면 그 넓이가 자꾸 넓어졌다. 尾聯은 仙翁은 술을 좋아하지만 승려는 아니다. 그런데 왜 이곳에서 선옹을 찾나? 신선이 노닐던 곳에 苑이 생기고 그 안에 돼지나 학이 있으니 백성들이 비웃는 것이 아닐까?

[78. 九日登高]

江天九月鴈南飛 雨後秋光上翠微
白酒相呼詩容到 黃花爭笑醉人歸
偸閑暇日眞佳會 罷飮良辰已夕暉
遊子登臨淸興足 晩風吹送薛蘿衣

[구구절에 높은 산에 오르다]

멀리 강 위 구월 하늘에 기러기 남쪽으로 나르고
비 갠 후 가을빛에 높은 곳에는 비취색이 옅어지네
흰 술로 서로를 부르니 시 짓는 모습에 이르고
누런 꽃은 웃음을 다투니 취한 사람들 돌아가네
한가함을 틈타 쉬는 날 참으로 아름다운 모임을 가지니
마시기가 끝난 좋은 때 이미 석양이 빛나네
놀이꾼들 산에 오르니 맑은 흥취 족하고
저물녘 바람에 은자의 옷이 실려 가네

晩	●	遊	○	罷	●	偸	○	黃	○	白	●	雨	●	江	○	
風	○	子	●	飮	●	閑	○	花	○	酒	●	後	●	天	○	九
吹	○	登	○	良	○	暇	●	爭	○	相	◐	秋	○	九	●	日
送	●	臨	○	辰	○	日	●	笑	●	呼	○	光	○	月	●	登
薛	●	淸	○	已	●	眞	○	醉	●	詩	○	上	●	鴈	●	高
蘿	○	興	○	夕	●	佳	○	人	○	容	○	翠	●	南	○	
衣	○	足	●	暉	○	會	●	歸	○	到	●	微	○	飛	○	

[감상] 모든 규칙에 맞다. 제목을 보면 九九節, 중양절이라고 음력 9월 9일로 중국과 우리나라 모두 이날을 큰 명절로 여겼다. 중국 한대 이래로 국화를 즐기고 과거를 보고 시를 읊고 술을 마셨다. 당, 송 때도 관리들의 휴가일로서 추석보다 더 큰 명절이었다. 이날에 높은 산에 오르는 풍속도 있었다. 제1구 江天, 멀리 보이는 강 위의 하늘. 제8구 薛蘿, 덩굴이 벋는 풀, 전하여 隱者의 옷. 頷, 頸聯련의 對偶가 좋다.

[79. 送奏鍊師歸岑公山]

哦看楓葉滿秋岑　擊玉歌高夜色深
不住光陰頭上促　無端霜雪鬢邊侵
明時已阻風雲契　晚節空懷松栢心
宇宙歸來知己少　送君誰復聽牙琴

[주련사를 보내고 공산의 봉우리로 돌아오다]

흥얼거리며 살피니 단풍잎이 가을 산봉우리 가득하고
옥을 두드리는 노랫소리 높은데 밤은 깊어만 가네
멈추지 않는 시간은 머리 위를 재촉하고
까닭 없이 서리와 눈은 귀밑털 가를 침범하네
좋은 시절에 이미 막혔네 풍운의 인연 맺기가
늘그막에 마음을 비우니 소나무 잣나무의 마음이로다
죽어 우주로 돌아가면 나를 알아주는 이 적을 텐데
그대를 보내고 나니 누가 다시 어설픈 가야금 들어 주리

送 ●	宇 ●	晚 ●	明 ○	無 ○	不 ●	擊 ●	哦 ○		
君 ○	宙 ●	節 ●	時 ○	端 ○	住 ●	玉 ●	看 ◐	送	
誰 ○	歸 ○	空 ○	已 ●	霜 ○	光 ○	歌 ○	楓 ○	奏	
復 ●	來 ○	懷 ○	阻 ●	雪 ●	陰 ○	高 ○	葉 ●	鍊	
聽 ●	知 ○	松 ○	風 ○	鬢 ●	頭 ○	夜 ●	滿 ●	師	
牙 ○	己 ●	栢 ●	雲 ○	邊 ○	上 ●	色 ●	秋 ○	歸	
琴 ○	少 ●	心 ○	契 ●	侵 ○	促 ●	深 ○	岑 ○	岑	

[감상] 모든 규칙에 맞다. 제목의 奏鍊師는 '악기 연주를 훈련시키는 스승' 정도로 해석해 보는데, 이어지는 시의 내용 尾聯의 '어설픈 거문고 연주'와 연결 지으면, 작자는 스스로를 낮춰 표현했고 그간 자기를 奏鍊시켰던 스승, 곧 知己를 떠나보내는 아쉬움을 표현한 시라고 본다. 거문고 연주는 곧 詩 創作일 것이다. 제5구 風雲, 용이 바람과 구름을 타고 오르는 것처럼 영웅호걸들이 세상에 두각을 나타내는 좋은 기운. 여기서는 과거 급제를 말한다. 頷, 頸聯의 對偶가 좋다.

[80. 鶴崔樓]

鶴崔樓邊動夕歌 眼前人事幾經過

風殘故國鐘聲小 雨濕荒陵草色多

斜日行人尋古堞 暮江歸鳥下寒陂

欲窮千里登臨處 悵望天南奈老何

[학최루]

학최루 언저리에 저녁 노래 울리는데

눈앞에 사람 일은 얼마나 지났는고

바람 잦아드니 옛 나라의 쇠북 종소리 작아지고

비 내려 습하니 거친 능에는 풀빛 무성하네

비스듬한 해 지나가는 사람들 옛 성의 담장을 찾고

저문 강 돌아오는 새들 차가운 둑 아래로 모이네

천 리 길을 이제 그만 마치려고 오르는 곳

슬피 바라보는 하늘 남쪽 늙음을 어찌 견디리

悵●	欲●	暮●	斜○	雨●	風○	眼●	鶴●	
望●	窮○	江○	日●	濕●	殘○	前○	崔●	鶴
天○	千○	歸○	行○	荒○	故●	人○	樓○	崔
南○	里●	鳥●	人○	陵○	國●	事●	邊○	樓
奈○	登○	下●	尋○	草●	鐘○	幾○	動●	
老●	臨○	寒○	古●	色●	聲○	經○	夕●	
何○	處●	坡○	堞●	多●	小●	過○	歌○	

[감상] 人 자가 疊이다. 이 시는 중국이 배경인데 마치 우리나라 경주가 배경인 것 같다. 頷, 頸聯을 보면 경주의 성덕대왕신종, 봉황대, 반월성, 서천 강둑이 연상된다. 학최루에 올라 이제 그만 멀리 다님을 그만두고자 하며 자신의 늙어 감을 한탄한다. 제5구 堞, 성 위에 낮게 쌓은 담. 對偶가 좋다.

[81. 贈日本僧智藏]

扁舟一葉自東溟　踏盡名山訪舊局
慧月天邊胸裡白　扶桑海外夢中靑
身遊曇雨三千界　口誦蓮花八萬經
終古中華文物盛　請看至治自香馨

[일본 승려 지장에게 지어 주다]

작은 조각배로 동쪽 바다로부터 와서
이름난 산들을 다 돌아보고 옛 친구를 찾아왔구려
상쾌한 달은 하늘 언저리에 있어 가슴속이 밝고
일본은 바다 밖에 있어도 꿈속에서는 늘 생생하네
몸은 떠도네 구름과 비로 광대무변 우주에서
입으로는 외네 극락을 팔만대장경을
옛날 중국은 문물이 성했으니
성군 치세를 청해 살펴보면 저절로 덕화가 미치리

請	●	終	○	口	●	身	○	扶	○	慧	●	踏	●	扁	○	
看	◐	古	●	誦	●	遊	○	桑	○	月	●	盡	●	舟	○	贈
至	●	中	○	蓮	○	曇	○	海	●	天	○	名	○	一	●	日
治	●	華	○	花	○	雨	●	外	●	邊	○	山	○	葉	●	本
自	●	文	○	八	●	三	○	夢	●	胸	○	訪	●	自	●	僧
香	○	物	●	萬	●	千	○	中	○	裡	●	舊	●	東	○	智
馨	○	盛	●	經	○	界	●	靑	○	白	●	局	●	溟	○	藏

[감상] 自 자가 疊이다. 제2구, 局은 문고리. 제4구 扶桑, 동쪽 바다의 해 돋는 곳에 있다는 神木, 또 신목이 있는 곳, 즉 일본. 제5구, 三千界는 三千大千世界의 준말로 불교의 세계관에서 말하는 전 우주, 한량없는 세계를 말한다. 제6구 蓮花, 연꽃, 극락. 제7구 終古, 영원히, 옛날. 中華는 중국. 제8구 至治, 지극한 다스림, 즉 성군 치세. 香馨에서 馨은 향기가 멀리 미침, 轉하여 덕화 또는 명성이 멀리 미침이다. 이 시는 중국에 가서 문물을 보고 배우려는 일본 승려 지장이 바다를 건너와서 여러 명산을 살피고 나서 작자를 찾아왔고, 작자는 首聯과 尾聯에서 그 사실을 풀었다. 頷聯에서 慧月은 문명 세계 또는 지혜를 비유한 것이고, 고국을 떠나온 이의 향수도 나타냈다. 頸聯은 상대가 승려인지라 그의 언행을 묘사했다. 對偶가 좋다.

[82. 東歸道中作]

老來身世付漁磯　晩契江村事事違
斜日長程人北去　暮烟寒浦鴈南歸
蕭蕭木葉霜前落　片片山雲雨後飛
可笑男兒成底事　蓬蒿不過一麻衣

[동쪽으로 돌아가는 도중에 짓다]

늙어 가는 처지에 낚시터에 의지하니
늙으면 강촌에 살려 하였으나 하는 일마다 어긋났네
해가 이미 기우는데 먼 길 나선 사람들은 북으로 가고
저문 연기 차가운 포구에 기러기는 남으로 돌아가네
우수수 나뭇잎 서리 오기 전에 떨어지고
조각조각 산 위의 구름은 비를 뿌리고 지나가네
남아가 하찮은 일 이룬 것은 가소로워
한 벌의 삼베옷은 쑥에 불과하다네

蓬	○	可	●	片	●	蕭	○	暮	●	斜	○	晩	●	老	●	
蒿	○	笑	●	片	●	蕭	○	烟	○	日	●	契	●	來	○	東
不	●	男	○	山	○	木	●	寒	○	長	○	江	○	身	○	歸
過	●	兒	○	雲	○	葉	●	浦	●	程	○	村	○	世	●	道
一	●	成	○	雨	●	霜	○	鴈	●	人	○	事	●	付	●	中
麻	○	底	●	後	●	前	○	南	○	北	●	事	●	漁	○	作
衣	○	事	●	飛	○	落	●	歸	○	去	●	違	○	磯	○	

[감상] 事 자가 疊이다. 이 시 제목의 해석이 어렵다. 글자대로만 풀면 지금과 같다. 그런데 東歸가 단순히 물리적 방향인가? 그러면 어디 갔다 동귀하는가? 시의 내용에 그 단서를 찾기 어렵다. 다만 東은 동녘, 봄, 주인(옛날에는 客은 서쪽에, 主人은 동쪽에 자리 잡은 데서)의 뜻이 있으니, 주인으로 돌아간다? 시의 내용 중에 '사람들은 북으로 가고', '기러기는 남으로 간다'가 있어, 작자는 그들과 달리 '동으로 간다'고 하였을 수 있는데, 그러면 뒤의 道中은 왜 또 첨언하였을까? 아무튼 이쯤 생각해 둔다. 제1구 身世, 가련하다거나 외롭다거나 가난하다거나 하는 따위의 일상의 처지와 형편. 漁磯는 낚시터이다. 제5구 蕭蕭, 나뭇잎이 떨어지는 소리. 제8구, 蓬蒿는 쑥이다. 쑥과 麻(삼베를 만

드는 식물)는 다르지만, 크게 다르지 않다는 뜻으로 한 표현이다. 작자는 首聯에서 자신의 늙은 처지와 심정을, 頷聯에서는 늙어서도 과거 시험 보려고 애쓰는 사람들과 철에 따라 자연스레 돌아가는 기러기를 대비시켰고, 頸聯에서 자기의 소임을 다하고 자연스레 소멸하는 자연 현상을 그렸다. 尾聯에서는 進士 정도 한 것이 處士와 뭐 그리 다르냐? 하는 自慰인 듯도 하다. 對偶가 참 좋다.

[83. 湘中見進士喬詡]

吳臺一別已三秋 萍水相逢得少留
今日不憚追往事 勝區何幸續前遊
樽中酒溢香生頰 花下詩成月滿樓
無限春風談笑地 却忘千里故園愁

[상강 가운데서 진사 교후를 보다]

오나라 대에서 헤어진 후 이미 삼 년이 지나
부평초와 물이 서로 만나 잠시 머무네
오늘은 주저하지 않네 지난 일을 뒤쫓기를
경치 좋은 곳 얼마나 다행인고 이전에 하던 놀이 이어 보세
술통 안에는 술이 넘치니 향기가 아첨 안 하게 하고
꽃 아래서 시를 지으니 달이 누각에 가득하네
봄바람 끝없이 부니 웃으며 이야기하기 좋은 곳이라
깜박 잊었네 천 리를 떠나온 것 옛 동산 근심스럽네

却	●	無	○	花	○	樽	○	勝	●	今	○	萍	○	吳	○	
忘	○	限	●	下	●	中	○	區	○	日	●	水	●	臺	○	湘
千	○	春	○	詩	○	酒	●	何	○	不	●	相	○	一	●	中
里	●	風	○	成	○	溢	●	幸	●	憚	●	逢	○	別	●	見
故	●	談	○	月	●	香	○	續	●	追	○	得	●	已	●	進
園	○	笑	●	滿	●	生	○	前	○	往	●	少	●	三	○	士
愁	○	地	●	樓	○	頰	●	遊	○	事	●	留	○	秋	○	喬

[감상] 모든 규칙에 맞다. 제목의 湘, 광서성 홍안현에서 발원하여 호남성 동정호로 흘러 들어가는 강. 이 시는 여러모로 중국 현지에서 일어난 일 같다. 마치 杜甫가 만년에 어려운 처지가 되어 작은 배에 가족을 싣고 유랑하면서 아는 사람을 찾아다니던 모습이 떠오른다. 首, 尾聯이 이를 잘 나타내고 있다. 對偶도 재미나다.

[84. 送客歸江洲]

斜日寒江續舊遊 囂塵贏得滌清流
孤烟夕起黃龍舳 細雨朝晴白鷺洲
風送海門千里月 雲妝漁笛數聲秋
携壺盡夕醒還醉 倦客歸鞭勸小留

[손님을 보내고 강주로 돌아오다]

해가 기우는 차가운 강에 옛날 하던 놀이를 이어 가며
왁자지껄 속세의 일 가득 들은 것 맑은 물에 씻어 보낸다
외로운 연기 저녁때 피어오르니 황룡이 배 뒷부분에 있고
가랑비 아침 되어 개니 백로가 물가에 있네
바람이 보내오네 바다 문으로 천 리 밖 달을
구름이 치장하네 고기 잡는 피리 아름다운 소리에 젖은 가을을
술병 끌어당겨 저녁내도록 깨었다 다시 취하니
게으른 나그네 채찍 들고 돌아가려는데 조금 더 있으라 권해 보네

倦	●	携	○	雲	○	風	○	細	●	孤	○	囂	○	斜	○	
客	●	壺	○	妝	○	送	●	雨	●	烟	○	塵	○	日	●	送
歸	○	盡	●	漁	○	海	○	朝	○	夕	●	贏	○	寒	○	客
鞭	○	夕	●	笛	●	門	○	晴	○	起	●	得	●	江	○	歸
勸	●	醒	◐	數	●	千	○	白	●	黃	○	滌	●	續	●	江
小	○	還	○	聲	○	里	●	鷺	●	龍	○	清	○	舊	●	洲
留	○	醉	●	秋	○	月	●	洲	○	舳	●	流	○	遊	○	

[감상] 夕 자가 疊이다. 가을에 뱃놀이하면서 손님을 보내는 모습이 그려진다. 領, 頸聯의 對偶가 참 멋진데, 그중에서도 頸聯은 표현이 더욱 놀랍다. 바람이 보낸 달과 구름이 꾸미는 가을을 대비하면서, 바다에 무슨 문이 있겠는가? 천 리 밖에서 바다 위로 솟아오른 달을 이렇게 시각적으로 표현했고, 강에서 고기 잡을 때 부는 피리 소리에 가을이 더욱 짙어짐을 청각적으로 묘사했다.

[85. 寒食遣懷]

曉色旅窓動客愁　可惜寒食未歸憂
春回城上垂垂柳　雨濕波中泛泛鷗
離緖正悲殘月夜　羈魂先到故園樓
應知千里思鄕夢　遙逐家山山下流

[한식날 혼자서 마음 달래다]

집 떠나 묵은 밤 새벽 밝아 오니 나그네 수심 일어도
찬밥도 즐길 수 있으니 돌아갈 걱정 아직 없어
봄이 돌아온 성 위에는 버들이 늘어지고
비에 젖은 물결 가운데 갈매기 떠노네
헤어지는 마음 당장은 슬퍼도 남은 달빛 밤에
타관살이 정신은 먼저 닿네 옛 동산 누각에
천 리 밖에서도 응당 아네 고향을 생각하는 꿈이란 것을
멀리서 우리 집 산을 쫓아가는데 산이 밑으로 흐르네

遙	○	應	○	羈	○	離	○	雨	●	春	○	可	●	曉	○	
逐	●	知	○	魂	○	緖	●	濕	●	回	○	惜	○	色	●	寒
家	○	千	○	先	○	正	●	波	○	城	○	寒	○	旅	●	食
山	○	里	●	到	●	悲	○	中	○	上	●	食	●	窓	○	遣
山	○	思	○	故	●	殘	○	泛	●	垂	○	未	●	動	●	懷
下	●	鄕	○	園	○	月	●	泛	●	垂	○	歸	○	客	●	
流	○	夢	●	樓	○	夜	●	鷗	○	柳	●	憂	○	愁	○	

[감상] 제3, 7구에 鶴膝이 보이나 모두 비운자행이다. 제6구 羈魂, 여행하는 마음, 여행 중의 생각. 이 시는 여행 중에 한식을 맞아 잠시 고향을 그려 보는 나그네 마음이 잘 나타나 있다. 頷, 頸聯의 對偶가 좋다. 頷聯에서는 垂垂, 泛泛 같은 의태어가 좋고, 頸聯에서는 離緒, 羈魂 같은 어려운 단어를 사용해 글의 무게감을 높인다. 제8구는 꿈이기에 그러하다.

[86. 長安道中作]

五夜旅窓一夢殘 臥看星斗爛秋天
前宵起步崤關月 今夕歸來灞水烟
西出無人誰勸酒 東還有日强揮鞭
天涯欲作遠遊賦 流落他鄕已二年

[장안으로 가는 도중에 짓다]

다섯 밤을 집을 떠나 묵었는데 꿈은 한 자락 남았고
누워서 보니 북두와 남두는 가을 하늘에 빛나네
전날 밤 일어나 걷는데 효산 관문엔 달이 떴고
오늘 저녁 돌아가는데 파수엔 연기가 오르네
서쪽으로 나가니 사람이 없으니 누가 술을 권하며
동쪽으로 돌아오는데 아직 해가 남아 힘차게 채찍을 휘두르네
먼 변방에서 부를 지으려 멀리 유람했는데
타향에 떨어져 떠돈 지 벌써 두 해째라네

流	○	天	○	東	○	西	○	今	○	前	○	臥	●	五	●	
落	●	涯	○	還	○	出	●	夕	●	宵	○	看	◐	夜	●	長
他	○	欲	●	有	●	無	○	歸	○	起	●	星	○	旅	○	安
鄕	○	作	●	日	●	人	○	來	○	步	●	斗	●	窓	○	道
已	●	遠	●	强	●	誰	○	灞	●	崤	○	爛	●	一	●	中
二	●	遊	○	揮	○	勸	●	水	●	關	○	秋	○	夢	●	作
年	○	賦	●	鞭	○	酒	●	烟	○	月	●	天	○	殘	○	

[감상] 先, 寒 자 通韻이다. 天 자가 疊이다. 제2구 星斗는 북두와 남두이다. 제3구 崤, 하남성 낙녕현 북쪽에 있는 산. 제4구 灞, 물 이름, 섬서성 남전 현에서 발원하여 長安의 부근을 흐르는 渭水의 지류. 제7구 天涯, 아득히 떨어진 타향. 賦는 문체의 한 종류. 제목의 長安은 唐나라의 수도였다. 그런데 領, 頸聯의 내용을 보면 戰亂의 흔적을 느낀다. 尾聯은 杜甫가 연상 된다. 對偶가 좋다.

[87. 寄韓愈]

李郭何年竝一舟 今來片棹倚江頭
天南書信山重隔 地北離懷水共流
雲暗前程愁暮日 霜侵古樹覺深秋
男兒相握知何處 笑指春風閬苑樓

[한유에게 부쳐 보내다]

이씨와 곽씨가 어느 해 나란히 한 배를 타고
지금 조각 노를 저어 와서 나루터에 대는구나
하늘 남쪽에서 오는 편지는 산이 겹겹이 막았고
땅 북쪽으로 헤어져 간 마음은 물과 함께 흘렀네
구름이 앞길을 가리니 저무는 해를 근심하고
서리가 늙은 나무를 침해하니 깊어 가는 가을을 깨닫네
남아들은 서로 악수하면 어디로 가야 할지를 안다네
봄바람이 웃으며 가리키네 높은 울 나라 동산에 누각을

笑	●	男	○	霜	○	雲	○	地	●	天	○	今	○	李	●	
指	●	兒	○	侵	○	暗	●	北	●	南	○	來	○	郭	●	寄
春	○	相	○	古	●	前	○	離	○	書	○	片	●	何	○	韓
風	○	握	●	樹	●	程	○	懷	○	信	●	棹	●	年	○	愈
閬	●	知	○	覺	●	愁	○	水	●	山	○	倚	●	竝	●	
苑	●	何	○	深	○	暮	●	共	●	重	○	江	○	一	●	
樓	○	處	●	秋	○	日	●	流	○	隔	●	頭	○	舟	○	

[감상] 제3, 7구에 鶴膝이 보이지만 모두 비운자행이다. 제2구 江頭, 강가의 나룻배 타는 곳. 제7구 男兒, 남자다운 남자. 제목의 韓愈, 중국 唐나라의 문인, 자는 退之, 호는 昌黎 시호는 文公이다. 그는 어려서 부모와 형을 모두 잃고 형수 밑에서 자랐다. 31세 진사시에 합격하고 벼슬길에 올라 승차하던 중 불교를 배척하다 황제의 노여움을 샀다. 이후 다시 승차하여 이부시랑까지 되었다. 그는 산문 문체를 개혁하였다. 당시 유행하던 대구와 음조를 중시한 화려한 형식의 변려체를 배격하고 古文, 즉 漢代 이전의 자유스러운 형식을 표본으로 하는 의고체를 제창하였다. 이 詩 작자는 어느 해 멀리서 온 지인 둘을 반가이 맞아 동산 누각에 오르는 짧은 순간을 그림같이 묘사하고 있다. 頷, 頸聯의 對偶가 참 좋다.

[88. 笑李端]

白雪調高寡解音 有君塵世獨知心
三年幾許雙襟照 一夢還驚萬事沈
寂寞新墳荒草合 凄凉舊宅暮烟深
靑山永夜無窮慟 欲鴈哀章淚滿襟

[이단을 웃다]

백설은 높은 것은 고루지만 소리를 알아주지는 못하고
이 티끌세상에 그대 있어 오직 내 마음 알아주었네
삼 년 동안 몇 번 허락했던고 서로 마음 비추기를
한 번 꿈꾸고 화들짝 돌아갔으니 만사가 가라앉았네
고요하고 쓸쓸한 새 무덤엔 거친 풀이 어우러지고
처량한 옛집엔 저물녘 연기 짙어지네
청산엔 늘 밤이니 통곡이 끝이 없어
기러기는 슬픈 글 지으려 하나 눈물이 옷깃 가득하네

欲	●	青	○	凄	○	寂	●	一	●	三	○	有	●	白	●	
雁	●	山	○	涼	○	寞	●	夢	●	年	○	君	○	雪	●	笑
哀	○	永	●	舊	●	新	○	還	○	幾	●	塵	○	調	○	李
章	○	夜	●	宅	●	墳	○	驚	○	許	○	世	●	高	○	端
淚	●	無	○	暮	●	荒	○	萬	●	雙	○	獨	●	寡	●	
滿	●	窮	○	烟	○	草	●	事	●	襟	○	知	○	解	●	
襟	○	慟	●	深	○	合	●	沈	○	照	●	心	○	音	○	

[감상] 襟 자가 疊이다. 이 시의 작자는 친구인 李端이란 사람이 죽어 묻힌 무덤에서 그를 회상하며 이런 시를 지은 것 같다. 제목의 笑는 어이없음의 표현일 것이다. 首聯 무덤에 백설이 내리면 봉긋하던 봉분도 평평해진다. 그렇지만 내 마음의 소리는 그 눈도 헤아려 주지 못한다. 領聯, 죽어 삼 년 동안 몇 번 와 보지 못함을 말하고, 이단이 이 세상에 와서 꿈처럼 한바탕 살고는 갑작스레 죽었음을 말한다. 頸聯, 이단의 무덤엔 어느새 잡초가 무성히 자라고, 그가 옛날 살던 집에는 지금 누가 사는지 모르지만 무심히 연기가 피어오른다. 尾聯, 청산에 묻힌 무덤 속은 영원히 밤이다. 작자 자신을 가끔 왔다 갔다 하는 기러기로 비유하며, 애도의 글을 지으려 하나 눈물만 난다고 한다. 對偶가 좋다. 여기까지가 唐詩 15首 끝이다.

[89. 次錦水築壇韻]

百年吾道久標荒　寂寞遺墟張杳翔

月照前川流曲水　春殘古里幾株桑

當時松栢存餘韻　何處芝蘭襲舊香

爲築新壇高數丈　後人興慕信增傷

[금수축단에 차운하다]

오랜 우리의 도가 황폐함을 드러낸 지 오랜데
적막한 남은 빈터에 아득한 비상이 펼쳐졌네
달빛 어린 앞내는 굽어 돌아 흐르고
봄기운 남은 옛 마을엔 뽕나무 몇 그루 남았네
그때의 소나무 잣나무는 여전히 운치가 있는데
지초와 난초는 어디서 옛 향기를 뿜는고
새로 단을 쌓으니 높이가 몇 길이라
훗날 사람들 숭모하는 마음 일어 믿음 더욱 애타리

後	爲	何	當	春	月	寂	百	
人	築	處	時	殘	照	寞	年	次
興	新	芝	松	古	前	遺	吾	錦
慕	壇	蘭	栢	里	川	墟	道	水
信	高	襲	存	幾	流	張	久	築
增	數	舊	餘	株	曲	杳	標	壇
傷	丈	香	韻	桑	水	翔	荒	韻

[감상] 제5구에 鶴膝이 보이나 비운자행이다. '금수단'이 무엇을 위해 세워진 것일까? 尾聯에서 '후세인의 숭모하는 마음'을 일으키기 위함이라 하였다. 제1구의 '오랜 우리의 도가 무너졌다'는 또 무슨 뜻일까? 작자 東山이 영·정조 인물임을 감안하면, 병자호란 전후로 일어난 변화가 오랜 친명 정책에서 굴욕적 대청 관계로 바뀐 것이 떠오른다. 頷聯에서 금수단이 세워진 장소를 잘 묘사하였고, 頸聯의 소나무 잣나무는 志士를, 지초와 난초는 隱者를 상징하며 對偶도 좋다.

[90. 次盈德申君宗煥感懷韻之一]

憶昔島夷猾我疆　葵忱當日獨頻陽
寒燈雪鍔排忠憤　殘壁魁躔動異祥
一擲鴻毛心已定　重援虎口死何傷
堂堂節義終湮沒　長使英雄涕淚滂

[영덕 신종환 군 감회에 차운하다-1]

옛일을 생각하니 섬나라 오랑캐들이 우리나라 경계를 침범하여
당일 임금을 향한 정성스러운 마음이 홀로 자주 밝았더라
추운 밤 등불 눈은 칼날 같아 충성스런 분한 마음을 드러내니
남은 벽에 수괴가 쉬는데 다른 조짐이 일어났네
한 번 뛰어 큰 기러기 털을 잡기로 마음을 이미 정했고
거듭 매달렸네 범 아가리에 죽음을 어찌 근심했겠는가
절개와 의리가 당당하였는데 마침내 자취도 없이 사라졌으니
오랫동안 영웅으로 하여금 하염없는 눈물 흘리게 하네

長	○	堂	○	重	○	一	●	殘	○	寒	○	葵	○	憶	●	
使	●	堂	○	援	○	擲	●	壁	●	燈	○	忱	○	昔	●	次
英	○	節	●	虎	●	鴻	○	魁	○	雪	●	當	○	島	●	盈
雄	○	義	●	口	●	毛	○	蹠	○	鍔	●	日	●	夷	○	德
涕	●	終	○	死	●	心	○	動	●	排	○	獨	●	猖	●	申
淚	●	湮	○	何	○	已	●	異	●	忠	○	頻	○	我	●	君
滂	○	沒	●	傷	○	定	●	祥	○	憤	●	陽	○	疆	○	宗

[감상] 제1구, 夷를 蜂腰로 보아야 할지? 먼저 제목을 살펴보면 이름 다음에 君 자만 붙어 평민이었던 것 같다. 경북 동해안에 있는 영덕은 오늘날 대게로 유명하지만 바닷가 포구로서 예전부터 왜구가 자주 출몰하였다. 제1구의 내용을 보면 임진왜란 같기도 하다. 어느 경우였든 주인공 신종환은 의로운 적개심으로 적과 맞서 싸웠던 것 같은데, 나라에서는 아무런 포상이 없었던 것 같다. 작자 東山은 이를 매우 안타까워하고 있다. 한편 세월이 더 흐른 뒤 조선말 일본이 조선을 강점하려던 시기 바로 이 영덕에서 같은 신씨 신돌석 청년 장군이 나서 일본군을 많이 무찔러 유명하였고, 지금 그를 기리기 위해 영덕에 사당이 세워지고 생가가 보존되고 있다.

[91. 次盈德申君宗煥感懷韻之二]

龍蛇卉服甚周繻　特立乾坤子不群
一奮南州橫烈氣　直期東海掃妖氛
玄雲鬱結成仁地　白日昭回倡義文
千載分明公議在　鸞書應下大江濆

[영덕 신종환 군 감회에 차운하다-2]

걸출한 인물이 오랑캐를 두루 핏빛으로 물들이니
무리가 아닌 혈혈단신으로 하늘과 땅 사이 우뚝 섰네
한번 약탈하니 남쪽 지방을 세찬 기세로 가로막았고
당당히 기다렸다가 동해에서 요망한 기운을 쓸어버렸네
검은 구름 겹겹이 엉겼지만 인을 이뤘던 땅에
하얀 태양 밝게 돌아왔네 의병을 일으킨 격문에
오랜 세월 분명한 공론이 있었으니
큰 강물의 흐름에 임금의 비답이 마땅히 내려야 하네

鸞	○	千	○	白	●	玄	○	直	●	一	●	特	●	龍	○	
書	○	載	●	日	●	雲	○	期	○	奮	●	立	●	蛇	○	次
應	○	分	○	昭	○	鬱	●	東	○	南	○	乾	○	卉	●	盈
下	●	明	○	回	○	結	●	海	●	州	○	坤	○	服	●	德
大	●	公	○	倡	○	成	●	掃	●	橫	○	子	●	甚	●	申
江	○	議	●	義	●	仁	○	妖	○	烈	●	不	●	周	○	之
濆	○	在	●	文	○	地	●	氛	○	氣	●	群	○	繻	○	二

[감상] 모든 규칙에 맞다. 제1구의 龍蛇는 비범한 인물, 卉服은 풀로 만든 옷, 곧 오랑캐의 옷. 제8구, 鸞은 천자나 임금을 뜻함. 大江濆은 공론이 거세게 일어남을 뜻함. 전체적으로 작자는 신종환의 공로에 조정에서 응분의 포상을 내릴 것을 촉구하고 있다. 對偶가 좋다.

[92. 次盈德申君宗煥感懷韻之三]

平生節義獨能持 隻手扶顚勢豈支
聖世寧無褒獎日 孤忠應有闡揚時
仍孫百代無窮恨 志士千秋不盡悲
指血班班痕又在 家傳忠孝令名隨

[영덕 신종환 군 감회에 차운하다-3]

평생 절의를 혼자 능히 지켰네
혼자서 전세 뒤집기를 도왔으니 세를 어찌 지탱했을꼬
성군의 치세에 어찌 없는고 칭찬하여 장려하는 날이
외로운 충절에게는 응당 있어야 하네 드러내어 널리 밝히는 때가
슬픈 자손들은 앞으로 계속 무한한 한을 가지고
뜻있는 선비는 긴 세월 다하지 않는 슬픔을 가지리
혈서가 분명하고 흔적 또한 있으니
집안에 전해 온 충효에 좋은 명성 따르리

家	○	指	●	志	●	仍	○	孤	○	聖	●	隻	●	平	○	
傳	○	血	●	士	●	孫	○	忠	○	世	●	手	●	生	○	次
忠	○	班	○	千	○	百	●	應	○	寧	○	扶	○	節	●	盈
孝	●	班	○	秋	○	代	●	有	●	無	○	顚	○	義	●	德
令	●	痕	○	不	●	無	○	闡	●	褒	○	勢	●	獨	●	申
名	○	又	●	盡	●	窮	○	揚	○	獎	●	豈	●	能	○	之
隨	○	在	●	悲	○	恨	●	時	○	日	●	支	○	持	○	三

[감상] 모든 규칙에 맞다. 제2구의 隻手는 '한쪽 손' 또는 '몹시 외로운 모양'이다. 제3구의 聖世는 정조 임금 시절을 의미한다. 제5구의 仍孫은 '7대손'으로도 해석되나. 너무 제한적이어서 '슬픈 자손'으로 하였다. 제7구의 指血은 '손가락의 피' 즉 혈서, 班班은 명백한 모양. 여러 사람의 탄원서가 아닐까? 對偶가 좋다.

[93. 贈別烏川倅李果韻]

一識荊州歲幾周　風聲海國口碑留
蓬門經過餘香在　梅閣逢迎好意悠
歸夢正隨雲北去　離情暗逐水東流
何時更得開靑眼　叵耐樽前惜別愁

[오천군수 이과를 이별하면서 지어 준 시]

형주에서 한 번 뵌 후 몇 해가 지났군요
소문으로 들으니 오천 원님 잘한다고들 하네요
누추한 저희 집에 한 번 다녀가시고 그 향기 아직도 남아 있는데
매화 핀 누각에서 환영해 만날 좋은 뜻이 멀어졌습니다
돌아가고자 하는 꿈이 제때 바로 이루어져 구름이 북쪽으로 가고
헤어지는 정은 몰래 생겨 물이 동으로 흐르네요
어느 때 다시 그대를 기쁜 마음으로 대할 수 있을지
술동이를 앞에다 두고 헤어지는 서운함을 참을 수 없습니다.

叵	●	河	○	離	○	歸	○	梅	○	蓬	○	風	○	一	●	
耐	●	時	○	情	○	夢	●	閣	●	門	●	聲	○	識	●	贈
樽	○	更	●	暗	●	正	●	逢	○	經	○	海	●	荊	○	別
前	○	得	●	逐	●	隨	○	迎	○	過	●	國	●	州	○	烏
惜	●	開	○	水	●	雲	○	好	●	餘	○	口	●	歲	●	川
別	●	靑	○	東	○	北	●	意	●	香	○	碑	○	幾	●	倅
愁	○	眼	●	流	○	去	●	悠	○	在	●	留	○	周	○	李

[감상] 제3구에 鶴膝이 보이나 비운자행이다. 제1구를 보면 작가와 이군수는 본래 아는 사이는 아니었던 것 같다. 荊州가 어디인지는 모르겠고 제2구의 海國은 오천이며 지금의 포항시 일부이니 바닷가이다. 제3구의 蓬門은 선비의 집을 낮추어 일컬음이다. 제4구는 곧 봄이 오면 매화 핀 정자에서 환영하여 맞아 대접을 하고자 하였는데 그만 떠나게 되었다는 뜻이다. 제5구로 보면 이군수 고향은 북쪽인 것 같다. 이어서 다른 곳으로 벼슬이 제수되지는 않은 듯하다. 제6구의 暗逐는 제5구의 正隨와 대비되는 것으로 情은 눈에 보이지 않게 생기고, 벼슬의 들고 남은 그 정해진 때에 이루어진다. 雲北去와 水東流를 대비시켜 서로 헤어짐을 상징적으로 묘사하였다. 제7구의 靑眼은 누구를 반갑게 맞이하는 모습이다. 頷, 頸聯의 對偶가 좋다.

[94. 玉山 賜祭時韻]

先生德業巍今古　聖主深宮起夢思

天祕紫溪移彩筆　鳳啣丹誥酌瑤卮

風雲異代優新典　芬苾千秋薦古祠

一幅生綃輪睿覽　玉山從此蓋增奇

[옥산서원에 임금의 제사가 내렸을 때 읊다]

선생의 덕과 업적은 고금에 우뚝하여

훌륭하신 임금께서 깊은 궁궐에서 꿈속에 생각하셨네

하늘이 숨긴 자줏빛 시내를 화공이 그림으로 옮기고

봉황이 머금었던 붉은 가르침을 옥으로 된 잔에 따르었네

좋은 기운이 시대는 달라도 새로운 법에 넉넉하니

향기로움이 긴 세월 옛 사당에 이어지리라

한 폭 비단에 쓰인 임금의 높은 말씀을 보니

옥산서원은 이것에 따라 어찌 더 한층 특별하지 않겠는가

玉	●	一	●	芬	●	風	○	鳳	●	天	○	聖	●	先	○	
山	○	幅	●	苾	●	雲	○	啣	○	祕	●	主	●	生	○	玉
從	○	生	○	千	○	異	●	丹	○	紫	●	深	○	德	●	山
此	●	綃	○	秋	○	代	●	誥	●	溪	○	宮	○	業	●	賜
蓋	●	輪	○	薦	●	優	○	酌	●	移	○	起	●	巍	●	祭
增	○	睿	●	古	●	新	○	瑤	○	彩	●	夢	●	今	○	韻
奇	○	覽	●	祠	○	典	●	卮	○	筆	●	思	○	古	●	

[감상] 제1구, 끝이 측성이어 變調이고 古字가 疊이다. 제목에 있는 玉山은 옥산서원을 말하고 제1구의 先生은 晦齋 李彦迪을 말한다. 옥산서원은 경주시 안강읍 자옥산 기슭에 있다. 제목에서 賜祭라 했고 제2구의 뜻으로 보면 임금이 꿈에서 회재 선생을 보고 생각나서 제사를 내리고 제3구를 보면 畫工을 시켜 옥산서원을 그려 오게 한 것 같다. 제4구의 鳳啣丹誥는 회재선생이 이전에 임금에게 고했던 忠言일 것이다. 제5구의 風雲은 세상이 크게 변하려는 기운이고, 다음은 정조 임금이 등극하여 새로운 법제를 세움을 말한다. 제7구를 보면 이때 임금이 옥산서원을 칭송하는 語句를 비단에 적어 보낸 듯하다. 제7구 睿는 임금이나 성인의 언행이다. 頷, 頸聯의 對偶가 참 좋다.

[95. 次明谷崔友魯瞻新齋韻]

晩卜淸區小屋成　勝他村老老於耕
前溪水活魚爭躍　古巷春深草自生
谷口客來黃鳥喚　峯頭雨過翠嵐晴
幽人最貴無人識　肯向風塵道姓名

[명곡 벗 최노첨의 새집을 차운하다]

늘그막에 맑은 데를 정해서 작은 집을 지었으니
시골 늙은이가 남보다 나은 것은 밭 가는 데 익숙함이라네
앞 시내에 물이 세차니 물고기가 다투어 뛰고
오래된 동리 골목에는 봄이 깊어 풀이 저절로 자라네
골짜기 입구에 손님이 오니 누런 새가 크게 울고
산봉우리 정상에 비 그치니 푸른 남기 개는구나
은자가 가장 귀히 여기는 것은 남들이 알아보지 못하는 것인데
풍진세상에서 즐기는 쪽은 성과 이름에 의존하는 것이라네

肯	●	幽	○	峯	○	谷	●	古	●	前	○	勝	●	晩	●	
向	●	人	○	頭	○	口	●	巷	●	溪	○	他	○	卜	●	次
風	○	最	●	雨	●	客	●	春	○	水	●	村	○	淸	○	明
塵	○	貴	●	過	●	來	○	深	○	活	●	老	●	區	○	谷
道	●	無	○	翠	●	黃	○	草	●	魚	○	老	●	小	●	崔
姓	●	人	○	嵐	○	鳥	●	自	●	爭	○	於	○	屋	●	友
名	○	識	●	晴	○	喚	●	生	○	躍	●	耕	○	成	○	魯

[감상] 모든 규칙에 맞다. 제목을 보면 明谷은 벗 최노첨의 號이다. 이해하기 그다지 어렵지 않은 시이다. 제2구와 제7구에 각각 老, 人을 疊語로 사용하여 더욱 멋스럽다. 역시 頷, 頸聯의 對偶가 자연스럽다.

[96. 寄贈霞溪隴巢翁]

深樹嚶嚶鳥喚群　懷人春夜夜初分

溪山別界誰爲主　文酒逢場獨有君

暮道祗堪歌白雪　殘更不必夢靑雲

浮生行樂無多日　何處芳樽共一釅

[노을 진 시내 언덕에 집을 짓고 있는 늙은이에게 지어 보낸다]

숲이 우거진 곳 '이따 올께 오케이' 하고 새가 친구들을 부르니

옛사람 생각하는 봄밤 어린 시절에 생각이 머무네

시내가 있는 산은 외딴 세계니 누가 주인이란 말인가

시를 나누는 술은 만나는 장소인데 오직 그대만이 있네

길을 가다 저물면 공경히 참고 백설을 노래하나

날이 샐 무렵에는 필요치 않네 청운의 꿈이

그냥 있지 않는 인생에 다니면서 즐길 날 많지 않으니

어느 곳에 맛 나는 술이 있는고 같이 한번 취해 보세

何	○	浮	○	殘	○	暮	●	文	○	溪	○	懷	○	深	○	
處	●	生	○	更	○	道	●	酒	●	山	○	人	○	樹	●	寄
芳	○	行	●	不	●	祗	●	逢	○	別	●	春	○	嚶	○	贈
樽	○	樂	●	必	●	堪	○	場	○	界	●	夜	●	嚶	○	霞
共	●	無	○	夢	●	歌	○	獨	●	誰	○	夜	●	鳥	●	溪
一	●	多	○	靑	○	白	●	有	○	爲	○	初	○	喚	○	隴
釅	○	日	●	雲	○	雪	●	君	○	主	●	分	○	群	○	巢

[감상] 모든 규칙에 맞다. 제목을 해석하면 위와 같으나 실제로 누구이냐? 작자 자신과 비슷한 실제 다른 인물일 수 있으니 앞 시의 최노첨인지 모르겠다. 그리고 尾聯을 보면 다시 또 어디론가 여행을 떠나고 싶어 한다. 제1구의 嚶嚶은 새 울음 의성어라서 재미있게 옮겨 보았다. 제2구의 初分은 인생의 초년이다. 제5구의 뜻이 해석을 하였으나 의문스럽다. 제6구가 늙은 그대가 이제 와 청운, 곧 입신이 가당하겠느냐는 의문이라면 제5구는 이와 대비되는 것이기에 길을 간다는 것은 뜻을 가지고 노력한다는 것이고, 저문다는 것은 주어진 시간이 다 되었고 또 내가 어찌 맞설 수도 없으니 조용히 받아들인다는 것일 거다. 그런데 백설을 노래한다는 심정은 무엇일까? 백설은 보기에는 좋아도 견디기에는 힘든 시련이고 길을 갈 수가 없다. 頷, 頸聯의 對偶는 음미해 봄직하다.

[97. 次權副正竹林公與六臣殉節感懷韻]

一片丹衷誰紫宮 崢嶸砥柱急流中

誠干日月生猶恥 氣作山河死不窮

恨共六臣當血碧 名湮列聖寵綸紅

明時應有旌襃日 公議千秋達四聰

[권부정이 지은 죽림공과 여섯 신하의 순절에 대한 감회의 시에 차운하다]

한 조각 붉은 충심 대궐에 누가 가졌던고

가파르게 우뚝 숫돌 바위가 급류 가운데 있었네

참된 마음으로 해와 달을 지켜 사는 것이 오히려 부끄럽고

기세가 산과 강을 일으키니 죽는 것이 없어지는 것이 아니었네

한이 여섯 신하 모두 같으니 푸른 피가 마땅하고

이름이 성인의 반열에 드니 붉은 실로 높였네

밝은 세상 만났으니 응당 포상을 드러내는 날 있어야 한다고

공론이 영원히 모든 이에게 들리겠지

公	○	明	○	名	○	恨	●	氣	●	誠	○	崢	○	一	●	
議	●	時	○	湮	○	共	●	作	●	干	○	嶸	○	片	●	次
千	○	應	●	列	●	六	●	山	○	日	●	砥	◐	丹	○	權
秋	○	有	●	聖	●	臣	○	河	○	月	●	柱	●	衷	○	副
達	●	旌	○	寵	●	當	○	死	●	生	○	急	●	誰	○	正
四	●	襃	○	綸	○	血	●	不	●	猶	○	流	○	紫	●	竹
聰	○	日	●	紅	○	碧	●	窮	○	恥	●	中	○	宮	○	林

[감상] 日字가 疊이다. 제목의 뜻을 살펴보면, 竹林公을 어디로 붙여야 할지가 문제 된다. 만약 앞의 권부정과 동격으로 볼 것인지, 아니면 뒤의 사육신 쪽으로 붙여 '죽림공과 사육신'으로 보아야 할지가 문제인데, 어느 경우이든 시의 내용에 죽림공이 포함된 것 같지 않다. 혹시 죽림공이 당시의 김문기인가 싶어 그의 호와 자를 보아도 아니다. 그래서 일단 後者로 보고 권부정은 작자의 知人으로 벼슬이 副正인 권 씨로 보고 위와 같이 해석했다. 제2구의 砥柱는 中流砥柱를 말하는 것으로, 중국 황하 중류에 있는 돌인데 그 모양이 위가 편편하여 숫돌 같고 격류 속에서 우뚝 솟아 꼼작도 하지 않음으

로, 난세에 처하여 의연히 절개를 지키는 선비로 비유된다. 尾聯의 뜻은, 사육신의 죽음은 세조 2년에 있었고 그 후 그들의 신원 회복은 성종 때 이루어져 그들 자식이 과거에 응시할 수 있게 했고, 숙종 때 그들의 관작을 회복, 정조 때인 1791년 단종의 능인 장릉에 配食壇을 쌓으면서 〈御定配食錄〉을 작성했다. 이 시는 바로 이때의 일을 배경으로 지어졌다고 여겨진다. 제8구의 四聰을 '동서남북 모든 사람이 듣는다'로 해석해 보았다.

[98. 追次開谷重牢宴梅湖公韻]

箕疇五福冠鄕隣　花甲重回月下茵
仙瓮客斟千日酒　海桃翁醉萬年春
佳緣更續同牢夕　好事爭誇舞彩辰
勝會千秋難再得　追賡瓊什整衣巾

[골을 열고 결혼 육십 주년 축하연을 가진 매호공의 시에 추모하여 차운하다]

기주 오복 중 고향 이웃을 으뜸으로 하니
결혼식이 육십 년 만에 다시 돌아와 달 아래 자리를 폈네
신선의 술독을 손님이 기울이니 천 일간 마실 술이라
바다의 복숭아를 늙은이가 취하니 만 년 동안 봄이라
아름다운 인연을 다시 이어 함께 굳게 지키는 저녁
좋은 일 다투어 자랑하니 춤추며 빛내는 새벽
성대한 모임은 오래도록 다시 갖기 어려우니
좇아 계속하니 아름다운 것들 넘어지고서야 옷과 두건을 바로 하네

追 ○	勝 ●	好 ●	佳 ○	海 ●	仙 ○	花 ○	箕 ○	
賡 ○	會 ●	事 ●	緣 ○	桃 ○	瓮 ●	甲 ●	疇 ●	追
瓊 ○	千 ○	爭 ○	更 ●	翁 ○	客 ○	重 ○	五 ●	次
仆 ●	秋 ○	謗 ○	續 ●	醉 ●	斟 ○	回 ○	福 ●	開
整 ●	難 ○	舞 ●	同 ○	萬 ○	千 ○	月 ●	冠 ○	谷
衣 ○	再 ●	彩 ●	牢 ○	年 ○	日 ●	下 ●	鄕 ○	重
巾 ○	得 ●	辰 ○	夕 ●	春 ○	酒 ●	茵 ○	隣 ○	牢

[감상] 千字가 疊이다. 제목의 뜻을 새겨 본다. 梅湖公은 작자 東山의 族祖이신 孫德升 공을 말한다. 그는 숙종 때 문과 급제 후 사헌부 지평을 지내고 낙향하여 경주 양동에서 가까운 대동골에서 後進 양성에 힘썼다. 開谷은 대동골을 말하고 重牢는 回婚禮로서 결혼 60주년을 맞은 부부가 자손들 앞에서 혼례복을 입고 기념하는 의례이다. 첫 글자 追는 옛일을 추억한다는 뜻일 것이다. 제1구의 箕疇는 箕子가 지었다는 洪範九疇를 말한다. 거기에 오복이 나온다. 이날은 오래 살았고 벼슬하여 몸도 귀했고 자손도 많고 잔치를 열어 이웃을 즐겁게 하니 好德이리라. 尾聯에 날이 새도록 흐드러지게 노는 모습이 잘 그려졌다. 對偶가 좋다.

[99. 次霞老用晦韻]

誘掖顓蒙子作師　卷中賢聖好追隨
閒閒趣味觀魚夕　灑灑襟懷翫月時
午樹風輕禽語滑　夜樽春滿客醒遲
霞溪一曲明如鏡　所樂伊人盍取斯

[노을 속 늙은이 용회를 차운하다]

겨드랑이에 불러들일 만치 미련하게 자식이 많고
책 가운데 성현 있어 따르기를 좋아하네
한가한 가운데 하는 짓이란 저녁나절 물고기 구경하는 것이요
구애받지 않는 가운데 마음에 품는 것은 때때로 달을 갖고 노는 것이네
한낮 나무에 바람이 가벼우니 새소리도 부드럽고
한밤 술통에 봄이 가득하니 손님 술 깨는 것이 더디네
노을 진 개울 한번 굽으니 물이 거울 같아
저 사람이 즐기는 바는 이것을 취하는 것 어찌 아니겠나

所	●	霞	○	夜	●	午	●	灑	●	閒	○	卷	●	誘	●	
樂	●	溪	○	樽	○	樹	●	灑	●	間	○	中	○	掖	●	次
伊	○	一	●	春	○	風	○	襟	○	趣	●	賢	○	頤	○	霞
人	○	曲	●	滿	●	輕	○	懷	○	味	●	聖	●	蒙	○	老
盍	●	明	○	客	●	禽	○	翫	●	觀	○	好	●	子	●	用
取	●	如	○	醒	○	語	●	月	●	魚	○	追	○	作	●	晦
斯	○	鏡	●	遲	○	滑	●	時	○	夕	●	隨	○	師	○	韻

[감상] 모든 규칙에 맞다. 제목의 用晦는 조선 후기 숙종 무렵 정언, 지평 등을 지낸 문신 유언명의 字인 것 같다. 그는 경북 포항 기계 사람인 것 같고 지평으로 있을 때 북한산성 쌓는 일을 중지하고 기민을 구휼하라는 상소를 올려 왕이 가납하는 등 신임을 얻었고 문장이 뛰어났다고 한다. 제4구 灑灑, 사물에 구애하지 않아 시원한 모양. 對偶가 좋다.

[100. 次崔虞侯殉節感懷韻]

蒼巖千載鬱玄雲　卓節乾坤子不群
報國深誠高一士　兼人大勇冠三軍
虹光直射西山下　釰氣長橫左海濆
凜凜英風猶不死　荒原秋日慘生嚊

[최우후의 순절을 감회하여 차운한다]

푸른 바위에 천년의 짙은 검은 구름 두르니
하늘 아래 땅 위에 뛰어난 절개는 무리가 아닌 혼자더라
나라에 은혜 갚고자 하는 깊은 정성 한 신하로서 우뚝하고
사람을 감싸는 큰 용기는 삼군에 으뜸일세
무지개의 빛이 곧바로 비추네 서산 아래에
검의 기운이 길게 가로질렀네 왼쪽 바다가 넘실거리도록
늠름한 영웅의 풍모는 오히려 죽지 않았으니
거친 들판에 가을날 해 저무니 비통한 마음 드네

荒	○	凜	●	劍	●	虹	○	兼	○	報	●	卓	●	蒼	○	
原	○	凜	●	氣	●	光	○	人	○	國	●	節	●	巖	○	次
秋	○	英	○	長	○	直	●	大	●	深	○	乾	○	千	○	崔
日	●	風	○	橫	○	射	●	勇	●	誠	○	坤	●	載	●	虞
慘	●	猶	○	左	●	西	●	冠	●	高	●	子	●	鬱	●	侯
生	○	不	●	海	●	山	○	三	○	一	●	不	●	玄	○	殉
曛	○	死	○	濱	●	下	●	軍	○	士	●	群	●	雲	○	節

[감상] 不字가 疊이다. 제목의 崔虞侯는 조선 중기 무신 崔震立公을 말하는 것 같다. 公은 경주 사람으로 임진왜란 때 의병으로 공을 세웠고 이어 무과 급제 후 정유재란에서도 공을 세우고 인조반정 후에는 공조참판을 지냈고 병자호란 시에는 공주영장이었는데 경기도 용인에서 순절하였다. 虞侯는 조선시대 무관직, 각 도에 배치된 병마절도사와 수군절도사 다음가는 벼슬로 종3품이다. 제6구 左海, 우리나라의 별칭. 경주 내남 이조에 후손들이 사는 宗家가 있고, 인근에 公을 추모 제향하는 龍山書院이 있다.

[101. 遣懷]

終古男兒不再倪 殘年還憶少年時

親朋送客無非酒 風月留人摠是詩

栗里琴書心上樂 夢園蝴蝶夢中期

歸來宇宙知音少 笑把牙絃和者誰

[혼자서 마음 달랜다]

영원히 남아는 다시는 어린아이가 될 수 없지만

늘그막에 기억을 되돌려 어린 시절을 생각하네

벗을 사귀거나 손님을 보낼 때 술이 아니고는 안 되고

풍월을 대하거나 사람을 붙들려면 시 이것이면 다 되네

밤골에서 거문고 켜고 독서하는 것은 마음 언저리의 즐거움이요

온갖 꽃 핀 동산의 나비는 꿈속의 바람이었네

이제 다시 대우주로 돌아간들 나를 알아주는 이 적으니

웃으며 아쟁의 줄을 잡아 보지만 화음을 보태 줄 이 누구인가

笑	●	歸	○	參	○	栗	●	風	○	親	○	殘	○	終	○	
把	●	來	○	園	○	里	●	月	●	朋	○	年	○	古	●	遣
牙	○	宇	●	蝴	○	琴	○	留	○	送	●	還	○	男	○	懷
絃	○	宙	●	蝶	●	書	○	人	○	客	●	憶	●	兒	○	
和	●	知	○	夢	●	心	○	摠	●	無	○	少	○	不	●	
者	●	音	○	中	○	上	●	是	●	非	○	年	○	再	●	
誰	○	少	●	期	○	樂	●	詩	○	酒	●	時	○	倪	○	

[감상] 모든 규칙에 맞다. 遣懷는 혼자서 마음을 달래는 것이다. 이 詩稿에 종종 나타난다. 제1구의 終古는 '언제까지나', '영구히'이다. 제6구의 蝴蝶은 莊子가 꾼 호접몽, 즉 인생무상을 말한다. 작자가 늘그막에 삶을 되돌아보고 스스로 위안한다. 領, 頸聯의 對偶가 좋다.

[102. 次明谷崔友魯瞻韻]

晚來林壑坐如愚 定力平生不可誣
野客吟詩無日到 山翁佩酒有時呼
烟霞送老多三樂 風月怡神遣百虞
飄得箇中無限趣 名區一半倘分吾

[명곡 벗 최노첨의 시에 차운하다]

숲이 우거진 골에 저녁이 드니 어리석은 듯 앉아 있어도
평생 이룬 학문의 힘은 속일 수가 없네
야객이 시를 읊으며 찾아오는 날은 없어도
산골 노인이 술병을 허리춤에 차고 부르는 때는 있더라
안개와 노을 속에 늙음을 보내며 삼락을 즐기는 날 많고
맑은 바람 밝은 달에 신을 기쁘게 하며 온갖 근심 떨치네
훔쳐 얻은 것 중에 한없이 멋에 빠지는 것 있으니
아름다운 경치의 절반은 마음대로 나에게 나누어 주네

名	○	剋	●	風	○	烟	○	山	○	野	●	定	●	晚	●	
區	○	得	●	月	●	霞	○	翁	○	客	●	力	●	來	○	次
一	●	箇	●	怡	○	送	●	佩	●	吟	○	平	○	林	○	明
半	●	中	○	神	○	老	●	酒	●	詩	○	生	○	壑	●	谷
倘	●	無	○	遣	●	多	○	有	●	無	○	不	●	坐	●	崔
分	○	限	●	百	●	三	○	時	○	日	●	可	●	如	○	友
吾	○	趣	●	虞	○	樂	●	呼	○	到	●	誣	○	愚	○	魯

[감상] 無字가 疊이다. 명곡 崔魯瞻은 앞의 다른 시에서 새집을 지었던 사람으로 작자의 친구인 것 같다. 제3구의 野客은 벼슬하지 않은 양반이다. 제5구의 三樂은 맹자가 말한 것인데 그 가운데는 천하 영재를 얻어 가르치는 것이 든다. 그런데 隱者에게 제자가 있었는가? 제2구로 봐서 실력은 있는 것 같다. 작자 東山이 벗 明谷의 삶을 그리고 있다. 頷, 頸聯의 對偶가 좋다.

[103. 次觀瀾翁除夜韻之一]

除夜懷君夢不成 三更啞待曉鷄鳴
小梅欲吐新春色 衰髮還多舊歲情
四載翱翔遲送別 一樽酬酌喜逢迎
吟笻且莫催歸去 回首西天雪薄程

[관란옹의 섣달그믐날 밤을 차운하다-1]

섣달그믐 그대 생각에 잠을 못 이루네
한밤중 벙어리같이 기다리네 새벽닭 울기를
작은 매화나무는 토하려 하네 새봄 빛깔을
쇠한 머리털은 많이 되돌리네 지난 세월 정을
네 해 전 방황하다 헤어져 보내니 발걸음 더뎠는데
한 동이 술을 주고받으며 맞이해 만나 기뻐하네
시를 읊으며 돌아다녔는데 또 하지 마라 돌아가기 재촉을
머리 돌려 서쪽 하늘 바라보니 눈이 길을 덮구나

回 ○	吟 ○	一 ●	四 ●	衰 ○	小 ●	三 ○	除 ◑	
首 ●	筇 ○	樽 ○	載 ●	髮 ●	梅 ○	更 ○	夜 ●	次
西 ○	且 ●	酬 ○	翶 ○	還 ○	欲 ●	唖 ●	懷 ○	觀
天 ○	莫 ●	酌 ●	翔 ○	多 ○	吐 ●	待 ●	君 ○	瀾
雪 ●	催 ○	喜 ●	遲 ○	舊 ●	新 ○	曉 ●	夢 ●	翁
薄 ●	歸 ○	逢 ○	送 ●	歲 ●	春 ○	鷄 ○	不 ●	除
程 ○	去 ●	迎 ○	別 ●	情 ○	色 ●	鳴 ○	成 ○	夜

[감상] 모든 규칙에 맞다. 관란옹은 앞에서도 몇 번 나온 작자의 벗이다. 제2구의 三更은 밤 11시에서 1시 사이다. 제5구의 翶翔은 새가 높이 빙빙 돌며 나는 것인데 방황으로도 쓰인다. 4년 전에는 관란옹이 방랑하다 작자의 집에 들렀던 적이 있나 보다. 尾聯은 관란옹의 집에서 떠나오기를 싫어하는 눈치가 역력하다. 對偶도 좋다.

[104. 次觀瀾翁除夜韻之二]

送歲旅窓可耐悲 一盃宜醉餞迎時

故人勸酒開靑眼 孤客吟詩展皓眉

春意已看蓂一葉 年光徵驗柳千絲

衰翁落日心猶壯 鏡裏還驚白髮垂

[관란옹의 섣달그믐날 밤을 차운하다-2]

여행 중에 섣달그믐을 맞아도 슬픔을 견딜 수가 있네

한 잔 술에 취하는 것이 마땅하네 만날 때나 떠날 때

정든 친구는 술을 권하며 기쁜 눈망울을 보이지만

외로운 나그네는 시를 읊으며 흰 눈썹을 펴네

봄뜻을 이미 살펴 명협은 한 가닥 잎을 내고

날씨를 살그머니 시험하고 버들은 천 개의 실가지를 드리우네

쇠약한 늙은이는 지는 해에도 마음은 오히려 씩씩하나

거울 속 백발 드리운 것 보고는 다시 놀라네

鏡	●	衰	○	年	○	春	○	孤	○	故	●	一	●	送	●	
裏	●	翁	○	光	○	意	●	客	●	人	○	盃	○	歲	●	次
還	○	落	●	徵	○	已	●	吟	○	勸	●	宜	○	旅	●	觀
驚	○	日	●	驗	●	看	◐	詩	○	酒	●	醉	●	窓	○	瀾
白	●	心	○	柳	●	莫	●	展	●	開	○	餞	●	可	●	翁
髮	●	猶	○	千	○	一	●	皓	●	靑	○	迎	○	耐	●	之
垂	○	壯	●	絲	○	葉	●	眉	○	眼	●	時	○	悲	○	二

[감상] 一字가 疊이다. 제5구의 蓂은 명협, 상서로운 풀의 이름이니 은자를 상징하고, 제6구의 年光은 변하는 사철의 경치 또는 날마다의 날씨이고 柳는 시류에 편승하는 사람들이 아닐까? 徵驗은 徵擧와 같아, 조정에서 불러 채용함이다. 首聯을 보면 작자는 섣달그믐을 벗인 관란옹의 집에서 보낸 것 같다. 안주인은 얼마나 밉상으로 여겼을까? 對偶가 좋다.

[105. 次觀瀾翁立春登高韻]

君坐山窓賦遠遊 欲窮千里上高丘

逢人每說詩中語 送客還生醉後愁

寂寞他鄉經歲月 蒼茫故國記春秋

東君消息傳便蕟 洛樹靑雲夢裏浮

[관란옹의 입춘에 높은 곳에 오름에 차운하다]

산방에 앉아 있던 그대가 멀리 가서 시를 지었네

하고 싶은 대로 다하여 천리를 가서 높은 언덕에 올랐구려

사람을 만나면 매번 이야기하네 시에 있는 말을

손님을 보내고 일상으로 돌아오면 취한 후에 수심이네

고요하고 쓸쓸한 타향에서 세월을 보내니

푸르고 망망하니 고국이 봄가을로 생각나겠구려

동쪽에 있는 그대 소식이 문득 빈지문에 전하니

낙수의 나무는 청운을 꿈속에서 띄우네

洛 ●	東 ○	蒼 ○	寂 ●	送 ●	逢 ○	欲 ●	君 ○	
樹 ●	君 ○	茫 ○	寬 ●	客 ●	人 ○	窮 ○	坐 ●	次
青 ○	消 ○	故 ●	他 ○	還 ○	每 ●	千 ○	山 ○	觀
雲 ○	息 ●	國 ●	鄉 ○	生 ○	說 ●	里 ●	窓 ○	瀾
夢 ●	傳 ○	記 ●	經 ○	醉 ●	詩 ○	上 ●	賦 ●	翁
裏 ●	便 ○	春 ○	歲 ●	後 ●	中 ○	高 ○	遠 ●	立
浮 ○	部 ●	秋 ○	月 ●	愁 ○	語 ●	丘 ○	遊 ○	春

[감상] 君字가 疊이다. 이 시는 제목에 맞추어 이해하려고 했으나 頸, 尾聯이 의외다. 특히 경련은 어디 외국에 간 것 같다. 중국인가 생각하면 제7구에는 西君이어야 한다. 제7구의 便은 평성으로 '문득'이다. 제8구의 洛은 중국 황하의 한 지류 또는 낙양이다. 낙수의 나무는 작자 자신이어야 하는데 洛이 어울리지 않는다. 아무래도 이해가 좀 부족한 듯하다.

[106. 自遣]

晚計田園事事空　世憂都付一盃中
江山到處隨詞客　文酒逢場喚醉翁
寂寂虛窓看夜月　蕭蕭落木聽秋風
百年短褐人誰識　謾把新詩氣作虹

[스스로 마음 달래다]

늘그막에 전원을 꿈꾸었더니 하는 일마다 소득 없어
세상 근심 모두 한 잔 술로 잊어버리네
강과 산 이르는 곳에 시문 잘 짓는 이들 따르고
글과 술 만나는 곳에 취한 늙은이를 부르네
고요하고 고요한 빈 창에 밤달을 보고
소소히 나뭇잎 떨어지니 가을바람 들리네
한평생 천하게 살았으니 누가 알아주겠나
슬그머니 새 시를 손에 쥐니 기가 무지개처럼 일어나네

謾	◐	百	●	蕭	○	寂	●	文	○	江	○	世	●	晚	●	
把	●	年	○	蕭	○	寂	●	酒	●	山	○	憂	○	計	●	自
新	○	短	●	落	●	虛	○	逢	○	到	●	都	○	田	○	遣
詩	○	褐	●	木	●	窓	○	場	○	處	●	付	●	園	○	
氣	●	人	○	聽	◐	看	◐	喚	●	隨	○	一	●	事	●	
作	●	誰	○	秋	○	夜	●	醉	●	詞	○	盃	○	事	●	
虹	○	識	●	風	○	月	●	翁	○	客	●	中	○	空	○	

[감상] 모든 규칙에 맞다. 제1구, 處士가 전원을 꿈꾼다는 것이 무엇일까? 뒷부분 '하는 일마다 소득 없다'는 전원생활이 농사를 짓는 것인데, 농사를 지었는데 소득 없다는 것인지, 소득이 없어 전원생활을 아예 시작도 못 했다는 것인지? 모르겠다. 아무튼 작자의 삶을 잘 노래한 시다. 頷, 頸聯의 對偶가 참 좋다. 특히 頸聯은 視覺과 聽覺을 잘 대비시켰다.

[107. 寄贈磻溪李碩士]

飄然逸韻落寒床　畵出詩豪錦繡腸
衰質我憐同草木　高調君得解峨洋
精神摠是浸江月　意態無非滿紙香
白首難逢開口笑　不知何處共翶翔

[반계 이석사에게 지어 보내다]

갑자기 정취가 달아나면 차가운 침상에 쓰러지다가
낮이면 뛰어난 시인이 나와 마음을 비단에 수놓듯 하네
쇠한 자질을 나는 가련히 여기니 초목과 같고
높은 격조를 그대는 얻었으니 높은 산 넓은 바다를 통달하네
정신을 바르게 모으면 강에 달이 빠지고
마음이 그릇됨 없으면 종이에 향기가 가득하네
백수는 입을 열고 웃으며 만나기도 어려운데
함께 방황할 곳 어디인지 알지 못하겠네

不	●	白	●	意	●	精	○	高	○	衰	○	畫	●	飄	○	
知	○	首	●	態	●	神	○	調	○	質	●	出	●	然	○	寄
何	○	難	○	無	○	摠	●	君	○	我	●	詩	○	逸	●	贈
處	●	逢	○	非	○	是	●	得	●	憐	○	豪	○	韻	●	磻
共	●	開	○	滿	●	浸	●	解	●	同	○	錦	●	落	●	溪
翶	○	口	●	紙	●	江	○	峨	○	草	●	繡	●	寒	○	李
翔	○	笑	●	香	○	月	●	洋	○	木	●	腸	○	床	○	碩

[감상] 모든 규칙에 맞다. 제목에서 碩士는 어떤 신분일까? 이 詩稿에는 또 어떤 이를 學士라 칭하고 있다. 이것들이 관직일까 하여 살펴보아도 없었다. 한편 우리 귀에 익숙한 三學士가 있다. 병자호란 때 청나라에 항복을 반대하고 끝까지 항전(斥和)을 주장했던 예조판서 김상헌이 있고 그와 뜻을 같이했던 평양 庶尹 홍익한, 교리 윤집, 오달제 이 세 사람은 전후 중국 선양에 끌려가서도 뜻을 굽히지 않아 참형을 당했다. 훗날 송시열이 《삼학사전》을 지어 이들을 찬양하였다. 삼학사란 말은 여기서 유래한 것이다. 그러고 보면 '절개 높은 선비'라는 뜻으로 사용한 것 같다. 그 후 벼슬이 없는 선비들이 상대를 높여 부르는 호칭으로 널리 쓰였던 것이 아닌가 한다. 제6구는 마음에 사특함이 없으면 그가 쓴 시에는 향기가 가득하다는 뜻이다. 제7구, 白首는 白頭, 즉 無位 無官의 양반이다. 그리고 開口笑는 '입을 열고 웃는다'이니 누가 '아주 반가이 맞아 주는 모양'을 말하는 것 같다. 尾聯은 작자가 이학사더러 어디 함께 여행 떠날 것을 넌지시 청하는 것 같다. 작자는 상대를 아주 높이고 있다. 頷, 頸聯의 對偶가 좋다.

[108. 曲江御中次賜曆韻]

吏隱江湖聖眷長　祥蓂一葉動新光
明時已銜連城璧　窮海今傳滿紙香
莫道深憂分北闕　須看異渥曁南鄕
荒陬寒盡能知歲　爭賀靑邱啓泰陽

[홍해군수 관아에서 '책력 하사'에 대해 차운하다]

관리가 가엾이 여기는 지방을 어진 임금이 멀리서 보살펴

상서로운 풀 한 잎이 새로운 빛을 받아 한들한들하네

성군 때 이미 반포되어 성벽에 이르니

바다가 다한 곳 지금 전하니 종이 향이 가득하네

말로만 하지 말고 심한 근심 임금을 대신해라

모름지기 살펴 특별한 은혜 남쪽 고을에 미치게 하라

거칠고 구석진 곳에 추위가 다하면 새해를 알 수 있으니

온 나라에 다투어 축하하니 큰 밝음 열릴 것이다

爭	○	荒	○	須	○	莫	●	窮	○	明	○	祥	○	吏	●	
賀	●	陬	○	看	◐	道	●	海	●	時	○	蓂	○	隱	●	曲
靑	○	寒	○	異	●	深	○	今	○	已	●	一	●	江	○	江
邱	○	盡	●	渥	●	憂	○	傳	○	衒	○	葉	●	湖	○	御
啓	○	能	○	曁	○	分	○	滿	●	連	○	動	●	聖	●	中
泰	●	知	○	南	○	北	●	紙	●	城	○	新	○	眷	●	次
陽	○	歲	●	鄕	○	闕	●	香	○	壁	●	光	○	長	○	賜

[감상] 제7구에 鶴膝이 보이나 비운자행이다. 제목에서 賜曆은 왕이 각 관아에 그리고 관아에서 백성들에게 冊曆, 오늘날의 달력을 나누어 주는 행사가 있었지 않나 싶다. 曲江은 지금 포항시 흥해읍의 별칭이며 지금도 이 이름을 쓰는 곳이 남아 있다. 제2구 祥蓂, '상서로운 달력 풀', 곧 책력이다. 제3구 明時, 밝은 때, 곧 성군의 치세를 말한다. 衒, 자랑하다, 곧 널리 알림이다. '성벽에 이르다'는 흥해 관아에 까지 왔다는 뜻. 頸聯은 임금이 흥해군수에게 이르는 말로 이해하면 되겠다. 北闕은 대궐, 곧 임금이다. 제8구 靑邱는 靑丘로 중국에서 우리나라를 일컫던 말이다.

[109. 附原韻]

三年嶠海沐恩長　賜曆偏爲郡邑光

敢道涓埃酬主眷　祗敎箱筐飫天香

中朝日月微東旭　外閣英華及下鄕

白首把歸田野隱　堯時耕鑿趁初陽

[원래의 시를 붙여 둔다]

삼 년간 영남의 바닷가는 은혜를 길게 입었는데
책력을 나누어 주는 일이 편향되어 군읍만 빛났네
감히 말하네 조금 주상의 돌봄에 갚음을
공경히 가르치네 많이 하늘의 향기를 실컷 누림을
조정의 밝음은 동쪽 해 뜨는 곳에서는 미약하나
바깥 누각의 밝은 색채는 아래 지방에 미치네
늙은이가 가지고 돌아가네 숨어 있는 전야로
요 임금 때에 밭 갈고 괭이질은 아침부터 시작됐네

堯	○	白	●	外	●	中	○	祗	●	敢	●	賜	●	三	○	
時	○	首	●	閣	●	朝	○	敎	○	道	●	曆	●	年	○	附
耕	○	把	●	英	○	日	●	箱	○	涓	○	偏	○	嶠	●	原
钁	●	歸	○	華	○	月	●	筐	○	埃	○	爲	○	海	●	韻
趁	●	田	○	及	●	微	○	飫	●	酬	○	郡	●	沐	●	
初	○	野	●	下	●	東	○	天	○	主	●	邑	●	恩	○	
陽	○	隱	●	鄕	○	旭	●	香	○	眷	●	光	○	長	○	

[감상] 모든 규칙에 맞다. 제목의 뜻은 책력을 나누어 주던 날 누가 지은 시인지는 모르나 먼저 지은 것으로 앞의 작자의 시를 이해하도록 덧붙여 두었다. 제1구의 삼 년은 당시 흥해군수의 재임 기간인지 등극한 주상의 재임 기간인지 모르겠다. 군수의 재임 기간으로는 좀 길다. 嶠는 문경 새재를 의미하여 영남을 嶠南이라 하였다. 제3구의 涓埃는 물방울과 먼지로 지극히 적음을 비유한다. 제4구의 箱筐는 대나무로 만든 상자와 광주리로 무엇을 많이 담을 때 사용하니 많음을 뜻한다. 頷聯은 임금의 은혜보다 하늘이 내리는 혜택이 더 큼을 말한다. 頸聯은 조정의 밝은 지혜는 시골 흥해까지 제대로 미치지 못하나 화려한 사치 풍조는 시골 사람도 따른다는 뜻이다. 제7구, 늙은이가 가지고 돌아가는 것은 책력이다. 제8구 初陽, 아침에 뜨는 해.

[110. 景節公疏文載國朝寶鑑中感而有作]

先祖遺文寶鑑傳　典刑千載尚依然
洋洋嘉訓追三代　懇懇深誠格九天
淸白家聲能裕後　忠勳世業倍光前
孱孫此日無窮慶　大筆煌煌太史篇

[경절공 상소문이 《국조보감》에 실려 있어 그 느낌을 시로 짓다]

선조께서 남기신 글이 《국조보감》에 전하니
예로부터 전해 내려오는 모범이 많았는데 또한 그와 같더라
넓고 넓은 아름다운 가르침은 삼대에 거슬러 오르고
간절하고 간절한 깊은 정성은 구천에 이르렀네
청백한 가문의 명성은 후대에 능히 여유롭고
충훈의 대 이은 업적은 전보다 배가 되어 빛나네
못난 자손은 오늘날 한없이 기뻐하며
큰 붓으로 휘황히 빛나게 큰 역사를 적었네

大	●	孱	○	忠	○	淸	○	懇	●	洋	○	典	●	先	○	
筆	●	孫	○	勳	○	白	●	懇	●	洋	○	刑	○	祖	●	景
煌	○	此	●	世	●	家	○	深	○	嘉	○	千	○	遺	○	節
煌	○	日	●	業	●	聲	○	誠	○	訓	●	載	●	文	●	公
太	●	無	○	倍	●	能	○	格	●	追	○	尚	●	寶	●	疏
史	●	窮	○	光	○	裕	●	九	●	三	○	依	○	鑑	●	文
篇	○	慶	●	前	○	後	●	天	○	代	●	然	○	傳	○	載

[감상] 제3구에 鶴膝이 보이나 비운자행이다. 제목의 뜻을 살피면, 景節公은 경주 양동 마을 출신으로 작자의 9代祖인 孫仲暾 공으로 시호가 경절이다. 그는 성종, 연산, 중종조 문신으로 중종 때 대사헌, 이조판서, 우참찬 등을 지내고 청백리에 녹선되었다. 그는 甥姪인 晦齋 이언적이 10세에 부친을 여의자 양산군수, 상주 목사 시절 그를 데리고 다니며 학문을 가르쳤다. 《國朝寶鑑》은 조선시대 역대 왕의 업적 가운데 善政만을 모아 편찬한 편년체의 역사서. 이 책은 처음 세종 때 시작되었으나 정조 때 대대적으로 보완하여 68권 19책이 되었고 대한제국 1908년 완성되었으며 그 내용은 주로 '실

록초'에서 발췌하였다. 작자가 정조 때 사람이니 그 당시 나온 《국조보감》을 읽어 보고 선조의 여러 상소문을 확인하고 감회가 있었을 것이다. 그것이 이 시 창작의 동기이다. 제2구는 태조에서 중종조에 이르는 많은 선정들과 비추어 경절공의 임금에 대한 지극한 상소는 같은 모범이 된다는 뜻이다. 제3구의 三代는 경절공과 그의 윗대 두 분을 일컫는다. 경절공의 부친 양민공 손소공은 세조 때 문신으로 이시애의 난을 평정한 공으로 적개공신 2등에 올라 개천군, 이조참판, 성주목사, 안동대도호부사, 진주목사 등을 지냈다. 그의 조부 孫土星 공은 세종 때 집현전에서 훈민정음 창제에 참여하였고 병조참의, 개성군에 이르렀다. 제4구의 九天은 하늘의 가장 높은 곳이다. 對偶가 좋다.

[111. 次李河陽春堂壽宴韻]

吾王賜宴享年家　春爛壺天瑞日斜
三子身邊翩彩服　五孫頭上揷簪花
好看地上神仙在　爭賀人間壽福遐
況是專城榮養夕　華筵又有象賓嘉

[이하 양춘당 수연을 차운하다]

우리 임금님께서 한평생을 누린 집에 잔치를 베푸시니
봄이 무르익어 별천지에 상서로운 해가 비치네
세 아들은 온몸에 관복이 펄럭이고
다섯 손자는 머리에 꽃 비녀를 꽂았네
지상에 좋게 보면 신선이 임하지만
인간 세상에 축하를 다투면 오래 사는 복은 멀어지는데
하물며 이렇게 나라를 마음대로 하고 어버이를 영화롭게 잘 모시는 저녁
꽃자리가 또 있으니 손님이 본받기에 아름답구나

華	○	況	●	爭	○	好	●	五	●	三	○	春	○	吾	○	
筵	○	是	●	賀	●	看	◐	孫	○	子	●	爛	●	王	○	次
又	●	專	○	人	○	地	●	頭	○	身	○	壺	○	賜	●	李
有	●	城	○	間	○	上	●	上	●	邊	○	天	○	宴	●	河
象	●	榮	○	壽	●	神	○	揷	●	翩	○	瑞	●	享	●	陽
賓	○	養	●	福	●	仙	○	簪	○	彩	●	日	●	年	○	春
嘉	○	夕	●	遐	○	在	●	花	○	服	●	斜	○	家	○	堂

[감상] 모든 규칙에 맞다. 제목을 보면, 이하는 이름, 양춘당은 號 또는 堂號로 볼 수 있다. 壽宴은 보통 회갑을 말한다. 제1구에서 왕이 수연을 베푼다는 것은 대단한 집안으로 보인다. 제2구, 壺天은 壺中天의 뜻으로 별천지, 선경을 말한다. 제3구의 무늬 옷이 나부낀다는 것은 관복으로 볼 수도 있고, 어른의 수연을 맞아 자식이 일부러 귀염을 떠느라 색동옷을 입은 예도 있으나 前後 맥락으로 보면 前者가 옳은 것 같다. 제4구에서 꽃 비녀를 꽂았다는 것은 급제하여 어사화를 꽂은 것을 말한다. 頸聯은 세상의 일반론을 말한 것인데, 이 집은 여기서 벗어나는 특별한 예라는 것이다. 제7구 榮養은 어버이를 영화롭게 잘 모심이다. 頷, 頸聯의 對偶가 좋다.

[112. 次申乃源蘭草吟]

蘭畹久荒識者無　君能滋得數叢孤
三春日暖香初發　七月風淸葉始敷
須看蕙芝堪作伴　肯敎桃李敢爲徒
襟期暗汎眞佳友　獨艷微曾混衆蕪

[신내원의 난초에 이어 읊다]

난초밭을 오래 묵혀 알아보는 사람이 없는데
그대는 용케 늘려 얻었네 몇 떨기를 외롭게
삼월 봄날 해가 따뜻하면 향기가 처음 발하고
칠월 바람이 맑으면 잎이 비로소 펴지네
모름지기 살피면 혜초와 지초가 짝지을 만하고
긍정적으로 본받으면 복숭아와 자두가 무리가 되지 아니하랴
가슴에 깊이 품은 회포 몰래 숨기면 진짜 아름다운 우정이고
혼자 고와 늘이지 않으면 무리에 섞여 잡초더미가 되고 마네

獨	●	襟	○	肯	●	須	○	七	●	三	○	君	○	蘭	○	
艶	●	期	○	敎	○	看	◐	月	●	春	○	能	○	畹	●	次
微	○	暗	●	桃	○	蕙	●	風	○	日	●	滋	○	久	●	申
曾	○	泂	●	李	○	芝	○	淸	○	暖	●	得	●	荒	●	乃
混	●	眞	●	敢	○	堪	○	葉	●	香	○	數	●	識	●	源
衆	○	佳	○	爲	○	作	●	始	○	初	○	叢	○	者	●	蘭
蕉	○	友	●	徒	○	伴	●	敷	○	發	●	孤	○	無	○	草

[감상] 제1구의 蜂腰는 비운자행이다. 이 시는 굴원의 離騷를 연상시킨다. 首聯과 尾聯이 바로 그렇다. 바르고 훌륭한 사람이 적으면 나쁘고 악한 사람들 사이에 묻혀 세상이 어지럽혀진다. 滋得과 微曾이 대비되고 있다. 제5구의 蕙는 혜초, 芝는 지초로, 모두 상서로운 풀의 이름으로 현인군자를 상징한다. 제6구의 桃李는 복숭아와 자두로서 남이 천거한 좋은 인재를 비유한다. 제7구 襟期, 가슴에 깊이 품은 회포. 對偶도 좋다. 이 시는 조금 다르더라도 서로 본받으면 좋은 벗이 되지만, 혼자 잘난 척 하면 안 된다고 말하고 있다.

[113. 鍪藏菴贈黙上人]

吟筇再到鍪藏寺 洞裏烟霞是舊緣

馥馥山花多躑躅 嚶嚶林鳥好蹁躚

菴經故國一千歲 佛老諸天億萬年

春晩禪樓人語儳 談經雲衲坐如仙

[무장암에서 묵언 중인 승려에게 지어 주다]

시를 읊으며 돌아다니다 다시 또 왔네 무장사에

골짜기 안 연기와 노을은 전에 보던 그대로네

향기 가득한 산꽃이 여러 번 발걸음 멈추게 하고

으앵으앵 숲속 새는 좋아서 너울너울 춤을 추네

암자가 지나온 옛 나라는 일천 년이 되었지만

부처가 늙어 온 제천은 억만 년이나 되네

늦은 봄 절에는 사람의 말이 편안한데

이야기는 통해도 중은 신선처럼 앉아 있네

談	○	春	○	佛	●	菴	○	嚶	○	馥	●	洞	●	吟	○	
經	○	晚	●	老	●	經	○	嚶	○	馥	●	裏	●	節	●	鑾
雲	○	禪	●	諸	○	故	●	林	○	山	○	烟	○	再	●	藏
衲	●	樓	○	天	○	國	●	鳥	●	花	○	霞	○	到	●	菴
坐	●	人	○	億	●	一	●	好	●	多	○	是	●	鑾	○	贈
如	○	語	●	萬	●	千	○	蹁	○	躑	●	舊	●	藏	●	默
仙	○	僊	●	年	○	歲	●	躚	○	躅	●	緣	○	寺	●	上

[감상] 제1구, 끝 寺가 측성이어 變調이다. 제목 上人, 승려를 높이어 이르는 말. 제3구의 馥馥은 향기가 많음을, 제4구의 嚶嚶은 새 울음소리를 나타냈다. 제6구의 諸天은 불교에서 하늘이 여덟으로 되어 있는데 그 여러 하늘은 마음을 수양하는 경계를 따라서 나뉘어 있으며 이 여덟의 모든 하늘을 말한다. 제7구, 禪樓는 절을 달리 이르는 말이다. 제8구의 雲衲은 雲水衲子로 정처 없이 떠도는 승려를 말한다. 對偶가 좋다.

[114. 次萬歸亭夜遊韻]

別界何年小閣成 水光山色摠分明
長江星月三更影 大海風濤萬里聲
雲捲扶桑紅日出 雨過兄岳翠嵐橫
岸花汀柳皆詩料 此地宜端斗酒傾

[만귀정 밤놀이에 차운하다]

세상과 동떨어진 곳에 어느 때 이 작은 누각이 세워졌노
물빛에 산색이 모두 뚜렷하네
긴 강에 별과 달은 한밤중 비치고
큰 바다에 바람과 파도는 만 리 밖에서 소리 나네
구름이 걷힌 동쪽 바다에는 붉은 해가 떠오르고
비 걷힌 형산에는 푸른 남기 가로 걸렸네
낭떠러지 꽃 물가의 버들은 모두 시의 재료가 되니
이곳은 말술을 기울이는 마땅한 실마리가 아니겠는가

此	●	岸	●	雨	●	雲	○	大	●	長	○	水	●	別	●	
地	●	花	○	過	○	捲	●	海	●	江	○	光	○	界	●	次
宜	○	汀	○	兄	○	扶	○	風	○	星	○	山	○	何	○	萬
端	○	柳	●	岳	●	桑	○	濤	○	月	●	色	●	年	○	歸
斗	●	皆	○	翠	●	紅	○	萬	●	三	○	摠	●	小	●	亭
酒	●	詩	○	嵐	○	日	●	里	●	更	○	分	○	閣	●	夜
傾	○	料	●	橫	○	出	●	聲	○	影	●	明	○	成	○	遊

[감상] 제3, 7구에 鶴膝이 보이나 모두 비운자행이다. 제목을 보면, 萬歸亭은 경북 경주시에서 포항시를 가다 보면 강동면 소재지를 지나서 터널을 지나는데 오른편을 보면 푸른 강물이 굽이치며 깊은 물속을 이루는 곳이 있다. 이곳을 지역민들은 '양산매기'라고 하는데 강 오른쪽이 兄山, 왼쪽이 弟山이다. 원래는 이 두 산이 붙어 있었다고 한다. 옛 전설에 경주 일원에서 모인 강물이 이 지점에 이르면 막혀 바다로 빠질 수가 없었다. 이때 용이 승천하면서 꼬리로 쳐서 지금처럼 두 동강을 내어 물이 바다로 빠지게 하였다 한다. 그럴 만치 이곳 물은 넓고 깊어 두려움을 자아낸다. 이곳에 옛날 張氏 일가가 세운 '만귀정'이라는 정자가 있어, 많은 시인 묵객들이 찾았다고 하는데 지금은 없다. 제5구의 雲捲은 雲捲天淸을 줄인 말로, 병 근심 등이 씻은 듯 부신 듯 없어지는 것을 뜻하기도 한다. 扶桑은 동쪽 바다의 해 돋는 곳에 있다는 神木, 또 그 신목이 있는 곳. 頷, 頸聯의 對偶가 참 멋지다.

[115. 次世德祠奉安時韻]

德瀾遙接紫溪流 後學粧修煥一區
花樹園中新別廟 烟雲洞裏舊層樓
千秋俎豆禮始兩 世特芬芳盡地留
又夕徘徊瞻仰處 兼觴詩咏解明愁

[세덕사 봉안 때 차운하다]

덕의 물결이 멀리서 다가와 자줏빛 시내를 이루며 흐르고
후학들이 단장하고 수리하니 한 구역이 환하네
꽃과 나무로 동산을 이룬 한가운데 새로 사당을 지었으나
연기와 구름이 낀 동리 가운데 층을 이룬 누각은 옛것이더라
긴 세월 이어 갈 제기를 놓고 처음으로 제사를 양대로 하니
세상에 특이한 꽃다운 향내는 땅이 다할 때까지 머무를 것이네
저녁에 또 배회하며 우러러보는 곳에서
술잔과 함께 시를 읊으며 수심을 밝게 풀어 보네

兼	○	又	●	世	●	千	○	烟	○	花	○	後	●	德	●	
觴	○	夕	●	特	●	秋	○	雲	○	樹	●	學	●	瀾	○	次
詩	○	徘	○	芬	○	俎	●	洞	●	園	○	粧	○	遙	○	世
咏	●	徊	○	芳	○	豆	●	裏	●	中	○	修	○	接	●	德
解	●	瞻	○	盡	●	始	●	舊	●	新	○	煥	●	紫	●	祠
明	○	仰	●	地	●	薦	○	層	○	別	●	一	●	溪	○	奉
愁	○	處	●	留	○	兩	●	樓	○	廟	●	區	○	流	○	安

[감상] 모든 규칙에 맞다. 제목의 世德祠는 경북 포항시 북구 기북면 오덕리 덕동마을에 있었던 것으로, 정조 때 회재 이언적의 동생 이언괄과 그의 부친 李蕃을 배향하기 위해 건립되었다. 이 詩는 이때 지어진 것이다. 그 후 세덕사는 대원군 때 훼철되어 없어지고, 지금은 그 부속 건물이었던 용계정만 남아 있다. 그런데 이 용계정은 사실 세덕사보다 먼저인 1546년에 지어졌다. 임진왜란 때 북평사를 지낸 농포 정문부공의 별장이었는데, 그 후 그의 손녀사위인 이강에게 넘겨졌던 것이다. 제5구의 俎豆는 제사 때 신 앞에 놓는 나무로 만든 그릇. 제7구는 아마 용계정을 말하는 것 같다.

[116. 客舍重修韻]

東都自是伯王州 客舍重成萬曆秋
古壁苔生風雨剝 空樑泥落歲星遒
經年荒廢多公議 不日粧修屬我侯
畵閣崢嶸新制度 繁華依舊擅南陬

[객사 중수를 읊다]

동도는 이제부터 나라에서 가장 큰 고을이다
객사가 다시 이루어지니 오래된 것이었네
옛 벽에는 이끼가 자라고 풍우가 벗기니
높은 대들보는 흙이 떨어져 목성이 보였네
한 해가 다 가도록 버려두고 의논만 많았는데
하루가 안 돼 단장하고 수리하니 우리 부윤 덕분이네
색칠한 누각은 우뚝 높이 솟아 제도가 새롭고
옛것에 따라 번창하고 화려함이 남쪽 구석을 차지했네

繁 ○	畵 ●	不 ●	經 ○	空 ○	古 ●	客 ●	東 ○	
華 ○	閣 ●	日 ●	年 ○	樑 ○	壁 ●	舍 ●	都 ○	客
依 ○	崢 ○	粧 ○	荒 ○	泥 ○	苔 ○	重 ○	自 ●	舍
舊 ●	嶸 ○	修 ○	廢 ●	落 ●	生 ○	成 ○	是 ●	重
擅 ●	新 ○	屬 ●	多 ○	歲 ●	風 ○	萬 ●	伯 ●	修
南 ○	制 ●	我 ●	公 ○	星 ○	雨 ●	曆 ●	王 ○	韻
陬 ○	度 ●	侯 ○	議 ●	酒 ○	剝 ●	秋 ○	州 ○	

[감상] 제5구에 鶴膝이 보이나 비운자행이다. 제목의 객사는 경주부 관아의 객사일 것이다. 제1구의 伯王州는 옛날 신라 도읍이라는 뜻과 조선의 여러 州 중에서 가장 크다는 두 가지 뜻을 지닌다. 제4구 歲星은 목성의 다른 이름. 제6구의 不日은 글자대로의 뜻은 '하루도 안 되어'이지만 '매우 짧은 기간에'라는 뜻을 강조했다고 본다. 제8구, 南陬는 경주가 남쪽에 치우쳐 있음을 말한다.

[117. 次成學士遊萬歸亭韻]

高樓直壓水中天　學士風流載小船
特地雲烟千古態　滿江星月五更圓
數聲漁篴蒼波裏　四韻瓊葩綠柳邊
天遣詩仙來一醉　晚風吹起白鷗眠

[성학사의 〈만귀정에서 놀다〉를 차운하다]

높은 누각이 물속 하늘을 바로 누르고

학사의 풍류는 작은 배에 실렸네

특이하게 생긴 지역에 구름과 안개 끼니 천고의 모습이고

가득히 강에 별과 달이 초저녁부터 새벽까지 둥그네

솜씨 좋은 고기 잡는 피리 소리 푸른 물결 속에 스미고

네 운자의 옥과 같이 아름다운 시는 초록 버들가지에 영그네

하늘이 시선을 보내니 와서 한번 취하지만

늦은 바람이 바람을 일으켜도 흰 갈매기는 조는구나

晚	●	天	○	四	●	數	●	滿	●	特	●	學	●	高	○	
風	○	遣	●	韻	●	聲	○	江	○	地	●	士	●	樓	○	次
吹	○	詩	○	瓊	○	漁	○	星	○	雲	○	風	○	直	●	成
起	●	仙	○	葩	○	篴	●	月	●	烟	○	流	○	壓	●	學
白	●	來	○	綠	●	蒼	○	五	●	千	○	載	●	水	●	士
鷗	○	一	●	柳	●	波	○	更	●	古	●	小	●	中	○	遊
眠	○	醉	●	邊	○	裏	●	圓	○	態	●	船	○	天	○	萬

[감상] 天字가 疊이다. 제5구에 鶴膝이 보이나 비운자행이다. 제목을 보면 성학사는 작자의 벗이다. 만귀정은 앞에서 설명한 경주에서 포항으로 들어가는 입구 터널 옆 강변에 있었던 정자이다. 그곳에서 옛날 밤 뱃놀이도 많이 한 모양이다. 제4구의 五更은 하룻밤을 다섯으로 나눈 전부를 말하기도 하고, 제일 끝부분인 새벽만을 의미하기도 하는데 여기서는 뒤에 오는 圓으로 인해 前者가 좋을 것 같다. 제5구는 옛날 밤에 고기 잡는 방법으로, 그물을 쳐 놓고 대나무 피리를 불었던 것 같다. 제6구, 四韻은 7언 율시를 말한다. 실제 五韻을 쓰지만 기본은 四韻이다. 瓊葩, 옥과 같이 아름다운 꽃. 여기서는 아름다운 사를 말한다. 제8구의 吹는 후-욱 하고 부는 바람이다. 頷, 頸聯에 모두 숫자를 쓰는 것을 오늘날은 금하고 있으나 이 시는 잘 어울린다. 尾聯이 멋있다.

[118. 附原韻] - 成學士

江上疏烟點午天 柳林催喚繫籬船
紫薇照水村容炫 靑草連雲野勢圓
急雨蒼茫平楚外 斜陽明滅白鷗邊
樓虛剩得淸涼界 垂手危欄更着眠

[성학사의 원래 운을 붙여 둔다] - 성학사

강 위에 안개가 걷히니 한낮의 하늘이 점처럼 드러나고
버들 숲은 재촉해 소리치네 배를 울타리에 매라고
자줏빛 장미가 물에 비치니 시골 모습이 밝고
푸른 풀이 구름에 닿으니 들의 기세가 풍만하네
갑작스레 비가 오니 푸르고 아득하여 평소의 아름다움을 잃지만
비스듬한 햇살이 밝았다가 없어지니 흰 갈매기가 곁에까지 오네
누각은 텅 비어도 덤으로 얻은 것은 맑고 서늘한 경계라서
위태한 난간에 손을 드리우니 다시 잠이 오네

垂	○	樓	○	斜	○	急	●	靑	○	紫	●	柳	●	江	○	
手	●	虛	○	陽	○	雨	●	草	●	薇	○	林	○	上	●	附
危	○	剩	●	明	○	蒼	○	連	○	照	●	催	○	疏	○	原
欄	○	得	●	滅	●	茫	○	雲	○	水	●	喚	●	烟	○	韻
更	●	淸	○	白	●	平	○	野	●	村	○	繫	●	點	●	
着	●	涼	○	鷗	○	楚	●	勢	●	容	○	籬	○	午	●	
眠	○	界	●	邊	○	外	●	圓	○	炫	●	船	○	天	○	

[감상] 모든 규칙에 맞다. 앞의 시보다 먼저 성학사가 지은 시이다. 頷, 頸聯의 對偶가 좋으나 해석하기는 쉽지 않다.

[119. 更步天字寄贈成學士]

雁鳥重廻嶺外天 江湖指點去來船
三年海國頭頻掉 千里鄕關夢幾圓
霜髮已成黃卷裏 風期暗契紫雲邊
村扉夜闢官無事 淸晏堂中足午眠

[다시 天 자로 운을 밟아 지어 성학사에게 보내다]

기러기와 까치가 거듭 도네 산마루 넘어 하늘에서

강과 호수 가리키는 곳에 배가 들락거리네

삼 년 동안 해국 쪽으로 머리를 자주 돌렸더니

천 리 밖 고향 꿈을 몇 번 꾸었네

서리 내린 머리털 이미 이루어져 책 가운데 있고

임금과 신하의 뜻 일치 몰래 맺네 대궐 언저리에

시골 사립문 밤에 열어 두어도 관아에는 일이 없고.

맑고 편안한 집 안에서는 족히 낮잠을 잘 수가 있네

清	○	村	○	風	○	霜	○	千	○	三	○	江	○	雁	●	
晏	●	扉	○	期	○	髮	●	里	●	年	○	湖	○	鳥	●	更
堂	○	夜	●	暗	●	已	●	鄕	○	海	●	指	●	重	○	步
中	○	關	○	契	●	成	○	關	○	國	●	點	●	廻	○	天
足	●	官	○	紫	●	黃	○	夢	●	頭	○	去	●	嶺	●	字
午	●	無	○	雲	○	卷	●	幾	●	頻	○	來	○	外	●	寄
眠	○	事	●	邊	○	裏	●	圓	○	掉	●	船	○	天	○	贈

[감상] 모든 규칙에 맞다. 제3구, 海國은 성학사가 있는 흥해 관아를 말한다. 제4구, 鄕關은 고향의 관문, 즉 고향의 地境이다. 제5구의 黃卷은 서책을 이르는 말이다. 결국 공부하느라 이미 늙었다는 뜻이다. 제6구의 風期는 임금과 신하 사이의 뜻이 서로 통함을 이른다. 紫雲은 상스러운 구름 또는 임금이 있는 곳이다. 제7구의 官無事는 도둑이 없으니 관아에 바쁜 일이 없다는 것이다. 頷, 頸聯의 對偶가 좋다.

[120. 泉谷寺與曲江倅成士執李咸昌景淳鄭上舍用晦李友大有李上舍大集文會唱酬韻-1]

學士工夫惜寸陰 偸閑迢迢訪雲林

天開古寺樓臺壯 地接滄溟洞壑深

星聚樽筵嘉客興 月侵詩篋使君心

空門此會誠非偶 滿酌淸泉一洗襟

[천곡사에서 홍해군수 성학사와 벗들 이함창 경순, 정상사 용해, 벗 이대유, 이상사 대집이 문회를 열어 술 마시고 시를 지었다-1]

학사는 공부하느라 촌음도 아끼는데
어렵게 틈을 내어 가벼운 마음으로 속세를 등진 곳을 찾았네
하늘이 연 옛 절에 누대는 웅장하고
땅이 접하는 푸른 바다에 동리 골은 깊네
별이 모이는 술자리 손님의 흥취가 아름답고
달이 비치니 시 상자에 그대들 마음을 부추기네
절에서 가진 이 모임은 더없이 참되어
잔에 가득한 맑은 샘물로 마음 깨끗이 씻네

滿	●	空	○	月	●	星	○	地	●	天	○	偸	○	學	●	
酌	●	門	○	侵	○	聚	●	接	●	開	○	閑	○	士	●	泉
清	○	此	●	詩	○	樽	○	滄	○	古	●	逞	●	工	○	谷
泉	○	會	●	篋	●	筵	○	溟	○	寺	●	逞	●	夫	○	寺
一	●	誠	○	使	●	嘉	○	洞	●	樓	○	訪	●	惜	●	與
洗	●	非	○	君	○	客	●	壑	●	臺	○	雲	○	寸	●	曲
襟	○	偶	●	心	○	興	●	深	○	壯	●	林	○	陰	○	江

[감상] 모든 규칙에 맞다. 이 詩의 제목이 길다. 번역한 그대로이다. 성학사가 홍해군수로 있을 때 여러 벗들을 모아 文會를 가진 것이다. 上舍는 진사, 생원을 달리 부르는 말인 것 같다. 경북 포항시 홍해읍 학천리 도음산에 가면 지금도 천곡사가 있다. 이 절은 신라 선덕여왕이 피부병을 이곳 샘물로 치료했다고 전한다. 이 보답으로 자장율사로 하여금 이 절을 짓게 했다 한다. 제2구의 雲林은 隱棲와 같아 세상을 피하여 숨어 사는 곳이니 곧 천곡사이다. 제7구의 空門은 佛道의 유의어로 곧 절문을 말한다. 對偶가 좋다.

[121. 泉谷寺與曲江倅成士執李咸昌景淳鄭上舍用晦李友大有李上舍大集文會唱酬韻-2]

野老江城幾往還 禪床重對使君顔
香凝一席逢迎際 風滿雙襟語笑間
別界幸成千載會 勝筵嬴得半宵閑
山窓數酌酬明月 詩思崢嶸醉墨班

[천곡사에서 흥해군수 성학사와 벗들 이함창 경순, 정상사 용해, 벗 이대유, 이상사 대집이 문회를 열어 술 마시고 시를 지었다-2]

시골 늙은이가 곡강 관아에 몇 번을 갔다 왔는데
절간 상을 두고 여럿이 대하니 그대를 드러나게 했네
향기 엉긴 한 자리 환영해 만날 때
바람 가득 두 소매 웃으며 말하네 서로
속세 떠난 곳에서 다행히 이루어졌네 천재일우의 모임이
아름다운 경치에 자리 펴서 넉넉히 누렸네 하룻저녁 한가로움
산방에서 몇 잔 하고 밝은 달에게도 잔을 건네고
시를 생각하며 한껏 높다가 묵에 취해 헤어졌네

詩	○	山	○	勝	●	別	●	風	○	香	○	禪	●	野	●	
思	●	窓	○	筵	○	界	●	滿	●	凝	○	床	○	老	●	泉
崢	○	數	●	嬴	○	幸	○	雙	○	一	●	重	○	江	○	谷
嶸	○	酌	●	得	●	成	○	襟	●	席	●	對	●	城	○	寺
醉	●	酬	○	半	●	千	○	語	●	逢	○	使	●	幾	●	之
墨	●	明	○	宵	○	載	●	笑	●	迎	○	君	○	往	●	二
班	○	月	●	閑	○	會	●	間	○	際	●	顔	○	還	○	

[감상] 모든 규칙에 맞다. 이 시는 앞의 시에 이어 제목 없이 붙어 있다. 韻 字도 서로 다르다. 아마 작자가 성학사, 흥해군수가 마련한 천곡사의 詩會에 다녀온 후 그 소감을 지은 것이 아닌가 싶다. 제1구, 江城은 曲江의 성, 즉 흥해 관아이다. 제2구는 禪은 불교로 보고 禪床을 절에서 사용하는 밥상으로 보고, 使君顔은 군수가 자리를 마련하여 여럿을 대접하니 군수의 풍모가 좋게 보이더라는 뜻으로 해석했다. 제5구의 千載는 千載一遇의 줄임 말로 보면 되겠다. 頷, 頸聯의 對偶도 좋지만 尾聯이 참 좋다.

[122. 附成學士原韻] - 成學士

落葉空蹊掛夕陰　寺樓高出萬松林
初寒入谷千峯肅　虛白當簷一井深
雪臘茶饎邀淸界　秋山猿鶴證歸心
還疑幞被雲菴曉　月墮鐘鳴起整襟

[성학사의 원운을 덧붙여 둔다] - 성학사

낙엽 덮인 텅 빈 산골길에 저녁 그늘이 걸려 있고
우거진 송림에 절의 누각이 높이 솟아 있네
첫 추위에 골짜기 들어서니 많은 산봉우리 숙연하고
텅 빈 밝음이 처마를 맡아도 한 우물은 깊구나
눈 내리는 섣달 차와 떡으로 찬 세계를 맞으려는데
가을 산 원숭이와 학은 돌아가고픈 마음 밝히네
돌아감을 주저하며 두건을 쓰니 구름 낀 암자에 새벽이 오고
달은 기울어 쇠북 울면 일어나 마음을 가다듬네

月	●	還	○	秋	○	雪	●	虛	○	初	○	寺	●	落	●	
墮	●	疑	○	山	○	臘	●	白	●	寒	○	樓	○	葉	●	附
鐘	○	幞	●	猿	○	茶	○	當	○	入	●	高	○	空	○	成
鳴	○	被	●	鶴	●	饎	○	簷	○	谷	●	出	●	蹊	○	學
起	●	雲	○	證	●	邀	○	一	●	千	○	萬	●	掛	●	士
整	●	菴	○	歸	○	淸	●	井	●	峰	○	松	○	夕	●	原
襟	○	曉	●	心	○	界	●	深	○	肅	●	林	○	陰	○	韻

[감상] 모든 원칙에 맞다. 이 시는 성학사의 原韻이다. 원운은 자리를 마련한 주인이 먼저 한 수를 읊고 그 운에 맞추어 다른 사람들이 次韻한다. 이 시는 해석하기 다소 어렵다. 제4구의 虛白當簷은 '텅 빈 밝음이 처마를 맡다'는 우물의 덮개가 없다는 뜻일 것이다. 제5구는 이 모임을 개최한 계절을 짐작하는 데 혼란을 준다. 그런데 제6구와 연결해 생각해 보면, 지금은 가을이지만 섣달까지 머물러 준다면 차와 경단으로 대접할 텐데, 6구의 가을 산 원숭이와 학은 오늘 오신 손님들을 비유했다고 보면, 그들은 곧 돌아가려고 한다는 뜻일 게다. 尾聯에서 성학사의 항시 흐트러짐 없는 자세를 엿볼 수 있다.

[123. 寄贈成學士]

一識荊州歲半周 蓬門傾盖意悠悠
眉端每看浮黃氣 鏡裏還憐對白頭
琴閣逢迎多古態 樽筵送別惹新愁
江風海月前緣在 夢逐滄洲泛泛鷗

[성학사에게 지어 보내다]

형주에서 한번 알게 되고 세월이 반년이 흘러
누추한 저희 집에 행차하신 그 뜻이 넘쳐흐르네요
눈썹 끝에 항상 보아도 귀한 기운이 떠 있는데
거울 속에 돌아보니 가련하네 백두를 대하니
누각에서 거문고 뜯으며 손님을 맞이함은 예스러움 다분했고
자리 펴고 술을 내어 손님을 보내니 새로운 수심 엉기네
강에 바람과 바다에 뜬 달은 이전에도 본 것인데
꿈속에서 바닷가 모래섬에는 갈매기 무리지어 날더이다

夢	●	江	○	樽	○	琴	○	鏡	●	眉	○	蓬	○	一	●	
逐	●	風	○	筵	○	閣	●	裏	●	端	○	門	○	識	●	寄
滄	○	海	●	送	●	逢	○	還	○	每	●	傾	○	荊	○	贈
洲	○	月	●	別	●	迎	○	憐	○	看	◐	盖	●	州	○	成
泛	●	前	○	惹	●	多	○	對	●	浮	○	意	●	歲	●	學
泛	●	緣	○	新	○	古	●	白	●	黃	○	悠	○	半	●	士
鷗	○	在	●	愁	○	態	●	頭	○	氣	●	悠	○	周	○	

[감상] 모든 규칙에 맞다. 이 시 역시 작자가 천곡사 모임 후 집에 돌아와서 지어 보낸 것 같다. 首聯에서 두 사람 사이의 인연을 알 수 있다. 제1구의 荊州가 지금의 어디인지는 모르겠다. 半周는 한 바퀴의 반이니, 일 년의 반이다. 제2구의 蓬門은 쑥으로 지붕을 이은 문이란 뜻으로 가난한 사람이나 은거하는 사람의 집, 또는 남에게 대하여 자기 집을 겸손히 이르는 말이다. 傾盖는 길을 가다가 우연히 만나 서로 車盖를 기울이고서 이야기한다는 뜻으로, 처음 만나 친해지는 것을 이름. 頷聯의 제3구는 성학사를 묘사했는데 黃은 중국에서 가장 貴히 여기는 색이다. 제4구는 작자 자신을 표현했다고 본다. 白頭는 벼슬하지 못한 사람이다. 頸聯은 천곡사 모임을 다시 그린 것이고 尾聯은 성학사가 다스리는 곡강의 모습이 여운 있어 꿈속 광경으로 표현했다. 역시 頷, 頸련의 對偶는 공들인 흔적이 보인다.

[124. 附成學士次韻] - 成學士

長松小塢碧山周　退士家居一枕悠
茅許前人高引步　不妨今世少低頭
剡溪暝雪蒼茫興　笠澤寒雲曠莫愁
江院月明春酒熟　後先鳴獎起眠鷗

[성학사가 和韻한 것을 붙여 둔다] - 성학사

키 큰 소나무 작은 마을 푸른 산이 둘렀고
선비로 물러나 집에 머물면서 거저 누워 한가하네
띠풀은 허락하네 앞서가는 사람 발 높이 들고 걷는 것
방해하지 않네 이 세상에 머리를 조금 낮추는 것을
반짝이던 시내에도 어둡고 눈 내리면 아득한 흥취 있고
삿갓 쓴 연못에 찬 구름 일면 넓고 아득한 수심 있나니
곡강 관아에 달이 밝아 봄 술이 익으니
잠자던 갈매기 일어나 뒤서거니 앞서거니 울면서 권하네

後	●	江	○	笠	●	剡	●	不	●	茅	○	退	●	長	○	
先	○	院	●	澤	●	溪	○	妨	◑	許	●	士	●	松	○	附
鳴	○	月	●	寒	○	暝	●	今	○	前	○	家	○	小	●	成
獎	●	明	○	雲	○	雪	●	世	●	人	○	居	○	塢	●	學
起	●	春	○	曠	●	蒼	○	少	●	高	○	一	●	碧	●	士
眠	○	酒	●	莫	●	茫	○	低	○	引	●	枕	●	山	○	次
鷗	○	熟	●	愁	○	興	●	頭	○	步	●	悠	○	周	○	韻

[감상] 모든 규칙에 맞다. 이 시는 앞의 작자 東山이 지은 시운에 和韻하여 응답하는 내용이다. 首聯은 東山이 사는 곳을 묘사했고, 頷聯은 處世에 대한 방법을 말하고 있다. 제3구, 시골에서 어린 시절을 보낸 사람들은 이 글 뜻을 짐작할 것이다. 잔디보다 키가 더 크게 자라는 아주 질긴 풀이 있어 어린이들이 장난으로 풀을 서로 붙들어 매어 놓으면 지나가던 사람이 걸리어 넘어진다. 結草報恩이란 고사성어도 여기서 나왔다. 발을 높이 들고 조심하면 괜찮다. 頸聯은 白頭인 東山을 위로하는 것이다. 흥취와 수심은 어디에나 있다고. 尾聯은 봄이 오면 술이 있으니 곡강으로 다시 한번 놀러 오라는 은근한 뜻이 있다.

[125. 更步前韻見贈成學士 兼小序]
[전운으로 다시 밟아 성학사를 만나 드리다, 작은 서문을 덧붙여]

驪珠[10]先投仙鳥繼臨益覺不遐之義出尋常萬萬江院[11]一遊已有期前而適值冗故未躡芳塵一場會合此亦有數而然歟謹步前韻奉呈行軒聊寓悵仰之忱爾

검은 용의 턱 밑에 있는 귀중한 구슬을 먼저 던지니, 신선이 와서 이어 도우시니, 의가 드러남이 멀지 않음을 알았습니다, 늘 많이 곡강 관아를 찾았는데, 한 번 놀기로 전에 이미 약속한 바 있었습니다. 그러나 적당히 할 만한 겨를 때문에 아직 가지 못했는데, 좋은 때 한곳에 여럿이 모였으니, 이 또한 형편이 되어서 그러지 않았겠습니까, 삼가 전의 운으로 시를 지어 받들어 드리오니, 가시는 곳에서 귀 기울여 주십시오 슬픈 마음 부친 것을, 참마음을 우러를 뿐입니다.

分手空門月欲周 海雲深處夢魂悠
烟霞別界開雙眼 文酒逢場讓一頭
江院未成同客醉 華閻難破送君愁
堪憐老物虛緣重 早晚滄波伴白鷗

절 문에서 다시 못 볼 이별하는데 달은 두루 비치고자 하나
바다 구름 깊은 곳에 꿈속 넋은 멀구나
안개 노을 낀 별유천지는 두 눈 뜨고 살피지만
시와 술로 만나는 장소 일등을 양보하네
곡강 관아는 아직 이루지 못했는데 손님과 함께 취하기를
빛나는 이문은 깨트리기 어려워하네 그대를 보내는 슬픔을
무거운 인연 텅 비어 이 늙은이는 가련함을 견디는데
아침저녁 찬 물결에 흰 갈매기는 짝지어 나르네

---
10) 驪龍之珠의 준말, 검은 용의 턱밑에 있는 귀중한 구슬
11) 江院 곡강의 관아, 곡강은 흥해이다.

早	●	堪	○	華	○	江	○	文	○	烟	○	海	●	分	○	
晚	●	憐	○	閫	○	院	●	酒	●	霞	○	雲	○	手	●	更
滄	○	老	●	難	○	未	●	逢	○	別	●	深	○	空	○	步
波	○	物	●	破	●	成	○	場	○	界	●	處	●	門	○	前
伴	●	虛	○	送	●	同	○	讓	●	開	○	夢	●	月	●	韻
白	●	緣	○	君	○	客	●	一	●	雙	○	魂	○	欲	●	之
鷗	○	重	●	愁	○	醉	●	頭	○	眼	●	悠	○	周	○	一

[감상] 모든 규칙에 맞다. 이 시는 흥해군수로 있던 성학사가 다른 곳으로 떠나는지 이별의 아픔을 읊고 있다. 그러면서 지난번 천곡사 모임을 회상한다. 尾聯에 이별의 아쉬움이 잘 드러나 있다. 서문의 첫 두 구절은 비유가 심해 이해가 어려우나 성학사가 승진해 갈 줄 미리 알았다는 뜻인 것 같다.

[126. 贈成學士]

午夜禪燈斗酒傾　雲山歸路有餘情
江樓月上佳期在　水國星低好會成
學士毫端翰萬景　醉翁襟裡弄雙清
名區勝賞今虛負　詩得春風續舊盟

[성학사에게 드리다]

오후부터 밤까지 절간방에 등불 켜고 말술을 기울이고
구름 낀 산에서 돌아오는 길에 남은 정이 있었네
강가 누각에 달이 뜨면 아름답게 놀아 보자는 약속 있었건만
곡강에 별이 지면 좋은 모임 이루어질 것이었는데
학사님은 붓끝으로 많은 상서로운 글을 지을 테고
취한 늙은이는 마음속으로 짝을 이룬 맑음을 희롱하네
이름난 장소에서 빼어난 경치를 칭송할 일은 이제 빈말이 되었으니
봄바람에 시를 지어 옛 약속을 이을까 합니다.

詩	○	名	○	醉	●	學	●	水	●	江	○	雲	○	午	●	
得	●	區	○	翁	○	士	●	國	●	樓	○	山	○	夜	●	前
春	○	勝	●	襟	○	毫	○	星	○	月	●	歸	○	禪	○	詩
風	○	賞	●	裡	●	端	○	低	○	上	●	路	●	燈	○	之
續	●	今	○	弄	●	翰	○	好	●	佳	○	有	●	斗	●	續
舊	●	虛	○	雙	○	萬	●	會	○	期	○	餘	○	酒	●	
盟	○	負	●	清	○	景	●	成	○	在	●	情	○	傾	○	

[감상] 모든 규칙에 맞다. 이 시는 앞의 시에 이어져 있으나 韻字는 다르다. 역시 벗인 흥해군수 성학사가 떠남을 아쉬워하고 있다. 제4구의 水國은 曲江, 즉 지금의 흥해이다. 제5구의 학사는 성학사이다. 아마도 홍문관으로 발령이 난 듯하다. 제6구의 醉翁은 작자 자신이다. '짝을 이룬 맑음을 희롱한다'는 시를 짓는다는 뜻이다.

[127. 除夜遣懷寄贈成學士]

舊歲已隨此夜去 東君消息懷良辰

陰崖欲盡千層雪 祥莢初回一葉春

深巷難逢名下士 殘更空憶意中人

江霄幸看奎星近 邂逅詩仙晚契新

[제야에 속마음을 풀어 성학사에게 지어 보낸다]

묵은해가 이미 발뒤꿈치만 남아 이 밤과 함께 가니

봄소식에 좋은 계절을 품어 보네

그늘진 절벽에는 없어지려 하네 수많은 층의 눈이

복된 쥐엄나무에는 처음으로 돌아오네 한 입의 봄이

깊은 대궐 복도에서는 만나기 어려워라 이름 없는 선비는

얼마 남지 않은 밤에 쓸데없이 생각하네 마음속 사람을

강이 흐르는 밤에 다행히 보았네 규성이 가까이 옴을

어쩌다 우연히 시선을 만나면 늦었지만 새로 계를 맺겠네

邂	●	江	○	殘	○	深	○	祥	○	陰	○	東	○	舊	●	
逅	●	霄	○	更	○	巷	●	莢	●	崖	○	君	○	歲	●	除
詩	○	幸	●	空	○	難	●	初	○	欲	●	消	○	已	●	夜
仙	○	看	◐	憶	●	逢	○	回	○	盡	●	息	●	隨	○	遣
晚	●	奎	○	意	●	名	○	一	●	千	○	懷	○	此	●	懷
契	●	星	○	中	○	下	●	葉	●	層	○	良	○	夜	●	寄
新	○	近	●	人	○	士	●	春	○	雪	●	辰	○	去	●	贈

[감상] 제1구, 끝 去가 측성이어서 變調이고, 제1, 2구에 蜂腰, 鶴膝, 下三連 등이 보이지만 相替簾으로 상쇄했다. 이 시는 벗이던 성학사가 떠나고 그해가 저물면서 頸聯에서 보듯이 여전히 성학사를 그리워하나 尾聯에서는 새로운 詩 친구를 사귀기를 열망함을 내비쳤다. 제2구, 東君은 봄의 神이고, 良辰은 佳節이다. 제7구의 奎星은 28宿의 열다섯 번째 별, 文運을 맡아 보고, 이 별이 밝으면 천하는 태평하다고 한다. 頷, 頸聯의 對偶가 좋다. 詩則을 잘 아는 작자가 왜 1, 2구에서 상체염을 써 가며 무리하게 첫 구를 높였을까? 이 시를 唱한다고 보면 그 효과가 나타날 것 같다

[128. 雜詠八首寄贈成學士-1]

洛雲迢遞未歸情 奎閣淸流鎖海城

蔀屋春蘭歌召杜 琴軒晝靜誦朱程

江風拂袖詩愁遣 山月盈襟薛夢醒

晚歲知音惟我在 懷君遙夜度三更

[여러 가지를 여덟 수 읊어 성학사에게 보냄-1]

한양의 구름은 뭉게뭉게 넘어와 아직 돌아가지 않는 정이 있는데
규장각 맑은 기운의 흐름은 곡강 생각을 가두어 버리고 말았구나
풀로 지붕을 이은 가난한 집에서는 봄 난초가 두보를 불러 노래하고
거문고 뜯던 높은 집에서는 낮 정막이 주자와 정자를 암송하네
강에 바람 불어 옷소매 떨치니 시적 수심을 풀어 보고
산에 달이 뜨니 가슴속이 가득 차 맑은 꿈 깨어나네
늘그막에 나를 알아주는 이 오직 나밖에 없으니
그대 생각에 멀리서 이 밤도 삼경을 넘기네

懷	○	晚	●	山	○	江	○	琴	○	蔀	●	奎	●	洛	●	
君	○	歲	●	月	●	風	○	軒	○	屋	●	閣	●	雲	○	第
遙	○	知	○	盈	○	拂	●	晝	●	春	○	清	○	迢	○	一
夜	●	音	○	襟	○	袖	●	靜	●	蘭	○	流	○	遞	●	詠
度	●	惟	○	薛	●	詩	○	誦	●	歌	○	鎖	●	未	●	
三	○	我	●	夢	●	愁	○	朱	○	召	●	海	●	歸	○	
更	○	在	●	醒	○	遣	●	程	○	杜	●	城	○	情	○	

[감상] 庚, 靑字 通韻이다. 모든 규칙에 맞다. 이 시는 벗인 성학사가 한양으로 떠난 후 그를 그리워하는 정이 깊게 배어 있다. 제1구, 洛은 중국의 황하 지류인 낙수 또는 수도인 낙양을 의미하는데, 우리나라 수도를 의미할 수도 있다. 제2구, 奎閣은 정조가 세운 규장각을 의미하고 그곳에 새로운 학자를 모아 개혁정치의 기초로 삼았다. 海城은 바닷가 성곽, 곧 흥해(곡강)이다. 제3구, 蔀屋은 풀로 지붕을 이은 가난한 집. 召는 다음 구의 朱程과 대우를 이루는 것이기에 어떤 사람의 이름으로 보아야 하는데, 두보와 짝할 누군지 모르겠다. 제6구, 薛은 맑은대쑥이다. 7언 율시는 보통 領, 頸聯의 對偶에 초점이 간다. 이 시는 물론 대우도 잘 되었지만 首, 尾聯이 작자 자신의 정감을 잘 표현하고 있다.

[129. 雜詠八首寄贈成學士-2]

故園松菊待公歸　三載淮陽鬢欲絲

盛世文章鳴左海　暮年聲績動南陲

歌高白雪人誰和　氣鬱靑霞子獨奇

時與詩朋開口笑　春深梅閣日遲遲

[여러 가지를 여덟 수 읊어 성학사에게 보냄-2]

옛 절의 소나무 국화는 공이 돌아오기를 기다리는데

삼 년 세월이 흐르니 귀밑머리 희게 세려 하네

좋은 세상 만난 문장이 영남을 울리더니

한 해가 가니 좋은 평으로 성과 있어 남쪽 변방을 움직이네

노랫소리 높고 백설 내리면 사람이 누가 그에 응하리

기가 막히고 푸른 노을 지면 그대만을 의지하네

때에 따라 시를 벗하여 입을 열고 웃으니

늦은 봄 매화 핀 누각에 해는 더디 가는구나

春	○	時	○	氣	●	歌	○	暮	●	盛	●	三	○	故	●	
深	○	與	●	鬱	●	高	○	年	○	世	●	載	●	園	○	雜
梅	●	詩	○	靑	○	白	●	聲	○	文	○	淮	○	松	●	詠
閣	●	朋	○	霞	○	雪	●	績	●	章	○	陽	○	菊	●	之
日	●	開	○	子	●	人	○	動	●	鳴	○	鬢	●	待	●	二
遲	○	口	●	獨	●	誰	○	南	○	左	●	欲	●	公	○	
遲	○	笑	●	奇	○	和	●	陲	○	海	●	絲	○	歸	○	

[감상] 支, 微字 通韻이다. 모든 규칙에 맞다. 이 시 역시 성학사를 그리워하고 또 찬양하며 동시에 자신은 외롭고 한가함을 노래했다. 제2구, 淮는 중국 황하로 흘러드는 큰 강인데, 빙 둘러 흐른다고 한다. 陽은 인간 세상이다. 제3구, 盛世는 좋은 세상인데, 여기서는 정조 임금 때를 말한다. 左海는 곧 嶺南이다. 제5구는 성학사만이 이에 응해 시를 지을 수 있다는 뜻. 對偶가 좋다.

[130. 雜詠八首寄贈成學士-3]

魚鳥江湖摠解顔　夢魂長在五雲間

春回古郭蒼籐合　歲晏空庭白日閑

莫道微官嫌淡薄　勝他貧士惱飢寒

坐看閭巷疲癃起　謂有明公袖裏丹

[여러 가지를 여덟 수 읊어 성학사에게 보냄-3]

강과 호수의 고기와 새들은 모두 웃고 있고

꿈속 혼백은 오색구름 사이에 오랫동안 있었네

봄이 돌아오니 옛 성곽에 푸른 칡덩굴은 뒤엉켜 있고

한 해가 저물면 텅 빈 뜰엔 밝은 해가 한가롭네

도가 없는 낮은 벼슬아치는 담박한 것을 싫어하고

간사한 마음 극복한 가난한 선비는 배고프고 추운 것을 괴로워하네

앉아서 마을 골목들을 살피고 나니 피곤하고 나른해지나

알릴 밝은 그대가 있는 까닭에 소매 속이 붉구나

謂	●	坐	●	勝	●	莫	●	歲	●	春	○	夢	●	魚	○	
有	●	看	◐	他	○	道	○	晏	●	回	●	魂	○	鳥	●	雜
明	○	閭	○	貧	○	微	○	空	○	古	●	長	○	江	○	詠
公	○	巷	●	士	●	官	○	庭	○	郭	●	在	●	湖	●	之
袖	●	疲	○	惱	●	嫌	○	白	●	蒼	○	五	●	摠	●	三
裏	●	癃	○	飢	○	淡	●	日	●	籬	○	雲	○	解	●	
丹	○	起	●	寒	○	薄	●	閑	○	合	●	間	○	顔	○	

[감상] 刪, 寒字 通韻이다. 제7구에 鶴膝이 보이나 비운자행이다. 제1구, 解顔은 얼굴에 웃음을 띰. 제6구의 他는 奸邪, 즉 마음이 바르지 않음이다. 제7구, 疲癃은 다만 기운이 쇠약하여 생긴 나이 많은 노인의 병이다. 제8구, 丹은 정성스러운 마음이다. 마음에 정성스러움이 가득하다는 뜻. 이 시는 작자의 일상, 주변 환경, 마음가짐을 그렸는데, 이러한 것을 일러바칠 성학사가 있어 마음속 위안이 된다고 한다. 景을 읊고 情을 읊은 頷聯, 頸聯의 對偶가 좋다.

[131. 雜詠八首寄贈成學士-4]

三年湖海與鷗盟　逞逞淸區勝會成

黃卷高追千古友　紅塵肯要一時名

驚人妙句良辰得　勸客深觴好處傾

今世百年知己遇　江雲回首䚊含情

[여러 가지를 여덟 수 읊어 성학사에게 보냄-4]

삼 년 동안 호수와 바다에서 갈매기와 벗하며

유쾌하고 즐거이 맑은 구역 찾아 성대한 모임을 하였는데

누런 책에서 높이 따른 것은 아주 옛 벗이요

번거로운 속세에서 즐거이 나서 원하는 것은 한때의 이름이라

사람들을 놀라게 하는 묘한 글귀는 좋은 때에 얻어지고

손님에게 권하는 가득 찬 술잔은 좋은 장소에서 기울이니

이 세상 사는 동안 나를 알아주는 이 우연히 만났으니

강에 구름 끼니 머리 돌려 무람없던 정 머금어 보네

江	○	今	○	勸	●	驚	○	紅	○	黃	○	逞	●	三	○
雲	○	世	●	客	●	人	○	塵	○	卷	●	逞	●	年	○	雜
回	○	百	●	深	○	妙	●	肯	●	高	○	淸	○	湖	○	詠
首	●	年	○	觸	●	句	●	要	●	追	○	區	○	海	●	之
譱	●	知	○	好	●	良	○	一	●	千	○	勝	●	與	●	四
含	○	己	●	處	●	辰	○	時	○	古	●	會	●	鷗	○	
情	○	遇	●	傾	○	得	●	名	○	友	●	成	○	盟	○	

[감상] 모든 규칙에 맞다. 이 시 역시 성학사와 함께했던 시간을 되새기고 그가 知己였음을 말한다. 제4구, 紅塵은 속세의 티끌, 번거롭고 속된 세상. 제8구, 譱은 친하여 무람없음이다. 頷聯, 頸聯의 對偶가 참 좋다.

[132. 雜詠八首寄贈成學士-5]

蜚英早歲踏雲衢　人說朝端茅一流

聖世好將經國手　殘城今把濟民籌

心天一鑑氛埃廓　學海孤舟歲月悠

時向東山尋野老　崢嶸詩思未應休

[여러 가지를 여덟 수 읊어 성학사에게 보냄-5]

이른 나이에 비루한 영화는 구름 같은 네거리를 밟아야 하니
사람들이 말하길 조정에는 패거리를 지어 몰려다닌다고
성군의 치세에 장차 반기는 것은 나라를 다스리는 솜씨요
쇠잔한 성에 지금 잡고 싶은 것은 백성을 구제할 계책이네
하늘을 마음에 두면 한 번 본 거울에 먼지 털고 바로잡고
바다를 배우면 외로운 배도 세월을 근심하네
때맞추어 동산을 향해 시골 늙은이를 찾으면
시를 생각함이 높고 높아 쉴 줄을 모를 것이네

崢	○	時	○	學	●	心	○	殘	○	聖	●	人	○	蜚	●
嶸	○	向	●	海	●	天	○	城	○	世	●	說	●	英	○	雜
詩	○	東	○	孤	○	一	●	今	○	將	○	朝	○	早	●	詠
思	●	山	○	舟	○	鑑	●	把	●	要	○	端	○	載	●	之
未	●	尋	○	歲	●	氛	○	濟	●	經	○	茅	○	踏	●	五
應	○	野	●	月	●	埃	○	民	○	國	●	一	●	雲	○	
休	○	老	●	悠	○	廓	●	籌	○	手	●	流	○	衢	○	

[감상] 尤, 虞字 通韻이다. 모든 규칙에 맞다. 제1구, 蜚英은 비루한 명예이다. 제2구, 朝端은 朝廷이고 茅는 두름(한 줄에 열 마리씩 두 줄로 엮은 것)이다. 제7구의 東山은 작자의 號이면서 실제 지명으로 경주시 천북면에 있다. 작자는 본래 경주 양동, 인동이 고향인데 當代 이곳에 別墅를 두고 거주하였다. 首聯은 4색 당파와 출세의 행태를, 頸聯은 조정 신료인 성학사에게 하는 충고로 보인다. 외로운 배는 곧 성학사이다. 尾聯은 성학사가 또 자기에게로 오면 같이 시를 짓고 쉴 틈이 없으리란. 領聯의 對偶가 좋다.

[133. 雜詠八首寄贈成學士-6]

寂寞荒村歲月廻　無端霜髮鬢邊催
山光半入囊中草　春色長留手裡盃
風雨囂塵思已斷　烟霞靜界夢初回
文章太守江城在　一夜吟魂千往來

[여러 가지를 여덟 수 읊어 성학사에게 보냄-6]

고요하고 쓸쓸한 거친 시골에 세월이 돌아오니
흐트러진 백발이 귀밑머리 언저리를 재촉하네
산빛에 반쯤 들어오네 주머니 속으로 풀이
봄빛에 오래 머무르네 손 속에서 잔이
풍우 치는 시끄러운 세상사에 생각은 이미 끊어지고
안개와 노을 낀 고요한 경계에 꿈이 비로소 돌아오네
문장이 뛰어난 원님이 곡강에 있었기에
하룻밤에도 시 읊는 혼백은 천 번이나 오고 갔네

一	●	文	○	烟	○	風	○	春	○	山	○	無	○	寂	●	
夜	●	章	○	霞	○	雨	●	色	●	光	○	端	○	寞	●	雜
吟	○	太	●	靜	●	囂	○	長	○	半	●	霜	○	荒	○	詠
魂	○	守	○	界	●	塵	○	留	○	入	○	髮	●	村	○	之
千	○	江	○	夢	○	思	○	手	●	囊	○	鬢	●	歲	●	六
往	●	城	○	初	○	已	●	裡	●	中	○	邊	○	月	●	
來	○	在	●	回	○	斷	●	盃	○	草	●	催	○	廻	○	

[감상] 모든 규칙에 맞다. 제7구의 太守는 지방관이고 江城은 曲江(흥해) 관아이다. 곧 성학사가 흥해군수로 있었음을 말한다. 頷, 頸聯의 對偶가 좋다. 특히 頷聯이 뛰어나다. 尾聯을 보면 작자가 성학사를 얼마나 좋아했는지 알 수 있다.

[134. 雜詠八首寄贈成學士-7]

仙鳥頻臨寂寞濱 晩年交誼白頭新

東山益重公來日 北海增深虎渡辰

枕上幾成三代夢 胸中應有四時春

官閑剽得逍遙地 鷗警滄江日與親

[여러 가지를 여덟 수 읊어 성학사에게 보냄-7]

신선이 자주 임하는 고요하고 쓸쓸한 물가에

만년에 옳은 이와 교유하니 백두가 새로워졌네

동산은 더욱 무거워지네 공이 오시는 날

북해는 더욱 깊어지네 범이 건너는 때

베갯머리에 자주 이루었네 삼대의 꿈을

가슴속에 응당 있네 네 계절 봄날이

관아 일 한가할 때 잠시 틈을 내어 소요하던 곳에

갈매기는 조심스레 푸른 강에서 해와 벗하네

鷗	○	官	○	胸	○	枕	●	北	●	東	○	晚	●	仙	○	
警	●	閑	○	中	○	上	○	海	●	山	○	年	○	鳥	●	雜詠之七
滄	○	剝	●	應	○	幾	○	增	○	益	●	交	○	頻	○	
江	○	得	●	有	●	成	○	深	○	重	●	誼	●	臨	○	
日	●	逍	○	四	●	三	○	虎	●	公	○	白	●	寂	●	
與	●	遙	○	時	○	代	●	渡	●	來	○	頭	○	寞	●	
親	○	地	●	春	○	夢	●	辰	○	日	●	新	○	濱	○	

[감상] 모든 규칙에 맞다. 제2구의 白頭는 벼슬 없는 작자 자신이다. 제3구의 東山은 작자가 사는 곳. 제4구의 北海는 성학사가 지금 있는 한양을 비유한 것. 제5구의 三代夢은 삼대를 이어 온 벼슬에 대한 갈구가 아닐까? 제7구는 지난날 성학사와 함께했던 시간의 회상이다.

[135. 雜詠八首寄贈成學士-8]

氣字崢嶸壓海城 每呼詞客酒盃傾

煙霞一醉前年事 蓬華重尋此日情

雨過鷄林春欲曉 雲開烏岳夢應淸

論襟一席多魔戲 何處江山好會成

[여러 가지를 여덟 수 읊어 성학사에게 보냄-8]

높고 가파른 산이 기를 길러 바닷가 마을을 누르니
늘 시문을 잘 짓는 사람들을 불러 술잔을 기울이게 하네
연기와 노을에 한번 취하네 지난해 일들을
쑥과 꽃에 거듭 찾네 이날의 정을
비 그친 계림에는 봄이 피어나려 하고
구름 열린 오악에는 꿈이 응당 맑구나
한자리에서 마음을 밝히려니 많은 마귀가 장난치니
강산 어디에서 좋은 모임 이룰꼬

何	○	論	○	雲	○	雨	●	蓬	○	煙	○	每	●	氣	●	
處	●	襟	○	開	○	過	●	華	○	霞	○	呼	○	字	●	雜
江	○	一	●	鳥	○	鷄	○	重	○	一	●	詞	○	崢	○	詠
山	○	席	●	岳	●	林	○	尋	○	醉	●	客	●	嶸	○	之
好	●	多	○	夢	○	春	○	此	●	前	○	酒	●	壓	●	八
會	●	魔	○	應	○	欲	●	日	○	年	○	盃	○	海	●	
成	○	戲	●	清	○	曉	●	情	○	事	●	傾	○	城	○	

[감상] 一字가 疊이다. 제6구의 烏岳은 세 가지 경우가 있다. 첫째, 경상북도 청도군에 있었던 신라시대의 현 이름. 둘째, 구미시에 있는 金烏山 그리고 경주의 남산인 金鰲山으로 여기서는 세 번째인 경주 남산이 자연스러운데 글자가 다르다. 首, 頷聯은 성학사와 함께 했던 흥해를 묘사했고 頸, 尾聯은 작자가 지금 있는 경주를 묘사하고 자기 심정을 밝혔다. 對偶가 좋다.

[136. 次成學士元曉菴韻]

欲觀東海上高峯 望眼猶遮落落松
病客殘更愁獨坐 詞仙何日好相逢
瓊篇忽報投空篋 塵夢還醒聽大鐘
反把牙絃歌一曲 故人懷抱幾重重

[성학사의 원효암에 차운하다]

동해를 보고 싶어 높은 봉우리에 올랐는데
낙락장송이 바라보는 눈을 오히려 가리네
병든 몸은 날이 샐 무렵 혼자 앉아 근심하고
글 짓는 신선은 어느 때 서로 만나 좋아할까
옥 같은 시문 홀연히 받아 빈 상자에 넣어 두고
티끌 같은 꿈에서 돌아와 깨어나니 큰 종소리가 들리네
작은 거문고 다시 잡고 한 곡을 부르니
옛 벗과의 마음속 품은 생각 거듭거듭 가깝네

[감상] 모든 규칙에 맞다. 이 시는 작자가 뒤에 이어진 성학사가 지은 原韻에 차운한 것이다. 실제 산행을 같이했는지는 알 수 없으나 시 全篇에 묘사로 보아서는 현장에 동행하지는 않은 듯하다. 元曉菴은 전국 여러 곳에 있는데 동해를 보러 오른다고 하니 아마도 포항 오어사에 있는 것이 아닌가 한다.

[137. 附原韻] - 成學士

捫蘿一徑掛中峰　剽許雙鳧涉萬松
仙老筍輿催鶴引　異僧金策隔花逢
海聲洪泛爭晨唄　山氣淸冷入夜鐘
啼鳥留人歸馬立　洞門烟柳夕陰重

[성학사가 먼저 지은 시를 붙여 둔다] - 성학사

댕댕이 줄을 잡고 작은 산골길로 중봉을 지나니
청둥오리 한 쌍이 빠르게 지나네 우거진 솔숲을 건너
신선 같은 늙은이 대나무 가마를 타고 학이 이끌기를 재촉하니
이상한 승려가 쇠지팡이를 짚고 꽃을 만나러 멀어지네
바닷소리가 넓게 울려와 새벽 염불 소리와 다투고
산의 기운이 맑고 차서 밤의 범종 소리에 섞여 드네
새는 울고 사람은 머무르고 싶은데 돌아가는 말은 서 있네
골짜기 입구에 연기와 버들이 있어 석양 그늘이 배가 되네

洞	●	啼	○	山	○	海	●	異	●	仙	○	剝	●	捫	○	
門	○	鳥	●	氣	●	聲	○	僧	○	老	●	許	●	蘿	○	附
烟	○	留	○	清	○	洪	○	金	○	筇	●	雙	○	一	●	原
柳	●	人	○	冷	●	泛	●	策	●	輿	○	梟	○	徑	●	韻
夕	●	歸	○	入	●	爭	○	隔	●	催	○	涉	●	掛	●	
陰	○	馬	●	夜	●	晨	○	花	○	鶴	●	萬	●	中	○	
重	○	立	●	鐘	○	唄	●	逢	○	引	●	松	○	峯	○	

[감상] 제5구에 鶴膝이 보이나 비운자행이다. 현장을 체험하고 지은 것이라 산행 과정이 잘 묘사되고 있다. 특히 頸聯의 對偶와 비유가 뛰어나다.

[138. 山菴遣懷二首寄贈成學士-1]

塊坐殘菴午影斜　無端春色又經過

只聞谷口嚶嚶鳥　不見山頭灼灼花

欲把淸樽消世慮　每逢佳節惜年華

綠陰芳草皆詩料　倦客吟來趣味多

[산속 암자에서 마음을 풀어 쓴 시 두 편을 성학사에게 부쳐 보낸다-1]

홀로 쓰러져 가는 암자에 앉았는데 한낮 그림자 비스듬하고

무르익은 봄 빛깔은 또 지나가네

단지 들리네 골짜기 입구에 새들이 우짖는 소리

볼 수 없네 산꼭대기에 꽃이 만발한 것

잡고 싶네 맑은 술병 세상 시름 없어지게

늘 만나네 좋은 계절 해마다 피는 꽃 아까워

푸른 나무 그늘 꽃다운 풀은 모두 시의 재료가 되니

게으른 나그네 취미가 많아 읊으러 오네

倦●	綠●	每●	欲●	不●	只●	無○	塊●	
客●	陰○	逢○	把○	見●	聞○	端○	坐●	山
吟○	芳○	佳○	淸○	山○	谷●	春○	殘●	菴
來○	草●	節●	樽○	頭○	口○	色●	菴●	遣
趣●	皆○	惜○	消○	灼●	嚶●	又●	午●	懷
味●	詩○	年○	世●	灼●	嚶○	經○	影○	之
多○	料●	華○	慮●	花○	鳥●	過○	斜○	一

[감상] 麻, 歌字 通韻이다. 제7구에 鶴膝이 보이나 비운자행이다. 봄에서 여름으로 건너갈 즈음 집 가까이 있는 산속 낡은 암자를 작자 혼자 찾아와서 우두커니 앉아 자연을 가만히 관조하는 모습이다. 頷聯의 對偶가 좋다.

[139. 山菴遣懷二首寄贈成學士-2]

松壇日永樹陰斜 深巷今無好客過

對鏡偏憐頭上雪 看書難掃眼中花

平生自許安愚拙 浮世還羞競艶華

李杜文章千古在 遺箱怩怩得詩多

[산속 암자에서 마음을 풀어 쓴 시 두 편을 성학사에게 부쳐 보낸다-2]

단 위의 소나무 해가 기니 나무 그늘 비스듬한데
동네 골목 깊숙이 이제는 반가운 손님 지나가지 않네
거울을 대하니 가련함에 치우치네 머리 위에 백설을
책을 보니 쓸어 내기 어렵구나 눈에 들어온 꽃을
평생 스스로 만족했네 어리석고 서투름을 즐기는데
덧없는 세상 도리어 부끄러워했네 고운 영화 다투는 것을
이백과 두보의 아름다운 글은 오래도록 남아 있는데
남겨진 상자에 즐거워하네 많은 시를 얻어

遺 ○	李 ●	浮 ○	平 ○	看 ◐	對 ●	深 ○	松 ○	
箱 ○	杜 ●	世 ●	生 ○	書 ○	鏡 ●	巷 ●	壇 ○	山
遲 ●	文 ○	還 ○	自 ●	難 ○	偏 ○	今 ○	日 ●	菴
遲 ●	章 ○	羞 ○	許 ●	掃 ●	憐 ○	無 ○	永 ●	遺
得 ●	千 ○	競 ●	安 ○	眼 ●	頭 ○	好 ●	樹 ●	懷
詩 ○	古 ●	艶 ●	愚 ○	中 ○	上 ●	客 ●	陰 ○	之
多 ○	在 ●	華 ○	拙 ●	花 ○	雪 ●	過 ○	斜 ○	二

[감상] 앞의 시와 同韻이다. 모든 규칙에 맞다. 이 시 역시 시골 처사의 한가함과 자기 반성을 노래한 것인데, 다만 尾聯의 제8구 해석을 지금처럼 하면 남겨진 상자는 무엇인가? 이백과 두보의 시인가? 아니면 遺를 상속의 의미로 해석하면, 작자의 부친은 蘭皐 孫漢杰公으로 詩集을 남겼으니 그것을 말함인가? 또 다르게는 미래적으로 해석하여 '상자를 남긴다면 (후손이) 즐거워하며 많은 시를 얻으리'가 되는데, 작자의 8代孫인 譯者로서는 은근히 마지막 해석에도 마음이 간다. 對偶도 좋다.

[140. 山窓遣懷贈觀瀾翁]

幾年南國任萍逢 千里行裝只一笻
納納乾坤愁裏窄 茫茫湖海醉中空
人間誰是逃名士 方外君疑遯世翁
半月禪窓同作客 白頭相對意重重

[산방에서 마음을 달래면서 지어 관란옹에게 준다]

남쪽 지방을 떠돌다 우연히 만난 것이 몇 해가 되는구려
천 리를 나서는 차림이 고작 지팡이 하나였다오
넣고 넣었네 하늘과 땅 사이에 수심이 가슴속이 좁아서
아득하고 아득하여도 호수와 바다가 취중에는 텅 비고 없네
인간 세상에 누가 이러하랴 이름나기를 피하는 선비
세속 밖에 있는 그대는 의아해하네 세상을 도피하는 늙은이를
둘이 함께 객이 되어 선방에 들었는데 반달이 떴구려
서로가 백두를 마주 보나 뜻은 무궁하다오

白	●	半	●	方	○	人	○	茫	○	納	●	千	○	幾	●	
頭	○	月	●	外	●	間	○	茫	○	納	●	里	●	年	○	山
相	○	禪	○	君	○	誰	○	湖	○	乾	○	行	○	南	○	窓
對	●	窓	○	疑	○	是	●	海	●	坤	○	裝	●	國	●	遣
意	●	同	○	遯	●	逃	○	醉	●	愁	○	只	●	任	●	懷
重	○	作	●	世	●	名	○	中	○	裏	●	一	●	萍	○	贈
重	○	客	●	翁	○	士	●	空	○	窄	●	節	○	逢	○	觀

[감상] 東, 冬字 通韻이다. 제5구에 鶴膝이 보이나 비운자행이다. 앞에서 궁금했던 관란옹의 정체가 여기서 드러난다. 제1구의 萍逢은 물에 뜬 개구리밥처럼 이리저리 떠돌아 다니다가 만다는 뜻으로, 우연히 만남을 이르는 말이다. 제8구의 白頭는 흰머리 또는 벼슬 없는 無官인데 後者가 더 어울린다. 頷聯의 對偶가 참 멋지다.

[141. 拈明詩得深字]

鰥居懷抱去愈深 白首凉凉步夕陰

少醉渾忘今世事 浩吟贏得古人心

洞雲自占閑翁臥 溪月誰教好客尋

賴有庚函詩語細 論襟盡日許知音

[밝은 시를 골라서 深 자를 얻었다]

홀아비로 사니 가슴에 품은 생각 버리기 더욱 심하고

흰머리에 쓸쓸히 저녁 그늘을 걷는다

조금 취하니 흐려져 잊히네 지금의 세상일을

넓게 시를 읊으면 넘치도록 얻네 옛사람의 마음을

골짜기 구름은 마음대로 차지하네 한가한 늙은이 누운 곳을

개울의 달은 누구를 본받았는고 좋은 손님 찾는 것을

믿음이 생겨 글월을 바꾸니 시어가 자세해지고

종일토록 마음을 따지니 나를 알아 가게 되네

論 ○	賴 ●	溪 ○	洞 ●	浩 ●	少 ●	白 ●	鰥 ○	
襟 ○	有 ●	月 ●	雲 ○	吟 ○	醉 ●	首 ●	居 ○	拈
盡 ●	庚 ○	誰 ○	自 ●	贏 ○	渾 ●	凉 ○	懷 ○	明
日 ●	函 ○	教 ○	占 ●	得 ●	忘 ●	凉 ○	抱 ●	詩
許 ●	詩 ○	好 ○	閑 ○	古 ●	今 ○	步 ●	去 ●	得
知 ○	語 ●	客 ●	翁 ○	人 ○	世 ●	夕 ●	愈 ◐	深
音 ○	細 ●	尋 ○	臥 ●	心 ○	事 ●	陰 ○	深 ○	字

[감상] 모든 규칙에 맞다. 이 시를 보면 평소 작자는 옛사람들의 시를 많이 읽고 있음을 알 수 있다. 제목과 제4, 7구에서 그것이 드러난다. 제1구 鰥, 족보에서 보면 작자는 84세에 졸하셨는데, 63세에 喪妻하여 21년을 홀아비로 사셨다. 그래서 首聯은 참으로 처량해 보인다. 작자에게 위안이 되는 것은 술과 詩이다. 頷聯이 그것을 말한다. 그러면 금방 자연에 빠져든다. 그것이 頸聯이다. 시인은 시를 다듬고 종일 자신의 내면을 살핀다. 그것이 尾聯이다. 對偶도 좋다.

[142. 拈元日韻得春字]

坐數人間六十春　雲林深處可安身

乾坤有意靑山舊　歲月無情白髮新

放浪誰知詩上客　淸狂自許醉中人

野葵亦鮮傾陽義　逞逞殘更夢紫宸

[설날을 읊은 시를 골라 읽고 春 자 운을 얻었다]

육십 세 먹은 사람 몇이 앉으면

구름 낀 숲 깊숙한 곳에도 몸을 편안히 할 수 있네

하늘과 땅 사이 뜻이 있으나 청산은 그대론데

세월은 정이 없고 백발은 새롭네

방랑한들 누가 알아보나 시를 잘 짓는 나그네인 줄

정신 맑은 미치광이 스스로 자처하네 취한 가운데 사람을

들판의 해바라기도 해를 보고 기울기는 드문데

새벽녘에 대궐 꿈에 즐거워하네

	逞●	野●	清○	放●	歲●	乾○	雲○	坐●	
拈	逞●	葵○	狂○	浪●	月●	坤○	林○	數●	
元	殘○	亦●	自○	誰○	無○	有●	深○	人○	
日	更○	鮮●	許●	知○	情○	意●	處●	間○	
韻	夢●	傾○	醉●	詩○	白●	靑○	可●	六●	
得	紫●	陽○	中○	上●	髮●	山○	安○	十●	
春	宸○	義●	人○	客●	新○	舊●	身○	春○	

[감상] 人字가 疊이다. 首聯은 나이 육십이 넘으면 곧 북망산천 가서 편안히 눕는다는 것이다. 頷聯은 젊어서 의욕을 가지고 이것저것 애써 봐도 금방 늙고 만다는 뜻. 頸聯은 그래서 방랑도 해 보고 취해도 보지만 정신은 말짱하다고, 尾聯은 陽義는 해, 紫宸은 임금인데 선처에 대한 미련을 가지고 있다. 對偶가 좋다.

[143. 自遣]

衰懶那由讀聖賢 眼前人事最堪憐

雄懷寂寞頻看鏡 晚計辛酸一任天

才拙不能鳴盛世 身閑聊得送殘年

何時共遇知音者 先後逍遙水石邊

[혼자서 마음 달래다]

무슨 까닭인지 시들하고 게을러졌네 성현의 글 읽기가

눈앞의 사람 일 모두 불쌍히 여기며 견디네

씩씩한 생각을 품어 보나 적막하여 자주 거울을 보고

늘그막에 계획했으나 쓰리고 고되어 단지 하늘에 맡겼네

재주가 둔하여 못 하네 융성한 세월에도 이름 날리기를

몸은 한가로워 구차히 얻었네 남은 세월 보내기를

어느 때 더불어 만날까 나를 알아주는 이를

앞서거니 뒤서거니 소요하겠네 물 흐르는 바윗가를

先 ○	何 ○	身 ○	才 ○	晚 ●	雄 ○	眼 ●	衰 ○	
後 ●	時 ○	閑 ○	拙 ●	計 ●	懷 ○	前 ○	懶 ●	自
逍 ○	共 ●	聊 ○	不 ●	辛 ○	寂 ●	人 ○	那 ○	遣
遙 ○	遇 ●	得 ●	能 ○	酸 ○	寞 ○	事 ●	由 ○	
水 ●	知 ○	送 ●	鳴 ○	一 ●	頻 ○	最 ●	讀 ●	
石 ●	音 ○	殘 ○	盛 ●	任 ●	看 ◐	堪 ○	聖 ●	
邊 ○	者 ●	年 ○	世 ●	天 ○	鏡 ●	憐 ○	賢 ○	

[감상] 모든 규칙에 맞다. 이 시는 제목 그대로이다. 신세를 한탄하고 뜻 맞는 이를 늘 그리워한다.

[144. 寓中日聞親函惡報悵吟遣懷]

曇雨無端坐白頭　人間萬事摠悠悠

山中送日雖云樂　客裡經春半是愁

歲月恩恩飛鳥過　親函落落曉星流

今來不盡存亡淚　浮世那堪獨少留

[집을 떠나 머무르던 중 하루는 들었다 어버이 편지에 불길한 기별을 슬픈 마음으로 읊어 마음을 푼다]

제멋대로 흐리다 비가 오는데 백두로 앉아 있으니

인간 만사가 모두 아득하다

산속에서 날을 보내면 비록 즐겁다고 하지만

나그네 가슴속에 봄을 보내도 반쯤은 수심을 인정한다오

세월은 바쁘고 바빠 나는 새가 지나는 것 같고

어버이 편지는 떨어지고 떨어져 새벽별이 흐르는 것 같네

이제 와서 다하지 않음은 존망의 눈물이니

덧없는 세상 어찌 견딜꼬 혼자 조금 머무름을

浮	○	今	○	親	○	歲	●	客	●	山	○	人	○	曇	○	
世	●	來	○	函	○	月	●	裡	●	中	○	間	○	雨	●	寓
那	◑	不	●	落	●	恩	○	經	○	送	●	萬	●	無	○	中
堪	○	盡	●	落	●	恩	○	春	○	日	●	事	●	端	○	日
獨	●	存	○	曉	●	飛	○	半	●	雖	○	摠	●	坐	●	聞
少	●	亡	○	星	○	鳥	●	是	●	云	○	悠	○	白	●	親
留	○	淚	●	流	○	過	●	愁	○	樂	●	悠	○	頭	○	函

[감상] 모든 규칙에 맞다. 이 시는 제목에서 보면 작자가 집을 떠나 산속에 머무르는데 아마도 부친의 수명이 위태로운 소식을 접하고 지은 것으로 여겨져, 족보에서 父子間의 生沒 연대를 계산해 보니 작자 32세 때 부친 蘭皐公께서 66세로 돌아가셨다. 그러면 작자는 왜 집을 떠나 산속에 머물렀을까? 제1구의 白頭를 보면 아마도 과거 공부를 하고 있었지 않나 생각된다. 제1구의 無端은 無斷과 같아, 미리 연락을 하거나 승낙을 받거나 하지 않고 함부로 행동하는 일. 제7구의 存亡淚는 있던 것이 없어지는 데서 흘리는 눈물이라면 바로 사람의 죽음에 대한 슬픔이리라. 제8구는 어버이를 여의면 혼자 어찌 살아가나 하는 뜻.

[145. 拈唐詩得期字遣懷]

親函何處更相期 一曲長歌歌有思
山逕客稀誰送酒 禪樓翁臥但言詩
百年浪過吟哦夕 萬事空懷少壯時
笑問離家今幾月 田園歸計恐遲遲

[당시를 집어 期 자 韻을 얻어 내 마음을 풀어 본다]

부친의 글월을 어디서 다시 서로 바랄 수 있을까
한 곡을 길게 부르니 노래에는 그리움이 있더라
산길에는 지나가는 이 드무니 어느 누가 술을 보내리
절간의 누각에는 늙은이가 누워서 단지 시를 말하네
백 년의 물결이 지나가니 시가를 읊조리는 저녁
만사가 공허하다고 생각하니 젊고 씩씩한 때로다
웃으며 묻네 집 떠나 온지 이제 몇 달이나 되었는지
전원으로 돌아갈 계획에 서서히 두려워지네

田	○	笑	●	萬	●	百	●	禪	●	山	○	一	●	親	○	
園	○	問	●	事	●	年	○	樓	○	遙	●	曲	●	函	○	拈
歸	○	離	○	空	○	浪	●	翁	○	客	○	長	○	何	○	唐
計	●	家	●	懷	○	過	●	臥	●	稀	○	歌	○	處	●	詩
恐	●	今	○	少	●	吟	○	但	○	誰	○	歌	●	更	●	得
遲	○	幾	●	壯	○	哦	●	言	○	送	●	有	●	相	○	期
遲	○	月	●	時	○	夕	●	詩	○	酒	●	思	○	期	○	字

[감상] 모든 규칙에 맞다. 제목의 唐詩는 당나라 사람의 詩일 수도 있고, 우리나라 사람이 쓴 近體詩를 말한 것일 수도 있다. 제5구 '백 년의 물결이 지나가다'는 한 사람의 일생이 끝남을 말해, 부친의 죽음이 다가옴을 가리킨다. 반면 제6구는 자신이 지금 젊음을 말한다. 제8구 '전원으로 돌아갈 계획'은 이다음 뒤에서 나오는 東山에 別墅를 짓는 것을 말하는 것 같다.

[146. 拈唐詩得依字憶從兄遣懷]

灑灑風儀夢裡依　中宵起坐襞沾衣

雲鄉未得追征駕　塵世那堪送落暉

倘鮮鰥翁今日苦　應憐人事暮年非

異時自有重逢處　早晚泉坮報我歸

[당시를 집어 依 자 韻을 얻어 종형을 추억하며 마음을 풀어 본다]

바람이 끊임없이 불어 대어 꿈속에서도 무엇을 붙들다가

한밤중에 일어나 앉아 겁이나 옷을 더 입었네

구름 낀 고향에서 하지 못했네 먼 길 가는 수레를 따르는 것을

티끌세상에 어찌 견디나 떨어지는 빛 보내는 것을

잘난 것 없는 홀아비 늙은이는 오늘은 고통이나

응하기 애처로운 사람의 일은 늙바탕에는 허물이로다

다른 때가 저절로 있어 다시 만나는 곳

조만간 저승에서 저의 귀환을 알리겠소

早	●	異	●	應	●	倘	●	塵	○	雲	○	中	○	灑	●	
晚	●	時	○	憐	○	鮮	●	世	●	鄉	○	宵	○	灑	●	拈
泉	○	自	●	人	○	鰥	○	那	○	未	●	起	●	風	○	唐
坮	○	有	●	事	●	翁	○	堪	○	得	●	坐	●	儀	○	詩
報	●	重	○	暮	●	今	○	送	●	追	○	謌	◐	夢	●	得
我	●	逢	○	年	○	日	●	落	●	征	○	沾	◐	裡	●	依
歸	○	處	●	非	○	苦	●	暉	○	駕	●	衣	○	依	○	字

[감상] 모든 규칙에 맞다. 제목에서 從兄은 사촌형이다. 작자에게는 生員 孫熹一(초명 龍九)이라는 종형이 있었는데, 출생은 같은 해였으나 작자보다 12년 먼저 72세로 卒하였다. 제3구의 雲鄉은 경주 양동마을 옆 仁洞이고 상여가 나가는 것을 못 보았다는 뜻이다. 제4구에서 종형이 훌륭하여 落暉라 하였다. 頸聯은 작자 자신의 지금 처지를, 그리고 尾聯은 작자 자신도 곧 죽음을 맞아 뒤를 따를 것이니 저승에서 보자는 뜻이다. 對偶가 좋다.

[147. 拈唐詩得城字贈觀瀾翁]

詩翁來自漢陽城　踏盡湖山千里程

樽席不嫌呼醉客　函筵能得獎書生

瑰才已許青雲阻　葵悃猶懸白日明

歲晏田園歸計定　夜深偏聽杜鵑鳴

[당시를 집어 城 자 韻을 얻어 관란옹에게 지어 준다]

시 짓는 늙은이 한양성에서 왔다오

호수와 산을 두루 밟아 천 리 길을

술자리 싫어하지 아니하고 취한 객을 부르고

글 짓는 자리 찾아가기 잘하고 글 읽는 선비를 권장하네

아름다운 재주 이미 지녔으나 청운의 꿈은 허덕이니

해바라기의 간곡함이 오히려 헛되고 밝은 해만 빛나네

늘그막에 전원으로 돌아가려는 계획 정하니

밤늦도록 두견이 우는 소리 기울여 듣는구나

夜	●	歲	●	葵	○	函	○	樽	○	踏	●	詩	○	
深	○	晏	●	悃	●	筵	○	席	●	盡	●	翁	○	拈
偏	○	田	○	猶	○	能	●	不	●	湖	○	來	○	唐
聽	●	園	○	懸	○	得	●	嫌	○	山	○	自	●	詩
杜	●	歸	○	白	○	獎	○	呼	○	千	●	漢	●	得
鵑	○	計	●	日	●	書	○	醉	●	里	●	陽	○	城
鳴	○	定	●	明	○	阻	●	生	○	客	●	程	○	字

[감상] 모든 규칙에 맞다. 이 시를 다 읽고 나서 의문이 생긴다. 제1구의 詩翁은 관란옹인가 아니면 작자인가? 앞에서 보면 관란옹은 남쪽 바닷가에 사는 것 같았다. 그런데 한양에는 왜 갔을까? 首聯을 제외한 모든 聯의 내용은 작자 자신의 평소 모습이다. 특히 尾聯이 결정적이다. 그러니 작자로 볼 수밖에. 對偶가 좋다.

[148. 寓中寄贈成學士]

小別城樓幾憶君　空門孤客悵無群

三春虛負東山月　一夢長隨北海雲

此地難逢開好抱　何時贏得襲餘薰

臨風謾詠催歸計　不覺西岑日慾曛

[집 떠나 있는 중 이 시를 지어 성학사에게 부쳐 보낸다]

성루에서 작은 이별을 하고 자주 그대 생각을 하는데

절에 머무는 외로운 나그네는 벗들이 없어 슬프다오

봄을 세 번 맞을 동안 텅 비게 졌다오 동산의 달을

한번은 꿈속에서 오랫동안 따라갔다오 북해의 구름을

이곳에서는 만나기 어려워라 좋아하는 마음 열기를

어느 때 넘치도록 얻을꼬 넉넉한 향기 뒤집어쓰기를

바람을 맞으며 느긋이 읊조리며 돌아가는 계획 재촉하는데

서쪽 봉우리는 알지 못하네 해가 지고 싶어 함을

不●	臨○	何○	此●	一●	三○	空○	小●	寓
覺●	風○	時○	地●	夢●	春○	門○	別●	中
西○	護○	贏○	難○	長○	虛○	孤○	城○	寄
岑○	詠●	得●	逢○	隨○	負●	客●	樓○	贈
日●	催○	襲●	開●	北●	東○	悵●	幾●	成
欲●	歸○	餘○	好●	海●	山○	無○	憶●	學
曛○	計●	薰○	抱●	雲○	月●	群○	君○	

[감상] 제3, 7구에 鶴膝이 보이나 비운자행이다. 제1구의 小別은 잠깐 헤어짐이거나 몇 사람 안 되는 사람들이 헤어짐을 말하는데 後者로 본다. 城樓는 흥해 관아의 누각이겠다. 제2구의 空門은 佛門이다. 그러니 지금 작자는 또 다른 절에 머무는 것 같다. 제3구의 東山은 작자가 사는 곳의 지명이면서 작자의 號이다. 달을 등에 지니 텅 비고 무겁지도 않다. 그만큼 허전하고 외롭다. 성학사와 헤어진 지 3년이 됨을 말한다. 제4구의 北海는 제3구의 東山과 對偶를 이루는데, 성학사가 있는 북쪽 한양을 가리키며 그를 그리워하는 표현이다. 제6구에서 작자는 성학사의 아름다운 성품을 몹시도 그리워하고 있다. 尾聯은 《논어》〈先進〉 끝부분에 나오는 공자와 그의 제자와의 대화를 떠올리게 한다. 공자가 어느 날 제자 자로, 증석, 염유, 공서화에게 각자의 포부를 물었는데, 다들은 공자는 그중 증석의 뜻에 공감을 표했다. 증석의 대답은 기수에서 목욕하고 무우에 올라 바람을 쐬고 노래를 부르다가 돌아오겠다고 했다. 이는 욕심 없는 군자의 마음이다. 對偶가 참 좋다.

[149. 次曲江望辰樓壁上成學士韻]

崢嶸海國望辰樓　使蓋登臨戀闕愁
鳳舞龍蹲靑嶂列　風淸月白碧江流
天高北極鸞輿遠　地盡東溟鳧鳥遊
歌鼓助歡文酒席　鷄林歸客故遲留

[곡강의 '망진루' 벽에 있는 성학사의 시를 차운하다]

흥해 관아에 망진루가 높이 섰는데
어찌 오르게 하여 대궐을 그리워하며 수심에 젖네
봉황이 춤추고 용이 웅크리고 있는 듯 푸른 높은 산들이 늘어섰고
바람이 맑고 달이 밝아 푸른 강이 흐르네
하늘 높이 북쪽 끝엔 임금의 수레는 멀어도
땅이 다한 곳 동쪽 바다엔 물오리 떼가 노니구나
노래와 북으로 즐거움을 돋우었네 술을 놓고 글 짓는 자리에
계림으로 돌아온 나그네는 여전히 옛 생각에 머무네

鷄	○	歌	○	地	●	天	○	風	○	鳳	●	使	●	峥	○	
林	○	鼓	●	盡	●	高	○	淸	○	舞	●	蓋	●	嶸	○	次
歸	○	助	●	東	○	北	●	月	●	龍	○	登	○	海	●	曲
客	●	歡	○	溟	○	極	●	白	●	蹲	○	臨	○	國	●	江
故	●	文	○	鳧	○	鸞	○	碧	●	靑	○	戀	●	望	◐	望
遲	○	酒	●	鳥	●	輿	○	江	○	嶂	●	闕	●	辰	○	辰
留	○	席	●	遊	○	遠	●	流	○	列	●	愁	○	樓	○	樓

[감상] 모든 규칙에 맞다. 성학사가 흥해군수로 있었을 때 손님으로 찾아가 망진루에서 즐겁게 시를 읊었던 옛 생각에 젖고 있다. 제1구 海國은 바닷가 나라, 오늘날 포항시 흥해읍으로 바닷가이다. 제5구, 鸞輿는 임금이 타는 輦(연)을 말함. 對偶도 좋다.

[150. 送別成學士]

邂逅江城二載春　一筵觴咏意相親
文章剽得班楊體　群律能傳李杜神
傾蓋蓬門尋白首　蜚英芸閣向紅塵
聖朝恩渥深如海　歸把經綸獻紫宸

[성학사를 송별하다]

흥해군수로 오셔 우연히 만나 두 해 봄이 되었는데

한 번 자리 펴고 술 따르며 시를 읊고는 뜻이 서로 친했구려

문장을 빠르게 지어도 줄과 버들의 형상이고

모든 한시 형식을 능히 전하니 이백과 두보의 귀신인 듯했소

행차를 잠시 멈춰 누추한 저의 집에 들러서 이 백수를 찾으셨고

재주가 뛰어남이 날아올라 교서관에 이르니 속세를 향했구려

어진 임금 조정의 은혜가 두텁기 바다처럼 깊으니

돌아가시어 경륜을 잡으시거든 대궐에 바치십시오

歸	○	聖	●	蜚	●	傾	○	群	○	文	○	一	●	邂	●	
把	●	朝	○	英	○	蓋	●	律	●	章	○	筵	○	逅	●	送
經	○	恩	○	芸	○	蓬	○	能	●	剞	●	觴	○	江	○	別
綸	○	渥	●	閣	●	門	○	傳	○	得	○	咏	●	城	○	成
獻	●	深	○	向	○	尋	○	李	●	班	○	意	●	二	●	學
紫	●	如	○	紅	○	白	●	杜	●	楊	○	相	○	載	●	士
宸	○	海	●	塵	○	首	○	神	○	體	●	親	○	春	○	

[감상] 제7구에 鶴膝이 보이나 비운자행이다. 제1구 邂逅, 邂逅相逢의 준말로 누구와 우연히 만남. 江城은 曲江의 성, 곧 흥해 관아이다. 제4구 群律, 한시의 모든 형식. 제5구 傾蓋, '수레를 멈추고 덮개를 기울인다'는 뜻으로 우연히 한번 보고 서로 친해짐을 이르는 말. 白首는 벼슬이 없는 선비. 제6구 芸閣, 조선시대 때 校書館을 달리 이르던 말. 제8구 經綸, 어떤 포부를 가지고 일을 조직하고 계획하는 것. 紫宸, 자줏빛은 대궐의 상징이다. 이 시에는 작자가 벗으로 늘 그리워하는 성학사와의 만남과 헤어짐이 잘 드러나 있다.

[151. 次鳴澤鄭承宣影幀奉安時韻]

一幅生綃問幾年 儼然直面舊承宣

精神彷彿丹靑裡 氣象崢嶸俎豆邊

名動北辰優聖渥 風淸南汜掃蠻烟

文章事業輝今古 山仰彌高影宇前

[명고 정승선 영정 봉안 때 차운하다]

한 폭 생초 비단 몇 해나 되었는고
의젓하고 점잖은 옛 승선을 바로 대하네
정신은 같아 보이구나 단청 속과
기상은 높고 세구나 제기 언저리에
이름이 드러나 대궐에 임금의 은혜 남달랐고
바람이 맑아 남쪽 물가에 오랑캐들의 연기를 쓸어버렸네
그간 쓴 문장은 고금에 빛나서
영정을 모신 집 앞에 산을 우러르니 더욱 높구나

山	○	文	○	風	○	名	○	氣	●	精	○	儼	●	一	●	
仰	●	章	○	淸	○	動	●	象	●	神	○	然	○	幅	●	次
彌	○	事	●	南	○	北	●	崢	○	彷	●	直	●	生	○	鳴
高	○	業	●	氾	●	辰	○	嶸	○	佛	●	面	●	綃	○	皐
影	●	輝	○	掃	●	優	○	俎	●	丹	○	舊	●	問	●	鄭
宇	●	今	○	蠻	○	聖	●	豆	●	靑	○	承	○	幾	●	承
前	○	古	●	烟	○	渥	●	邊	○	裡	●	宣	○	年	○	宣

[감상] 모든 규칙에 맞다. 제목에서 承宣, 고려시대 밀직사에 속하여 왕명의 출납을 맡아보던 정삼품의 벼슬. 鳴皐는 號이다. 이 사람이 누구인지는 모르겠다. 제4구 俎豆, 제사 때 신주 앞에 놓는 나무로 만든 그릇의 한 가지. 제5구 北辰, 北極星, 곧 임금 그리고 대궐이다. 頸聯에서는 그의 공이 드러나 있다. 이날 사당을 새로 지어 영정을 모시고 제사를 올렸는데 축하의 시를 지은 것 같다.

[152. 寄贈雪亭庚友李君大有]

斜日空門悵一分　小溪魚鳥自成群
春深水北村中樹　歲晏江東洞裏雲
松塢淸風來奭籟　雪亭明月遠囂氳
何時共得三盃醉　塊坐深更却憶君

[눈 내리는 정자라는 시를 지어 동갑 친구 이대유에게 부쳐 보내다]

해 저무는 절 문간에서 슬픈 마음으로 헤어지는데
작은 개울의 고기와 새들은 저절로 무리를 짓는구나
봄이 깊으면 물 북쪽 마을 가운데는 나무가 있고
한 해 저물면 강 동쪽 골짜기 안에 구름이 끼네
소나무 숲 제방에 맑은 바람 부니 퉁소 소리 크게 들려오고
눈 내리는 정자에 밝은 달이 뜨면 시끄럽게 떠들던 소리 멀어지네
어느 때 함께 석 잔 술에 취해 볼꼬
우두커니 앉아 깊은 밤 그대 생각을 떨쳐 보네

塊	●	何	○	雪	●	松	○	歲	●	春	○	小	●	斜	○	
坐	●	時	○	亭	○	塢	●	晏	●	深	○	溪	○	日	●	寄
深	●	共	●	明	○	淸	○	江	○	水	●	魚	○	空	○	贈
更	○	得	●	月	●	風	○	東	○	北	●	鳥	●	門	○	雪
却	●	三	○	遠	●	來	○	洞	●	村	○	自	●	悵	●	亭
憶	●	盃	○	囂	○	鞺	●	裏	●	中	○	成	○	一	●	庚
君	○	醉	●	氤	○	籟	●	雲	○	樹	●	群	○	分	○	友

[감상] 모든 규칙에 맞다. 제목의 庚友는 동갑 친구이다. 君은 벗을 높여 부른 칭호이다. 이 사람은 앞의 천곡사 모임, 성학사와 여러 벗이 모여 시회를 가졌던, 참석자 중 한 명이다. 首聯이 바로 前의 천곡사 모임 때 헤어지는 모습이다. 頷聯의 제3구는 작자가 살고 있는 곳, 천북 동산이고, 제4구는 친구가 사는 곳, 경주 강동면 어느 마을이다. 頸聯은 작자가 사는 곳 어디에 있는 정자일 것인데, 對偶가 참으로 멋있다. 소리가 한쪽은 다가오고, 다른 한쪽은 멀어진다.

[153. 次族叔春窩翁韻]

烟霞虛老泂奇男 七十丘園鬢髮毿
歲月送迎誰與樂 天人俯仰我多慙
靑樽一醉詩群四 白首相逢客影三
半夜禪窓談笑儘 詞翁風味峀雲涵

[족숙 춘와옹의 시에 차운하다]

안개 노을에 묻혀 사는 노인 참으로 기이한 남자로세
칠십 년을 은거하여 머리와 귀밑털이 기다랗네
세월을 맞이하고 보내며 누구와 더불어 즐겼는고
하늘과 사람 올려보고 굽어보니 나는 많이도 부끄럽네
푸른 술동이 한번 취하니 시의 무더기는 넷이요
흰머리로 서로 만나니 객의 그림자는 셋이로다
밤늦도록 절간방에서 평온히 웃으며 얘기하니
시 짓는 늙은이 멋과 아름다움 산봉우리구름에 젖네

詞	○	半	●	白	●	靑	○	天	○	歲	●	七	●	烟	○	
翁	○	夜	●	首	●	樽	○	人	○	月	●	十	●	霞	○	次
風	○	禪	●	相	○	一	●	俯	●	送	●	丘	○	虛	○	族
味	●	窓	○	逢	○	醉	●	仰	●	迎	○	園	○	老	●	叔
岫	●	談	○	客	●	詩	○	我	●	誰	○	鬢	●	洵	●	春
雲	○	笑	●	影	●	群	○	多	○	與	●	髮	●	奇	○	窩
涵	○	穩	●	三	○	四	●	慙	○	樂	●	毿	○	男	○	翁

[감상] 모든 규칙에 맞다. 제목 族叔, 성이 같으면서 한 항렬 높은 사람. 제2구 丘園, 언덕과 동산, 은거하는 땅을 이름. 제6구 白首, 벼슬이 없다는 뜻도 된다. 제8구 岫雲, 마치 바위 구멍에서 일어나는 것처럼 보이는 구름. 그런데 頸聯의 뜻이 개운치 않다. 三, 四는 무엇인가? 두 사람이 만나면 그 그림자는 두 개가 맞지 않나? 그래서 이렇게 해석해 본다. 3, 4는 그런 논리적 수는 아니고, 三은 韻에 맞춘 것이고 대우가 되는 四는 그저 사람의 수보다 시의 수가 더 많다는 뜻으로 표현한 것으로, 그만큼 두 사람이 시를 즐겼음을 말한다. 對偶가 좋다.

[154. 次盤溪崔光見贈韻二首-1]

明牕端坐世緣輕　物外淸遊夢欲淸
鰲岫千層呈本色　蚊川一曲奏寒彭
身閑君得耽佳興　才拙吾羞擅大鳴
白雪調高誰復和　千秋留與後人評

[반계 최광견이 보내온 시에 두 수를 차운하다-1]

밝은 창가에 단정히 앉아 세상 인연을 가벼이 하고
세상 물정 밖에서 맑게 노니 꿈에서도 맑고 싶어라
금오산 봉우리가 여러 층으로 본색을 드러내니
문천은 한 번 굽어 차가운 북소리를 연주하네
그대는 몸이 한가로워 아름다운 흥취를 탐하는데
나는 재주 없음을 부끄러워 큰소리 마구 치네
백설에 곡조가 높으니 누가 다시 화답하랴
오래도록 같이 머무르니 후세 사람들이 평하겠지

千	○	白	●	才	○	身	○	蚊	○	鰲	○	物	●	明	○	
秋	○	雪	●	拙	●	閑	○	川	○	岀	●	外	●	牕	○	次
留	○	調	●	吾	○	君	○	一	●	千	○	淸	○	端	○	盤
與	●	高	○	羞	○	得	●	曲	●	層	○	遊	○	坐	●	溪
後	●	誰	○	擅	●	耽	○	奏	●	呈	○	夢	●	世	●	崔
人	○	復	●	大	●	佳	○	寒	○	本	●	欲	●	緣	○	光
評	○	和	●	鳴	○	興	●	彭	○	色	●	淸	○	輕	○	見

[감상] 제5구에 鶴膝이 보이나 비운자행이다. 제목, 반계 최광견은 경주 사람이며 작자의 벗으로 이 시집 말미에 그의 跋文이 붙어 있다. 제3구, 鰲岀는 경주 남산의 다른 이름 金鰲山의 산봉우리이다. 제4구, 蚊川은 신라시대 경주 남천의 옛 이름이다. 여기에 蚊川橋가 있었는데, 원효대사와 요석공주의 사랑 이야기에 나오는 그 다리이다. 문천교는 지금 복원된 월정교보다 약 19m 하류에 있었던 또 다른 다리였다. 首聯은 아마 친구 盤溪의 인품을 그린 것 같고, 頷聯은 경주의 景을 그렸고, 頸聯은 두 사람의 처지를 대비시켰고 尾聯은 마무리인데 두 사람의 詩歌가 격조가 높은데 후세인들이 평가하리라 스스로 기대한다.

[155. 次盤溪崔光見贈韻二首-2]

明時無事送居諸 俯仰天淵鳶與魚
已許顔瓢堪自樂 莫愁韓鬼竟難際
三盃濁酒醒還醉 一篋新篇卷又舒
嬴得箇中無限趣 晚來閑適問誰如

[반계 최광견이 보내온 시에 두 수를 차운하다-2]

날은 밝아도 일은 없고 일상을 보내며
굽어보고 올려보니 하늘과 연못에 솔개와 고기라
받아들일 뿐 늙음을 스스로 견뎌 즐기고
근심 않네 고인들을 꺼리지 않고 사귀네
세 잔 탁한 술 깨다 다시 취하고
한 상자 새로운 글 책으로 만들었다 또 흩네
하나하나 가운데 가득 얻어 무한히 취하지만
늙으면 한가함이 마땅한데 누가 이 같을지 물어보네

晚 ●	贏 ○	一 ●	三 ○	莫 ●	已 ●	俯 ●	明 ○	
來 ○	得 ●	篋 ●	盃 ○	愁 ○	許 ●	仰 ●	時 ○	次
閑 ○	箇 ●	新 ○	濁 ●	韓 ○	顏 ○	天 ○	無 ○	盤
適 ●	中 ○	篇 ○	酒 ●	鬼 ●	瓢 ○	淵 ○	事 ●	溪
問 ○	無 ○	卷 ●	醒 ◐	竟 ●	堪 ○	鳶 ○	送 ●	崔
誰 ○	限 ●	又 ●	還 ○	難 ○	自 ●	與 ●	居 ○	之
如 ○	趣 ●	舒 ○	醉 ●	際 ○	樂 ●	魚 ○	諸 ○	二

[감상] 無字가 疊이다. 제1구, 居諸는 평상시 여러 가지 일들. 제3구, 顏瓢는 얼굴이 표주박처럼 되다, 즉 싱싱하던 것이 건조해지며 쪼그라들다, 그러니까 '늙다'이다. 제4구, 韓鬼는 韓은 곧 우리나라이고 鬼는 죽은 사람이고 竟難은 '끝내다', '꺼리다'이니 '꺼리지 않다'이다. 이 시는 작자 자신의 일상을 그렸다. 頷, 頸聯의 對偶도 이해는 어려웠으나 재미있게 표현되었다.

[156. 以幽居遣懷贈盤溪翁]

荒村難得好開顏　逞逞藜筇水石間
簷短不妨迎皓月　籬低端合點靑山
數叢園竹秋猶碧　一陣溪風夏亦寒
幸有詩翁來訪我　雲菴暇日剸偸閑

[은거하며 마음 달래지어 반계옹에게 주다]

거친 시골에서는 활짝 웃을 일이 매우 드물어
즐거이 명아주 지팡이 짚고 물 좋고 돌 좋은 곳 찾아 나서네
처마가 짧아 방해가 안 되네 밝은 달 맞이하기
울타리가 낮으니 바로 이어져 푸른 산 살피기
몇 그루 뜨락에 대나무는 가을을 오히려 푸르게 하고
한 줄로 부는 개울의 바람은 여름도 서늘하게 하네
다행히 시 짓는 늙은이가 있어 나를 찾아와
구름 낀 암자 쉬는 날 잽싸게 한가함을 훔쳐 가네

雲	○	幸	●	一	●	數	●	籬	○	簷	○	逞	●	荒	○		
菴	○	有	●	陣	●	叢	○	低	○	短	●	逞	●	村	○	以	
暇	●	詩	○	溪	○	園	○	端	○	不	●	藜	○	難	○	幽	
日	●	翁	○	風	○	竹	●	合	●	妨	○	節	●	得	●	居	
剽	●	來	○	夏	●	秋	○	點	●	迎	○	水	●	好	●	遣	
偸	○	訪	●	亦	●	猶	○	靑	○	皓	●	石	●	開	○	懷	
閑	○	我	●	寒	○	碧	●	山	○	月	●	間	○	顔	○	贈	

[감상] 刪, 寒字 通韻이다. 제5구에 鶴膝이 보이나 비운자행이다. 제1구, 開顔은 破顔과 비슷한 뜻으로 '활짝 웃다'이다. 이 시는 이해하기 그다지 어렵지 않다. 앞에 나왔던 작자와 같이 경주에 사는 친구 반계옹이 가끔 찾아와 그나마 한가로움을 덜어 준다고 한다. 頷, 頸聯의 對偶가 참으로 좋다.

[157. 次春窩翁痾字韻]

衰翁身上任沉痾 鬢髮蒼蒼歲月加
黃卷專精春欲暮 白雲回首夢還賖
幽居寂寞無嘉客 好事經營有戲魔
塵世百年容易過 一盃宜醉故人家

[춘와옹의 시에서 痾 자를 차운하다]

쇠한 늙은이 몸에 오랜 숙환이 드니
귀밑털 머리털이 무성했는데 세월이 더했구려
누런 책 오로지 공부로 봄이 저물고 싶어 했고
흰 구름머리 돌려 꿈은 아득히 돌아보네
숨어 사니 고요하고 쓸쓸하여 반갑고 귀한 손님 없고
좋은 일 경영하나 장난치는 마귀 있네
티끌세상 백 년 쉽게 지나가는데
한잔하면 마땅히 취하는 옛사람의 집이로다

一	●	塵	○	好	●	幽	○	白	●	黃	○	鬢	●	衰	○	
盃	○	世	●	事	●	居	○	雲	○	卷	●	髮	●	翁	○	次
宜	○	百	●	經	○	寂	●	回	○	專	○	蒼	○	身	○	春
醉	●	年	○	營	○	寞	●	首	●	精	○	蒼	○	上	●	窩
故	●	容	○	有	●	無	○	夢	●	春	○	歲	●	任	●	翁
人	○	易	●	戱	●	嘉	○	還	○	欲	●	月	●	沈	○	痾
家	○	過	●	魔	○	客	●	賖	○	暮	●	加	○	痾	○	字

[감상] 麻, 歌字 通韻이다. 모든 규칙에 맞다. 春窩翁은 앞에서 작자의 族叔이라 했다. 제1구의 任 자는 평성이면 '당하다', 측성이면 '아이 배다'이다. 이 자리는 반드시 측성이어야 한다. 뜻으로 보면 '당하다'가 더 적합한데, '숙환이 아이처럼 들어서다'도 될 듯도 싶다. 제3구, 專精은 정신을 외곬으로 씀. 제8구 故人은 '오랫동안 정든 사람'의 뜻으로 많이 쓰인다. 首聯에서 춘와옹이 숙환이 깊어졌고, 頷聯을 보면 그도 한때 청춘이 가는 줄도 모르고 공부에 전념했는데, 지나고 보니 백운처럼 늙어서 돌아보니 꿈이 아득히 멀어졌구나. 頸聯은 은거자의 삶을, 尾聯에서 작자는 아마 지금 춘와옹의 집에 와 있는 것 같다.

[158. 次崔友魯瞻奇腊韻]

十月仙庄午影移　吟筇重訪石蹊危
家貧莫歎樽無酒　客到端宜案有詩
好鳥爭呼談討夕　愁雲還起別離時
飄然逸韻開靑眼　應待詞翁去復歸

[벗 최노첨이 부쳐 보내온 시에 차운하다]

시월 신선의 땅에 오후 그림자가 움직이니
지팡이 짚고 읊으며 위태한 돌길을 거듭 찾는구나
집이 가난해도 한탄하지 않으니 술동이에 술이 없고
손님이 와도 마땅히 단정하니 책상에는 시가 있네
사이좋은 새들은 다투어 부르며 이야기도 하고 치기도 하는 저녁
수심에 젖은 구름은 뭉게뭉게 일어 나누어 흩어지는 때
표연히 시 읊기를 즐겨 남을 기쁜 마음으로 대하고
시 짓는 늙은이를 대해서는 그가 돌아가는 것을 싫어하네

應●	飄○	愁○	好●	客●	家○	吟○	十●	
待●	然○	雲○	鳥●	到●	貧○	節○	月●	次
詞○	逸●	還○	爭○	端○	莫●	重○	仙○	崔
翁○	韻●	起●	呼◐	宜○	歎◐	訪●	庄○	友
去●	開○	別●	談○	案●	樽○	石●	午●	魯
復○	靑○	離●	討●	有●	無○	蹊○	影●	瞻
歸○	眼●	時○	夕●	詩○	酒●	危○	移○	寄

[감상] 支, 微字 通韻이다. 모든 규칙에 맞다. 제목의 최노첨은 앞에서 나온 작자의 벗이다. 제7구, 飄然은 훌쩍 나타나거나 떠나가는 모양이다. 작자 자신의 일상과 처지를 그렸다. 尾聯에서는 은근히 친구를 기다리는 마음을 나타냈다. 對偶가 좋다.

[159. 次丁湖堂韻 拾遺]

一士吾東姓字香　其人如玉錦爲腸
莫嫌鸞鳳棲枳棘　須看風雲起草堂
聖主深恩凝北極　退翁餘化動南鄕
明時好把經綸策　從此奎星耀瑞芒

[정호당의 시를 습득하여 차운하다]

내가 사는 동쪽에 한 선비가 있는데 성씨가 향이라
그 사람은 옥과 같고 마음은 비단이라
싫어하지 않네 난새와 봉황인데 탱자나무 가시나무에 깃들기를
모름지기 살피니 바람과 구름이 초당에서 일어나네
어진 임금 깊은 은혜 대궐에 머무르나
물러나 있는 늙은이 넘치는 교화는 남쪽 고을로 오네
좋은 때 만나면 경륜 있는 계책을 기꺼이 택할 것이니
이에 따르면 규성이 서기로운 빛으로 밝겠네

從	●	明	○	退	●	聖	●	須	●	莫	●	其	○	一	●	次
此	●	時	○	翁	○	主	●	看	◐	嫌	○	人	○	士	●	丁
奎	○	好	●	餘	○	深	○	風	●	鸞	○	如	○	吾	○	湖
星	●	把	●	化	○	恩	○	雲	○	鳳	●	玉	●	東	○	堂
耀	●	經	○	動	●	凝	○	起	●	棲	○	錦	●	姓	●	韻
瑞	●	綸	○	南	○	北	●	草	●	枳	●	爲	○	字	●	
芒	○	策	●	鄉	○	極	●	堂	○	棘	●	腸	○	香	○	

[감상] 제3구 枳棘은 탱자나무와 가시나무, '枳棘非鸞鳳所棲'라는 말이 있는데, 탱자나무나 가시나무처럼 좋지 않은 나무에는 난새나 봉황 같은 영조는 깃들지 않는다는 뜻이다. 그런데 이 시에서 枳는 평성 자리인데 측성이어서 규칙 위반이다. 그러나 뜻을 살리려고 형식을 깨는 것을 무릅쓴 것 같다. 제목의 丁湖堂은 姓이 丁씨 號가 湖堂인데 누군지 모르겠다. 拾遺는 그가 남긴 것을 어쩌다 습득하였다는 뜻. 제1구의 一士와 제6구의 退翁은 누구인가? 한시에서 동일인을 다른 글자로 표하는 것을 禁하기 때문에 서로 다른 사람이어야 한다. 그러면 퇴옹은 작자인가? 그래서는 내용 흐름의 맥이 끊긴다. 다시 제1구로 가 보자. '내가 사는 동쪽에'와 제5구의 聖主는 정조 임금이니 이런 것들을 종합하면 그는 동일 인물로 다산 丁若鏞인 것 같다. 왜냐하면 그가 경상도 포항의 바닷가 장기에 유배를 와서 잠시 머물렀기 때문이다. 정호당이 정약용을 만났고, 그 느낌을 시로 썼고, 그 시를 보고 작자가 이 시를 지었다고 보아야 맞다. 아무튼 이러고 보면 위에서 말한 '한시에서 동일인을 다른 글자로 표하는 것을 禁한다'는 규칙도 때로는 합당치 않다. 제8구, 奎星은 文運과 太平聖代를 담당하는 별이다.

[160. 附原韻] - 丁湖堂

乍接芝眉氣味香 數盃微醉見肝腸

烟霞郁洞回巾駕 書史花山有草堂

清話全勝十年讀 淳風元自五賢鄕

璣珠落筆驚神日 始識時蟠北斗芒

[정호당이 지은 시를 붙여 둔다] - 정호당

준수한 사람을 잠시 접했는데 그 기운과 맛이 향기로워

몇 잔 술로 가벼이 취하니 속마음을 보았네

연기와 노을이 골짜기에 가득하여 말고삐를 돌리는데

서책들이 산에 꽃이 피듯 초당에 있네

맑은 대화는 온전히 더 낫네 십 년 독서보다

순박한 풍속은 처음으로 온 것이네 오현의 마을에서

천주교로 인해 필을 놓아 귀신을 놀라게 한 날

붙잡혔을 때 처음 알았네 북두가 빛나는 줄

始	●	璣	○	淳	○	淸	○	書	○	烟	○	數	●	乍	●	
識	●	珠	○	風	○	話	●	史	●	霞	○	盃	○	接	●	原
時	○	落	●	元	○	全	○	花	○	郁	●	微	○	芝	○	韻
蟠	○	筆	●	自	●	勝	○	山	○	洞	●	醉	●	眉	○	
北	●	驚	●	五	●	十	●	有	●	回	○	見	●	氣	●	
斗	●	神	○	賢	○	年	○	草	●	巾	○	肝	○	味	●	
芒	○	日	●	鄕	○	讀	●	堂	○	駕	●	腸	○	香	○	

[감상] 앞의 詩에서 다산 정약용과 관련지어 그럴듯하게 해석했다. 이 詩는 丁湖堂이 지은 원래 것이다. 그러면 정호당이 정약용을 본 모습이 이러했을까? 절반은 그런 것 같고 절반은 아닌 것 같다. 그리고 제목은 무엇이었을까? 아무튼 이해에 한계를 느낀다. 제1구, 芝眉는 남의 안색의 敬稱이다. 제4구, 書史는 書冊이다. 제5구, 十年의 평측이 서로 바뀌어야 한다. 뜻을 살리기 위해 평측을 어겼다. 내용은 그만큼 상대의 학식이 높다는 것이다. 제6구, 五賢鄕이라면 경주 양동마을을 뜻한다. 그곳에서 동방오현의 한 사람 회재 이언적 선생이 태어났기 때문이다. 내용은 그가 그만큼 주위를 교화시켰다는 것이다. 제7구, 璣珠는 혼천의와 묵주, 즉 천주교를 상징하는 물건들이 아닐까? 제8구, 蟠은 '동그랗게 포개어 감다'이니 여러 사람을 잡아 묶은 모양이 떠오른다.

[161. 客中偶逢南兄達叔唱酬]

東風三月落花時　緩步芳郊午影移

萍水幸成今日會　瓊琚贏得故人詩

靑春已暮餘前債　白首重逢托晚期

正是雞林風景好　携君呼酒共傾卮

[떠돌다가 남달숙 형을 우연히 만나 시를 주고받다]

삼월에 동풍이 불어 꽃이 떨어지는 때

천천히 걸어 향기로운 교외로 나서니 오후의 그림자가 따르네

정처 없이 떠돌다 다행히 이루었네 오늘의 만남을

훌륭한 선물 가득 얻으니 정든 친구의 시라

청춘은 이미 저물어도 전날의 빚은 아직 남고

백수끼리 또 만나서 노년의 희망에 의지하네

바로 이곳 계림 풍경이 좋아서

그대를 끌고 가서 술을 불러 함께 술잔 기울이네

携	○	正	●	白	●	靑	○	瓊	○	萍	○	緩	●	東	○	
君	○	是	●	首	○	春	○	琚	○	水	●	步	●	風	○	客
呼	◑	雞	○	重	○	已	●	贏	○	幸	○	芳	○	三	○	中
酒	●	林	○	逢	○	暮	●	得	●	成	○	郊	○	月	●	偶
共	●	風	○	托	●	餘	○	故	●	今	○	午	○	落	●	逢
傾	○	景	●	晚	●	前	○	人	○	日	●	影	●	花	○	南
卮	○	好	●	期	○	債	●	詩	○	會	●	移	○	時	○	兄

[감상] 風 자가 疊이다. 따로 설명이 필요 없는 봄날 작자의 친구를 만난 모습이다. 제3구 萍水, '물 위에 뜬 개구리밥'이라는 뜻으로, 이리저리 정처 없이 떠돌아다님의 비유. 제4구 瓊琚, 아름다운 옥, 곧 훌륭한 선물. 제5구 '전날의 빚'이 무엇일까? 사람은 누구나 살면서 여러 사람으로부터 도움을 받고 산다. 그것을 말함일까, 아니면 한때 품었으나 이루지 못한 꿈일까?

[162. 次南山憑虛樓壁上韻]

憑虛樓下水縈回　岸柳池荷卣卣開

聽曲游魚波底出　探香戲蝶檻前來

吟節更植看花地　詩眼還靑勸客盃

千古溪山今有主　登臨怳惚上瑤臺

[남산의 빙허루 벽에 있는 시에 차운하다]

빙허루 밑으로 물이 굽어 돌아 흐르고

언덕에 버들 연못에 연꽃 있어 술을 동이동이 마시네

노랫소리 들은 헤엄치던 고기가 물 위를 낮게 뛰어오르고

향기를 찾던 장난치던 나비는 누의 난간으로 날아오네

읊고 다니는 지팡이 고쳐 짚네 꽃 피는 곳 살펴서

시를 본 눈 도로 젊어져 친구에게 잔을 권하네

태고의 시내와 산 지금은 주인이 있어

오르고 보니 황홀하네 상요대에

登	○	千	○	詩	○	吟	○	探	◐	聽	◐	岸	●	憑	○	
臨	○	古	●	眼	●	節	○	香	○	曲	●	柳	●	虛	○	次
怳	●	溪	○	還	○	更	○	戲	●	游	○	池	○	樓	○	南
惚	●	山	○	靑	○	植	●	蝶	●	魚	○	荷	○	下	●	山
上	●	今	○	勸	●	看	◐	檻	●	波	○	卣	●	水	●	憑
瑤	○	有	●	客	●	花	○	前	○	底	●	卣	●	縈	○	虛
臺	○	主	●	盃	○	地	●	來	○	出	●	開	○	回	○	樓

[감상] 모든 규칙에 맞다. 경주 남산 동쪽 편, 신라시대 전설이 서린 書出池에 조선 중기 이후에 풍천 임씨 임적이란 분이 세운 二樂堂이 있고 그 안에 현판으로 憑虛樓라 적혀 있다. 이 건물은 남산인 금오산 자락의 자연 풍광과 소나무, 대나무, 꽃, 연못으로 이루어진 정원으로 동남 지역의 으뜸인 경치를 가진다. 제7구의 뜻은 지금은 풍천 임씨 소유라는 말이다. 對偶가 멋있다.

[163. 己丑三月巷窩壽席次南上舍韻 拾遺]

南躔瑞彩滿東天　遙拜楓宸頌萬年
地近瀛洲公壽得　春回左海聖恩延
絃歌迭奏飛觴夕　花樹交榮舞絢筵
此日難堪孤爲露　呈遐祝意凄感然

[기축년 삼월 평민들의 장수를 축하하는 자리, 남상사의 시에 차운하다]

남쪽으로 돌아 서기로운 채색이 동쪽 하늘에 가득하니
멀리서 절하며 대궐 향해 오래 살도록 칭송하네
나이 많은 노인들 신선이 사는 곳에 모두 장수를 얻었고
봄이 돌아온 영남에는 어진 임금의 은혜가 미치네
거문고 소리 노랫소리 차례로 울리니 술잔이 빨리 도는 저녁
꽃과 나무 뒤섞여 빛나니 울긋불긋 춤추는 자리
이날은 참기 어렵네 좋은 술과 더불어 고독하기
축하의 뜻 멀리서 드리니 처량하게 느껴지네

呈	○	此	●	花	○	絃	○	春	○	地	●	遙	○	南	○	
遐	○	日	●	樹	●	歌	○	回	○	近	●	拜	●	躔	○	己
祝	●	難	○	交	○	迭	●	左	●	瀛	○	楓	○	瑞	●	丑
意	●	堪	○	榮	○	奏	●	海	●	洲	○	宸	○	彩	●	三
凄	○	孤	○	舞	●	飛	○	聖	●	公	○	頌	●	滿	●	月
感	●	爲	●	絢	●	觴	○	恩	○	壽	●	萬	●	東	○	巷
然	○	露	●	筵	○	夕	●	延	○	得	●	年	○	天	○	窩

[감상] 모든 규칙에 맞다. 이 시의 제목 밑에 작자가 작은 글씨로 拾遺라고 적어 두었다. 남상사가 지은 시를 나중에 어쩌다 작자가 습득하여 읽어 보고 자신이 또 차운한 것이다. 그런데 巷窩壽席은 혹시 그 당시 成語로서 환갑을 맞은 노인들을 한자리에 모아 축하 잔치를 나라의 경비로 여기는 것이 아닐까? 그리고 이 잔치는 전국을 순차적으로 하였기에, 제1구에서 南躔이란 표현을 사용하였지 않나 싶다. 제2구, 楓宸은 대궐이다. 제3구 地近, 땅속에 들어가기 가깝다는 뜻으로 나이가 아주 많은 노인을 이르고, 瀛洲는 三神山의 하나, 동해 중에 있는 신선이 산다는 곳이다. 제4구 左海는 '바다의 왼쪽'이니, 곧 영남 지방이다. 정조 임금 때 영남 지방에 대한 배려가 많았다. 頸聯은 축

하 잔치의 풍성하고 화려한 모습을 그렸다. 제7구의 露는 이슬, 좋은 술이다. 尾聯은 멀리 영남에 살고 있는 처사로서 느끼는 심정이다.

[164. 同年五月聲湖洞中壽席韻]

爲此春醅設壽筵 垂垂黃髮摠神仙
東溟自是瀛洲地 南國無非閬苑天
盡日風流傾寶斝 滿庭花頌上瑤絃
玆遊便覺吾王賜 遙祝楓宸萬萬年

[같은 해 오월 성호동에서 수연 중에 읊다]

이렇게 봄 막걸리로 수연을 차리니
누런 머리털을 드리운 신선들이 모였네
동해가 여기서부터 시작하네 신선이 산다는 곳의 땅
남쪽 지방은 아님이 없네 신선이 산다는 곳의 하늘이
온종일 음악 있어 보배 술잔 기울이며
뜨락 가득 핀 꽃을 읊은 송을 옥으로 된 거문고에 싣네
이 놀이 쉽게 알겠네 우리 임금이 내리셨음을
멀리서 대궐에 축하드리니 오래오래 사소서

遙	○	玆	○	滿	●	盡	●	南	○	東	○	垂	○	爲	●	
祝	●	遊	○	庭	○	日	●	國	●	溟	○	垂	○	此	●	同年
楓	○	便	◐	花	○	風	○	無	○	自	●	黃	○	春	○	五月
宸	○	覺	●	頌	●	流	○	非	○	是	●	髮	●	醅	○	聲湖
萬	●	吾	○	上	●	傾	○	閬	●	瀛	○	摠	●	設	●	
萬	●	王	○	瑤	○	寶	●	苑	●	洲	○	神	○	壽	●	
年	○	賜	●	絃	○	斝	●	天	○	地	●	仙	○	筵	○	

[감상] 모든 규칙에 맞다. 제목, 聲湖洞은 경주시 천북면 聲池里인 것 같다. 이 시는 앞의 시와 관련이 있어 보인다. 앞의 잔치보다 두 달 뒤에 있었고 마을 늙은이들을 모아놓고 막걸리로 잔치를 열었는데, 이것은 임금이 내린 것이라 한다. 제3구 瀛洲, 三神山의 하나, 동해 중에 있는 신선이 산다는 곳. 제4구, 閬苑도 신선이 산다는 곳이다. 對偶가 좋다.

[165. 贈葉山族叔]

晚來身世付滄洲 咫尺蓬瀛漫浪遊
落落肯襟非俗累 軒軒氣岸是仙流
天空馬皀誰看劍 海晏鯨波獨倚舟
南國山川雖信美 夢魂應在故園秋

[엽산 족숙에게 드림]

늙어서 신세를 바닷가에 의탁하니
바로 곁에 봉래와 영주가 있어 떠돌며 노네
대범히 마음을 즐김은 세속에 얽매임 아니고
풍채 당당하고 기가 셈은 신선의 거침없음이로세
하늘이 텅 비고 말이 언덕을 달릴 때 누가 검을 살피며
바다에 해 저물어 고래가 파도 일구어도 혼자서 배에 의지하네
남쪽 지방 산천은 비록 확실히 아름답지만
꿈속 혼령에는 응당 옛 동산의 가을이 있네

夢	●	南	○	海	●	天	○	軒	○	落	●	咫	●	晚	●	
魂	○	國	●	晏	●	空	○	軒	○	落	●	尺	●	來	○	贈
應	○	山	○	鯨	○	馬	●	氣	●	肯	●	蓬	○	身	○	葉
在	●	川	○	波	○	皀	●	岸	●	襟	○	瀛	○	世	●	山
故	●	雖	○	獨	●	誰	○	是	●	非	○	漫	●	付	●	族
園	○	信	●	倚	●	看	◐	仙	○	俗	●	浪	●	滄	○	叔
秋	○	美	●	舟	○	劍	●	流	○	累	●	遊	○	洲	○	

[감상] 모든 규칙에 맞다. 이 시는 같은 성씨의 아재뻘 호가 葉山이란 분에게 써 준 것으로, 그분의 호방함을 묘사했다고 본다. 제1구 身世, 일신상의 처지와 형편(가련, 외로움). 滄洲, 물이 푸른 사주가에. 또는 시골, 촌. 제2구 咫尺, 아주 가까운 거리. 蓬瀛, 봉래와 영주, 모두 신선이 산다는 三神山 중 하나. 漫浪, 일정한 직업이 없이 각처를 떠돌아다님. 제3구 落落, 작은 일에 얽매이지 않고 대범함. 제4구 軒軒, 풍채가 당당하고 빼어남. 氣岸, 성질이 드셈. 제8구의 故園은 제1구의 滄洲가 남쪽 어딘가에 있다면, 족숙이니까 고향이 같다고 보아 경주가 아닐까?

[166. 元朝韻]

去夜東君噓暖祥 起看天地啓三陽

百年身上衣空白 萬事人間髮欲黃

愁坐殘更多古意 好逢佳節惜流光

元辰一醉難虛負 笑酌春風萬萬觴

[새해 아침을 읊다]

지난밤 봄의 신이 따뜻하고 상서로운 기운을 불기에

일어나서 하늘과 땅 살피니 삼양이 열렸네

평생 동안 몸 위에는 흰옷이 펄럭였는데

온갖 일로 사람 사이 머리털은 누렇게 되려 하네

시름하며 앉은 남은 새벽 이전에 품었던 뜻은 많고

반가이 맞는 아름다운 계절 흐르는 세월이 아깝구나

새해 첫새벽 한번 취하니 없는 논밭 헤아리기 어렵고

웃으며 잔 따르니 봄바람이 잔에 가득가득하네

笑	●	元	○	好	●	愁	○	萬	●	百	●	起	●	去	●	
酌	●	辰	○	逢	○	坐	●	事	●	年	○	看	◑	夜	●	元
春	○	一	●	佳	○	殘	○	人	○	身	○	天	○	東	○	朝
風	○	醉	●	節	●	更	●	間	○	上	●	地	●	君	○	韻
萬	●	難	○	惜	●	多	○	髮	●	衣	○	啓	●	噓	○	
萬	●	虛	○	流	○	古	●	欲	●	空	○	三	○	暖	●	
觴	○	負	●	光	○	意	●	黃	○	白	●	陽	○	祥	○	

[감상] 제3구에 鶴膝이 보이나 비운자행이다. 이 시는 가난한 處士의 새해맞이 푸념이다. 제1구 東君, 봄의 신. 제2구 三陽, 풍수설에서 內, 外, 中 陽을 아울러 이르는 말. 제3구는 입신을 못 하고 평생 처사로 살았다는 뜻. 제7구, 虛負는 虛結과 같아서 실제 없는 논밭을 있는 것으로 헤아린 몫. 頷, 頸聯의 對偶가 좋고, 尾聯의 표현이 참으로 詩的이다.

[167. 送府伯李相公秉鼎]

葵悃長懸白日邊　故園松菊夢重圓
黃苆未熟千年國　丹鳳回翔四月天
春逐賢侯歸去路　雲生多士別離筵
一盃蒲酌東流水　爲挩征輪祝好旋

[부윤 이상공 병정을 송별하다]

해바라기의 참마음은 오랫동안 밝은 해 언저리 걸렸지만
옛 동산의 소나무 국화는 다시 한번 원숙하길 꿈꾸네
누런 수국은 아직 익지 않은 천년의 나라
붉은 봉황이 하늘 높이 맴도는 사월의 하늘
봄을 보내며 어진 원님이 돌아가는 길
구름은 일어 여러 선비들이 이별하는 자리
부들 잎으로 만든 잔에 한잔하니 물은 동으로 흐르고
타고 갈 수레를 닦으며 좋아서 돌며 축하하네

爲	○	一	●	雲	○	春	○	丹	○	黃	○	故	●	葵	○	
挩	●	盃	○	生	○	逐	●	鳳	●	苆	○	園	○	悃	●	送
征	○	蒲	○	多	○	賢	○	回	○	未	●	松	○	長	○	府
輪	○	酌	●	士	●	候	○	翔	○	熟	●	菊	●	懸	○	伯
祝	●	東	○	別	●	歸	○	四	●	千	○	夢	●	白	●	李
好	●	流	○	離	○	去	●	月	●	年	○	重	○	日	●	相
旋	○	水	●	筵	○	路	●	天	○	國	●	圓	○	邊	○	公

[감상] 제7구에 鶴膝이 보이나 비운자행이다. 제목, 경주 부윤 이병정이 임기를 마치고 떠난다. 어진 원님 정도로만 표현한 것으로 봐서 특별히 인상 깊은 치적은 없나 보다. 상공은 고관을 높여 부르는 말. 首聯, 해바라기는 지조 없는 사람을 상징하고, 소나무 국화는 지조를 상징한다. 제2구는 신라인의 마음 아닐까? 제3구, 苆는 山水菊, 천년국은 신라, 곧 경주이다. 對偶가 좋다.

[168. 次彦陽商山祠韻]

孝友文章走卒知 嘉言徽範可人師

名高斗北趨多士 風動山南起一祠

靜室春蘭餘舊馥 虛樓秋月想淸儀

洋洋俎豆增瞻仰 聖世崇褒會有時

[언양 적산사를 차운하다]

효우 있고 문장 좋아 걸어가면 많은 이들이 알아보고

아름다운 말 훌륭한 모범은 남의 스승이 될 수 있었네

이름 높아 북극성처럼 많은 선비들이 뒤따랐기에

감화를 일으켰으니 산 남쪽에 한 사당을 세우네

고요한 방 봄 난초 묵은 향기 남아 있고

텅 빈 누각 가을 달 맑은 거동 떠올리네

아득히 상 차려 받드니 더욱 우러러보이고

어진 임금의 세월에 높여 포상하니 부합하는 것은 때가 있구나

聖●	洋○	虛○	靜●	風○	名○	嘉○	孝●	
世●	洋○	樓○	室●	動●	高○	言○	友●	次
崇○	俎●	秋○	春○	山○	斗●	徽○	文○	彦
褒○	豆●	月●	蘭○	南○	北●	範●	章○	陽
會●	增○	想●	餘○	起●	趨○	可○	走●	商
有○	瞻○	清○	舊○	一○	多●	人○	卒●	山
時○	仰●	儀○	馥●	祠○	士●	師○	知○	祠

[감상] 모든 규칙에 맞다. 제1구 孝友, 부모에 대한 효도와 형제에 대한 우애. 제7구 洋洋, 바다가 한없이 넓음. 俎豆, 제사 때 신 앞에 놓는 나무로 만든 그릇의 한 가지. 제8구 會, 사물이나 현상이 서로 꼭 들어맞다. 즉 이 시의 주인공의 행적과 후대에 그것을 알아주고 인정하는 것이 서로 만나는 시점을 이른다. 아마도 정조 임금 때 왕명으로 포상이 내려졌나 보다. 對偶가 잘되었다.

[169. 次龜山祠入享時韻]

尊慕前賢有後人　經營廟宇幾經春
鴻功已輪興王地　麟閣咸瞻在野民
曠世高名登竹帛　明時遺像奠蕉蘋
賢孫一體同禋祀　山仰千秋倍愴神

[구산사에 처음 향사를 지낼 때를 차운하다]

옛 현인을 높여 추모하는 후세 사람 있어
사당을 지으려고 애쓴 지 몇 해가 지났네
큰 공은 이미 가득하여 왕의 땅에 일었으니
기린각을 모두가 바라보는 시골 백성들 있네
세상에 드문 높은 이름 역사서에 올랐는데
좋은 세상 만나 남겨진 초상에 변변치 못한 제물 올렸네
어진 자손 한마음으로 같이 공경히 제사 지내니
오래도록 산처럼 우러러 슬픈 마음 배가되네

山	○	賢	○	明	○	曠	●	麟	○	鴻	○	經	○	尊	●	
仰	●	孫	○	時	○	世	●	閣	●	功	○	營	○	慕	●	次
千	○	一	●	遺	○	高	○	咸	○	已	●	廟	●	前	○	龜
秋	○	體	●	像	●	名	○	瞻	○	輪	●	宇	●	賢	○	山
倍	●	同	○	奠	●	登	○	在	●	興	○	幾	●	有	●	祠
愴	●	禋	○	蕉	○	竹	●	野	●	王	○	經	○	後	●	入
神	○	祀	●	蘋	○	帛	●	民	○	地	●	春	○	人	○	享

[감상] 모든 규칙에 맞다. 龜山祠가 어디에 있으며 누구를 기리는 것인지 알지 못하겠다. 아무튼 사당을 짓고 처음 제사를 올리는 날 지은 시에 차운하여 지었다. 제4구 麟閣, 본래 麒麟閣인데 공신 圖像을 모신 건물. 제5구 竹帛, 서적이나 史記를 달리 이르는 말. 제6구, 蕉蘋은 파초와 개구리밥이니, 곧 변변치 못한 祭需이다. 對偶가 좋다.

[170. 次杜陵祠入享時韻]

行誼文章卓世人 小溪魚鳥日相親

素琴靜養中和氣 古易深探變化神

鄕里百年公議在 門閭當日聖褒新

歸然廟宇明禋地 雷賀千秋褥禮伸

[두릉사에 처음 향사를 지낼 때를 차운하다]

옳음을 행함과 문장이 세상 누구보다 우뚝하고

작은 개울의 고기 새들과 매일 친했네

소박한 거문고로 정양하니 화평한 기상이고

주역을 깊이 탐구하여 변화에 해박했네

고향 마을에서 오랫동안 공론이 있었는데

마을 어귀에 문을 세우던 날 어진 임금의 포상이 새롭네

사당은 우뚝하여 제사 지내는 땅을 밝히니

많은 사람의 축하에 길이길이 자리 펴고 예를 올리겠네

雷	○	歸	○	門	○	鄕	○	古	●	素	●	小	●	行	●	
賀	●	然	○	閭	○	里	●	易	●	琴	○	溪	○	誼	●	次
千	○	廟	●	當	○	百	●	深	○	靜	●	魚	○	文	○	杜
秋	○	宇	●	日	●	年	○	探	○	養	●	鳥	●	章	○	陵
褥	●	明	○	聖	●	公	○	變	●	中	○	日	●	卓	●	祠
禮	●	禋	○	褒	○	議	●	化	●	和	○	相	○	世	●	入
伸	○	地	●	新	○	在	●	神	○	氣	●	親	○	人	○	享

[감상] 모든 규칙에 맞다. 杜陵祠가 어디에 있으며 누구를 기리는 것인지 알지 못하겠다. 제3구 素琴, 아무런 장식도 없는 소박한 거문고. 靜養, 몸과 마음을 편하게 하여 피로나 병을 요양함. 中和氣는 中和之氣의 줄임말로, 덕성이 발라서 과불급이 없는 화평한 기상. 제6구 門閭, 마을 어귀의 문. 對偶도 좋다.

[171. 次東萊宋先生忠烈祠感懷韻康津趙碩士奎運文甫贈]

玄雲慘憺宋公廟　志士千秋吊古英

雨濕黃沙多鬼笑　劍沈蒼海幾龍鳴

荒陲不盡山河氣　殘壁空悲鼓角聲

曠世聞風瞻仰地　滿襟衰淚灑深䀢

[동래송 선생 충렬사 감회를 차운하다, 강진 조석사 규운 문보에게 주다]

검은 구름 송공의 사당에 드리워 딱하고 슬퍼

지사들이 오래도록 옛 영웅을 마음 아파했네

비에 젖고 누른 먼지 쌓여 귀신 웃음소리 많고

검이 잠긴 푸른 바다 용의 울음 얼마인고

거친 변방엔 다하지 않았네 산하의 기운이

남은 성벽엔 슬픔이 공허하구나 북소리 나팔 소리

세상에 드문 뜬소문을 듣고 우러러 바라보는 곳

가슴 가득 쇠한 눈물 깊고 넓게 뿌리네

滿	●	曠	●	殘	○	荒	○	劍	●	雨	●	志	●	玄	○	
襟	○	世	●	壁	●	陲	○	沈	○	濕	●	士	●	雲	○	次
衰	○	聞	○	空	○	不	●	蒼	○	黃	○	千	○	慘	●	東
淚	●	風	○	悲	○	盡	●	海	●	沙	○	秋	○	憺	●	萊
灑	●	瞻	○	鼓	●	山	○	幾	●	多	○	吊	●	宋	●	宋
深	○	仰	●	角	●	河	○	龍	○	鬼	●	古	●	公	○	先
䀢	○	地	●	聲	○	氣	●	鳴	○	笑	●	英	○	廟	●	生

[감상] 제1구의 끝 廟 자가 측성이어서 變調이다. 제목의 송 선생은 임진왜란 때 동래성을 지키던 부사 송상현이다. 그는 府民과 함께 항전하다 순절하였다. 강진은 지명, 규운은 이름, 문보는 字인 것 같다. 제6구, 鼓角은 軍中에서 호령할 때 쓰던 북과 나팔.

[172. 次趙碩士贈萊伯韻]

風流詞客自邊城 悵憶龍蛇不盡情

從古島夷兇膽惴 至今鯨海怒濤平

當年關塞防籌濶 千載英雄感慨生

宇宙歸來知己遇 請君莫讓酒三觥

[조석사가 동래 부사에게 준 것을 차운하다]

변방성에 대해 시인들이 풍류를 읊으니

영웅에 대한 슬픈 기억 다할 수 없는 정

옛것에 따르면 섬나라 오랑캐 흉악한 마음 두려워라

오늘에 이르도록 큰 바다 노한 물결 잔잔하구나

난을 당한 해 변방 빗장에 방어하는 화살 퍼졌고

천년의 영웅에 감개가 일어나네

우주로 돌아가는 날 지기를 만나면

그대에게 청하겠네 사양치 말기를 술 석 잔

請	●	宇	●	千	○	當	○	至	●	從	○	悵	●	風	○	
君	○	宙	●	載	●	年	○	今	○	古	●	憶	●	流	○	次
莫	●	歸	○	英	○	關	●	鯨	○	島	●	龍	○	詞	○	趙
讓	●	來	○	雄	○	塞	●	海	●	夷	○	蛇	○	客	●	碩
酒	●	知	○	感	●	防	●	怒	●	兇	◐	不	●	自	●	士 贈
三	○	己	●	慨	●	籌	○	濤	○	膽	●	盡	●	邊	○	萊
觥	○	遇	●	生	○	濶	●	平	○	惴	●	情	○	城	○	

[감상] 모든 규칙에 맞다. 이 시는 임진왜란이 한참 지난 정조 때 바로 앞의 시에 나왔던 조석사 규운이 당시 동래 부사에게 시를 지어 준 것을 보고 작자가 차운한 것 같다. 제2구 龍蛇, 비상한 인물. 제5구의 濶은 '넓다'이니 화살이 고슴도치처럼 넓게 퍼져 나가는 모양이다. 尾聯에서 '우주로 돌아가다'는 死後 세계를 말함인데, 그곳에서 만나는 知己는 임란 당시의 동래성의 영웅들이 아닐까? 對偶가 잘되었다.

[173. 自遣]

寂寞荒村知己少 一樽何處與論文
塵襟暗托園中竹 世事無關洞裏雲
出沒前溪魚逐隊 去來深樹鳥呼群
那邊覓得盤旋地 山外囂喧耳不聞

[혼자 마음 달래다]

고요하고 쓸쓸한 거친 시골에 나를 알아주는 이 드무니
어디 가서 술 한 통 놓고 더불어 글을 논할꼬
세속에 찌든 마음 슬그머니 밀어내네 동산 속 대나무가
세상일이 무관하구나 골짜기 속 구름에게는
나타났다 사라지네 앞 시내에 고기가 쫓는다 무리를
가고 오네 깊은 나무에 새가 부른다 친구들을
어느 끝에서든 금방 얻네 꾸불꾸불한 곳을
산 밖에는 시끄러운 소리 있으나 내 귀에는 들리지 않네

山	○	那	●	去	●	出	●	世	●	塵	○	一	●	寂	●	
外	●	邊	○	來	○	沒	●	事	●	襟	○	樽	○	寞	●	自
囂	○	覓	●	深	○	前	○	無	○	暗	●	何	○	荒	○	遣
喧	○	得	●	樹	●	溪	○	關	○	托	●	處	●	村	○	
耳	●	盤	○	鳥	●	魚	○	洞	●	園	○	與	●	知	○	
不	●	旋	○	呼	○	逐	●	裏	●	中	○	論	○	己	●	
聞	○	地	●	群	○	隊	●	雲	○	竹	●	文	○	少	●	

[감상] 제1구, 끝 少가 측성이어서 變調이다. 시골 處士의 허전한 마음과 조용한 일상이 잘 나타나 있다. 제7구 盤旋, 길, 강 따위가 꾸불꾸불하게 빙빙 돎. 그러니까 눈 닿는 곳 모두 구불구불하다는 뜻. 제8구 囂喧, 왁자지껄 시끄럽게 떠드는 소리. 頷, 頸聯의 對偶가 좋다.

[174. 拈唐詩七言彙選得平字]

生長太平老太平　一身怳若御三淸

肯襟落落觀蒼海　魂夢頻頻續赤城

老去新詩山月白　春來佳景野花明

炎凉俗態眞堪唾　唯有東風不世情

[당시 칠언 시어를 집어 들어 平 자 운을 골라 시를 짓다]

자랄 때 태평했는데 늙어서도 태평하니

이 한 몸이 멍하여 마치 신선이 사는 곳들을 말을 몰고 달리는 것 같네

마음속 즐거이 나서던 것이 축축 늘어져 푸른 바다만 보고

꿈속 넋은 자주자주 텅 빈 성을 연이어 찾네

익숙했던 것을 버리니 새로운 시 산속 달은 밝고

봄이 오니 아름다운 경치 들꽃이 화려하네

슬기는 속된 행태에 침 뱉기를 진정으로 참으니

오직 봄바람뿐이네 세상에 없는 정 가진 이는

唯	○	炎	○	春	○	老	●	魂	○	肯	●	一	●	生	○	
有	●	凉	○	來	○	去	●	夢	●	襟	○	身	○	長	●	拈
東	○	俗	●	佳	○	新	○	頻	○	落	●	怳	●	太	●	唐
風	○	態	●	景	●	詩	○	頻	○	落	●	若	●	平	○	詩
不	●	眞	○	野	●	山	○	續	●	觀	○	御	●	老	●	七
世	●	堪	○	花	○	月	●	赤	●	蒼	○	三	○	太	●	言
情	○	唾	●	明	○	白	●	城	○	海	●	淸	○	平	○	彙

[감상] 老 자가 疊이다. 그러나 뜻은 다르게 쓰였다. 제1구에 平이 蜂腰이나 비운자행이다. 제목에서 唐詩는 앞에서도 언급했지만, 두 가지 의미가 있다. 하나는 당나라 시이고 다른 하나는 당나라 때 발달했던 근체시, 즉 오늘날 우리가 백일장에서 많이 보는 시체이다. 여기서는 前者이다. 제2구 三淸, 道家에서 말하는 신선이 사는 곳이라고 하는 玉淸, 上淸, 太淸이다. 제7구 炎凉, 세태를 판단하고 선악과 시비를 분별하는 슬기. 제8구 東風, 봄바람. 頷, 頸聯의 對偶가 좋다. 젊음과 늙음을 대비하고 있는 이 시는 이해가 쉬운 듯하나 다소 어렵다.

[175. 次觀瀾翁韻二首-1]

詩老生涯一任天　把樽自許酒中仙

孤吟幾弄溪邊月　小醉閑眠海上煙

寂寞旅窓頻送日　蒼茫故國已多年

白頭知己東山在　逞逞藜笻渡北川

[관란옹의 시에 차운하여 두 수 읊다-1]

시 짓는 늙은이 생애를 하늘에 온통 맡기고

술통을 잡고 스스로 취중 신선임을 허락하네

혼자 읊으며 어찌 희롱하노 개울가 달을

조금 취해 한가히 잠드니 바다 위엔 안개로다

고요하고 쓸쓸한 여창에서 자주 하루해를 보내도

푸르도록 아득한 옛 나라는 이미 세월이 많이 지났네

백두인 지기 동산이 있어

즐겁게 명아주 지팡이 짚고 북천을 건너네

逞	●	白	●	蒼	○	寂	●	小	●	孤	○	把	●	詩	○	
逞	●	頭	○	茫	○	寞	●	醉	●	吟	○	樽	○	老	●	次
藜	○	知	●	故	●	旅	●	閑	○	幾	●	自	●	生	○	觀
笻	○	己	●	國	●	窓	○	眠	○	弄	●	許	●	涯	○	瀾
渡	●	東	○	已	●	頻	○	海	●	溪	○	酒	●	一	●	翁
北	●	山	○	多	○	送	●	上	●	邊	○	中	○	任	●	韻
川	○	在	●	年	○	日	●	煙	○	月	●	仙	○	天	○	一

[감상] 모든 규칙에 맞다. 작자가 지기인 관란옹을 묘사한 시이다. 제1구 生涯, 살아 있는 한평생 동안, 생활하는 형편, 생계 등의 뜻이 있다. 頷聯의 溪邊은 작자가 사는 곳, 海上은 관란옹이 사는 고장이다. 제5구 旅窓, 나그네가 거처하는 방. 제7구 白頭, 벼슬이 없는 처사. 東山은 작자의 號이다. 그러니까 작자가 관란옹의 知己인 것이다. 제8구 北川, 경주에는 남천, 서천, 북천이 있어 그중 하나이다. 북천을 건너 知己가 있는 동산으로 찾아왔다는 뜻이다.

[176. 次觀瀾翁韻二首-2]

郢市高歌少解音 世間名利志無淫

山村夜雨乾坤過 海國秋風歲月深

落日不堪遊子意 他鄕應起故園心

每眈佳句論文處 滿酌淸溪洗俗襟

[관란옹의 시에 차운하여 두 수 읊다-2]

초나라 서울에는 노랫소리 높아도 음을 풀이해 주는 이 적었고

세간의 명리는 좇아도 지사는 음탕하지 않네

산골 마을에 밤새 비 내려 하늘과 땅이 잘못되어도

바닷가 지방엔 가을바람 불어 세월이 깊어지네

해 지니 참을 수 없네 떠돌고 싶은 생각

낯선 고장에선 응당 생기네 돌아가고 싶은 마음

언제나 아름다운 싯구 탐하여 글을 논하는 곳

한 잔 가득 마시고 맑은 시내에 속된 마음 씻는다

滿	●	每	●	他	○	落	●	海	●	山	○	世	●	郢	●	
酌	●	眈	○	鄕	○	日	●	國	●	村	○	間	○	市	●	次
淸	○	佳	○	應	○	不	●	秋	○	夜	●	名	○	高	○	觀
溪	○	句	●	起	●	堪	○	風	○	雨	●	利	●	歌	○	瀾
洗	●	論	◐	故	●	遊	○	歲	●	乾	○	志	●	少	●	翁
俗	●	文	○	園	○	子	●	月	●	坤	○	無	○	解	●	韻
襟	○	處	●	心	○	意	●	深	○	過	●	淫	○	音	○	二

[감상] 모든 규칙에 맞다. 이 시는 작자가 지기인 관란옹에게 써 준 두 번째 시이다. 그 내용은 작자 자신의 마음을 진술하고 있다. 제1구 郢, 춘추전국시대 초나라의 서울, 역사상 음탕한 곳으로 유명함. 頷聯의 山村은 작자가 살고 있는 곳이고 海國은 관란옹이 살고 있는 고장이다. 제5구의 子는 사람으로 본다. 제6구 故園, 전에 살던 곳, 고향. 對偶가 좋다.

[177. 次府伯閔相公台赫碑閣感懷韻]

相公碑古感懷生　忍看荒墟野叟耕

雨過仙桃新月色　春回官柳舊風聲

高山瞻仰遺民意　小閣經營太守情

前後歌謠東土在　蚊川一曲至今淸

[부윤 민상공 태혁 비각 감회를 차운하다]

상공의 비가 오래되어 감회가 생기니

황폐한 폐허를 차마 보지 못하겠네 시골 늙은이 밭을 일구네

비 그친 선도산엔 달빛이 새로운데

봄이 돌아온 관아의 버들은 옛 바람 소리 내네

높은 산 우러러 바라보는 남은 백성 뜻이 있고

작은 비각 새로 지은 태수의 정이 있네

앞뒤 노래가 동쪽 땅에 있으니

남천은 한 번 굽어 지금도 맑네

蚊	○	前	○	小	●	高	○	春	○	雨	●	忍	●	相	●	
川	○	後	●	閣	●	山	○	回	○	過	●	看	◐	公	○	次
一	●	歌	○	經	○	瞻	○	官	○	仙	○	荒	○	碑	○	府
曲	●	謠	○	營	○	仰	●	柳	●	桃	○	墟	○	古	●	伯
至	●	東	○	太	●	遺	○	舊	●	新	○	野	●	感	○	閔
今	○	土	●	守	●	民	○	風	○	月	●	叟	●	懷	○	相
淸	○	在	●	情	○	意	●	聲	○	色	●	耕	○	生	○	公

[감상] 제5구에 鶴膝이 보이나 비운자행이다. 제목의 민상공 태혁은 영조~순조 간 인물로 일찍이 관직에 진출하여 현감을 지낸 뒤, 정조 3년에 정시문과에 장원급제 하여 여러 청환직을 거쳐 우참찬에 이르렀다. 시의 내용을 보면 그가 경주 부윤을 지냈고 선정을 베풀어 비를 세웠는데, 시간이 지나 그것이 풀밭에 뒹구는 것을 보고 안타깝게 여긴 후임 어느 부윤이 작은 비각을 세우고, 그 감회를 부윤인지 다른 누가 시로 읊으니, 작자가 다시 이에 차운하여 지었던 것 같다. 제3구, 仙桃는 경주 서편에 있는 산 이름이다. 제8구, 蚊川은 경주 남천의 다른 이름이다. 頷, 頸聯의 對偶가 좋은데, 제4구의 舊風聲은 옛날의 아름다운 풍속, 즉 어진 목민관을 칭송하는 것을 말한다. 여기서는 새

부윤이 민상공의 비각을 지으려는 것을 아름답게 표현한 것이다. 제5구의 高山은 훌륭한 관리를 상징한다. 제7구의 '전후 가요'는 옛날에 선정을 베푼 목민관을 칭송하는 노래를 지어 거리의 아이들이 불렀다고 한다. 이것을 오늘날 시각으로 꼭 나쁘게만 볼 것이 아니다. 새 목민관이 부임하였을 때 거리의 아이들이 전임자의 치적을 칭송하는 소리를 들으면 자기도 잘해야겠다는 생각이 드는 것이다. 東土는 곧 경주이다.

[178. 次南山憑虛樓山字韻]

金鰲一麓是名山 造物元來不得慳

高閣連雲雲氣濕 小池浸月月榮斑

百年幽趣君能得 半日淸遊客亦閑

塵債人間今未了 仙區風物恨難攀

[남산 빙허루에서 山 자를 차운하다]

금오산 한 기슭에 이 이름난 산이 있어
조물주가 원래 숨겨 두지 못했던 곳이네
높은 누각은 구름에 닿고 구름의 기운은 습하나
작은 연못에 달이 잠기니 달의 꽃봉오리 아롱지네
평생 그윽한 취미를 그대는 능히 얻었거늘
한나절 맑은 바람 쐬는 유람 나그네 또한 한가롭네
인간 세상 살며 진 티끌 빚은 아직 갚지 못했는데
신선이 노는 곳의 풍물은 애써 잡기 어려움이 한스럽네

仙	○	塵	○	半	●	百	●	小	●	高	○	造	●	金	○	次
區	○	債	●	日	●	年	○	池	○	閣	●	物	●	鰲	○	南
風	○	人	○	淸	○	幽	○	浸	●	連	○	元	○	一	●	山
物	●	間	○	遊	○	趣	●	月	●	雲	○	來	○	麓	●	憑
恨	●	今	○	客	●	君	○	月	●	雲	○	不	●	是	●	虛
難	○	未	●	亦	●	能	○	榮	○	氣	●	得	●	名	○	樓
攀	○	了	●	閑	○	得	●	斑	○	濕	●	慳	○	山	○	

[감상] 得 자가 疊이다. 제5구에 鶴膝이 보이나 비운자행이다. 제목의 빙허루는 앞에서 언급했기에 생략한다. 제1구, 金鰲는 경주의 남산의 옛 이름이다. 제8구, 風物은 곧 경치이다. 이해하기 그다지 어렵지 않다. 頷聯에서 같은 글자 반복을 통해 멋을 살렸다. 對偶가 잘되었다.

[179. 次崔君子安見贈韻]

卜築山阿與水隈　每隨花柳任徘徊
栖雲十載精神皙　步月三更氣象嵬
璦韻忽驚佳客報　芳樽宜向故人開
慇懃好意誠難負　欲把新詩愧不才

[군자 최안견이 보내온 것에 차운하다]

좋은 땅 가려 산언덕에 집을 지으니 물도 굽어 흐르고
매양 꽃과 버들을 따라 마음대로 배회하네
몰려온 구름이 뭉게뭉게 일어도 정신은 밝고
천천히 떠오른 달은 삼경이 되니 기상이 높네
아름답게 읊조리다 홀연히 놀라네 반가운 손님 왔다니
향내 나는 술통은 마땅히 향하네 정든 사람에게 열어
좋은 뜻으로 성실히 애써도 참을 이루기는 어렵고
새로운 시를 짓고 싶어도 재주 없음이 부끄럽네

欲	●	慇	●	芳	○	璦	●	步	●	栖	○	每	●	卜	●	
把	●	懃	○	樽	○	韻	●	月	●	雲	○	隨	○	築	●	次
新	○	好	●	宜	○	忽	●	三	○	十	●	花	○	山	○	崔
詩	○	意	●	向	●	驚	○	更	○	載	●	柳	●	阿	○	君
愧	●	誠	○	故	●	佳	○	氣	●	精	○	任	●	與	●	子
不	●	難	○	人	○	客	●	象	●	神	○	徘	○	水	●	安
才	○	負	●	開	○	報	●	嵬	○	皙	●	徊	○	隈	○	見

> [감상] 모든 규칙에 맞다. 제목에서 최안견에게 君子를 붙임은 그만큼 그를 존경하였기 때문일까? 그가 보내온 시는 어떤 내용인지 알 수 없지만 이 시는 작자 자신의 처지와 心境을 읊은 것 같다. 자연을 좋아하고, 친구 사귀기를 좋아하고, 바르게 살려고 애쓰고 무엇보다 시 짓기를 즐겨 한다. 제1구 卜築, 살 만한 땅을 가려 집을 지음. 제4구 氣象, 바람, 비, 구름, 눈 등 대기 중에서 일어나는 모든 현상. 對偶도 좋다.

[180. 寄贈翼洞諸老兼小序]
[익동의 여러 노인들께 짧은 서문과 함께 시를 지어 부쳐 보내다]

白首重逢其喜可掬而只緣人事忽忽乍逢旋別別後餘緒萬倍疇昔益信同衰暮非復別離時之句也瞻望海雲悵懷難聊以拙語一篇聊寓區區不忘之忱詩曰

늙은이들이 여럿이 만났으니 그 기쁨을 짐작할 수 있지만, 단지 인연 인사로 갑작스레 잠깐 만났던 것, 만나자마자 곧 헤어지니 헤어진 후 못다 한 마음이 만 배나 되어, 누가 접때 더욱 믿지 않았겠는가, 같이 쇠하고 늙어 헤어질 때의 싯구를 다시 되풀이하지 못함을, 바다 구름 바라보니 슬픈 마음 들어, 서투른 말로는 의지하기 어려워, 시 한 편을 부족하나마 지어 부치니 구차스러워도 참뜻을 잊지 마시길, 시에 이르기를,

一隔參商歲幾周 相逢好意更悠悠
樽前喜氣春生眼 鏡裡衰容雪滿頭
不盡昔年離別恨 那堪今日去留愁
殘生難得重開口 何處江山續舊遊

한번 떨어진 뒤 삼상이 되어 몇 해가 지났구려
서로 만났을 때 좋았던 뜻은 다시 아득하게 멀어집니다
술동이 앞에 놓고 기뻐하던 기분은 봄빛 감도는 눈빛이었고

거울 속 쇠한 얼굴은 눈 덮인 머리였습니다
다하지 못하겠네 지난해의 이별한 한을
어찌 견디리 오늘 떠나고 남은 시름을
남은 생에 어려우리 또 한 번 입 벌려 웃을 기회
강산 어디 가서 옛 놀이 이어 볼꼬

何	○	殘	○	那	○	不	●	鏡	●	樽	○	相	○	一	●	
處	●	生	○	堪	○	盡	●	裡	●	前	○	逢	○	隔	●	寄
江	○	難	○	今	○	昔	●	衰	○	喜	●	好	●	參	○	贈
山	○	得	●	日	●	年	○	容	○	氣	●	意	●	商	○	翼
續	●	重	●	去	●	離	○	雪	●	春	○	更	●	歲	●	洞
舊	●	開	○	留	○	別	●	滿	●	生	○	悠	○	幾	●	諸
遊	○	口	●	愁	○	恨	●	頭	○	眼	●	悠	○	周	○	老

[감상] 生 자가 疊이다. 제목에 있는 翼洞은 경북 영덕군 창수면 인량리인데, 옛날엔 이 마을을 뒷산의 모습이 날개를 편 학을 닮았다 해서 비개동, 나래골, 翼洞 등으로 불렀다고 한다. 이 마을은 古家가 즐비한 대표적 班村이다. 이곳에는 재령 이씨 종택 忠孝堂이 있는데, 작자는 그 집 셋째 따님을 며느리로 삼았다. 옛날에는 경주에서 이곳까지 내왕은 도보로 무척 먼 거리였다. 서문 중에 緣人事가 있는데 이것이 바로 혼인 관계로 인한 인연일 것이다. 그때 마을 노인들이 모두 모여 上客을 맞아 술과 함께 담소와 시를 나눴을 것이다. 제1구 參商, 參星과 商星, 삼성은 서방에, 상성은 동방에 서로 등져 있어 동시에 두 별을 볼 수 없으므로, 친한 사람과 이별하여 만나지 못하는 비유로 쓰인다. 제7구, 開口는 開口笑를 줄였다고 볼 수 있다. 對偶가 좋다.

[181. 次盈德金君鼎郁叔文韻]
邂逅還同水上萍 鷄林歸客倦鞭停
百年幽趣詩盈篋 四月淸陰樹滿庭
開戶每看雲水白 把樽長對海山靑
衰翁難得重逢地 何日聯襟醉小亭

[영덕 김군 정욱 숙문의 시에 차운하다]

우연히 만났다가 다 같이 나그네로 돌아가니
계림으로 돌아가는 나그네는 채찍을 게을리하고 머무네
평생 그윽한 취향 시는 상자에 넘치고
사월의 맑은 그늘 나무는 뜰에 가득하네
지게문 열고 매양 살피니 구름 비친 물은 희고
술통 잡고 오래도록 대하니 바닷가 산은 푸르네
쇠해 가는 늙은이 다시 또 만날 곳 찾기 어려워
어느 날 이어진 마음으로 작은 정자에서 취할꼬

何	○	衰	○	把	●	開	○	四	●	百	●	鷄	○	邂	●	
日	●	翁	○	樽	○	戶	●	月	●	年	○	林	○	逅	●	次
聯	○	難	○	長	○	每	●	淸	○	幽	○	歸	○	還	○	盈
襟	○	得	●	對	●	看	◐	陰	○	趣	●	客	●	同	○	德
醉	●	重	●	海	●	雲	○	樹	●	詩	○	倦	●	水	●	金
小	○	逢	○	山	○	水	●	滿	●	盈	○	鞭	○	上	●	君
亭	○	地	●	靑	○	白	●	庭	○	篋	●	停	○	萍	○	鼎

[감상] 제3구에 鶴膝이 보이나 비운자행이다. 제목을 보면 경북 동해안 영덕에 사는 김군, 君으로 호칭함은 아마도 상대가 작자보다 나이가 어린가 보다. 이름이 정욱, 字가 叔文인 것으로 생각된다. 제1구 邂逅, 邂逅相逢의 준말로 누구와 우연히 만남. 水上萍은 물 위의 개구리밥, 즉 이리저리 떠돌아다니는 나그네. 이로써 보면 둘은 본디 아는 사이라기보다는 우연히 만나 벗이 된 듯하다. 제4구 淸陰, 소나무, 대나무의 그늘. 頸聯을 보면, 제5구는 작자 자신의 모습이고, 제6구는 바닷가에 사는 叔文의 일상을 그린 것 같다. 對偶가 좋다.

[182. 御製戊申春韻伏次]

倡義當年問幾人 王師奏凱未逾旬
妖氛一掃滔天賊 聖渥重沾報國臣
泰運靑丘明日月 休光丹閣盡褀撫
煌煌御筆揚幽隱 盛世求忠自孝親

[임금께서 지으신 〈무신년 봄〉이란 시에 엎드려 차운하다]

의병이 일어난 그해를 몇 사람에게 물었더니

임금의 스승이 온화하게 아뢰기를 아직 십 년이 지나지 않았다 했네

요상한 기운을 한꺼번에 쓸어버렸네 넘치는 하늘의 도적들을

어진 임금 은혜 거듭 더했네 나라에 충성한 신하에게

태평한 운수가 조선에 해와 달같이 밝으니

뛰어난 공적을 붉은 문설주에 단단히 잡아 붙들기를 다하네

휘황하게 빛나는 어필이 은자의 처소에 알려지니

융성한 세대에 충신을 구하려거든 어버이께 효도하는 데서 한다네

盛	●	煌	○	休	○	泰	●	聖	●	妖	○	王	○	倡	●		
世	●	煌	○	光	○	運	●	渥	●	氛	○	師	○	義	●	御	
求	○	御	●	丹	○	青	○	重	○	一	●	奏	●	當	○	製	
忠	○	筆	●	閣	●	丘	○	沾	◐	掃	●	凱	●	年	○	戊	
自	●	揚	○	盡	●	明	○	報	●	滔	○	未	●	問	●	申	
孝	●	幽	○	撝	○	日	●	國	○	天	○	逾	●	幾	●	春	
親	○	隱	●	攐	○	月	●	臣	○	賊	●	旬	○	人	○	韻	

[감상] 모든 규칙에 맞다. 이 시는 首聯의 해석이 어렵다. 제목의 戊申년은 정조 재위 12년째인 1788년이다. 제1구의 倡義當年과 제2구의 未逾旬을 연결시켜 어느 때 무슨 일인지를 밝혀 보려 했으나, 잘 맞지 않는다. 우리 조선 역사에서 倡義가 있었던 해는 壬辰, 丙子年인데 모두 戊申年과는 10년 이상 멀다. 그런데 領, 頸聯을 보면 이순신 장군과 정조 임금이 떠오른다. 왜냐하면 이순신 장군은 死後 선조임금이 선무공신 1등과 우의정 추증, 덕풍부원군에 추증하였고, 정조 17년에 다시 영의정에 추증되었기 때문이다. 그러나 시의 주제를 생각해 보면 의병 창의한 사람을 기리는 것으로 보인다. 이순신 장군은 의병이 아니지 않은가? 그러면 병자호란 때 의병 창의한 작자의 5대조 낙선당 손종로 공을 기린 것인가? 확신이 서지 않는다. 제3구 妖氛, 불길한 기운, 곧 전란. 제5구 泰運, 태평한 운수, 걱정이 없고 평안한 운수. 靑丘, 중국에서 우리나라를 이르던 말. 제6구 休光, 큰 공, 뛰어난 공적.

[183. 次佳巖書齋壁上韻贈主人兼示警勉之意]

卜築書齋子有初　春回名祖百年墟

日新花樹團團席　風振菁莪濟濟裾

莫道一源今異派　請看九世古同居

工夫正在隨餘力　親誼須敦後屬踈

[아름다운 '암서재' 벽에 있는 시에 차운하여 주인에게 주는데, 노력하라는 뜻을 겸하여 보인다]

좋은 터를 잡아 서재를 지으니 그대가 처음이라

봄이 돌아왔네 이름난 조상의 백 년 터에

매일 새롭네 꽃과 나무는 둥글게 앉은 자리

바람이 부니 쑥이 무성하여 엄숙하고 장한 옷자락

아득히 말하니 한 근원인데 이제는 다른 줄기 되었지만

간청하여 살펴보니 구세를 옛날에는 같이 살았더라

공부가 바로 서면 여력이 생기고

친근한 정의로 모름지기 노력하면 훗날 무리가 서로 통하리

親	○	工	○	請	●	莫	●	風	○	日	○	春	○	卜	●	
誼	●	夫	○	看	◐	道	●	振	●	新	○	回	○	築	●	次佳
須	○	正	●	九	●	一	○	菁	○	花	○	名	○	書	○	佳巖
敦	○	在	●	世	●	源	○	莪	○	樹	●	祖	●	齋	○	巖書
後	●	隨	○	古	●	今	○	濟	●	團	○	百	●	子	●	書齋
屬	●	餘	○	同	○	異	●	濟	●	團	○	年	○	有	○	齋壁
踈	○	力	●	居	●	派	●	裾	○	席	●	墟	○	初	○	壁

[감상] 모든 규칙에 맞다. 首聯, 주인이 옛 조상의 터에 새로 아름다운 서재를 지었다. 頷聯에서 제3구 團團, 둥근 모양, 이슬이 많은 모양. 제4구 濟濟, 많고 성함, 엄숙하고 장함. 그 서재에 집안사람 여럿이 둘러앉은 景을 그렸다. 頸聯에서 內句, 즉 제5구에서 莫道 해석은 道를 동사로 해석해야 한다. 外句, 즉 제6구는 족보를 보자 하여 9대를 올라가서 보니 한 조상이더라는 뜻이다. 제8구는 훗날에는 또 많은 자손들이 서로 잘 소통하리라는 염원이다.

[184. 次道洞山澤亭韻]

新卜淸齋古澤湄 溪山勝槩兩相宜
漁樵眞樂優餘地 經傳深工送晩曦
永夕吟筇閑自適 有時詞客好同隨
那邊剽得烟霞趣 午枕分明夢伏羲

[도동산 연못 정자를 차운하다]

새로 터를 골라 맑은 서재를 옛 연못가에 지으니
개울 낀 산이 똑같이 아름다워 둘이 서로 알맞더라
고기 잡고 땔나무하는 일 참으로 즐기며 여유가 넘치는 땅
경서와 주석을 깊이 공부하며 만년을 보내던 햇빛
저녁 내내 시 읊는 지팡이는 한가로이 속박 없으니
시간 있는 시 짓는 나그네들 좋아하며 함께 따르네
어느 모퉁이에서나 밝은 노을 취향 쉽게 얻으니
낮잠 자다 분명 꿈에서 복희씨를 보겠네

午	●	那	○	有	●	永	●	經	○	漁	○	溪	○	新	○	
枕	●	邊	○	時	○	夕	●	傳	●	樵	○	山	○	卜	●	次
分	○	剽	●	詞	○	吟	○	深	○	眞	○	勝	●	淸	○	道
明	○	得	●	客	●	筇	○	工	○	樂	●	槩	●	齋	○	洞
夢	●	烟	○	好	●	閑	○	送	●	優	○	兩	●	古	●	山
伏	●	霞	○	同	○	自	●	晩	●	餘	○	相	○	澤	●	澤
羲	○	趣	●	隨	○	適	●	曦	○	地	●	宜	○	湄	○	亭

[감상] 제3구에 鶴膝이 보이나 비운자행이다. 도동산은 경남 언양에 있는 것 같으나 자세히는 모르겠다. 자연 속에서 유유자적하는 선비의 모습이 떠오른다. 제2구 勝槩, 槩는 평미레, 옛날 곡식을 담은 큰 그릇 위에 수북한 부분을 밀어내어 평평하게 하던 물건, 그러니까 아름다움을 똑같이 만든다는 뜻이 된다. 제4구, 傳은 경서의 주석이다. 제8구 伏羲, 고대 전설상의 임금, 三皇 중 한 사람으로 처음으로 백성에게 어렵, 농경, 목축 등을 가르치고 팔괘와 문자를 만들었다고 한다. **對偶가 좋다.**

[185. 岳院會中次柳戚芝岑翁寄贈韻]

故人何事負佳期　雙眼還靑四韻詩
樓上徘徊新月影　篇中彷彿好風儀
多情正若懷君夜　小酌誰同勸客時
白首難逢開口笑　沈吟忘却夕陽移

[서악서원에서 모임을 하던 중, 류척 지잠옹이 부쳐 보낸 시에 차운하다]

정든 친구가 무슨 일로 좋은 약속을 저버렸는고
두 눈에 반가운 빛을 하며 사운시를 보네
누각 위 배회하는 달그림자 새롭고
책 중에 나오는 것과 거의 비슷하네 행동거지 좋아함이
다정하기 꼭 같네 그대 그리는 밤
작게 따루어 누구와 함께할꼬 나그네에게 권하는 때
늙은이들 환한 웃음으로 만나기 어려워도
시를 짓느라 해 지는 줄 모르네

沈	○	白	●	小	●	多	○	篇	○	樓	○	雙	○	故	●	
吟	○	首	●	酌	●	情	○	中	○	上	●	眼	●	人	○	岳
忘	◐	難	○	誰	○	正	●	彷	●	徘	○	還	○	何	○	院
却	●	逢	○	同	○	若	●	彿	●	徊	○	靑	○	事	●	會
夕	●	開	○	勸	●	懷	●	好	●	新	○	四	●	佳	○	中
陽	○	口	●	客	●	君	○	風	○	月	●	韻	●	期	○	次
移	○	笑	●	時	○	夜	●	儀	○	影	●	詩	○	期	○	柳

[감상] 모든 규칙에 맞다. 제목, 岳院은 西岳書院을 줄인 것으로, 경주시 서악동에 있는 서원이다. 김유신, 설총, 최치원 등을 제향한다. 戚은 이름이고 芝岑은 號이다. 이 사람이 바로 제1구의 故人이다. 이 시의 창작 배경은 首聯에 잘 나타나 있다. 모임이 오래 전에 정해져 모두 모였는데, 이 芝岑翁이 나타나지 않으면서 다른 사람 편에 7언 율시 한 수를 보내왔기에 작자가 반가이 펼쳐 보면서 次韻한 것이다. 頷聯은 지금 하는 모임의 모습(景)을 읊었고, 頸聯은 불참한 친구를 그리워하며 尾聯에서 이제 늙어 친구들이 또 만나기 어려워도 만나면 이렇게 시를 짓느라 시간 가는 줄 모른다. 제4구 風儀, 기거동작. 예를 들면 시를 겨루어 상을 주거나 하는 행위. 對偶도 좋다.

[186. 次竹林權公復職感懷韻贈權君宗洛]

堂堂大傑久沉潛 千里叫闥訟竹林
誰識豊城埋劍氣 終看漢日照盈心
孤忠異代風雲感 聖渥荒陲雨露深
顯晦元來關運數 多君誠意可通金

[죽림 권공께서 복직하시어 그 느낌을 읊어 권군 종락에게 주다]

당당하신 큰 인물께서 오랫동안 침잠해 계시다가
천 리 대궐 문에 죽림공의 신원을 부르짖었네
누가 알겠는가 풍성을 검기를 묻은 곳
마침내 보네 한양의 해를 가득 찬 마음을 비추는
외로운 충심은 다른 시대에 바람과 구름으로 느끼고
어진 임금 은혜는 거친 변방에 비와 이슬로 깊어지네
드러나고 묻히는 것은 원래 운수에 달린 것
여러 그대들 참뜻은 쇠라도 뚫을 수 있네

多	○	顯	●	聖	●	孤	○	終	○	誰	○	千	○	堂	○	
君	○	晦	●	渥	●	忠	○	看	◑	識	●	里	●	堂	○	次
誠	○	元	○	荒	○	異	●	漢	●	豊	○	叫	●	大	●	竹
意	●	來	○	陲	○	代	●	日	●	城	○	闥	●	傑	●	林
可	●	關	○	雨	●	風	○	照	●	埋	○	訟	●	久	●	權
通	○	運	●	露	●	雲	○	盈	○	劍	●	竹	●	沉	○	公
金	○	數	●	深	○	感	●	心	○	氣	●	林	○	潛	○	復

[감상] 侵, 鹽字 通韻이다. 제2구에 蜂腰가 보인다. 이 시는 號가 죽림인 權公의 신원 회복이 그의 여러 자손들에 의해 임금께 탄원하여 복직이 되었고, 이에 대한 감회를 시로 읊어 그의 아들인지 후손인지 권종락에게 준 것이다. 권공은 豊城을 지키던 武將이었던 것 같고, 제4구의 漢日은 한양에 계신 해, 즉 임금이다. 對偶가 좋다.

[187. 次南督郵仲殷與李正言耳叟南碩士宅之兩學士遊四郡唱酬韻贈明谷崔友魯瞻幽居]

別界天慳洞壑幽 翩翩華蓋自西郵
心天灑落開明鏡 學海優游汎小舟
白首衰翁耽勝景 靑雲貴客共淸遊
溪山炯月君能主 不必風流讓五侯

[남독우 중은과 이정언 이수, 남석사 댁의 두 학사가 네 고을을 놀며 시문을 주고받은 것을 차운하여 명곡 벗, 최노첨이 은거하고 있는 집에 보내다]

하늘이 아껴 둔 특별한 장소 골짜기 그윽하니
서쪽 역참으로부터 화개가 나부끼네
마음은 하늘 같아 개운하고 깨끗하여 밝은 거울을 열고
배움은 바다 같아 편안하고 한가하여 작은 배가 뜨네
벼슬 없고 쇠한 늙은이 좋은 경치를 즐기는데
출세하여 귀한 손님 풍취 있는 놀이 함께 하네
개울 두른 산에 달이 빛나니 그대가 능히 주인이니
풍류는 필요 없고 다섯 제후도 사양하네

不●	溪○	靑○	白●	學●	心○	翩○	別●	
必●	山●	雲●	首●	海●	天○	翩○	界●	次南
風○	炯●	貴●	衰○	優○	灑●	華○	天○	督郵
流○	月●	客●	翁○	游○	落●	蓋●	慳○	仲殷
讓●	君○	共○	耽●	汎●	開○	自●	洞●	
五●	能●	淸○	勝●	小●	明○	西○	壑●	
侯○	主●	遊○	景●	舟○	鏡●	郵○	幽○	

[감상] 모든 규칙에 맞다. 제목에서 督郵, 우역에 관한 일을 감독한다는 뜻으로 察訪을 달리 이르는 말. 四郡은 등장인물이 4명이니 각 고을인 것 같다. 제2구 華蓋, 여섯모로 된 양산 등에 그림과 수를 놓아 꾸민, 고려 때 儀仗의 하나. 제3구 灑落, 기분이나 몸이 개운하고 깨끗함. 제4구 優游, 하는 일 없이 편안하고 한가롭게 잘 지냄. 제6구 淸遊, 풍취 있는 놀이, 俗塵을 떠나 자연을 즐김. 제8구 風流, 음악을 예스럽게 일컫는 말. 首聯은 제목에 등장하는 네 사람이 모여드는 모습을, 頷聯은 이들의 마음 상태, 넉넉한 공부, 頸聯은 시 속의 그들과 작자 자신을 대비하고, 尾聯에서 君은 자연을 벗 삼는 친구 최노첨으로 은둔 중이라 작자와 같은 처지이므로 높이 평가해 주고 있다. 對偶가 좋다.

[188. 七言四韻之一]

日暮山村半掩扉 尋眞行色路熹微
巖亭雲濕幽人臥 溪樹風殘宿鳥歸
小醉淸樽香滿頰 朗吟佳句月盈衣
箇中剽得盤旋樂 晩計何妨與世違

[칠언사운-1]

산골 마을에 해가 지니 사립문 반쯤 닫고
겉모습 진리를 찾지만 길은 희미하네
바위 위 정자 구름에 젖어 은둔자가 누워 있고
개울가 나무는 바람에 상해도 하룻밤 묵을 새는 돌아오네
조금 취하니 맑은 술에 향기는 뺨에 가득하고
밝게 읊으니 아름다운 싯구 달빛은 옷에 넘치네
여럿 중에 우선 취하는 것은 구불구불한 길 걷는 즐거움
늘그막에 계획한 일 무엇이 방해하리 세상과 더불어 하지 않는데

晩	●	箇	●	朗	●	小	●	溪	○	巖	○	尋	○	日	●	
計	●	中	○	吟	○	醉	●	樹	●	亭	○	眞	○	暮	●	七
何	○	剽	●	佳	○	淸	○	風	○	雲	○	行	○	山	○	言
妨	○	得	●	句	●	樽	○	殘	○	濕	●	色	●	村	○	四
與	●	盤	○	月	●	香	○	宿	●	幽	○	路	●	半	●	韻
世	●	旋	○	盈	○	滿	●	鳥	●	人	○	熹	○	掩	●	之
違	○	樂	●	衣	○	頰	●	歸	○	臥	●	微	○	扉	○	一

[감상] 제3구에 鶴膝이 보이나 비운자행이어서 무방하다. 작자는 제목 없이 七言四韻(7언 율시)이란 이름으로 연이어 여섯 수를 읊고 있다. 그중 첫 번째다. 자연에 은둔한 자신의 일상을 그렸다. 제7구 盤旋, 길, 강 따위가 꾸불꾸불하게 빙빙 돔. 對偶가 좋다.

[189. 七言四韻之二]

心抱經綸老蓽蓬 誰知晚節氣愈雄

淸溪好看三更月 倦客還生兩腋風

雲搨每開蒼壁下 蘿衣幾濕紫霞中

華山一半君休愛 早晚幽棲與子同

[칠언사운-2]

마음에 경륜을 품어도 노인의 사립문엔 쑥이 무성하나

누가 알겠는가 늙은 시절기는 오히려 씩씩함을

맑은 시내에 바라보기 좋아하네 삼경의 달을

게으른 나그네에게 되살아나네 양 겨드랑이에 바람이

구름 그림자 늘 열려 있네 푸른 벽 밑에

이끼는 거의 젖었네 자줏빛 노을 가운데

산에 꽃이 폈네 절반이나 그대 쉬기를 사랑하네

가까운 장래 그대와 더불어 함께 숨어 살리

早	●	華	○	蘿	○	雲	○	倦	●	淸	○	誰	○	心	○	
晚	●	山	○	衣	○	搨	●	客	●	溪	○	知	○	抱	●	七
幽	○	一	●	幾	○	每	●	還	○	好	●	晚	●	經	○	言
棲	○	半	●	濕	●	開	○	生	○	看	◐	節	●	綸	○	四
與	●	君	○	紫	●	蒼	○	兩	●	三	○	氣	●	老	●	韻
子	●	休	○	霞	○	壁	●	腋	●	更	●	愈	◐	蓽	●	之
同	○	愛	●	中	○	下	●	風	○	月	●	雄	○	蓬	○	二

[감상] 모든 규칙에 맞다. 제1구는 찾아오는 이 없다는 뜻이다. 제4구는 또 어디론가 떠나고 싶다는 뜻이다. 제5구 雲搨, 구름을 베끼다, 즉 구름 그림자. 頷聯에서 情을 읊고, 頸聯에서 景을 읊었다고 보는데, 경련은 작자가 거주하는 주변에 높은 바위 절벽 같은 것이 있고, 그 절벽에는 푸른 이끼가 끼고, 구름이 스쳐 가고, 노을이 비치는 것을 연상해 본다. 제6구 蘿衣, 곧 女蘿 이끼의 한 가지. 제8구 幽棲, 은자의 거주. 尾聯에서 君과 子가 함께 나온다. 이 둘은 보통 모두 상대를 높여 '그대'로 칭하는 말. 아마도 앞 시에 나왔던 최노첨을 말하는 것 같다. 對偶도 좋다.

[190. 七言四韻之三]

白首相逢坐碧山　名區風物恨難攀
塵緣遠隔炯雲外　仙趣從看水石間
瀟灑淸襟浮月白　淋漓醉筆墨花斑
等閑魚鳥知多意　應待詩翁去復還

[칠언사운-3]

백수가 서로 만나 푸른 산에 앉아
이름난 곳 경치는 붙들고 오르기 어려워 한스럽네
속세 인연은 멀리 떨어져 있네 빛나는 구름 밖에서
신선의 취향을 좇아 살피니 물과 돌 사이더라
맑고 깨끗한 맑은 마음에 떠오른 달이 밝고
흠뻑 젖은 취한 붓에 검은 꽃이 아롱지네
등한히 본 고기와 새가 많은 뜻을 아니
응대한 시 짓는 늙은이 가다가 다시 돌아오네

應	●	等	●	淋	○	瀟	●	仙	○	塵	○	名	○	白	●	
待	●	閑	○	漓	○	灑	●	趣	●	緣	○	區	●	首	●	七
詩	○	魚	○	醉	●	淸	○	從	○	遠	●	風	○	相	○	言
翁	○	鳥	●	筆	●	襟	○	看	◐	隔	●	物	●	逢	○	四
去	●	知	○	墨	●	浮	○	水	●	炯	○	恨	●	坐	●	韻
復	●	多	○	花	○	月	●	石	●	雲	○	難	○	碧	●	之
還	○	意	●	斑	○	白	●	間	○	外	●	攀	○	山	○	三

[감상] 제7구에 鶴膝이 보이나 비운자행이어서 무방하다. 白 자가 疊이다. 제2구, 風物은 경치이다. 제5구 瀟灑, 맑고 깨끗함, 인품이 맑아 俗氣가 없다. 제6구 淋漓, (물이나 피가) 흠뻑 젖어 뚝뚝 흘러 떨어지거나 흥건한 모양. 이 시에는 두 사람이 등장한다. 벼슬이 없고 시를 짓거나 그림을 그린다. 장소는 높고 가파른 푸른 산이다. 頷聯에서는 景을, 頸聯에는 情을 그렸다. 尾聯에서는 아름다운 자연을 버리고 떠날 수 없음을 노래한다. 對偶가 좋다.

[191. 七言四韻之四]

強携藜杖上層峯 靑蓋亭亭歲暮松
丹壁也應巢老鶴 碧潭疑是臥潜龍
炯霞叵鑽仙翁宅 花鳥還嘲俗士容
所恨人間塵債重 與君何日好相從

[칠언사운-4]

명아주 지팡이 힘들게 끌고 층을 이룬 봉우리에 오르니
청개가 우뚝하여 한 해가 저무는 소나무가 펼쳤네
붉은 절벽을 마주한 것은 집을 지은 늙은 학이고
푸른 못에 의심되는 것은 누워 있는 잠룡이네
밝은 노을이 할 수 없는 도끼질은 신선 같은 늙은이 집이요
꽃과 새가 돌아와 조롱하는 것은 속된 선비의 거동이네
사람 사이 한스러운 것은 속세에 진 빚의 무거움이니
그대와 더불어 어느 날 서로 뒤좇으며 즐겨 볼꼬

與	●	所	●	花	○	炯	○	碧	●	丹	○	靑	○	強	○	七
君	○	恨	●	鳥	●	霞	○	潭	○	壁	●	蓋	●	携	○	言
何	○	人	○	還	○	叵	●	疑	○	也	●	亭	○	藜	○	四
日	●	間	○	嘲	○	鑽	●	是	●	應	○	亭	○	杖	●	韻
好	●	塵	○	俗	●	仙	○	臥	●	巢	○	歲	●	上	●	之
相	○	債	●	士	●	翁	○	潜	○	老	●	暮	●	層	○	四
從	○	重	●	容	○	宅	●	龍	○	鶴	●	松	○	峯	○	

[감상] 모든 규칙에 맞다. 제2구 靑蓋, 儀仗의 하나, 임금이나 고관이 쓰던 것으로 모양은 일산과 같은데, 푸른 생초를 쓰며, 용이나 학의 그림을 그렸다. 亭亭, 늙은 몸이 꾸정꾸정한 모양, 산이 솟아 있는 모양이 우뚝함. 이 시는 작자가 혼자 歲暮에 높은 산에 올랐다. 頷聯에 景을, 頸聯에 情을 읊었다. 尾聯에서 君, 아마 벗 최명곡일 것이다. 對偶가 좋다.

[192. 七言四韻之五]

誰識名區祕地靈　滔滔今世子能醒
重巒疊嶂園如第　翠壁丹崖列似屏
白首讀經宜秉燭　青年課學憶隨螢
晚來益覺生生意　哇看三春草滿庭

[칠언사운-5]

누가 알겠는가 이름난 장소에는 땅의 정령이 숨어 있음을
도도한 지금 세대에 그대는 능히 깨달을 수 있으리
여러 낮은 산에 중첩한 높은 산이 있어 동산은 마치 집과 같고
푸른 벽과 붉은 낭떠러지가 벌려 선 것이 마치 병풍과 같네
늙은이는 경서를 읽으니 마땅히 촛대를 잡고
청년은 학문을 시험하니 기억하여 반딧불을 따르네
늙으면 생생한 뜻을 더욱 잘 깨닫는데
삼월 봄날 시끄러워 살피니 풀이 뜰에 가득하네

哇	○	晚	●	青	○	白	●	翠	●	重	○	滔	○	誰	○	
看	◐	來	○	年	○	首	●	壁	●	巒	○	滔	○	識	●	七
三	○	益	●	課	●	讀	●	丹	○	疊	●	今	○	名	○	言
春	○	覺	●	學	●	經	○	崖	○	嶂	●	世	●	區	○	四
草	●	生	○	憶	●	宜	○	列	●	園	○	子	●	祕	●	韻
滿	●	生	○	隨	○	秉	●	似	●	如	○	能	○	地	●	之
庭	○	意	●	螢	○	燭	●	屏	○	第	●	醒	○	靈	○	五

[감상] 모든 규칙에 맞다. 제1구의 名區는 곧 頷聯에 묘사된 깊은 산속의 경치 좋은 곳이며, 제2구의 子, 그대 곧 최명곡이 은거하는 곳일 것이다. 제2구 滔滔, (사조, 유행, 세력 등이) 걷잡을 수 없이 성하고 넓고 큰 모양. 제5구의 燭은 제6구의 螢보다 더 밝다. 頸聯과 尾聯에서 언급하는 것은 젊은이보다 늙은이가 더욱 많이 깨닫고 있음이다. 제8구는 작자가 상념에서 현실로 돌아온 자각이지만, 젊은이들이 시끄럽기만 하다는 비유이기도 하다. 對偶가 좋다.

[193. 七言四韻之六]

別區千載屬閑人 退士幽居閱幾春
岸柳汀花新意態 松風蘿月舊精神
高山偃蹇優仙趣 流水泙湲洗俗塵
浩唱紫芝歌一曲 知君疑是羽衣眞

[칠언사운-6]

좋은 경치는 오랫동안 한가한 사람들 것이었으니
물러난 선비의 은거가 세어 보니 몇 해째 되네
언덕의 버들 물가의 꽃 마음 상태가 새롭고
소나무를 스치는 바람 울타리 위 달 정신은 예스러워
높은 산에 바위가 기괴하니 신선의 취향으로 넉넉하고
흐르는 물은 웅덩이를 이루었다 흐르니 속세의 티끌 씻네
보랏빛 영지를 큰 소리로 부르니 노래 한 곡이 되고
그대를 알아줄까 의심하지만 우의는 진짜일세

知	○	浩	●	流	○	高	○	松	○	岸	●	退	●	別	●	七
君	○	唱	●	水	●	山	○	風	○	柳	●	士	●	區	○	言
疑	○	紫	●	泙	○	偃	●	蘿	○	汀	○	幽	○	千	○	四
是	●	芝	○	湲	○	蹇	●	月	●	花	○	居	○	載	●	韻
羽	●	歌	○	洗	●	優	○	舊	●	新	○	閱	●	屬	●	之
衣	○	一	●	俗	●	仙	○	精	○	意	●	幾	●	閑	○	六
眞	○	曲	●	塵	○	趣	●	神	○	態	●	春	○	人	○	

[감상] 모든 규칙에 맞다. 칠언사운 連詩의 마지막 시이다. 은거하는 벗 최명곡을 마음에 두고 지은 것 같다. 제1구 別區, 특별한 장소, 곧 좋은 경치이다. 제5구 偃蹇, 교만한 모양, 높이 솟은 모양, 바위가 기괴한 모양. 제7구, 芝는 靈芝를 줄인 것으로, 옛날에는 福草라 하여 상서로운 것으로 여겼다. 여기서는 훌륭한 인물로 봄이 좋겠다. 제8구 羽衣, 새의 깃으로 지은 옷. 여기서는 신선과 같은 사람 아닐까? 對偶가 좋다.

[194. 贈庚友崔士厚]

浮世同庚君我在　白頭相對意悠悠

荊門抱玉乾坤暮　燕市沽金歲月流

八十鷹揚知有日　三千鯤化莫過秋

靑丘佳氣今蔥鬱　共把長章賦遠遊

[동갑 친구 최사후에게 지어 주다]

덧없는 세상에 동갑 친구 그대가 나에게 있어

벼슬 없는 처지로 서로 대해도 뜻은 많더라

가시나무 문에 옥을 안고 있어도 찾아오는 이 없는데

한가한 시장에선 금을 사고파니 세월은 흐르네

나이 팔십에도 위엄을 떨칠 그런 날이 있음을 알지만

삼천 번이나 곤어로 변했는데도 가을이 지났음을 모르네

이 땅에 아름다운 바람이 부니 이제는 초목이 무성하여

모두가 오랫동안 문장을 잡지만 선비는 멀리 유람을 가네

共	○	靑	○	三	○	八	●	燕	●	荊	○	白	●	浮	○	
把	●	丘	○	千	○	十	●	市	●	門	○	頭	○	世	●	贈
長	○	佳	○	鯤	○	鷹	○	沽	○	抱	●	相	○	同	○	庚
章	○	氣	●	化	●	揚	○	金	○	玉	●	對	●	庚	○	友
賦	●	今	○	莫	●	知	○	歲	●	乾	○	意	●	君	○	崔
遠	○	蔥	●	過	○	有	●	月	●	坤	○	悠	○	我	●	士
遊	○	鬱	●	秋	○	日	●	流	○	暮	●	悠	○	在	●	厚

[감상] 제1구, 끝 在 자가 측성이어서 이 시는 變調이다. 首聯에서 제목의 내용을 담았다. 제2구 悠悠, 아득하게 먼 모양, 많은 모양. 頷聯은 비유가 심하여 정확한 뜻을 헤아리기 어렵다. 옥과 금은 모두 귀한 것의 상징이다. 제3구는 옥을 가지고 있으면서 가시 문을 단 것은 허술하다, 하늘과 땅마저 닫혔음은 찾아오는 이 없다는 뜻일 것이다. 이는 선비가 지조를 지킴을 말하는 것이 아닐까? 반면 제4구의 燕市는 '한가한 시장'으로 번역하니 싱겁고, '북경의 시장'이라 번역하니 생뚱맞다. 그러나 의미하는 바는 관청이나 대궐이 아닐까? 頸聯의 제5구 鷹揚, (매가 하늘을 날 듯) 위엄이나 무력을 떨침. 그러니까 나이 들어도 늦지 않다는 격려이다. 제6구 鯤, 상상의 큰 물고기. 그러니까 출

> 세할 기회가 여러 번 있었지만 이제는 다 지났는데, 본인은 아직도 모르고 있냐고 비웃어 제5구와 대조를 이룬다. 제7구 靑丘, 중국에서 우리나라를 일컫는 말. 蔥, 초목이 무성하여 푸릇푸릇한 모양. 훌륭한 정조 임금 시대를 만나 많은 선비들이 의욕을 갖는 모습이다. 제8구 賦, 학식은 있으나 벼슬하지 않은 사람을 이르던 말. 그러나 작자와 같은 선비들은 여전히 입신보다는 자연을 더 좋아 한다.

[195. 庚戌仲春贈府伯林相公]

東都士女拭靑眸　鳳下嶠南第一州

相陞幾輪經國策　梅軒還把濟民籌

春回海屋恩波溢　雨過山村惠化流

百里淸風吹不盡　街閭霧霧口碑留

[경술년 중춘에 부윤 임상공에게 지어 드리다]

동도의 선비와 아낙네가 모두 반가이 맞으니

영남의 제일 큰 고을이 그대 치하에 있네

상공께서 임금 모시고 몇 바퀴 도니 나라를 다스리는 계책이었고

매화 핀 추녀에 돌아와 잡으니 백성 구제의 꾀로다

바닷가 집에 봄이 돌아오니 은혜의 파도가 밀려오고

산촌에 비 개니 베풀어진 교화가 흐르네

고을 내 맑은 풍속 아무리 퍼뜨려도 부족하니

거리의 이문에 안개 짙어 입으로 전하는 칭송 이어지리

街	○	百	●	雨	●	春	○	梅	○	相	●	鳳	●	東	○	
閭	○	里	●	過	●	回	○	軒	○	陞	●	下	●	都	○	庚
霧	●	淸	○	山	○	海	●	還	○	幾	●	嶠	●	士	●	戌
霧	●	風	○	村	○	屋	●	把	●	輪	○	南	○	女	●	仲
口	●	吹	○	惠	●	恩	○	濟	●	經	○	第	●	拭	●	春
碑	○	不	●	化	●	波	○	民	○	國	●	一	●	靑	○	贈
留	○	盡	●	流	○	溢	●	籌	○	策	●	州	○	眸	○	府

[감상] 제2구에 蜂腰가 보인다. 뜻이 좋을 때는 형식을 벗어나기도 함을 볼 수 있다. 작자가 부윤 임상공에게 지금 고을을 잘 다스리고 있다는 격려로 지어 드린 시가 아닌가 싶다. 제1구 東都, 옛 경주를 일컬음. 拭靑眸, 푸른 눈을 닦는다는 것은 반가움의 표시이다. 제2구 鳳下, 부윤을 鳳으로 비유했으니, 부윤의 다스림하에 있다. 嶠南은 옛날 영남을 일컫던 말. 頷聯은 내직에 있을 때 능력 있었고, 외직에 지금 나와서도 잘한다는 뜻이다. 제6구 惠化, 은혜를 베풀어 교화함. 제7구 百里, 경주 지역의 지름이 백 리쯤 되리라. 淸風, 맑은 바람, 즉 부윤이 잘 다스려 좋아진 풍속을 말한다. 對偶가 참 좋다.

[196. 以賀誕慶韻贈林相公 兼小序]

[탄생의 경사를 축하하면서 시를 지어 임상공에게 드리며 작은 서문도 첨부한다]

歲庚戌月庚戌
元良[12]治降允協[13]天人之交懽寶籙[14]重新丕膺神祇之冥騭前星[15]益耀四百載不援之靈基已微維持小海增瀾億萬年无疆之鴻休從看綿遠正値八域蹈舞之日敢陳一介抃賀之忱 詩曰

경술년 경술월에
왕세자가 다스리려 태어나시니 잘 어울려, 하늘과 사람이 기쁨을 주고받으니, 보위에 앉을 전조가 또다시 새로워 크게 받아들이니, 신을 공경하는 어두움이 원자를 안정시켜 더욱 빛나니, 사백 년 동안 신령의 터전을 돕지 않아, 이미 미약하게 지탱하였으나, 작은 바다에 더욱 물결 일어 억만년 끝없이 넓어, 쉬고자 계속해 살피니 먼 곳에 바른 것을 만났으니, 팔도가 뛰면서 춤추는 날에, 감히 하나의 손뼉 치며 축하하는 참 마음을 늘어놓으니, 시에 이르기를,

---

12) 황태자 또는 왕세자
13) 잘 어울림, 성실히 화합됨
14) 제왕의 자리에 오를 전조
15) 황태자의 다른 말

夫子生年元子降 五雲佳氣詼前星
三呼萬歲嵩山聳 一祝千年河水清
景日禪光騰宇宙 彩虹意兆繞宮城
靑丘八域同新慶 四百宗祧萬世寧

공자가 태어난 해에 원자가 태어나니
오색구름 상서로운 기운이 원자에게로 기우네
만세삼창에 높은 산이 치솟고
만수무강을 비니 강물은 맑아지네
경사스러운 날 상서로운 빛 우주로 오르고
무지개 같은 기이한 조짐 궁성을 두르네
조선 팔도 다 함께 새로이 기뻐하니
사백 년 종실의 복이 오래도록 안녕하리

四	●	靑	○	彩	●	景	●	一	●	三	○	五	●	夫	○	
百	●	丘	○	虹	○	日	●	祝	●	呼	○	雲	○	子	●	誕
宗	○	八	●	奇	○	祥	○	千	○	萬	●	佳	○	生	●	慶
祧	○	域	●	兆	●	光	○	年	○	歲	●	氣	●	年	○	韻
萬	●	同	○	繞	●	騰	○	河	○	嵩	○	誀	◐	元	○	
世	●	新	○	宮	○	宇	●	水	●	山	○	前	○	子	●	
寧	○	慶	●	城	○	宙	●	清	○	聳	●	星	○	降	●	

[감상] 제1구, 끝 降 자가 측성이어서 이 시는 變調이다. 年 자 疊도 보인다. 이 시 창작 배경은 정조 임금의 원자 탄생을 축하하는 시이다. 옛날에도 도성과 지방 간의 소식은 찰방이 관리하는 역말을 통해 나름 빠르게 전달되었던 모양이다. 지방관들은 또 현지의 유림과 소통하면서 기쁨과 걱정을 함께 했던 것 같다. 작자 생존 당시 임금이었던 정조에게는 먼저 문효 세자가 태어났으나 5살에 홍역으로 죽고, 이후 수빈 박씨가 이 공을 낳으니 훗날 순조가 된다. 이 시는 아마 그때 일을 배경으로 하는 듯하다. 제1구 夫子, 孔子의 높임말, 덕행이 높아 모든 사람의 스승이 될 만한 사람의 높임말. 元子, 임금의 맏아들. 제2구 佳氣, 자연의 상서롭고 맑은 기운, 前星, 황태자의 별칭. 역시 對偶가 좋다.

[197. 敬次樊巖 賡進韻]

文章大筆老愈勁 天袞煌煌第一卿
鵠立鵷班騰氣節 鳳儀螭陛擅名聲
風雲紫極優新渥 霞月靑山負舊盟
千載明良逢旤際 春臺今看躋蒼生

[공경히 번암이 임금의 시에 화답한 시를 차운하다]

문장과 대필은 노인이 더 굳세니
임금의 곤룡포가 휘황한데 으뜸 벼슬이로구나
고니가 서고 원추새가 늘어서니 기개와 절개가 오르고
봉황의 거동 교룡의 품계 명성을 차지하네
변화의 기운 어좌에 새로운 은혜가 넉넉하니
노을에 달 뜨는 청산엔 옛 맹세가 이어지네
오래도록 밝고 어질면 번성한 때를 만나니
춘당대에서 지금 살피니 백성들 삶이 좋아지네

春	○	千	○	霞	○	風	○	鳳	●	鵠	●	天	○	文	○	
臺	○	載	●	月	●	雲	○	儀	○	立	●	袞	●	章	○	敬
今	○	明	○	靑	○	紫	●	螭	○	鵷	○	煌	○	大	●	次
看	◐	良	○	山	○	極	●	陛	●	班	○	煌	○	筆	●	樊
躋	◐	逢	○	負	●	優	○	擅	●	騰	○	第	●	老	●	巖
蒼	○	旤	●	舊	●	新	○	名	○	氣	●	一	●	愈	◐	賡
生	○	際	●	盟	○	渥	●	聲	○	節	●	卿	○	勁	●	進

[감상] 제1구, 끝 勁이 측성이어서 이 시는 變調이다. 제목에 樊巖은 정조 때 영의정을 지낸 채제공의 호이다. 賡進, 임금이 지은 시가에 화답하는 시가를 지어 임금에게 바침. 제2구 第一卿, 첫 번째 벼슬, 곧 영의정을 말한다. 鵷, 봉황의 한 가지. 제5구 風雲, 세상이 크게 변하려는 기운, 紫極, 천자의 어좌. 제8구 春臺, 春塘臺의 준말, 창경궁 안에 있는 臺. 蒼生은 백성이다. 首聯에서 번암의 학문, 나이와 직함을, 頷聯에서 그의 두드러진 풍모와 평판, 頸聯에서 정조 임금의 은혜와 시골 백성들의 감동에서 오는 충성심을, 尾聯에서 앞으로의 번성과 지금 백성들의 삶이 나아지고 있음을 읊었다. 對偶도 좋다.

V.

만사

[1. 悼李上舍伸穆, 憲燾]

蓮籍香名自少時　又看琪樹滿庭垂

君家晉賀重重慶　人世誰知事事非

白地災成來一客　黃泉寃結送三兒

今相忽罷峩洋曲　何處靑山掩玉輝

[이상사 신목의 죽음을 슬퍼하다]

어려서부터 아름다운 이름이 연적에 올랐고

또 보니 아름다운 나무가 집 안 가득 드리웠네

그대의 집은 일찍부터 경사가 거듭거듭 있었지만

세상에 누가 알리오 일일이 어긋남을

아무 까닭 없이 재앙이 생겨 한손이 오더니

세 아이를 보낸 원통함을 풀지 못하고 저승으로 갔으니

이제 서로 홀연히 아양곡을 그만두니

무덤은 어디 있어 옥의 빛을 가리는고

何	○	今	○	黃	○	白	●	人	○	君	○	又	●	蓮	○	悼
處	●	相	○	泉	○	地	●	世	●	家	○	看	◐	籍	●	李
靑	○	忽	●	寃	○	災	○	誰	○	晉	●	琪	○	香	○	上
山	○	罷	●	結	●	成	○	知	○	賀	●	樹	●	名	○	舍
掩	●	峩	○	送	●	來	○	事	●	重	○	滿	●	自	●	伸
玉	●	洋	○	三	○	一	●	事	●	重	○	庭	○	少	●	穆
輝	○	曲	●	兒	○	客	●	非	○	慶	●	垂	○	時	○	

[감상] 支, 微 通韻이다. 모든 규칙에 맞다. 제목 上舍, 진사, 생원의 별칭. 憲燾는 그의 號. 제1구 蓮籍, 뽑힌 사람의 이름을 적어 놓은 문서, 여기서는 그가 初試에 합격한 진사라는 뜻. 제2구 琪樹, 옥과 같이 아름다운 나무, 즉 이상사의 좋은 집안을 비유함. 제5구 白地, 아무 까닭 없이. 一客은 저승사자가 아닐까? 제6구 黃泉, 저승. 寃結, 원통한 죄에 걸려 伸寃하지 못함. 送三兒는 세 명의 자식을 먼저 잃었다는 뜻? 제7구 峩洋曲, 거문고를 잘 연주했던 백아와 그 소리를 잘 이해했던 종자기. 종자기가 먼저 죽자 백아는 더 이상 거문고를 켜지 않았다. 이제는 자기의 소리를 알아줄 사람이 없다면서, 여기서 知音이라는 고사가 생겨났다. 백아가 즐겨 불렀던 곡이 아양곡이다. 제8구, 靑山은

墓地이고, 玉輝는 이상사의 아름다운 모습이다. 그러니까 무덤 속에 든 이상사를 그린 것이다. 작자는 知己인 이상사의 죽음을 슬퍼하며 백이와 종자기에 비겼다. 頷聯, 頸聯의 對偶가 참 좋다.

[2. 輓萊山舭浦族叔]

晩來蔾杖遠徘徊　一臥萊山萬念灰
少日風流傾海嶽　暮年詞賦動雲雷
天南瑞色盃中暎　斗北恩光髮上回
久客人間塵債了　飄然仙馭上瑤臺

[내산 니포 족숙을 위해 만사를 짓다]

늙도록 섶나무 지팡이 짚고 멀리 배회했는데
내산이 이렇게 누웠으니 만 가지 생각이 사그라지네
젊어서 풍류를 좋아해 큰 바다 높은 산 좋아했고
늙어서 글 지어 구름과 천둥을 일으켰는데
하늘 남쪽 상서로운 색 잔 가운데 비치고
북두의 은혜로운 빛 두발 위에 돌더니
인간 세상에 오랜 나그네 티끌 같은 빚 끝내고
표연히 신선처럼 상여 위에서 몰고 가네

飄	○	久	●	斗	●	天	○	暮	●	少	●	一	●	晩	●	
然	○	客	●	北	●	南	○	年	○	日	●	臥	●	來	○	輓
仙	○	人	○	恩	○	瑞	●	詞	○	風	○	萊	○	蔾	○	萊
馭	●	間	○	光	○	色	●	賦	●	流	○	山	○	杖	●	山
上	●	塵	○	髮	●	盃	○	動	●	傾	○	萬	●	遠	●	舭
瑤	○	債	●	上	●	中	○	雲	○	海	●	念	●	徘	○	浦
臺	○	了	●	回	○	暎	●	雷	○	嶽	●	灰	○	徊	○	族

[감상] 上이 疊이다. 제목, 萊山은 號, 舭浦는 이름, 族叔은 같은 성씨의 한 항렬 위 사람, 흔히 아재라고 한다. 제5구 天南, 하늘의 남쪽, 즉 작자와 족숙이 살고 있는 남쪽 지방 경주를 말한다. 제6구, 髮은 원본 글자를 잘 인식할 수 없어 역자가 임의 추측하였다. 제8구 飄然, 훌쩍 떠나는 모양, 瑤臺는 죽은 이를 싣고 가는 상여를 말한다. 일생이 작자와 비슷하였던 족숙의 죽음에 담담한 애도를 표하고 있다.

[3. 輓巷窩-1]

鷄林喬木舊家聲　八友亭高處士名

鼓角駱壇鳴少日　琴書靜室送餘齡

春回斗北榮恩秩　星老天南耀壽觥

玄夜白天催帝樂　翩翩鸞馭上瑤京

[항와를 위해 만사를 짓다-1]

경주에서 우뚝하네 오래된 집 명성

팔우정에 높네 처사의 명성

북소리 나팔 소리 낙타의 제단에서 젊은 날 울렸고

거문고와 책으로 고요한 방에서 여생을 보냈으니

봄이 돌아와 북두에서 은혜로운 벼슬이 영예로웠을 텐데

늙도록 시골구석에서 오래 사는 복으로 빛났구나

검은 밤 밝은 낮 옥황상제의 즐거움을 재촉하니

훨훨 난새는 상여 위에서 길을 모는구나

翩	○	玄	○	星	○	春	○	琴	○	鼓	●	八	●	鷄	○	
翩	○	夜	●	老	●	回	○	書	○	角	●	友	●	林	○	輓
鸞	○	白	●	天	○	斗	●	靜	●	駱	●	亭	○	喬	○	巷
馭	●	天	○	南	○	北	●	室	●	壇	○	高	○	木	●	窩
上	●	催	○	耀	●	榮	○	送	●	鳴	○	處	●	舊	●	1
瑤	○	帝	●	壽	●	恩	○	餘	○	少	●	士	●	家	○	
京	○	樂	●	觥	○	秩	●	齡	○	日	●	名	○	聲	○	

[감상] 庚, 靑 通韻이다. 모든 규칙에 맞다. 제목 巷窩, 죽은 이의 號, 성과 이름을 표기하지 않은 것으로 보아 매우 가까운 친구였던 것 같다. 제1구, 鷄林은 곧 경주, 喬木 키가 높고 굵은 나무, 곧 여럿 중에 잘남을 뜻한다. 제2구 八友亭, 경주 시내 대릉원 동쪽 약 100m 떨어진 곳의 지명이다. 옛날 8명의 벗들이 모여 놀았던 정자가 있었지 않나 생각된다. 제3구 鼓角, 군중(軍中)에서 쓰는 북과 뿔피리. 망인이 젊어서 무예로써 어떤 행적이 있었던 것 아닐까? 제5구 斗北, 북두칠성, 곧 朝庭이 아닐까? 정조 임금이 즉위한 조정에서 그대에게 어떤 벼슬을 내릴 수도 있었는데. 제6구 星老에서 星은 1년에 하늘을 일주한다 하여 세월을 뜻한다. 天南은 곧 경주를 의미한다. 壽觥, 오래 사는

술잔, 곧 장수의 복을 의미한다. 제7구 帝樂, 옥황상제의 즐거움. 제8구 瑤京, 옥으로 지은 곳집, 곧 상여를 말한다. 작자는 벗 항와의 일생을 되짚고 하늘나라로 떠나는 상여의 모습을 무덤덤하게 그리고 있다. 아마도 작자 역시 이제 나이 들어 죽음이 예사로이 보이는 듯하다. 頷, 頸聯의 對偶가 잘 이루어졌다.

[4. 輓巷窩-2]

金蘭契誼自充人 況我仁門又益親
半世提撕成一夢 古亭風月想精神

[항와를 위해 만사를 짓다-2]

붕우 간의 정의를 스스로 가득 채운 사람
하물며 나하고는 어진 가문에다 친함을 더했으니
반평생 후진을 가르치며 한 꿈을 이루며
오래된 정자에서 풍월을 즐기던 일 정신 속에서나 그려 보네

古	●	半	●	況	●	金	○	
亭	○	世	●	我	●	蘭	○	輓
風	○	提	○	仁	○	契	●	巷
月	●	撕	○	門	○	誼	●	窩
想	●	成	○	又	●	自	●	2
精	○	一	●	益	●	充	○	
神	○	夢	●	親	○	人	○	

[감상] 모든 규칙에 맞다. 작자는 巷窩의 죽음에 앞의 율시에 이어 이번에는 절구로 망인을 그리고 있다. 제1구 金蘭, 붕우 간의 극친한 관계의 비유. 金蘭契, 극친한 붕우 간의 情誼. 제2구, 이 구절은 巷窩와 작자가 같은 孫氏임을 말하고 있다. 제3구, 提撕는 後進을 이끈다. 제4구, 古亭은 팔우정을 말한다.

[5. 輓梧溪]

大嶺以南有一士 文章行誼出凡流
梧溪白日閑中永 洛水靑雲夢外浮
和氣春蘭生靜室 淸禨秋月滿虛樓
前宵鶴馭翩翩下 驚報奎星落海耶

[오계의 죽음에 만사를 짓다]

조령 이남에서 가장 선비다운 선비
문장과 바른 행위 범상치 않으니
벽오동 시내의 한낮은 한가로이 길게 흐르고
낙수의 푸른 구름은 꿈 밖에 떠 있네
온화한 기운에 봄 난초는 고요한 방에 자라고
맑은 조짐에 가을 달은 텅 빈 누각에 가득하네
지난밤 학이 훨훨 내려와 길을 재촉터니
놀라운 소식 전하네 규성이 바닷가 벽촌에 떨어졌다고

驚	○	前	○	淸	○	和	○	洛	●	梧	○	文	○	大	●	
報	●	宵	○	禨	●	氣	●	水	●	溪	○	章	○	嶺	●	輓
奎	○	鶴	●	秋	○	春	○	靑	○	白	●	行	●	以	●	梧
星	○	馭	●	月	●	蘭	○	雲	○	日	●	誼	●	南	○	溪
落	●	翩	○	滿	●	生	○	夢	●	閑	○	出	●	有	○	
海	●	翩	○	虛	○	靜	●	外	●	中	○	凡	○	一	●	
耶	○	下	●	樓	○	室	●	浮	○	永	●	流	○	士	●	

[감상] 제1구에 士가 韻字가 아니어서 變調이고, 蜂腰와 下三仄이 보인다. 형식보다 뜻을 중시한 듯하다. 제목, 梧溪는 작자와 친한 벗의 號이다. 제1구, 大嶺은 문경 새재, 즉 鳥嶺으로, 그 이남이라면 영남지방을 말한다. 제2구 行誼, 올바른 행위. 凡流, 평범한 계급, 속류. 제3구는 선비 오계의 한가로움을, 제4구, 洛水는 夏나라 禹 임금이 洪範九疇와 八卦의 근원인 河圖를 얻은 신기한 거북이 나온 곳으로, 제3구의 梧溪와 對偶를 이루기 위해 가지고 왔다. 출세는 꿈에서조차 생각이 없다는 오계의 삶의 태도를 그렸다. 제5, 6구는 모두 오계의 선비다운 품성을 말하고 있으며 對偶가 좋다. 제7구, 馭는 상여를 몰다. 제8구, 奎星은 文運을 담당하는 별, 이 별이 밝으면 천하는 태평하다 함. 여

기서는 亡者를 가리킨다. 海陬, 바닷가의 벽촌으로 오계가 살던 곳. 작자는 벗 오계의 품성과 선비로서의 일생을 담담히 그리며 추모하고 있다.

[6. 輓大山]

滾滾淵源錦水通　林泉頤養啓群蒙
禨期早洗淸湖雨　學力終回大嶺風
白首窮孺尋道緖　丹墀獻策牖宸聰
山頹以日將皮仰　蕭瑟吾南氣數空

[대산의 죽음에 만사를 짓다]

연원에서 크게 흘러 흘러 아름다운 물이 통하여
은사의 뜰에서 수양하여 많은 사람의 어두움을 밝혔네
상서의 기대를 일찍 씻어 버린 맑은 호수엔 비가 내리고
배움의 힘은 마침내 돌고 돌아 큰 고개에 바람을 일으켰네
흰머리 될 때까지 온 힘을 다해 도의 실마리를 찾아
대궐에 올린 계책은 임금의 귀를 깨우쳤네
산이 무너져 종일토록 또한 멀리서 우러르니
쓸쓸한 가을바람에 이곳 남쪽엔 기가 자주 텅 비네

蕭	○	山	○	丹	○	白	●	學	●	禨	○	林	○	滾	●	
瑟	●	頹	○	墀	○	首	●	力	●	期	○	泉	○	滾	●	輓
吾	○	以	●	獻	●	窮	○	終	○	早	●	頤	○	淵	○	大
南	○	日	●	策	●	孺	◐	回	○	洗	●	養	●	源	○	山
氣	●	將	○	牖	●	尋	○	大	●	淸	○	啓	●	錦	●	
數	●	皮	○	宸	○	道	●	嶺	●	湖	○	群	○	水	●	
空	○	仰	●	聰	○	緖	●	風	○	雨	●	蒙	○	通	○	

[감상] 모든 규칙에 맞다. 제목 大山은 李象靖(1711~1781)의 號이다. 그는 경북 안동 근처 일직에서 태어나서 외조부 密庵, 李栽에게 학문을 배워 영조 때 25세의 나이로 대과 급제하였다. 그러나 관직에는 오래 머무르지 않았으니, 예조 병조 정랑과 연원 찰방과 연일, 강령의 현감을 지낸 것이 다이다. 그의 외조부 이재는 父親 석계 이시명에게서, 이시명은 丈人 경당 장흥효에게서 학문을 배웠는데, 장흥효는 학봉 김성일, 서

애 류성룡, 한강 정구를 師事했다. 그러니 大山은 퇴계학통을 이어받은 것이다. 그는 관직에서 일찍 물러나 고향인 일직에서 많은 제자를 길렀다. 정조 임금은 여러 차례 그를 불렀으나 나아가지 않았고 九條疏를 올려 임금으로부터 크게 인정받았다. 그의 제자는 삼백여 명에 이르러 영남의 기풍을 크게 쇄신하여 小退溪라 불렸다. 그가 제자를 가르쳤던 곳에는 高山書院이 건립되어 전하고 있다. 제1구 淵源, 사물의 근원. 여기서는 退溪. 제2구, 林泉은 隱士의 庭園, 頤養은 頤神養性의 준말로, 마음을 가다듬어 고요하게 정신을 수양한다. 제3구 禨期, 좋은 일이 있을 거란 기대, 즉 높은 관직에 오를 거라는 기대. 제4구 大嶺, 문경 새재. 제5구 窮孺, 젖 먹은 힘을 다한다. 제6구 丹墀, 붉은 칠을 한 궁전의 지대, 곧 대궐. 제7구 山頹, 대산의 죽음. 제8구 蕭瑟, 가을바람이 쓸쓸하게 부는 모양. 이 시를 작자는 58세에 지었다. 대산은 작자보다 13세 年長이다. 제7구로 미루어 보아 작자가 대산의 장례에 직접 참여하지는 않은 듯하다.

[7. 輓雲亭川前李丈-1]

壽又多男子 華封祝聖人
公能兼二者 純福世誰倫

[운정 천전의 이씨 어른의 죽음에 만사를 짓다-1]

오래 사셨고 또 아들도 많으니
아름다운 무덤엔 성인이 축복하네
공은 능히 두 가지를 겸하였으니
순수하고 복되어 세상 누가 이와 같겠는가

純	○	公	○	華	○	壽	●	
福	●	能	○	封	○	又	●	輓
世	●	兼	○	祝	●	多	○	雲
誰	○	二	●	聖	●	男	○	亭
倫	○	者	●	人	○	子	●	1

[감상] 모든 규칙에 맞다. 제목 雲亭, 죽은 이의 號인 것 같다. 李丈이라 하였으니 작자와는 나이 차가 큰 것 같다. 川前은 우리말로 '내앞'이라고 하여, 안동대학교 근처에 있는 지명으로 의성 김씨 집성촌이며 이름난 班村이다. 제4구, 倫은 同等의 뜻이다.

[8. 輓雲亭川前李丈-2]

閑中無一事 好德且康寧

百年詩禮在 喬木舊家聲

[운정 천전의 이씨 어른의 죽음에 만사를 짓다-2]

한가한 가운데 아무런 하는 일 없으나

덕을 좋아하고 또 평안하네

한평생 시를 짓고 예를 행하니

우뚝한 오래된 집 명성 있었네

喬	○	百	●	好	●	閑	○	
木	●	年	○	德	●	中	○	輓
舊	●	詩	○	且	●	無	○	雲
家	○	禮	●	康	○	一	●	亭
聲	○	在	●	寧	○	事	●	2

[감상] 庚, 靑 通韻이다. 앞 시와 이어지는 시이다. 제2구와 제3구 사이 簾이 없다. 제3구 百年, 사람의 일생을 말한다. 제4구 喬木, 줄기가 굵고 키가 큰 나무, 사람 중에 뛰어난 사람을 비유할 때 쓰인다.

[9. 輓雲亭川前李丈-3]

某山興某水 鳩杖任周旋

白日虛中永 人呼地上仙

[운정 천전의 이씨 어른의 죽음에 만사를 짓다-3]

이름 모를 산 이름 모를 물에 흥취 일어

노인은 지팡이 짚고 여러 곳을 다녔네

한낮은 텅 빈 가운데 길어

사람들은 땅 위의 신선이라 불렀네

人	○	白	●	鳩	○	某	●	
呼	◐	日	●	杖	●	山	○	輓
地	●	虛	○	任	●	興	○	雲
上	●	中	○	周	○	某	●	亭
仙	○	永	●	旋	○	水	●	3

[감상] 모든 규칙에 맞다. 제2구 鳩杖, 지팡이 머리에 비둘기를 새긴 노인의 지팡이. 周旋, 빙빙 돎, 두루 돌아다님. 제1구는 망인의 산수 좋아함을, 제2구는 망인의 유람 좋아함을, 제3구는 망인의 無爲함을, 그리고 제4구는 세상 사람들의 망인에 대한 平을 읊었다.

[10. 輓雲亭川前李丈-4]

晩景耽佳句 盈箱幾百篇

調高人寡和 閑坐送餘年

[운정 천전의 이씨 어른의 죽음에 만사를 짓다-4]

저무는 햇살에 아름다운 싯구를 즐겨

상자 가득 수백 편이나 되네

격조가 높으니 남들은 응하기 드물어

한가히 앉아 남은 생을 보냈네

閑	○	調	○	盈	○	晩	●	
坐	●	高	○	箱	○	景	●	輓
送	●	人	○	幾	●	耽	○	雲
餘	○	寡	●	百	●	佳	○	亭
年	○	和	◐	篇	○	句	●	4

[감상] 모든 규칙에 맞다. 망인 雲亭이 시를 좋아하고 취향이 고매하여 남들이 잘 맞추기 어려워 늘 홀로 조용히 세월을 보냈던 것 같다.

[11. 輓雲亭川前李丈-5]

久作人間客 優游壽域春

仙緣猶未了 玄夜御飇輪

[운정 천전의 이씨 어른의 죽음에 만사를 짓다-5]

오랫동안 인간 세상에 나그네로 살아

일없이 편안하여 오래 산 봄날이었네

신선의 인연은 다만 아직 이루지 못하고

어두운 밤 폭풍 수레를 몰고 갔네

玄	○	仙	○	優	○	久	●	
夜	●	緣	○	游	○	作	●	輓
御	●	猶	○	壽	●	人	○	雲亭
飇	○	未	●	域	●	間	○	亭
輪	○	了	●	春	○	客	●	5

[감상] 모든 규칙에 맞다. 제2구 優游는 優遊와 같아, 하는 일 없이 편안하고 한가롭게 잘 지냄. 壽域, 딴 곳에 비하여 장수하는 사람이 많은 고장, 오래 살았다고 할 만한 나이. 운정은 세상의 방관자이고 느긋하여 신선이고자 하였으나, 결국은 세차게 몰아치는 수레를 타고 이승을 떠나고 말았다.

[12. 輓雲亭川前李丈-6]

南州無耆老 吾黨失依歸

春風秋獮地 那得更摳衣

[운정 천전의 이씨 어른의 죽음에 만사를 짓다-6]

남주에 늙은이가 없으니

우리들 의지할 곳 잃었네

봄바람에 가을 사냥하는 곳에서

어찌 다시 얻을 것인가 회초리 맞을 곳을

那	◐	春	○	吾	○	南	○	
得	●	風	○	黨	●	州	○	輓
更	●	秋	○	失	●	無	○	雲亭
摳	○	獮	●	依	○	耆	○	亭
衣	○	地	●	歸	○	老	●	6

[감상] 제1구의 耆가 측성 자리인데 평성이다. 뜻을 살리려 형식을 어긴 것 같다. 南州는 남쪽 지방, 耆老는 육칠십 세의 노인. 제2구 吾黨, 우리 무리, 依歸, 남에게 의지함. 제3구 秋獮, 원문의 글자를 잘 판독하기 어려워 짐작한 것이라 誤譯일 수 있다. 그리고 이 구절은 잘못된 현실을 비유한 것 같다. 제4구 攊衣, 옷의 아랫도리를 걷어 올림. 이 시는 큰 어른을 잃은 후배의 심정을 읊었다.

[13. 輓雲亭川前李丈-7]

秋月江樓夜 憶公弄小舟

江樓人去後 秋月不堪愁

[운정 천전의 이씨 어른의 죽음에 만사를 짓다-7]

가을 달 강루에 비친 밤

공을 생각하며 작은 뱃놀이 하네

강루에 사람들 떠난 후

가을 달빛에 수심을 견딜 수 없네

秋	○	江	○	憶	●	秋	○	
月	●	樓	○	公	○	月	●	輓
不	●	人	○	弄	●	江	○	雲
堪	○	去	●	小	●	樓	○	亭
愁	○	後	●	舟	○	夜	●	7

[감상] 秋月과 江樓를 疊으로 써서 효과를 높이고 있다. 제2구의 公 이은 蜂腰이다. 이렇게 7편의 절구로 만사를 지은 것으로 보면 작자와 雲亭은 매우 깊은 관계인 듯한데, 왜 그의 이름이 없을까?

[14. 輓南山任戚丈]

公年八十氣康寧 深賀南州有老成

靜室瑤樽閑世累 寶庭琪樹舊家聲

鼇岑月上精神好 水閣風來意味淸

贏得箕疇兼五福 太平時節死生榮

[남산에 임씨 인척 어른 죽음에 만사를 짓다]

공의 나이 팔십에 기는 강령하시어
많이 하례하였네 경주에 어른다움을 보이셨다고
고요한 방에 귀한 술병이 한가한 생애에 쌓였고
보배로운 뜰에 아름다운 나무가 오래된 집에 명성 났네
금오산 봉우리에 달 뜨면 정신이 좋았고
물 위 누각에 바람 불어오면 품은 뜻은 맑았네
바른 도덕 넉넉하고 오복까지 겸하였으니
태평한 시절 죽고 삶이 모두 영화로웠네

太	●	嬴	○	水	●	鰲	●	寶	●	靜	●	深	○	公	○	
平	○	得	●	閣	●	岑	○	庭	○	室	●	賀	●	年	○	輓
時	○	箕	○	風	○	月	●	琪	○	瑤	○	南	○	八	●	南
節	●	疇	○	來	○	上	●	樹	●	樽	○	州	○	十	●	山
死	●	兼	○	意	●	精	○	舊	●	閑	○	有	●	氣	●	任
生	○	五	●	味	●	神	○	家	○	世	●	老	●	康	○	戚
榮	○	福	●	清	○	好	●	聲	○	累	●	成	○	寧	○	丈

[감상] 庚, 靑通韻이다. 모든 규칙에 맞다. 제목, 경주 남산 기슭 통일 전 근처 마을은 일찍이 豊川 任氏 집성촌이었다. 그곳에는 서출지라는 연못이 있고 신라 소지왕과 관련된 전설이 《삼국사기》에 전한다. 그 연못에 조선 중기 임적이라는 사람이 '이요당'이라는 정자를 지었다. 任戚은 작자의 혈족 중 어느 분이 임씨네와 혼인한 사이일 것이다. 그리고 나이는 작자보다 10살 이상 많았을 것이다. 제2구, 南州는 곧 경주이다. 제4구, 琪樹는 곧 망인 任丈이다. 제5구, 鰲岑은 경주 남산, 옛 금오산 봉우리이다. 제6구, 水閣은 앞에서 언급한 '이요당' 정자를 말한다. 연못 위에 세워져 있다. 제7구 箕疇, 기자가 지었다는 상서의 洪範九疇(우 임금의 정치 도덕 9가지 원칙)를 말한다. 領聯, 頸聯의 對偶도 잘 맞다. 이 시는 죽은 이가 풍요로운 집에 태어나 한평생 평탄하고 영화롭게 살다 간 것을 부드럽게 그렸다.

[15. 輓曲江崔進士天翼]

一點奎星落海城　薤歌聲裏月三更
瑤臺遽作修文客　塵世空留進士名
斜日巖齋誰與語　暮雲溪樹藹含情
知音宇宙今難遇　獨把牙絃送此生

[곡강 최진사 천익의 죽음에 만사를 짓다]

한 점 규성이 바닷가 마을에 떨어지니
상여 노랫소리 가운데 한밤 달은 빛나
아름다운 곳에서 서둘러 짓고는 글을 고치던 나그네
티끌세상에서 마음 비우고 머무른 진사의 명성
해 저무는 바위 곁 서재에는 누구랑 더불어 말할꼬
어둠 깃든 구름 개울가 나무에 아득히 피어나는 정
나를 알아줄 이 우주에서 이제는 만나기 어려우니
혼자서 아쟁 잡아 켜며 내 남은 생 보내리

獨	●	知	○	暮	●	斜	○	塵	●	瑤	○	薤	●	一	●
把	●	音	○	雲	○	日	●	世	●	臺	○	歌	○	點	●	輓
牙	○	宇	●	溪	○	巖	○	空	○	邊	●	聲	○	奎	○	曲
絃	○	宙	●	樹	●	齋	○	留	○	作	●	裏	●	星	○	江
送	●	今	○	藹	●	誰	○	進	●	修	○	月	●	落	●	崔
此	●	難	○	含	○	與	●	士	●	文	○	三	○	海	○	進
生	○	遇	●	情	○	語	●	名	○	客	●	更	○	城	○	士

[감상] 모든 규칙에 맞다. 제목 曲江은 號, 天翼은 이름이다. 또한 곡강은 오늘날의 포항시 흥해의 옛 지명이다. 제1구, 奎星은 文運을 맡아 보는 별, 곧 최진사를 상징한다. 제2구 三更, 밤 11시부터 1시 사이. 제3구 瑤臺, 훌륭한 궁전, 신선이 사는 곳. 최진사는 살아 있을 때 경치 아름다운 곳에 가면 감흥에 못 이겨 서둘러 시를 짓곤 했었다. 제5구 巖齋, 최진사가 기거하던 집. 首聯은 최진사의 죽음을, 頷聯은 최진사 살아 평시의 태도를, 頸聯은 최진사 사후의 그가 머물던 곳에 대한 작자의 추억을, 그리고 尾聯은 知己였던 최진사가 떠난 후 홀로 남은 작자의 외로움을 각각 그리고 있다. 頷聯, 頸聯의 對偶도 볼만하다.

[16. 輓仙洞李君退而]

丹陽華閥最名流 一客鷄林四十秋
變世文章鳴左海 傳家詩禮擅南州
春深蕙畹餘香在 夢半桑鄉晩景遒
仙洞寂寥人不見 凄凉山月可堪愁

[선동에 이군 퇴이의 죽음에 만사를 짓다]

단양 화벌 중 가장 유명한 분파가
경주로 장가들어 사십 년이 되었는데
변하는 세상에 문장은 온 나라를 울리고
전통 있는 가문의 시와 예는 남쪽 지방을 흔들었네
봄이 깊어 혜초밭엔 남은 향기 있는데
꿈 가운데 뽕나무 고을엔 늦은 경치 달아나네
선동엔 적막하여 사람을 볼 수 없고
처량한 산달은 수심을 참고 있네

凄	○	仙	○	夢	●	春	○	傳	○	變	●	一	●	丹	○	
凉	○	洞	●	半	●	深	○	家	○	世	●	客	●	陽	○	輓
山	○	寂	●	桑	○	蕙	●	詩	○	文	○	鷄	○	華	○	仙
月	●	寥	○	鄉	○	畹	●	禮	●	章	○	林	○	閥	●	洞
可	●	人	○	晩	●	餘	○	擅	●	鳴	○	四	●	最	●	李
堪	○	不	●	景	●	香	○	南	○	左	●	十	●	名	○	君
愁	○	見	●	遒	○	在	●	州	○	海	●	秋	○	流	○	

[감상] 모든 규칙에 맞다. 제목 仙洞, 譯者가 아는 바로는 경북 경주시 건천읍 송선리이다. 그곳에는 재령 이씨가 일부를 이루며 살고 있다. 역자의 王姑母님 宅이 그곳이어서, 어려서부터 이곳을 선동이라고 하는 소리를 들었다. 작자가 李君이라고 하는 것을 보면 나이가 작자보다 어린가 보다. 退而는 죽은 이의 이름이다. 제1구, 단양은 충청북도 단양군이다. 앞서 언급한 재령과 달라 좀 어리둥절하다. 華閥, 세상에 드러난 높은 문벌. 제2구 一客, 흔히 사위를 百年之客이라 했다. 四十秋는 나이를 말하는데, 망자의 죽던 해 나이일 수 있고, 장가온 후 지난 세월이 사십 년이면 죽은 해의 나이는 육십쯤 될 것이다. 아마 後者일 것이다. 제3구 左海, 우리나라의 별칭. 제7구, 寂寥는 寂寞이다.

제4구, 南州는 곧 경주일 것이다. 擅은 쥐락펴락하는 것. 제5구 春深, 망자의 죽은 때가 봄이 한창일 때. 蕙畹은 망자의 거처. 제6구, 半은 中과 같다. 桑鄉은 桑梓鄉의 준말로, 뽕나무와 가래나무가 있는 고향, 詩經에서 유래한 말. 여기서는 망자가 살던 곳, 즉 선동이다. 제7구, 망자가 없는 선동은 마치 사람이 없는 것과 같다. 제8구, 山月은 곧 작자 자신이다. 頷聯, 頸聯의 對偶가 좋다.

[17. 輓安德權上舍玉卿氏丈]

靜几明牕八十年　禨期滿灑自天然
文章魯泮趨多士　風月周房伴老仙
歲晏棣華餘馥在　春蘭玉樹舊聲傳
瑤臺去作修文客　林下人誰讀聖賢

[안덕에 권상사 옥경씨 어른 죽음에 만사를 짓다]

고요한 안석 밝은 창에 팔십 년 삶
상서의 기대 모두에게 안겼네 태어나면서부터
문장은 노둔한 학교에서 많은 선비를 앞섰고
풍월은 이곳저곳에서 늙은 신선과 짝했네
늙도록 형제 우애 넘치는 향기 있었고
젊어서 바른 몸가짐 오랜 칭송 전하네
아름다운 경치를 보면 덜고 짓고는 고치던 나그네
벼슬 그만둔 곳에서 어느 누가 성현을 읽을꼬

林	○	瑤	○	春	○	歲	●	風	○	文	○	禨	○	靜	●	
下	●	臺	○	蘭	○	晏	●	月	●	章	○	期	○	几	●	輓
人	○	去	●	玉	●	棣	●	周	○	魯	●	滿	●	明	○	安
誰	○	作	●	樹	●	華	○	房	●	泮	●	灑	●	牕	○	德
讀	●	修	○	舊	●	餘	○	伴	●	趨	○	自	●	八	●	權
聖	●	文	○	聲	○	馥	●	老	●	多	○	天	○	十	●	上
賢	○	客	●	傳	○	在	●	仙	○	士	●	然	○	年	○	舍

[감상] 모든 규칙에 맞다. 제목, 안덕은 경북 청송군 안덕면이다. 上舍는 진사나 생원의 별칭이다. 제2구 穊期, 좋은 일이 있을 거란 기대, 즉 과거에 급제할 것이란 남들의 기대. 滿灑, 가득 뿌렸다, 즉 널리 퍼졌다. 제3구, 향교에서 가장 글을 잘 지었다는 뜻. 제5구 歲晏, 세월이 저물다, 곧 늙도록. 棣華는 棣華之情의 준말로, 형제의 두터운 우애. 제6구 春闌, 봄이 한창이다, 곧 젊어서. 玉樹, 아름다운 나무라는 뜻으로, 사람의 몸가짐이나 뛰어난 재능의 비유. 제7구 去, 원문 글자 판독이 어려워 유추하였음. 따라서 誤譯일 수 있음. 제8구 林下, 벼슬을 그만두고 은퇴한 곳. 頷, 頸聯의 對偶가 좋다.

[18. 輓李溫陽丈]

鷄林喬木舊風傳　三世簪纓五福全
滄海烟波移晚棹　洛江魚鳥托新緣
牛刀再試爲親屈　鴈塔雙題有子賢
十載龐床違一拜　那堪今日瀉哀篇

[이온양 어른의 죽음에 만사를 짓다]

계림에 우뚝이 옛 가르침 전해 온 집
삼대가 벼슬 높고 오복을 누렸네
큰 바다 안개와 물결에 낡은 노로 나아가고
낙강의 고기와 새에 새 인연인가 의지했네
소 잡는 칼 다시 시험하니 어버이는 늙으시고
기러기와 탑 짝을 이룬 글제에 자식은 현명해졌네
여러 가지 얹은 큰상에 절하고 떠나니
이날을 어찌 견딜꼬 슬픈 시 쏟아 내네

那	◐	十	●	鷹	●	牛	○	洛	●	滄	●	三	○	鷄	○	
堪	○	載	●	塔	●	刀	○	江	○	海	●	世	●	林	○	輓
今	○	龎	○	雙	○	再	●	魚	○	烟	○	簪	○	喬	○	李
日	●	床	○	題	○	試	●	鳥	●	波	○	纓	○	木	●	溫
瀉	●	違	●	有	●	爲	○	托	●	移	○	五	●	舊	●	陽
哀	○	一	●	子	●	親	○	新	○	晩	●	福	●	風	○	丈
篇	○	拜	●	賢	○	屈	●	緣	○	棹	●	全	○	傳	○	

[감상] 모든 규칙에 맞다. 제1구, 風은 가르침이나 풍습을 뜻한다. 제2구, 三世는 三代와 같다. 簪纓, 높은 지위를 이르던 말. 五福은 壽, 富, 康寧, 攸好德, 考終命이다. 제3구 煙波, 멀리 연기나 안개가 부옇게 낀 수면. 이 句는 늙은 나이에도 어려운 무언가에 도전했음을 비유했다. 제4구, 洛江은 꼭 낙동강은 아니고, 일반적 자연을 상징하고, 이 句는 마음 비우고 자연에 의지했다는 뜻일 것이다. 제5구, 과거 시험에 두 번 응시했다는 듯하다. 제6구, 자식 교육에 힘썼다는 뜻일까? 제7구, 問喪하는 모습이다. 제8구, 작자의 슬픈 심정이다.

[19. 輓戚兄南參奉]

林泉瀕眷坐如山　贏得箕疇五福全
四壁啚書成白首　一堂連桂繼靑氈
文章海國傳三世　風月山亭送百年
吾祖㫌閭□製作　那堪感涕洒新阡

[인척형 남참봉 죽음에 만사를 짓다]

은자의 정원을 곁에 두고 바라보네 마치 산같이 앉아
세상 이치 모두 꿰뚫고 오복까지 가득하였네
네 벽에 책이 빈약하면 백수가 되지만
한 집에 계수나무를 두르면 푸른 양탄자를 잇네
문장은 온 나라에 삼대 간 전하고
풍월은 산속 정자에서 한세월 보냈네
나의 조상 정려문 세울 때 상량문을 지으셨네
어찌 견디리 느껴 흐르는 눈물 새 무덤에 술 올리며

那	○	吾	○	風	○	文	○	一	●	四	●	嬴	○	林	○	
堪	○	祖	●	月	●	章	○	堂	○	壁	●	得	●	泉	○	輓
感	●	旌	○	山	○	海	●	連	○	圖	●	箕	○	瀨	●	戚
涕	●	閭	○	亭	○	國	●	桂	●	書	○	疇	○	眷	●	兄
洒	●			○	送	●	傳	○	繼	●	成	○	五	●	坐	●	南
新	○	製	●	百	●	三	○	青	○	白	●	福	●	如	○	參
阡	○	作	●	年	○	世	●	氈	○	首	●	全	○	山	○	奉

[감상] 先, 刪 通韻이다. 모든 규칙에 맞다. 제목, 戚兄은 혼인 관계가 있는 他姓의 형님. 남참봉은 活山 南龍萬일 것 같다. 제7구에 나오듯 그는 작자의 5대조, 병자호란 때 순절한 낙선당 손종로 공의 정려각이 정조 임금의 명에 의하여 세워질 때 그 상량문을 지었다. 제1구, 林泉은 隱者의 정원. 제2구 箕疇, 기자가 지었다는 商書의 洪範九疇를 말하며, 儒家의 정치철학을 담고 있다. 제5구, 三世는 약 100년을 말한다. 망자의 조부, 부친 모두 글이 좋았다는 뜻. 제6구, 百年은 한 사람의 일생을 말한다. 제7구, 다섯 번째 글자를 판독하지 못했다. 田 위에 작은 口 두 개가 있는 모양 같은데, 笛으로 보자니 뜻과 평측이 안 맞다. 위에서 언급했듯이 상량문을 뜻하는 어떤 글자인데 모르겠다.

[20. 輓青松庚友申乃源]

晚與同庚歲幾周 養花雲樹夢悠悠
逢場每說詩中語 別路還生醉後愁
宇宙百年優二老 風燈半夜隔千秋
人間我亦無餘日 早晚泉臺復舊遊

[청송에 동갑 친구 신내원의 죽음에 만사를 짓다]

늙도록 같이한 동갑이 몇 해가 흘렀던고
젊었던 시절 뛰어났던 모습 꿈같이 아득하네
만나는 곳에서는 항상 말했네 시 속의 말들을
헤어져 돌아오면 생겼네 취한 후의 수심이
우주 속에 한 세월 두 늙은이 도타웠지만
바람 앞 등불에 한밤중 긴 세월이 멀어졌네
이 세상에 나 역시 남은 날이 없으니
머지않아 저승에서 다시 옛날같이 놀아 보세

早	●	人	○	風	○	宇	●	別	●	逢	○	養	●	晚	●	
晚	●	間	○	燈	○	宙	●	路	●	場	○	花	○	與	●	輓
泉	○	我	●	半	●	百	●	還	○	每	●	雲	○	同	○	青
臺	○	亦	●	夜	●	年	○	生	○	說	●	樹	●	庚	○	松
復	●	無	○	隔	●	優	○	醉	●	詩	○	夢	●	歲	●	庚
舊	●	餘	○	千	○	二	●	後	●	中	○	悠	○	幾	●	友
遊	○	日	●	秋	○	老	●	愁	○	語	●	悠	○	周	○	申

[감상] 모든 규칙에 맞다. 제목 庚友, 나이가 같은 친구. 제2구, 養花는 養花天의 준말로 봄에 꽃이 한창 필 무렵, 여기서는 젊은 날을 비유했다. 雲樹, 구름이 걸릴 만큼 키가 큰 나무, 곧 우뚝 잘난 모습. 悠悠, 아득하게 먼 모양. 제6구 千秋, 긴 세월, 여기서는 살아 있는 자와 죽은 자와의 거리를 나타낸다. 제7구 人間, 사람 사이, 곧 이 세상에. 제8구, 泉臺는 九泉과 같아 곧 저승이다. 頷聯은 두 사람이 만나면 늘 시에 관해 대화했고, 헤어져 집에 오면 술 취해 수심에 젖었다. 頸聯은 살아서 서로 정이 도타웠는데, 갑작스레 한 친구가 죽으니 아주 긴 시간의 거리로 갈라섰다. 對偶가 좋다. 두 사람은 경주와 청송에 서로 떨어져 살면서도 평생에 자주 오가며 정을 나누었다.

[21. 輓香壇族叔]

風範休休君子度　一團和氣滿沖襟
待人不是當今態　客物無非太古心
花樹園中情幾叙　烟霞洞裏夢相尋
餘生考德今何處　古巷春空草色深

[향단 일가 아재 죽음에 만사를 짓다]

풍속의 모범 속에 편안하고 한가하니 군자의 모습이었고
한 덩어리 따스한 기운이 가슴속에 가득했네
사람을 대하는 것이 바르지 않은 오늘날의 모습이지만
사물을 바라보는 것이 틀림이 없는 옛날의 마음이었네
꽃과 나무가 있는 정원에서 정을 얼마나 베풀고
연기 노을 진 마을 안에서 꿈을 서로 좇았네
남은 생에 덕을 살피자니 이제는 어디일까
익숙한 거리에 봄이 가고 나니 풀빛 짙어지네

古	●	餘	○	烟	○	花	○	客	●	待	●	一	●	風	○	
巷	●	生	○	霞	○	樹	●	物	●	人	○	團	○	範	●	輓
春	○	考	●	洞	●	園	○	無	○	不	●	和	◐	休	○	香
空	○	德	●	裏	●	中	○	非	○	是	●	氣	●	休	○	壇
草	●	今	○	夢	●	情	○	太	●	當	○	滿	●	君	○	族
色	●	何	○	相	○	幾	●	古	●	今	○	沖	○	子	●	叔
深	○	處	●	尋	○	叙	●	心	○	態	●	襟	○	度	●	

[감상] 제1구, 끝에 운자가 아니어서 變調이고, 今, 古가 疊이다. 제목, 香壇은 號이고, 族叔은 一家의 아재뻘 항렬이다. 제1구 休休, 편안하고 한가한 모양. 제4구 客, 상대하다. 제5구, 花樹園中은 일가친척 사이에서라는 뜻이고, 제5구, 烟霞洞裏는 他姓과 더불어 사는 마을에서라는 뜻이다. 제7구의 여생은 작자의 것이다. 제8구, 망자가 죽은 때가 봄이 지나고 여름이 시작되는 무렵인 것 같다. 망자는 군자다웠고 마음이 따뜻하여 작자는 존경하고 의지하였던 것 같다.

[22. 輓立巖權君信汝]

知音晚歲托牙絃 孝友家聲子獨傳

一步不移山外地 百年虛送洞中天

霜侵寶樹猿腸斷 春晚瑤池鶴馭翩

涣涣雲鄉先我去 異時相握指重泉

[입암에 권신여 군의 죽음에 만사를 짓다]

늙도록 나를 알아주며 아쟁을 가까이했고

효도하고 형제간 우애 있었다는 집안 칭찬 그대가 특별했네

한 걸음도 떠나지 않았네 산 밖 땅으로

한평생 허송했네 마을 안에서

서리 내리니 보배로운 나무엔 원숭이가 창자를 끊고

봄이 늦으니 아름다운 연못엔 학이 날아오르네

구름이 흩어지듯 고향을 나 먼저 떠나니

이다음 서로 손잡고 저승을 가리키세

異	○	渙	●	春	○	霜	○	百	●	一	●	孝	●	知	○	
時	○	渙	●	晚	●	侵	○	年	○	步	●	友	●	音	○	輓
相	○	雲	○	瑤	○	寶	●	虛	○	不	●	家	○	晚	●	立
握	●	鄕	○	池	○	樹	●	送	●	移	○	聲	○	歲	●	巖
指	●	先	○	鶴	●	猿	○	洞	●	山	○	子	●	托	●	權
重	○	我	●	馭	●	腸	○	中	○	外	●	獨	●	牙	○	君
泉	○	去	●	翩	○	斷	●	天	○	地	●	傳	○	絃	○	信

[감상] 모든 규칙에 맞다. 제목 立巖은 경북 포항시 기계면에 있는 지명이다. 君, 상대를 높이는 호칭. 나이가 비슷하거나 좀 어린 사람에게 붙인다. 제1구 知音, 나의 속마음을 알아주는 친구. 제7구 渙渙, 물이 盛한 모양, 변하여 흩어지다. 제8구 重泉, 저승. 頸聯의 보배로운 나무와 아름다운 연못은 모두 망자를 비유한 것이고, 내용은 평소 그의 마음 작용을 비유한 듯하다.

[23. 輓翼洞南兄達叔]

多君意氣老崢嶸　往往風霞滿面生

晩節雄心頻擊劍　少年高價幾傾城

烟雲別界無窮趣　文酒逢場不盡情

人去巷空春寂寂　處仁堂月爲誰明

[익동에 살던 남달숙 형의 죽음에 만사를 짓다]

많았던 그대 의기는 늙어서도 가팔랐고

이따금 일렁이는 홍조가 얼굴 가득 생겼네

늙은 시절 용감한 마음은 자주 검을 겨루었고

젊은 시절 높은 평판은 몇 번 고을을 들썩였네

안개와 구름 낀 속세와 다른 곳에 취미가 다함이 없었고

글과 술이 있는 만나는 곳에선 정이 끊어지지 않았네

사람이 떠난 거리는 텅 비어 봄인데도 적적하니

처인당의 달은 누구를 위해 밝을꼬

處	●	人	○	文	○	烟	○	少	●	晚	●	往	●	多	○	
仁	○	去	●	酒	●	雲	○	年	○	節	●	往	●	君	○	輓
堂	○	巷	●	逢	○	別	●	高	○	雄	○	風	○	意	●	翼
月	●	空	○	場	○	界	●	價	●	心	○	霞	○	氣	●	洞
爲	●	春	○	不	●	無	○	幾	●	頻	○	滿	●	老	●	南
誰	○	寂	●	盡	●	窮	○	傾	○	擊	●	面	●	崢	○	兄
明	○	寂	●	情	○	趣	●	城	○	劍	●	生	○	嶸	○	達

[감상] 모든 규칙에 맞다. 제1구 意氣, 장한 마음. 崢嶸, 산이 가파르고 험한 모양. 제2구 往往, 때때로, 가끔. 제4구 城, 여기서는 경주 고을. 제8구, 處仁堂은 남달숙의 거처이다. 頷聯은 亡人이 武藝를 연마했고, 젊은 날엔 義俠이었음을, 頸聯은 그가 文學에도 관심이 높았던 것을 보여 준다.

[24. 輓庚友李君仲贊]

生年邂逅與君同 溪樹江雲悵望中
淸灞孤舟愁暮雨 大家喬木聽遺風
相逢每喜雙襖照 一別還悲萬事空
鸞馭翩翩提不得 甲辰翁送甲辰翁

[동갑내기 친구 이중찬의 죽음에 만사를 짓다]

태어난 해가 우연히 그대와 같았고
시내와 나무 강과 구름을 시름없이 바라보았네
맑은 강물에 외로운 배는 저물녘 비에 수심 일고
큰 집에 높은 나무는 물려받은 가르침에 귀 기울였네
서로 만나면 늘 기뻐서 두 개의 조짐이 밝았는데
한번 헤어지니 돌아오는 슬픔은 만사를 허무케 하네
난새를 몰아 훨훨 날아가니 붙잡아도 소용없고
갑진생 늙은이가 보내는구나 갑진생 늙은이를

甲	●	鸞	○	一	●	相	○	大	●	清	○	溪	○	生	○	
辰	○	馭	●	別	●	逢	○	家	○	灞	●	樹	●	年	●	輓庚
翁	○	翩	○	還	○	每	●	喬	○	孤	○	江	○	邂	●	友
送	●	翩	●	悲	○	喜	●	木	●	舟	○	雲	○	逅	●	李
甲	●	提	●	萬	●	雙	○	聽	●	愁	○	悵	●	與	●	君
辰	○	不	●	事	●	禨	○	遺	○	暮	●	望	◐	君	○	仲
翁	○	得	●	空	○	照	●	風	○	雨	●	中	○	同	○	

[감상] 모든 규칙에 맞다. 제목 庚友, 나이가 같은 친구. 제1구 邂逅, 우연히 만나다. 제2구 悵望, 슬퍼하면서 바라봄. 제3구 灞, 중국의 강 이름. 제4구 喬木, 키가 크고 굵은 나무, 여기서는 亡者를 가리킴. 제4구 遺風, 先人이 남긴 기품이나 가르침. 제5구 雙禨, 두 개의 조짐, 즉 두 사람이 서로 상대의 징후를 살피는 것. 제7구 鸞馭, 상여를 타고 가는 모습. 제8구, 두 사람이 모두 甲辰生이었다. 首聯, 두 사람이 동갑으로 벼슬에 뜻이 없고 은둔하였다. 頷聯, 죽은 이는 청렴하고 이름 있는 집안 후손으로 우뚝한 재목이었다. 頸聯, 살아서는 서로 자주 만나 상대를 살폈건만, 죽고 나니 모든 것이 허무한 작자의 심정. 尾聯, 동갑 친구의 죽음을 무력하게 받아들이는 작자의 모습. 頷, 頸聯의 對偶도 좋다.

[25. 輓內洞淸道族兄]

笑盡吳門丈席空　相逢垂涕兩衰翁
藜筇一阻連旬雨　棟萼雙零半夜風
古巷不堪春寂寞　虛堂惟見月朦朧
達田花樹年年會　無復樽前奐晤同

[안골에 청도 족형의 죽음에 만사를 짓다]

웃음이 끊어졌네 우리 문중 어른 자리가 비었으니
서로 만나면 눈물을 흘리던 두 늙은이였는데
명아주 지팡이 한번 뜸했네 열흘 동안 비가 와서
다발 진 꽃받침 두 개나 떨어졌네 한밤중에 바람 불더니
옛 거리엔 견딜 수 없네 봄이 적막한 것을
텅 빈 집엔 오직 보이네 달이 침침한 것을
달밭 화수회는 해마다 열려도
다시없네 술동이 앞에서 함께 환히 빛나던 모습

無 ○	達 ●	虛 ○	古 ●	棟 ●	藜 ○	相 ○	笑 ●	
復 ●	田 ○	堂 ○	巷 ●	薨 ●	節 ○	逢 ○	盡 ●	輓
樽 ○	花 ○	惟 ○	不 ●	雙 ○	一 ●	垂 ○	吾 ○	內
前 ○	樹 ●	見 ●	堪 ○	零 ○	阻 ●	涕 ●	門 ○	洞
奠 ●	年 ○	月 ●	春 ○	半 ○	連 ○	兩 ●	丈 ●	清
晤 ●	年 ○	瞑 ○	寂 ●	夜 ●	旬 ○	衰 ○	席 ●	道
同 ○	會 ●	朧 ○	寬 ○	風 ○	雨 ●	翁 ○	空 ○	族

[감상] 제7구에 鶴膝이 보인다. 형식보다 뜻을 더 重히 여긴 것 같다. 제목 內洞은 우리말로 '안골'이 된다. 작자의 本鄕은 경주 '양동마을'이다. 그 마을은 7개의 골짜기로 구성되어 있다. 안골은 그중 하나로 '서백당'이 있는 곳을 말한다. 淸道는 宅號이거나 망자의 號일 것이다. 族兄은 같은 성씨의 형님을 말한다. 제7구, 達田은 포항시의 한 지명으로, 그곳 壽陰山에 경주 손씨 입향조 양민공 손소 공의 묘소가 있고, 그 守護를 위한 上達庵이란 건물이 있는데, 조선시대에 손씨들은 매년 이곳에서 花樹會를 가졌다. 이 건물은 보물로 지정되었다. 이시는 친했던 一家 형님의 죽음에 슬픔과 허전함을 잘 나타내고 있다.

[26. 輓靑松權上舍汝和氏丈]

一醉仙桃鶴夢淸　層霞奇氣老崢嶸

屠龍大手終虛擲　司馬香名豈足榮

玉樹霜侵烏失哺　棣華風急鴈吞聲

江山古宅今寥落　秋月蒼蒼想典型

[청송에 권상사 여화 씨 어른 죽음에 만사를 짓다]

한번 취하면 신선 같아 학은 꿈이 맑았고

층층 노을 기이한 기운처럼 노인은 기세가 드높았네

용을 잡는 큰 손 마침내 비우고 던져 버렸고

진사라는 향기로운 명성 어찌 족히 영광 아닌가

옥 같은 나무에 서리 내리니 까마귀가 식욕을 잃고

산앵두나무 꽃에 바람이 급하니 기러기는 울음을 삼키네

강과 산 그리고 옛집이 이제는 쓸쓸해지니

가을 달도 어슴푸레 닮고 싶었던 것 생각하네

秋	○	江	○	棣	●	玉	●	司	○	屠	○	層	○	一	●	輓
月	●	山	○	華	○	樹	●	馬	●	龍	○	霞	○	醉	●	靑
蒼	○	古	●	風	○	霜	○	香	○	大	●	奇	○	仙	○	松
蒼	○	宅	●	急	●	侵	○	名	●	手	●	氣	●	桃	○	權
想	●	今	○	鴈	●	烏	○	豈	●	終	○	老	●	鶴	○	上
典	●	寥	◐	呑	○	失	●	足	●	虛	○	崢	○	夢	●	舍
型	○	落	●	聲	○	哺	○	榮	○	擲	●	嶸	●	淸	○	

[감상] 庚, 靑 通韻이다. 모든 규칙에 맞다. 제목 上舍, 진사나 생원을 높여 부르는 말. 권상사가 작자보다는 나이가 제법 많은 것 같다. 제1구 仙桃, 신선의 땅에 있는 복숭아. 제2구 崢嶸, 산이 높고 험한 모양. 제3구, 屠龍은 屠龍之技의 준말로 용을 잡는 재주라는 뜻으로, 쓸데없는 재주를 말함. 곧 이 句는 大科 급제의 꿈을 버렸다는 뜻. 제4구, 司馬는 司馬試의 준말로, 생원이나 진사 시험을 말함. 곧 이 句는 진사로 만족했다는 뜻. 제5구 玉樹, 재주가 뛰어난 사람을 비유. 霜侵, 머리가 희게 세었거나, 중풍에 걸림. 제6구, 권상사의 갑작스런 죽음을 슬퍼함. 제8구 秋月은 곧 작자 자신이다. 蒼蒼, 어둑어둑한 모양. 典型, 어떤 부류의 모범이나 본보기가 될 만한 것, 곧 권상사를 가리킴.

[27. 輓李參判]

吾公挺出大賢家　早遇明時寵秩加

責重安危心盆赤　憂深進退髮先華

三朝經幄風雲合　八耋林園歲月多

驚報德星前夜晦　山南氣色捴堪嗟

[이참판의 죽음에 만사를 짓다]

우리 공께서는 빼어나셨네 대현의 가문에서

일찍이 좋은 때를 만나 왕의 총애가 더욱 컸네

책임은 무거워 안위에 마음은 더욱 붉었고

근심은 깊어 진퇴로 머리털은 남보다 먼저 희었네

세 조정의 경연에서 두각을 나타냈고

팔십 노령에 자연에서 오래 살았네

돌아가셨다는 소식 오네 목성이 전날 밤 어둡더니

산 양지바른 곳 표정은 모두 탄식을 참고 있네

山	○	驚	○	八	●	三	○	憂	○	責	●	早	●	吾	○	
南	○	報	●	鼇	●	朝	○	深	○	重	●	遇	●	公	○	輓
氣	●	德	●	林	○	經	◑	進	●	安	○	明	○	挺	●	李
色	●	星	○	園	○	幄	○	退	●	危	○	時	○	出	●	參
摠	●	前	○	歲	●	風	○	髮	●	心	○	寵	●	大	●	判
堪	○	夜	●	月	●	雲	○	先	○	益	●	秩	●	賢	○	
嗟	○	晦	●	多	○	合	●	華	○	赤	●	加	○	家	○	

[감상] 麻, 歌 通韻이다. 모든 규칙에 맞다. 제1구, 大賢家는 晦齋 이언적 가문을 말한다. 그는 東方 5현 중 한 분으로, 경주 양동마을 출신이다. 이참판은 회재의 후손이다. 제2구, 明時라 함은 정조 임금과 같은 聖君의 시절을 말한다. 제5구, 經幄은 經筵으로 임금 앞에서 경서를 강론하던 자리. 風雲, 영웅호걸들이 세상에 두각을 나타내는 좋은 기운. 제6구 林園, 숲이 우거진 동산, 즉 벼슬에서 물러난 자연. 제7구 驚報, 죽음을 알리는 부고. 德星, 목성, 상스러운 표시로 나타나는 별. 제8구 山南은 山陽으로, 산의 양지. 氣色, 얼굴에 나타나는 빛. 이 句는 무덤이 들어서는 자리를 묘사했다. 頷聯은 임금의 안위에 대한 책임과 자신의 진퇴에 대한 근심을 말한다.

[28. 輓從兄-1]

同庚同學問何年　十載蘭原讀古編
白首幸看遊魯泮　素忱靡懈仰堯天
精神已整旌忠閣　疾病還添笑儲筵
半夜風燈成一夢　異時湛樂拾重泉

[사촌 형님의 죽음에 만사를 짓다-1]

같은 해 태어나 같은 곳에서 글을 배웠으니 그 세월이 몇 해인고
십 년 동안 우리 아버지에게서 옛글을 배웠네
늙어서 다행히 보았네 성균관에서 공부하는 것
깨끗한 마음은 게으르지 않았네 요 임금 세월을 우러르는 것
정신은 이미 가지런히 했네 정충각에
질병이 반복해서 심해졌네 병석에
한밤중 바람 앞 등잔처럼 한 꿈을 이루었네
이다음 한껏 즐겨 보세 저승에 올라

異	●	半	●	疾	●	精	○	素	●	白	●	十	●	同	○	
時	○	夜	●	病	●	神	○	忱	○	首	●	載	●	庚	○	輓從兄1
湛	○	風	○	還	○	已	●	靡	○	幸	●	蘭	○	同	○	
樂	●	燈	○	添	○	整	●	懈	●	看	◐	原	○	學	●	
拾	●	成	○	笑	●	旌	○	仰	●	遊	○	讀	●	問	●	
重	○	一	●	儲	●	忠	○	堯	○	魯	●	古	●	何	○	
泉	○	夢	●	筵	○	閣	●	天	○	泮	●	編	○	年	○	

[감상] 모든 규칙에 맞다. 제목 從兄, 사촌 형, 孫龍九(意一로 개명) 公은 작자와 같은 해 태어났지만 작자보다 몇 달 빨랐다. 그는 53세에 生員試에 합격하고 62세에 죽었다. 작자의 집이 큰집이고 망자의 집이 작은집이었다. 제2구, 蘭原은 작자의 부친 孫漢杰公을 가리킨다. 그의 號가 蘭皋였고, 시집을 남겼다. 제3구 魯泮, 노나라의 학교, 즉 성균관, 여기서는 성균생원이 된 것을 말한다. 제5구, 旌忠閣은 작자의 5代祖인 樂善堂 孫宗老公의 忠節(병자호란 때 순절)을 기리기 위해 正祖 7년에 왕명으로 경주 양동마을에 세워진 碑閣을 말하며, 이 詩의 망자 손희일 公은 작자의 家弟 孫鼎九公과 함께 이 일에 크게 기여하였음 말한다. 제6구 笑儲筵, 쌓은 재물을 비웃는 자리, 즉 돈이 많이 드는 病席. 제7구, 망자의 죽음을 묘사했다. 領聯은 늦은 나이에 생원이 된 것과 유교 이념의 구현을 늘 꿈꿨음을 표현했다.

[29. 輓從兄-2]

風骨英英出俗流 箕疇五福世誰儔

樽前笑我詩中語 鏡裏憐渠髮上秋

方賀六旬延下壽 那知一疾促遐籌

休言皐浚非吾寢 彷彿精靈此地遊

[사촌 형님의 죽음에 만사를 짓다-2]

풍채가 아름다워 속세 사람 같지 않았고
기주 오복은 세상에 따라올 사람 없었네
술동이 앞에선 나에게 웃으며 시어를 말했지만
거울 속엔 가련한 주름 머리가 희게 세었네
바야흐로 축하했는데 회갑 때에 더욱 오래 살기를
어찌 알았겠는가 한 번 질병에 상여 떠나기를 재촉함을
언덕을 깊게 파도 내 잘 곳이 아니라고 말하지 않으니
마치 혼백이 이곳에서 떠돌고 있는 것 같구나

彷	●	休	○	那	○	方	○	鏡	●	樽	○	箕	○	風	○	
彿	●	言	○	知	○	賀	●	裏	●	前	○	疇	○	骨	●	輓
精	○	阜	●	一	●	六	●	憐	○	笑	●	五	●	英	○	從
靈	○	浚	●	疾	●	旬	○	渠	○	我	●	福	●	英	○	兄
此	●	非	○	促	●	延	○	髮	●	詩	○	世	●	出	●	2
地	●	吾	○	遐	○	下	●	上	●	中	●	誰	○	俗	●	
遊	○	寢	●	籌	○	壽	●	秋	○	語	●	傳	○	流	○	

[감상] 모든 규칙에 맞다. 위의 사촌 형의 죽음에 이어지는 만사이다. 제1구 風骨, 풍채와 골격, 모습. 英英, 아름다운 모양. 제2구 箕疇, 기자가 지었다는 상서의 홍범구주, 5복은 수, 부, 강녕, 유호덕, 고종명으로 홍범구주에 나온다. 제4구, 셋째 글자를 판독할 수 없어 유추하였다. 제5구 六旬, 60, 즉 회갑. 제6구 籌, 상여. 제8구 彷彿, 거의 비슷함, 흐릿하거나 어렴풋함. 精靈, 죽은 사람의 혼백. 이 시에는 망자의 신체 모습과 사주팔자가 잘 나타나 있어 흥미롭다.

[30. 輓從兄-3]

再笑蓮亭萬事悲 白頭相對淚雙垂
今朝公又駿鸞去 耆德吾門更有誰

[사촌 형님의 죽음에 만사를 짓다-3]

연꽃 핀 정자에서 거듭 웃어도 만사는 슬펐고

백두로 마주 보며 눈물 흘렸네

이번 조정은 공변되었지만 또 인물은 떠났으니

덕을 즐기는 사람 우리 문중에 다시 또 누가 있을꼬

耆	●	今	○	白	●	再	●	
德	●	朝	○	頭	○	笑	●	
吾	○	公	○	相	○	蓮	○	輓
門	○	又	●	對	●	亭	○	從
更	●	駿	●	涙	●	萬	●	兄
有	●	鸞	○	雙	○	事	●	3
誰	○	去	●	垂	○	悲	○	

[감상] 모든 규칙에 맞다. 제2구 白頭, 벼슬을 하지 못한 사람. 제3구 駿鸞, 훌륭한 인물, 여기서는 亡者이다. 작자는 망자가 덕이 있고 공정한 조정을 만났음에도 등용되지 못했음을 아쉬워하고 있다.

[31. 輓從兄-4]

湛樂平生歲月饒 世憂都付醉中消

莫言此別成千古 肝膽猶通永夜遙

[사촌 형님의 죽음에 만사를 짓다-4]

한껏 즐겼네 평생을 세월이 두텁도록

세상 근심 다 줘 버리고 취한 가운데 사라졌네

말없이 이렇게 헤어져 이제는 세월 속에 묻혀도

속마음은 오히려 통하네 긴 밤 아득히

肝	○	莫	●	世	●	湛	○	
膽	●	言	○	憂	○	樂	●	輓
猶	○	此	●	都	○	平	○	從
通	○	別	●	付	●	生	○	兄
永	●	成	○	醉	●	歲	●	4
夜	●	千	○	中	○	月	●	
遙	○	古	●	消	○	饒	○	

[감상] 모든 규칙에 맞다. 제1구 湛樂, 한껏 즐기다. 제3구 千古, 썩 먼 옛적, 영구한 세월. 제4구 肝膽, 속마음. 이 시는 영속한 세월 속에 한생을 마치니 다시 세월 속에 묻히고 남은 자는 죽은 자를 밤새 그리워함을 나타내고 있다.

[32. 輓從兄-5]

多公意氣老崢嶸 今日那知有此行
泉臺早晚逢迎地 共說人間不盡情

[사촌 형님의 죽음에 만사를 짓다-5]

많이 공변되고자 하는 의기는 늙어서도 가팔랐지만
어찌 알았겠는가 오늘 이 같은 떠남이 있을 줄
저승은 조만간 만나는 곳
함께 이야기하던 인간 세상 다하지 못한 정

共	●	泉	○	今	○	多	○	
說	●	臺	○	日	●	公	○	輓
人	○	早	●	那	◐	意	●	從
間	○	晚	●	知	○	氣	●	兄
不	●	逢	○	有	●	老	●	5
盡	●	迎	○	此	●	崢	○	
情	○	地	●	行	○	嶸	○	

[감상] 제2, 3구 사이 簾이 없다. 제1구 意氣, 무엇을 하고자 하는 적극적인 마음이나 장한 기개. 제3구 泉臺, 저승.

[33. 輓從兄-6]

夢中相對舊時容 言笑溫溫意萬重
覺來輒下存亡淚 人世那湛事事空

[사촌 형님의 죽음에 만사를 짓다-6]

꿈속에서 마주하니 옛 모습 그대로인데
웃으며 하는 말씀 온화하여 나의 뜻 미어지도록 무겁네
깨고 보니 베개 밑에 망자에 대한 슬픈 눈물
인간 세상 어찌 즐기겠는가 모든 것이 허망한데

人	○	覺	●	言	○	夢	●	輓從兄6
世	●	來	○	笑	●	中	○	
那	◐	輒	●	溫	○	相	○	
湛	○	下	●	溫	○	對	●	
事	●	存	○	意	●	舊	●	
事	●	亡	○	萬	●	時	○	
空	○	淚	●	重	○	容	○	

[감상] 冬, 東 通韻이다. 제2, 3구 사이 簾이 없다. 꿈에서조차 보이니 두 사람 사이 정이 얼마나 깊었던지가 짐작된다.

[34. 輓從兄-7]

丹岑一髮是先塋 古里旌閭烈氣橫
新封密進衣冠地 應展平生未盡誠

[사촌 형님의 죽음에 만사를 짓다-7]

검단산 봉우리에 머리카락 하나 이곳은 선영이고
오래된 마을에 정려각 있어 대단한 기세 가로지르네
새 무덤이 가깝네 의관이 묻힌 곳에
대궐에 호소하던 마음 평생이었으나 아직도 남았네

應		新		古		丹		
應	●	新	○	古	●	丹	○	
展	●	封	○	里	●	岑	○	輓從兄 7
平	○	密	●	旌	○	一	●	
生	○	進	●	閭	○	髮	●	
未	●	衣	○	烈	●	是	●	
盡	●	冠	○	氣	●	先	○	
誠	○	地	●	橫	○	塋	○	

[감상] 제2, 3구 사이 簾이 없다. 이 詩를 이해하기 위해서는 작자의 집안 내력을 알아야 한다. 작자의 5대조가 樂善堂 孫宗老이다. 公은 광해군 7년에 21세 나이로 무과 급제 하였다. 인조반정 후 남포현감을 지내고 향리인 경주 양동마을에서 노모 봉양 중 병자호란이 발발하여 임금이 남한산성에 갇히자, 노복 2명과 경주 향내 무예가 있는 신상뢰, 박홍원을 거느리고 남한산성 가까이 이르렀으나, 이미 포위된 뒤라 근왕병 경상좌도 병마사 허완의 진영에 합세하여 쌍령전투에서 싸우다 전사하였다. 死後 시신을 찾지 못해 전장에서 招魂하여 경주부 檢丹里에 평소 사용한 衣冠으로 葬事하였다. 그 후 작자의 家弟 손정구 공과 이 시의 亡者 손용구 공의 노력으로 정조 임금 때 고향 마을 양동마을에 旌忠閣이 세워졌다. 이 시의 제1구 丹岑은 檢丹을, 一髮은 시신을 찾지 못했음을, 先塋은 조상의 무덤을, 제2구의 古里는 양동마을을, 旌閭는 정충각을, 제3구의 新封은 망자의 무덤을, 衣冠地는 바로 의관으로 장사한 낙선당의 무덤을, 제4구, 應展平生은 망자와 손정구 공이 5대조의 褒賞을 위해 조정에 상소하고 노력한 것을 말한다. 실제로 망자의 무덤은 낙선당 공의 무덤 가까이 있다. 작자는 작은집의 동갑내기 사촌형의 죽음에 모두 7首의 挽詞를 지었으니 둘 사이 정이 얼마나 깊었던지를 알 수 있다.

[35. 輓丹陽庚友李經甫-1]

右是丹陽第一流　古家風範世誰儔

雲程未展三千翮　烟壁虛過六十秋

風靜高堂春日落　霜侵寸草海雲愁

也知地下無窮恨　烏哺深誠未盡酬

[단양에 동갑 친구 이경보의 죽음에 만사를 짓다-1]

우측의 이 사람은 단양의 가장 양반이라

오래된 가문의 풍속과 법도는 세상 누구도 따를 수 없네

양양한 전도를 펼치지 못한 것이 아주 많았고

조용한 산속에서 허송했네 육십 년 세월을

바람 고요한 높은 집에 봄날이 지고

서리 맞은 작은 풀엔 바다 구름 수심이네

아느냐 땅 밑에는 무궁한 한이 있음을

어버이에 대한 효도 그 깊은 정성 아직 다하지 못했는데

烏	○	也	●	霜	○	風	○	烟	○	雲	○	古	●	右	●	
哺	●	知	○	侵	○	靜	●	壁	●	程	○	家	○	是	●	輓
深	○	地	●	寸	●	高	○	虛	○	未	●	風	○	丹	○	丹
誠	○	下	●	草	●	堂	○	過	○	展	●	範	●	陽	○	陽
未	●	無	○	海	●	春	○	六	●	三	○	世	●	第	●	庚
盡	●	窮	○	雲	○	日	●	十	●	千	○	誰	○	一	●	友
酬	○	恨	●	愁	○	落	●	秋	○	翮	●	儔	○	流	○	1

[감상] 風, 雲, 未가 疊이다. 제1구 右是, 시의 제목이 제1구의 오른편에 적혀 있다. 그래서 오른쪽에서 언급한 '이 사람은'이라는 뜻. 제3구, 雲程은 洋洋한 前途. 三千翮, 삼천 번의 날갯짓, 곧 아주 멀다. 이 구는 젊은 날의 꿈이 컸다는 뜻. 제4구 烟壁, 연기 낀 벼랑, 즉 한적하고 조용한 산속. 頸聯은 亡者가 젊은 날은 잘 보냈는데, 나이 들어 중풍을 맞아 고생을 많이 했다는 뜻, 또는 집안 운세가 기울어 나약한 망자가 근심을 많이 했다는 뜻 중 하나일 것이다. 제7구, 망자의 무궁한 한을 작자가 어찌 다 알겠는가? 제8구 烏哺, 까마귀의 反哺, 즉 사람의 어버이에 대한 효도. 尾聯은 이해가 어렵다. 아마도 亡者는 60세까지 살았어도 부모 중 어느 한 분이 아직 살아 계셔서, 자신이 부모보다 먼저 가니 은혜도 다 갚지 못해서 깊은 한이 남았는지 모르겠다.

[36. 輓丹陽庚友李經甫-2]

雲車曉發更回遲　故向春堂不忍辭

鷄林白首同庚淚　一灑西風薤露詞

[단양에 동갑 친구 이경보의 죽음에 만사를 짓다-2]

구름 수레를 타고 새벽 일찍 떠났다가 다시 늦게 돌아왔네
벗에 대해서 그대 아버님께 차마 말씀드리지 못했네
계림의 백수 동갑내기 친구는 눈물 흘리는데
한번 흩뿌리는 서풍에 상여 노래가 말씀드리네

一	●	鷄	○	故	●	雲	○	
灑	●	林	○	向	●	車	○	輓
西	○	白	●	春	○	曉	●	丹
風	○	首	●	堂	○	發	●	陽
薤	●	同	○	不	●	更	●	庚
露	●	庚	○	忍	●	回	○	友
詞	○	淚	●	辭	○	遲	○	2

[감상] 제2, 3구 사이 簾이 없다. 제2구 故는 친구, 즉 亡者이다. 春堂, 남의 아버지의 존칭. 제4구 薤露, 상여가 나갈 때 부르는 노래. 丹陽은 충청북도에 있는 지명으로 경주와는 너무나 먼 거리에 있다. 작자가 어떻게 그 먼 곳에 있는 亡者 이경보를 사귀게 되었는지가 정말 궁금하다. 이 시는 訃告를 받은 작자가 단양까지 가서 문상한 것이 아니라, 경주에서 벗의 죽음을 슬퍼하면서 지은 것으로 보인다. 제1구의 雲車와 제3구의 鷄林에서 그것을 알 수 있다.

[37. 輓雪亭庚友李君大有]

泣血耆年二竪嬰 泉臺便作老萊庭
三朝楚玉君何恨 五福箕疇世所榮
斜日川亭無與語 暮雲江樹有餘情
同庚一掬存亡淚 忍洒秋風薤露聲

[설정 동갑나기 벗 이군 대유의 죽음에 만사를 짓다]

피눈물을 흘리는 소상에 두 명의 더벅머리 아이
저승에 있는 그대에게 전하는 글을 지어 늙은 내가 왔는데
초나라 옥 같은 세 조정을 그대 얼마나 한스러워했는가
기주에 나오는 오복을 세상 사람들은 영광스러워하네
비끼는 햇살에 시냇가 정자엔 더불어 할 말 없어도
저무는 구름에 강가 나무엔 남은 정이 있더라
동갑 친구는 한 움큼 허망한 눈물 흘리니
가을바람도 차마 뿌리지 못하네 상여 소리를

忍	●	同	○	暮	●	斜	○	五	●	三	○	泉	○	泣	●	
洒	●	庚	○	雲	○	日	●	福	●	朝	○	臺	○	血	●	輓
秋	○	一	●	江	○	川	○	箕	○	楚	●	便	●	朞	○	雪
風	○	掬	●	樹	●	亭	○	疇	○	玉	●	作	●	年	○	亭
薤	●	存	○	有	●	無	○	世	●	君	○	老	●	二	●	庚
露	●	亡	○	餘	○	與	●	所	●	何	○	萊	○	竪	●	友
聲	○	淚	●	情	○	語	○	榮	○	恨	●	庭	○	嬰	○	1

[감상] 庚, 青 通韻이다. 모든 규칙에 맞다. 제목, 雪亭은 號이고, 大有는 이름이다. 제1구 朞年, 죽은 지 1년 되는 해. 이를 小祥이라 한다. 二竪嬰, 상주 두 명이 아직 어리다. 제2구 泉臺, 저승. 老萊庭, 늙은 내가 명아주 지팡이 짚고 자네 집에 왔는데. 제3구, 三朝를 조선 영조, 정조, 순조 조정으로 보면, 왕통이 이어지는데 곡절이 많았다. 아마 이것을 가리키지 않나 싶다. 제4구, 기주오복은 앞에서 설명했다. 여기서는 亡者가 오복이 없다고 본 것이다. 제7구 一掬, 손으로 한 줌 움켜쥘 만한 분량. 存亡淚, 살다가 죽는 것에 대한 슬픔으로 흘리는 눈물. 작자는 동갑 친구 이대유의 小祥에 이 글을 지어 문상한 것 같다.

戱題東山翁詩軸沒

文人習氣摠相輕我愛斯翁句語淸自謣宦[16]今無敵手欲追前昔埒雄聲唐時李白眞天降宋代梅黃亦善鳴莫把文章廖[17]易道幾多先輩有詩評

盤溪[18]老人

동산옹 시 두루마리 끝에 장난스레 적는다

문인들은 모두 서로 경시하는 버릇이 있는데, 나는 이 늙은이를 좋아한다, 싯구의 언어가 맑고 스스로 벼슬아치에게 곧은 말을 하여 이제는 적수가 없다. 내가 뒤좇아 가고자 하나 앞에 오래된 담장이 있어 웅장한 소리를 낸다. 당나라 때 이백은 참으로 하늘이 내린 사람이었고, 송나라 때 매황 또한 시를 잘 지어, 그의 문장을 따라잡는 이 없었고 도를 쉽게 풀이한 이가 드물었으나, 종종 수두룩한 선배들이 시에 대한 평을 했더라.

반계노인

---

16) 원문 판독 곤란으로 추정하였기에 해석에 오류가 있을 수 있다.
17) 원문 판독 곤란으로 추정한 글자
18) 崔光晛, 경주에 살았던 작자 東山의 벗으로 盤溪는 그의 號이다.

부록

I.
漢詩 作法

1. 漢詩의 理解

詩는 어느 시대에 처음 지어지기 시작하였을까? 《尚書》〈舜傳〉에 "詩는 뜻을 말하는 것이고, 歌는 말을 길게 하는 것이고, 聲은 긴 노래를 따르고, 律은 聲과 조화를 이룬다." 하였으니, 舜 임금 이전에 벌써 詩가 있었던 것 같다. 三經 중 하나인 詩經은 周代에 채록된 것으로 311篇이다. 이중 6편은 제목만 있고 가사가 없어 실제는 305편이다. 이후 공자가 이를 刪詩正樂하였다.

그러면 詩는 어떻게 해서 이어지고 사용되었는가? 공자가 詩에 대해서 언급한 것을 《論語》에서 보면, 〈陽貨〉에서 "詩는 선한 마음을 일으키게 하고, 정치의 잘잘못을 살펴볼 수 있게 하며, 어울려 사는 도리를 알게 되고, 불만과 원망을 표현하는 방법을 알게 되며, 가까이는 어버이를 섬기고 멀리는 군주를 섬기는 도리를 알게 되고, 鳥獸와 草木의 이름도 많이 알게 된다." 하였고, 〈季氏〉에서는 아들 伯魚에게 "詩를 배우지 않으면 말을 할 수가 없다." 하였으며, 〈陽貨〉에서 또 "사람이 周南과 召南을 배우지 않으면 얼굴을 담장에 대고 서 있는 것과 같다." 하였다. 공자의 제자 중에서 子夏가 가장 詩에 뛰어났다고 전한다. 그리하여 그를 통하여 詩가 전해졌다.

이후 중국의 전통 시가 양식으로는 春秋戰國時代의 時經詩, 漢代의 樂府, 漢·魏·六朝의 古詩, 唐代의 近體詩, 唐宋의 詞, 元代의 散曲 등이 있었는데, 이 가운데 우리나라 선조들이 즐겨 사용한 시 형식으로는 近體詩가 절대 우위를 차지하고 古詩가 그다음이며 詩經詩에서 기원한 四言體와 악부 계통의 長短句 양식은 사용 빈도가 무척 낮았다. 우리나라에서 漢詩라 일컬을 경우 보통 近體詩와 古詩를 의미하게 되는 것은 바로 이 때문이다.

2. 近體詩의 理解

근체시는 六朝 말엽 沈約(441~513)이 '四聲論'과 '八病說'을 제기하면서부터 시작되었다. 그는 古體詩에 비하여 각 詩句를 구성하는 音節의 抑揚長短을 배열하는 韻律을 만들고, 句 수와 각 句의 性格을 정형화했다. 그 후 梁나라 때 吳均, 庾肩吾 등이 나와 더욱 형식적인 아름다움을 쫓아 平仄 배치를 시도하였다.

隋를 거쳐 唐나라에 들어와서 上官儀 같은 사람이 聲韻뿐 아니라 구절의 내용에 따른 구성미 같은 것도 개발하여 '六對', '八對'의 이론을 제시함으로써 근체시의 완성에 가까웠다. 이때인 初唐 四傑로는 왕발, 양형, 노희린, 락빈왕이 있었다. 그러나 본격적인 律詩의 완성은 宋之問과 沈佺期에 의해서 이루어졌으며, 盛唐에 들어와 杜甫와 같은 위대한 시인들이 속출하면서 극도로 다듬어진 형식에 심금을 울리는 감동적인 내용을 담은 불후의 명작을 남기게 됨으로써, 중국시사에서 고체시보다 근체시가 더욱 전형적인 詩形으로 자리매김하게 되었다.

본 번역의 底本인 《東山詩稿》도 근체시들로 이루어졌으며, 오늘날 우리나라 漢詩 白日場에서도 근체시의 七言律詩를 對象으로 한다.

3. 近體詩의 種類

五言絶句, 七言絶句, 五言律詩, 七言律詩가 있다.

4. 5言, 7言의 공통의 意味 단락

두 글자, 세 글자, 즉 □□, □□□이다.

따라서 우리는 자기의 뜻을 두 글자나 세 글자로 표현해 보는 연습을 꾸준히 해야 한다. 동시에 사전에서 예부터 이미 굳어져 쓰이는 표현들을 많이 공부해야 한다.

5. 四聲의 理解

平聲, 上聲, 去聲, 入聲이 있다.

平聲: 平道莫低昂, 발음이 낮으면서 짧게 난다.
上聲: 高呼猛烈强, 발음이 올라가면서 약간 길며 강하다.
去聲: 分明哀遠道, 높은 소리로 끌고 간다.
入聲: 短促急收藏, 발음이 된소리가 나면서 닫힌다. 특히 ㄱ, ㄹ, ㅂ 로 끝나는 것은 모두 입성이다. (예: 各, 瑟, 合)

* 作詩할 때는 4성을 둘로 나누어, 平聲, 仄聲(上, 去, 入聲)으로만 구분하고, 平仄圖를 그릴 때는, 평성은 ○, 측성은 ●, 양쪽으로 볼 수 있는 것은 ◐로 표기한다.
* 作詩할 때 平仄의 배치는 ○●○●○, ○●○●●○처럼 단조롭게 하지 않고, ○○●●●, ●●●○○○처럼 지나치게 뭉텅이로도 짜지 않는다. 이것들은 듣기에도 좋지 못하지 않은가? 그 자세한 방법은 뒤에서 다시 언급하겠다.
* 漢字의 四聲은 중국어의 4聲調와 일치하지 않는다.
* 민중서림 출판사에서 발간한 《漢韓大字典》에는 16,000자가 수록되어 있는데 이를 우리말 음으로 세어 보면 512음에 불과하다. 그러니 같은 음의 글자가 얼마나 많은가?
* 漢詩를 짓기 위해서는 각 글자의 聲을 알아야 하는데, 외우는 공식이 없다. 왜냐하면 위에서 보았듯이 같은 음의 글자가 여럿이니 그렇다. 반드시 사전에서 찾아 확인해야 한다. 네이버 한자 사전이 이용하기 편한데, 이 四聲 표기가 안 되어 있어 아쉽다.

6. 起, 承, 轉, 結
絶句이든 律詩이든 詩는 이 네 가지 짜임새를 갖춰야 한다.

起는 詩想을 처음 일으키는 것이요,
承은 그것을 계속 이어 가는 것이요,
轉은 그것을 한 번 굴리는, 전환하는, 변곡점을 맞는 것이요,
結은 그것을 마무리 짓는 것이다.

그런데 作詩를 할 때 반드시 이 순서로 하는가? 아니다. 그렇게 하기보다는 먼저 轉, 結을 짓고 그것에 맞추어 起, 承을 지으라고 옛 시인들과 현대의 高手들이 조언하고 있다. 그 까닭은 轉, 結에서 시의 묘미가 살아나기 때문이다. 轉結을 위해 起承은 바꿀 수 있지만, 起承을 위해 轉結을 고치면 詩는 생명력을 잃는다.

* 詩有五法: 첫째, 起承轉結이 均配되어 있는가? 둘째, 각 句마다 題目의 뜻이 뚜렷이 서 있는가? 셋째, 매 句마다 흥취가 있는가? 넷째, 氣像이 좋은가? 다섯째, 詠이 좋은가?

7. 絶句와 律詩, 五言과 七言의 구분
* 절구의 絶은 '자른다'는 뜻이 아닌가? 그것은 律詩의 절반을 자른 것이란 뜻이다. 이다음 율시를 공부하고 나면 그 실체를 보게 될 것이다. 다음은 句와 律의 구분이다. 앞에서 起承轉結을 배웠다. 그 각각이 한 줄(5자, 7자)로 된 것이 각 句이다. 반면 起承轉結 그 각각이 두 줄(5자, 7자)로 되어 있으면 律이다. 그러니 절구는 4줄, 율시는 8줄이다.
* 五言과 七言의 구분은, 여기 다음과 같이 七言이 있다면, ①②③④⑤⑥⑦, 여기서 ①②를 제거한 것이 五言이다. (⑥⑦을 제거한 것이 아님)
* 五言은 ③④/⑤⑥⑦로 의미 단락을 이루고, 七言은 ①②/③④//⑤⑥⑦과 같이 큰 단락(//)과 작은 단락(/)을 이룬다.

8. 押韻

漢詩이든 英詩이든 산문보다는 짧은 구조에다가 끝말이 비슷한 음으로 되어 있음을 볼 수 있다. 이것을 압운이라 하는데, 近體詩에서는 平聲字로 韻을 삼는다. 그런데 모든 平聲字를 비슷한 소리를 기준으로 30개의 그룹으로 나누고, 그 30개 그룹을 다시 조금 높은 것과 낮은 소리로 2그룹으로 나눈다. 이렇게 해서 높은 소리 평성 15그룹을 上平聲, 낮은 소리 평성 그룹 15그룹을 下平聲이라 하고, 모든 한자사전 뒤편에 부록으로 제시되어 있다.

그런데 그 30개 그룹의 각 대표 글자들이 있는데, 예를 들면 상평성의 첫 글자가 東이고, 하평성의 첫 글자는 先이다. 두 글자의 음이 같은 평성이지만 높낮이에는 조금 차이가 있음을 알 수 있다. 자, 다음은 방금 이 東 글자는 대표 글자라고 하였다. 그러니 이 글자 밑에는 많은 다른 글자가 속해 있음을 알아야 한다. 그래서 이러한 관계를 나타내기 위해 東統이란 표현을 쓴다. 참고로 東統에는 47글자가 있고, 先統에는 82글자가 있다.

한 편의 시를 지을 때 같은 統의 글자로 韻을 밟아야 한다. 즉, 東字 韻이면 47글자 중에서 골라 쓰고, 先字 韻이면 82글자 중에서 골라 사용한다. 詩人이 혼자서 자작시를 지을 때는 그와 같이하면 되지만, 시 대회에 가면 그 운자를 같은 統에서 골라 지정해 준다.

이제 또 복잡한 이야기를 하나 더 해야 한다. 시를 짓다 보면, 같은 統의 글자로만 韻을 맞추기에는 너무나 어려운 때가 있다. 이를 불쌍히 여겨 규정을 조금 완화해 준 것이 通韻이라는 것이다. 앞에서 설명한 30개 統을 그 음이 다소 비슷한 것끼리 서로 통한다고 묶은 것으로, 예를 들면, 東, 冬, 江이 서로 通韻이 된다. 이 通韻表도 사전에 실려 있다.

다음은 모든 句의 끝에 韻字를 두는가? 아니다.

五言絶句는 2째, 4째 句 끝에
七言絶句는 1째, 2째, 4째 句 끝에
五言律詩는 2째, 4째, 6째, 8째 句 끝에
七言律詩는 1째, 2째, 4째, 6째, 8째 句 끝에 둔다.

앞에서 평측도를 그릴 때 평성은 ○, 측성은 ●, 양쪽 모두 되는 것은 ◑로 표기한다고 하였다. 평성 중에서도 韻字로 쓰인 글자는 ◎로 표기한다.

9. 五言絶句 平仄規則

* 각 句의 2째, 4째 글자는 平仄이 서로 달라야 한다.
* 1째, 2째 句의 2째, 4째 글자의 平仄이 서로 달라야 한다.
* 2째, 3째 句의 2째, 4째 글자의 平仄이 서로 같아야 한다.
* 3째, 4째 句의 2째, 4째 글자의 平仄이 서로 달라야 한다.
* 2째, 4째 句 끝에 韻을 밟는다.
* 각 句 첫 글자가 모두 같은 소리(평성/측성)이면 안 된다.
* 각 句 끝 3글자가 연이어 같은 소리(평성/측성)이면 안 된다.

위 규칙을 적용하여 평측도를 그려 보면 다음 두 가지 경우가 있다.

1.
●●○○● 起
○○●●◎ 承
●○○●● 轉
○●●○◎ 結

* 옆 표의 起句의 2째 글자가 ●이다. 그래서 이를 仄起式이라 한다.
* 각 句 첫 글자는 옆 표와 달라도 된다. 모두 같은 소리(평성/측성)가 아니면 된다.

2.
●○○●● 起
○●●○◎ 承
●●○○● 轉
○○●●◎ 結

* 옆 표의 起句의 2째 글자가 ○이다. 그래서 이를 平起式이라 한다.
* 각 句 첫 글자는 옆 표와 달라도 된다. 모두 같은 소리(평성/측성)가 아니면 된다.

10. 七言絕句 平仄規則

* 각 句의 2째, 4째 글자는 平仄이 서로 달라야 한다.
* 각 句의 2째, 6째 글자는 平仄이 서로 같아야 한다.
* 1째, 2째 句의 2째, 4째, 6째 글자의 平仄이 서로 달라야 한다.
* 2째, 3째 句의 2째, 4째, 6째 글자의 平仄이 서로 같아야 한다.
* 3째, 4째 句의 2째, 4째, 6째 글자의 平仄이 서로 달라야 한다.
* 1째, 2째, 4째 句 끝에 韻을 밟는다.
* 각 句 첫 글자가 모두 같은 소리(평성/측성)이면 안 된다.
* 각 句 끝 3글자가 연이어 같은 소리(평성/측성)이면 안 된다.

위 규칙을 적용하여 평측도를 그려 보면 다음 두 가지 경우가 있다.

1.
●○○●●○◎ 起
●●○○●●◎ 承
○●●○○●● 轉
●○○●●○◎ 結

* 옆 표의 起句의 2째 글자가 ○이다. 그래서 이를 平起式이라 한다.
* 각 句 첫 글자는 옆 표와 달라도 된다. 모두 같은 소리(평성/측성)가 아니면 된다.

2.
●●○○●●◎ 起
●○○●●○◎ 承
○○●●○○● 轉
●●○○●●◎ 結

* 옆 표의 起句의 2째 글자가 ●이다. 그래서 이를 仄起式이라 한다.
* 각 句 첫 글자는 옆 표와 달라도 된다. 모두 같은 소리(평성/측성)가 아니면 된다.

11. 五言律詩 平仄規則

* 각 句의 2째, 4째 글자는 平仄이 서로 달라야 한다.
* 1째, 2째 句의 2째, 4째 글자의 平仄이 서로 달라야 한다.
* 2째, 3째 句의 2째, 4째 글자의 平仄이 서로 같아야 한다.
* 3째, 4째 句의 2째, 4째 글자의 平仄이 서로 달라야 한다.
* 4째, 5째 句의 2째, 4째 글자의 平仄이 서로 같아야 한다.

* 5째, 6째 句의 2째, 4째 글자의 平仄이 서로 달라야 한다.
* 6째, 7째 句의 2째, 4째 글자의 平仄이 서로 같아야 한다.
* 7째, 8째 句의 2째, 4째 글자의 平仄이 서로 달라야 한다.
* 2째, 4째, 6째, 8째 句 끝에 韻을 밟는다.
* 각 句 첫 글자가 모두 같은 소리(평성/측성)이면 안 된다.
* 각 句 끝 3글자가 연이어 같은 소리(평성/측성)이면 안 된다.
* 위에서 언급한 것 중에서, 옆의 句와 2째, 4째 글자의 平仄을 서로 같게 하는 것을 簾이라 한다.

위 규칙을 적용하여 평측도를 그려 보면 다음 두 가지 경우가 있다.

1.
●●○○● 起
○○●●◎ (首聯)
●○○●● 承
○●●○◎ (頷聯)
●●○○● 轉
○○●●◎ (頸聯)
●○○●● 結
○●●○◎ (尾聯)

* 두 구를 묶어 한 연을 이룬다. 그러니까 首聯이 곧 起이다.
* 옆 표의 起句의 2째 글자가 ●이다. 그래서 이를 仄起式이라 한다.
* 각 句 첫 글자는 옆 표와 달라도 된다. 모두 같은 소리(평성/측성)가 아니면 된다.

2.
●○○●● 起
○●●○◎ (首聯)
●●○○● 承
○○●●◎ (頷聯)
●○○●● 轉
○●●○◎ (頸聯)
●●○○● 結
○○●●◎ (尾聯)

* 두 구를 묶어 한 연을 이룬다. 그러니까 首聯이 곧 起이다.
* 옆 표의 起句의 2째 글자가 ○이다. 그래서 이를 平起式이라 한다.
* 각 句 첫 글자는 옆 표와 달라도 된다. 모두 같은 소리(평성/측성)가 아니면 된다.

12. 七言律詩 平仄規則

* 각 句의 2째, 4째 글자는 平仄이 서로 달라야 한다.
* 각 句의 2째, 6째 글자는 平仄이 서로 같아야 한다.
* 1째, 2째 句의 2째, 4째, 6째 글자의 平仄이 서로 달라야 한다.
* 2째, 3째 句의 2째, 4째, 6째 글자의 平仄이 서로 같아야 한다.
* 3째, 4째 句의 2째, 4째, 6째 글자의 平仄이 서로 달라야 한다.
* 4째, 5째 句의 2째, 4째, 6째 글자의 平仄이 서로 같아야 한다.
* 5째, 6째 句의 2째, 4째, 6째 글자의 平仄이 서로 달라야 한다.
* 6째, 7째 句의 2째, 4째, 6째 글자의 平仄이 서로 같아야 한다.
* 7째, 8째 句의 2째, 4째, 6째 글자의 平仄이 서로 달라야 한다.
* 1째, 2째, 4째, 6째, 8째 句 끝에 韻을 밟는다.
* 각 句 첫 글자가 모두 같은 소리(평성/측성)이면 안 된다.
* 각 句 끝 3글자가 연이어 같은 소리(평성/측성)이면 안 된다.
* 위에서 언급한 것 중에서, 옆의 句와 2째, 4째, 6째 글자의 平仄을 서로 같게 하는 것을 簾이라 한다.

위 규칙을 적용하여 평측도를 그려 보면 다음 두 가지 경우가 있다

1.
●○○●●○◎ 起
●●○○●●◎ (首聯)
○●●○○●● 承
●○○●●○◎ (頷聯)
○○●●○○● 轉
●●○○●●◎ (頸聯)
○●●○○●● 結
●○○●●○◎ (尾聯)

* 두 구를 묶어 한 연을 이룬다. 그러니까 首聯이 곧 起이다.
* 옆 표의 起句의 2째 글자가 ○이다. 그래서 이를 平起式이라 한다.
* 각 句 첫 글자는 옆 표와 달라도 된다. 모두 같은 소리(평성/측성)가 아니면 된다.

2.
●●○○●●◎ 起
●○○●●○◎ (首聯)
○○●●○○● 承
●●○○●●◎ (頷聯)
●●○○●●● 轉
●○○●●○◎ (頸聯)
○○●●○○● 結
●●○○●●◎ (尾聯)

* 두 구를 묶어 한 연을 이룬다. 그러니까 首聯이 곧 起이다.
* 옆 표의 起句의 2째 글자가 ●이다. 그래서 이를 仄起式이라 한다.
* 각 句 첫 글자는 옆 표와 달라도 된다. 모두 같은 소리(평성/측성)가 아니면 된다.

13. 蜂腰와 鶴膝

이 둘은 五言, 七言 平仄規則에 추가하여 반드시 피해야 할 것들이다.

1. 蜂腰는 '벌의 허리처럼 잘록하다'는 뜻이다.
- 五言의 경우, ●○●●○처럼 두 번째 글자가 측성들 사이에 홀로 평성이 끼어 있으면 안 된다. 이것을 피하기 위해서는 첫 글자를 ○로 하든지, 세 번째 글자를 ○로 고치면 된다.
- 七言의 경우 ○●●○●●○처럼 네 번째 글자가 측성들 사이에 평성이 홀로 끼어 있으면 안 된다. 이것을 피하기 위해서는 세 번째 글자를 ○로 하든지, 다섯 번째 글자를 ○로 고치면 된다.

2. 鶴膝은 '학의 무릎처럼 튀어나왔다'는 뜻이다.
- 五言의 경우, ○●○○○처럼 두 번째 글자가 평성들 사이에 측성이 홀로 끼어 있으면 안 된다. 이것을 피하기 위해서는 첫 글자를 ●로 하든지, 세 번째 글자를 ●로 고치면 된다.
- 七言의 경우 ○○○●○○○처럼 네 번째 글자가 평성들 사이에 측성이 홀로 끼어 있으면 안 된다. 이것을 피하기 위해서는 세 번째 글자를 ●로 하든지, 다섯 번째 글자를 ●로 고치면 된다.

이 둘 모두 단 非韻字行에서는 상관치 않으나, 오늘날 백일장에서는 피하는 것이 좋다.

14. 對偶法

* 漢詩 작법에서 가장 어려운 것으로, 이것으로 대회에서 등급과 당락이 결정된다.
* 五言, 七言 律詩에서만 해당된다.
* 律詩의 頷聯, 頸聯에서만 이루어진다.
* 3째와 4째 句사이 서로 마주 보는 단어가 짝을 이루어야 한다.
* 5째와 6째 句사이 서로 마주 보는 단어가 짝을 이루어야 한다.
* 짝이라 함은 내용으로, 형태로, 품사별로 절묘하게 대칭을 이루어야 한다.

    자연물 - 자연물   예) 山高 - 水淸
    사람 - 사람   예) 堯舜 - 桀紂
    숫자 - 숫자   예) 千古 - 萬里
    색깔 - 색깔   예) 靑衣 - 白髮
    세 글자   예) 參槐宅 - 梧柳門
    개념 - 개념   예) 敢望 - 將歸

* 이 밖에도 기후, 지명 등이 있을 수 있다.
* 頷聯, 頸聯 모두에 색, 수, 인명 등을 거듭 쓰면 안 된다.

15. 疊字 不許

위의 모든 시 형태에서, 漢詩 한 首 안에 같은 글자가 겹쳐 쓰이면 안 된다. 단, 같은 句 안에서는 허용된다.

16. 疊意 不許

시 한 首에 같은 意味의 詩語가 반복되면 안 된다.

예) 騷人을 이미 썼는데 다른 句에 詩人을 넣을 수 없다.

17. 律詩에서 題目(詩題) 글자의 처리
* 제목에 쓰인 글자는 頷聯, 頸聯에서 사용하면 안 된다.
* 단, 다섯 글자 이상으로 된 제목은 가능하다.
* 제목에 대한 언급(破題)은 首聯에서 한다.

18. 기타 참고 사항
* 頷聯에서는 內句와 外句를 가능한 한 경치로 짝을 짓는다.
* 頸聯에서는 內句와 外句를 가능한 한 정감으로 짝을 짓는다.
* 위의 내용은 반드시 그러해야 하는 규칙은 아니다.

19. 添言
지금까지 18개 항목을 가지고 漢詩 作法을 설명하였는데, 이를 모두 지키면 漢詩白日場에 나가서도 규정 위반은 안 한다. 그리고 위의 규정에서 벗어난 詩라고 해서 나쁜 詩는 아니다. 위의 규정들은 近體詩를 위한 것이다. 이것을 벗어난 것은 古體詩로서 인정되는 것이다.

20. 전국 漢詩백일장 안내
* 7언 율시로만 짓는다.
* 韻字 5개 중 4개 또는 3개는 대회 개최 안내 때 미리 알려 준다.
* 비공개 韻字 1개(尾聯), 2개(頸, 尾聯)는 대회 당일 공개한다.
* 작시를 위해 주어지는 시간: 대략 3시간(오전 10시~오후 1시)
* 결과 발표 및 시상: 당일 오후 4시 전후
* 등급 및 상금: 주최 측 사정에 따라 다를 수 있다.
예) 2023년 경주시: 장원 1명(1백만 원), 차상 1명(50만 원), 차하 1명(30만 원), 참방 5명 내지 10명(20만 원), 가작 10명 내외(10만 원), 장려 10명 내외(5만 원)

* 대회 개최 및 주관처: 전국 각 지방자치단체 주최, 해당 지역 漢詩會 주관
* 대회 안내: 전국 한시회 상호 간 연락망으로만 이루어져 일반인들의 접근이 어려운 것이 아쉽다. 전국에서 연중 이어지지만 봄과 가을에 특히 많이 열린다. 대회 약 한 달 전에 공고한다.

II.
譯者 自作詩

역자가 자작한 시를 종류별로 한두 편 소개한다.

1. 5언 절구

[祝昇進]

一樂英才敎 夫能直曲常

古新多白髮 今日貴榮昌

[축승진]

맹자 삼 락 중 하나는 영재를 얻어 가르침이니

타고난 재능은 도와주고 삐뚤어진 것 바로 잡느라 여념 없었네

온고지신한 세월에 백발이 무성한데

오늘의 귀한 영광 끝이 없구나

今	○	古	●	夫	○	一	●
日	●	新	○	能	○	樂	●
貴	●	多	○	直	●	英	○
榮	○	白	●	曲	●	才	○
昌	○	髮	●	常	○	敎	●

교직 동료분들의 승진을 축하하기 위해 1999년에 지어 오랫동안 많은 사람들에게 축전 대신 보냈다.

[祝榮轉]

敎學深憂老 無抛務率先

孰能難重事 唯子必行然

[축영전]

가르치고 배우느라 깊은 시름 오래인데

한 번도 솔선수범 그만둔 일 없네

어렵고 중한 일 그 누가 해낼꼬

반드시 그러하긴 그대 당신뿐

唯	○	孰	●	無	○	教	●
子	●	能	○	抛	○	學	●
必	●	難	○	務	●	深	○
行	○	重	●	率	●	憂	○
然	○	事	●	先	○	老	●

이 시 역시 교직 동료분들의 영전을 축하하기 위해 1999년에 지어 오랫동안 많은 사람들에게 축전 대신 보냈다.

2. 7언 절구

[回春]

舍廊階側一梅開 遙起微聲風與來

主治傳言媓轉好 深雲忽去色歡回

[회춘]

사랑 계단 옆 매화꽃 피니

멀리서 가느다란 소리 바람에 실려 오네

주치의가 어머니 병세 호전 전하니

어둡던 마음 홀연히 걷히고 다시 얼굴 밝아지네

深	○	主	●	遙	●	舍	●
雲	○	治	●	起	●	廊	○
忽	●	傳	○	微	○	階	○
去	●	言	○	聲	○	側	●
色	●	煌	○	風	○	一	●
歡	○	轉	●	與	●	梅	○
回	○	好	●	來	○	開	○

2021. 3. 作
봄날 사랑채 앞 매화나무에 꽃이 핀 것을 보고 있었는데, 요양병원에 계신 어머니의 주치의가 전날 좋지 않던 어머니 상태가 다시 좋아지셨다고 전화해 주었다. 그 상황 그 느낌 그대로 옮기니 쉽게 한 首가 되었다.

3. 5언 율시

[憂母患]

母患任先考　吾承四歲更

責嚴容別不　疫獗禁逢生

寤寐皆憂粉　厪須獨訪成

訥言明識搭　歸路少心輕

[어머니 병환을 걱정하다]

어머니 병환은 돌아가신 아버지께서 하셨는데
내가 맡아 온 지 벌써 4년째다
책임이 엄중하여 떨어짐을 받아들일 수 없었는데
코로나 창궐로 만남을 금하는 일이 발생했다
자나 깨나 형제가 함께 걱정이 분분했는데
겨우 잠깐 혼자서 방문하는 일이 이루어지니
말씀은 어눌하나 의식은 분명하여 손을 흔드시니
돌아오는 길에 마음이 다소 가벼워졌다

歸	○	訥	●	廛	○	痼	●	疫	●	責	●	吾	○	母	●
路	●	言	○	須	○	寐	●	獗	●	嚴	○	承	○	患	●
少	●	明	○	獨	●	皆	○	禁	●	容	○	四	●	任	○
心	○	識	●	訪	●	憂	○	逢	○	別	●	歲	●	先	○
輕	○	搢	●	成	○	粉	●	生	○	不	●	更	○	考	●

2021. 3. 作
코로나가 한창이어서 요양병원 환자 면회조차 오랫동안 금지되던 중에 상황이 조금 나아져, 모처럼 단독 면회가 허용되어 어머니 문병을 다녀오면서 느낀 감정을 5언 율시로 지어 보았다.

4. 7언 율시

[冬朝]

冬朝晚起靜庭常 雙鵲上牆鳶卓翔
天濁蘭嚬風掃路 地乾菊燥銍呼筐
近翁久獨無音動 遠友頻群有問相
素饌豊談懷歷日 夫矜婦笑睦充房

[겨울 아침]

겨울 아침 늦게 일어나니 고요한 뜰은 그대로인데
까치 한 쌍 담장 위에 있고 솔개는 하늘 높이 난다
하늘이 흐리니 난초는 찡그리고 바람마저 길을 쓰는데
땅이 건조하니 국화는 말라 낫이 광주리를 부른다
이웃의 늙은이 혼자인지 오래인데 움직이는 소리 없지만
멀리 있는 친구들은 자주 서로 안부를 묻는다
소박한 상차림에 풍요로운 대화로 지난날을 회상하며
남편은 자랑하고 아내는 웃으니 화기가 방에 가득하네

夫	○	素	●	遠	●	近	●	地	●	天	○	雙	○	冬	○
矜	○	饌	●	友	●	翁	○	乾	○	濁	●	鵲	●	朝	○
婦	●	豊	○	頻	○	久	●	菊	●	蘭	○	上	●	晩	●
笑	●	談	○	群	○	獨	●	燥	●	囀	○	牆	○	起	●
睦	●	懷	●	有	●	無	○	銍	●	風	○	鳶	○	靜	●
充	○	歷	●	問	●	音	○	呼	○	掃	●	卓	●	庭	○
房	○	日	●	相	○	動	●	筐	○	路	●	翔	○	常	○

코로나가 한창이던 2020년 12월 겨울 아침, 유네스코 등재 양동마을에서 작자의 집 일상을 그대로 그렸다. 앞집에는 늙은 할머니 한 분 혼자 사신다. 그날 아침 친구 안부 전화가 있었다.

5. 고체시

이 시는 역자가 律詩의 對偶法을 모르던 시절 지은 것으로, 頷聯, 頸聯에서 對偶를 이루지는 못 했지만 내용은 아끼고 싶다.

[退溪宗宅]

幼狗聽乎遠 千星落舊堂
旣長針線絶 孤孝古今昻
道學陶山熟 其源後學望
主人唯裕笑 溪洗宅前牆

[퇴계종택]

낮이면 어린아이 개 소리는 멀리서 들리고
밤이면 뭇별들이 오래된 집에 쏟아지네
바느질 끊어진 지 이미 오래되나
외로운 효성은 고금에 높아라
도학이 도산에서 익었기에
그 연원 후학이 바랐더니
주인은 그저 너그럽게 웃기만 할 뿐
집 앞 시냇물 담장을 씻고 흐른다

溪	○	主	●	其	○	道	●	孤	○	旣	●	千	○	幼	●
洗	●	人	○	源	○	學	●	孝	●	長	○	星	○	狗	●
宅	●	唯	○	後	●	陶	○	古	●	針	●	落	●	聽	◐
前	○	裕	●	學	●	山	○	今	○	線	●	舊	●	乎	○
牆	○	笑	●	望	○	熟	●	昂	○	絶	●	堂	○	遠	●

2005. 8. 作

역자는 퇴계종택을 관광객으로 여러 차례(1970년대, 1990년대, 2000년대, 2010년대) 방문한 적이 있다. 1990년대 초반까지만 해도 노종부, 종부 모두 계셨다. 그런데 2005년 8월 무렵에 방문하였더니 두 분이 모두 돌아가시고 늙으신 차종손(이근필 씨)이 구순의 노종손을 혼자서 모시고 사셨다. 종택 주변에는 다른 집들이 없다, 그래서 어린아이, 개 소리가 잘 들리지 않는다. 이 시를 지어 이근필 차종손 님께 우편으로 보내 드렸더니, 친필로 쓴 글씨 한 본을 보내 주셨는데 참으로 명필이었다. 이 시는 對偶를 이루지 못했고, 제3句에 蜂腰와 下三仄도 보인다. 針 자를 평성 자로 고치면 다 해결되지만 針線이라는 단어를 지키고 싶었다.

Ⅲ.
각종 사진첩

1. 書百堂

작자 10대조 양민공 송재 손소, 조선 전기 문신, 정충출기적개 2등 공신, 이조참판, 증 이조판서, 公이 건립, 경주 손씨 대종택, 국가지정중요민속자료 제23호, 경주시 양동마을 소재.

2. 觀稼亭

작자 9대조 경절공 우재 손중돈, 조선 전기 문신, 이조판서, 의정부 우참찬, 公이 건립, 보물 제442호, 경주시 양동마을 소재.

3. 東江書院

작자 9대조 경절공 우재 손중돈 公을 제향하고 後學을 교육하던 곳, 경상북도 중요기념물 제114호. 경북 경주시 강동면 유금리 소재.

4. 旌忠閣

작자 5대조 낙선당 손종노, 조선 후기 무신, 남포현감, 증 좌승지, 公의 기념 비각, 병자호란 순절한 공을 기려 정조 임금의 왕명으로 1783년 건립, 경상북도문화재자료 제261호, 경주시 양동마을 소재.

5. 樂善堂

작자 5대조 낙선당 종택, 우재의 아우 망재 손숙돈이 1540년경에 건립, 국가지정중요민속자료 제73호, 경주시 양동마을 소재.

6. 丹湖祠

작자 5대조 낙선당을 제향하기 위해 순조 16년(1816년)에 도내 유림 공의로 건립, 경상북도문화재자료 제329호, 경주시 안강읍 검단리 소재.

7. 작자 東山 孫升九 公의 묘소

본래 경주시 천북면 동산리에 있었는데, 20여 년 전에 경주시 안강읍 검단리, 낙선당 선조 묘소 근처로 이장.

참고문헌

부록의 한시작법을 작성하는 데 참고했던 문헌을 말한다.

1. 朴小東, 《詩經集傳》, (사)전통문화연구원, 2019, 서울.
2. 鄭忠錫, 《쉽게 배우는 漢詩》, 保景文化社, 2001, 서울.
3. 경상북도교육연수원, 중등부전공자격연수(한문), 2002.
4. 申澈元 편역, 《論語·大學·中庸》, 恩光社, 1992, 서울.
5. 柳東烈, 詩人手帖, 2018.
6. 金魯淸, 《全國漢詩白日場壯元詩集》(제6집), 도서출판 한빛, 2018.